Christology Revised

Theologische Bibliothek Töpelmann

Herausgegeben von
Bruce McCormack, Friederike Nüssel
und Judith Wolfe

Band 209

Christology Revised

Kreuz, Auferweckung, Menschwerdung,
‚Jesus Remembered'

Herausgegeben von
Heinrich Assel und Bruce McCormack

DE GRUYTER

ISBN 978-3-11-221553-1
e-ISBN (PDF) 978-3-11-134095-1
e-ISBN (EPUB) 978-3-11-134117-0
ISSN 0563-4288

Library of Congress Control Number: 2023942979

Bibliografische Information der Deutschen Nationalbibliothek
Die Deutsche Nationalbibliothek verzeichnet diese Publikation in der Deutschen Nationalbibliografie; detaillierte bibliografische Daten sind im Internet über http://dnb.dnb.de abrufbar.

© 2025 Walter de Gruyter GmbH, Berlin/Boston
Dieser Band ist text- und seitenidentisch mit der 2024 erschienenen gebundenen Ausgabe.
Satz: Integra Software Services Pvt. Ltd.
Druck und Bindung: CPI books GmbH, Leck

www.degruyter.com

Inhaltsverzeichnis

Heinrich Assel, Bruce McCormack
Introduction —— 1

I Paradigmen: Kreuz – Auferweckung – Menschwerdung

Ingolf U. Dalferth
Die Auferweckung des Gekreuzigten —— 9

Georg Essen
Ökumenische Inkarnations-Christologie heute. Modernitätstheoretische Sondierungsversuche —— 37

Johannes Zachhuber
Die Bedeutung der patristischen Christologie für die Christologie heute. Historische und systematische Perspektiven —— 57

Jörg Frey
Johanneische Christologie zwischen Genese und Geltung —— 77

Friederike Nüssel
Im Horizont des Dialogs. Zur Entwicklung evangelisch-theologischer Versöhnungslehre und ihrem Beitrag zu interkonfessioneller und interreligiöser Verständigung —— 107

II Author meets Critic: Heinrich Assel, Elementare Christologie 1–3, 2020

Christine Svinth-Værge Põder
Das kritische Erbe der *theologia crucis* in der Versöhnungslehre angesichts feministischer Kritik und *black theology*. Heinrich Assels *Elementare Christologie* 1 —— 135

Heinrich Assel
Das kritische Erbe der *theologia crucis* und die politische Christologie —— 153

Hermut Löhr
Evangelien-Hermeneutik und „Jesus Remembered". Heinrich Assels *Elementare Christologie* **2** —— 167

Heinrich Assel
Gedächtnis, Geschichte, Vergessen – Jesus Remembered —— 179

René Dausner
Inkarnationschristologie und messianisches Denken im Dialog mit dem jüdischen Philosophen Emmanuel Levinas. Heinrich Assels *Elementare Christologie* **3** —— 195

Heinrich Assel
Gott ist Mensch, *creator est creatura***. Sprachlogische und schöpfungsphilosophische Horizontöffnungen eines Dialogs über Inkarnation des Menschen und Menschwerdung Gottes** —— 213

Jens Wolff
Transitorische Momente der Christologie – göttlich-menschliches Miteinander am Kreuz? —— 229

III Author meets Critic: Bruce McCormack, The Humility of the Eternal Son, 2021

Sarah Coakley
'The Humility of the Eternal Son' —— 259

Hans-Christoph Askani
Eine mögliche Antwort aus Sicht der Theologie Eberhard Jüngels —— 269

Marco Hofheinz
Kenotische Erbengemeinschaft. Hans-Georg Geyer und Bruce McCormack als legitime Erben der Christologie Karl Barths —— 281

Bruce McCormack
Author Meets Critics: Response —— 295

IV Christology – Revised

Klaus von Stosch
Der Koran und der christliche Inkarnationsglaube —— 315

Christophe Chalamet
Christology today. Remarks on some proposals and possible ways forward —— 337

Johanne Stubbe Teglbjærg Kristensen
Incarnation and the Body. Intercorporeal Considerations —— 353

Philipp Stoellger
Coram **cruce oder** *cum* **cruce? Gerhard Ebelings regulativer Gebrauch der theologia crucis** —— 373

Michael Coors
Christologie als theologische Meta-Ethik. Einige Erwägungen zur ethischen Relevanz christologischer Reflexion —— 387

Register der Namen —— 409

Heinrich Assel, Bruce McCormack

Introduction
Christology Revised: Cross, Resurrection, Incarnation, Jesus Remembered

The essays contained in this volume are revised versions of papers delivered at a trans-atlantic, interdisciplinary conference held at the Alfried-Krupp-Wissenschaftskolleg Greifswald, June 1–3, 2022. The two overarching goals of the Conference at the Wissenschaftskolleg were:
a) To bring together in conversation the international discussion of 'Christology' in the systematic theologies of Protestant, Roman Catholic, and Anglican provenance and yes! to revitalize them anew.
b) To focus on innovations in the sciences of New Testament and Patristic concerning the basic orientation of the word 'Christology' so that this orientation can become innovative for the whole of theology.

By way of introduction, the contributions of this conference should be presented briefly under three rubrics and in relation to the just named goals. They are divided into three groups: 1) those devoted to paradigms of Christology, while keeping an eye on confessional and traditional viewpoints, as well as those arising from theories of modernity; 2) two current outlines of Chistology in which the dimensions of 'cross, resurrection, incarnation, Jesus remembered' are attempted in revised paradigmatic and more complete forms; 3) those devoted to viewpoints leading to possible future revisions of Christology.

1 Christology as Medium of Understanding the Character of Today's Dogmatics: "Paradigms of Christology"

In a much discussed survey of "Recent Tendencies in German-language Evangelical dogmatics" (2015), Dirk Evers called Christology the test case by means of which Evangelical dogmatics (in the strict sense of material dogmatics) has always had to prove itself.[1] He identifies four exemplary directions in German-language dogmatics: (1) hermeneutical theologies, (2) theologies which take their starting point in modern theories of religious subjectivity, (3) analytical and neo-metaphysical theologies, (4) 'new political' theologies of revelation. Exemplary representatives of such directions can be identified in our program either in explicit positions or in implicit critique and evaluation. What does Christology mean being the "test case" of these directions, these explicitly and implicitly discussed positions?

In order to gain access to discourse about alternatives – concerning the 'one paradigm' of Christology (incarnation), the 'other paradigm' (resurrection) and perhaps the third (cross, *theologia crucis*) and fourth models (Jesus remembered, *Historischer Jesus*) – it is essential that representation be diverse. Notice! The volume opens immediately with one *other* paradigm for Christology (Ingolf U. Dalferth). The (supposedly?) uncontested *only* (and the first?) starting-point for Christology: the ecumenical incarnation-Christology, Christology derived from the event of the becoming human and incarnation of God in Jesus Christ, finds its counterpoint in an *other* starting-point with a claim to orienting power, namely the resurrection of the crucified. If coordinates of an orientation are stretched too far, a counterpoint will immediately be posited.

To bring together in conversation international discussion of 'Christology' in systematic theologies means therefore: To bring together and intertwine different characters of theology and different paradigms of Christology and to test the coordinates of 'Christology' as medium of understanding and re-orientation.

Can Christology have the function of *a* characteristic and critical practice of orientation concerning the possiblity and reality of Christian religion in western 'societies'? This open question deserves to be posed in the most radical form. The three evening lectures by Ingolf U. Dalferth (*Die Auferweckung des Gekreuzigten. Das andere Paradigma der Christologie*), Georg Essen (*Ökumenische Inkarnations-Christologie heute. Modernitätstheoretische Sondierungsversuche*) and Friederike Nüssel (*Im Horizont des Dialogs. Zur Entwicklung evangelisch-theologischer Versöhnungslehre und ihrem Beitrag zu interkonfessioneller und interreligiöser Verständigung*) were devoted to this question in the course of the conference. They each lead to the most elementary beginnings of Christology and are, therefore, gathered together under the rubric of *paradigms*.

---

[1] Dirk Evers, "Neuere Tendenzen in der deutschsprachigen evangelischen Dogmatik," *ThLZ* 140 (2015), 3–22, 20f.; Christology as the paradigmatic „Anwendungsfall, an dem sich evangelische Dogmatik seit jeher zu bewähren hat".

To inquire into *Die Bedeutung der patristischen Chistologie für Christologie heute* (Johannes Zachhuber) is therefore appropriate, so long as we do not forget the *function* of doctrine in a *theory of modernity* appropriate to Christian churches and groups. It speaks for the readiness for intensive conversation which stamped the entire conference that the New Testament scholar too made room for this initial question and gave his contribution the title *Johanneische Christologie zwischen Genesis und Geltung* (Jörg Frey).

2 Evaluation and Revision: Author Meets Critic

Early in the third decade of the 21st century, truly new and complete Christologies appeared in German and Anglo-American Protestant discourse. In the two decades prior, the christological office in Evangelical German-language theology was mostly "closed".[2] Roman Catholic and Pentecostal Christologies continued to flourish but Protestant work was focused more narrowly on single issues or two that

---

[2] See Ernst Troeltsch's dictum: „Ein moderner Theologe sagt: Das eschatologische Bureau sei heutzutage zumeist geschlossen. Es ist geschlossen, weil die Gedanken, die es begründen, die Wurzel verloren haben" (Ernst Troeltsch, *Glaubenslehre. Nach Heidelberger Vorlesungen aus den Jahren 1911 und 1912 mit einem Vorwort von Marta Troeltsch* [München/Leipzig: Duncker & Humblot, 1925], 36). Explorative and monograph-length studies of Christology with a claim to comprehensiveness are rare. There are lacking, therefore, Christologies which attend *comprehensively* to cross and resurrection (as reconciliation, new creation or redemption), the earthly Jesus (inclusive of life of Jesus research that is historical and embraces a hermeneutic of remembrance), and incarnation (with close attention given to patristic and ecumenical doctrinal traditions). Christologies driven by a single theme have been and are being produced, of course. Here is a representative selection: Günter Thomas, *Neue Schöpfung. Systematisch-theologische Untersuchungen zur Hoffnung auf das „Leben der zukünftigen Welt"* (Neukirchen-Vluyn: Neukirchener Verlag, 2009); Christian Danz, Michael Murrmann-Kahl (eds.), *Zwischen historischem Jesus und dogmatischem Christus. Zum Stand der Christologie im 21. Jahrhundert*, DoMo 1 (Tübingen: Mohr-Siebeck, ^{2}2011); Anne Käfer, *Inkarnation und Schöpfung. Schöpfungstheologische Voraussetzungen und Implikationen der Christologie bei Luther, Schleiermacher und Karl Barth*, TBT 151 (Berlin/Boston: Walter de Gruyter, 2010); Michael Welker, *Gottes Offenbarung. Christologie* (Neukirchen-Vluyn: Neukirchener Verlag, ^{3}2016); Gunther Wenz, *Christus. Jesus und die Anfänge der Christologie*, Studium systematische Theologie 5 (Göttingen: Vandenhoeck & Ruprecht, 2011); Gunther Wenz, *Versöhnung. Soteriologische Fallstudien*, Studium systematische Theologie 9 (Göttingen: Vandenhoeck & Ruprecht, 2015); Marco Hofheinz, Kai-Ole Eberhardt (eds.), *Gegenwartsbezogene Christologie. Denkformen und Brennpunkte angesichts neuer Herausforderungen*, DoMo 29 (Tübingen: Mohr-Siebeck, 2020).

avoided complete treatment.³ The situation in English-language theology presents a somewhat different picture. Because so much of English-language research is still preoccupied with the incarnation model (a task the great majority have not given up on), they could also seem, in their own eyes, to be more complete – an hypothesis that must surely be tested.⁴

Critical discussion of the Christologies published by the two conference organizers in 2020 and 2021 carried the programmatic discussion of paradigms of Christology further and concentrated on the systematic consequences of the paradigms chosen by each in carefully executed, complete Christologies and, indeed, in settings primarily German speaking in the one case and primarily English speaking in the other.

Three critical contributions each are gathered together under the rubric *Author Meets Critic*, first in relation to Heinrich Assel's *Elementare Christologie, Bd.1 Versöhnung und neue Schöpfung, Bd.2 Der gegenwärtig erinnerte Jesus, Bd.3 Inkarnation des Menschen und Menschwerdung Gottes* from 2020 and then, second, in relation to Bruce McCormack's *The Humility of the Eternal Son: Reformed Kenoticism and the Repair of Chalcedon* from 2021.

The critical readings engaged with *Elementare Christologie 1–3* are devoted to *Das kritische Erbe der theologia crucis in der Versöhnungslehre angesichts femini-*

---

3 Heinrich Assel, "Was heißt: sich im Namen „Jesus Christus" orientieren? Positionslichter deutschsprachiger Christologien," in *Verkündigung und Forschung* 63 (2018): 84–109. This Journal also shows the state of the discussion in North America (Christine Helmer, 110–125), South Africa (Dirk J. Smit, 126–130), Japan (Tsutomu Haga, 139–146) and in Global Pentecostalism (Frank D. Macchia, 147–158).
4 This list is not intended to be exhaustive, but would surely include the following: Marilyn McCord Adams, *Christ and Horrors: The Coherence of Christology* (Cambridge: Cambridge University Press, 2006); Oliver Crisp, *Divinity and Humanity: The Incarnation Reconsidered* (Cambridge: Cambridge University Press, 2007); Oliver Crisp, *God Incarnate: Explorations in Christology* (London: T & T Clark, 2009); Kathryn Tanner, *Christ the Key* (Cambridge: Cambridge University Press, 2009); David Congdon, *The God Who Saves: A Dogmatic Sketch* (Eugene, OR: Cascade Books, 2016); Oliver Crisp, *The Word Enfleshed: Exploring the Person and Work of Christ* (Grand Rapids, MI: Baker Academic, 2016); Timothy Pawl, *In Defense of Conciliar Christology: A Philosophical Essay* (Oxford: Oxford University Press, 2016); Dominic Legge, *The Trinitarian Christology of St Thomas* (Oxford: Oxford University Press, 2017); Thomas Joseph White, O.P., *The Incarnate Lord: A Thomistic Study in Christology* (Washington, D.C.: Catholic University Press, 2017); Rowan Williams, *Christ the Heart of Creation* (London: Bloomsbury Continuum, 2018); Ian A. McFarland, *The Word Made Flesh: A Theology of the Incarnation* (Louisville, KY: John Knox Westminster Press, 2019); Paul DeHart, *Unspeakable Cults: An Essay in Christology* (Waco, TX: Baylor University Press, 2021); Frank D. Macchia, *Jesus the Spirit Baptizer: Christology in Light of Pentecost* (Grand Rapids: William B. Eerdmans, 2021); and Matthew Levering, *Reconfiguring Thomistic Christology* (Cambridge: Cambridge University Press, 2023).

stischer Kritik und black theology (Christine Põder), to *Evangelienhermeneutik und 'Jesus Remembered'* in the Christology of the currently remembered earthly Jesus (Hermut Löhr), and the *Inkarnationschristologie im Horizont messianischen Denken im Dialog mit dem jüdischen Philosophen Emmanuel Levinas* (René Dausner).

Critical readings engaging McCormack's Christology are devoted to *The Humility of the Eternal Son*, a critique of McCormack's reading of Chalcedon (Sarah Coakley), *The Humility of the Eternal Son: Eine mögliche Antwort aus der Sicht der Theologie Eberhard Jüngels* (Hans-Christoph Askani), and *Die kenotische Erbengemeinschaft: Hans-Georg Geyer und Bruce McCormack als legime Erben der Christologie Karl Barths* (Marco Hofheinz).

A fourth contribution by Jens Wolff (*Transitorische Momente der Christologie – göttlich-menschliches Miteinander am Kreuz?*) is devoted to a theme which lies between German-language and English-language Incarnation-Christologies in an especially exciting way. That theme treats of the linguistic and person-metaphysical implications of Incarnation-Christology as well as the question of the extent to which Thomistic and Lutheran doctrines of the *Communicatio idiomatum* already contain in themselves a fundamental transformative critique of the dogma of Chalcedon – assuming that they can be understood as sufficiently radical theologies of the cross.[5]

The Christologies of the two editors did not constitute, therefore, 'elephants in the room' during the conference. In both units of *Author Meets Critic*, the authors each encountered three critical readers and sought in their answers to take up the further discussion of the themes of the conference. We thank the seven colleagues, the critical readers, for their exceeding accurate readings and critical questions!

3 Christology Revised

Finally, under this rubric are gathered together contributions to currently pressing issues pertinent to christological reflection. The first horizon now opening up for Christological discussion is Koranic theology, treated here by Klaus von Stosch (*Der Koran und der christliche Inkarnationsglaube*). Christology as the site of gender-theological revisions is treated by Johanne Kristensen in accordance with the sharp feminist critiques of the last two decades in her essay *Incarnation and the Body: Intercorporeal Considerations*. Christophe Chalamet tries to establish a

---

5 Oswald Bayer, Benjamin Gleede (eds.), *Creator est creatura. Luthers Christologie als Lehre von der Idiomenkommunikation*, TBT 138 (Berlin/New York: Walter de Gruyter, 2007).

bridge between neo-metaphysical Christologies of neo-Thomistic provenance and a Christology rooted in a theology of the covenant (*Christology today. Remarks on some proposals and on possible ways forward*). Philipp Stoellger publishes here a prolegomena to his *phobos* determined theory of a theology of media through engagement with Gerhard Ebeling's *theologia crucis* (*Coram cruce oder cum cruce? Gerhard Ebelings regulativer Gebrauch der theologia crucis*). Should Christian practices be thematized, then the question arises – seldom posed these days – why should Christology be included in ethics? Michael Coors completes the volume with his contribution, *Christologie als theologische Meta-Ethik: Einige Erwägungen zur ethischen Relevanz christologischer Reflexion*.

Antje Arens, Wilm Grunwaldt, Dr. Knud Henrik Boysen, co-workers at the chair for systematic theology in Greifswald, corrected and edited all contributions promptly and professionally. They also created the index of names. That we were able to publish this conference volume within a year of its occurrence is thanks to their efforts! We would like to thank Albrecht Doehnert and Karin Mittmann of De Gruyter for their reception of this volume in the prestigious series TBT and for their careful editorial work.

Greifswald, Princeton, June 24th 2023
Heinrich Assel, Bruce McCormack

I **Paradigmen: Kreuz – Auferweckung – Menschwerdung**

Ingolf U. Dalferth
Die Auferweckung des Gekreuzigten
Das andere Paradigma der Christologie

Abstract: Christology has developed since antiquity around the paradigm of the incarnation. The incarnation of God in Jesus Christ is the core problem to be understood. This is not only underscored by the dogma of Chalcedon, but also recognized by the critical revisions of the dogmatic tradition in modern times, from the various versions of the quest for the historical Jesus to the debates over Jesus and Israel to the contemporary outlines of kenotic theology. In contrast, this paper emphasizes that Christianity began with Easter, not Christmas. The emphasis is not on the presence of God in Jesus, but on what God does through Christ for the redemption of humanity. A Christology that is not thoroughly soteriological does not fulfil its task. Christology should therefore no longer focus on the paradigm of incarnation, but on that of resurrection. Incarnation is not to be understood as God becoming human, but as humans becoming humane through God.

Keywords: Auferweckung, Inkarnation, Soteriologie, Kenose, Gegenwart Gottes, Menschlichkeit

1

Mit dem Ruf „Χριστός ανέστη" grüßen sich griechische Christen an Ostern seit alters. Mit der Antwort „αληθώς ανέστη" bekennt man sich selbst als Christ. Will man knapp sagen, wer ein Christ ist, dann sind es alle, die in diesen Ruf einstimmen.

Das gilt von Anfang an, und es gilt weltweit.[1] Die frühesten Zeugnisse dafür finden sich bei Paulus (1 Thess 4,14; Röm 10,9; 1Kor 6,14; 15,15): „Gott hat Jesus von

---

[1] Im Hinblick auf das, was bekannt wird, nicht wie es formuliert ist. Die Formulierung ανέστη (auferstanden) ist gefiltert durch die inkarnationschristologische Tradition. Die paulinische Formulierung ἐγήγερται (auferweckt) ist ursprünglicher und präziser. Die ἀνάστασις νεκρῶν wird von Paulus nicht als Auferstehung, sondern als Auferweckung verstanden (1 Kor 15,1–20), nicht als Eigenhandeln des Gekreuzigten, sondern als Handeln Gottes, das dem toten Gekreuzigten wi-

---

Ingolf U. Dalferth ist Danforth Professor of Philosophy of Religion Emeritus an der Claremont Graduate University in Kalifornien und Professor Emeritus an der Theologischen Fakultät der Universität Zürich. Neueste Veröffentlichung zum Thema: *Auferweckung. Plädoyer für ein anderes Paradigma der Christologie* (Leipzig: Evangelische Verlagsanstalt 2023).

https://doi.org/10.1515/9783111340951-002

den Toten auferweckt." Das ist die soteriologische Kernaussage des Christentums – nicht nur eine christologische Aussage über Jesus von Nazareth, sondern eine theologische Grundaussage über Gott und soteriologische Heilszusage an alle Menschen: „Gott hat Jesus für uns bzw. um unseretwillen von den Toten auferweckt." ‚Auferweckt' (ἐγήγερται) heißt hier nicht selbst auferstanden, sondern auferweckt von Gott, es geht um einen Schöpferakt Gottes (Röm 4,17), nicht um die Münchhausiade eines Toten. Und ‚uns' meint nicht nur die Juden, die das zuerst vor Juden und Nichtjuden über den Juden Jesus bekannt haben. Alle sind von dem betroffen, was da bekannt wird, ob sie zu Israel gehören oder nicht und ob sich dazu verhalten können oder wollen oder nicht. Niemand ist daher davon ausgeschlossen, in diesen Osterruf einzustimmen. Es geht nicht nur um *Gott und Jesus* oder *Gott und Israel*, sondern um *Gott und uns*, die ganze Menschheit, ja die ganze Schöpfung.

Im Zentrum des Auferweckungsbekenntnisses steht nicht Jesus, sondern Gott und sein schöpferisches, sorgendes und helfendes Wirken: Jesus ist kein Untoter, das Christentum keine Zombiereligion, der christliche Glaube kein auf eine bestimmte Kultur beschränktes Religionsphänomen, sondern Gott hat Jesus in sein ewiges Leben auferweckt und damit klargestellt, wer und was er ist (erbarmende Liebe), dass wir als seine Geschöpfe in seiner Schöpfung leben und was er für uns und seine Schöpfung will (Heil und Gutes). Schöpfung ist Wohltat, der Schöpfer Wohltäter, und die Menschen sind die Geschöpfe, die das anerkennen und ihr Leben daran ausrichten können. Das gilt nicht nur hier und heute und für einige, sondern immer und überall und für alle. Gott ist die Lebenskraft der Liebe, die Gutes aus Üblem, Leben aus dem Tod, Sein aus dem Nichts schafft.

Wer dazu ‚Amen' sagt, steht auf der Seite des Lebens, wer das nicht tut, stellt sich auf die Gegenseite. Es gibt niemand, der das tun müsste. Jeder kann anerkennen, dass Gott ihn anerkannt hat. Dafür steht Jesus. Deshalb wird er als Christus, als Offenbarer der grenzenlosen Liebe Gottes zu seinen Geschöpfen bekannt. Darum geht es im Christentum. Und das durchdenkt die Christologie.

2

Das Auferweckungsbekenntnis wirft viele Fragen auf. Aber es ist auch selbst die Antwort auf eine Frage – die Frage, die durch das Kreuz und die Jesus-Erscheinungen unter der sich zerstreuenden Anhängerschaft Jesu nach seinem Tod aufgeworfen

---

derfährt und ihn von den Toten, die von Gottes Gegenwart getrennt sind, für immer in Gottes Leben und Gegenwart versetzt.

wurde. Sie wussten, dass Jesus am Kreuz verstorben war. Aber sie hörten auch, dass er – wie Paulus es zusammenfasst – „gesehen worden ist von Kephas, danach von den Zwölfen. Danach [...] von mehr als fünfhundert Brüdern auf einmal, [...] Danach ist er gesehen worden von Jakobus, danach von allen Aposteln. Zuletzt von allen [...] auch von mir" (1 Kor 15,5–8). Wie konnte beides wahr sein: ‚Jesus ist tot' – ‚Jesus lebt'? Diese Reihenfolge widerspricht jeder Erfahrung.[2] Wenn ein Toter anderen erscheint, war er entweder nicht wirklich tot oder diese haben Halluzinationen. Beides war und ist historisch wenig wahrscheinlich. Jesus war tot, wie alle wussten: Er war am Kreuz gestorben und als Toter und nicht nur als Scheintoter begraben worden. Dass er so vielen verschiedenen Menschen zu verschiedenen Zeiten an unterschiedlichen Orten erschienen sein soll, wie Paulus auflistet, macht auch eine kollektive Halluzination unwahrscheinlich. Die Menschen damals waren nicht weniger vernünftig als wir heute. Wie also sollte man die Erscheinungen verstehen?

Jedenfalls nicht als eine Selbsthandlung des Gekreuzigten. Wenn ein Toter als Lebender erfahren wird, dann kann nicht der Tote selbst der Grund dafür sein. Das war damals nicht weniger klar als heute. Dagegen lag es für Menschen in Jesu Umgebung nahe, auf Gott als Grund ihrer erfahrungswidrigen Erfahrung zu rekurrieren. Das Anbrechen der guten Herrschaft Gottes war Jesu Thema gewesen. Deshalb waren sie ihm gefolgt. Für Gott aber sind alle Dinge möglich, wie Jesus nach Darstellung der Evangelien betont hatte (Mk 10,27; Mt 19,26). Nur Gott – so der naheliegende Schluss – konnte der Grund für die Erscheinungen des Gekreuzigten sein, nicht dieser selbst.

Paulus spricht daher nicht von Auferstehung, sondern von *Auferweckung* und von *Erhöhung*: Jesus sei nicht selbst aus dem Tod ins Leben zurückgekehrt, sondern von Gott „auferweckt worden [ἐγήγερται] am dritten Tage nach der Schrift" (1 Kor 15,4) – auferweckt nicht in die vergängliche Wirklichkeit dieser Welt, sondern in die unvergängliche Wirklichkeit des ewigen Lebens Gottes jenseits aller himmlischen, irdischen und unterirdischen Sphären der Schöpfung (in Phil 2,9–11). Deshalb wird Jesus der *Christus* genannt, und deshalb beschreibt Paulus 1 Kor 15,47–49 Christus nicht wie Adam, den ersten Menschen (ὁ πρῶτος ἄνθρωπος ἐκ γῆς χοϊκός), als irdischen Menschen, der zum Bild Gottes (εἰκὼν τοῦ θεοῦ) *bestimmt* ist, sondern als den zweiten Menschen vom Himmel (ὁ δεύτερος

---

[2] Sie belegt aber das Wirken Gottes in der Erfahrung Israels: „Er tötet und macht lebendig" (1 Sam 2,6). Der Bekenntnissatz „versteht die natürliche Folge von Geburt und Tod als Gottes Wirken, kehrt sie dazu jedoch um, so dass das Leben als Ziel erscheint und verallgemeinert ist", wie Werner H. Schmidt, *Eine Grundunterscheidung des Glaubens: Wirken Gottes und Handeln des Menschen* (Rheinbach: cmz-Verlag 2020), 83f. zu Recht betont. Genau diese „Umkehrung der Verhältnisse (1 Sam 2,7f.; vgl. Ez 17,24 u. a.) wirkt in Luk 1,52f. nach", und sie bestimmt nicht nur das Magnifikat bei Lukas, sondern auch das Auferweckungsbekenntnis bei Paulus.

ἄνθρωπος ἐξ οὐρανοῦ), der Gottes Bild *ist*. In ihm kann man Gott so erkennen, wie Gott ist, und damit selbst zu dem werden, was man sieht. Denn „wie wir das Bild des irdischen [Menschen] getragen haben, so werden wir auch das Bild des himmlischen [Menschen] tragen" (καθὼς ἐφορέσαμεν τὴν εἰκόνα τοῦ χοϊκοῦ, φορέσομεν καὶ τὴν εἰκόνα τοῦ ἐπουρανίου) (1 Kor 15,49).[3] Es geht um Gott und uns, und Christus macht klar wie.

Das urchristliche Bekenntnis der Auferweckung des Gekreuzigten spricht mit dem Bild der Auferweckung und Erhöhung pointiert von einem göttlichen Geschehen, nicht von einem mirakulösen Ereignis in der Erfahrungswelt. Ohne Gott ins Spiel zu bringen, bleibt das Kreuz theologisch stumm, das leere Grab nichtssagend und die Erscheinungen Jesu werfen allenfalls psychologische Fragen auf. Gott aber kommt in diesem Bekenntnis in ganz bestimmter Weise ins Spiel. Zum einen verstehen Jesu Anhänger Gott so, wie Jesus ihn in seiner Zuspitzung der Gottestradition Israels verkündet hatte: Als den guten Vater, der sich in erbarmender Liebe um seine Geschöpfe kümmert, auch wenn diese nichts von ihm wissen wollen. Die Evangelien bringen das detailliert zur Darstellung. Zum anderen kommt Gott so ins Spiel, dass der Gekreuzigte selbst nicht aktiv ist, sondern gänzlich passiv in die schöpferische Aktivität Gottes einbezogen wird. Gott wirkt, dem Gekreuzigten widerfährt Gutes.

Aber nicht nur ihm. Gottes Wirken beschränkt sich nicht auf den Gekreuzigten, sondern erstreckt sich auch auf die, die seine Auferweckung durch Gott bekennen. In beiden Fällen vollzieht es sich durch das, was Christen in Fortsetzung alttestamentlicher Tradition *Gottes Geist* nennen. Der Geist ist die Wirkkraft und Gegenwartsgestalt Gottes in der Schöpfung, er ist das Hier und Jetzt Gottes in der Schöpfung. Der Gekreuzigte und die Bekennenden dagegen sind jeweils ganz passiv in Gottes schöpferisches Geistwirken einbezogen, der eine, indem er vom Tod ins Leben Gottes auferweckt wird, die anderen, indem sie vom Nichtverstehen zum Verstehen, vom Unglauben zum Glauben, aus einem für Gott blinden und von Gott enttäuschten zu einem für Gottes Gegenwart offenen Leben verändert und damit zu Mitwirkenden Christi und zu Zeugen der Gegenwart Gottes werden. Ohne das erste gäbe es nichts zu bekennen, ohne das zweite gäbe es niemand, der es bekennen würde.

Inhalt und Vollzug des Auferweckungsbekenntnisses sind daher nicht ablösbar vom schöpferischen Wirken Gottes. Sowohl das „Χριστός ανέστη" als auch das „αληθώς ανέστη" nötigen dazu, in bestimmter Weise von Gott, von Christus und von den Bekennenden zu reden: Durch Gottes Wirken wird im Wechsel vom

---

[3] Vgl. Christiane Zimmermann, „Paulus und die Macht der Bilder," *ZThK* 119 (2022): 31–54, bes. 38–40.

Tod zum Leben (mit Gott) und vom Unglauben zum Glauben (an Gott) etwas unableitbar Neues geschaffen, was ohne Gottes Wirken nicht möglich wäre. Das Auferweckungsbekenntnis sagt daher nicht nur, wen oder was Christen mit ‚Gott' meinen, sondern erklärt auch, warum sie Gott so verstehen: Gott ist derjenige, der Jesus von den Toten auferweckt hat, nicht um an Jesus ein Mirakel zu exekutieren, sondern um die Menschen von ihrer Selbstfixierung, Gottesblindheit, Selbstüberschätzung und verkürzten Wirklichkeitssicht zu heilen. Gott wird hier als der einzig Wirkende bekannt: Deshalb ist von ‚Auferweckung' die Rede. Dieses Gotteswirken wird so verstanden, wie Jesus es verkündet hat: Deshalb ist von der ‚Auferweckung des Gekreuzigten' die Rede. Und dieses Verständnis ist gerechtfertigt, weil Gott mit der Auferweckung des Gekreuzigten in sein Leben die Gottesverkündigung des Gekreuzigten ins Recht setzt: Gott ist immer und überall, im Leben, Sterben und Tod der Menschen, so gegenwärtig, wie Jesus ihn verkündet hat: als bedingungslose, schöpferische, erbarmende, vergebende Vaterliebe. Was Jesus durch Wort und Tat in Gleichnissen zur Darstellung brachte, hat Gott mit der Auferweckung des Gekreuzigten in sein göttliches Leben als wahr bekräftigt. Er ist so, wie Jesus von ihm sprach, und wie Jesus von ihm sprach, so ist er der Gott aller Menschen.

3

Das Auferweckungsbekenntnis und seine Implikationen zu verstehen und zu durchdenken, ist eine – wenn nicht die – zentrale Herausforderung christlicher Theologie. Diese ist wesentlich ein Durchdenken der Bilder, in denen sich der christliche Glaube artikuliert. Sie geht aber in die Irre, wenn sie nur Sachverhalte diskutiert und den Bekenntnischarakter des „Χριστός ανέστη" ignoriert, also das „αληθώς ανέστη" bei der Analyse ausblendet und das Bild der Auferweckung als zweistelliges und nicht als dreistelliges Prädikat rekonstruiert. Es geht nicht nur um ein Geschehen zwischen Gott und Jesus, sondern Gott und den Menschen. Das Bekenntnis sagt nicht nur, dass Gott Jesus vom Tod erweckt hat, sondern dass er das für alle Menschen und zum Heil seiner ganzen Schöpfung tut.

Der Wechsel zur präsentischen Rede ist hier unverzichtbar. Anders als die Kreuzigung Jesu ist die Auferweckung des Gekreuzigten kein geschichtliches Ereignis in der Kette der Ereignisse unserer Erfahrungswelt. Sonst wäre Gott ein erfahrbarer Akteur in unserer Erfahrungswelt – aber keiner hat Gott je gesehen (Joh 1,19)! – und die Auferweckung würde mit jedem Tag zu einer ferneren Vergangenheit. Sie ist vielmehr die theologische Kurzformel für das göttliche Geschehen, durch das Gott sich in der Schöpfung als Schöpfer, Retter und Vollender seiner Schöpfung erschließt, indem er am Ort des gekreuzigten Nazareners seine Schöpferkraft als die Kraft seiner Liebe zur Wirkung bringt, aus Übel Gutes, aus dem Tod Leben, aus dem Nichts Sein zu schaffen. Eben diesen schöpferischen Offenbarungsakt wiederholt er durch den Wechsel vom Unglauben zum Glauben am Ort derer, die in Jesu Leben und Sterben Gott am Werk sehen und ihn deshalb als Christus bekennen. Gottes Liebe eignet ein Überfluss an Schöpferkraft, die den Anfang und das Ende alles Geschaffenen übersteigt und sich im Neuwerden und der Neuorientierung eines Lebens sich je konkret erschließt.

Das Erschließungsgeschehen der Gegenwart Gottes ist daher immer ein Geschehen in der Gegenwart, das man nicht aus zweiter Hand, sondern nur aus erster Hand kennen kann. Immer geht es um Gottes Heilswirken, immer um alle Menschen, immer um die Gegenwart von Gottes Liebe im konkreten Leben eines Menschen, immer darum, dass in Leben, Sterben und Tod mehr geschieht, als erlebt und erfahren wird, weil Gott auch dort gegenwärtig und am Werk ist, wo wir nichts mehr erleben und erfahren können.

Es gibt kein Leben, für das das nicht gelten würde, aber Gottes Gegenwart ist kein Phänomen, das in die Augen springt. Sie lässt sich nicht als ein besonderes Phänomen aufweisen oder aus den Lebensphänomenen herausdestillieren. Sie ist kein Phänomen unter Phänomenen, sondern dasjenige, ohne das es keine Phänomene geben könnte. Das muss man nicht bejahen, um in der Erfahrungswelt der Phänomene erfolgreich leben zu können. Aber man kann es auch nicht bestreiten, ohne sich in pragmatische bzw. existenzielle Selbstwidersprüche zu verwickeln. Wer von ihr spricht, nimmt sie in Anspruch, und wer sie bestreitet auch. Sie ist damit der Standpunkt, von dem her – wenn man darauf achtet – alle Phänomene noch einmal einen anderen Sinn erhalten als den, den sie im menschlichen Leben je von sich aus haben. Im Leben geschieht mehr, als wir erleben oder erfahren, weil Gott in ihm wirksam und gegenwärtig ist.

Das gilt auch für das Kreuz. Gottes schöpferische Präsenz selbst im Tod verleiht dem Kreuz einen mehrfachen Sinn. Es ist nicht nur ein geschichtliches, politisches, juristisches, biographisches Ereignis. Es markiert nicht nur historisch das Lebensende des Gekreuzigten (Jesus ist so tot, wie wir tot sein werden), sondern soteriologisch seinen Eingang in das Leben Gottes (Christus lebt so mit Gott, wie auch wir mit Gott leben werden). Am Kreuz zeigt sich so, was hermeneutisch für alle Phänomene gilt: Sie haben ihren erfahrbaren historischen, politischen, kulturellen Sinn im Erfahrungshorizont der Schöpfung, aber darüber hinaus sind sie auch der Ort des Wirkens des Schöpfers, und der Schöpfer wirkt zum Wohl seiner Geschöpfe, ob diese sich darum kümmern oder nicht.

Das Auferweckungsbekenntnis spricht daher nicht nur von Jesus, sondern von allen Menschen, weil es von Gott spricht. Gott – das bekräftigt das „αληθώς ανέστη" – ist unwiderruflich so, wie er sich am Kreuz erwiesen hat: Gottes schöpferische Liebe bleibt auch im Tod wirksam gegenwärtig und gibt den Toten Teil an seinem göttlichen Leben. Deshalb nennen Christen Jesus ‚Christus', ‚Herr' oder ‚Sohn Gottes': Er ist der, den Gott als ersten von allen von den Toten auferweckt hat. Deshalb hoffen Christen, dass das, was dort geschah, auch für alle anderen Menschen wahr werden kann und wird: Alle Menschen sind Adressaten der Liebe Gottes und dazu bestimmt, mit Gott zu leben. Gott macht sich eins (nicht gleich!) mit ihnen, weil er auf ewig ihr Schöpfer und sie für immer seine Geschöpfe sind. Deshalb ist der Gott, zu dem sich die Christen bekennen, kein anderer als der Gott Jesu und der Gott Israels: „der Gott, der Jesus auferweckte", hat sich „durch sein auferweckendes Handeln mit dem Gottesbild identifiziert [...], für das Jesus von Nazareth eingetreten war."[4] Und deshalb sind all diejenigen Christen, die durch das Bekenntnis zu Christi Auferweckung durch Gott zu einer neuen Gemeinschaft der Hoffnung für alle Menschen zusammengeführt werden – zu einer Gemeinschaft, die einzig und allein durch Gottes Heilswirken geschaffen ist, in der es also keine Rolle spielt, ob man Jude oder Grieche, Sklave oder Freier, Mann oder Frau oder was immer ist (Gal 3,28), und die sich daher nicht durch Abgrenzung von und Ausgrenzung von anderen definiert, sondern als Hoffnungsgemeinschaft für alle Menschen durch die Zuwendung zu ihnen und die Öffnung für sie. Nicht menschliche Identitäten, Qualitäten und Zugehörigkeiten, sondern allein Gottes Zuwendung definiert die Zugehörigkeit zu dieser Gemeinschaft, die eben deshalb radikal universal ist und für alle offensteht. Niemand ist ausgeschlossen, weil jeder nur durch Gott selbst eingeschlossen wird. Wenn Christen das mit ‚Amen' bestätigen, bekräftigen sie, dass es nicht so ist, weil sie es glauben, sondern dass sie es glauben, weil es so ist. Das christliche Urbekenntnis der Auferweckung des Gekreuzigten ist das Bekenntnis zur schöpferischen Gegenwart der Liebe Gottes, die alles neu, gut, wahr und recht macht.

4

Im österlichen Zu- und Antwortruf „Χριστός ανέστη – αληθώς ανέστη" bewahrt sich die frühchristliche Erinnerung an den Ursprung des Christentums auf. Das Christentum begann mit Ostern, nicht mit Weihnachten. Die Festfolge des Kirchenjahrs mit seinem Anfang am 1. Adventssonntag widerspricht dem nur scheinbar. Das Osterfest war der Ursprung und ist die bleibende Mitte des christlichen Festka-

---

[4] Jürgen Becker, „Das Gottesbild Jesu und die älteste Auslegung von Ostern," in *Jesus Christus in Historie und Theologie. FS H. Conzelmann*, hg. v. Georg Strecker (Tübingen: Mohr Siebeck, 1975), 105–126, 106.

lenders. Daran erinnern jede Woche der Sonntag und jedes Jahr der liturgische Kalender, in dem Weihnachten als die Vorgeschichte und Pfingsten als die Nachgeschichte von Ostern gefeiert werden. Ohne Ostern gäbe es weder Weihnachten noch Pfingsten noch irgendein anderes kirchliches Fest. Alle sind Ausstrahlungen von Ostern. Wie die Passionszeit auf Ostern hinführt, so wirft Weihnachten in der Adventszeit seine Schatten voraus. Ohne Weihnachten, kein Advent, ohne Ostern kein Weihnachten, ohne Passion kein Ostern. Weihnachten ist im Kern nichts anderes als Ostern rückwärts gelesen: Es setzt an jedem Punkt Ostern voraus.

Umgekehrt nicht. Ostern setzt das Kreuz voraus, das Kreuz die Gottesverkündigung Jesu, diese die Herkunft Jesu aus Israel. Während die Gottesverkündigung Jesu aber an Israel gerichtet war und das Anbrechen der guten Herrschaft Gottes sowie deren umstürzenden Auswirkungen auf die Situation des jüdischen Volkes zum Thema hatte, wurde diese Botschaft durch die Auferweckung des Gekreuzigten so universalisiert, dass allen Menschen durch die Vergegenwärtigung der Gegenwart Gottes in ihrem Leben die Möglichkeit eröffnet wird, in der Gemeinschaft mit Gott und allen, die zu dieser Gemeinschaft gehören, das zu werden, was sie als Gottes Geschöpfe sein können und sollen: wahrhafte Menschen. Jesu Orientierung an der Leitdifferenz Gott/Israel wird so durch die christliche Orientierung an der Leitdifferenz Gott/Menschheit ersetzt, das Evangelium Jesu für sein Volk zum Evangelium von Jesus Christus für alle Menschen konkretisiert.

Das ist keine Ausweitung dessen, was für Israel gilt, auf alle Menschen. Israel ist Israel durch seine Unterscheidung von den Völkern. Nur Israel gilt Gottes Verheißung, nicht den anderen. Die soziologische Unterscheidung zwischen Israel und den Völkern hat daher theologische Valenz. Christen fügen sich nicht in diese Unterscheidung. Sie sind kein Israel, das auf alle Menschen ausgedehnt ist, so dass die davon unterschiedenen anderen gegen Null tendieren. Das wäre nur die Generalisierung einer Partikularität (Gottes Erwählung Israels), in der die Differenz zu den Völkern immer noch mitgesetzt ist. Doch die Differenz zwischen Christen und Nichtchristen ist keine generalisierte Form der Differenz zwischen Israel und den Völkern. Als soziologische Unterscheidung hat sie keine theologische Bedeutung. Wer die Christenheit mit dem Christentum gleichsetzt, muss sich mit Kierkegaard fragen lassen, wie man in der Christenheit eigentlich zum Christen wird.[5] Muss man das Christentum in die Christenheit aber erst einführen, wie er fordert, dann

---

5 Der kulturelle Dominanzverlust der Christenheit wäre dann gleichbedeutend mit einem theologischen Signifikanzverlust des Christentums. Doch das ist ein Irrtum. Die Christenheit organisiert sich um Gottesbilder, die sich historisch wandeln. Sie ist daher ständig in Veränderung begriffen, sie gewinnt kulturellen Einfluss und sie verliert ihn. Das Christentum dagegen verdankt sich Gott, es verdankt sich Gott in allen kulturellen Konstellationen in derselben Weise, und es hat seine Pointe nicht darin, dass es als Christenheit kulturell dominiert. Vgl. dazu die

ist die soziologische Unterscheidung zwischen Christen und Nichtchristen in der Christenheit etwas anderes als die theologische Unterscheidung zwischen Christen und Nichtchristen im Christentum. Anders als die soziologische Unterscheidung taugt die theologische Unterscheidung nicht zur merkmalbasierten Unterscheidung verschiedener Gruppen von Menschen, sondern läuft durch jeden einzelnen Menschen hindurch: Jeder Christ war und ist auch Nichtchrist, und wenn jeder Mensch Christ sein kann, dann gilt das für jeden Menschen. Anders als die Unterscheidung zwischen Israel und den Völkern markiert die theologische Unterscheidung zwischen Christen und Nichtchristen keinen Unterschied in der Menschheit, sondern in der Art und Weise, wie Menschen sich zu Gottes Zuwendung zu den Menschen verhalten, sie dankbar anerkennen (Glauben) oder nichts von ihr wissen wollen (Unglauben). Und anders als im Fall Israels kann das Urteil über das Vorliegen des einen oder des anderen nicht durch Menschen, sondern nur durch Gott gefällt werden.

Die Konkretisierung des Evangeliums Jesu zum Evangelium von Jesus Christus ist deshalb keine Ersetzung der Unterscheidung zwischen Israel und den Völkern durch die zwischen Christen und Nichtchristen, sondern die Umstellung auf eine andere Grundunterscheidung, die zwischen Schöpfer und Geschöpf, und die darauf bezogene Unterscheidung der Einstellung der Menschen zu dieser Grundunterscheidung in Glauben und Unglauben, der Offenheit für die Gegenwart des Schöpfers oder der Blindheit ihr gegenüber. Es geht um keine neue Unterscheidung innerhalb der Schöpfung, sondern um die Überbietung aller Differenzen in der Schöpfung durch die Differenz zwischen Schöpfer und Schöpfung. Es gibt in der Schöpfung keine Diese oder Jene, kein Hier oder Dort, kein Oben und Unten, kein Früher oder Später, kein Ereignis und keinen Zustand, keine Leiden und keine Übel, denen der Schöpfer nicht nahe wäre. Und es gibt in der Schöpfung keine Höhe und keine Tiefe, keine Erde und keinen Himmel, die der Schöpfer nicht überragen würde.

Deshalb beschreibt der Christushymnus in Philipper 2[6] den Weg Jesu Christi hinab in die Abgründe der Schöpfung bis zum Tod als den Weg der Passion des

---

Debatte um Chantal Delsol, *La fin de la Chrétienté: L'inversion normative et le nouveau âge* (Paris: Cerf, 2021).

6 Es ist strittig, ob der Textabschnitt Phil 2,6–11 in liturgischem oder literarischem Sinn ein Hymnus ist. Ich werde ihn ihm Folgenden im Anschluss an die Auslegungstradition als *Christushymnus* bezeichnen und offenlassen, ob Paulus einen ihm vorgegebenen Text aufgreift, ihn in Teilen ergänzt oder ganz selbst verfasst hat. Der Textabschnitt steht im Kontext einer Ermahnung der Gemeinde in Philippi, die verschiedenen Tätigkeiten in der Gemeinde nicht gegeneinander auszuspielen, sondern gemeinsam den Gehorsam gegenüber Christus in einer Gesinnung zu praktizieren, die sich an Jesus Christus als Vorbild orientiert und in Demut und Dienst den Glauben an Christus aus der Freude am Evangelium lebt.

Gekreuzigten, und seinen Weg hinauf als der erste Auferweckte Gottes als den Weg seiner Übererhöhung über alles Geschaffene im Himmel, auf der Erde und unter der Erde zum Mitherrscher Gottes. Es gibt nichts im Leben und im Tod, dem der Schöpfer nicht nahe wäre. Und es gibt keine Nähe des Schöpfers, die nicht durch die sich entäußernde Liebe zu den Nächsten geprägt wäre, die Jesus gelebt hat und die durch seine Auferweckung in das ewige Leben des Schöpfers als dessen unveränderliches Wesen erwiesen wird. Der Gott, der Jesus von den Toten erweckt hat, ist die Liebe, die alles neu macht und zurechtbringt, indem sie Leben aus Tod, Gutes aus Übel, Gemeinschaft aus Trennung, Freundschaft aus Feindschaft, Sein aus Nichts schafft. Und Jesus, den Gott von den Toten erweckt hat, ist die gelebte Konkretisierung und Offenbarung dieser Liebe Gottes und ihrer wirksamen Gegenwart bei den Geschöpfen.

Nicht Jesus also steht im Zentrum des christlichen Kernbekenntnisses, sondern seine Konkretisierung der Zuwendung Gottes zu den Menschen in ihren Nöten, die ihn als Christus ausweist. Nicht Gottes Gegenwart in Jesu Leben ist deshalb entscheidend, sondern sein Lebenszeugnis für die Gegenwart der Liebe Gottes im Leben seiner Mitmenschen. Auch die Evangelien unterstreichen das. Sie sind keine Jesus-Biographien, sondern Christus-Erzählungen. Jesus nimmt nicht sich selbst wichtig, sondern Gottes gute Gegenwart, und er tut es nicht für sich, sondern für die anderen. Wer auf den Jesus der Evangelien blickt, sieht die leidenden Menschen, für die er sich einsetzt, und wer auf ihn als Christus blickt, sieht in allem Gottes Liebe am Werk, die aus Leiden und Tod Leben und Heil schafft. Nicht Jesus für sich genommen ist daher wichtig, sondern Gott und die anderen. Wenn Johannes auf dem Isenheimer Alter auf den Gekreuzigten verweist, dann verweist er auf den, der nicht auf sich, sondern von sich weg auf Gott und die anderen verweist. Das ist Jesu Lebenszeugnis. Daher wird er ‚Christus' genannt. Daher sprechen Christen von ‚Gott' und nicht von einem ‚christlichen Gott'. Daher ist das Christentum keine Partikularreligion für Christen, sondern das universale Zeugnis für alle Menschen von Gott dem Schöpfer und der Welt als seiner Schöpfung. Und darum geht es in der Christologie.

5

Christologie, so verstanden, ist keine Teillehre christlicher Theologie, sondern christliche Theologie ist Christologie. Christologie aber ist durchgängig Soteriologie – also das systematische Nachdenken darüber, dass Gott nicht nur unser Dasein, sondern unser Wahrsein, Gutsein, Rechtsein möglich und wirklich macht. Jeder theologische Gedanke im Christentum ist ein soteriologischer Gedanke oder er ist kein christlicher Gedanke. Das gilt für die Christologie im weiteren Sinn (also die ganze christliche Theologie), das gilt aber auch für die Christologie im engeren Sinn (das systematische Nachdenken über Jesus Christus).

Dieses hat stets eine hermeneutische und eine dogmatische Komponente. Die hermeneutische Aufgabe ist, zu verstehen, was in den christologischen Bekenntnissen bekannt wird. Die dogmatische Komponente ist, zu denken, was dabei gesagt und verstanden wird. Bekenntnisse aber sind etwas anderes als Behauptungen. Sie haben nicht nur einen Sinn, den man verstehen kann, sondern auch einen existenziellen, die Bekennenden in das Bekannte involvierenden Charakter. Beides muss man verstehen, um sie als Bekenntnisse zu verstehen. Ihr soteriologischer Sinn und ihr existenzieller Charakter sind unlöslich verknüpft. Sie sind nicht nur Sachverhaltsmitteilungen in der dritten Person, die wahr oder wahrscheinlich sein können, sondern Existenzmitteilungen (Kierkegaard) in der ersten und zweiten Person, also Ausdruck der Überzeugung, dass die Existenzweise, die sie bekennen, wahr ist, wie jeder herausfinden kann, der selbst so lebt. Beides, ihren soteriologischen Sinn und ihre existenzielle Signifikanz, muss man beachten, wenn man sie theologisch entfalten will.

Christologisches Nachdenken beginnt daher nicht mit dogmatischen Lehrbildungen und schon gar nicht mit den reichsgesetzlichen Entscheidungen von Nicäa und Chalcedon. Diese sind Ergebnisse, nicht Ausgangspunkte christologischen Nachdenkens, und sie sind, wie alle Denkergebnisse, verbesserungsbedürftig, interpretationsfähig und korrekturnötig. Sie gehen ein Stück weit, aber nie den ganzen Weg. Und sie bleiben immer im Bereich der Möglichkeiten des Denkens und erreichen nicht die Wirklichkeit des Lebens. Sie sind daher nie das letzte Wort, sondern Zwischenergebnisse eines weitergehenden Gesprächs. Sie sind aber auch nicht das erste Wort, von dem her alles angefangen hätte. Vor ihnen und der auf sie hinführenden Denk- und Streitgeschichte stehen die Christus-Bekenntnisse der ersten Christen und die Christus-Erzählungen der Evangelien, und vor diesen die Ereignisse, durch die sie hervorgerufen werden.[7]

Hier muss man einsetzen, wenn man christologisch weiterkommen will. Eine bestimmte Kette geschichtlicher Ereignisse, nämlich Jesu Leben, Lehre, Leiden und Tod, eingebettet in die Geschichte Israels und über diese in die Geschichte

---

7 Im Fall des Auferweckungsbekenntnisses sind das vor allem (1) die *Erscheinungen des Gekreuzigten*, die für die Betroffenen durch das Wirken des Geistes zum Anlass für das Bekenntnis der Auferweckung des Gekreuzigten durch Gott werden; (2) die *Kreuzigung und der Tod Jesu*, die in die überraschende Einsicht münden, dass Jesu Leben nicht im Tod, sondern in Gottes Leben endet; (3) die *Gottesverkündigung Jesu*, der durch Gleichnisrede und Gleichnishandlung die Menschen in seiner Gegenwart auf die Gegenwart der erbarmenden Liebe Gottes in ihrem Leben hinwies; und (4) die *Passion Jesu*, die für die Zeitgenossen und für Jesus selbst das Scheitern seiner

der Menschheit, ist für Christen der Ort, an dem sich der Charakter von Gottes Gegenwart als alles neu schaffende Liebe erschlossen hat und immer wieder erschließt. Diese Ereignisse tun das nicht als solche, sondern durch Gottes Geistwirken in der Auferweckung des Gekreuzigten und im Aufbau der Gemeinde des Gekreuzigten aus Menschen aller Völker. Das verleiht ihnen einen Sinn, der über das hinausgeht, was sie im Gefüge der Ereignisse der Welt jeweils zu verstehen geben. Nicht sie erschließen Gottes Gegenwart, sondern Gott erschließt durch sie den Charakter seiner Gegenwart. Gott ist *semper ubique actuosus*; der Modus seines Wirkens ist schöpferische Liebe, die Gutes aus Üblem, Leben aus dem Tod, Sein aus Nichts schafft; dass Gott diese Liebe ist, hat sich definitiv in Jesu Lehre, Leben, Leiden und Tod gezeigt; und dieser soteriologische Sinn konkretisiert sich existenziell im Leben eines jeden Menschen in der Unterscheidung zwischen Unglauben und Glauben, der Blindheit für die Gegenwart von Gottes Liebe im Leben seiner Geschöpfe oder dem ‚Amen' zu ihr und der Ausrichtung des Lebens an ihr; und das wiederum manifestiert sich in der Geschichte der Menschheit in der Unterscheidung der christlichen Gemeinde (Kirche), zu der alle Menschen gehören können, und der nichtchristlichen Welt, zu der alle Menschen gehören. Niemand gehört zur Gemeinde, der nicht aus dem nichtchristlichen Leben zu ihr gekommen wäre. Niemand kommt zu ihr von sich aus und aus eigenen Stücken. Jeder verdankt seine Zugehörigkeit vielmehr Gottes Wirken in seinem Leben. Und den Dank dafür bringen Christen zum Ausdruck, indem sie Jesus als Christus bekennen und damit der Hoffnung Ausdruck geben, dass das, was für ihn gilt, auch für sie gelten wird.

Alle geschichtlichen Ereignisse dieser Ereigniskette besitzen ihren soteriologischen Sinn nicht als solche, sondern erhalten ihn durch das Wirken Gottes in, mit und unter ihnen. Sie sind immer mehr, als sie von sich aus zu verstehen geben, und dieses Mehr verweist stets auf Gott, der durch sie seine Liebe auch der Geschöpfe erschließt, die nichts von ihm wissen oder wissen wollen. Als maßgebliche Konkretion dieser Gottesliebe ist Jesus für Christen von bleibender Bedeutung. Der christliche Glaube richtet sich nicht auf Jesus von Nazareth, sondern auf Jesus Christus, nicht auf Jesus als galiläischen Juden im Palästina der Zeitenwende, sondern auf Jesus als Christus, durch den Gott seine bedingungslose Liebe zu seinen Geschöpfen offenbart hat. Aber: Nicht Jesus steht im Zentrum des Christentums, sondern Jesus Christus und damit Gottes Heilswirken für seine Schöpfung. Es geht um das, was Gott tut und was dadurch für und mit uns geschieht. Auf je ihre Weise

---

Mission zu belegen schien und nur für einige durch die – in ihrem Verständnis – Selbstvergegenwärtigung Gottes im Wirken des Geistes zum Kennzeichen der Gottesgegenwart nicht nur im Leben, sondern auch im Sterben und Tod wurde.

unterstreichen das alle Evangelien: Bei Mk wird Jesu in der Jordantaufe von Gott selbst zum geliebten Sohn deklariert. Bei Mt und Lk ist Gott schon bei der Zeugung und Geburt Jesu sowie in der davidischen Vorgeschichte seiner Familie aktiv involviert. Bei Joh schließlich werden in nicht zu überbietender Weise Gott und Gottes Wort von allem Anfang an zusammengedacht. Immer geht es um Gott, nie nur um Jesus, und immer geht es um das, was Gott in und durch Jesus für die Menschen tut.

6

Der frühchristliche Christushymnus in Phil 2 bringt diese soteriologische Theozentrik auf naheliegende und für die dogmatische Christologie stilbildende Weise zum Ausdruck. Das Leben Jesu ist von Anfang bis Ende einbettet in göttliches Handeln und wird als Weg Jesu Christi von den höchsten Höhen bis zu den tiefsten Tiefen des Lebens und der Schöpfung und zurück zu Gott beschrieben. Alles beginnt und endet mit Gott. Niemals geht es nur um das, was Jesus tut und leidet, sondern stets um das Wirken Gottes, das Jesu Tun und Leiden zum Schlüssel für Gottes Heilshandeln im Leben eines jeden Menschen macht, zur Neuorientierung menschlicher Existenz vom Unglauben zum Glauben führt und so einen neuen, für Gottes Wirken sensiblen Verstehenshorizont des Seins der Welt und des Erfahrens, Tuns und Leidens der Menschen eröffnet.

Dieses Geschehen besingt der Christushymnus in Phil 2 als einen doppelten Weg Jesu Christi: den Weg hinab (die Inkarnation) und den Weg hinauf (die Auferweckung). Die Inkarnation führt nicht nur in das irdische Leben (Menschwerdung), sondern ist ein Weg der Erniedrigung des Logos, der am Schandtod am Kreuz endet, also am Ort äußerster Unmenschlichkeit. Und die Auferweckung Jesu führt nicht zurück ins menschliche Leben (Wiederbelebung), sondern ist ein Weg der Übererhöhung, der in Gottes Leben zur Rechten Gottes endet, also in der Teilhabe am ewigen Leben des Schöpfers und damit in der vollendeten Form der Menschlichkeit. Beides hat soteriologische Relevanz. Der erste Weg zeigt, dass Gott nicht bei sich selbst bleibt, sondern selbst im Schandtod und am Ort äußerster Unmenschlichkeit gegenwärtig ist: *Es gibt keinen Ort oder Zustand in der Schöpfung, an dem Gott nicht gegenwärtig wäre.* Und der zweite zeigt, dass es nicht um Jesus, sondern um Gott geht, weil der Gekreuzigte den Charakter von Gottes Gegenwart für immer prägt, indem er in ihre Wirksphäre eingeht und an der Ausübung von Gottes Herrschaft über die Schöpfung partizipiert: *Wo immer Gott ist, da ist auch Jesus* – das heißt: Gott ist so, wie Jesus ihn durch Wort und Tat präsentiert hat und ein wahres menschliches Leben besteht darin, der geschöpfliche Repräsentant der Gutes wirkenden Liebe Gottes in der Schöpfung zu sein. Wie die Auferweckung des Gekreuzigten klarstellt, dass Gott auch im Tod als liebender Vater gegenwärtig ist, so gibt der gekreuzigte Jesus Gott ein Gesicht, das Gott den Menschen als erbarmende Liebe zugänglich macht und die Menschlichkeit des Menschen als Teilhabe am Liebeswirken des Schöpfers erschließt. Gott ist keine dunkle Macht, sondern die Macht der erbarmenden Liebe, die sich in der Hingabe Jesu für seine Mitmenschen manifestiert hat und die Gott mit der Auferweckung des Gekreuzigten in sein Leben bestätigt und bekräftigt. Gott erweist sich an seinem Verkünder so, wie dieser ihn verkündet hat: als schöpferische, erbarmende, bedingungslose Liebe. Nur so kennen Christen Gott, so hoffen sie auf ihn, so bekennen sie ihn, so sprechen sie von ihm und so denken sie ihn. Narrative Symbole wie die Himmelfahrt Jesu, das Sitzen zur Rechten Gottes oder das Wiederkommen zum Gericht bringen das sprechend zum Ausdruck. Sie alle machen weniger eine Aussage über Jesus als vielmehr über Gott: Gottes Gegenwart ist bleibend durch die Gegenwart Jesu geprägt, Gottes Herrschaft unwiderruflich so, wie Jesus sie ausübt, Gottes Liebe eins mit der Nächstenliebe, die Jesus gelebt hat. Jesu bedingungslose Mitmenschlichkeit konkretisiert Gottes Gegenwart und Herrschaft als bedingungslose Liebe zu allen, denen Gott als seinen Nächsten gegenwärtig ist. Gott ist die Liebe, und in und durch Jesus hat sie sich als bedingungslose Nächstenliebe erschlossen.

Zwei Dinge stellt der Christushymnus in Phil 2 also klar: *Dass* Gott immer und überall da ist, selbst im unmenschlichen Schandtod des Gekreuzigten, und *wie* Gott da ist, als schöpferische, erbarmende, bedingungslose, neu- und menschlich machende Liebe. Gott ist jeder Gegenwart gegenwärtig, selbst wo das Gegenwärtige im Nichts des Todes zu versinken scheint, und er ist so gegenwärtig, wie Jesus ihn verkündet hat, als Leben wirkende Liebe, die nicht dort endet, wo unser Leben endet, sondern weit über alles Geschaffene hinausreicht. Gottes Präsenz ist universal, und der Modus von Gottes Präsenz ist schon immer und für immer so, wie Jesus es aufgedeckt und gelebt hat.

Die Formel *Wo Gott, da Jesus* ist die Kurzfassung dieser Einsicht. Sie bringt auf den Punkt, dass Gott von sich aus so ist, wie Jesus ihn bezeugt: Erbarmende Vaterliebe, die niemand vergisst, dem sie sich zuwendet, und die keinen dem Nichts überlässt, den sie liebt. Die Formel *Wo Gott, da Jesus* lenkt den Blick also nicht auf Jesus, sondern auf Gott. Gerade so markiert sie einen wichtigen Schritt auf dem Weg zum späteren Trinitätsdogma. Gott und Jesus sind eins (at one), aber sie sind nicht gleich (the same) oder auch nur ähnlich (similar). Ihr Einssein ist kein Gleichsein oder Ähnlichsein, sondern ein Einswerden Gottes mit dem gekreuzigten Jesus. Das heißt: Der Ort, an dem der Gekreuzigte ist, ist zugleich der Ort, an dem Gott ist, und das verleiht diesem Ort mehr als nur einen Sinn. Denn wo Gott ist, da wirkt er als Schöpfer, schafft Neues, Gutes, Leben, Gemeinschaft. Das Einswerden Gottes mit dem Gekreuzigten vollzieht sich daher als dessen Auferweckung in Gottes Leben, als Wechsel und Neubestimmung seines Existenzortes vom Hier und Jetzt bzw. Damals und Dann des Kreuzestodes im zeitlichen Leben der Menschen zum Immer und Ewig der Auferweckung des Gekreuzigten im Leben Gottes. Der Gekreuzigte ist jetzt am Ort Gottes und damit in Gottes Leben, nicht umgekehrt. Die bleibende Wahrheit des Lebens Jesu kommt damit nicht schon im menschlichen Urteil über den Gekreuzigten, sondern erst im göttlichen Urteil über den auferweckten Gekreuzigten zur Geltung, und das erweist Gott in Kreuz und Auferweckung Jesu konkret als den, der Menschen in ein rechtes Verhältnis zu sich setzt und sie zu Präsenzorten seiner Liebe in der Schöpfung macht. Eberhard Jüngel hat es als „Identifizieren" Gottes mit dem gekreuzigten Jesus beschrieben, das die Differenz zwischen Gott und Jesus nicht aufhebt, sondern das Jesus-Geschehen zum Ort der Offenbarung des Wesens Gottes als Liebe zu denen macht, die seine Gegenwart leugnen und ihr gegenüber blind sind. *Wie* Gott und Jesus eins sind, also der Modus ihres Einsseins, wird durch den Geist zum Ausdruck gebracht, der dieses Einssein dynamisch als Einswerden, als Akt der überschießenden Liebe Gottes vollzieht, durch die sich Gottes ewiges Leben auf andere hin öffnet, die in dieses Einswerden (at-one-ment) einbezogen werden. Gott ist mit Jesus eins im Wirken seiner Liebe, und weil dieses Einssein sich immer nur einstellt, wo es andere mit einbezieht, gibt es dieses Einssein nur als Einswerden Gottes mit seinen Geschöpfen im Vollzug der Liebe als Nächstenliebe, Selbstliebe und Gottesliebe.

7

Die Formel *Wo Gott, da Jesus* ist daher zentral für das christliche Gottesverständnis. Gilt das auch für ihre Umkehrung *Wo Jesus, da Gott* – und zwar nicht nur im generellen schöpfungstheologischen Sinn? Das ist die entscheidende Frage für die Ausbildung des christologischen Dogmas. Dieses ist das Resultat einer theologischen Identitätslogik, die davon ausgeht, dass Gott als voll bestimmte ursprüngliche Wirklichkeit immer schon ist, was er wird und werden kann, und deshalb aus dem Einswerden Gottes mit den gekreuzigten Jesus folgert, dass Gott immer schon mit Jesus eins war, so dass dieser niemals als der verstanden werden kann, der er ist, ohne auch Gottes Gegenwart bei ihm zu beachten. Gott wird mit Jesus eins nicht erst in Kreuz und Tod, wie die Auferweckung zeigt, sondern schon im Leben und Lehren, im Geboren- und Getauftwerden, in der Präexistenz. Hermeneutisch wird das, was sich in der Auferweckung des Gekreuzigten erschließt (Gottes Einswerden mit Jesus), damit in die gesamte Vorgeschichte Jesu zurückgelesen: Schon in seinem Leiden und Lehren, seiner Taufe und seiner Geburt, ja vor seiner Geburt war Jesus eins mit Gott. Von der Auferweckung her erweist sich Jesu Leben von Anfang an als mehr, als es von sich aus zu verstehen gibt: Es ist an jedem Punkt die Vollzugsform des Einsseins Gottes mit dem, den er als Gekreuzigten in sein Leben auferweckt hat. Erschlossen wird das nicht aus einer Analyse dessen, was wir von Jesu Leiden, Lehre, Taufe, Zeugung und Geburt wissen oder wissen können, sondern es wird aus der Überzeugung von der prinzipiellen Unveränderlichkeit Gottes gefolgert: *Was irgendwann wahrhaft von Gott gilt, muss immer von Gott gegolten haben oder es kann nicht wahrhaft von Gott gelten.* Wenn das Einswerden Gottes mit Jesus zum Wesen Gottes gehört und seinen Charakter als überschießende Liebe bestimmt, dann kann es keine Zeit geben, an der das nicht wahr gewesen wäre, dann kann es Gott nicht geben, ohne dass er Jesus gegenwärtig wäre, und dann kann es Jesus nicht geben, ohne dass Gott ihm gegenwärtig wäre. Deshalb muss man das Einswerden Gottes mit Jesus von der Auferweckung des Gekreuzigten auf die Inkarnation und die Präexistenz des Logos, auf die Menschwerdung und das ewige Mit-Gott-Sein des Logos hin ausziehen.

Damit aber wächst die Gefahr, die soteriologische Pointe der Formel *Wo Gott, da Jesus* aus dem Blick zu verlieren. Diese betont ja nicht nur Gottes Gegenwart bei Jesus, sondern Gottes Gegenwart bei Jesus *um unseretwillen* und damit den *Modus* von Gottes Gegenwart *als Liebe*. Es geht nicht um eine Sonderbeziehung zu Jesus, sondern um Gottes Heilsbeziehung zu uns. Es geht aber auch nicht nur um die Schöpferbeziehung Gottes zu uns und allen anderen Geschöpfen, also darum, dass alle, die auch nicht sein könnten, nur durch Gottes schöpferische Gegenwart da sind. Sondern es geht um die Präsenz dessen, der für uns und alle Schöpfer, Retter und Vollender ist, dem wir also nicht nur unser Dasein, sondern auch unser Wahrsein, Gutsein und Rechtsein verdanken. *Dass* wir das tun, dass wir Gottes Geschöpfe sind, die ohne die Zuwendung des Schöpfers in ihrer Gottesblindheit verfangen bleiben und verloren sind, eben das erschließt sich in und durch das Jesus-Geschehen, wenn Gottes Geist einem die Augen und Herzen dafür öffnet.

Wie daher *Wo Gott, da Jesus* eine Konkretion der soteriologischen Beziehung Gottes zu uns und nicht nur seiner Schöpferbeziehung zu allen Geschöpfen oder einer besonderen Beziehung Gottes zu Jesus ist, so ist *Wo Jesus, da Gott* nur dann theologisch eine zulässige Umkehrung, wenn es dabei nicht nur um die Schöpfungsbeziehung oder eine christologische Sonderbeziehung Gottes zu Jesus geht, sondern um eine Präzisierung der soteriologischen Beziehung Gottes durch Jesus und seinen Geist zu uns. Nie geht es nur um *Jesus*, sondern immer um *Jesus als Christus*, Christus aber ist Jesus, insofern er dafür steht, dass sich das Heil der Welt allein Gottes Kommen und Gegenwart verdankt, und eben das hat sich zentral in der Auferweckung des Gekreuzigten erschlossen. Der richtige Ausgangspunkt *Wo Gott, da Jesus* führt daher in die Irre, wenn er pauschal als die Umkehrung *Wo*

Jesus, da Gott entwickelt wird. Der Blick verengt sich dann christologisch auf Jesus, während er sich doch soteriologisch auf uns und alle Geschöpfe weiten sollte.

Das entscheidende Problem der Christologie ist daher nicht die Abwendung der Moderne vom Paradigma der Inkarnation und der Präexistenz und ihre Ersetzung durch die Paradigmen des moralischen Vorbilds, religiösen Revolutionärs oder begnadeten Religionsgründers, sondern die frühchristliche Abwendung vom Paradigma der Auferweckung und deren theologische Konstruktion als Vollendung der Inkarnation, der Menschwerdung Gottes. Die Auferweckung ist nicht die eschatologische Vollendung einer Bewegung, die von der Präexistenz des Logos und seiner Inkarnation in Jesus zu dessen Auferstehung und Auffahrt in den Himmel führt. Diese sind vielmehr umgekehrt zurückprojizierte theologische Explikationen dessen, was sich in der Auferweckung des Gekreuzigten erschließt. Theologisch sind sie das zweite, nicht das erste, und es führt in die Irre, sie zum ersten zu machen und die Auferweckung zum zweiten. Das Christentum begann an Ostern, nicht an Weihnachten, und ohne Ostern hätte es Weihnachten nie gegeben. Wird dagegen umgekehrt argumentiert, dann wird die Auferweckung als Auferstehung, als eigene Aktion Jesu, gedacht und nicht strikt und ausschließlich als Aktion Gottes verstanden. Doch daran hängt ihr Heilscharakter. Erlösung ist ganz und ausschließlich Aktion Gottes und in keiner Weise Selbsterlösung. Nicht wir erlösen uns, sondern Gott erlöst uns. Denn – und dafür steht die Auferweckung des Gekreuzigten – sie ist ein Wechsel vom Tod zum Leben, und dieser Wechsel kann von keinem Toten, sondern allein von Gott vollzogen werden, der „die Toten lebendig macht und ruft das, was nicht ist, dass es sei" (Röm 4,17).

Die beiden Grundpfeiler christlicher Soteriologie sind daher das radikale *solo deo* und das universale *pro nobis*. Und weil es keine sachgemäße Christologie gibt, die nicht durch und durch soteriologisch wäre, gilt das auch für jede Christologie.

8

Dass soteriologisch alles am *solo deo* hängt, war auch im Paradigma der Inkarnation unbestritten. Während die (nicht Inkarnation genannte) Menschwerdung in Phil 2 als Aktion Christi beschrieben wird, der, obwohl er in der Gestalt Gottes war, es nicht für seinen berechtigten Besitzstand erachtete, Gott gleich zu sein,[8]

---

8 Vgl. Joseph H. Hellerman, *Reconstructing Honor in Roman Philippi. Carmen Christi as Cursus Pudorum*, MSSNTS 132 (Cambridge: Cambridge University Press, 2005); Michael J. Gorman, *Inhabiting the Cruciform God. Kenosis, Justification, and Theosis in Paul's Narrative Soteriology* (Grand Rapids, Mich.: William B. Eerdmans, 2009), bes. 9–39.

wird die (nicht so genannte) Auferweckung als Aktion Gottes gedacht, der dafür sorgt, dass Christus den Tod triumphal hinter sich lässt, nachdem er sich ihm gar nicht richtig ausgesetzt hat. Vermutlich suchte schon Paulus, das zu korrigieren, indem er das bis „zum Tod am Kreuz" (Phil 2,8) hinzufügte, wie seit Ernst Lohmeyer[9] immer wieder gemeint wird, wenn man nicht den ganzen Vers (wie Georg Strecker[10]) oder den ganzen Text (wie Hellerman) für paulinisch hält. Und erst dann versteht sich von selbst, dass Gott (ὁ Θεος) und nicht Jesus Christus als Subjekt der Auferweckung und Erhöhung genannt wird (Phil 2, 9): Ein Toter steht nicht von selbst wieder auf.

Es geht in diesem paränetischen Text also weniger um die Menschwerdung Gottes, als vielmehr um das *Menschlichwerden* des Menschen, dessen Pointe in Christi Demut und Verzicht auf das Teilhaben am Göttlichen gesehen wird. Erst ein solcher menschlicher Mensch kann an Gottes Herrschaft über die Schöpfung teilhaben und damit als Geschöpf ungetrennt und ungeschieden vom Schöpfer in dessen ewiger Gegenwart leben. Aber gerade indem im Hinblick auf die Überwindung des Todes als der endgültigen Scheidung von der Quelle des Lebens nachdrücklich das *solo deo* betont wird, werden die Weichen für ein Auseinandertreten von Christologie und Soteriologie gestellt, insofern das *pro nobis* soteriologisch an die zweite Stelle tritt. Das Entscheidende ist das, was sich zwischen *Gott und Jesus* abspielt; was sich zwischen *Gott und uns* ereignet, wird dem zu- und nachgeordnet. Zwar wird ausdrücklich gesagt, dass all das geschieht, „damit in dem Namen Jesu sich jedes Knie beugen soll, das der Himmlischen und das der Irdischen und das der Unterirdischen und jede Zunge bekennen soll: ‚Jesus Christus ist Herr', zur Ehre Gottes des Vaters" (Phil 2,10 f.). Es wird also ausdrücklich die universale kosmologische Weite von Welt, Überwelt und Unterwelt in den Blick genommen als Zielhorizont dessen, was in der Inkarnationsbewegung dem Logos und in der Erhöhungsbewegung Jesus Christus zugeschrieben wird. Aber das ganze Geschehen konzentriert sich auf Jesus, den menschgewordenen Gottes-Logos, nicht auf uns. Er hat den Tod überwunden, für uns besteht er nach wie vor.

Es war nur eine Frage der Zeit, bis grundlegende Fragen an dieses theologische Denkmodell und seine Ausarbeitung in der Tradition von Chalcedon gestellt wurden, die zu den Umbrüchen der Moderne führten. Die theologischen Debatten, die auf Chalcedon hinführten, haben sich ganz auf das Durchdenken des Ver-

---

9 Ernst Lohmeyer, *Kyrios Jesus. Eine Untersuchung zu Phil. 2, 5–11* (Heidelberg: Carl Winters Universitätsbuchhandlung, 1928), 44.
10 Georg Strecker und Udo Schnelle, *Einführung in die neutestamentliche Exegese*, UTB 1253 (Göttingen: Vandenhoeck & Ruprecht, ³1989), 127 mit Hinweis auf Georg Strecker, „Redaktion und Tradition im Christushymnus Phil 2,6–11," in *Eschaton und Historie. Aufsätze.* (Göttingen: Vandenhoeck & Ruprecht, 1979), 142–157; hier 150.

hältnisses von *Gott und Jesus* konzentriert, während das Verhältnis zwischen *Gott und uns* nur in den dort erarbeiteten Kategorien als Verhältnis zwischen *Jesus Christus und uns* bedacht wurde. So betont das trinitarische Dogma, dass Jesus nicht einfach Gott, sondern der *Sohn* bzw. das *Wort* oder der *Logos* Gottes, also *Christus* ist, der den Menschen Gottes Liebe und Gegenwart erschließt, und das christologische Dogma unterstreicht, dass er nicht nur *vere deus*, sondern auch *vere homo*, also *Jesus* Christus ist, der das auf eine für uns Menschen nachvollziehbare Weise tut. Seine Differenz zu Gott wird also durch das *vere homo*, seine Differenz zu uns durch das *vere deus* zum Ausdruck gebracht. Beide Bestimmungen werden nach den Kappadoziern Jesus nicht als Mensch, sondern als Logos zugesprochen. Nur so ist gewährleistet, dass wer ihn hört, nicht nur einen Menschen, sondern Gott selbst hört. Das aber ist soteriologisch der entscheidende Punkt. Durch die beiden altkirchlichen Dogmen wird Jesus so von Gott und den Menschen unterschieden und auf sie bezogen, dass er soteriologisch als der maßgebliche Ort ausgezeichnet ist, an dem die Menschen durch Gott selbst (den Logos) das für sie Maßgebliche von Gott erfahren. Das für sie Maßgebliche aber ist nicht, dass Gott in Jesus Christus die Bedingung für ihre Erlösung geschaffen hat, auf die sie sich einlassen können oder auch nicht, sondern dass Gott an ihrem Ort und in ihrem Leben so präsent und am Werk ist, wie es in Jesu Leben und an seinem Ort deutlich wurde.

Diese theologisch entscheidende Einsicht wird verdunkelt, wenn man das, was man von dort her über sich und Gott erfährt, diesem Ort zuschreibt, die Einsicht, die man an seinem eigenen Ort gewinnt, also auf den Ort und die Person Jesu zurückprojiziert. Man bringt Gottes Gegenwart nicht dadurch als Heil der Welt zur Sprache, dass man alles in Jesus Christus hineinliest, was sich von ihm her über Gottes Gegenwart in der Welt erschließt. Das Heil der Menschen besteht nicht in der Menschwerdung Gottes, sondern in der Menschwerdung durch Gott, die zu einem Leben führt, in dem Schöpfer und Geschöpf in einer Gemeinschaft der Verschiedenen verbunden sind. Die zu überwindende Kluft zwischen Gott und Mensch besteht ja nicht darin, dass Gott der Schöpfer und wir seine Geschöpfe sind, sondern dass seine Geschöpfe den Schöpfer ignorieren, also genau das nicht sind, was sie doch sein sollten: Denkmäler (Zeugen, Repräsentanten, Ebenbilder) der Liebe Gottes in der Schöpfung. Das Problem ist die Gottesblindheit, nicht das Geschöpfsein des Menschen. Dieses Problem wird nicht dadurch gelöst, dass der Schöpfer Geschöpf, Gott also Mensch wird, sondern nur dadurch, dass Menschen durch Gott selbst für Gottes Gegenwart geöffnet und damit im Vollsinn Menschen werden. Der Mensch muss sich ändern, nicht Gott. Er muss Mensch werden, nicht Gott, und er wird es nur, wenn er aufhört, ohne Gott sein zu wollen oder sein zu wollen wie Gott, also die Differenz zwischen sich und dem Schöpfer zu ignorieren und zu bestreiten. Die Kluft der Sünde wird nicht durch die Menschwerdung Gottes überwunden, aber auch nicht durch den Versuch des Menschen, ohne Gott zu leben oder wie Gott zu werden (darin besteht ja gerade die Sünde), sondern dadurch, dass Gott die Menschen von der Sünde der Gottesblindheit befreit und zum Menschsein im Vollsinn befähigt. Nicht Gott muss anders werden, sondern der Mensch. Der Mensch aber wird nicht dadurch anders, dass Gott Mensch wird, sondern dass Gott ihn zum Menschen im Vollsinn macht, also gerade als Gott wirkt und alles neu macht, indem er die menschliche Gottesblindheit beseitigt, Menschen für die Gegenwart seiner Liebe in ihrem Leben sensibel macht und ihnen so ein Leben in der wechselseitigen Liebe von Schöpfer und Geschöpf eröffnet.

Es wäre allerdings ein Irrtum zu meinen, das trinitarische und das christologische Dogma wären mit ihrem Fokus auf Jesus Christus an der Erlösung der Menschen und ihre wahre Menschwerdung nicht interessiert, weil in Jesus Christus alles schon erreicht ist. Im Gegenteil. Sie haben selbst eine soteriologische Pointe. Gerade um unsere Erlösung geht es ja, wenn von der Inkarnation des Logos und der Auferweckung des Gekreuzigten die Rede ist, nicht nur um Jesus. Jeder bedarf der Erlösung und bei jedem muss sie im eigenen Leben stattfinden. Deshalb muss man präzis reden: Jesus ist nicht unsere Erlösung, sondern er erschließt unseren Erlöser. Unsere Erlösung aber findet an je unserem Ort statt und nicht anderswo. Und sie findet immer nur durch Gott statt, der jeden zum Ort und Zeugen seiner Gegenwart macht, indem er ihm so gegenwärtig wird, wie Jesus ihn offenbarte: als alles erneuernde schöpferische Liebe.

Diese soteriologische Pointe droht aus dem Blick zu geraten, wenn man sich theologisch nur auf Jesus Christus fokussiert und in inkarnationstheologischer Perspektive versucht, die Wirklichkeit der Auferweckung des Gekreuzigten in Gottes Leben, von der man ausgeht, in allem zu finden, was dem Kreuz vorausgeht. In auferweckungstheologischer Perspektive muss man gerade umgekehrt vorgehen. Anstatt das ganze systematische Augenmerk auf *Jesus Christus* zu richten, ist *von ihm her* theologisch *auf alles andere* zu blicken. Sonst liest man in ihn hinein, was man von ihm her über Gott, die Welt, die Menschen erfahren kann und meint erfahren zu haben und verdichtet die ganze Heilsgeschichte christologisch in eine Geschichte zwischen Gott und Jesus. Damit aber verkehrt man die soteriologische Pointe des christlichen Glaubens (die Gegenwart von Gottes Liebe in jedem Leben) in einen christologischen Sonderfall (die Gegenwart Gottes in Jesu Leben), der die Kluft zwischen Jesus und allen übrigen Menschen nicht schließt, sondern unüberbrückbar macht. Jesus ist nicht einfach Gott, aber auch nicht einfach Mensch, sondern *der Ort, an dem Gott sich offenbart*, nämlich *das von sich kundwerden lässt, was die Menschen zu ihrem Heil von ihm wissen müssen*. In diesem Sinn ist Jesus die Offenbarung bzw. der wahrhaftige Zeuge Gottes.[11] Und entsprechend ist der Glaube an Jesus Christus der Glaube an *Gott*, wie er sich in Jesus Christus kundgetan und zugänglich gemacht hat.

Das Kundwerden der schöpferischen Gegenwart der Liebe Gottes vollzieht sich nach dem Philipper-Hymnus aber nicht schon in der Erniedrigungsbewegung der Inkarnation des Logos, sondern erst in der Erhöhungsbewegung der Auferweckung Jesu durch Gott. Erst von dieser her kann man Gottes Liebe auch in jener am Werk sehen. Für sich genommen führt die Inkarnationsbewegung zum Verstummen im Kreuzestod und nicht zum Lobpreis des Namens des Gekreuzigten. Das Kreuz ist soteriologisch stumm und macht sprachlos. Johannes wird sagen: Die Welt erkannte ihn nicht und die Seinen nahmen ihn nicht auf (Joh 1,10f.).

Das trifft sich mit der Pointe des Auferweckungsbekenntnisses. Erst von Gottes Erhöhungshandeln in der Auferweckung her kann es ein ‚Wort vom Kreuz' geben, das im Kreuz ein Heilsgeschehen sieht, und ein Evangelium, das in Jesu Leben und Sterben Gott am Werk sieht. Will man der Auferweckung des Gekreuzigten als soteriologischem Geschehen gerecht werden und sie nicht zum christologischen Mirakel verkürzen, ist sie deshalb nicht im Paradigma der Inkarnation als Auferstehung zu denken, sondern im Paradigma der Auferweckung als bedingungsloses Heilshandeln Gottes zugunsten seiner Geschöpfe, ob diese ihn ignorieren oder nach ihm fragen. Das heißt hermeneutisch, dass die Auferweckung nicht von Präexistenz und Inkarnation her zu erhellen ist, sondern dass diese von der Auferweckung her zu verstehen sind. Und das heißt dogmatisch, dass es in der Christologie nicht um Jesus Christus, sondern um Jesus als Christus für uns geht. Nicht Jesus ist das Geheimnis, das es zu verstehen gilt, sondern wir sind es. Und verstanden wird es nicht, wenn man bei Jesus stehen bleibt, sondern wenn man sich durch Jesus auf Gott hin lenken lässt und so auf dessen Gegenwart im eigenen Leben aufmerksam wird.

9

Der Einwand, der sich hier aufdrängt, ist offenkundig: Der Weg hinab und der Weg hinauf sind im Philipper-Hymnus zwei Phasen eines Weges. Man kann die Erniedrigungs- und Erhöhungsbewegung nicht voneinander trennen oder gegeneinander ausspielen. Das ist richtig. Doch ist dieser Weg von vorne nach hinten oder von hinten nach vorne zu lesen? Im ersten Fall ist der Leitgedanke: Die Inkarnation und die Auferweckung als Inversion der Inkarnation ist die Vollendung

---

11 Vgl. Karl Barth, KD IV/3,1.

der Menschwerdung des Logos in der Auferstehung und Heimkehr des Logos zu Gott. Im zweiten Fall ist der Leitgedanke: Die Auferweckung und die Inkarnation ist als Inversion der Auferweckung die Vollendung der Schöpfung durch die Lebensgemeinschaft des Schöpfers mit den Geschöpfen. Geht es im ersten Paradigma zentral um die Menschwerdung des Logos, so steht im zweiten Paradigma die Menschwerdung durch den Logos im Zentrum.

Beide christologische Paradigmen haben charakteristische Stärken und Schwächen. So hat das Paradigma der Inkarnation die christologische Debatte dominiert und im Lehrentscheid von Chalcedon mit der Betonung des unvermischten und ungetrennten *vere deus* und *vere homo* Jesu Christi seine theologisch wirksamste Gestalt gefunden. Die Formel *Wo Jesus, da Gott* wird dort als Duplizität zweier prinzipiell verschiedener ‚Naturen' (Gottheit/Menschheit) verstanden, die beide zugleich Jesus Christus (dem Logos) zugesprochen werden, und nicht als zwei unverzichtbare Perspektiven, in denen der Ort verstanden werden muss, an dem Jesus und an dem zugleich Gott ist, so dass Jesus einmal als Gekreuzigter, das andere Mal als Auferweckter in den Blick kommt, als Gekreuzigter im Urteil der Menschen, als Auferweckter im Urteil Gottes. Aus einer Wo-Frage (Wo ist der Gekreuzigte? Antwort: Im Leben Gottes) wird so eine Was-Frage (Was ist Jesus Christus? Antwort: wahrer Gott und wahrer Mensch), als ob zwei ganz verschiedene Perspektiven wie in einem Picasso-Gemälde zugleich auf eine gemeinsame Fläche projiziert werden könnten. Was ästhetisch wirkungsvoll ist, konnte theologisch nur in Verwirrung stürzen, und hat es auch getan. Die Vertiefung, Fortbildung und Kritik der chalcedonensischen Zwei-Naturen-Sicht bestimmt die Geschichte christologischen Denkens im Christentum bis in die Gegenwart. Lag der Fokus des Inkarnations-Paradigmas dabei zunächst auf der Menschwerdung des Logos im Leben Jesu, so wurde er bald auf die Fortsetzung der Inkarnation des Inkarnierten im Leben der Kirche ausgeweitet und diffundiert spätestens seit dem 19. Jahrhundert im Universalismus der Inkarnation des Göttlichen in der Menschheitsgeschichte und im Immanentismus des Wirkens des Logos-Geistes in der Kultur- und Weltgeschichte. Aus der Inkarnation des Logos in Jesus Christus wurde so die immanente Dynamik der Entfaltung der Menschheits- und Weltgeschichte auf das Telos der Aufhebung aller Differenzen nicht nur zwischen den Geschöpfen, sondern auch zwischen Schöpfer und Geschöpf in der Einheit des Absoluten. Kritiker konnten darin nur den völligen Verlust des Transzendenzbezugs sehen, der das Christentum zum Motor der Säkularisierung der Welt werden ließ. Gottes Eingehen in die Weltgeschichte ist die Verabschiedung der Welt von jedem transzendenten Gottesbezug. Die Inkarnation Gottes in der Welt ist der Anfang vom Ende der Orientierung der Welt an Gott.

Diese Entwicklung wurde in der Moderne dadurch befördert, dass Gottes Kommen in die Welt als Gleichwerden Gottes mit uns und unserem Elend verstanden und propagiert wurde. Das Evangelium wurde auf die für tröstlich gehaltene Mitteilung zugespitzt: Wir sind in unserem Elend nicht allein. Gott ist einer von uns geworden. Aber man vergaß mit gleichem Nachdruck hinzuzusetzen und fortzufahren: *Um uns zu retten und die Welt von Grund auf zu ändern*. Man betonte das Eingehen Gottes in unsere Welt, sein Mitmensch-Werden und uns Nahesein. Dem Gedanken der Neuschöpfung in der Inkarnation dagegen vermochte man keinen Ausdruck mehr zu verleihen, sondern verlagerte alle rettende und weltverändernde Aktivität vom Schöpfer auf die Geschöpfe: Gott wurde Mensch, um die Menschen zu befähigen, selbst eine gottgefällige Welt zu schaffen.

Das war eine bestenfalls halbherzige Interpretation des Philippertextes: Der Logos verzichtete auf sein Gottsein, um zu werden wie wir. Die klassische Christologie hatte das anders entfaltet. Nicht das Eingehen des Logos in unsere Wirklichkeit ist der entscheidende Punkt, sondern die Heilung unserer Wirklichkeit durch ihr Hineinnehmen in das Leben des Logos. Im Rahmen der Zwei-Naturen-Lehre wurde die Inkarnation nicht als Vermenschlichung des Logos verstanden, sondern als *assumtio*, als Auf- und Hineinnahme der beschädigten menschlichen Natur in das Leben der zweiten Person der Trinität. Nicht der Logos wurde wie wir, sondern wir wie der Logos, weil unsere Menschheit durch die Einbeziehung in das Leben des Logos geheilt und so vollendet wird, wie der Schöpfer sie von Anfang an haben wollte. Man musste dazu zwar die fragwürdige Annahme einer menschlichen Natur machen, die allen Menschen gemein ist, musste also die vielfältigen Differenzen unter den Menschen als sekundär und zweitrangig ansehen. Aber man hatte anders als in der Moderne eine klare Vorstellung der Verteilung von Aktivitäten und Passivitäten im Heilsprozess: Aktiv ist allein Gott, die Menschen sind durchgängig passiv einbezogen, weil ihnen als Gabe zugutekommt, was Gott für sie tut, und sie erst dadurch zu eigenem Gutestun instandgesetzt werden. Die entscheidende Aktivität besteht dabei im Fall Gottes wie im Fall der Menschen im *Verzicht*: Der Logos verzichtet auf sein Gottsein, um werden zu können wie wir, und wir müssen auf unser Tätigsein verzichten, um neu werden zu können.

Die Kenose wird damit ein Schlüsselgedanke und Zentralproblem der neueren Christologie.[12] Denn wird sie als *krypsis* gedacht, also als Verbergung der Göttlichkeit des menschgewordenen Logos, dann ist dieser kein Mensch wie wir, sondern ein einzigartiges Gott-Mensch-Wesen, wie es die Neufassung der *communicatio idiomatum* mit der Herausstellung des *genus maiestaticum* in der lutherischen Reformation und Hochorthodoxie zu denken versucht hatte. Jesus Christus scheint dann

---

12 Vgl. Paul T. Nimmo and Keith L. Johnson, *Kenosis: The Self-Emptying of Christ in Scripture and Theology* (Grand Rapids, Mich.: Eerdmans, 2022).

zwar ein Mensch wie wir zu sein, aber er ist es nicht, weil er die zweite Person der Trinität ist, die die Menschheit in ihrer vollkommenen Form enhypostatisch in sich aufgenommen hat, aber gerade deshalb nicht ein Mensch wie wir ist oder sein kann. Er ist in entscheidender Hinsicht anders als wir, nämlich göttlich, und damit in keiner Weise ein Vorbild, dem wir nacheifern könnten. Das ist auch dann nicht anders, wenn man den Gedanken neureformiert als „ontologische Rezeptivität" des Logos[13] entwickelt, der die menschliche Aktivität Jesu in sich „absorbiert"[14], weil dies zwar den Menschen Jesus von Ewigkeit in Gottes Sein verwickelt, aber eben damit anthropologisch ein christologisches Sondersubjekt „mit zwei Gemütern, Willen usw."[15] schafft, das nur in seinen Aktivitäten, aber *nicht* in seinem Personsein mit anderen Menschen verglichen werden kann. Jesus Christus nacheifern zu wollen, ist abwegig. Er ist ganz und gar anders als wir.

Wird die Kenose dagegen streng gedacht, also nicht als Verbergung, sondern als Aufgabe und Verzicht des Gottseins des Logos, dann ist der Schöpfer nicht mehr als Schöpfer wirksam und damit auch der Mensch nicht mehr passiv in den Neuschöpfungsprozess einbezogen. Die Abwendung von der dogmatischen Zwei-Naturen-Christologie und die Hinwendung zur historischen Jesus-Forschung seit dem ausgehenden 18. Jahrhundert ist auch dadurch motiviert – mit der Folge, dass die soteriologische Dimension des Christus-Bekenntnisses aus dem Blick gerät und das Urbild des wahren Menschen zum moralischen Vorbild des guten Menschen verkürzt wird.

Das christologische Paradigma der Auferweckung teilt mit der klassischen Inkarnationschristologie die Betonung der alleinigen Aktivität Gottes im Heilsprozess, der auf menschlicher Seite immer nur ein bedingungsloses passives Einbezogenwerden entspricht. Gott geht nicht in die Welt ein, sondern die Welt wird durch Gott neu geschaffen. Seine Aktivität besteht im schöpferischen Schaffen, nicht im Verzicht, allenfalls im Verzicht auf den Verzicht, und nur deshalb können die Geschöpfe auf alle eigene Aktivität verzichten und ganz passiv werden, was Gott aus ihnen macht, ehe sie selbst aktiv zu werden vermögen. Nicht wie wir sie erleben, ist daher der Schlüssel zur wahren Erkenntnis der Welt und der Menschen, sondern was Gott aus ihnen macht.

Damit ist zwar die Transzendenz des Schöpfers gewahrt, aber – so wird kritisiert – um einen hohen Preis: Mit der Betonung der Neuschöpfung scheint die Materialität und Geschichtlichkeit der Welt theologisch aus dem Blick zu geraten und das Übel und Böse in der Welt überspielt zu werden. Doch das ist ein Irrtum. Die

---

13 Bruce L. McCormack, *The Humility of the Eternal Son: Reformed Kenoticism and the Repair of Chalcedon* (Cambridge: Cambridge University Press, 2021), 7.12.19. passim.
14 McCormack, *Humility*, 290.
15 McCormack, *Humility*, 62.

Materialität und Geschichtlichkeit der Welt wird im Auferweckungs-Paradigma nicht ignoriert oder beseitigt, sondern sie wird transparent für die Gegenwart Gottes und das Wirken seiner Liebe im Geist. Und auch das Böse und die Übel der Welt werden nicht überspielt und verharmlost. Sie haben vielmehr nicht länger das letzte Wort, sondern werden Anlass für Gutes und Neues, das nicht mehr von Gott trennt, sondern für Gottes Zuwendung empfänglich ist. Die Pointe einer Auferweckungschristologie ist daher nicht „alles hat sich verändert, aber niemand hat es bemerkt", sondern „alles hat sich verändert und jeder kann es bemerken, wenn er nicht auf sich, sondern auf Gottes Gegenwart in seinem Leben und im Leben seiner Mitmenschen und Mitgeschöpfe achtet". Neu wird daher nicht die materielle Welt und das endliche Leben, sondern neu ist, dass diese sich als mehr erweisen als sie von sich aus zu verstehen geben: Sie sind nicht die letzte Wirklichkeit vor dem Nichts und dem Tod, sondern der vergängliche Hinweis auf Gottes Gegenwart und unvergängliche Möglichkeiten. Nicht ‚Gott wird wie wir' ist die gute Botschaft des Christentums, sondern ‚Gott wirkt auch dort Gutes für uns, wo wir nichts mehr tun und tun können'. Es geht nicht um das, was Gott wird, sondern um das, was Gott wirkt und wir durch Gott werden, nicht um die Menschwerdung Gottes, sondern um unsere Menschlichwerdung durch Gott.

10

Das Paradigma der Inkarnation hat das christologische Denken lange dominiert. Doch die Menschwerdung Gottes ist nicht das einzige, das erste oder das älteste Paradigma der Christologie. „Ihr werdet sein wie Gott", raunte die Schlange in der Genesisgeschichte, um die Menschen zum Übertreten von Gottes Gebot zu verführen. „Ihr sollt Gottes Denkmal in der Schöpfung sein", lautet demgegenüber die vorgängige, der Schöpfung eingeschriebene Verheißung der Gottebenbildlichkeit. Der Mensch wird dort Mensch im Vollsinn, wo er als Zeuge und Repräsentant der Liebe Gottes in der Schöpfung fungiert. Um die Erfüllung dieser Verheißung geht es im Paradigma der Auferweckung. Die Menschen werden nicht Gott und sie werden auch nicht wie Gott, sondern Gott bezieht sie aus grenzenloser Liebe als die Repräsentanten seiner Liebe in der Schöpfung in sein göttliches Leben ein. Das lehrt die Christusgeschichte. Die Schöpfungsverheißung wird wahr, auch wenn Gott die Gottebenbildlichkeit der Menschen gegen ihre Gottesblindheit zum Zug bringen muss. Die Schlangenverheißung dagegen war falsch, aber – so meinen manche – sie wurde doch wahr. Allerdings wurden nicht die Menschen wie Gott, sondern Gott wurde wie sie. So zumindest verstehen viele die christliche Botschaft. An Weihnachten wurde Gott einer von uns. Wir sind, wie wir sind. Und Gott ist wie wir.

Das ist keine erfreuliche Botschaft, wenn man auf die menschliche Wirklichkeit blickt. Ein Gott wie wir ist niemand, auf den man seine Hoffnung setzen könnte. Erfreulich wird die Erzählung von der Menschwerdung Gottes erst, wenn man hinzusetzt, dass sich *damit alles ändert* – nicht im religionskritischen Sinn, weil es damit keinen Gott (mehr) gibt, da dieser sich selbst aufgegeben hat, sondern im christlichen Sinn, weil der Mensch damit erst das wird, was er als Mensch sein kann und soll.

Um diese Möglichkeit der Menschwerdung geht es im Christentum, nicht um ein Mirakel, an das man glauben kann oder auch nicht. Es geht um die Menschwerdung des Menschen, und zwar auch dort, wo von der Menschwerdung Gottes die Rede ist. Die Menschwerdung des Menschen aber hängt an der Wahrung der *Differenz* zwischen Mensch und Gott, nicht an deren Aufhebung. Mensch und Gott sind nie gleich, sondern immer als Geschöpf und Schöpfer unterschieden. Die Schlangenverheißung überspielt diesen entscheidenden Punkt. Ihre Verführungskraft liegt gerade in der existenziellen Unbestimmtheit des ‚Wie' der verheißenen Gleichheit mit Gott. Doch nichts ist einfach gleich mit etwas anderem, sondern alles ist nur gleich im Hinblick auf etwas Gemeinsames. Was aber könnte das Gemeinsame sein, in dem sich Schöpfer und Geschöpf gleich sind? Die Kreativität ihrer Schaffenskraft, meinte die Neuzeit, und glaubte, sich damit vom Schöpfer verabschieden zu können. Doch das ist ein Irrtum. Wer durch eigenes Tun sein will wie Gott, übersieht im Streben nach Gleichheit die immer noch größere Ungleichheit, den Abgrund der Differenz, die das Geschöpf vom Schöpfer unterscheidet. Wo Gott wirkt, geschieht stets unableitbar Neues, wird Neues möglich und nicht nur Mögliches wirklich. Wo dagegen Menschen wirken, agieren sie auch dort, wo sie schöpferisch tätig sind, als endliche Geschöpfe, die ihre Möglichkeit nicht sich selbst verdanken. Sie haben einen Anfang, über den sie nicht selbst verfügen. Und sie haben ein Ende, das sie nicht verhindern können. Sie sind von Anfang bis Ende nicht Gott, sondern endliche Geschöpfe, die es ohne den Schöpfer nicht gäbe, auch wenn sie nichts davon wissen wollen.

Die biblische Urgeschichte beschreibt das Problem präzise. Die Menschen, die dem Schlangenrat folgen, erwerben zwar die göttliche Fähigkeit, zwischen Gut und Böse zu unterscheiden, aber um den Preis des Vergessens, wer sie selbst sind: Geschöpfe und nicht der Schöpfer. Deshalb sind sie mit dieser göttlichen Fähigkeit noch weniger Mensch als sie es ohne sie waren, wie die Genesis in einer Kaskade von Geschichten entfaltet. Selbst wo sie Gutes wollen, wirken sie Böses. Denn es fehlt das Entscheidende: die Wahrung der Differenz zwischen Schöpfer und Geschöpf. Um zu wissen, was gut und böse *für mich* ist, muss ich wissen, wer ich bin, denn nicht alles, was gut für andere ist, ist es auch für mich. Wer aber nicht weiß, wer er ist, dem hilft die Fähigkeit, zwischen Gut und Böse zu unterscheiden wenig, um sich im Leben zu orientieren und die richtigen Entscheidungen zu treffen. Er kann nicht entscheiden, was gut oder böse für ihn ist, weil er zwar die Fähigkeit dazu hat, sie aber nicht anzuwenden vermag. Wo Menschen durch eigenes Tun wie Gott sein wollen, enden sie deshalb dort, wo die Genesisgeschichte Adam und Eva enden sah: In der Gottesferne einer Menschheit, die wie Gott sein wollte und jetzt nicht einmal mehr in der Lage ist, in rechter Weise Mensch zu sein. Man versteckt sich vor Gott, schämt sich nackt zu sein, gebiert unter Schmerzen, schuftet auf dem Acker, erschlägt seinen Bruder, führt Krieg gegen andere, unterwirft die Tiere, beutet die Natur aus, betrügt seine Eltern, bestiehlt andere, sucht überall seinen eigenen Vorteil, ohne zu wissen, was wirklich gut für einen ist, weil man ja sich selbst nicht mehr kennt.

Die Botschaft ist klar: Der Mensch wird unmenschlich, wo er sich davon abbringen lässt, menschlich zu leben, sei es, weil er zu viel, sei es, weil er zu wenig will. Die Menschwerdung des Menschen ist daher die entscheidende Aufgabe für die Menschen, um der Gefahr und Gefährdung der Unmenschlichkeit entgegenzuwirken. Diese Aufgabe lässt sich nach biblischer Überzeugung nicht lösen, ohne die Differenz zwischen Schöpfer und Geschöpf zu wahren. Die Menschwerdung Gottes ist nur dann ein Beitrag zur Lösung dieser Aufgabe, wenn sie diese Differenz wahrt und nicht auflöst. Wo Gott Mensch wird, muss der Mensch neu und anders werden, weil er ganz und gar Geschöpf ist und Gott ganz und gar Schöpfer. Dazu müssen Menschen von ihrer Gottesblindheit geheilt und zur Akzeptanz ihrer Geschöpflichkeit befreit werden, also fähig werden, so zu existieren, dass der Gottesbezug als Ermöglichung und Bereicherung und nicht als Behinderung und Einschränkung ihrer endlichen Autonomie begriffen werden kann. Die Menschwerdung des Menschen ist eine Existenzveränderung, die Menschen nicht von sich aus vollziehen können, solange sie wie Gott (und das heißt nichts anderes als ohne Gott) sein wollen, sondern die sich ganz Gottes Zuwendung zu ihnen verdankt. Man wird nicht Mensch, wenn man sein will wie Gott, aber man wird es auch nicht, wenn Gott sein will wie der Mensch. Gott kann nichts werden, ohne es neu zu machen. Und für die Menschen gibt es kein wahres Menschsein ohne Wahrung der Differenz zwischen Schöpfer und Geschöpf. Wird Gott mit dem Menschen eins, dann schafft er ihn neu und macht sich ihm nicht gleich. Er bleibt der Schöpfer und der Mensch das Geschöpf. Aber diese Differenz ist jetzt kein Gegeneinander, sondern ein Mit- und Beieinander, in dem Gott und Mensch nicht gleich, sondern eins sind.

Theologisch muss die Menschwerdung daher als Neuschöpfung gedacht werden, in der die entscheidende Wende nicht der Wechsel vom Nichts zum Sein (Schöpfung), sondern vom Tod zum Leben (Neuschöpfung) ist. Das maßgebliche Paradigma dafür ist nicht die Menschwerdung Gottes (Inkarnation), sondern die Menschlichwerdung des Menschen durch Gott (die Auferweckung). Ohne die Auferweckung verliert die Rede von der Inkarnation ihre Pointe. Von ihr ist theologisch daher auszugehen. Nicht die Geburt des Gottessohnes, sondern die Auferweckung des Gekreuzigten ist der Beginn des Christentums. Wird die Auferweckung von der Inkarnation und nicht die Inkarnation von der Auferweckung her gedacht, verstellt der unklare Gedanke einer Gleichheit von Gott und Mensch die Einsicht in die soteriologische Signifikanz der Gott verdankten Einheit von Gott und Mensch. Gott und Mensch sind eins unter Wahrung ihrer Differenz als Schöpfer und Geschöpf. Sie sind aber nicht gleich, sondern Gott ist der Schöpfer und der Mensch ist Geschöpf. Dass dies keine schlechte, sondern eine gute Botschaft ist, ist die Pointe des Evangeliums von Jesus Christus.[16]

Bibliographie

Becker, Jürgen. "Das Gottesbild Jesu und die älteste Auslegung von Ostern," in *Jesus Christus in Historie und Theologie. FS H. Conzelmann*, hg. v. Georg Strecker, 105–126. Tübingen: Mohr Siebeck, 1975.
Dalferth, Ingolf U. *Auferweckung. Plädoyer für ein anderes Paradigma der Christologie*, ThLZ.F 39. Leipzig: Evangelische Verlagsanstalt, 2023.
Delsol, Chantal. *La fin de la Chrétienté: L'inversion normative et le nouveau âge*. Paris: Cerf, 2021.
Gorman, Michael J. *Inhabiting the Cruciform God. Kenosis, Justification, and Theosis in Paul's Narrative Soteriology*. Grand Rapids, Mich.: William B. Eerdmans, 2009.
Hellerman, Joseph H. *Reconstructing Honor in Roman Philippi. Carmen Christi as Cursus Pudorum*. Cambridge: Cambridge University Press, 2005.
Lohmeyer, Ernst. *Kyrios Jesus. Eine Untersuchung zu Phil. 2, 5–11*. Heidelberg: Carl Winters Universitätsbuchhandlung, 1928.
McCormack, Bruce L. *The Humility of the Eternal Son: Reformed Kenoticism and the Repair of Chalcedon*. Cambridge: Cambridge University Press, 2021.
Nimmo, Paul T. und Johnson, Keith L. *Kenosis: The Self-Emptying of Christ in Scripture and Theology*. Grand Rapids, Mich.: Eerdmans, 2022.
Schmidt, Werner H. *Eine Grundunterscheidung des Glaubens: Wirken Gottes und Handeln des Menschen*. Rheinbach: cmz-Verlag 2020.
Strecker, Georg. "Redaktion und Tradition im Christushymnus Phil 2,6–11." In ders., *Eschaton und Historie. Aufsätze*, 142–157. Göttingen: Vandenhoeck & Ruprecht, 1979.
Strecker, Georg und Schnelle, Udo. *Einführung in die neutestamentliche Exegese*. Göttingen: Vandenhoeck & Ruprecht, 3. Aufl. 1989.
Zimmermann, Christiane. "Paulus und die Macht der Bilder." *ZThK* 119 (2022): 31–54.

---

[16] Die vorangehenden Ausführungen fassen Überlegungen zusammen, die ausführlicher entfaltet werden in Ingolf U. Dalferth, *Auferweckung. Plädoyer für ein anderes Paradigma der Christologie*, ThLZ.F 39 (Leipzig: Evangelische Verlagsanstalt, 2023).

Georg Essen
Ökumenische Inkarnations-Christologie heute
Modernitätstheoretische Sondierungsversuche

Abstract: Der Beitrag geht von der Beobachtung aus, dass die heutige ökumenische Herausforderung der Christologie weniger in ekklesiologischen Fragen als vielmehr in modernitätstheoretischen Problemkonstellationen zu sehen ist. Dabei stehen konfessionsübergreifende Konstitutionsbedingungen der dogmatischen Christologie im Mittelpunkt der Diskussion: Geschichte – Metaphysik – Anthropologie. Dieser Aufmerksamkeitspegel führt zu spezifisch konfessionskulturellen Färbungen von Christologien, die am Beispiel der eigenen katholisch-theologischen Tradition des Verfassers aufgedeckt werden. Es wird gefragt, welche Auswirkungen die mit den Begriffen Geschichte, Metaphysik und Anthropologie bezeichneten Umbrüche auf das wissenschaftliche Verständnis des kirchlich bezeugten und überlieferten Glaubens an Jesus Christus haben. Dabei deckt der Verfasser gravierende Desiderate in der katholischen dogmatischen Christologie auf, die auf das noch stets ungeklärte Verhältnis zur Moderne zurückzuführen sind.

Keywords: Dogmenhermeneutik, Moderne, Geschichte, Metaphysik, Anthropologie

Ist die Christologie gegenwärtig überhaupt noch ein Thema der Ökumene oder anders gefragt, ist sie heute noch ein Gegenstand kontroverstheologischer Debatten?[1] Ich denke, das ist nicht der Fall. Ohnehin dürfte es auf theologischer Ebene meines Erachtens so gut wie keine wirklich konfessionstrennenden Differenzen mehr geben. Selbige werden, abgekürzt gesprochen, doch wohl eher zum Zwecke abgrenzender kirchlicher Identitätsbehauptungen und also aus autopoietischen Gründen herangezogen.[2] Was es in der Christologie wohl gibt, das sind traditionshermeneutisch wirk-

---
1 Der Vortragsstil wurde für die Drucklegung beibehalten und folglich auch die Zuspitzung in der programmatischen Urteilsbildung zur modernitätstheoretischen Grundlegung der dogmatischen Christologie.
2 Vgl. den noch stets aktuellen wie adäquaten Ansatz einer Ökumene-Theorie von Peter Lengsfeld, Hg., *Ökumenische Theologie. Ein Arbeitsbuch* (Stuttgart: Kohlhammer, 1980).

Georg Essen ist Professor für Systematische Theologie am Zentralinstitut für Katholische Theologie an der Humboldt-Universität zu Berlin. Neueste Veröffentlichung zum Thema: *Dogmatische Christologie in der Moderne. Problemkonstellationen gegenwärtiger Forschung*, ratio fidei 70, hg. v. Christian Danz und Georg Essen (Regensburg: Pustet 2019).

sam werdende Unterschiede, die man eher als konfessionell geprägte Pfadabhängigkeiten denn als kirchentrennende Differenzen bezeichnen sollte. Und doch gibt es Unterschiede im Spektrum der Christologie, die aber nicht entlang der Konfessionsgrenzen anzusiedeln sind. Die Konfliktlinien verlaufen stattdessen quer zu diesen Grenzen. Allerdings ist nicht der Kirchenbegriff das Schibboleth für Einendes beziehungsweise Trennendes in der Christologie, sondern – und damit führe ich zugleich die Grundthese meines Vortrags ein – das Verhältnis zur Moderne.[3] Dieser Fokus führt, wie sich zeigen wird, zu spezifisch konfessionskulturellen Färbungen von Christologien. Um diese These zu bewähren, werde ich meine eigene katholisch-theologische Tradition als den Bezugspunkt wählen, um allerdings von dort aus das Querpassspiel mit der protestantisch-theologischen zu suchen.[4]

1 Christologie in der Moderne. Ein ökumenisches Projekt?

Dass die Moderne im Zentrum steht, sollte, so meine ich, unmittelbar einleuchten, wenn man sich vor Augen führt, dass jene Kritik am kirchlichen Dogma vom Gott-

---

[3] Überlegungen zu einer modernitätstheoretischen Rekonstruktion von Konfessionsdifferenzen und Ökumene finden sich in Georg Essen, „‚… wenn unsre katholische Kirche das wäre, was sie sein sollte und könnte' (Johann Michael Sailer). Konfessionelle Grenzverschiebungen katholischer Reformtheologien um 1800," in *Vielfältiges Christentum. Dogmatische Spaltung – kulturelle Formierung – ökumenische Überwindung?*, hg. v. Bernd Jochen Hilberath, Andreas Holzem und Volker Leppin (Leipzig: Evangelische Verlagsanstalt, 2016), 155–76.

[4] Es ist allerdings erstaunlich, dass, soweit ich die Forschungslage überblicke, es zu den Eigentümlichkeiten der protestantischen Christologie-Diskussion zu gehören scheint, die katholische Debattenlage weithin auszublenden. So muss ja schon überraschen, dass Folkart Wittekind in einem theologiegeschichtlichen Überblicksbeitrag, der pauschal den Titel „Christologie im 20. Jahrhundert" trägt, katholische Positionen im Grunde nicht berücksichtigt und schon gar nicht in programmatischer Hinsicht; hier verbleibt er zur Gänze in den eigenen konfessionellen Echokammern. Gleiches gilt auch für Christian Danz, der in seiner Christologie, die explizit modernitätstheoretische Grundlegungsprobleme reflektiert, diesbezügliche katholische Debattenlagen weitestgehend ignoriert. Hier werden in meinen Augen Chancen verpasst, die in der Tat widersprüchliche Geschichte der katholischen Christologie in der Moderne als einen eigenen Modernisierungspfad in problemorientierender Absicht mit einzubeziehen. Vgl. Folkart Wittekind, „Christologie im 20. Jahrhundert," in *Zwischen historischem Jesus und dogmatischem Christus. Zum Stand der Christologie im 21. Jahrhundert*, hg. v. Christian Danz und Michael Murrmann-Kahl (Tübingen: Mohr Siebeck, ²2011), 13–45; Christian Danz, *Grundprobleme der Christologie* (Tübingen: Mohr Siebeck, 2013). Anders hingegen bei Heinrich Assel, *Elementare Christologie I–III* (Gütersloh: Gütersloher Verlagshaus, 2020), der die katholische Diskussionslage mit einbezieht.

menschen Jesus Christus bis heute nachwirkt, die sich in der sogenannten Sattelzeit der Moderne formiert hatte. An ihr aber arbeiten sich, so mein Eindruck, bis in die Gegenwart hinein eine Vielzahl von Theorieansätzen ab. In diesem Halbjahrhundert um 1800 fanden einschneidende Transformationsprozesse statt, die die Überlieferung des traditional vermittelten christologischen Bekenntnisses in eine nachhaltige Krise stürzten und seither zu den konfessionsübergreifenden Konstitutionsbedingungen der Christologie gehören. Im Grunde genommen stehen bis in die Gegenwart hinein Problemfelder im Zentrum der Aufmerksamkeit, die in der besagten Sattelzeit aufbrachen: Geschichte – Metaphysik – Anthropologie.[5]

Ein Blick in das Programm unserer Tagung dokumentiert diese Wahrnehmung aufs Vortrefflichste, so dass es sich erübrigt, die mit diesen drei Begriffen umschriebenen Problemfelder ausführlich vorzustellen. Stattdessen werde ich dieses Ternar auf mein eigenes Fach – Dogmatik und Dogmengeschichte in der katholischen Tradition – engführen. Dann stellt sich die Frage: Welche Auswirkungen haben die mit den Begriffen Geschichte, Metaphysik und Anthropologie bezeichneten Umbrüche auf das wissenschaftliche Verständnis des kirchlich bezeugten und überlieferten Glaubens an Jesus Christus? In ihrer traditionellen Fassung stehen dabei Reflexionen auf den doktrinalen Kerngehalt des Christusbekenntnisses im Mittelpunkt, der begrifflich als „Inkarnation" des Gottessohnes in der Geschichte Jesu bezeichnet wird.[6] Die damit aufgeworfene Frage nach der Personeinheit Jesu mit Gott und mithin nach dem Verhältnis des Göttlichen und des Menschlichen in Jesus wird in der klassischen dogmatischen Christologie im Rahmen einer metaphysischen Denkform konzipiert, für die der Begriff der Zweinaturenlehre eingeführt wurde. In ihrem Mittelpunkt steht eine „hypostatische Union" genannte Konstitutionstheorie, die die Personidentität Jesu mit dem Gottessohn zu begründen hat.

Es ist, *erstens*, evident, dass, modernitätstheoretisch gesehen, die Leitkategorie der Metaphysik den dogmatischen Dollpunkt ausmachen muss. Denn natürlich blieben die metaphysikkritischen Implikationen der Kantischen Philosophie

---

5 Vgl. Christian Danz und Georg Essen, Hg., *Dogmatische Christologie in der Moderne. Problemkonstellationen gegenwärtiger Forschung* (Regensburg: Verlag Friedrich Pustet, 2019). Zum Folgenden vgl. Georg Essen, „Geschichte – Metaphysik – Anthropologie. Diskurskonstellationen der Christologie in der Moderne. Eine katholisch-theologische Vergewisserung," in *Dogmatische Christologie*, hg. v. Danz und Essen, 10–18. Zu modernitätstheoretischen Grundlegungsfragen der Christologie vgl. ferner Georg Essen, *Die Freiheit Jesu. Der neuchalkedonische Enhypostasiebegriff im Horizont neuzeitlicher Subjekt- und Personphilosophie* (Regensburg: Verlag Friedrich Pustet, 2001). Eine überarbeitete und erweiterte Neuauflage ist für 2024 vorgesehen.
6 Dogmenhistorische Durchblicke finden sich, wenn auch hermeneutisch zur Gänze von der Dominanz lehramtlicher Normativität geprägt, bei Franz Courth, *Christologie. Von der Reformation bis ins 19. Jahrhundert* (Freiburg: Herder, 2000); Imre Koncsik, *Christologie im 19. und 20. Jahrhundert* (Freiburg: Herder, 2005).

nicht ohne Folgen für das dogmatische Christusbild, durch die der traditionelle metaphysische, von substanzontologischen Voraussetzungen zehrende Begriffsrahmen der Zweinaturenlehre destruiert wurde. Davon betroffen war insbesondere der Begriff der Person, dem als Konstruktionsprinzip eine zentrale Funktion für die Lehre von der hypostatischen Union und damit für das Verständnis der Gottessohnschaft Jesu zufiel. Die selbstbewusstseins- bzw. subjekttheoretische Transformation vom traditionellen Hypostasen- zum neuzeitlichen Personbegriff erweist sich als so einschneidend, dass die von der Zweinaturenlehre in Anspruch genommene Verhältnisbestimmung von Natur und Hypostase unter den Bedingungen moderner Subjektphilosophie nicht mehr nachvollzogen werden kann.

Es war, *zweitens*, für die substanzontologische Denkform der traditionellen Christologie immer schon charakteristisch, dass für sie der Geschichtsbegriff keine konstitutive Kategorie für die dogmatische Erschließung der Person Jesus Christus mit der Besonderheit seines geschichtlichen Lebens gewesen ist. Das hatte zur Folge, dass sein geschichtlicher Weg in der Einheit von Leben und Verkündigung, Leiden und Kreuz, Auferweckung und Erhöhung keine konstitutionstheoretische Bedeutung hatte für die dogmatische Begründung seiner Gottessohnschaft.[7] Darum musste sich eine solche traditionelle dogmatische Christologie auch weder herausgefordert fühlen vom Fragmentenstreit, den Lessing in den 70er Jahren des 18. Jahrhunderts angezettelt hatte, noch von der nachfolgenden Leben-Jesu-Forschung, die das 19. Jahrhundert in Atem hielt. Die zerbrochene Einheit von „historischem Jesus" und „dogmatischem Christus" musste die traditionelle Christologie dank metaphysischer Sicherstellung des kirchlichen Dogmas vom Gottmenschen Jesus Christus nicht um den Schlaf bringen. Der Geltungssinn des christologischen Bekenntnisses hängt im römisch-katholischen Verständnis ohnehin nicht von seiner theologischen Begründung ab, sondern von einem formal-autoritativen Charakter seiner Dogmatisierung.

Das Übergehen moderner Problemlagen gilt, *drittens*, auch für den Begriff der Anthropologie. Kants moralphilosophische Umbildung des christologischen Dogmas zielte auf deren vernunftkritische Rekonstruktion, die am Leitfaden der Begriffe „Urbild" und „Ideal" erfolgt. Sichtlich vom Lessing der Erziehungsschrift

---

7 Wohl aber gibt es in der katholischen Traditionsbildung eine Zweiteilung und zwar dergestalt, dass neben die dogmatische Christologie das Lehrstück über die „Mysterien des Lebens Jesu" tritt, in dem die Heilsbedeutung von Leben und Geschick Jesu existentiell und spirituell entfaltet wird. Aber auch dort, wo in der dogmatischen Christologie die „Mysterien Jesu" überhaupt eine Rolle spielen, werden diese keineswegs konstitutiv einbezogen in die im eigentlichen Sinne dogmatische Begründung der Personidentität Jesu mit dem Sohn Gottes. Vgl. Julia Knop, „Mysterien des Lebens Jesu," in *Neues Lexikon der Katholischen Dogmatik*, hg. v. Wolfgang Beinert und Bertram Stubenrauch (Freiburg, Basel: Herder, 2012), 488–490.

beeinflusst, löste Kant den anthropologischen Begriff des Urbildes von der geschichtlichen Person Jesu ab. Die damit präfigurierte Entzweiung von Anthropologie und Christologie sollte schließlich im Medium Hegelscher Philosophie bei David Friedrich Strauß die Schussfahrt einer Anthropologisierung der Christologie antreten. Auch diese Debatten fanden als anthropologische keinen Widerhall in der traditionellen dogmatischen Christologie katholischer Provenienz. Sie arbeitete sich stattdessen beispielsweise an dem bereits die spätantiken und die mittelalterlichen Theorieentwürfe umtreibenden Problem ab, wie die die beiden Naturen in Christus bestimmenden chalkedonischen *alpha privativa* – „unvermischt, unverändert, ungeteilt, ungetrennt" – kohärent zu denken seien. Aber ist die traditionelle Idiomenkommunikation tatsächlich die Antwort auf das Problem der Anthropologie, das die Moderne ins Zentrum der Aufmerksamkeit stellt?

2 Katholische Christologien in der Moderne

Aus mindestens vier Gründen taten sich katholische Christologien schwer, die in der Moderne eingeleiteten Denkbewegungen mitzuvollziehen. Ich beschränke mich, um diesem Problemstau nachzugehen, auf den Denkraum, der sich von der Sattelzeit her bis in die Mitte des 19. Jahrhunderts erstreckt.[8]

Da ist, *erstens*, das wissenschaftstheoretische Problem, wie denn nun eigentlich Metaphysik und Geschichte aufeinander zu beziehen seien. In der Zweinaturenlehre wurde das Wesen des Menschen Jesus essentialistisch dem Begriff der *natura assumpta* subsumiert, seine Identität als geschichtliche Person fand hingegen keinen Platz. Dass der Geschichtsbegriff eine metaphysische Leerstelle war, teilte die katholische Theologie allerdings mit zeitgenössischen Theorieansätzen; man denke nur daran, dass ja auch für Kant das Verhältnis zwischen historischem Offenbarungsglauben und praktischem Vernunftglauben aufgrund der erkenntnistheoretischen Ortlosigkeit der Geschichte in der Architektur seiner Vernunftkritiken keiner spekulativ angemessenen Lösung zugeführt werden konnte. Allerdings gab es in der Sattelzeit ja durchaus philosophische Angebote, den Begriff der Geschichte metaphysisch zu reflektieren, so zum Beispiel bei Schelling oder aber bei Hegel. Katholische Theologien haben sich, so im Umfeld der katholischen Tübinger Schule, diesen Denkangeboten keineswegs verschlossen, standen ihnen jedoch eher reser-

---

[8] Um den programmatischen Charakter meiner Ausführungen nicht durch theologiehistorische Analysen zu überfrachten, verzichte ich nachstehend auf detaillierte Rekonstruktionen christologischer Ansätze.

viert gegenüber aufgrund epistemischer Äquivokationen in der Verhältnisbestimmung von Vernunft, Offenbarung und Geschichte.

Hinzuweisen ist, *zweitens*, auf den hohen Ambivalenzhabitus, den katholische Theologen der modernen Subjektphilosophie *post et secundum* Kant entgegenbrachten. Peter Hünermann diagnostizierte zu Recht, dass katholische Christologien die Entwicklung des Personbegriffs nicht kritisch mitvollzogen haben.[9] Diesbezügliche Rezeptionsverweigerungen trugen das Ihrige dazu bei, das Wagnis nicht eingegangen zu sein, die Zweinaturenlehre subjekttheoretisch zu rekonstruieren. In traditionellen dogmatischen Christologien wie etwa derjenigen, die Gerhard Ludwig Müller einst vorgelegt hatte, finden sich noch immer Stereotypen, die dem Kategorienarsenal einer vormodernen Metaphysik entnommen werden.[10] Kurz gefasst wird der für sie geltende Substanzbegriff als Maßstab genommen, um die Einheit der beiden Naturen als Substanzeinheit zu begreifen. Subjekttheoretische Ansätze wiederum firmieren unter dem Titel Bewusstseins- oder Psychologie-Christologien, die, im Rahmen einer substanzontologischen Denkform interpretiert, den Begriff einer substantiellen Einheit, die der Gottmensch ist, kategorial verfehlen. Hier wird ein aus dem 19. Jahrhundert stammender Standardvorwurf unvermischt und unverändert bis in die Gegenwart hinein kolportiert.[11] Es gab im gesamten Zeitraum von Anfang des 19. bis Mitte des 20. Jahrhunderts keinen katholisch-dogmatischen Traktat, in dem die Aporetik der Zweinaturenlehre als Problem bewusst und als solches thematisch wird. Nirgends wird auf den Transformationsdruck, dem die traditionelle Christologie in der Moderne ausgesetzt ist, durch die Suche nach alternativen Denkformen reagiert.[12]

Das führt mich zu einem *dritten* Punkt, der auf ein gewissermaßen wissenssoziologisches Argument zielt. Knapp und, zugegeben, ahistorisch formuliert: Es gab keinen katholischen Schleiermacher! Dieser hatte ja, namentlich in der Zweitauflage seiner Glaubenslehre, einen mehrfach aufgefächerten Theorieansatz vorgetra-

---

[9] Vgl. Peter Hünermann, *Offenbarung Gottes in der Zeit. Prolegomena zur Christologie* (Münster: Aschendorff, 1989); Peter Hünermann, *Jesus Christus. Gottes Wort in der Zeit. Eine systematische Christologie* (Münster: Aschendorff, 1994). Zu den denkformtheoretischen Hintergründen vgl. Dieter Hattrup und Helmut Hoping, Hg., *Christologie und Metaphysikkritik. Peter Hünermann zum 60. Geburtstag* (Münster: Aschendorff, 1989).
[10] Vgl. Gerhard Ludwig Müller, *Katholische Dogmatik. Für Studium und Praxis der Theologie* (Freiburg: Herder, 1995), 366–72; vgl. Gerhard Ludwig Müller, „Christologie im Brennpunkt. Ein Lagebericht," *ThRv* 91 (1995): 363–80.
[11] Vgl. etwa Koncsik, *Christologie*.
[12] Der erste Gesamtentwurf einer katholischen Christologie, der den Aufweis der Aporetik der Zweinaturenlehre konsequent systematisch verarbeitet hat, wurde meines Wissens Anfang der 70er Jahre im vorigen Jahrhundert von Dietrich Wiederkehr, *Entwurf einer systematischen Christologie* (Einsiedeln: Johannes Verlag, 1970), 477–648, vorgelegt.

gen.¹³ Einerseits trug Schleiermacher der Auflösung der traditionellen Christologie dadurch Rechnung, dass er die Aporetik der Zweinaturenlehre mustergültig demonstrierte. Damit war andererseits der Weg frei, das christliche Bekenntnis zur gottmenschlichen Einheit Christi jenseits der überkommenen substanzontologischen Metaphysik zu konzipieren. Dies geschah, modernitätsaffirmativ, im Medium einer selbstbewusstseinstheoretischen Denkform, die zugleich die anthropologische Relevanz des Glaubens an den Erlöser aufzeigen konnte. Schließlich aber trat Schleiermacher an, Kants Begriff des Urbildes auf die geschichtliche Person Jesu zu übertragen und dabei die Urbildlichkeit der geschichtlichen Person Jesu in einer Weise festzuhalten, gemäß der die geschichtliche Realisierung des Urbildes in einem geschichtlichen Einzelwesen von diesem nicht ablösbar ist.

Dass katholischerseits ein analoges Programm nicht ausgearbeitet beziehungsweise wo Ansätze vorhanden waren, diese nicht weiter verfolgt werden konnten, lag – darauf zielt das von mir gewählte Wort „wissenssoziologisch" – vor allem an der sich bereits im ersten Drittel des 19. Jahrhunderts anbahnenden Entzweiung von Katholizismus und Moderne, die im Übergang vom 19. ins 20. Jahrhundert in der Modernismuskrise gipfelte.¹⁴ Pars pro toto ist auf den Wiener Theologen Anton Günther zu verweisen, der 1857 unter anderem wegen seiner subjektphilosophischen Reformulierung der Zweinaturenlehre durch das päpstliche Lehramt verurteilt wurde.¹⁵

Es fehlte im weiteren Verlauf des 19. Jahrhundert der katholischen Theologie jedoch nicht nur ein Schleiermacher, sondern auch, wiederum abgekürzt formuliert, ein Ernst Troeltsch. Die Herausforderung nämlich, die der Historismus für die Christologie darstellte, wurde ebenfalls nicht angegangen. Katholische Theologen wie Ignaz von Döllinger etwa oder Alfred Loisy, die in unterschiedlicher Weise die Herausforderung des historischen Denkens angenommen hatten, fielen lehramtlichen Sanktionierungen zum Opfer. Die hier wirksam werdende orthodoxiebeflissene Ausgrenzung dissidenter Positionen muss man wohl als psychologische Rationalisierung begreifen, sofern kognitive Dissonanzen tabuisiert werden müssen, um ein stringen-

---

13 Vgl. Maureen Junker, *Das Urbild des Gottesbewusstseins. Zur Entwicklung der Religionstheorie und Christologie Schleiermachers von der ersten zur zweiten Auflage der Glaubenslehre* (Berlin: Walter de Gruyter, 1990); Maureen Junker, *Self, Christ and God in Schleiermacher's dogmatics. A theology reconceived for modernity* (Berlin: Walter de Gruyter, 2020).
14 Vgl. Georg Essen, „Theologie, Katholische. Definitionen und Anwendungsbereiche," in *Handbuch Moderneforschung*, hg. v. Friedrich Jaeger, Wolfgang Knöbl und Ute Schneider (Stuttgart: J.B. Metzler/Springer 2015), 309–18.
15 Vgl. Anton Günther, *Vorschule zur speculativen Theologie des positiven Christenthums. In Briefen, 2. Abtheilung. Die Incarnationstheorie* (Wien: J.B. Wallishausser 1829), 206–28. Vgl. Hermann H. Schwedt, „Zur Verurteilung der Werke Anton Günthers (1857) und seiner Schüler," *ZKG* 101 (1990): 301–43.

tes Selbstbild aufrecht erhalten zu können. Die katholische Theologie und mit ihr die Christologie gerieten ins kognitive Ghetto und verloren so den Anschluss an theologische Debatten um die Moderne.[16]

Dieser theologiegeschichtliche Hinweis ist, *viertens*, deshalb wichtig, weil er erklären kann, warum die katholische Einholung des Schleiermacher'schen Programms einer anthropologisch vermittelten Christologie erst mit übergroßer Verspätung, nämlich in der Mitte des 20. Jahrhunderts erfolgen konnte, als Karl Rahner anlässlich der 1500 Jahr-Feier zum Konzil von Chalkedon einen programmatischen Aufsatz publizierte, der, rückblickend betrachtet, für die katholische Christologie einen radikalen Neuansatz darstellen sollte.[17] Er ist an dieser Stelle nicht darzustellen, aber der Hinweis ist wichtig, dass Rahner den Begriffsrahmen der Zweinaturenlehre nicht verlässt und auch das mit ihr verbundene Natur-Person-Schema nicht überwindet. Eine Auseinandersetzung mit dem bereits von Schelling und Schleiermacher her bekannten Problem der Aporetik der Zweinaturenlehre erfolgt an keiner Stelle. Die anthropologischen Reduktionismen, die der traditionellen Zweinaturenlehre von Beginn an eigentümlich waren, wollte Rahner stattdessen durch eine existential-ontologische Dynamisierung der ontischen Begrifflichkeit überwinden und zwar dadurch, dass er die hypostatische Einung der *natura assumpta* als die höchste Aktualisierung der geschöpflich-menschlichen Wirklichkeit auffasste. Dadurch sollte ineins der menschlichen Wirklichkeit Jesu Subjektivität, Selbstbewusstsein und Freiheit prädiziert werden können. Diese Spitzenaussage war Rahner allerdings nur möglich, weil er die moderne Subjekt- und Freiheitsphilosophie gewissermaßen nur halbiert rezipiert hatte. Seine Denkform verfugte bekanntlich thomanische, kantische und heideggersche Kategorien miteinander. Auf diesem Wege unterlief Rahner – darin besteht allerdings auch das erklärte Ziel – den Autonomieanspruch subjekthafter Freiheit.[18] Ein Weiteres kommt hinzu! Rahner verortete die Unableitbarkeit des Christusgeschehens in der Vermittlungsfigur des Transzendentalen und Kategorialen. Damit aber war eine Spannung zwischen transzendental-anthropologischer Wesensstruktur und kontingenter Geschichtlichkeit gegeben, die dem bei David Friedrich Strauß kul-

---

16 Vgl. Gregor Klapczynski, *Katholischer Historismus? Zum historischen Denken in der deutschsprachigen Kirchengeschichte um 1900. Heinrich Schrörs – Albert Ehrhard – Joseph Schnitzer*, Münchener kirchenhistorische Studien. Neue Folge 2 (Stuttgart: Kohlhammer, 2013); Georg Essen, „,… es wackelt alles'. Modernes Geschichtsbewusstsein als Krisis katholischer Theologie im 19. und 20. Jahrhundert," *CNS* 22 (2001): 565–604.
17 Vgl. Karl Rahner, „Chalkedon – Ende oder Anfang?" in *Das Konzil von Chalkedon. Geschichte und Gegenwart*, Bd. 3, *Chalkedon heute*, hg. v. Alois Grillmeier und Heinrich Bacht (Würzburg: Echter, 1954), 3–49.
18 Vgl. Karl Rahner, „Theologie und Anthropologie (1966)," in *Schriften zur Theologie*. Bd. 8 (Einsiedeln: Benziger Verlag, 1967), 43–65, 56 f.

minierenden Problem einer anthropologischen Ablösbarkeit des Urbildes von der Form seiner geschichtlichen Vermittlung eigentümlich wehrlos gegenübersteht. Es muss ja ohnehin auffallen, dass es in der Christologie Rahners keinen konstitutiven Einbezug der Exegese gibt und er auf die seit den 60er Jahren geführten Debatten um eine „Christologie von unten" keinen theorierelevanten Bezug nimmt.

Die innerkatholischen christologischen Debatten, die in den zurückliegenden Jahrzehnten geführt wurden, sind an dieser Stelle nicht zu rekonstruieren. Es genügen Schlaglichter: Hans Urs von Balthasar und in seinem Gefolge auch Joseph Ratzinger verweigerten sich jedweder anthropologisch vermittelten Christologie, sondern favorisierten im Begriff der Sendungschristologie eine strikte Christologie von oben. Das Jesus-Buch, das Ratzinger unter seinem Papst-Namen veröffentlichte, stellt, genau besehen, eine irritierende Immunisierung gegenüber den Herausforderungen etwa der *third quest* der Jesus-Forschung dar. Ratzinger behauptet, völlig unbeeindruckt von der exegetischen Forschung der letzten zweihundert Jahre, die explizite Identität des Jesus der Geschichte mit dem Christus des Dogmas.[19]

Interessant ist, dass auch Theologen wie Walter Kasper, Hans Küng oder Peter Hünermann, die in unterschiedlicher Weise auf die Religionsphilosophie der Sattelzeit zurückgreifen, das damit eigentlich doch aufgegebene Problem, die Aporetik der Zweinaturenlehre anzugehen, nicht als ein Denkformprojekt betrachteten, das, wie etwa bei Schleiermacher geschehen, zu einer begrifflichen Umstellung des gesamten Theorierahmens der Christologie führen müsste.[20] Eine solche begegnet übrigens auch in gegenwärtigen katholischen Christologie-Entwürfen so gut wie gar nicht, was anhand der Ansätze etwa von Karl-Heinz Menke, Helmut Hoping, Jürgen Werbick oder auch Bernhard Nitsche belegt werden könnte.[21] Hier kommt es zu

---

19 Vgl. Hans Urs von Balthasar, *Theodramatik*, 4 Bde. (Einsiedeln: Johannes Verlag, 1973–1983); ders., *Theologik*, 3 Bde. (Einsiedeln: Johannes Verlag, 1985–1987); Joseph Ratzinger, *Schauen auf den Durchbohrten. Versuche zu einer spirituellen Christologie* (Einsiedeln: Johannes Verlag, 2007); Joseph Ratzinger/Benedikt XVI., *Jesus von Nazareth*, 3 Bde. (Freiburg: Herder, 2017).
20 Vgl. Walter Kasper, *Jesus der Christus* (Freiburg: Herder, 1974); Hans Küng, *Menschwerdung Gottes. Eine Einführung in Hegels theologisches Denken als Prolegomena zu einer künftigen Christologie* (Freiburg: Herder, 1970); Hans Küng, *Christ sein* (München/Zürich: Piper, 1974); Hünermann, *Offenbarung Gottes in der Zeit* (1989). Die einzige Ausnahme innerhalb katholischer Christologien aus dem letzten Drittel des 20. Jahrhunderts stellt, wie bereits erwähnt, die programmatische Skizze von Wiederkehr, *Entwurf*, dar.
21 Vgl. Karl-Heinz Menke, *Jesus ist Gott der Sohn. Denkformen und Brennpunkte der Christologie* (Regensburg: Verlag Friedrich Pustet, 2008); Helmut Hoping, *Jesus aus Galiläa. Messias und Sohn Gottes* (Freiburg: Herder 2019); Bernhard Nitsche, *Christologie* (Paderborn: Brill/Schöningh, 2012); Jürgen Werbick, *Gott-menschlich. Elementare Christologie* (Freiburg: Herder, 2016). Instruktive Durchblicke finden sich bei Karlheinz Ruhstorfer, Hg., *Christologie* (Paderborn: Brill/Schöningh,

einer entweder allzu zögerlichen oder lediglich halbierten Aneignung neuzeitlicher Subjektphilosophie und zuvor bereits dazu, dass der Transformationsdruck, den die Moderne der Christologie auferlegt hat, meines Erachtens unterschätzt wird. Ich kann nicht verhehlen, dass ich davon beeindruckt bin, wie sehr die große Mehrzahl katholischer Christologien sich völlig unbeeindruckt zeigt von dem bis auf Lessing und Strauß zurückgehenden Problemstau. Hier sehe ich innerhalb der katholischen christologischen Theoriebildung noch nicht einmal einen Konsens über das konzeptionell Vordringliche dieser Problemexposition.

Die Schnittstelle dieser innerkatholischen Kontroversen ist durch eine konfessionsvergleichende Kontrastierung freizulegen. Denn anders als in der protestantischen Theologie (insbesondere in deren liberalen Spielarten) finden Beschreibungen wie die von der „Auflösung" der altkirchlichen Christologie in der Moderne (Christian Danz) in der katholischen Theologie so gut wie keine Verwendung und desgleichen nur selten die Metaphorik von „Umformung" (Emanuel Hirsch) beziehungsweise „Metamorphose" (Falk Wagner) im Blick auf die neuzeitlichen Transformationsprozesse des christologischen Bekenntnisses.[22] Die Gründe hierfür dürften auf der Hand liegen! Das römisch-katholische Dogmenverständnis positioniert sich hinsichtlich des Traditionsbegriffs wie im Blick auf seine normative Einhegung durch das kirchliche Lehramt grundlegend anders zu den Transformationsprozessen der Moderne, als dies im Protestantismus der Fall ist. Für den Katholizismus ist maßstäblich, die inhaltliche Kontinuität der Tradition in diskontinuierlichen Überlieferungsprozessen in den Entscheidungen des insbesondere römischen Lehramts aufzusuchen und zwar unter Wahrung des überlieferten Begriffsrahmens. Diese Methode gibt den normativen Referenzhorizont für jedweden dogmatischen Versuch vor, die Glaubenswahrheit mit dem Denken der je eigenen Gegenwart zu vermitteln. Normative Zentrierungen sowohl auf die Vorgaben der altkirchlichen Dogmenbildung wie auf den kirchlich überlieferten Traditionsbestand führen zu offensichtlich konservativeren Strategien, um das Verhältnis zwischen Kontinuitätsbewahrung und Diskontinuitätsbewältigung auszuloten.[23]

Ein Weiteres kommt hinzu! Es ist ja überhaupt auffallend, dass die modernitätsaffinen katholischen Theologen in der Umbruchskonstellation des Zweiten Vatikani-

---

2018); Karlheinz Ruhstorfer, „Christologie," in *Dogmatik heute. Bestandsaufnahme und Perspektive*, hg. v. Thomas Marschler und Thomas Schärtl (Regensburg: Verlag Friedrich Pustet, 2014), 231–80.

22 Danz, *Grundprobleme*, 55–141; Christian Danz und Michael Hackl, Hg., *Transformationen der Christologie. Herausforderungen, Krisen und Umformungen* (Göttingen: V&R Unipress, 2019).

23 Vgl. Michael Seewald, *Dogma im Wandel: Wie Glaubenslehren sich entwickeln* (Freiburg: Herder, 2018); Johanna Rahner, „Theologiegeschichte – Dogmengeschichte – Dogmenhermeneutik. Aktuelle Herausforderungen," *ThQ* 200 (2020): 217–45.

schen Konzils so gut wie keinen Bezug nahmen auf protestantisch-theologische Diskurskonstellationen in der Christologie. Der dort thematisch werdende Transformationsdruck wurde offenbar nicht als Teil der eigenen Problemgeschichte angesehen. Das lässt sich anhand eines epochalen Grundlagenwerkes gut dokumentieren, das für die katholische Christologie von kaum zu überschätzender Bedeutung ist. Ich meine das von Alois Grillmeier und Heinrich Bacht herausgegebene dreibändige Werk, „Das Konzil von Chalkedon. Geschichte und Gegenwart", das anlässlich der 1500 Jahr-Feier zu diesem Konzil erschien.[24] Der dritte Band mit der Überschrift „Chalkedon heute" ist zweigeteilt angelegt: „Das chalkedonische Motiv in der katholischen Theologie des 19. und 20. Jahrhunderts" sowie „Chalkedon im Gespräch zwischen Konfessionen und Religionen".[25] Im Blick auf letzteres heißt es im Vorwort:

> Denkformen sind es freilich auch, die im Voraus die Stellung der nicht-katholischen Theologie zu Chalkedon bestimmen. Auf die Diskussion um vorgängige Denkschemata und Vorentscheidungen scheint sich der Kampf um Chalkedon in seiner neuesten Phase zuzuspitzen. Hier wird Nähe und Ferne der einzelnen Gruppen vor allem der evangelischen Theologie zum Christusbild und zur Christusformel der alten Kirche sichtbar. Der Gegensatz zwischen Seins-Christologie und soteriologischem Dynamismus, altem Subjekt-Objekt-Schema und Existentialismus, zwischen Natur und Geschichte hat zu einer Krise des überlieferten Christusglaubens geführt, welche die Substanz zu gefährden droht.[26]

Und dann folgt der Versuch eines ökumenischen Brückenschlags: „Dennoch stellt gerade der Christusglaube der alten kirchlichen Überlieferung noch das stärkste Band dar, welches die getrennten christlichen Konfessionen zusammenzuhalten vermag."[27] Mit anderen Worten: Die Christologie wird in der normativen Rückwendung zu den spätantiken Dogmatisierungen zu einem Projekt der Ökumene. Nicht zur Sprache kommt in dem gesamten Band jedoch, dass auch die Problemgeschichte der Christologie, wie sich in der Moderne immer schärfer herauskristallisiert hatte, zum gemeinsamen konfessionsübergreifenden Erbe gehört. Oder, anders gesagt, es wird nicht realisiert, dass die Problemgeschichte der Christologie in der Moderne ein gemeinsames Projekt der Ökumene ist.

Dass die protestantischen Christologien, die Herausforderungen des Transformationsdrucks nicht scheuend, in den Strudel historischer Umbrüche mit hinein-

---

24 Vgl. Alois Grillmeier und Heinrich Bacht, Hg., *Das Konzil von Chalkedon*, 3 Bde. (Würzburg: Echter, 1951–1954).
25 Vgl. Alois Grillmeier und Heinrich Bacht, Hg., *Das Konzil von Chalkedon*, Bd. 3, *Chalkedon heute* (Würzburg: Echter, 1954).
26 Grillmeier und Bacht, *Chalcedon 3*, V.
27 Grillmeier und Bacht, *Chalcedon 3*, VI.

gerissen wurden, wird dann allenfalls zum Anlass scharfer Kritik und zwar ausgerechnet derjenigen, die stets abseits gestanden hatten.[28] Wer die Rollenprosa der Gegenmoderne einnimmt, kann sich dem Wohl und Wehe der ideologischen Kämpfe, die in der Moderne ausgetragen werden mussten, recht bequem entziehen. Es ist wie beim Märchen vom unfairen Wettlauf zwischen Hase und Igel, das schon bei Johann Baptist Metz zu theologischen Ehren gekommen war.[29] Er ergriff für den sich in den Ackerfurchen abhetzenden Hasen Partei, während der Igel, aus bekanntem Grund stets als Erster am rechten Ort, rufen konnte: Ick bün all hier!

3 Dogmatische Christologie in der Moderne als Denkformprojekt

Natürlich lässt sich recht gut erklären, wie es überhaupt zu dieser katholischen Selbstpositionierung hat kommen können. Als Folge einer Marginalisierung, wenn nicht gar Unterdrückung modernitätsaffiner Theologien durch das römische Lehramt, wurde es bereits faktisch unmöglich gemacht, eigene Neuzeittraditionen auszubilden, um Krisenerfahrungen der Moderne produktiv bewältigen zu können. Auch scheint es bis heute zu den Charakteristika katholischer Theologie zu gehören, sich selbst nicht historisch darzustellen. Sie kennt ja, anders als die protestantische Theologie, keine eigene Disziplin der Theologiegeschichtsschreibung. „Ganz allgemein", so diagnostiziert Peter Eicher, „verstand sich die katholische Theologie bis zur Mitte des 19. Jahrhunderts nicht durch Geschichte bestimmt, sondern als Ausdruck der zeitunabhängigen Wahrheit in der Geschichte". Die Lehrgehalte etwa der Christologie, um beim Thema zu bleiben, werden nicht durch die Geschichte „promulgiert", sondern, so noch einmal Eicher, durch das „sich wesentlich ungeschichtlich verstehende bischöfliche und päpstliche Lehramt"[30]. Dass die katholische Theologie sich primär durch den Bezug auf die vom kirchlichen Lehramt normierte Tradition begreift, wird auch daran deutlich, dass in der katholischen Theologie fachdisziplinär weithin die Dogmengeschichte an die Stelle der Theologiegeschichte tritt. Anders, so Eicher, die evangelische Theologie, die „gerade durch die ihr eigene Geschichte die Tradition des evangelischen Glaubensbewusstseins

---

28 Vgl. zum Beispiel Koncsik, *Christologie*.
29 Vgl. Johann Baptist Metz, *Glaube in Geschichte und Gesellschaft. Studien zu einer praktischen Fundamentaltheologie* (Mainz: Grünewald, 1977), 143.
30 Peter Eicher, „Offenbarung. Prinzip neuzeitlicher Theologien, A. Die katholische Theologie," *NHthG*² 4 (1991), 7–47, 9 (Hervorhebung von mir).

bildet."³¹ Die Pointe des Arguments läuft auf die These zu, dass die Einarbeitung theologiegeschichtlicher Wissensbestände in den dogmatischen Glaubensbegriff nicht zum Zwecke einer normativen und legitimatorischen Selbstvergewisserung der katholischen Theologie erfolgt.³² Diese grundsätzliche Differenz, sich eben nicht *durch* Geschichte zu begreifen, sondern sich im Rahmen einer lehramtlich definierten Kirche verstehen zu sollen, wirkt, so will mir scheinen, bis in die Gegenwart der katholischen Theologie fort und führt zu einem entsprechenden Umgang mit der Christologie. Die bisweilen aggressiv vorangetriebene Marginalisierung modernitätsaffiner Theologien durch die Neuscholastik, die sich hierbei des Rückhalts seitens des römischen Lehramtes sicher sein durfte, führte faktisch dazu, dass sich in der katholischen Christologie keine genuin neuzeitlichen katholischen Theologietraditionen hatten ausbilden können. Vergeblich sucht man in den bereits genannten aktuellen Gesamtentwürfen von Menke, Hoping, Nitsche oder Werbick systematisch angelegte Rezeptionsbezüge zu jenen katholischen Christologien des 19. Jahrhunderts, in denen der in der Moderne aufgeworfene Problemstau – Geschichte, Metaphysik, Anthropologie – ja bereits thematisiert wurde.³³

Es kommt freilich noch ein Weiteres hinzu, das an gegenwärtigen katholischen Gesamtentwürfen zur Christologie beobachtet werden kann. In einem 2014 publizierten, gut informierten und instruktiven Forschungsüberblick über die katholische Christologie macht Karlheinz Ruhstorfer auf die folgenden Themenfelder aufmerksam, auf die wir hier stoßen:

---

31 Eicher, Offenbarung, 9.
32 Ansätze zu einem solchen Projekt finden sich bei Karlheinz Ruhstorfer, „Von der Geschichte der Christologie zur Christologie der Geschichte," in *Christologie*, hg. v. Karlheinz Ruhstorf (Paderborn: Brill/Schöningh, 2018), 215–377. Auch wenn hier eine dogmenhermeneutische Überlieferungstheorie noch ein Desiderat bleibt, der die Aufgabe zufiele, den theologiegeschichtlichen Gesamtbefund in dogmatischer Hinsicht zu systematisieren. Die Argumentationspointe meiner Ausführungen lautet also nicht, es gebe in der katholischen Theologie keine theologiegeschichtliche Forschung; sie gibt es selbstredend. Vgl. etwa Dirk Ansorge, *Kleine Geschichte der christlichen Theologie. Epochen – Denker – Weichenstellungen* (Regensburg: Pustet, ²2021). Aber es existiert keine katholische Theologiegeschichte, die als historische Darstellung zugleich den systematischen Charakter einer begründenden und legitimatorischen Selbstvergewisserung des eigenen geschichtlich sich vermittelnden Traditionsbestandes hat.
33 Ein regelrechter Fundamentaldissens dürfte sich jedoch im Blick auf christologische Entwürfe auftun, die ohne jedwedes hermeneutische Bewusstsein für historische Zeitabstände und entsprechende Denkformumbrüche in Überlieferungsprozessen bestrebt sind, scholastische, insbesondere thomistische Christologien zu reprinstinieren. Vgl. etwa und pars pro toto Thomas Joseph White, *The Incarnate Lord. A Thomistic Study in Christology* (Washington, D.C.: The Catholic University of America Press, 2017).

Die Frage nach dem historischen Jesus und ihre Bedeutung für die Dogmatik; die Christologie nach Auschwitz bzw. eine ‚israelsensible' Rede von Jesus Christus; der Absolutheitsanspruch des Christentums und der religiöse Pluralismus; die kulturelle Gebundenheit der Christologie, die Frage nach der Inkulturation des Christentums angesichts der Globalisierung; Jesus Christus und die Armen bzw. der Konflikt um die Theologie der Befreiung; die Männlichkeit Jesu und die feministische Christologie; die Herausforderung durch Prozesschristologie; das Dogma von der göttlichen und der menschlichen Natur in Jesus und die neuzeitliche Subjektphilosophie; die angemessene Schrifthermeneutik und das Jesusbuch des Papstes; die Auferweckung Jesu und die Auferstehung des Leibes.[34]

Doch damit nicht genug! Ruhstorfer listet darüber hinaus die „Gegensatzpaare Christologie von oben vs. Christologie von unten, Inkarnationschristologie vs. Kreuzeschristologie, liberale Jesustheologie vs. dialektische Offenbarungschristologie vs. politische Vorbildchristologie usw." auf.[35] Da sich Ruhstorfer darauf konzentriert, Bestandsaufnahmen und Perspektiven zu benennen und zentrale Debatten der neueren Zeit zu identifizieren, ist er der Aufgabe enthoben, ein kohärentes Konzept der dogmatischen Christologie vorlegen zu müssen, das einigermaßen konsensfähig Auskunft geben könnte über Begriff, Methode und Themen dieses Traktates. Der Gesamteindruck, den die Lektüre seines Beitrages hinterlässt, aber auch die der genannten Autoren, besteht darin, dass die Christologie heute von einer immens angewachsenen Pluralität von Zugängen, Schwerpunkten und Themenkomplexen geprägt wird, mit der nahezu durchgängig vor allem auf aktuelle gesellschaftliche, kulturelle und geistesgeschichtliche Anfragen und Herausforderungen reagiert werden soll. Mit einer solchen Einschreibung fundamentaltheologischer Aufgaben in die dogmatische Christologie gelingt gewiss, die Relevanz der Gestalt Jesu für die gegenwärtige Welt erkennbar zu machen und somit den als Christus geglaubten Jesus von Nazareth im Horizont heutiger Daseinserfahrungen zur Sprache zu bringen. Das führt für die Christologie zu einer Ausdifferenzierung ihres Themenbestandes, die folgerichtig sachangemessen und unhintergehbar ist. Pluralität ist ein Signum der Moderne, deren unverstellte Darstellung in der Christologie mithin ein Zeichen ihrer Modernität!

Aber es bleibt, aus der Warte systematischer Theologie gesprochen, gleichwohl das Problem, dass ein Gesamtkonzept der Christologie ein Desiderat ist. Muss es nicht eine systematische Darstellung der christologischen Glaubenslehre geben, die alle jeweils hereinspielenden Probleme und Themen, Aspekte und Perspektiven aufeinander bezieht und kohärent miteinander vermittelt? Hierzu bedarf es allerdings eines formalhermeneutischen Bestimmungsgrundes aller christologischen Aussagen. Meine These lautet, dass noch stets das Grundthema der im engeren

---

[34] Ruhstorfer, Christologie, 231 f.
[35] Ruhstorfer, Christologie, 232.

Sinne *dogmatischen* Christologie den Schlüssel hierzu bereitzustellen hat. Dieses Thema aber ist identisch mit dem doktrinalen Kerngehalt des Christusbekenntnisses, der begrifflich als „Inkarnation" des Gottessohnes in der Geschichte Jesu bezeichnet wird. Dogmatische Christologie wäre also zu begreifen als die Explikation der der Geschichte Jesu selbst ursprünglich eigenen Bedeutung, Gottes Selbstoffenbarung zu sein. Eine solche dogmatische Christologie verlangt allerdings, sich als ein Denkformprojekt zu begreifen. Denn dogmatische Christologie ist die systematische Darstellung des Inhalts der überlieferten Christusverkündigung und ineins die Vergegenwärtigung ihrer Bedeutung. Eine Denkform ist, abgekürzt gesprochen, die kohärente Darlegung des Bestimmungszusammenhangs zwischen der vorgegebenen Glaubenswahrheit und dem für ihre Explikation aufgenommenen Denken.[36] Folglich muss eine christologische Denkform der Gegebenheit der dogmatischen Vorgaben und ihrer geschichtlich sich vollziehenden Überlieferung entsprechen und sich zugleich für ihr Verstehen in der je eigenen Gegenwart als geeignet erweisen. Schon aus hermeneutischen Gründen und also um der Verstehbarkeit willen, fällt der Christologie folglich die Aufgabe zu, die Bedeutung der Glaubenswahrheit zu erschließen, das heißt den Glauben an Jesus Christus mit dem Bewusstsein der Gegenwart zu vermitteln.

Für eine dogmatische Christologie steht somit, *erstens*, zur Entscheidung an, ob sie die als Selbstoffenbarung Gottes verstandene Geschichte Jesu als Grunddatum und Gegenstand der Christologie hinlänglich begründen kann. Primäre Referenzdisziplin ist mithin einerseits die Exegese. Andererseits bedarf es einer eigenen Reflexion darauf, dass eben die Geschichte Jesu der ursprüngliche Gegenstand dogmatischer Christologie ist. Dies wiederum schließt nicht nur die Frage mit ein, ob tatsächlich der Begriff der Selbstoffenbarung die geeignete Kategorie für die systematische Erschließung der Bedeutung der Geschichte Jesu ist. Sondern es schließt sich die Aufgabe an, das Verhältnis von Geschichte, Offenbarung und Vernunft in einer Weise zu bestimmen, dass dieses Verhältnis nicht, wie in der Lessing-Hegel-Tradition geschehen, als ein Aufhebungsverhältnis zu begreifen ist. Es muss für die Christologie gerade gezeigt werden können, dass die Form der geschichtlichen Vermittlung von ihrem Gegenstand nicht abgelöst werden kann. An dieser Stelle fällt die Entscheidung, gegebenenfalls Alternativen zum anthropologisierenden Gefälle selbstbewusstseinstheoretisch angelegter Christologien auszuarbeiten, in denen christologische Gehalte in einer Weise in die religiösen Selbstbeschreibungspro-

---

36 Vgl. Georg Essen und Thomas Pröpper, „Aneignungsprobleme der christologischen Überlieferung. Hermeneutische Vorüberlegungen," in *Gottes ewiger Sohn. Die Präexistenz Christi*, hg. v. Rudolf Laufen (Paderborn: Ferdinand Schöningh, 1997), 163–78.

zesse freiheitsbegabter Subjekte hineinverlegt werden, dass sie ihren geschichtlich gegebenen Gegenstandsbezug verlieren.[37]

Zur dogmatischen Entscheidung steht dann, *zweitens*, an, ob die dogmen- und theologiehistorische Überlieferung als die jeweils zeitbedingte und deshalb inkulturierte Erschließung jener Bedeutung rekonstruiert werden kann, die der Geschichte Jesu selbst ursprünglich eigen ist. Es dürfte jedoch, wie im mehrfachen Anlauf aufgewiesen, klar sein, dass das metaphysische Schema des chalkedonischen Dogmas für die Gegenwart keine Denkform mehr bietet, um der an dieser Stelle geforderten Verfugung von Geschichte und Metaphysik nachkommen zu können. Weil das im Rahmen der Zweinaturenlehre nicht möglich ist, ist eine Denkform zu konzipieren, die dieses Schema prinzipiell hinter sich zurücklässt. Gleichwohl gilt in meinen Augen: Wenn der Begriff der Inkarnation als Abbreviatur des Christusgeschehens ernstgenommen werden soll, leuchtet ein, dass sich in der Christologie ontologische Aussagen nicht vermeiden lassen. Ihnen wird gerecht, wer, auf die Implikationen des Begriffs der Selbstoffenbarung Gottes in der Geschichte Jesu reflektierend, nach dem Sein und Wesen Gottes in der Person des Jesus von Nazareth fragt. Das wäre denn auch der normativ bleibende Geltungssinn des Dogmas von Nikaia, dass nämlich die Gegenwart Gottes im Dasein Jesu als Wesenseinheit Jesu mit Gott zu verstehen ist. Aber auch hier gilt freilich, dass die christologisch beanspruchte Ontologie im Rückbezug auf subjekttheoretische Denkangebote zu reformulieren wäre.

Drittens aber dürfte die Programmatik der nachchalkedonischen Rezeption der Konzilsentscheidung von 451 wiederum darin liegen, dass die Personidentität Jesu Christi darin besteht, als dieser Mensch der ewige Sohn Gottes zu sein. Bei aller grundsätzlichen und sehr prinzipiellen Kritik, die an der Theologie Pannenbergs zu üben sein wird, scheint mir gleichwohl seine christologische Grundaussage von fundamentaler Bedeutung zu sein, dass nämlich Jesu bestimmtes Menschsein als das geschichtliche Dasein des ewigen Gottessohnes zu begreifen ist.[38] Und dazu zählt dann auch das auf die Trinitätstheologie vorausweisende Zwischenargument, die Besonderheit Jesu als Persongemeinschaft mit Gott dem Vater und in ihr sich zeitigenden Personidentität mit dem Sohn zu begreifen. In dieser Konsequenz kann schließlich begründet werden, dass die Identität Jesu als Person des Gottessohnes darin besteht, der Gottes Zuwendung zu den Menschen entsprechende und sie vermittelnde Mensch zu sein: Jesus Christus – Gottes und der Menschen Sohn. Damit

---

[37] So jedenfalls lese ich den Ansatz von Christian Danz. Vgl. Danz, *Grundprobleme*; Christian Danz, „Christus als Bild des Glaubens von sich selbst. Zur Funktion der Christologie," in *Transformationen*, hg. v. Danz und Hackl, 147–57.
[38] Vgl. Wolfhart Pannenberg, *Grundzüge der Christologie* (Gütersloh: Gütersloher Verlagshaus, ⁶1982 [¹1964]); vgl., auch zur Kritik an der christologischen Denkform Pannenbergs, Essen, *Freiheit*.

wäre der Ansatz einer Inkarnationstheorie gegeben, die das Anliegen einer vormals substanzontologisch begriffenen Gottessohnschaft unter Bezugnahme auf die neuzeitliche Personphilosophie aufgreift und reformuliert. Es wäre zugleich, das aporetische Schema der Zweinaturenlehre überwindend, der normative Kerngehalt des Dogmas von Chalkedon im Sinne eines ontologischen Gesamturteils über die Person Jesus Christus als wahrer Mensch und wahrer Gott eingeholt. Die Vielzahl der christologischen Einzelthemen jedoch, die kontextsensibel und gegenwartsorientiert die Bedeutung des Christusgeschehens in unterschiedliche Verstehenshorizonte hin artikuliert, erfahren in dem Inkarnationsbegriff allererst ihre normative Zentrierung. Es geht hermeneutisch um christologische Erschließungen, in denen Glaubensaussagen als geschichtlich-kontingente und deshalb pluriforme Artikulationen der einen kontinuitätsverbürgenden Grunderfahrungen zu verstehen und gelten zu lassen sind.

Bibliographie

Ansorge, Dirk. *Kleine Geschichte der christlichen Theologie. Epochen – Denker – Weichenstellungen*, Regensburg: Pustet, ²2021.
Assel, Heinrich. *Elementare Christologie I–III*. Gütersloh: Gütersloher Verlagshaus, 2020.
Balthasar, Hans Urs von. *Theodramatik I–IV*. Einsiedeln: Johannes Verlag, 1973–1983.
Balthasar, Hans Urs von. *Theologik I–III*. Einsiedeln: Johannes Verlag, 1985–1987.
Courth, Franz. *Christologie. Von der Reformation bis ins 19. Jahrhundert*. HDG II/1d. Freiburg: Herder, 2000.
Danz, Christian. *Grundprobleme der Christologie*. Tübingen: Mohr Siebeck, 2013.
Danz, Christian und Georg Essen, Hg. *Dogmatische Christologie in der Moderne. Problemkonstellationen gegenwärtiger Forschung*. ratio fidei 70. Regensburg: Verlag Friedrich Pustet, 2019.
Danz, Christian und Michael Hackl, Hg. *Transformationen der Christologie. Herausforderungen, Krisen und Umformungen*. Wiener Forum für Theologie und Religionswissenschaft/Vienna Forum for Theology and the Study of Religions 17. Göttingen: V&R Unipress, 2019.
Eicher, Peter. "Offenbarung. Prinzip neuzeitlicher Theologien, A. Die katholische Theologie." *NHthG*² 4 (1991), 7–47.
Essen, Georg und Thomas Pröpper. "Aneignungsprobleme der christologischen Überlieferung. Hermeneutische Vorüberlegungen." In *Gottes ewiger Sohn. Die Präexistenz Christi*, hg. v. Rudolf Laufen, 163–78. Paderborn: Ferdinand Schöningh, 1997.
Essen, Georg. *Die Freiheit Jesu. Der neuchalkedonische Enhypostasiebegriff im Horizont neuzeitlicher Subjekt- und Personphilosophie*. ratio fidei 5. Regensburg: Verlag Friedrich Pustet, 2001.
Essen, Georg. „‚es wackelt alles'. Modernes Geschichtsbewusstsein als Krisis katholischer Theologie im 19. und 20. Jahrhundert." *CNS* 22 (2001): 565–604.
Essen, Georg. "Theologie, Katholische. Definitionen und Anwendungsbereiche." In *Handbuch Moderneforschung*, hg. v. Friedrich Jaeger, Wolfgang Knöbl und Ute Schneider, 309–18. Stuttgart: J.B. Metzler/Springer, 2015.

Essen, Georg. „"... wenn unsre katholische Kirche das wäre, was sie sein sollte und könnte' (Johann Michael Sailer). Konfessionelle Grenzverschiebungen katholischer Reformtheologien,um 1800'." In *Vielfältiges Christentum. Dogmatische Spaltung – kulturelle Formierung – ökumenische Überwindung?*, hg. v. Bernd Jochen Hilberath, Andreas Holzem und Volker Leppin, 155–76. Leipzig: Evangelische Verlagsanstalt, 2016.

Essen, Georg. "Geschichte – Metaphysik – Anthropologie. Diskurskonstellationen der Christologie in der Moderne. Eine katholisch-theologische Vergewisserung." In *Dogmatische Christologie in der Moderne. Problemkonstellationen gegenwärtiger Forschung*. ratio fidei 70, hg. v. Christian Danz und Georg Essen, 10–18. Regensburg: Verlag Friedrich Pustet, 2019.

Grillmeier, Alois und Heinrich Bacht, Hg. *Das Konzil von Chalkedon*. 3 Bde. Würzburg: Echter, 1951–1954.

Günther, Anton. *Vorschule zur speculativen Theologie des positiven Christenthums. In Briefen, 2. Abtheilung. Die Incarnationstheorie*. Wien: J.B. Wallishausser 1829.

Hattrup, Dieter und Helmut Hoping, Hg. *Christologie und Metaphysikkritik. Peter Hünermann zum 60. Geburtstag*. Münster: Aschendorff, 1989.

Hoping, Helmut. *Jesus aus Galiläa. Messias und Sohn Gottes*. Freiburg: Herder 2019.

Hünermann, Peter. *Offenbarung Gottes in der Zeit. Prolegomena zur Christologie*. Münster: Aschendorff, 1989.

Hünermann, Peter. *Jesus Christus. Gottes Wort in der Zeit. Eine systematische Christologie*. Münster: Aschendorff, 1994.

Junker, Maureen. *Das Urbild des Gottesbewusstseins. Zur Entwicklung der Religionstheorie und Christologie Schleiermachers von der ersten zur zweiten Auflage der Glaubenslehre*, Schleiermacher-Archiv 8. Berlin: Walter de Gruyter, 1990.

Junker, Maureen. *Self, Christ and God in Schleiermacher's dogmatics. A theology reconceived for modernity*. Berlin: Walter de Gruyter, 2020.

Kasper, Walter. *Jesus der Christus*. Freiburg u. a.: Herder, 1974.

Klapczynski, Gregor. *Katholischer Historismus? Zum historischen Denken in der deutschsprachigen Kirchengeschichte um 1900. Heinrich Schrörs – Albert Ehrhard – Joseph Schnitzer*. Münchener kirchenhistorische Studien. Neue Folge 2. Stuttgart: Kohlhammer, 2013.

Koncsik, Imre. *Christologie. Im 19. Und 20. Jahrhundert*, HDG III/1e. Freiburg: Herder, 2005.

Knop, Julia. "Mysterien des Lebens Jesu.," *Neues Lexikon der Katholischen Dogmatik*, hg. v. Wolfgang Beinert und Bertram Stubenrauch, 488–90. Freiburg, Basel: Herder, 2012.

Küng, Hans. *Menschwerdung Gottes. Eine Einführung in Hegels theologisches Denken als Prolegomena zu einer künftigen Christologie*. Freiburg: Herder, 1970.

Küng, Hans. *Christ sein*. München/Zürich: Piper, 1974.

Lengsfeld, Peter, Hg. *Ökumenische Theologie. Ein Arbeitsbuch*. Stuttgart: Kohlhammer 1980.

Müller, Gerhard Ludwig. *Katholische Dogmatik. Für Studium und Praxis der Theologie*. Freiburg: Herder, 1995.

Müller, Gerhard Ludwig. "Christologie im Brennpunkt. Ein Lagebericht." *ThRv* 91 (1995): 363–80.

Menke, Karl-Heinz. *Jesus ist Gott der Sohn. Denkformen und Brennpunkte der Christologie*. Regensburg: Verlag Friedrich Pustet, 2008.

Metz, Johann Baptist. *Glaube in Geschichte und Gesellschaft. Studien zu einer praktischen Fundamentaltheologie*. Mainz: Grünewald, 1977.

Nitsche, Bernhard. *Christologie*. Paderborn: Brill/Schöningh, 2012.

Pannenberg, Wolfhart. *Grundzüge der Christologie*. Gütersloh: Gütersloher Verlagshaus, [6]1982 [[1]1964].

Rahner, Johanna. "Theologiegeschichte – Dogmengeschichte – Dogmenhermeneutik. Aktuelle Herausforderungen." *ThQ* 200 (2020): 217–45.

Rahner, Karl. "Chalkedon – Ende oder Anfang?." In *Das Konzil von Chalkedon. Geschichte und Gegenwart*, Bd. 3. *Chalkedon heute*, hg. v. Alois Grillmeier und Heinrich Bacht, 3–49. Würzburg: Echter, 1954.

Rahner, Karl. Theologie und Anthropologie. In *Schriften zur Theologie*. Bd. 8, 43–65. Einsiedeln: Benziger Verlag, 1967.

Ratzinger, Joseph. *Schauen auf den Durchbohrten. Versuche zu einer spirituellen Christologie*. Einsiedeln: Johannes Verlag, 2007.

Ratzinger, Joseph/Benedikt XVI. *Jesus von Nazareth*, Bd. 1–3. Freiburg: Herder, 2017.

Ruhstorfer, Karlheinz. "Christologie." In *Dogmatik heute. Bestandsaufnahme und Perspektive*, hg. v. Thomas Marschler und Thomas Schärtl, 231–80. Regensburg: Verlag Friedrich Pustet, 2014.

Ruhstorfer, Karlheinz, Hg. *Christologie*. Paderborn: Brill/Schöningh, 2018.

Schwedt, Hermann H. "Zur Verurteilung der Werke Anton Günthers (1857) und seiner Schüler." *ZKG* 101 (1990): 301–43.

Seewald, Michael. *Dogma im Wandel: Wie Glaubenslehren sich entwickeln*. Freiburg: Herder 2018.

Werbick, Jürgen. *Gott-menschlich. Elementare Christologie*. Freiburg: Herder, 2016.

White, Thomas Joseph. *The Incarnate Lord. A Thomistic Study in Christology*. Washington, D.C.: The Catholic University of America Press, 2017.

Wiederkehr, Dietrich. *Entwurf einer systematischen Christologie*. MySal III/1, 477–648. Einsiedeln: Johannes Verlag, 1970.

Wittekind, Folkart. "Christologie im 20. Jahrhundert." In *Zwischen historischem Jesus und dogmatischem Christus. Zum Stand der Christologie im 21. Jahrhundert*, hg. v. Christian Danz und Michael Murrmann-Kahl, 13–45. Tübingen: Mohr Siebeck, ²2011.

Johannes Zachhuber
Die Bedeutung der patristischen Christologie für die Christologie heute
Historische und systematische Perspektiven

Abstract: How can Patristic Christology serve contemporary theological reflection? This essay addresses this question by reflecting on three approaches that have been popular in recent scholarship: so-called conciliar Christology as conducted within the framework of analytic theology; the more hermeneutic approach through the history of doctrine; and the radical critique of Patristic dogma by theologians such as John Hick and Don Cupitt. It is argued that modern theologians need to understand Patristic ideas in their historical context but also take them seriously as intellectual attempts to answer the question who Jesus was.

Keywords: Patristische Christologie, conciliar Christology, Dogmengeschichte, undogmatische Christologie, Kirchenväter, Konzilien, Chalkedon

Dogmatische Fragen über die Person Jesu Christi gehörten zu den am meisten diskutierten Problemen der Alten Kirche. Jahrhundertelang wurde kontrovers über sie debattiert und gestritten. Es gab aber auch Festlegungen, insbesondere auf den ökumenischen Konzilien, die seither von vielen, wenn auch nicht allen, Kirchen als verbindlich anerkannt worden sind. *Historisch* lässt sich schwer bestreiten, dass die in jenen Debatten ausgeprägten Begrifflichkeiten sowie die Prinzipien christologischer Rechtgläubigkeit für die Theologien der folgenden Jahrhunderte und bis in die Moderne hinein maßgeblich geblieben sind. Ebenso wenig bestreiten lässt sich allerdings, dass die Sprache der patristischen Christologie heute fremd und sperrig wirkt. Von allen dogmatischen Topoi ist es sicherlich die klassische Christologie, die in besonderem Maße im Ruch einer an der konkreten Glaubenserfahrung vorbeigehenden scholastischen Begriffsklauberei steht. Insofern ist die Frage nach der Relevanz und der Signifikanz der patristischen Christologie für die heutige theologische Urteilsbildung keinesfalls rhetorisch und die Antwort auf sie nicht von selbst evident.

Johannes Zachhuber ist Professor of Historical and Systematic Theology an der Theologischen Fakultät der Universität Oxford. Neueste Veröffentlichung zum Thema: *The Rise of Christian Theology and the End of Ancient Metaphysics* (Oxford: Oxford University Press 2020).

Der folgende Beitrag, der versucht sich genau diesem Problem anzunähern, wird daher davon ausgehen, dass die Frage nach der Bedeutung der patristischen Tradition für die Christologie der Gegenwart prinzipiell offen ist. In ihm werden nacheinander drei für die heutige christologische Diskussion wichtige Herangehensweisen an die Patristik diskutiert: Die so genannte konziliare Christologie im Kontext der analytischen Theologie; die hermeneutisch arbeitende dogmengeschichtliche Forschung; und die sich von den antiken Definitionen bewusst abgrenzende nichtdogmatische Christologie. Zum Abschluss werden eigene Überlegungen zur Orientierung und zur systematischen Arbeit an der Christologie vorgelegt. Vorauszuschicken ist jedoch eine knapp gefasste Klärung dessen, was überhaupt als patristische Christologie zu verstehen ist.

1 Was ist patristische Christologie?

Will man die Bedeutung der patristischen Christologie für die systematische Theologie der Gegenwart bestimmen, muss man offenbar zunächst einmal wissen, worum es sich bei ihr handelt. Prinzipiell lässt sich eine so bestimmte Aufgabe auf zwei Weisen angehen: Entweder man versteht unter der patristischen Christologie die Lehre oder die Lehren einer bestimmten *historischen* Epoche der Kirchengeschichte. Dann ist die Aufgabe ihrer näheren Bestimmung in erster Linie eine Aufgabe der historischen Theologie. Alternativ dazu kann man die patristische Christologie als gleichbedeutend mit der normativen Kirchenlehre betrachten, also als „Väterlehre". Diese zweite Herangehensweise ist in der orthodoxen Theologie nicht unüblich.[1] Aber wenn man ihr folgt, dann verliert die Frage nach der Funktion dieser patristischen Christologie für die theologische Orientierung heute ihren Sinn, denn eine so verstandene patristische Lehre ist eben *per se* normativ, und das Problem heutiger Theologie ist insofern weitgehend nur ein hermeneutisches oder gar ein praktisches, bei dem es um die Aktualisierung der Väterlehre geht.[2]

---

[1] Vgl. z. B. Georges Florovsky, „St. Gregory Palamas and the Tradition of the Fathers," in *The Collected Works of Georges Florovsky*, Bd. 1, *Bible, Church, Tradition: An Eastern Orthodox View* (Vaduz: Büchervertriebsanstalt, 1987), 105–20; Michael Azkoul, *St. Gregory of Nyssa and the Tradition of the Fathers* (Lewiston, NY: Edwin Mellen Press, 1995), ch. 1.
[2] Genau genommen ist in einem solchen Verständnis „patristisch" kein Epochenbegriff, sondern eine ekklesiologisch gefasste Bezeichnung von Normativität. „Väter" sind genau diejenigen Theologen (ausschließlich Männer), deren Schriften für das kirchliche Selbstverständnis bestimmend sind. Das wird so auch von Florovsky vertreten: Florovsky, St. Gregory Palamas, 109–12.

Ohne diese Alternative hier zu diskutieren oder gar entscheiden zu können, gehe ich im Folgenden mit dem Hauptstrom der westlichen Tradition davon aus, dass patristische Theologie und systematische Theologie in der Gegenwart nicht einfach ein und dasselbe sind und dass insofern patristische Christologie als ein zumindest teilweise historisches Phänomen begriffen wird. Die Frage nach deren Funktion für die Theologie heute ist also – wiederum zumindest teilweise – die Frage, welche Bedeutung einer historisch vorfindlichen Lehre für unser eigenes theologisches Denken in der Gegenwart zukommt. Daraus folgt, dass man historisch feststellen muss, was patristische Christologie ist, um die Frage, welche Bedeutung sie heute haben kann, überhaupt erst zu beantworten.

Diese *historische* Aufgabe ist aber nicht leicht zu lösen. Wenn wir von der patristischen Epoche sprechen, meinen wir eine Zeit, die sich vom zweiten bis ins achte Jahrhundert erstreckte. Natürlich sind Periodisierungen immer problematisch, aber davon will ich hier einmal absehen.[3] Wie immer man es genau betrachtet, in jedem Fall handelt es sich um mehr als ein halbes Jahrtausend christlicher und insofern *nolens volens* theologischer Geschichte. In dieser Zeit gab es maßgebliche theologische Aktivitäten im gesamten Mittelmeerraum, aber auch darüber hinaus. Relevante Texte wurden griechisch, lateinisch, syrisch, armenisch und in einer Reihe weiterer Sprachen verfasst.[4] Wir stehen also vor einer großen Vielfalt von Quellen, von Individuen, von diversen politischen, sozialen und kulturellen Konstellationen. Für Teile dieser Zeit schrieben christliche Autoren als Bürger eines gewissermaßen christlichen Staates;[5] zeitweise waren christologische Dogmen Bestandteil der staatlichen Rechtsordnung.[6] Aber selbst das musste nicht viel heißen.[7] Kaiser Justinian versuchte im sechsten Jahrhundert die antichalcedonischen Christen zu unterdrücken; gleichzeitig überhäufte seine eigene Frau diese mit größten Ehren und ließ sie in einem Palast der Reichshauptstadt residieren und von dort aus ihre Überzeugungen

---

3 Im Westen ist das Ende des patristischen Zeitalters oft auch bei Gregor dem Großen, also an der Wende zum 7. Jahrhundert angesetzt worden.
4 Man muss also neben den Editionen der bekannten griechischen und lateinischen Autoren, der Berliner Reihe *Griechisch-christlicher Schriftsteller*, dem Wiener *Corpus Scriptorum Ecclesiasticorum Latinorum* und dem *Corpus Christianorum* mit sowohl einer griechischen und einer lateinischen Reihe auch die Editionen der „orientalischen" Autoren in Betracht ziehen, wie sie in der *Patrologia Orientalis* und dem *Corpus Scriptorum Christianorum Orientalium* zumindest teilweise veröffentlicht vorliegen.
5 Das gilt für die innerhalb des römischen Reiches wohnhaften Theologen seit Kaiser Theodosius I., also seit dem Ende des vierten Jahrhunderts.
6 Auch hier markierte Theodosius I. eine Wasserscheide.
7 Zu den sich ergebenden Schwierigkeiten vgl. María Victoria Escribano Pañes, „Law, Heresy, and Judges under the Theodosian Dynasty." *Klio* 98 (2016): 241–62.

verbreiten.⁸ Im letzten Jahrhundert des patristischen Zeitalters lebten dann die meisten Christen unter muslimischen Herrschern, die keinen Grund hatten, ein vom byzantinischen Staat gestütztes Bekenntnis durchzusetzen: entsprechend bunt und widersprüchlich sind die Christologien aus dieser Zeit.

Am Ende der patristischen Epoche steht also eine unversöhnte Pluralität christologischer Perspektiven, die seit dem 5. Jahrhundert stetig angewachsen war. Blickt man hingegen auf die ersten Jahrhunderte der christlichen Ära, dann stellt sich ein anderes, aber nicht minder schwerwiegendes Problem. Denn für die christlichen Autoren der ersten vier Jahrhunderte ist keinesfalls klar, was als Christologie zu gelten hat. Das Wort „Christologie" in irgendeiner Sprache gibt es ohnehin für die patristische Epoche insgesamt nicht;⁹ aber von einem bestimmten Zeitpunkt kann man doch mit einer gewissen Sicherheit christologische Diskurse, Streitigkeiten und Lehren identifizieren. Für die ersten Jahrhunderte ist eine solche Identifizierung jedoch mit sehr viel größerer Unsicherheit behaftet, auch wenn es natürlich vom Neuen Testament an Ideen gibt, die man aus späterer Sicht in den Kontext einer Christologie einordnen kann.¹⁰

Ich könnte auf diese Weise fortfahren, aber die Pointe meiner Überlegungen zu diesem Punkt sollte deutlich sein. Wie lässt sich aus dieser Vielfalt von Stimmen, Positionen und Kontexten *die* patristische Christologie herausdestillieren? Diese Frage ist offensichtlich nicht trivial und ihre Beantwortung beruht auf weitreichenden hermeneutischen und auch theologischen Vorentscheidungen. Vielleicht *muss* man eine solche Vereinheitlichung auch nicht vornehmen. Ich werde in der Tat am Ende dieses Beitrags dafür plädieren, die Pluralität der patristischen Christologien als gegeben und irreduzibel anzuerkennen. Aber für die bislang maßgeblichen Versuche, die theologische Relevanz des patristischen Beitrags zu dieser Frage zu eruieren, spielt, wie wir sehen werden, die Etablierung der *Einheit* des altkirchlichen Zeugnisses eine zentrale Rolle.

Gleichzeitig ist die Frage nach der *Einheit* in der Vielheit aber nicht das einzige Problem bei der Bestimmung der patristischen Christologie. Denn welche Position auch immer man zum Maßstab erhebt, diese muss auch richtig interpretiert werden. Die Formeln, die im fünften bis zum achten Jahrhundert entwickelt wurden, sind

---

8 Vgl. Richard Price, *The Acts of the Council of Constantinople of 553* (Liverpool: Liverpool University Press, 2009), 14 f.; Volker L. Menze, *Justinian and the Making of the Syrian Orthodox Church* (Oxford: Oxford University Press, 2008), 208–28.
9 Der Begriff ist nicht vor dem 17. Jahrhundert belegt. Vgl. Theodor Mahlmann, „Christologie," in *Historisches Wörterbuch der Philosophie*, Bd. 1, hg. v. Joachim Ritter, Karlfried Gründer und Gottfried Gabriel (Basel: Schwabe, 1971), 1016 f.
10 C. F. D. Moule, *The Origin of Christology* (Cambridge: CUP, 1977); Petr Pokorny, *Die Entstehung der Christologie. Voraussetzungen einer Theologie des Neuen Testaments* (Stuttgart: Calwer, 1985).

zwar durch jahrhundertelangen Gebrauch vertraut. Das bedeutet aber nicht, dass die von ihnen ausgedrückten Theorien immer und von vornherein unmittelbar oder gar intuitiv verständlich wären.

Hier ist vielmehr analytische Arbeit zu leisten, und auch diese hat zunächst einmal *historisch* zu erfolgen. Begriffe müssen aus ihrem Kontext heraus verstanden werden, ihre Verknüpfung muss vor dem Hintergrund spätantiker intellektueller Gepflogenheiten rekonstruiert werden. Dabei spielt zwangsläufig der philosophische Hintergrund eine Rolle, wenngleich nicht in der determinierenden Weise, wie es das Klischee vom Platonismus der Kirchenväter nahelegt. Vielmehr geht es darum, die patristischen Texte selbst auf die in ihnen steckenden konzeptionellen Annahmen zu befragen, um so den intellektuellen Gehalt der christologischen Lehren zu erheben.

2 Der Ansatz der konziliaren Christologie

Ein in den vergangenen Jahren viel diskutierter Versuch, mit beiden Problemen umzugehen, liegt in der so genannten konziliaren Christologie (*conciliar Christology*) vor. Der Ansatz lässt sich vorab so charakterisieren, dass das Problem der *Einheitlichkeit* der patristischen Christologie durch eine Fokussierung auf die Dokumente der ökumenischen Konzilien gelöst werden soll, während für die *Interpretation* der dort vorliegenden Aussagen die Potenziale der analytischen Philosophie nutzbar gemacht werden.

Ich werde im Folgenden diesen Ansatz durch einen genaueren Blick auf eine wichtige Publikation erläutern und kritisch diskutieren, und zwar die 2016 von Timothy Pawl veröffentlichte Monographie *In Defence of Conciliar Christology*.[11] Pawls Arbeit steht im Kontext der sogenannten analytischen Theologie (*analytic theology*), einer erst wenig mehr als ein Jahrzehnt alten, seither aber stürmisch anwachsenden theologischen Bewegung. Deren Grundidee besteht darin, die Begrifflichkeiten und Methoden der analytischen Philosophie auf die Sprache der christlichen Dogmatik anzuwenden. In ihrer klassischen Form betrachtet die analytische Theologie die christliche Glaubenslehre als Inbegriff von Propositionen, ohne deren Entstehung oder historische Entwicklung in den Blick zu nehmen.[12]

---

11 Timothy Pawl, *In Defence of Conciliar Christology* (Oxford: OUP, 2016). Vgl. inzwischen auch: Timothy Pawl, *In Defence of Extended Conciliar Christology* (Oxford: OUP, 2019).
12 Vgl. dazu die Beiträge in Oliver Crisp und Michael Rhea, Hg., *Analytic Theology: New Essays in the Philosophy of Theology* (Oxford: OUP, 2009), bes. die „Introduction" von Michael Rhea, (1–30). Dieser Band stellt so etwas wie die Gründungsurkunde der *analytic theology* dar.

In den letzten Jahren gibt es jedoch eine Tendenz, diesen quasi-scholastischen Zugang durch einen stärker historischen Ansatz zu ergänzen.

Für diese neue Entwicklung ist Pawls Buch maßgeblich; die von ihm entwickelten Interpretationskategorien und die sich ihm daraus ergebenden Einsichten sind breit rezipiert worden. Sieht man sich jüngere analytisch angehauchte Diskussionen historischer Christologie an, – z. B. Richard Cross' 2019 publizierte Studie zu den christologischen Debatten der Reformationszeit – so wird dort ziemlich umstandslos mit dem terminologischen Apparat aus Pawls Arbeit operiert.[13]

Wie aus dem Titel hervorgeht, ist Pawls Buch apologetisch angelegt. Es geht ihm letztlich um eine Rechtfertigung der konzeptionellen Annahmen, die seiner Ansicht nach der christologischen Normallehre zu Grunde liegen und als solche häufig kritisiert werden. Man kann seinen Ansatz insofern revisionistisch nennen, da Pawl sich emphatisch gegen einen Trend in der neueren Systematik wendet, die patristische Christologie als heute irrelevant zu betrachten, wobei er insbesondere dem Eindruck entgegentritt, die klassische Christologie mit ihrer Behauptung der Gottmenschheit Christi sei unsinnig, selbstwidersprüchlich oder unverständlich.[14] Auf diesen Aspekt des Werkes wird zurückzukommen sein.

Zunächst einmal kommt es aber darauf an, Pawls Verständnis von konziliarer Christologie zu klären. In diesem zeigt sich nämlich exemplarisch eine bestimmte Art die historische Komplexität der patristischen Christologie zu reduzieren. Pawl geht von der Verbindlichkeit der sieben ökumenischen Konzilien aus, die – so schreibt er – von den meisten Kirchen anerkannt werden.[15] Die historischen Texte, auf die er seine Analysen aufbaut, sind insofern klar eingegrenzt: zunächst einmal natürlich die Bekenntnisformeln, dann die Kanones einschließlich der Anathematismen. Darüber hinaus bezieht er auch Texte ein, die von Konzilien als normativ anerkannt worden sind, wie etwa die Briefe des Kyrill an Nestorius und den *Tomus Leonis*.[16]

Es ist also nicht so, als beschränke sich der Autor auf die wenigen berühmten Zeilen des Bekenntnisses von Chalkedon. Vielmehr besteht sein Anspruch darin, von der kirchlichen Autorität der Konzilien ausgehend, einen Kanon patristischer Texte zu identifizieren, aus denen sich dann die patristische Christologie, von Pawl als *konziliare* Christologie zugespitzt, erheben lässt. Freilich hat der Patristiker Donald Fairbairn jüngst beobachtet, dass Pawl nur an der Oberfläche der

---

13 Richard Cross, *Communicatio Idiomatum. Reformation Christological Debates* (Oxford: OUP, 2019), VII und 12.
14 Pawl, *Defence*, 29.
15 Pawl, *Defence*, 11 f.
16 Pawl, *Defence*, 11.

konziliaren Dokumente kratzt, da diese in ihrer Gesamtheit tausende Seiten umfassen, nur zum Teil in Übersetzung vorliegen, ja nicht einmal alle in modernen Editionen zugänglich sind.[17]

Eine solche Kritik kann wohlfeil erscheinen: Wer kann schon von sich behaupten, die Konzilien in dieser Breite zur Kenntnis genommen zu haben? Jedoch scheint mir Fairbairns Einwand nicht so sehr auf die reine Quantität der Dokumente zu zielen, die Pawl in seine Untersuchung einbezieht; vielmehr geht es ihm um die mit diesem Textumfang im Zusammenhang stehende Pluralität und Diversität, die der Reduktion auf ein einheitliches Konstrukt, auf eine einzige „konziliare" Form von Christologie doch erhebliche Schwierigkeiten bereitet.

Gleichzeitig hat die Zuspitzung auf die Konzilien als Quellen der christologischen Tradition ohnehin ihre Probleme. Sicherlich, auf den ersten Blick hat diese Eingrenzung etwas Bestechendes. Denn so sehr die patristische Literatur Zeugnis der Irrungen und Wirrungen der dogmatischen Debatten der Zeit ablegt, so sehr ging es bei den Konzilien um die Einigung auf eine von allen als normativ zu akzeptierende Lehre. In der theologischen Praxis jedoch, so ließe sich argumentieren, waren und sind einzelne patristische Autoren, Kyrill von Alexandria, Leontius von Byzanz, Maximus der Bekenner oder Johannes von Damaskus, für die Ausbildung und Tradierung der Lehre in Mittelalter und Neuzeit ebenso wichtig oder wichtiger als der genaue Wortlaut der konziliaren Entscheidungen.[18]

Man wird daher urteilen, dass Pawls Konstrukt einer konziliaren Christologie zu weit und gleichzeitig zu eng gefasst ist. Einerseits erscheint seine These einer *einheitlichen* Christologie der Konzilien historisch als zumindest fragwürdig, bedenkt man die Vielfältigkeit der darin eingeschlossenen Texte und Dokumente. Andererseits wird durch die Fokussierung auf die Konzilien (zu) viel von dem ausgeblendet, was für das Verständnis des realen Einflusses der patristischen Debatten auf die klassische Christologie von Belang wäre.

Beide Beobachtungen lassen sich erklären, wenn man sieht, dass Pawl keinen wirklichen Begriff von Geschichtlichkeit hat. Es ist für die Zeugnisse, die von ihm analysiert werden, irrelevant, aus welchem Jahrhundert sie stammen. Es ist, was

---

17 Donald Fairbairn, „Interpreting Analytic Christology: An Overview in the Service of Analytic Theology," *Journal of Analytic Theology* 10 (2022), 363–81, 363 f.

18 Autoren wie Maximus und Damascenus zitieren in der Regel keine Konzilsentscheidungen, sondern lehnen sich an Formulierungen bei Kyrill oder Leontius an, ob diese nun namentlich zitiert werden oder nicht. Ähnliches kann man für mittelalterliche und frühneuzeitliche Autoren sagen, für die vor allem Johannes von Damaskus zentrale Autorität ist. Vgl. Johannes Zachhuber, „John of Damascus in the *Summa Halensis*: The Use of Greek Patristic Thought in the Treatment of the Incarnation," in *Summa Halensis: Sources and Context*, hg. v. Lydia Schumacher (Berlin: de Gruyter, 2020), 89–112.

vielleicht noch wichtiger ist, für seinen Ansatz überhaupt irrelevant, dass die kirchliche Lehre geschichtlichen Charakter trägt. Der historische Teil seiner Untersuchung beschränkt sich insofern darauf, aus den vorliegenden Dokumenten eine Doktrin zu destillieren, die sodann analytisch bearbeitet werden kann. Obgleich Pawls Lektüre der Texte oft erhellend und exegetisch sensibel ist, ist doch klar, dass die historische Verortung der Quellen und ihrer Autoren für seine Lektüre keine Bedeutung hat.

Demgegenüber steht im Zentrum von Pawls Monographie die begriffliche Analyse, und der Einfluss seiner Schrift beruht maßgeblich auf den Ergebnissen, zu denen er in diesem Zusammenhang kommt. Auch hier kann und sollte man Einwände haben, aber ich möchte zunächst einmal positiv anmerken, dass Pawl den oben geforderten Zweischritt bei der Bestimmung der patristischen Christologie ernst nimmt. Auf der Grundlage eines methodisch begründeten Versuchs, eine *einheitliche* Form von Christologie zu erheben, macht er sich daran, den intellektuellen Gehalt dieser Christologie zu bestimmen. Auf der Grundlage der relevanten Texte erhebt er in analytisch präziser Formelsprache maßgebliche Kriterien, die von den Konzilsvätern bei ihrer Beurteilung der ihnen vorliegenden Schriften in Anwendung gebracht wurden. Er definiert zentrale Begriffe auf der Basis patristischer Zitate und versucht zu zeigen, wie auf dieser Grundlage die Christologie der Konzilien ein in sich stimmiges Ganzes ergeben kann. Ich denke, dass jeder an der Christologie interessierte Leser diese Teile von Pawls Buch mit Gewinn lesen wird.

Was bedeutet Pawls Zugang nun für die Frage nach der Rolle, die die patristische Christologie in der heutigen Theologie spielen kann? Kein Zweifel besteht daran, dass die *normative* Perspektive für ihn zentral ist. Seine historischen und analytischen Untersuchungen sind, wie oben vermerkt, aus einem apologetischen Interesse entsprungen und werden zu keinem Zeitpunkt von diesem Interesse losgelöst durchgeführt. Dabei ist der Zusammenhang der historischen und systematischen Fragestellung denkbar klar und eindeutig: Die Apologie der patristischen Lehre, d. h. der Lehre der Konzilien, ist *sowohl* ihre Rechtfertigung als bleibend gültiger Bestandteil der Kirchenlehre *als auch* die Verteidigung der kirchlichen Lehre selbst gegen ihre Kritiker.

Anders gesagt stellt sich Pawl das Verhältnis von patristischer und moderner Christologie nicht wirklich als ein theologisches Problem dar. Zwischen historisch-analytischer Untersuchung und systematischer Reflexion gibt es keine wirkliche Differenz. Zwar könnte man meinen, Pawl gehe ergebnisoffen an die konziliaren Dokumente heran, um aus ihnen christologische Konzepte zu eruieren, die er sodann theologisch und philosophisch untersucht. In Wirklichkeit aber stammt schon sein Raster für die Selektion der relevanten Quellen aus einer normativen, ekklesialen Perspektive. Das wird ganz deutlich, wenn er gleich am Anfang seines Buches Belege dafür anführt, dass die katholischen und orthodoxen Kirchen sowie zahlreiche protestantische Denominationen die sieben ökumenischen Konzilien als gültig anerkennen.

Historische und systematische Perspektive sind so bei Pawl durchgehend zirkulär aufeinander bezogen. Die heutigen Kirchen berufen sich auf Entscheidungen aus der patristischen Epoche, aber die Identifizierung (und letztlich auch die Interpretation) der relevanten Texte gelingt nur, weil ihnen aus der Gegenwart diese Bedeutung zugeschrieben wird. Der patristischen Christologie kommt dadurch nicht oder kaum eine kriteriologische Bedeutung für die Theologie der Gegenwart zu, es sei denn in der Abwehr von Ansätzen, die ihrerseits die patristische Tradition der Dogmenbildung in Frage stellen.[19]

Pawl setzt die konziliare Christologie also schlicht als gegeben voraus. Die Frage, ob und inwieweit die Sprache der Konzilien den christlichen Glauben im biblischen Horizont angemessen zur Sprache bringt, gerät so außer Sicht. Das ist jedoch nicht trivial, denn die Frage nach dem genauen Verhältnis der Konzilien zum Zeugnis der Schrift ist keinesfalls eindeutig oder selbstverständlich. Man muss nicht Harnacks Hellenisierungsthese in ihrer Gesamtheit akzeptieren, um zu sehen, dass sich die christologischen Debatten verglichen mit *allen* vergleichbaren dogmatischen Streitigkeiten extrem weit von der biblischen Sprach- und Denkwelt entfernten. Daraus folgt zwar nicht, dass die resultierenden Lehren einfach unbiblisch sind; dennoch kann die heutige Theologie die Frage nicht umgehen, worin dieses Verhältnis besteht. Das kann sie aber nur, wenn sie vorab als hermeneutische Aufgabe akzeptiert, die Formeln der Konzilien so zu verstehen und zu interpretieren, dass sie als Ausdruck des biblischen Glaubens verstanden werden können.

Eine solche hermeneutische Dimension jedoch geht der *conciliar Christology* ebenso ab wie das Bewusstsein des im eigentlichen Sinn historischen Charakters der patristischen Lehre. So steht sie in Gefahr, eine heute vertretbare Christologie auf positivistische oder gar legalistische Weise direkt aus den Konzilsdokumenten der Alten Kirche ableiten zu wollen, dabei aber gleichzeitig – paradoxerweise – den spezifischen Charakter und den potenziellen theologischen Beitrag der patristischen Texte zu verfehlen.

---

[19] Die Stoßrichtung von Pawl's Buch ist deutlich gegen Vertreter einer nichtdogmatischen Christologie wie John Hick und Don Cupitt gerichtet. Vgl. Pawl, *Defence*, 29 f.33.216.

3 Der dogmengeschichtlich-hermeneutische Ansatz

Die analytisch ansetzende konziliare Christologie verfehlt also ihr Ziel durch einen Mangel an historischem und hermeneutischem Bewusstsein. Auf genau diesen methodischen Prinzipien basiert aber der dogmengeschichtliche Zugang zur patristischen Christologie, der seit etwa zweihundert Jahren in immer neuen Anläufen und mit wechselnden theologischen und philosophischen Prämissen ausgearbeitet worden ist. Man kann diesen Zugang daher grob als Gegenstück zum Ansatz der analytischen Theologie begreifen, wobei dieses Verhältnis noch genauer zu bestimmen sein wird.

Der Grundgedanke des von mir hier so genannten dogmengeschichtlich-hermeneutischen Ansatzes lässt sich dahingehend beschreiben, dass die patristische Christologie als aus dem biblischen Ursprung erwachsen verstanden wird, und zwar so, dass ihre historische Kontinuität mit der Botschaft des Neuen Testaments (und in gewisser Weise der des Alten Testaments[20]) aufgezeigt wird, ohne das weitere Wachstum und die z. T. erheblichen Modifikationen der Lehre in ihrer weiteren Geschichte zu ignorieren. In den vergangenen Jahrzehnten ist dieser Ansatz besonders eindrücklich von Alois Grillmeier und Theresia Hainthaler verfolgt worden. Ihr Projekt einer umfassenden Geschichte von Jesus Christus im Glauben der Kirche liegt in nunmehr sechs Bänden beinahe komplett bis zum Ende des sechsten Jahrhunderts vor.[21] Dies Werk, zu dem es gegenwärtig kein wirkliches Pendant in der evangelischen Theologie gibt, zeigt eindrücklich die Stärken und Schwächen des dogmengeschichtlich-hermeneutischen Ansatzes.

Fragen wir zunächst wiederum nach den beiden am Anfang meines Textes etablierten Kriterien, so scheint zunächst klar, dass die *Einheit* der patristischen Christologie in der Kontinuität einer historischen Entwicklung gesucht wird. An keinem Punkt wird eine endgültige dogmatische Fixierung festgemacht, sondern Probleme, Zweideutigkeiten und Widersprüche machen eine stetige Weiterarbeit nötig. Auch die *wachsende* Pluralität der patristischen Christologien seit dem Konzil von Chalcedon wird von den Autoren in die Darstellung einbezogen. Was ist dann aber die *Einheit* in dieser Entwicklung? Mir scheint, sie muss vom Zielpunkt der Entwicklung her begriffen werden. Zumindest was Grillmeier selbst betrifft,

---

20 Die dadurch entstehenden besonderen Probleme lasse ich hier beiseite.
21 Alois Grillmeier und Theresia Hainthaler, *Jesus der Christus im Glauben der Kirche*, 2 Bde. in 6 Teilen (Freiburg: Herder, 1979–2022). Ein weiterer Teilband ist derzeit in Vorbereitung.

lässt sich dieser – wie ich andernorts argumentiert habe – in der Ekklesiologie des Zweiten Vaticanums festmachen.²²

Auch hier also ist es nicht so, als ließe sich eine patristische Christologie ohne recht präzise dogmatische Voraussetzungen konstruieren. Vielmehr bestimmt der theologische Standpunkt in der Gegenwart die Fluchtlinie, von der her in der Pluralität von Einzelpositionen eine Einheit überhaupt erst erkennbar wird. Das gilt im Übrigen nicht nur für katholische Perspektive Grillmeiers, sondern ließe sich analog ebenso für die großen protestantischen Dogmengeschichten des 19. und frühen 20. Jahrhunderts zeigen, wo etwa Dorners bis heute eindrückliche historische Rekonstruktion der Christologie augenscheinlich auf Schleiermachers Christologie hin konstruiert ist und die Logik der harnackschen Dogmengeschichte sich erst von seiner These eines nicht-mehr-dogmatischen Christentums an der Wende zum 20. Jahrhundert voll erschließt.²³

Das bedeutet freilich nicht, dass die Unterschiede zum analytischen Ansatz unerheblich wären. Denn wenn auch die vorausgesetzte Teleologie der Dogmenentwicklung der historischen Darstellung gewissermaßen die Richtung vorgibt, steht sie doch der historischen Kontextualisierung im Einzelfall weit weniger entgegen, als das bei Pawls konziliarer Christologie der Fall war. Das liegt daran, dass ein geschichtlich-evolutionäres Einheitskonzept den Imperativ in sich trägt, dass theologische Ideen und Positionen nur aus ihrem geschichtlichen Zusammenhang verstanden werden können. Von daher gibt es von diesem Ansatz her auch ein deutlich engeres (wenn auch nicht von Spannungen freies) disziplinäres Arbeitsverhältnis zur Kirchengeschichte.

Womöglich noch wichtiger ist, dass der historische Blick auf die patristischen Christologien den Blick frei macht auf das komplizierte Verhältnis, in dem diese zum biblischen Zeugnis stehen, dessen *Deutung* sie einerseits zu sein beanspruchen, von dem sie sich andererseits aber auch unverkennbar entfernen. Auch wenn Vertreter des Ansatzes hier zu unterschiedlichen Schlussfolgerungen gelangt sind (Dorner und Grillmeier sind der Ansicht, dass eine fundamentale Kontinuität vorliegt, während Harnack genau dies entschieden verneint), eint sie doch das gemeinsame Problembewusstsein; hierin liegt ein erheblicher Gewinn des geschichtlich-hermeneutischen Abstands. Das gleiche gilt *mutatis mutandis*

---

22 Johannes Zachhuber, „Grillmeiers Darstellung des 6. Jahrhunderts: Leistung und Grenzen," in *Jesus der Christus im Glauben der einen Kirche*, hg. v. Dirk Ansorge, Theresia Hainthaler und Ansgar Wucherpfennig (Freiburg: Herder, 2019), 400–20, 408.
23 Zachhuber, Grillmeiers Darstellung, 406 f. Vgl. Isaak August Dorner, *Entwicklungsgeschichte der Lehre von der Person Christi von den ältesten Zeiten bis auf die neueste dargestellt*, 3 Bde. (Berlin: Schlawitz, ²1851–1856); Adolf Harnack, *Lehrbuch der Dogmengeschichte*, 3 Bde. (Tübingen: Mohr, ⁴1909).

für den Abstand zwischen der Sprach- und Denkwelt der patristischen Zeit und der Moderne.

Sofern die „patristische" Christologie als ein *historisches* Phänomen in den Blick kommt, das in und aus seiner Zeit verstanden werden muss, ergibt sich ein Problembewusstsein für diesen Abstand, und zwar unabhängig davon, wie groß oder gar unüberwindlich dieser Abstand eingeschätzt wird.

Wie steht es mit dem zweiten Kriterium, der *Interpretation* des historisch erhobenen Befundes? Ich nenne den Ansatz dogmengeschichtlich-hermeneutisch, und daraus ergibt sich direkt, dass sein Ziel das *Verstehen* der historischen Lehren in diesem Fall also der patristischen Christologie ist. Zweifellos ist es also Vertretern dieses Ansatzes darum gegangen, die von ihnen untersuchten Texte zur Christologie auszulegen. An wenigen Fragen hat sich jedoch so viel Kritik entzündet wie an der Angemessenheit dieser Versuche. Ob man nun an Ferdinand Christian Baurs idealistisch inspirierte Rekonstruktion des Dogmas denkt oder an Harnacks oft ebenso pointierte wie einseitige Interpretationen, immer wieder entstand der Eindruck, dass die zunächst aufwendig historisch erhobenen patristischen Lehren dann in das Prokrustesbett einer eng geführten und von einer durchsichtigen theologischen Programmatik inspirierten Interpretation gezwängt wurden.[24]

Die nahe liegende Erklärung dieser Schwachpunkte ist sicherlich, dass sich in der Interpretation der historischen Lehren am deutlichsten die eigene theologische Position des modernen Theologen zeigte, die zudem oft recht unreflektiert an die historisch erhobenen Befunde herangetragen wurde. Anders gesagt sind die Dogmengeschichtler in der Interpretation der von ihnen untersuchten Lehren oft erstaunlich *unhistorisch* und auch nicht sonderlich hermeneutisch sensibel verfahren. Dafür gibt es, so scheint mir, einen einfachen Grund. Die historische Arbeit weist, wie oben ausgeführt, systematisch auf den *Abstand* zwischen Textwelten hin: den Abstand von der biblischen Welt zur Welt der Kirchenväter; sodann von der patristischen Epoche zur Moderne. Umso dringlicher erscheint dann, dass der hermeneutische Prozess der Interpretation des so rekonstruierten historischen Befundes diesen Abstand dann wiederum überwindet, und dabei wird dann schnell einigermaßen rabiat verfahren.

Es scheint daher, dass die Stärke des dogmengeschichtlich-hermeneutischen Ansatzes oft mehr auf der historischen denn der hermeneutischen Seite gelegen

---

[24] Vgl. z. B. Daniel Geese, „The Similarity of Two Masters: Ferdinand Christian Baur and Adolf von Harnack," in Ferdinand Christian Baur and the History of Early Christianity, hg. v. Martin Bauspiess, Christof Landmesser und David Lincicum (Oxford: OUP, 2017), 355–71; Eginhard P. Meijering, *Theologische Urteile über die Dogmengeschichte. Ritschls Einfluss auf von Harnack* (Leiden: Brill, 1978).

hat. Die Schwächen der dogmengeschichtlichen Interpretationen der patristischen Christologien mögen nicht systemisch sein, aber sie können vielleicht die gegenwärtige Attraktivität des ganz anders gearteten analytischen Vorgehens erklären.

4 Der nichtdogmatische Ansatz

Es konnte bislang so scheinen, als stünden sich im Versuch der patristischen Christologie in ihrem Potenzial für die heutige Systematik im Wesentlichen ein historisch-hermeneutischer und ein analytischer Ansatz gegenüber. Aber mit diesen beiden ist das ganze Spektrum der neueren Diskussion noch nicht abgedeckt. Beiden Ansätzen ist gemeinsam, dass sie die Signifikanz der patristischen Christologie für die zeitgenössische Dogmatik prinzipiell bejahen, auch wenn ihre theologischen, historischen und methodologischen Prämissen sich stark unterscheiden und ihre Arbeit daher zu sehr unterschiedlichen Ergebnissen führt. Daneben hat es jedoch in den vergangenen Jahrzehnten nicht an Versuchen gefehlt, eine bleibende Bedeutung der patristischen Lehren für ein modernes Christentum gänzlich zu verneinen oder diese jedenfalls radikal einzugrenzen. Diese Versuche sind untereinander heterogen und können hier nicht im Detail bedacht werden. Fragt man aber nach der Motivation, die vielen von ihnen zu Grunde liegt, dann lässt diese sich oft an genau den Punkten festmachen, die auch für die bislang diskutierten Ansätze zentral waren.

Betrachten wir zunächst die Frage nach der historischen Eruierung einer patristischen Christologie. Der dogmengeschichtlich-hermeneutische Ansatz versucht dies Problem durch Bezug auf die Einheitlichkeit des historischen Prozesses zu lösen. Er konstruiert gewissermaßen eine Straße, auf der in jahrhundertelanger Arbeit die Ideen des Neuen Testaments zur abstrakten Sprache Chalcedons oder gar der von Konstantinopel II oder III verfeinert wurden.

Dass sich eine solche Konstruktion jedoch historisch plausibel machen lässt, daran sind Zweifel erlaubt. Vielmehr lässt sich die These vertreten, dass die Christologie so, wie wir sie kennen und *nolens volens* bis heute als Teil des Theologiestudiums vermitteln und vermittelt bekommen, praktisch im fünften Jahrhundert erfunden wurde. Kyrill von Alexandria prägt in seiner Auseinandersetzung mit Nestorius eine Zahl von prinzipiell neuartigen Ideen und Ausdrücken, die sodann weiterentwickelt und kontrovers debattiert werden.[25]

---

[25] Johannes Zachhuber, „Christology in the Fourth Century: A response," *Studia Patristica* 112 (2021), 209–18.

Man bekommt einen Eindruck von dieser Schwierigkeit, wenn man beobachtet, mit wieviel Verlegenheit ein Gelehrter wie Alois Grillmeier mit den Vorläufern dieser zentralen Gestalten umgeht; wie schwer es ihm fällt, irgendetwas christologisch Signifikantes z. B. bei den Kappadoziern, bei Athanasius oder bei Origenes zu finden.[26] Sicherlich kann man sagen, dass in der Polemik des Irenäus oder Tertullians gegen den Doketismus der Gnosis oder in der Verwerfung des Adoptianismus sich christologische Anliegen widerspiegeln, die dann auch in den späteren Kontroversen aufgenommen werden. Aber das sind doch eher sehr allgemeine Annahmen, die zu weit entfernt sind von den späteren Theorien um als deren „Vorläufer" zu gelten. Deutlich einfacher lässt sich eine Geschichte der Christologie schreiben, die mit Kyrill und Nestorius beginnt und dann zeigt, wie spätere Theologen in unterschiedlichen Kirchen und Traditionen deren Ideen verschieden rezipiert, interpretiert, weiterentwickelt und kritisiert haben. Die Suche nach ihrer Vorgeschichte hingegen führt zu einigen wenigen, marginalen, später verurteilten und heute weitgehend vergessenen Autoren des vierten Jahrhunderts, über die wir beim besten Willen kaum etwas herausfinden können.[27]

Wenn es also zweifelhaft ist, dass der dogmengeschichtliche Ansatz eine Brücke baut, über die wir zwischen dem biblischen Zeugnis von Jesus dem Christus und der späteren Sprache der Konzilien hin- und hergehen können; wenn, anders gesagt, die Geschichte keine einfache Auflösung der Spannung zwischen biblischer Botschaft und technischer Christologie bietet, dann kann es attraktiv erscheinen, den gordischen Knoten zu durchschlagen, indem die heutige Christologie auf die in der späteren patristischen Epoche kodifizierte dogmatische Form einfach verzichtet. Stattdessen würde die Theologie der Gegenwart unter direktem Zugriff auf das biblische Zeugnis die christologischen Fragen ganz neu debattieren und entscheiden.

In dieselbe Richtung hat auch das Problem der konzeptionellen Interpretation der Sprache des christologischen Dogmas gewirkt. Interessanterweise stehen die Verfechter einer radikalen Kritik an der dogmatischen Christologie oft der analytischen Tradition näher als der hermeneutischen. Sie sind daher ähnlich wie die Vertreter der *conciliar Christology* sensibilisiert für das Problem der Kohärenz der kirchlichen Lehre. Nur konstatieren sie gern und kategorisch deren Abwesenheit.[28] Die intellektuellen Verrenkungen, denen sich diejenigen unterwerfen, die es unternehmen, die Plausibilität der chalkedonensischen Christologie zu verteidigen, wer-

---

26 Grillmeier, *Jesus der Christus* 1, 266–80 (zu Origenes); 460–79 (zu Athanasius); 535–47 (zu den Kappadoziern).
27 Vgl. Zachhuber, Christology.
28 Maurice Wiles, „Christianity without Incarnation," in *The Myth of God Incarnate*, hg. v. John Hick (London: SCM, 1977), 1–10, 4 f.

den als Beleg dafür vorgeführt, dass es besser ist, diese Versuche abzubrechen, als an ihnen weiterzuarbeiten.

Für den nichtdogmatischen Ansatz ist die Antwort auf die Frage nach der Bedeutung der patristischen Christologie für die Theologie der Gegenwart einfach und klar zu beantworten. Eine solche Bedeutung gibt es nicht oder jedenfalls ist sie nicht normativ. Die patristische Christologie war entweder ein Irrweg oder sie hatte eine rein zeitgebundene Bedeutung. In jedem Fall muss die heutige Theologie aus ihrem Dunstkreis heraustreten, damit das Christuszeugnis in der Gegenwart glaubhaft artikulieren werden kann.

Wie sich gezeigt hat, gibt es genug Schwierigkeiten mit traditionellen Versuchen die patristische Christologie in eine moderne Theologie zu integrieren, als dass man dem nichtdogmatischen Ansatz einfach die Berechtigung absprechen könne. Was sich jedoch von Mal zu Mal bei diesen Versuchen gezeigt hat, ist, dass sie leichter zu postulieren als in die Tat umzusetzen sind. So operieren die radikalen Kritiker*innen der patristischen Christologie oft mit Annahmen und Behauptungen, die ähnlich pauschal und unhistorisch sind wie die der *analytic theology*. Um die Zurückweisung der patristischen Tradition zu begründen, werden diverse und komplexe Theorien auf wenige und relativ einfache Grundentscheidungen zurückgeführt, wie etwa das Inkarnationsprinzip oder die Einführung „physischer" Terminologie in die theologische Sprache.[29] Sowenig es aber ‚die' patristische Christologie gibt, die man heute einfach repristinieren kann, sowenig gibt es eine solche, die man einfach verwerfen kann. Die meist recht kurze Halbwertzeit solcher Versuche indiziert aus meiner Sicht, dass es in Affirmation wie Negation einfacher ist, Vielfalt und Komplexität patristischer Theologie zu unterbieten als ihnen gerecht zu werden.

Blickt man auf Versuche, etwas wirklich Anderes und Neues an die Stelle der traditionellen Christologie zu setzen, dann ist der Eindruck ebenfalls ernüchternd. Der von Kritikern wie John Hick und Don Cupitt propagierte rein menschliche Jesus, zum Beispiel, der als moralisches Beispiel und als philosophischer Lehrer taugt, entspricht keinesfalls einfachhin der biblischen Botschaft, sondern repräsentiert bestenfalls einen Teil davon.[30] Bei allen Brüchen zwischen der biblischen Botschaft und den altkirchlichen Dogmen, lässt sich doch kaum bestreiten,

---

[29] Das Problem der „physischen" Sprache war für die Dogmenkritik Ritschls und Harnacks grundlegend. Vgl. Mark McInroy, „How Deification Became Eastern: German Idealism, Liberal Protestantism, and the Modern Misconstruction of the Doctrine," *Modern Theology* 37 (2021), 934–58. Zum Inkarnationsparadigma vgl. die Kritik in John Hick, *The Myth of God Incarnate* (London: SCM, 1977).

[30] Vgl. John Hick, *The Metaphor of God Incarnate: Christology in a Pluralistic Age* (Louisville: Westminster John Knox Press, 1993); Don Cupitt, *The Last Testament* (London: SCM, 2012), 24.

dass das Grundproblem der Christologie, wie sich das offensichtliche Menschsein Jesu und seine kerygmatisch bekannte Göttlichkeit miteinander verbinden lassen, bereits vom Neuen Testament her gestellt ist.

Das heißt nun freilich nicht, dass der nichtdogmatische Ansatz einfach beiseitegelassen oder ignoriert werden kann. Vielmehr zeigt er spiegelbildlich die Probleme der beiden anderen Ansätze, deren Versuche einer historischen und konzeptionellen Klärung der christologischen Probleme hier einer unbarmherzigen Prüfung unterworfen werden. Die Tendenz zu einer schlichten Affirmation der einflussreichsten dogmatischen Entscheidungen ist bei vielen Theolog*innen immer wieder unverkennbar; die nichtdogmatische Christologie zwingt zur Konfrontation mit den erheblichen Problemen, die der Theologie an diesem Punkt entstehen.

Insofern verhilft dieser Ansatz zur Anerkenntnis des Prinzips der Kritik, nach dem *alle* Christologie daran zu messen ist, wie weit es ihr gelingt, das biblische Zeugnis zum Ausdruck zu bringen und ihm zu entsprechen. Das gilt für die Christologie der patristischen Epoche nicht mehr und nicht weniger als für diejenige aller anderen Zeiten. Dass dabei in der patristischen Entwicklung sehr früh Optionen außen vorgelassen wurden, die doch eine gründlichere Reflexion verdient gehabt hätten, ist nicht zuletzt an den faszinierenden Debatten der letzten Jahrzehnte über die *Spirit Christology* deutlich geworden.[31]

5 Abschließende Überlegungen

Das Fazit der hier vorangegangenen Untersuchung kann kurz ausfallen. Die gegenwärtigen Versuche, die patristische Christologie in die theologische Debatte der Gegenwart einzubeziehen, lassen sich grob in drei Ansätze unterscheiden: einen analytischen; einen historisch-hermeneutischen; und einen nichtdogmatischen. Alle drei sind aufeinander bezogen und lassen sich in ihrem wechselseitigen Verhältnis als Reaktion auf die Schwächen der jeweilig anderen Ansätze beschreiben. In der hier gewählten Reihenfolge der Darstellung korrigiert der dogmengeschichtlich-historische Zugang die Probleme der *analytic theology* und der nichtdogmatische Ansatz erwächst aus Problemen des traditionell historisch-hermeneutischen Verfahrens. Man kann aber leicht sehen, dass eine andere Reihenfolge möglich gewesen wäre, bei der (um nur ein Beispiel zu nennen) die *conciliar Christology* als Reaktion auf die Probleme der anti-dogmatischen Christologien verstanden worden wäre. Es geht also nicht um eine klare historische

---

31 Vgl. einführend: Leopoldo A. Sánchez M., *T&T Clark Introduction to Spirit Christology* (London: T&T Clark, 2021).

oder logische Abfolge zwischen diesen Ansätzen, sondern um eine Typologie, die heuristisch die diversen Schwierigkeiten zeigt, die bei dem Versuch auftreten, heute mit der patristischen Christologie zu arbeiten. Es gibt wenig Aussichten, dass sich über Nacht eine einfache und intuitiv plausible Antwort auf diese Probleme auftun wird.

Gleichwohl scheinen einige Schlussfolgerungen möglich. *Gegen* den analytischen Ansatz lässt sich sagen, dass die patristische Christologie historisch in ihrer Vielfalt und Diversität nur verstanden und theologisch fruchtbar gemacht werden kann, wenn sie historisch kontextualisiert und interpretiert wird. Nur dann kann sie auch als eine Antwort auf im biblischen Zeugnis vorfindliche Interpretationsaufgaben begriffen und gegebenenfalls kritisiert werden. Gegen die dogmengeschichtlich-hermeneutische Zugangsweise ist zu erinnern, dass in der historischen Entwicklung der Kirchenlehre auch mit Brüchen und Diskontinuitäten zu rechnen ist. Die reale Pluralität der altkirchlichen Impulse darf nicht in die vermeintliche Einheit eines historischen Prozesses aufgelöst werden. Und gegen den nichtdogmatischen Ansatz lässt sich festhalten, dass eine Theologie, die die patristische Christologie einfach verabschiedet, wenig Aussichten hat, *allein dadurch* dem biblischen Zeugnis besser gerecht zu werden.

Umgekehrt lässt sich schlussfolgern, dass ein erfolgreicher theologischer Umgang mit den Christologien der patristischen Epoche vom dogmengeschichtlich-hermeneutischen Ansatz den Imperativ der historischen Kontextualisierung; vom Ansatz der *conciliar Christology* die klare, konzeptionelle Analyse; und vom nichtdogmatischen Ansatz die Bedeutung der Kritik lernen kann und muss.

Schließlich ergibt sich eine kritische Frage an alle drei Ansätze, sofern sie auf die *Einheitlichkeit* der patristischen Christologie hin orientiert sind. Ist aber der Aufweis einer solchen Einheit wirklich zielführend und notwendig? Ich möchte zum Abschluss meines Textes dafür plädieren, auf die Identifizierung *einer* patristischen Christologie, die sodann als maßgeblich etabliert werden kann, zu verzichten. Ein solcher Verzicht kann, so meine ich, den Blick frei machen auf den Reichtum und die theologische Fruchtbarkeit der christologischen Reflexion während der gesamten patristischen Epoche und gerade auf diese Weise der Theologie der Gegenwart einen wichtigen Dienst leisten.

Hierfür gibt die derzeit sehr lebendige historische Forschung zur patristischen Christologie einige Anhaltspunkte. Um nur einen Punkt herauszugreifen, der für die heutige theologische Rezeption patristischer Vorstellungen zweifellos kritisch ist, nenne ich hier die Entdeckung der nicht-chalcedonischen Christologien in ihrer Pluralität, in ihrer theologischen Prägnanz und in ihrer Einbettung in die christlichen Kulturen außerhalb der byzantinischen Reichskirche. Noch vor wenigen Jahrzehnten konnte man die Existenz nicht-chalcedonischer Kirchen und Theologien als Randphänomen abtun; heute ist das unmöglich geworden.[32]

Was folgt aus dieser Einsicht? Sowohl die konziliare Christologie als auch der nichtdogmatische Ansatz haben hierzu wenig zu sagen. Für Erstere, folgt im besten Fall überhaupt nichts daraus, dass es Christologien gab, die im Widerspruch zu Chalcedon formuliert wurden; im schlimmsten Fall werden die antiken Verurteilungen einfach wiederholt (immerhin sind sie ja in den Konzilsentscheidungen enthalten, die doch normativ gelten sollen). Für den nichtdogmatischen Ansatz sind alle dogmatischen Positionen ähnlich verfehlt. Aber auch der traditionelle dogmengeschichtlich-hermeneutische Zugang kann der Pluralisierung der Christologien nach Chalcedon wenig abgewinnen, wie man wiederum bei Grillmeier gut beobachten kann.[33] Aber sollte es nicht bessere Möglichkeiten geben, die historischen Einsichten in die Vielfältigkeit christologischer Reflexionen während der patristischen Zeit theologisch ernst zu nehmen? Hier zeigt sich, wie mir scheint, die Notwendigkeit, theologischer Weiterarbeit.

Eine Möglichkeit dafür besteht wie schon angedeutet darin, die patristischen Ideen und Theorien als theologisch wertvoll und relevant anzuerkennen, ohne ihre Rezeption sogleich auf die Frage ihrer normativen Gültigkeit als Ausdruck der „einen" patristischen Christologie zu verengen. Autoren wie Kyrill, Leontius von Byzanz und Maximus, vielleicht aber auch Severus von Antiochia und Babai der Große würden insofern zu Gesprächspartnern heutiger Theolog*innen. Sie wären nicht länger „Väter" (oder „Ketzer"), sondern vielmehr unsere Vorläufer und Mitstreiter, Menschen, die an der Lösung einer gemeinsamen Aufgabe mitarbeiten und insofern im Guten wie im Schlechten, im Erfolg wie im Scheitern, lehrreich sein könnten.

Ein Vorteil dieser Sichtweise besteht darin, dass sie die Fixierung auf Chalcedon und seine Wirkungsgeschichte relativiert und es so erlaubt, christologischen Ideen Gerechtigkeit widerfahren zu lassen, die sich in diese Fluchtlinie nicht so einfach einordnen lassen. Das gilt von der Christologie der ersten Jahrhunderte, die, wie oben ausgeführt, nur mit Mühe als eine Entwicklung hin auf die Konzilien des fünften bis siebten Jahrhunderts verstanden werden kann. Und es gilt natürlich ebenso von den diversen nach-chalkedonensischen Ansätzen, in denen sich Affirmation, Kritik und Weiterdenken der Formel von den zwei Naturen findet.

---

[32] Für den Bereich der Christologie muss man hier insbesondere die Leistung des Werkes von Grillmeier/Hainthaler würdigen, in dem der Darstellung dieser Entwicklungen breiter Raum eingeräumt wird.

[33] Zachhuber, Grillmeiers Darstellung, 411 f.

Wenn ich recht sehe, wird dieses Potenzial bereits von Theolog*innen genutzt – jeder Blick in *Modern Theology* oder das *International Journal of Systematic Theology* zeigt Beispiele dieser Form von „Ressourcement".[34] Die gegenwärtige systematische Theologie ist, international gesehen zumindest, deutlich pluraler und diverser, allerdings sicherlich auch eklektischer als das noch vor zwanzig Jahren der Fall war. Diese Entwicklung ist, so meine ich, alles in allem positiv, gerade aus der Perspektive der hier zu beantwortenden Frage. Die patristische Christologie erweist sich dann als theologisch wertvoll, wenn man bereit ist auf die Stimmen der in ihr versammelten Autoren zu hören, statt sogleich *hinter* ihnen nach etwas anderem zu suchen, sei es eine zeitlose konziliare Autorität oder das Schreckgespenst einer metaphysischen oder wie auch immer verfehlten Theologie. In diesem Rahmen kommen dann wiederum die drei Kriterien der historischen Kontextualisierung, der analytischen Interpretation und der theologischen Kritik zur Geltung. So angewandt können sie helfen, die Verbindung der heutigen Christologie zum Denken der Alten Kirche nicht abreißen zu lassen, sondern die dort vorliegenden Anregungen in eine heute zeitgemäße Theologie einfließen zu lassen.

Bibliographie

Azkoul, Michael. *St. Gregory of Nyssa and the Tradition of the Fathers*. Lewiston, NY: Edwin Mellen Press, 1995.
Crisp, Oliver und Rhea, Michael, Hg., *Analytic Theology: New Essays in the Philosophy of Theology*. Oxford: OUP, 2009.
Cross, Richard. *Communicatio Idiomatum: Reformation Christological Debates*. Oxford: OUP, 2019.
Cupitt, Don. *The Last Testament*. London: SCM, 2012.
Dorner, Isaak August. *Entwicklungsgeschichte der Lehre von der Person Christi von den ältesten Zeiten bis auf die neueste dargestellt*, 3 Bde. Berlin: Schlawitz, ²1851–1856.
Escribano Pañes, María Victoria. „Law, Heresy, and Judges under the Theodosian Dynasty." *Klio* 98 (2016): 241–62.
Fairbairn, Donald. „Interpreting Analytic Christology: An Overview in the Service of Analytic Theology." *Journal of Analytic Theology* 10 (2022): 363–81.
Florovsky, Georges. „St. Gregory Palamas and the Tradition of the Fathers." In *The Collected Works of Georges Florovsky*, Bd. 1, *Bible, Church, Tradition: An Eastern Orthodox View*, 105–20. Vaduz: Büchervertriebsanstalt, 1987.

---

34 Darren Sarisky, *Theologies of Retrieval: An Exploration and Appraisal* (London: Bloomsbury, 2017).

Geese, Daniel. „The Similarity of Two Masters: Ferdinand Christian Baur and Adolf von Harnack." In *Ferdinand Christian Baur and the History of Early Christianity*, hg. v. Martin Bauspiess, Christof Landmesser und David Lincicum, 355–71. Oxford: OUP, 2017.

Grillmeier, Alois und Hainthaler, Theresia. *Jesus der Christus im Glauben der Kirche*, 2 Bde. in 6 Teilen. Freiburg: Herder, 1979–2022.

Harnack, Adolf. *Lehrbuch der Dogmengeschichte*, 3 Bde. Tübingen: Mohr, ⁴1909.

Hick, John. *The Metaphor of God Incarnate: Christology in a Pluralistic Age*. Louisville, KT: Westminster/John Knox Press, 1993.

Hick, John. *The Myth of God Incarnate*. London: SCM, 1977.

Mahlmann, Theodor. „Christologie." In *Historisches Wörterbuch der Philosophie*, Bd. 1, hg. v. Joachim Ritter, Karlfried Gründer und Gottfried Gabriel, 1016f. Basel: Schwabe, 1971.

McInroy, Mark. „How Deification Became Eastern: German Idealism, Liberal Protestantism, and the Modern Misconstruction of the Doctrine." *Modern Theology* 37 (2021): 934–58

Meijering, Eginhard P. *Theologische Urteile über die Dogmengeschichte: Ritschls Einfluss auf von Harnack*. Leiden: Brill, 1978.

Menze, Volker L. *Justinian and the Making of the Syrian Orthodox Church*. Oxford: Oxford University Press, 2008.

Moule, C. F. D. *The Origin of Christology*. Cambridge: CUP, 1977.

Pawl, Timothy. *In Defence of Conciliar Christology*. Oxford: OUP, 2016.

Pawl, Timothy. *In Defence of Extended Conciliar Christology*. Oxford: OUP, 2019.

Pokorny, Petr. *Die Entstehung der Christologie: Voraussetzungen einer Theologie des Neuen Testaments*. Stuttgart: Calwer, 1985.

Price, Richard. *The Acts of the Council of Constantinople of 553*. Liverpool: Liverpool University Press, 2009.

Sánchez M., Leopoldo A. *T&T Clark Introduction to Spirit Christology*. London: T&T Clark, 2021.

Sarisky, Darren. *Theologies of Retrieval: An Exploration and Appraisal*. London: Bloomsbury, 2017.

Wiles, Maurice. „Christianity without Incarnation." In *The Myth of God Incarnate*, hg. v. John Hick, 1–10. London: SCM, 1977.

Zachhuber, Johannes. „Grillmeiers Darstellung des 6. Jahrhunderts: Leistung und Grenzen." In *Jesus der Christus im Glauben der einen Kirche*, hg. v. Dirk Ansorge, Theresia Hainthaler und Ansgar Wucherpfennig, 400–20. Freiburg: Herder, 2019.

Zachhuber, Johannes. „John of Damascus in the Summa Halensis: The Use of Greek Patristic Thought in the Treatment of the Incarnation." In *Summa Halensis: Sources and Context*, hg. v. Lydia Schumacher, 89–112. Berlin: Walter de Gruyter, 2020.

Zachhuber, Johannes. „Christology in the Fourth Century: A response," *Studia Patristica* 112 (2021): 209–18.

Jörg Frey
Johanneische Christologie zwischen Genese und Geltung

Abstract: More than any other text, the Gospel of John has contributed to the shape of Ancient Christian Christology. For contemporary theological reflection, however, it appears problematic in its high Christology, its unhistorical portrayal of Jesus, its exclusive theology of revelation, and its anti-Jewish features. The article identifies the problems and mentions the often unconvincing exegetical attempts to ‚save' this gospel from criticism. After some brief remarks on the historical framework, the article describes the basic tension between the Johannine high Christology and the paradoxical conception of the incarnation. Then, the author freshly reconstructs the making of Johannine Christology from its Jewish background and its synoptic presuppositions. Special attention is paid to the appropriate logic of the reading, from eschatology to protology or from the end to the beginning. Finally, the article phrases some theological theses on the content and the theological claim to validity of Johannine Christology.

Keywords: Johannesevangelium, hohe Christologie, Inkarnation, jüdische Hintergründe, Logos

1 Johannes als Klimax der neutestamentlichen Christologie und Crux der neuzeitlichen Theologie

Das Johannesevangelium[1] hat wie keine andere neutestamentliche Schrift die christologischen Bekenntnisentwicklungen der Alten Kirche geprägt. Der Gedanke der Gottheit Christi und die Darstellung der Unterscheidung und zugleich

---

[1] Geringfügig erweiterte Vortragsfassung; die Nachweise in den Fußnoten wurden auf das Notwendigste begrenzt. Zur Rede von der Klimax vgl. meinen Beitrag Jörg Frey, „Die johanneische Theologie als Klimax der neutestamentlichen Theologie," *ZThK* 107 (2010): 448–78; wieder abgedruckt in Jörg Frey, *Die Herrlichkeit des Gekreuzigten. Studien zu den johanneischen Schriften 1*, hg. v. Juliane Schlegel (Tübingen: Mohr Siebeck, 2013), 803–33.

Jörg Frey, ist Professor für Neutestamentliche Wissenschaft mit Schwerpunkten Antikes Judentum und Hermeneutik an der Theologischen Fakultät der Universität Zürich und Research Associate am Department for Old and New Testament an der University of the Free State, Bloemfontein (Südafrika). Neueste Veröffentlichung zum Thema: *Vom Ende zum Anfang. Studien zum Johannesevangelium*, Kleine Schriften 4 (Tübingen: Mohr Siebeck, 2022).

engsten Bezogenheit von Gott dem Vater, dem Sohn und dem Geist-Parakleten haben entscheidende Bausteine für die spätere Formulierung der altkirchlichen Trinitätslehre geliefert, und das Motiv der Inkarnation zusammen mit dem der Gottheit des Logos bzw. Jesu Christi hat wesentlich zur späteren Herausbildung der Zweinaturenlehre beigetragen.

Diese Lehrformen mit ihrer philosophischen Terminologie sind dem vierten Evangelisten natürlich noch nicht zu unterstellen oder gar anzulasten, dennoch ist damit zu rechnen, dass der Autor insofern bewusst formuliert, als ihm die Anstößigkeit der Aussage von der Gottheit des Logos bzw. Jesu Christi und die Sperrigkeit der Inkarnationsaussage für Juden *und* Griechen sicher bewusst war. Nach der biblisch-frühjüdischen Tradition wird Gott nicht Mensch, der Schöpfer nicht Geschöpf, und auch wenn im griechisch-römischen Denken diese Grenze durchlässiger ist, Menschen heroisiert und Götter epiphan werden können, ist auch dort eine wirkliche und bleibende Menschwerdung eines Gottes oder gar dessen Tod undenkbar und anstößig.[2]

Doch ergab sich in der Diskussion des zweiten bis vierten Jahrhunderts aus den Formulierungen des Johannesevangeliums zum Verhältnis von Vater und Sohn bzw. Vater, Sohn und Geist-Parakleten der Ausschluss anderer Denkmodelle, z. B. des Ditheismus, Modalismus oder Monarchianismus, so dass der weitere Weg zu den späteren terminologischen Klärungen der christlichen Bekenntnisbildung schon in den Aussagen des Johannesprologs und den Geist-Aussagen des Evangeliums angelegt ist. Kein anderer neutestamentlicher Text bietet so programmatisch das Prädikat der Gottheit Jesu Christi, verbunden mit der Rede von der Präexistenz und Mit-Schöpfermacht sowie der Einheit mit dem Vater. Zwar wurde diese hohe Christologie bald im zweiten Jahrhundert zum Standard heidenchristlicher Texte, und so begegnet sie in den Pastoralbriefen, im 2. Petrusbrief, im 2. Clemensbrief oder in den Ignatiusbriefen. Allerdings war die Rede von der Gottheit Christi in diesen Texten zumeist auf den Erhöhten bezogen, während Jesu Erdenwirken aus dem Blickfeld geriet, so dass dann im Windschatten einer solchen Christologie die wahre Menschheit Jesu Christi fraglich werden konnte. Demgegenüber ist bei Jo-

---

[2] Vgl. dazu Jörg Frey, *Theology and History in the Fourth Gospel. Tradition and Narration* (Waco: Baylor University Press, 2018), 19–27. Zum Verständnis der Inkarnation Jörg Frey, „Joh 1,14, die Fleischwerdung des Logos und die Einwohnung Gottes in Jesus Christus. Zur Bedeutung der ‚Schechina-Theologie' für die johanneische Christologie," in *Das Geheimnis der Gegenwart Gottes. Zur Schechina-Vorstellung im Judentum und Christentum*, hg. v. Bernd Janowski und Enno Edzard Popkes (Tübingen: Mohr Siebeck, 2014), 231–56; wieder abgedruckt in Jörg Frey, *Vom Ende zum Anfang. Studien zu den johanneischen Schriften. Kleine Schriften 4*, hg. v. Ruben A. Bühner (Tübingen: Mohr Siebeck, 2022), 181–207.

hannes zugleich die Fleischwerdung des göttlichen Logos und die Menschheit nicht nur des Fleischgewordenen, sondern auch des Auferstandenen betont festgehalten,[3] und diese Paradoxie macht den eigentlichen Wert und die theologische Tiefe seiner Christologie aus.

So wirkungsvoll das Evangelium in der christlichen Antike war, und so sehr es späteren Auslegern immer wieder als das „geistliche",[4] theologisch tiefste, oder soteriologisch klarste „Hauptevangelium"[5] erscheinen konnte, ist doch in der Neuzeit, im Zeichen des historischen Denkparadigmas, die Skepsis gegenüber Johannes gewachsen. Ich nenne hier nur vier Fragedimensionen:

a) Die *hohe Christologie* ist in der Neuzeit problematisch geworden. Aus philosophisch-erkenntnistheoretischer Perspektive stellt sich die Frage, wie und woran denn erkennbar sein sollte, dass Jesus Gott ist und nicht nur für einen solchen gehalten wird. Aber auch aus theologischer Perspektive stellen sich Fragen: Wird hier nicht der Mensch Jesus, konkret der jüdische Mensch Jesus spekulativ mythologisiert, ja in geradezu blasphemischer Weise *vergottet*? Wird nicht – wie Rudolf Bultmann in seiner Rekonstruktion meinte – ein fremder Mythos auf die irdische Gestalt Jesu von Nazareth übertragen, der dann zu entmythologisieren ist, um wirklich das Christliche zur Sprache zu bringen, oder einfach abzustreifen, wenn man das vermeintlich echt Jesuanische herausarbeiten will?

b) Damit zusammen hängt die Kritik an der nach Maßstäben der modernen Geschichtsforschung gegenüber den synoptischen Evangelien eher *unhistorischen Jesusdarstellung*. Wird in der johanneischen Erzählung und auch in der johanneischen Sprache Jesu und in den christologischen Selbstaussagen des johanneischen Jesus nicht das, was der irdische Jesus *wirklich* tat, sagte und wollte, in einer problematischen Weise verändert oder gar fast zur Unkenntlichkeit verfälscht? Darf ein Evangelist das ihm überkommen Bild der Geschichte und der Verkündigung Jesu so sehr verändern? Darf er umstellen und neu arrangieren, ja sogar fiktional neue Episoden *erfinden*, zumal mit dem Anspruch, darin eine Wahrheit auszusprechen, die sich nicht nur im Geistigen erschöpft?

---

3 Dies wird in den bei Johannes für die österliche Erkenntnis der Jünger entscheidenden Wundmalen oder Narben, den *signa crucifixi*, deutlich. Vgl. dazu Jörg Frey, „„Ich habe den Herrn gesehen" (Joh 20,28). Entstehung, Inhalt und Vermittlung des Osterglaubens nach Johannes 20," in *Studien zu Matthäus und Johannes. Études sur Matthieu et Jean*, FS Jean Zumstein, hg. v. Andreas Dettwiler und Uta Poplutz (Zürich: TVZ, 2009), 267–84; wieder abgedruckt in Frey, *Vom Ende zum Anfang*, 563–83.
4 So nach Clemens von Alexandrien (bei Euseb, h.e. VI 14,7).
5 So Martin Luther, WA.DB VI, 10.

c) Besonders anstößig erscheint der programmatische *Offenbarungsexklusivismus*, demzufolge allein Jesus Gott in seinem wahren Wesen offenbart (Joh 1,18) und „niemand zum Vater kommt", außer durch ihn (Joh 14,6). Aus religionstheologischer und ethischer Perspektive kann dies als eine sektiererische Verengung erscheinen, die anderen religiösen Zugängen keine Validität zuerkennt und mit einem modernen und noch mehr postmodernen Wahrheitsverständnis unverträglich ist. Besonders problematisch erscheint dieser Anspruch, wenn darin auch eine Negation der Gottesoffenbarung an Israel und eine Bestreitung des Schriftverständnisses und des Bundesverhältnisses des Judentums gesehen wird.

d) Für viele Kritiker erscheint als notwendige Kehrseite der hohen Christologie und der exklusiven Offenbarungstheologie der im Johannesevangelium im Munde Jesu explizierte *Antijudaismus*, der in seiner gegenüber den Synoptikern auffälligen Verallgemeinerung der Polemik gegen die *Ioudaioi* rhetorisch zu einer Verdunkelung des Bildes „der Juden" führt und in Verbindung mit anderen Texten später zu den fatalen Folgen christlicher Judenfeindschaft beigetragen hat.

In Reaktion auf diese vielfältige Kritik lassen sich dann eine Reihe von exegetischen und theologischen Rettungsversuchen oder Gegenbewegungen erkennen:

a) Ein immer wieder, insbesondere in konservativen Kreisen unternommener Rettungsversuch liegt in der Tendenz, die historische Validität des Johannesevangeliums oder seiner Quellen zu begründen, um den Text in historischer Hinsicht zu retten[6] und vor der auch moralisch fragwürdigen Einstufung als Fälschung zu bewahren. Doch bleiben solche Versuche erfolglos[7] und provozieren neue Fragen. Wenn nämlich Johannes in Fragen der Chronologie Jesu oder auch der Sprache Jesu eher recht hätte, dann wären die Synoptiker notwendigerweise im Unrecht, *tertium non datur*. Ein biblizistischer Ansatz kann den hier auftretenden Problemen nicht gerecht werden.

b) Theologisch schlägt sich die Kritik an der johanneischen Christologie nieder in der verbreiteten Präferenz für den synoptischen Jesus, den Jesus des Thomasevangeliums oder einfach den *historischen Jesus*, der nun zum Kriterium

---

[6] So zuletzt die im nordamerikanischen Raum einflussreiche SBL-Seminar-Gruppe ‚John, Jesus and History', programmatisch Paul N. Anderson, *The Fourth Gospel and the Quest for Jesus: Modern Foundations Reconsidered*, (New York: T&T Clark, 2006). Vgl. dazu kritisch Jörg Frey, *Theology and History*, 91 f.

[7] Vgl. zum historischen Quellenwert Jörg Frey, „Johannesevangelium," in *Jesus-Handbuch*, hg. v. Jens Schröter und Christine Jacobi (Tübingen: Mohr Siebeck, 2017), 137–45; Jörg Frey, *Theology and History*, 105–19.

des theologisch Akzeptablen wird, wohingegen Aussagen und Vorstellungen, die sich nicht historisch auf den irdischen Jesus zurückführen lassen, als theologisch zweitrangig[8] oder gar obsolet eingeordnet werden können. Dem korrespondiert eine Präferenz für eine eher „niedere" Christologie, die man dann ggf. in literarischen Vorstufen des Johannesevangeliums zu finden versucht, wohingegen dann die hohe Christologie des Evangeliums als eine ggf. aus paganen Einflüssen gespeiste oder antijüdisch-verfälschende Schicht verworfen wird.

c) Theologisch wird die Tragweite der hochchristologischen Aussagen eingeschränkt, insofern diese nur funktional-soteriologisch und nicht ontologisch gelesen werden. In analoger Intention wird die johanneische Gott-Christologie reduktiv interpretiert und z. B. das *theos* im Johannesprolog als ein bloßes *theios* (= göttlich) interpretiert, um zumindest eine klare Subordination oder eine bessere Kompatibilität mit jüdischem Denken festzuhalten.

d) Exegetisch und historisch wird v. a. aus einem jüdisch-christlichem Dialog-Interesse heraus versucht, Johannes dadurch vor dem Antijudaismus-Vorwurf zu retten, dass man die Entstehung des Evangeliums noch ganz innerhalb jüdischer Diskussionen bzw. *vor* der vermuteten Trennung von der Synagoge verortet. So versuchen Interpreten, die Aussagen über die *Ioudaioi* historisch aus einer *Tragödie der Nähe* verstehbar zu machen oder den Terminus *Ioudaioi* semantisch einschränkend auf *Judäer* (als eine geographisch nach Judäa hin orientierte Gruppe, nicht die Religionsgemeinschaft „der Juden") zu beziehen, um eine Übertragung auf heutige jüdische Zeitgenossen zu verhindern. Gleichwohl lässt sich durch solche Operationen die rhetorische Gefährlichkeit der antijüdischen Aussagen des Evangeliums nicht völlig beheben.

Wie kann angesichts dieser kritischen Infragestellung die Tragweite und Geltung der johanneischen Christologie bestimmt werden? Dabei ist vorausgesetzt, dass dies in Wahrnehmung des historischen Rahmens des Textes und seiner Entstehung geschehen muss. Eine unhistorische Lektüre des Evangeliums als eines rein theologischen Textes ohne Berücksichtigung seines Entstehungskontextes ist definitiv nicht mehr möglich.

Ich benenne im Folgenden kurz einige Grunddaten, die mir historisch im Blick auf die Entstehung und Lektüre des Johannesevangeliums wesentlich erscheinen (2), bevor ich einige Aspekte zur Genese der johanneischen Christologie und ihrem historischen Rahmen entfalte (3). Dann soll nach dem von den Texten

---

[8] So prominent vertreten von Joachim Jeremias, *Neutestamentliche Theologie*, Bd. 1, *Die Verkündigung Jesu* (Gütersloh: Gütersloher Verlagshaus, 1979).

erfassten Sachgehalt und der inneren Logik der johanneischen Theologie gefragt werden (4), bevor einige Gedanken zur Geltung der johanneischen Christologie und ihrer Bedeutung für eine verantwortete christliche Glaubenslehre oder Dogmatik (5) formuliert werden.

2 Grunddaten zur Entstehung des Johannesevangeliums

Zunächst also einige Eckpunkte zu Ort und Entstehung des Evangeliums, die anderswo breiter begründet wurden und daher hier nur sehr knapp zu benennen sind.[9]

a) *Historisch* steht Johannes nicht am Anfang,[10] sondern nach dem übereinstimmenden altkirchlichen Zeugnis am Ende der vier kanonisch gewordenen Evangelien.[11] Wir finden in diesem Evangelium Anspielungen auf das Martyrium des Petrus (Joh 13,36–38; vgl. 21,18) und auf den jüdischen Krieg bzw. die Zerstörung des Tempels (Joh 11,48), und natürlich ist auch die *hohe Gott-Christologie* (Joh 1,1.18; 20,28) ein Argument für eine eher späte Datierung des Evangeliums. Inwiefern sich aufgrund des griechischen Neologismus *aposynagogos* auf den Ablauf der Prozesse der Trennung zwischen Jesusnachfolgern und synagogalen Gemeinden zurückschließen lässt, ist strittig:[12] sicher erfolgten diese Trennungsprozesse nicht einheitlich oder aufgrund eines zentralen Ausschlussdekrets der Rabbinen,[13] sondern

---

9 Vgl. grundlegend Jörg Frey, „Wege und Perspektiven der Interpretation des Johannesevangeliums," in *Die Herrlichkeit des Gekreuzigten. Studien zu den johanneischen Schriften 1*, hg. v. Juliane Schlegel (Tübingen: Mohr Siebeck, 2013), 3–41.
10 So die provokative, aber unbelegbare These von Klaus Berger, *Im Anfang war Johannes. Datierung und Theologie des vierten Evangeliums* (Stuttgart: Kreuz, 1997).
11 So z. B. Iren., adv. haer. III 1,1, und Clem. Alex., hypotyp. VI (nach Eus. h.e. VI 14,7).
12 Grundlegend J. Louis Martyn, *History and Theology in the Fourth Gospel* (New York: Harper & Row, 1968; Louisville: Westminster John Knox Press, ³2003). Im deutschsprachigen Raum Klaus Wengst, *Bedrängte Gemeinde und verherrlichter Christus. Ein Versuch über das Johannesevangelium* (München: Chr. Kaiser, ⁴1992); vgl. dazu kritisch Jörg Frey, „'Die Juden' im Johannesevangelium und die Frage nach der ‚Trennung der Wege' zwischen der johanneischen Gemeinde und der Synagoge," in Frey, *Herrlichkeit*, 339–377.
13 Dieses wurde in der älteren Forschung mit einer angeblichen Synode von Jamnia, der rabbinischen Neukonstitution des Judentums nach der Tempelzerstörung, verbunden, doch sind die Quellen hierfür nicht hinreichend. Vgl. dazu Peter Schäfer, „Die sogenannte Synode von Jabne", in *Studien zur Geschichte und Theologie des rabbinischen Judentums*, hg. v. Peter Schäfer

regional und lokal unterschiedlich und in einem längeren Prozess. In der Diaspora dürften dabei auch außertheologische, soziale Faktoren eine Rolle gespielt haben, so v. a. der *fiscus iudaicus*, die neue römische Strafsteuer für Juden nach dem Jahr 70, durch welche die jeweilige Entscheidung hinsichtlich der Zuordnung bzw. Nichtzuordnung zum jüdischen Ethnos und damit Prozesse der Auseinanderentwicklung gefördert worden sein dürften.[14]

b) Das vierte Evangelium entstand nicht nur zeitlich nach den Evangelien des Markus, Lukas und wohl auch Matthäus, es setzt mindestens auch die Kenntnis des Markusevangeliums bei Teilen seiner Leserschaft voraus,[15] vielleicht kennt der Autor auch das Lukasevangelium oder zumindest einzelne Stoffe daraus. Dies lässt sich an zahlreichen Details der Darstellung zeigen, insbesondere in der Darstellung Johannes des Täufers, die die Kenntnis des synoptischen Taufberichtes voraussetzt, oder auch in der kritischen Rezeption der Gethsemaneperikope in Joh 12,27f.; 14,31 und 18,10f. Im Gegensatz zu Mk 14,32–42 sagt Jesus in Joh 18,11: „Soll ich den Kelch nicht trinken, den mir mein Vater gegeben hat?" Anders als bei Markus will Jesus hier dem Todeskelch gerade nicht ausweichen.

c) Wenn sich aber eine Kenntnis und kritische Benutzung des Markusevangeliums zeigen lässt, ist die Annahme einer anderen durchlaufenden Erzählquelle, d. h. einer Semeiaquelle oder Grundschrift, für den Erzählfaden des Evangeliums überflüssig, und auch im johanneischen Passionsbericht ist wohl keine eigenständig johanneische Quelle anzunehmen. Ich meine sogar, dass die noch verbreitete Annahme eines älteren Logoshymnus hinter dem Johannesprolog sich nicht stützen lässt und aufzugeben ist. Die literarkritischen Operationen, die bei Bultmann und anderen weithin aus inhaltlichen Gründen erfolgten,[16] lassen sich sprachlich-stilistisch nicht begründen. Damit sind die Hypothesengebäude, die lange als breiter Konsens zumindest in der deutschsprachigen Forschung galten, heute kaum mehr vorauszusetzen. Die einzige mir noch plausible literarkritische These ist, dass Joh 21 ein Nachtrag ist, den eine Herausgeberredaktion an das schon fertige, aber noch nicht in Umlauf befindliche Evangelium Joh 1,1–20,31 angefügt hat.

(Leiden: Brill, 1978), 45–64; Günter Stemberger, "Die sogenannte „Synode von Jabne" und das frühe Christentum," *Kairos* 19 (1977): 14–21.
14 Vgl. dazu Frey, Juden, 368–72; ausführlich Marius Heemstra, *The Fiscus Judaicus and the Parting of the Ways* (Tübingen: Mohr Siebeck, 2010).
15 Vgl. dazu Jörg Frey, „Das vierte Evangelium auf dem Hintergrund der älteren Evangelientradition. Zum Problem: Johannes und die Synoptiker," in Frey, *Herrlichkeit*, 239–294, sowie Frey, *Theology and History*, 59–77.
16 Zur Literarkritik Bultmanns vgl. Jörg Frey, *Die johanneische Eschatologie*, Bd. 1, *Ihre Probleme im Spiegel der Forschung seit Reimarus* (Tübingen: Mohr Siebeck, 1997), 115–38.

d) In Joh 21,24 f. wird dann auch der rätselhafte „Jünger, den Jesus liebte", als Autor genannt. In Joh 1–20 ist dies (noch) nicht so. Ist er lediglich eine literarische Figur, die dann im Nachtrag historisiert wird? Oder ist er auch schon in Joh 1–20 eine im Halbdunkel und ohne Namen in den Text eingezeichnete historische Gestalt? Hier bleiben viele Fragen offen, aber es ist klar, das Evangelium ist zunächst anonym, der Name Johannes begegnet nur in der späteren Überschrift, und die später dominante Identifikation des Autors bzw. des Lieblingsjüngers mit dem Jünger und Zebedaiden Johannes erfolgte erst nachträglich, wohl aufgrund der Zusammenschau der Jüngerberufung in Joh 1,35–39 mit der ganz anderen Jüngerberufung in Markus 1,16–20. D. h. aber, dass der später aus dem Evangelium entnommene Anspruch, dass dieses Werk von einem apostolischen Augenzeugen des Wirkens Jesu verfasst sei, nicht zu bewahrheiten ist.[17]

e) Damit ist zugleich deutlich: Der Wahrheitsanspruch dieses in Stoff und Darstellung so anderen Evangeliums basiert nicht darauf, dass der Autor die Dinge *historisch* besser weiß. Vielmehr geht er mit der ihm verfügbaren geschichtlichen Überlieferung aus Markus auffällig frei um, wenn er z. B. die Tempelreinigung vom Ende an den Anfang des Wirkens Jesu verschiebt, wenn er das Bild Johannes des Täufers ganz vom Bild des Bußpropheten zum Bild des Christuszeugen umgestaltet oder auch die bei Markus sehr kurze Begegnung Jesu mit Pilatus dramaturgisch breit ausbaut und mit tiefsinnigen theologischen Dialogen über Königtum, Wahrheit und Sünde versieht. An all diesen Stellen (und darüber hinaus) stellt sich die Frage nach Zweck und Legitimität dieser bewusst vorgenommenen Veränderungen. Diese erfolgen wohl aus theologischen, dramaturgischen und didaktischen Gründen.

f) An einigen Stellen ist zu erkennen, dass der Autor um den Legitimationsbedarf für dieses andere Bild des Wirkens und Redens Jesu weiß. Nach der Tempelreinigung (Joh 2,21) und nach dem Einzug Jesu in Jerusalem (Joh 12,16) findet sich jeweils ein Erzählerkommentar, dass Jesu Jünger dies alles zu dieser Zeit nicht verstanden, sondern erst nach Ostern sich erinnerten und Jesu Taten, Worte und Geschick besser – und d. h. im eigentlichen, für den Evangelisten zutreffenden Sinne – verstanden. Das ist m. E. ein klares Indiz dafür, dass der Autor weiß, dass das von ihm vermittelte Christusbild nicht das ist, was jedem Zeitgenossen Jesu mit den physischen Augen erkennbar gewesen wäre, nicht das Bild des *histori-*

---

17 Vgl. zur Entwicklung der Johanneslegende Jörg Frey, „Das Corpus Johanneum und die Apokalypse des Johannes. Die Johanneslegende, die Probleme der johanneischen Verfasserschaft und die Frage der Pseudonymität der Apokalypse," in *Poetik und Intertextualität der Apokalypse*, hg. v. Stefan Alkier, Thomas Hieke und Tobias Nicklas, in Zusammenarbeit mit Michael Sommer (Tübingen: Mohr Siebeck, 2015), 71–133.

schen Jesus, sondern ein tieferes, aus einer bestimmten Perspektive des nachösterlichen Glaubens, ja des *erinnernden* Geistes (Joh 14,26 f.) geformtes christologisches Bild. Das Johannesevangelium ist eine nachösterlich-retrospektive, geistgewirkte Anamnese des Weges Jesu Christi.[18] Der göttliche Geist wird mithin als der eigentliche Autor dieses Evangeliums reklamiert. Das ist auch im Blick auf den theologischen Anspruch des Evangeliums und seine christologischen Aussagen ernst zu nehmen.

g) Es ist hier nicht ausführlicher auf die Probleme und die Geschichte der johanneischen Schule oder der johanneisch beeinflussten Gemeindekreise einzugehen, die in nachpaulinischer Zeit, vielleicht erst nach dem Jahr 70, in Kleinasien, insbesondere in Ephesus, zu vermuten sind. Diese haben sich wohl zunächst in Auseinandersetzungen mit der dort traditionsreichen und zahlenmäßig starken Diasporasynagoge gebildet, dürften aber bald auch einen beträchtlichen Anteil nichtjüdischer Jesusnachfolger eingeschlossen haben, wie v. a. die Johannesbriefe erkennen lassen.[19] Die Situation einer in einer andersgläubigen Umwelt fremden und verunsicherten Gemeinde lässt sich v. a. hinter den johanneischen Abschiedsreden erkennen, und die Erzählung des Evangeliums bearbeitet diese Situation in theologischer Vertiefung und im erinnernden Rekurs auf den Weg Jesu, des fleischgewordenen Wortes, so dass die verunsicherten und bedrängten Gemeindeglieder wieder neu zur Wahrnehmung ihrer Verkündigung ermutigt und befähigt werden.[20]

h) Dennoch ist dieses Evangelium kaum nur ein Text zur internen Selbstverständigung eines bestimmten, von der übrigen Welt zurückgezogenen Gemeindekreises. Es ist vielmehr von Anfang an als Buch in eine Welt von Büchern hineingeschrieben. Der Textanfang „Im Anfang war der Logos" (Joh 1,1) greift auf den Anfang der Genesis, der jüdischen Schriften in griechischer Sprache zurück und überbietet diesen Anfang programmatisch im Rekurs auf ein Sein dieses Logos *vor* der Schöpfung. Am Ende des Textes steht die hyperbolische Bemerkung, die Welt könnte die

---

18 Jörg Frey, „The Gospel of John as a Narrative Memory of Jesus," in *Memory and Memories in Early Christianity*, hg. v. Simon Butticaz und Enrico Norelli (Tübingen: Mohr Siebeck, 2018), 261–84; wieder abgedruckt in Frey, *Vom Ende zum Anfang*, 53–73.
19 Vgl. dazu Jörg Frey, „Heiden – Griechen – Gotteskinder. Zu Gestalt und Funktion der Rede von den Heiden im 4. Evangelium," in *Die Heiden. Juden, Christen und das Problem des Fremden*, hg. v. Reinhard Feldmeier und Ulrich Heckel (Tübingen: Mohr Siebeck, 1994), 228–68; wieder abgedruckt in Frey, *Herrlichkeit*, 297–338.
20 Grundlegend Takashi Onuki, *Gemeinde und Welt im Johannesevangelium* (Neukirchen-Vluyn: Neukirchener Verlag, 1984); Jörg Frey, „Zu Hintergrund und Funktion des johanneischen Dualismus," in *Paulus und Johannes. Exegetische Studien zur paulinischen und johanneischen Theologie und Literatur*, hg. v. Dieter Sänger und Ulrich Mell (Tübingen: Mohr Siebeck, 2006), 3–73; wieder abgedruckt in Frey, *Herrlichkeit*, 409–82.

Bücher nicht fassen, die über diesen Jesus noch geschrieben werden könnten (Joh 21,25). Solches wird formuliert in einer Zeit, als in Ephesus gerade die berühmte Celsus-Bibliothek (ca. 110 n. Chr.) gebaut wird. Kann man solche kulturellen Koinzidenzen und weitere Resonanzen mit dem urbanen Leben der Asia und ihrer Hauptstadt einfach ignorieren? Dieses Buch zielt nicht auf einen segmentären oder gar sektenhaften Kreis, sondern letztlich über die johanneischen Gemeindekreise hinaus auf einen weiteren Rahmen, der alle Lesenden, Glaubenden und potentiell Glaubenden, ja, die ganze Welt umfasst. Damit markiert es zugleich den Anspruch, grundlegende und gültige Aussagen über Gott und Christus, über den Glauben und über das Leben zu machen.

3 Die johanneische Christologie und ihre Grundspannung

Die johanneische Christologie lässt sich aus unterschiedlichen Perspektiven beschreiben. Klassisch ist der Rekurs auf christologische Hoheitstitel, deren jeweiligen traditionsgeschichtlichen Hintergrund und die vielfältige Kombination unterschiedlicher Titel im Evangelium. Häufig wurde auch ein Ansatz bei spezifischen Vorstellungen gewählt, die dann als Schlüssel zum Verständnis des Ganzen gesehen wurden, so etwa dem Sendungs- bzw. Gesandtenmotiv oder einem Weisheits- oder Erlösermythos. Die neuere Forschung hat zuletzt vermehrt auf die Bedeutung der christologischen Sprachbilder, z. B. des Hirten, des Weinstocks oder auch des Königs rekurriert[21] und die narrative Ausgestaltung des johanneischen Jesusbildes, etwa in den Wundererzählungen oder der Passion hinsichtlich ihrer christologischen Implikationen ausgewertet. Diese beiden Elemente der sprachlichen Darstellung tragen mindestens ebenso stark wie die Hoheitstitel zur christologischen Gesamtaussage und zur Leserwirkung des johanneischen Textes bei.

3.1 Die hohe Christologie

Doch bleiben wir zunächst bei den christologischen Titeln, die bei Johannes zahlreich und in vielfacher Kombination begegnen: Für die hohe Christologie des

---

[21] Vgl. etwa Ruben Zimmermann, *Christologie der Bilder im Johannesevangelium* (Tübingen: Mohr Siebeck, 2004); Jan G. van der Watt, *Family of the King. Dynamics of Metaphor in the Gospel according to John* (Leiden: Brill, 2000).

Evangeliums stehen die Prädikate „Gott" (Joh 1,1.18; 20,28), „Sohn Gottes" (Joh 1,49; 20,31) oder auch einfach „der Sohn" (Joh 3,35), weiter „der Menschensohn", der bei Johannes ebenfalls auf eine eschatologische und himmlische Figur ist, und auch das Prädikat *kyrios* (Joh 20,28) bzw. in manchen Fällen die Anrede Jesu mit *kyrie*. Daneben begegnen im Evangelium auch Titel wie „Rabbi", „der Prophet" oder „der Messias", die konventionell einer niedrigeren Kategorie zugerechnet werden.[22] Klar ist allerdings, dass die hochchristologischen Titel den Rahmen der Interpretation bestimmen: Die Prädikation *Gott* (*theos*) rahmt den Prolog (Joh 1,1.18), und mit dem Thomasbekenntnis (Joh 20,28) ergibt sich eine Rahmung um das ganze Evangelium. So sehr Jesus als „Rabbi" angeredet werden kann und so sehr er „der Messias" (Joh 1,41), der in den Schriften „Verheißene" (Joh 1,45), der „König Israels" ist (Joh 1,49), so sagen diese Prädikate im Sinne des Johannes doch noch nicht die ganze Wahrheit über ihn aus. Diese kommt erst zur Sprache, wenn er als „Sohn Gottes" (Joh 1,49; 20,31) oder eben mit dem Spitzenbekenntnis als „mein Herr und mein Gott" (Joh 20,28) angesprochen wird. In diesem Sinne ist Jesus *eins* mit dem Vater (Joh 10,30), sein Ursprung ist in dem vorzeitlichen Logos, „bei Gott" (Joh 1,1), in Liebesgemeinschaft mit dem Vater (Joh 17,24; vgl. 3,35). Wenn dabei auch gesagt werden kann „der Vater ist größer als ich" (Joh 14,28),[23] dann bildet dies kein wirkliches Gegengewicht und kann schon gar nicht dazu dienen, die hohe Christologie auf ein erträgliches Maß herabzuziehen.

Diese hohe Christologie kennzeichnet das ganze Corpus Johanneum: Auch die Apokalypse führt das Lamm auf dem Gottesthron vor Augen (Apk 5,6) und lässt den erhöhten Christus Gottes Worte sprechen (Apk 1,17; 22,13). Die Johannesbriefe sprechen von Jesus Christus als dem „wahren Gott" (1Joh 5,20). Doch präsentiert ihn das Evangelium in besonders vielfältiger Weise als Gott, mit den genannten Titeln, die bereits im ersten Kapitel nahezu vollständig begegnen, aber auch in den auf die alttestamentliche Gottesrede zurückbezogenen vollmächtigen Ich-bin-Worten sowie in Erzählungen wie der Lazarus-Episode (Joh 11,1–44), in denen Jesus tut, was nur Gott tun kann: Er wirkt Leben aus dem Tod, er übt das Amt des eschatologischen Richters aus (Joh 5,19–30), er gibt den Geist (Joh 20,22; vgl. 15,26; 16,7–11). All dies ist im Evangelium nicht nur auf den Erhöhten bezogen, sondern

---

22 Dass dies für das Messias-Prädikat keineswegs ausgemacht ist, sondern auch in frühjüdischen Texten Züge einer hohen Messianologie begegnen, hat Ruben Bühner, *Hohe Messianologie. Übermenschliche Aspekte eschatologischer Heilsgestalten im Frühjudentum* (Tübingen: Mohr Siebeck, 2020) überzeugend nachgewiesen.

23 Vgl. noch Joh 20,17, wo der Auferstandene vom Vater als seinem Gott redet. Allerdings ist in dieser Formulierung das Entscheidende, dass zwischen dem Gottesverhältnis Jesu und der Jünger klar unterschieden wird. Insofern ist Joh 20,17 kein Zeugnis einer vermeintlich „niedrigeren" Christologie.

programmatisch schon auf den Inkarnierten. Es umgreift den ganzen Weg Jesu Christi in all seinen Stadien. Daher gilt Johannes der Alten Kirche als ὁ θεολόγος, „der Theologe", der die Gottheit Christi am klarsten zur Sprache bringt.[24]

Diese hohe Christologie ist zur Zeit des Johannes nicht neu. Die Forschung hat in den letzten Jahrzehnten vielmehr gezeigt, dass sich eine hohe Christologie – durchaus auf der Grundlage jüdischer Sprachformen – schon sehr früh, in den frühen vorpaulinischen Gemeinden herausgebildet hat.[25] Dies zeigen bei Paulus der Philipperhymnus (Phil 2,6–11) oder das frühe Bekenntnis 1Kor 8,6. Und auch bei Markus steht der Sohn Gottes (Mk 1,1 u.ö.) eindeutig auf der Seite Gottes, wenn er nach Mk 2,7 vollmächtig Sündenvergebung zusagt. Dennoch brauchte es einige Zeit, bis das Prädikat *theos* im Urchristentum unmittelbar auf Christus angewandt werden konnte. Dies begegnet erst in den späten Schriften des Neuen Testaments, in den Pastoralbriefen (Titus 2,13), im Zweiten Petrusbrief (2 Petr 1,1 u.ö.) und in den Ignatiusbriefen (Ign. Smyrn 1,1; Ign. Eph 18,2). Der Sachverhalt spiegelt sich auch bei Plinius, der berichtet, dass die von ihm verhörten Christen im Norden Kleinasiens Christus „wie einem Gott" (*quasi Deo*) singen (Plin. ep. X 96,7). Allerdings ist das Prädikat bei Johannes anders als in den genannten Zeugnissen nicht nur auf den Erhöhten, sondern auch auf den Irdischen bezogen. Nach dem Schluss des Prologs in Joh 1,18 gibt sich der unsichtbare Gott in der Geschichte des Inkarnierten zu erkennen, so dass, wer ihn in seiner Geschichte sieht, den Vater sieht (Joh 14,7.9). Damit steht das Verhältnis von Vater und Sohn, von Gott dem Vater und dem Gott Jesus Christus, im Kern der johanneischen Christologie.

Dass dies kühn und strittig ist, weiß der Evangelist sehr wohl. Im Mund „der Juden" referiert er den Vorwurf, Jesus mache sich selbst zu Gott (Joh 5,18; vgl. 19,7), was wohl einen Vorwurf von Seiten jüdischer oder judenchristlicher Gruppen gegenüber der johanneischen Gemeindeverkündigung spiegelt. Darf man so von Jesus reden? Der johanneische Jesus verteidigt dies gegenüber den Juden mit einer subtilen Schriftargumentation (Joh 10,34–36). Noch grundlegender wird die Legitimität und Wahrheit dieser Verkündigung damit begründet, dass der Vater dem Sohn diese Vollmacht gegeben habe. Jesus ist als der „Menschensohn" (Dan 7,13),

---

24 So zuerst bei Origenes (in Io fr. 1: GCS Origenes 4, 483,14; vgl. auch 484,7 aus späteren Katenen), und in den Johannesakten (ActJoh 5: Lipsius/Bonnet, 155,33 [einzelne Handschriften]).
25 Zu dieser These einer „early high Christology", die den alten Ansätzen der religionsgeschichtlichen Schule und der liberalen Theologie exegetisch klar widerspricht, vgl. insbesondere Larry H. Hurtado, *Lord Jesus Christ* (Grand Rapids: Eerdmans, 2003); dazu Jörg Frey, „Eine neue religionsgeschichtliche Perspektive. Larry W. Hurtados *Lord Jesus Christ* und die Herausbildung der frühen Christologie," in *Reflections on Early Christian History and Religion – Erwägungen zur frühchristlichen Religionsgeschichte*, hg. v. Cilliers Breytenbach und Jörg Frey (Leiden: Brill, 2012), 117–68.

der eschatologische Richter (Joh 5,27): ihm ist Macht über das Leben der Menschen verliehen (Joh 5,22 f.26) und in seinem gültigen Handeln als Lebensgeber und als Richter handelt er an der Stelle Gottes, ja als Gott. Dieses einzigartige Verhältnis gründet nach Johannes in der vorzeitlichen Liebe des Vaters, der den Sohn gesandt hat (Joh 3,16 f.), ihn liebt, ihm seine Werke zeigt (Joh 5,20), ihn verherrlicht, während umgekehrt der Sohn tut, was er den Vater tun sieht und sagen hört (Joh 5,19.30), sein Werk vollendet (Joh 4,34; 19,28–30) und so den Vater verherrlicht. Das Verhältnis ist reziprok, aber unumkehrbar. So sehr Jesus auf die Seite Gottes gehört, ist der Vater immer noch grösser. Er ist es, von dem die Liebe, die Sendung, die Bevollmächtigung des Sohnes und das Heilswerk ausgehen. Und zugleich ist Jesu Wort gültiges Gotteswort, seine Lebenszusage gültige Lebensgabe, weil ihm vom Vater eben diese Vollmacht verliehen ist, an seiner Stelle bzw. unter seiner Beteiligung (Joh 8,16), ja in Einheit mit ihm (Joh 10,30) zu reden und zu handeln.

Diese komplexe Struktur zeigt, dass die Rede von Jesus Christus als Gott in diesem Evangelium reflektierter eingesetzt ist als in den meisten anderen frühchristlichen Schriften. Es handelt sich hier um ein Verhältnis des gegenseitigen Bezogenseins und engster Verbundenheit. So wird in Joh 10,30 sorgfältig neutrisch formuliert, dass Jesus und der Vater nicht *einer*, sondern *eins* sind. Diese Einheit bezieht sich aber nicht allein auf das Wirken und Wollen, sondern geht nach johanneischer Überzeugung über dieses hinaus und soll durchaus auch ontologisch im Sinne einer Teilhabe am göttlichen Wesen verstanden werden. Jesus wird in der johanneischen Erzählung immer wieder von allen anderen Menschen unterschieden.[26] Das *Ich-bin* in seiner absoluten und metaphorischen Verwendung und die den Präexistenzaussagen zugrundeliegende Zeitüberlegenheit (vgl. Joh 8,58) sind Jesus vorbehalten. Gleichwohl ist der im Johannesevangelium selbstverständlich vorausgesetzte Monotheismus in der Sicht des Evangelisten nie gefährdet, auch wenn dies aus Sicht mancher jüdischen Zeitgenossen anders erscheinen konnte.[27]

---

26 Wie subtil dies sein kann, zeigt die rätselhafte Weinregel in Joh 2,10. Dort sagt der Speisemeister zum Bräutigam der Szene: „Jeder Mensch serviert erst den guten Wein […], du hast den guten Wein bis jetzt zurückgehalten." Wenn aber den Lesenden klar ist, dass nicht jener Bräutigam gehandelt hat, sondern Jesus (als der *wahre Bräutigam*), dann ist dieser Satz subtil auf Jesus bezogen, der von jedem (anderen) Menschen unterschieden wird. Zur Auslegung vgl. Jörg Frey, „Das prototypische Zeichen (Joh 2,1–11)," in *The Opening of John's Narrative (John 1:19–2:22). Historical, Literary, and Theological Readings from the Colloquium Ioanneum in Ephesus*, hg. v. R. Alan Culpepper und Jörg Frey (Tübingen: Mohr Siebeck, 2017), 165–216; wieder abgedruckt in Frey, *Vom Ende zum Anfang*, 295–343.
27 Vgl. dazu Jörg Frey, „Between Jewish Monotheism and Proto-Trinitarian Relations: The Making and Character of Johannine Christology," in *Monotheism and Christology in Greco-Roman*

3.2 Das Paradox der Inkarnation

Entscheidend ist aber zugleich der Sachverhalt, dass das johanneische Denken eine wesentliche Grenze nicht überschreitet und das wirkliche Menschsein des irdischen Jesus nie in Zweifel zieht.[28] Anders als in manchen späteren außerkanonischen Traditionen ist Jesu Auftreten keine bloße Erscheinung, sein Wandel hinterlässt auf Erden wirkliche Fußspuren, und sein Körper ist leiblich zu fassen.[29] Insbesondere aber sind seine Kreuzigung und die Realität seines Todes nicht zu bestreiten. Der für antike Menschen naheliegenden Alternative, dass ein Gott gerade nicht Mensch sein, leiden und sterben könne, gibt das johanneische Denken letztlich nicht nach, sondern schiebt am deutlichsten in den Johannesbriefen einen Riegel vor: Dort wird die Aussage, „daß Jesus Christus in das Fleisch gekommen ist" (1Joh 4,2; vgl. 2Joh 7), geradezu zum Lackmustest für die Christologie. Auch im Johannesprolog ist die Rede von der *Fleisch*werdung des Logos und von seinem Wohnen unter uns in dem Sinn zu verstehen, dass damit nicht nur eine zeitweise Epiphanie einer Gottheit ausgesagt werden soll: Der göttliche Logos wird, „was er zuvor nicht war: wahrer und wirklicher Mensch."[30] Das war für ein alttestamentlich-jüdisches Denken ebenso wie für hellenistisch-römisches Denken ungewöhnlich und anstößig, und man kann nur annehmen, dass der Johannesprolog diesen doppelten Anstoß bewusst setzt.

4 Zur Genese der johanneischen Christologie

Wie konnte eine solche Christologie entstehen? Was ist ihr Ansatzpunkt und ihre innere Logik? Die Antwort auf diese Frage hängt von den jeweils vorausgesetzten literaturgeschichtlichen Modellen ab. Sie muss sich zugleich in ein Gesamtbild

---

Antiquity, hg. v. Matthew V. Novensen (Leiden: Brill, 2020), 189–221. Wieder abgedruckt in Frey, *Vom Ende zum Anfang*, 149–81.
28 Zum Menschsein Jesu vgl. Jörg Frey, „Leiblichkeit und Auferstehung im Johannesevangelium," in *The Human Body in Death and Resurrection*, hg. v. Tobias Nicklas, Friedrich V. Reiterer und Joseph Verheyden (Berlin / New York: Walter de Gruyter, 2009), 285–327; wieder abgedruckt in Frey, *Herrlichkeit*, 699–738.
29 Vgl. ActJoh 93 zu den Fußspuren; nach der bei Clem. Alex, adumbrationes zu 1Joh 1,1 berichteten Position greift Johannes durch den Leib Jesu hindurch. Das ist im vierten Evangelium undenkbar.
30 Udo Schnelle, *Das Evangelium nach Johannes*, ThHKNT 4 (Leipzig: Evangelische Verlagsanstalt, [5]2016), 57. Zum Verständnis der Inkarnation vgl. die Diskussion bei Frey, Fleischwerdung des Logos.

der Geschichte des frühchristlichen Denkens einfügen. Dass dabei manche Argumente zirkulär sind, lässt sich kaum vermeiden. Es geht bestenfalls um eine plausible Hypothese. Präzises Wissen im Detail ist hier nicht zu gewinnen.

Problematisch sind die zeitweise in der Forschung beliebten Entwicklungsmodelle, nach denen am Anfang der johanneischen Gemeindeentwicklung eine niedere, noch judenchristliche Prophet-Christologie stand (etwa in einer Grundschrift), die dann unter gnostisierende Einflüsse geriet und von einer dualistischen Hoch-Christologie überformt wurde (Evangelist), deren doketisierenden, ultra-johanneischen Tendenzen dann wieder von einer Kirchlichen Redaktion und in den Johannesbriefen korrigiert worden seien.[31] Diese Modelle muss man heute weithin als *science fiction* ansehen. Im Übrigen hat sich das johanneische Denken nicht in einem hermetisch abgeschlossenen Rahmen eines sektiererischen Gemeindekreises gebildet, sondern in einem vermutlich urbanen Kontext,[32] im Austausch mit anderen jüdischen und frühchristlichen Traditionen, vor allem dem Markusevangelium. Gerade wo Johannes von Markus abweicht, im letzten Wort Jesu (Joh 19,30) oder in der kritischen Interpretation der Gethsemane-Perikope, zeigt sich seine eigene Prägung. Von hier aus lassen sich die Intentionen seiner Christologie am ehesten erkennen.

Historisch ist dabei vorauszusetzen, dass der Ausgangspunkt nicht der Textanfang, d. h. der Johannesprolog, ist, und natürlich auch nicht die Rede von der Gottheit des Logos im Anfang, sondern die konkrete Geschichte des Jesus von Nazareth und der Osterglaube der ersten Gemeinde, aus dem das Nachdenken über den Sinn des Todes Jesu und über seine wahre Würde allererst hervorging. Dieser gesamte Denkprozess ist bei Johannes als ein Erinnert-Werden durch den Heiligen Geist beschrieben, als ein Prozess, in dem den Jüngern der Sinn des Wirkens und Geschicks Jesu, seiner Worte und der Schrift nach und nach deutlicher eröffnet wurde. Dass Jesus der Messias, der Kyrios, der Sohn Gottes ist, war in der Zeit der frühen Jesusbewegung schon längst formuliert worden und ist im Markusevangelium ebenso wie in der paulinischen Tradition präsent. Die johanneische Tradition oder Schule nimmt diese Grundlagen auf und zeigt ein eigenständiges

---

31 So das zeitweise einflussreiche Modell von Georg Richter, *Studien zum Johannesevangelium*, hg. v. Josef Hainz (Regensburg: Pustet, 1977). Etwas anders im Detail das Modell bei Jürgen Becker, *Das Evangelium nach Johannes*, 2 Bde. (Gütersloh: Gütersloher Verlagshaus, ³1991). Zur Kritik dieser Modelle vgl. Frey, *Eschatologie* 1, 115–38.
32 Vgl. dazu Jörg Frey, „Urbanity in the Gospel of John," in *Early Christian Encounters with Town and Countryside. Essays on Urban and Rural Structures of Early Christianity*, hg. v. Markus Tiwald und Jürgen K. Zangenberg (Göttingen: Vandenhoeck & Ruprecht, 2021), 233–50; wieder abgedruckt in Frey, *Vom Ende zum Anfang*, 873–89.

Weiterdenken, das sich allerdings nur noch an einem Teil der Stellen nachverfolgen lässt, eben dort, wo ältere Traditionen identifizierbar vorliegen.

4.1 Jüdische Wurzeln und messianische Diskurse

Die Aufnahme und der Gebrauch dieser Bekenntnisse musste zunächst wohl v. a. gegenüber jüdischen Zeitgenossen begründet und verteidigt werden. Im johanneischen Text, konkret in den Diskussionen mit „den Juden" zeigen sich noch deutliche Spuren jüdischer messianischer Diskurse, die der Evangelist als Teil seiner geistgewirkten Erinnerung wiedergibt. Dabei ist nicht eindeutig zu klären, ob diese Diskurse noch zur Zeit der Abfassung des Evangeliums virulent waren oder ob sie noch auf eine frühere Phase dieser Gemeindekreise zurückgehen, da diese Zeitebenen in der johanneischen Darstellung ineinandergeschoben sind.

Johannes ist das einzige Evangelium, das nicht nur die griechische Form ὁ Χριστός, sondern auch die transliterierte aramäische Form ὁ Μεσσίας (Joh 1,41; 4,25) benutzt, die dann für die Leserschaft übersetzt ist. Damit wird die Christologie in der Messianologie der palästinisch-jüdischen Tradition verankert. Von Anfang an knüpft die johanneische Jesuserzählung an die jüdische Erwartung eschatologischer Heilsgestalten, des wiederkommenden Elia, des Propheten wie Mose, oder des Messias an (Joh 1,22 f.). Später begegnen in den Diskussionen der *Ioudaioi* die Fragen, ob der Messias mehr Zeichen tun werde als Jesus (Joh 7,31; 10,41), woher er kommen werde (Joh 7,27; 7,40–44) und ob er dann „für immer" bleiben werde (Joh 12,34). In diesen Diskursen erscheinen „die Juden" oft als unverständig, und die Leserschaft wird darauf hingeführt, nicht ihren Einwänden, sondern der Stimme des Evangeliums zu folgen. Dennoch sind Jesus und die Frage nach seiner Identität klar in einen jüdischen Kontext eingezeichnet.

Auch die Bezüge auf die Schriften, beginnend mit dem Einsatz des Prologs und seinem Bezug auf den Schöpfungsbericht Gen 1, weiter im Prolog auf das Sinaigeschehen (Joh 1,14.16 f.) sowie durchgehend auf die Weisheitstradition (Joh 1,1 f.9.14b), später auf Figuren wie Jakob, Joseph, Mose und Abraham, sowie zahlreiche weitere Zitate und Anspielungen zeigen den primären Referenzrahmen, vor dem sich die johanneische Christologie entwickelt hat und profiliert. Voraussetzung ist dabei – was „die Juden" bestreiten –, dass die Schrift durchgehend von Christus zeugt und in ihm letztlich ihre Erfüllung findet (Joh 5,39.46).

Insofern hat Israel ein *prae* vor den Griechen: Der Messias muss erst in Israel bekannt werden (Joh 1,31–33), lange bevor Griechen ihn kennenlernen und zu ihm kommen können (Joh 12, 20–22). Dieser Messias ist in seinem Erdenwirken der von Mose und den Propheten vorhergesagte (Joh 1,45), er ist der „König Israels" (Joh 1,49) und stirbt als der „König der Juden" (Joh 19,19), bevor er dann als

Erhöhter „alle zu sich ziehen" (Joh 12,32) und im Medium der Evangelienschrift „zu den Griechen" gehen kann (Joh 7,35)[33] als der „Retter der Welt" (Joh 4,42).

4.2 Die jüdischen Hintergründe der christologischen Prädikationen

Der durchgehend jüdische Hintergrund lässt sich auch religionsgeschichtlich anhand der bei Johannes aufgenommenen christologischen Hoheitstitel zeigen. Keiner dieser Titel ist unmittelbar pagan bestimmt. Am stärksten ist eine imperiale Resonanz vielleicht im *Soter*-Titel erkennbar, obwohl auch dieser in späten LXX-Schriften in Bezug auf Gott begegnet. Als Retter der Welt tritt „der König der Juden" somit in Konkurrenz zu den vielfältigen Rettergestalten der imperialen Welt, doch ist die *Soteria* ist nach Joh 4,22 eine, die „aus den Juden" kommt.

Alle anderen christologischen Titel basieren auf unterschiedlichen frühjüdischen Erwartungen und Sprachformen. Dies gilt für die Rede von *dem Propheten wie Mose* und natürlich von *Messias* bzw. *Christos*, und *König Israels*, aber auch für das mit der messianischen Erwartung eng verbundene *Sohn Gottes*.[34] Jesu *Messias-Sein* ist nirgendwo negiert oder korrigiert. Wenn in johanneischen Bekenntnissen der Titel „Sohn Gottes" neben den Messiastitel tritt (Joh 20,31), ist Jesu Messianität dadurch nicht in Frage gestellt, sondern gerade bekräftigt und im Sinne der hohen Christologie vertieft.

Signifikant johanneisch – und so auch nicht bei Paulus oder Markus vorgebildet[35] – ist die Rede von *dem Sohn*, in dem sich die einzigartige Beziehung zum Vater zeigt, eine Sohnschaft, die von der Gotteskindschaft der Glaubenden kategorial unterschieden ist. In der Liebe des Vaters zum Sohn und seiner Bevollmächtigung liegt der letzte Grund der Vollmacht Jesu. Der Sohnestitel bringt somit schon Jesu Gottheit zur Sprache. Aber selbst diese kühne Rede vom Sohn Gottes wird bei Johannes noch aus der Schrift gerechtfertigt (Joh 10,34–36). Wenn in Ps 82 LXX Gott selbst in einer Anrede an die Israeliten diese „Götter" nennt, kann es ja nicht als

---

33 Was hier als Missverständnis „der Juden" dargestellt ist, enthält natürlich eine subtile Wahrheit. Am Ende wird Jesus zwar nicht in Person zu den Griechen gehen – sein Wirken ist auf Judäa, Galiläa und Samaria beschränkt –, aber in seinem Buch wird er diesen später begegnen, und für die Leserschaft ist das bereits eingetreten.
34 Vgl. grundlegend Martin Hengel, *Der Sohn Gottes. Die Entstehung der Christologie und die jüdisch-hellenistische Religionsgeschichte* (Tübingen: Mohr Siebeck, ²1977).
35 Einzige Verbindung ist das wohl der Logienquelle entstammende Logion Mt 11,27 par Lk 10,22.

Blasphemie gelten, wenn Jesus von sich als „Gottes Sohn" spricht. Die hohe Christologie wird damit dezidiert in einem jüdischen Rahmen gerechtfertigt.

Der Menschensohn-Titel, der in den Synoptikern ausschließlich als Selbstprädikation Jesu, aber in unterschiedlichen semantischen Bezügen begegnet, ist bei Johannes ebenfalls übernommen, aber zugleich eindeutiger im Sinne einer eschatologisch-himmlischen Gestalt bestimmt. Er ist vom Himmel gekommen (Joh 3,13; 6,12) und offenbart himmlische Dinge, er ist verbunden mit Jesu „Erhöhung" und „Verherrlichung" (Joh 3,14; 8,28; 12,23.32.34; 13,31f.), und in Joh 5,27 wird seine Vollmacht zur Ausübung des Gerichts gerade dadurch begründet, dass er „Menschensohn" ist.[36]

Komplizierter ist die Frage nach dem Hintergrund des Logos-Titels, denn dieser war im Judentum nie ein messianischer Titel.[37] Vom Wort ist in den Schriften die Rede, als Wort der Schöpfung, der Tora, der Prophetie. Aber als Hypostase erscheint der Logos im Alten Testament nur ganz am Rande, vorwiegend in den griechischen Schriften der LXX. Das Weisheitsbuch präsentiert den Logos als Schöpfungsmittler (Weish 9,1) und Heiler des Volkes (Weish 16,12), doch ist es auch dort mehr die Weisheit, die als göttliche Hypostase erscheint. Die personifizierte Weisheit, verschmolzen mit dem Wort der Tora (Sir 24) bildet den wichtigsten Hintergrund der johanneischen Rede vom Logos, von seinem Ursprung bei Gott, seiner Sendung und dann auch seinem *Zelten* unter uns. Damit ist auch hier eine jüdische Sprachform aufgenommen, die dann in der Aussage der Fleischwerdung noch deutlich zugespitzt wird. Der direkte Hintergrund ist hier allerdings nicht so sehr Philo, bei dem die Rede vom Logos eher im platonischen Sinn die Transzendenz Gottes zu wahren hilft und somit der Trennung jener Bereiche dient, die bei Johannes gerade zusammengehalten werden. Hier ist die eschatologische Weisheitstradition sachlich näherliegend. Doch trotz der jüdischen Herleitung des Titels sollte man sich für sein Verständnis nicht völlig auf frühjüdische Texte und Traditionen beschränken, denn es ist damit zu rechnen, dass der Evangelist sehr wohl darum wusste, dass gerade dieser Terminus in philosophischen Diskursen, bei Stoikern, bei Mittelplatonikern sowie in der griechischen Religiosität (Hermes etc.) vielfältige Resonanzen auslöste. Bei Philo zeigt sich am deutlichsten, dass das griechisch-sprachige Diasporajudentum nicht in einem sektiererischen Abseits stand, sondern von den geistigen Diskursen seiner Zeit sehr wohl berührt

---

[36] Interessanterweise begegnet in Joh 5,27 υἱὸς ἀνθρώπου ohne Artikel, womit ein direkter Anschluss an Dan 7,13 LXX nahegelegt ist.

[37] Vgl. dazu Jörg Frey, „Between Torah and Stoa: How Could Readers Have Understood the Johannine Logos," in *The Prologue of the Gospel of John: Its Literary, Theological, and Philosophical Contexts*, hg. v. Jan G. van der Watt, R. Alan Culpepper und Udo Schnelle (Tübingen: Mohr Siebeck, 2016), 189–234; wieder abgedruckt in Frey, *Vom Ende zum Anfang*, 105–49.

war, und das ist für frühe Christusgläubige aus jüdischem Hintergrund, zumal im urbanen Raum, gleichermaßen vorauszusetzen.

Wenn Johannes sein Buch mit einem Begriff eröffnet, der so vielfältige philosophische und kosmologische Resonanzen auslösen konnte, dann zeigt dies, dass dieses Buch seine Botschaft auch über den Raum der jüdisch-frühchristlichen Kreise hinaus verständlich machen will. Jesus Christus wird in den weiten Rahmen der geschaffenen Welt gestellt: Der Logos hat mit dem Werden der Welt zu tun, er vermittelt zwischen Gott und den Menschen, und mit diesem Terminus kann ausgesagt werden, dass auch der wahre Ursprung des Gottessohnes nicht in einer Adoption bei seiner Taufe, auch nicht in einer wie auch immer erzählten Geburt oder Zeugung, sondern schlechthin *bei Gott* ist. Und während der Logos bei Philo noch der „Erstgeborene"[38] der Schöpfung ist, vom transzendenten Gott strikt unterschieden, sieht der Johannesprolog ihn als Mitschöpfer, auf der Seite Gottes. Er spricht vom „Monogenes," was zwar kaum als „Ein(zig)-Geborener", sondern eher als „Einzig-artiger" zu übersetzen ist,[39] aber eben den Logos (Joh 1,14.18) und dann den Sohn (Joh 3,16.18) in einer einzigartigen Stellung bei und vor Gott zur Sprache bringt. Er ist nicht Teil der Schöpfung, sondern – wie später formuliert werden wird – *ungeschaffen* und insofern nach biblisch-jüdischen Kategorien von Gottes Art.

Am Logosbegriff ist erkennbar, wie das Johannesevangelium einerseits an jüdische Sprachformen anknüpft, dann aber doch über diese hinausgeht, dies jedoch nicht aufgrund eines paganen Einflusses, sondern im Akt eines innovativen Weiterdenkens, das bis an die Grenzen des Sagbaren geht. Der Logos, der Gott ist, ist kein paganer Gott, sondern ein jüdischer Gott *bei* dem einen Gott (Joh 1,2).

4.3 Hintergründe und Motive der Weiterentwicklung

Was bringt die johanneische Christologie zu dieser kühnen Weiterentwicklung der frühjüdischen wie auch der älteren urchristlichen Tradition? Die Motive dafür lassen sich am ehesten im Gegenüber zum Markusevangelium erkennen: Drei Aspekte sind hier prominent zu benennen:
a) Der wahre Ursprung Jesu ist nicht in einer messianischen Berufung wie der Taufe, auch nicht in einer wunderbaren Geburt, sondern bei Gott.

---

[38] Philo, De fuga 108 f.: πρωτότοκος.
[39] Vgl. dazu Jörg Frey, „Gottes Offenbarung in Jesus Christus. Zur theologischen Bedeutung von Joh 1,18," in *Über Gott. Festschrift für Reinhard Feldmeier*, hg. v. Jan Dochhorn, Reiner Hirsch-Luipold und Ilina Tanseanu-Doebler, (Tübingen: Mohr Siebeck, 2022), 223–47.

b) Jesus ist nicht nur ein prophetischer oder messianischer Gesundbeter, sondern der vollmächtige Geber des Lebens, der z. B. am Grab des Lazarus nicht zu beten bräuchte, sondern sein Machtwort ergehen lässt (Joh 11,41–43).
c) Jesus ist nicht nur aufgrund menschlicher Ränke und menschlichen Verrats zu Tode gekommen, sondern freiwillig, aus Liebe und im Gehorsam zu seiner Sendung, ja aus dem uranfänglichen und ureigenen Liebeswillen des Vaters.

Hier zeigt sich die Logik des johanneischen Denkens, das von der Eschatologie zur Protologie voranschreitet, von der Zusage des Heils an die Glaubenden zu der Verankerung dieses Heils im ewigen Liebeswillen, ja in der Liebe Gottes selbst (Joh 3,16).[40] Sachlich geht es mithin um Soteriologie: Wenn die Zusage des Heils, des *ewigen Lebens* durch Jesus und im Glauben an ihn tatsächlich gültig und definitiv sein soll, dann kann sie nicht den Wechselfällen der Geschichte unterworfen sein. Dann kann Jesus auch nicht im Ernst gewünscht haben, dem Todeskelch zu entgehen, wie das Markus in seiner Gethsemaneszene Mk 14,32–42 erzählt. Darum korrigiert Johannes diese Erzählung pointiert in dem Sinn, dass Jesus freiwillig und aus Liebe diesen Weg auf sich genommen hat, dass es ihm um die Vollendung des ihm aufgetragenen Werks (Joh 18,11) und um die Verherrlichung Gottes (Joh 12,28) geht. Wenn Jesu Tod die Vollendung seiner Sendung und die Erfüllung der Schriften ist (Joh 19,28–30), dann kann auch dieser Tod nicht in radikaler Gottverlassenheit erfolgt sein, sondern nur in Einheit mit dem Vater. Der Gottessohn ist nicht einfach Opfer finsterer Ränke der Römer, der Juden oder des Judas, sondern er hat den Auftrag, sein Leben hinzugeben, und er tut dies, und er hat auch die Macht, sein Leben wieder zu nehmen (Joh 10,16f.). Darum korrigiert Johannes im letzten Wort Jesu den markinischen Schrei der Gottverlassenheit in ein den Vollendungsruf „es ist vollendet" (Joh 19,30), in dem die Schöpfungsmotivik vom Anfang des Evangeliums (Joh 1,1; vgl. Gen 1,1 LXX) wieder aufgenommen und zu einem Abschluss geführt wird.

Hier ist Johannes genötigt, die Geschichte im Sinne ihrer Bedeutung zu korrigieren – jener Bedeutung, wie sie inzwischen im Licht der Schrift und durch den Geist erkannt wurde. Darum werden das Markusevangelium und seine Christologie so kritisch aufgenommen, ja an einzelnen Stellen geradezu zurückgewiesen. Am deutlichsten in wird dies gerade in Bezug auf die Gethsemaneperikope, wenn Jesus betet (Joh 12,27f.): „Jetzt ist meine Seele erschüttert. Was soll ich sagen:

---

40 Vgl. Jörg Frey, „From Eternal Life to the Word That Was in the Beginning: The Logic of Johannine Theology," in *From Protology to Eschatology: Competing Views on the Origin and the End of the Cosmos in Platonism and Christian Thought*, hg. v. Joseph Verheyden, Geerd Roskam und Gerd van Riel (Tübingen: Mohr Siebeck, 2021), 99–118; wieder abgedruckt in Jörg Frey, *Vom Ende zum Anfang*, 33–53.

‚Vater rette mich aus dieser Stunde'?" Das wird abgelehnt mit dem Gedanken an den Zweck seiner Sendung: „Aber darum bin ich (doch) in diese Stunde gekommen", bevor dann ein anderes, angemesseneres Gebet formuliert wird: „Vater, verherrliche deinen Namen."

Der Evangelist wusste, was er tat. Er wusste auch, dass das, was er erzählt, den Zeitgenossen Jesu so nicht vor Augen gestanden haben konnte. Er ist sich darüber im Klaren, dass sein Bericht nicht eine akkurate Wiedergabe der ihm überkommenen historischen Tradition ist, sondern dass darin die wahre Bedeutung dieses Geschehens zur Darstellung kommen soll, die in den ihm verfügbaren älteren Evangelien oder Traditionsstücken noch verdeckt oder jedenfalls nicht explizitert ist. Das zeigen die Erzählerkommentare nach der Tempelreinigung und dem Einzug Jesu in Jerusalem (Joh 2,22; 12,16), nach denen das richtige Verständnis dieser Ereignisse – und das heißt, das Verständnis des Evangelisten – erst der nachösterlichen Reflexion, der Erinnerung unter Anleitung des Geistes, zugeschrieben wird. Erst aufgrund dieses Prozesses, einer christologischen Erkenntnisentwicklung, konnten und können die Jünger Jesu Worte und Taten und die Schrift verstehen, erst so konnte das Christusbild, wie es der vierte Evangelist in seinem Evangelium vor Augen führt, erstehen. Das ist im Johannesevangelium hermeneutisch offengelegt. Es ist daher nach seinem eigenen Anspruch keine Fälschung der tatsächlichen Geschichte, sondern eine hermeneutisch bedachte fiktionale Erzählung der in der Geschichte zutage getretenen christologischen Wahrheit.

4.4 Die Logik der Johanneischen Christologie

Um die innere Logik der johanneischen Darstellung zu verstehen, ist auf die Leserichtung zu achten. Worin gründet die hier zur Darstellung gebrachte „Herrlichkeit" Jesu? Die normale Leserichtung des Evangeliums, die dann auch in die dogmatische Tradition eingegangen ist, sieht deren Ursprung in der vorweltlichen Liebe des Vaters zum Sohn bzw. in den Aussagen des Prologs über einen vorinkarnatorischen Status des Logos.

Liest man das Evangelium unter dieser Voraussetzung, dann stellt sich das Problem, ob für einen solchen inkarnierten und dann „über die Erde schreitenden Gott"[41] das Menschsein mehr als nur ein Stück Ausstattungsregie gewesen sein konnte und vor allem ob der Tod dieses Gottes so wirklich gewesen sein kann, wie es Johannes in seinem Passionsbericht festhält. Die Konsequenz ist –

---

41 So Ernst Käsemann, *Jesu letzter Wille nach Johannes 17* (Tübingen: J. C. B. Mohr, 1966; [4]1980), 26.

exemplarisch bei Ernst Käsemann vorgeführt – eine „doketische" Lektüre des Weges Jesu, in der dann dem Kulminationspunkt dieses Weges Jesu, dem Tod, letztlich keine zentrale Bedeutung mehr zukommen kann.

Folgt man hingegen der Beobachtung, dass die Aussagen über Jesu Verherrlichung weit überwiegend im Kontext der Ereignisse seiner Stunde stehen, im Kontext von Tod und Auferstehung, dann gründet Jesu Herrlichkeit letztlich in der Verherrlichung des Gekreuzigten, d. h. im Ostergeschehen. Jesu Verherrlichung ist als Subtext der literarischen Ausgestaltung des johanneischen Passionsberichts als einer subtilen Königs-Inthronisation wahrnehmbar.[42] Diese Verherrlichung wird von Jesus im johanneischen Gethsemane erbeten und von einer Himmelsstimme bestätigt (Joh 12,28; vgl. 17,1). Daraus folgt, dass die Herrlichkeit Jesu, die in der Darstellung seines Erdenweges aufscheint (Joh 2,11) nicht eine solche ist, die seine Zeitgenossen hätten wahrnehmen können. Sie ist vielmehr aus den Passions- und Osterereignissen extrapoliert, im Lichte des österlichen Glaubens gesehen und damit eine Rückprojektion aus der nachösterlichen Perspektive den Erdenweg Jesu. Dasselbe gilt für die wenigen Aussagen, in denen bereits von einer Herrlichkeit Jesu in der Präexistenz beim Vater die Rede ist (Joh 17,5.24). In beiden Fällen liegt kein historisches Phänomen, sondern ein theologisches Motiv vor.

Das Johannesevangelium und seine Christologie sind mithin von hinten, von Ostern her zu lesen. Hier gründet Jesu Herrlichkeit, und diese breitet sich von hier ausgehend über den ganzen Weg Jesu aus. Der Weg geht von der Eschatologie, dem Messianismus und der Deutung des Todes Jesu, hin zur Protologie, zur Aussage über Jesu Präexistenzherrlichkeit und den Ursprung seiner Sendung im ewigen Liebeswillen Gottes. Diese Perspektive und die darin konstituierte Denkfigur ermöglicht nun die Aussage, dass das Heil, das in Jesu Kreuz und Auferstehung geschichtlich gründet, nicht lediglich ein Ertrag geschichtlicher Zufälle ist, sondern im ewigen Liebeswillen, ja im Wesen Gottes selbst verankert ist. Nur darum kann es ewig ungefährdet und somit gewiss sein. Liest man das Evangelium in dieser Leserichtung, gewissermaßen von hinten, dann ist das von Ernst Käsemann formulierte Problem des drohenden Doketismus nicht gegeben, vielmehr ist dann der Anker der Christologie in seiner Passion, in seinem konkreten, menschlichen Leiden und Sterben, das aus der nachösterlichen, bereits lange vor Johannes begonnenen, aber durch ihn und sein Evangelium zur Klimax geführten Reflexion der Grund des ewigen Heils für die Glaubenden sein kann.

---

[42] Dazu Jörg Frey, „,Seht, euer König!' Die Johannespassion als Sehschule des Glaubens," *ThBeitr* 50 (2019): 7–27; wieder abgedruckt in Frey, *Vom Ende zum Anfang*, 489–511.

Die Verankerung Jesu Christi in der protologischen Vergangenheit erfolgt bei Johannes also nicht aus spekulativem bzw. eigentlich protologischem Interesse. Ein solches zeigt sich erst später bei Autoren von Herakleon bis Origenes.[43] Vielmehr erfolgt die Verankerung des Heilswerks im ewigen Liebeswillen Gottes aus dem Interesse an Vergewisserung, an der Sicherung des Heils gegen die Verunsicherung der Glaubenden in der Welt. Nur wenn das Heilsgeschehen und damit der ganze Weg Jesu in Gottes uranfänglichem Willen verankert sind, ist die Gewissheit zu fassen, dass dies nicht heute gültig ist und morgen wieder fraglich wird. So ist die Protologie bei Johannes eine Denkkonsequenz der Eschatologie, nicht umgekehrt. Und nur so lässt sich auch der Tod Jesu und die johanneische Konzentration auf diesen hinreichend würdigen. Wenn die Heilsbotschaft in Gottes Liebe gründet, dann ist sie den Wechselfällen der menschlichen Geschichte enthoben, unabhängig von menschlichem Handeln, künftiger Bewährung, ja selbst von einem kommenden göttlichen Gericht. „Wer glaubt, wird nicht gerichtet" (Joh 3,18). Sie kann gültig zugesprochen werden, da sie in der vorweltlichen Liebe Gottes gründet. Nur deshalb, nicht aus kosmologisch-spekulativem Interesse, formuliert Johannes seine protologischen Aussagen.

Das bedeutet zugleich, dass auch die johanneische Hochchristologie in einer letzten Konsequenz aus den älteren Aussagen über die zentrale soteriologische Bedeutung Jesu hervorgeht. Wenn sich nach dem Jesuswort Lk 12,8 an Jesus und der Reaktion auf ihn das Ergehen im Gericht entscheidet, dann gründet dies in der eschatologischen Autorisierung Jesu bzw. des Menschensohns. Das wird im Urchristentum zunächst in den auf alttestamentliche Gegebenheiten bezogenen Hoheitstiteln reflektiert, so auch in Joh 5,27 in Bezug auf den Menschensohn von Dan 7. Gleichwohl rückt in dieser Reflexion und dann auch im johanneischen Text dieser Bevollmächtigte immer näher an den Ursprung seiner Vollmacht heran, und zugleich wird das, was in Jesu eigenem Lebenseinsatz erkennbar ist, die „Liebe" des Freundes für die Freunde (Joh 15,13), als Motiv seiner Sendung, ja als innerstes Wesen des ihn Sendenden erkennbar, so dass letztlich in dieser Fluchtlinie, christologisch begründet, der kühnste theologische Satz des Neuen Testaments formuliert werden kann: „Gott ist die Liebe" (1 Joh 4,8.16).

---

43 Vgl. dazu Jörg Frey, „The Johannine Prologue and the References to the Creation of the World in its Second Century Receptions," in *Les judaïsmes dans tous leurs états aux Ier – IIIe siècles (Les Judéeens des synagogues, les chrétiens et les rabbins). Actes du colloque de Lausanne 12–14 décembre 2012*, hg. v. Claire Clivaz, Simon C. Mimouni und Bernard Pouderon (Turnhout: Brepols, 2015), 221–44.

5 Zu Sachgehalt und Geltung der johanneischen Christologie

Was bringt das Johannesevangelium zum Ausdruck, wenn es Jesus Christus so als Gott und seinen Weg in den Tod als Akt der Liebe, ja als Erweis der Liebe Gottes beschreibt? Und wie lässt sich die Geltung dieses Sachverhalts in Anbetracht der Genese der johanneischen Christologie bestimmen? Zwei Vorbemerkungen sind hier erforderlich.

a) Zunächst: Geltung ist ein Rezeptionsphänomen, sie kann nicht einfach sachlich festgestellt werden, sondern muss zuerkannt werden. Geltung ist auch nie allgemein und universal, sondern konkret zu fassen: Für wen und inwiefern hat die johanneische Christologie Geltung? Eine solche Rezeption ist in der Alten Kirche mit der Anerkennung des Kanons der neutestamentlichen Schriften auch für das Johannesevangelium im Ganzen erfolgt, aber damit ist weder schon über die Wirkung und Relevanz der Aussagen dieser Schrift noch über ihr Verständnis etwas gesagt. Immerhin lässt sich auch feststellen, dass die christologischen Aussagen dieses Evangeliums – in einem Verständnis, das von unserem heutigen abweicht – für die altkirchliche Bekenntnisbildung von zentraler Bedeutung waren. Auch wenn die späteren trinitätstheologischen und christologischen Differenzierungen in der johanneischen Theologie selbst noch nicht vorliegen, führt doch ein erkennbarer Weg von der in diesem Evangelium belegten Sicht- und Sprechweise zur Ausformulierung der altkirchlichen Bekenntnisse. Dies gilt sowohl für die pointierte Rede von der Inkarnation als auch für die Rede von der Gottheit Christi. Wenn das Nicaeno-Constantinopolitanum Christus als „Licht vom Licht, wahrer Gott vom wahren Gott" bezeichnet, dann dürfte dies in beiden Aussagen „vom johanneischen Schrifttum inspiriert sein".[44]

b) Eine zweite Vorbemerkung gilt im Blick auf das, was wir überhaupt aufgrund unserer Quellen sagen können. Exegetisch können wir Sichtweisen und Christusbilder erheben und sprachliche oder vorstellungsmäße Entwicklungen nachzeichnen. Dabei bewegen wir uns notwendigerweise im Bereich des Noetischen. Was ontisch-faktisch *war* oder *ist*, liegt auf einer anderen Ebene. Wir können nur feststellen, dass Jesus hier als Gott bezeichnet wurde und unter welchen konzeptionellen Rahmenbedingungen ein antiker Autor wie der Johannes-Evangelist ihn wohl als einen solchen angesehen hat. Die Frage, ob und inwiefern Jesus Gott *war*, oder ob und inwiefern er Gott *ist*, lässt sich also aufgrund der antiken Quellen nicht beantworten, es sei denn, diesen Quellen wird

---

[44] Hans-Josef Klauck, *Der erste Johannesbrief*, EKK XXIII/1 (Zürich: Benziger, 1991), 340. Vgl. 1Joh 1,5 und 5,20.

a priori oder *a posteriori* eine solche Wahrheitsvermutung zugeschrieben. Aber auch dann müsste der Bezugsrahmen dieser für *wahr* erachteten Aussagen noch näher bestimmt werden. Problematisch ist insbesondere die Pluralität der Quellen, konkret die Unterschiedlichkeit der Evangelien und ihrer Traditionen, die ihrerseits nach einer hermeneutischen Näherbestimmung verlangt und es nicht einfach zulässt, z. B. die ältesten Aussagen oder umgekehrt die am weitesten gehenden Aussagen als *wahr* zu setzen. Im Rahmen eines historischen Denkparadigmas würde sich nahelegen, das historisch tatsächlich Erkennbare für wahr zu halten, allerdings bietet nicht zuletzt das johanneische Denken eine Begründung dafür, dass die hier ausgesagte Wahrheit nicht notwendig mit dem allen Zeitgenossen Jesu zugänglichen Historisch-Tatsächlichen übereinstimmen muss.

Wenn man auf dieser Grundlage versucht, die eingangs formulierten theologischen Anfragen zu bedenken, so lassen sich zumindest Gründe dafür benennen, dass die Zuerkennung von Geltung in einem kirchlichen Rahmen oder auch einem persönlichen Christusverständnis nicht von vorneherein unsinnig oder moralisch problematisch ist.

a) Dabei ist der Einwand, dass die hohe Christologie für antike Leser weniger problematisch gewesen sei als für eine moderne, von der Erkenntniskritik Kants beeinflusste neuzeitliche Leserschaft, nicht allzu sehr zu gewichten. Ein Gott, der stirbt, war auch für antike Leserinnen und Leser undenkbar, und der Spott von antiken Kritikern wie Celsus oder Porphyrius trifft nicht nur den weinerlich erscheinenden Jesus von Gethsemane, sondern auch den gekreuzigten Gott des Johannesevangeliums. Der Evangelist weiß um die Anstößigkeit seiner Aussagen.

b) Der Evangelist legt auch den Sachverhalt offen, dass er nicht einfach historische Fakten berichtet, sondern seine Geschichte aus einer sehr bestimmten Perspektive deutet, und es ist damit zu rechnen, dass diese Vorgehensweise im Kreis seiner frühen Rezipienten wahrgenommen und zumindest teilweise als legitim angesehen wurde. Dies kann noch keine theologische Gültigkeit begründen, doch sollte uns die Einsicht in diese literarische Darstellungsweise und das Bemühen des Autors, sie in seiner Zeit (z. B. durch Verweis auf den erinnernden Geist) zu legitimieren, davor zurückhalten, seine Erzählung allein am Maßstab historischer Faktentreue zu messen oder gar als Fälschung zu verwerfen. Vielmehr ist die Frage nach Paradigmen legitimer Fiktionalität auch und gerade für religiöse Texte ernst zu nehmen. Was zu seiner Zeit nicht *pia fraus* war, kann auch heute nicht mit diesem Argument verworfen werden.

c) Der v. a. in liberal-theologischer Perspektive formulierte Einwand, dass die johanneische Christologie ein Vorstellungsgefüge sei, das sich nicht nur vom irdischen Jesus und dem, was er ‚wirklich' sagte und wollte, weit entferne, sondern auch durch fremde, *heidnische* Elemente beeinflusst worden sei, lässt sich exegetisch durch die Analyse der jüdischen Hintergründe der johanneischen Christologie weithin entkräften. Sachlich lässt sich die hohe Christologie des Johannesevangeliums durchaus als eine Denk-Konsequenz aus der soteriologischen Zentralstellung Jesu erfassen, die er auch schon bei den Synoptikern, ja wohl schon in der ältesten Jesusüberlieferung innehat. Hier lässt sich vom Vollmachtsanspruch des irdischen Jesus, in dessen Taten die heilvolle Gottesherrschaft nahegekommen ist und bei dem „mehr als Salomo" und „mehr als Jona" ist, zum vollmächtigen Schöpfer und Geber des Lebens und dem gültigen Offenbarer des Wesens Gottes (Joh 1,18) durchaus eine Linie der Kontinuität erkennen. Das Bemühen der liberalen Theologie seit Harnack, zwischen dem irdischen Jesus und der johanneischen Theologie eine tiefe Kluft aufzureißen, um die hohe Christologie theologisch loszuwerden bzw. als *Schale* vom *Kern* des jesuanischen Gottesbewusstseins abzulösen, ist exegetisch und historisch gewaltsam und nicht zu rechtfertigen. Die hohe Christologie ist mithin in dem Sinne wahr, wie auch die Bindung des Heils der Menschen an den Messias Jesus bzw. seinem Tod und seine Auferstehung wahr ist. Dass hier kein beweisbarer Wirkzusammenhang vorliegt, ist klar. Biblisch wäre hier eher ein Zusammenhang der Repräsentation oder Partizipation zu formulieren, der verstehbar ist auf der Basis des Geschaffenseins der Menschen und der dem Gottessohn verliehenen Vollmacht über „alles Fleisch".

d) Die literarische Ausgestaltung der Passionsgeschichte macht schließlich deutlich, dass es in der Wahrnehmung des Todesweges Jesu als eines Aktes der Freundesliebe um den Ausdruck einer Wahrheit geht, die nicht offen vor Augen steht, die kontrafaktisch und nur *sub contrario* zu erkennen ist.[45] Jesu Kreuzigung war ja, wie antike Leserinnen und Leser wohl wussten, ein grausamer Hinrichtungsakt in äußerster Entwürdigung, und doch sollen die Lesenden eben darin ein Geschehen der Verherrlichung, eine Inthronisation wahrnehmen – mit den Augen des Glaubens und unter sorgfältiger didaktischer Anleitung der Stimme des Evangeliums. Dabei geht es nicht um ein euphemistisches oder illusionistisches Überspielen der schrecklichen Wirklichkeit, sondern intentional um eine Aufarbeitung der eigenen negativen Erfahrungen in der Welt, um ein Gegengift gegen die Mächte der Angst und des Todes. Zumindest unter Voraussetzung der Wahrheit des Osterglaubens ist die literarisch ausgestaltete Erinnerung an Jesu Weg in den Tod eine kräftige Einladung an alle Lesenden, die Fraglichkeit ihrer eigenen Existenz von dieser Grundge-

---

45 Vgl. dazu Frey, Seht, euer König.

schichte des Glaubens, vom Weg des inkarnierten Wortes Gottes, umgriffen zu sehen und so selbst in ihm „das Leben zu haben" (Joh 20,31).

e) Es geht daher in der johanneischen Jesuserzählung und ihrer Ausgestaltung vornehmlich um Soteriologie, um eine Vergewisserung des im Glauben empfangenen Lebens, das nun nicht mehr durch geschichtliche Zufälle oder durch eigenes menschliches Versagen in Frage steht, weil es von Gottes liebendem, rettendem und bewahrenden Handeln getragen, in der Hand des Guten Hirten bewahrt ist. Diese Lebensvergewisserung ist das johanneische Sachanliegen. Dennoch sollte die soteriologische Zielrichtung (Joh 20,31) nicht dazu verwendet werden, die christologischen Vorstellungen ohne jeden ontologischen Gehalt zu rekonstruieren.

f) Theologisch wahr ist eine solche verkündigend ausgestaltete Erzählung dann, wenn sie dem Evangelium entspricht: dem Evangelium von der Zuwendung Gottes in seinem Messias zu seinem Volk und zu den Gebrochenen dieses Volkes, dem Evangelium von der Rettung von Menschen aus Sünden, Verstrickung und Tod und von der Eröffnung neuen Lebens durch Jesus Christus. Es ist m. E. gerade diese Botschaft, die im johanneischen Text didaktisch bemüht vergegenwärtigt und gegen alle Verunsicherungen vergewissernd zur Sprache gebracht werden soll. Johannes bietet in seiner Rückbindung an die Schriften und seiner Fortschreibung der älteren Evangelientradition für seine Adressaten und für alle nachösterlichen Generationen darüber hinaus ein valides und sachgemäßes Zeugnis dieses Evangeliums.

g) Die Problematik, dass ein wahrer Gott Jesus Christus (1 Joh 5,20) mit dem einen wahren Gott (Joh 17,2) in eine unerträgliche Spannung geraten könnte, versucht das Evangelium sorgfältig zu entkräften. Der binitarische Monotheismus dieses Evangeliums ist nach wie vor ein Monotheismus, kein Ditheismus, auch kein Monarchianismus und erst recht kein Modalismus. Vater und Sohn sind – wie das Sprachbild sagt – in familiärer Liebe aufeinander bezogen, aber voneinander personal unterschieden. Gleiches gilt auch für das Verhältnis zum personal erfassten Geist, auch wenn dieser noch nicht auf der Ebene von Vater und Sohn angelangt ist. Das johanneische Denken ist noch nicht trinitarisch, allenfalls *prototrinitarisch*.[46]

h) Es bleibt die Gefahr des Antijudaismus, der gewiss nicht notwendig aus der hohen Christologie folgt und auch nicht aus dem exklusiven Offenbarungsverständnis, dessen Vermittlung mit einem modernen Toleranzgedanken allerdings

---

[46] Vgl. dazu Jörg Frey, „How did the Spirit become a Person?" In *The Holy Spirit, Inspiration, and the Cultures of Antiquity. Multidisciplinary Perspectives*, hg. v. Jörg Frey und John R. Levison (Berlin/New York: Walter de Gruyter, 2014), 343–71.

erhebliche Probleme bereitet. Die polemisch-antijüdischen Aussagen lassen sich zwar partiell aus einer historischen Situation erklären, doch wird mit einer solchen Erklärung die Gefährlichkeit der polemischen Texte nicht behoben. Hier liegt bei aller Großartigkeit der johanneischen Theologie auch deren Schwäche. Ein legitimes Judentum ohne Jesus kann sich der Evangelist nicht vorstellen. Und eine eschatologische Hoffnung für Israel, wie sie Paulus in Römer 11 formuliert, entwickelt er nicht. Am Ende des hohepriesterlichen Gebets deutet sich ein vorsichtiger Universalismus an, wenn es heißt, dass „die Welt" die Wahrheit über Jesu Sendung und damit die Einheit von Vater und Sohn nicht nur erkennen, sondern sogar „glauben" soll (Joh 17,21). Damit sind letztlich alle Dualismen aufgebrochen, und die Frage ist, ob dies auch die *Ioudaioi* einschließen soll und kann. Diese Frage bleibt im vierten Evangelium offen, hier ist das Johannesevangelium verwundbar und letztlich der kanonischen Relativierung bedürftig durch die Perspektive, die bei Paulus in Röm 9–11 noch weiter ausgeführt wird.

Immerhin verankert das johanneische Werk trotz seiner antijüdischen Invektiven die Herkunft des Heils und des Heilsbringers unter „den Juden" (Joh 4,22) und bewahrt bei aller universalen Weite die bleibende Erinnerung an den jüdischen Ursprung der Rede vom Messias bzw. Christus Jesus. Dass der Umgang mit diesem Text in Anbetracht der späteren christlich-jüdischen Geschichte, von der sein Autor natürlich noch nichts ahnen konnte, ein erhebliches Maß an hermeneutischer Behutsamkeit erfordert, ist deutlich. Kein Zeugnis ist der Kritik enthoben, auch dieses Evangelium nicht, auch wenn es in der Tat die Klimax des neutestamentlich-theologischen Denkens markiert.

Bibliographie

Berger, Klaus. *Im Anfang war Johannes. Datierung und Theologie des vierten Evangeliums*. Stuttgart: Kreuz, 1997.

Bühner, Ruben. *Hohe Messianologie. Übermenschliche Aspekte eschatologischer Heilsgestalten im Frühjudentum*. Tübingen: Mohr Siebeck, 2020.

Frey, Jörg. "Heiden – Griechen – Gotteskinder. Zu Gestalt und Funktion der Rede von den Heiden im 4. Evangelium." In *Die Heiden. Juden, Christen und das Problem des Fremden*, hg. v. Reinhard Feldmeier und Ulrich Heckel, 228–68. Tübingen: Mohr Siebeck, 1994.

Frey, Jörg. *Die johanneische Eschatologie*, Bd. 1, *Ihre Probleme im Spiegel der Forschung seit Reimarus*. Tübingen: Mohr Siebeck, 1997.

Frey, Jörg. "Zu Hintergrund und Funktion des johanneischen Dualismus." In *Paulus und Johannes. Exegetische Studien zur paulinischen und johanneischen Theologie und Literatur*, hg. v. Dieter Sänger und Ulrich Mell, 3–73. Tübingen: Mohr Siebeck, 2006.

Frey, Jörg. „Ich habe den Herrn gesehen' (Joh 20,28). Entstehung, Inhalt und Vermittlung des Osterglaubens nach Johannes 20". In *Studien zu Matthäus und Johannes. Études sur Matthieu et Jean* (FS Jean Zumstein), hg. v. Andreas Dettwiler und Uta Poplutz, 267–84. Zürich: TVZ, 2009.

Frey, Jörg. "Leiblichkeit und Auferstehung im Johannesevangelium." In *The Human Body in Death and Resurrection*, hg. v. Tobias Nicklas, Friedrich V. Reiterer und Joseph Verheyden, 285–327. Berlin/New York: Walter de Gruyter, 2009.

Frey, Jörg. "Die johanneische Theologie als Klimax der neutestamentlichen Theologie." *ZThK* 107 (2010): 448–78.

Frey, Jörg. "Eine neue religionsgeschichtliche Perspektive. Larry W. Hurtados *Lord Jesus Christ* und die Herausbildung der frühen Christologie." In *Reflections on Early Christian History and Religion – Erwägungen zur frühchristlichen Religionsgeschichte*, hg. v. Cilliers Breytenbach und Jörg Frey, 117–68. Leiden: Brill, 2012.

Frey, Jörg. *Die Herrlichkeit des Gekreuzigten. Studien zu den johanneischen Schriften 1*, hg. v. Juliane Schlegel. Tübingen: Mohr Siebeck, 2013.

Frey, Jörg. "Wege und Perspektiven der Interpretation des Johannesevangeliums." In ders. *Die Herrlichkeit des Gekreuzigten. Studien zu den johanneischen Schriften 1*, hg. v. Juliane Schlegel, 3–41. Tübingen: Mohr Siebeck, 2013.

Jörg Frey, "Das vierte Evangelium auf dem Hintergrund der älteren Evangelientradition. Zum Problem: Johannes und die Synoptiker," In ders. *Die Herrlichkeit des Gekreuzigten. Studien zu den johanneischen Schriften 1*, hg. v. Juliane Schlegel, 239–94. Tübingen: Mohr Siebeck, 2013.

Frey, Jörg. „'Die Juden' im Johannesevangelium und die Frage nach der „Trennung der Wege" zwischen der johanneischen Gemeinde und der Synagoge." In ders. *Die Herrlichkeit des Gekreuzigten. Studien zu den johanneischen Schriften 1*, hg. v. Juliane Schlegel, 339–77. Tübingen: Mohr Siebeck, 2013.

Frey, Jörg "How did the Spirit become a Person?" In *The Holy Spirit, Inspiration, and the Cultures of Antiquity. Multidisciplinary Perspectives*, hg. v. Jörg Frey und John R. Levison, 343–71. Berlin/New York: de Gruyter, 2014.

Frey, Jörg. "Joh 1,14, die Fleischwerdung des Logos und die Einwohnung Gottes in Jesus Christus. Zur Bedeutung der 'Schechina-Theologie' für die johanneische Christologie." In *Das Geheimnis der Gegenwart Gottes. Zur Schechina-Vorstellung im Judentum und Christentum*, hg. v. Bernd Janowski und Enno Edzard Popkes, 231–56. Tübingen: Mohr Siebeck, 2014.

Jörg Frey, "The Johannine Prologue and the References to the Creation of the World in its Second Century Receptions." In *Les judaïsmes dans tous leurs états aux Ier – IIIe siècles (Les Judéeens des synagogues, les chrétiens et les rabbins). Actes du colloque de Lausanne 12–14 décembre 2012*, ed Claire Clivaz, Simon C. Mimouni, Bernard Pouderon, 221–44. Turnhout: Brepols, 2015.

Frey, Jörg. "Das Corpus Johanneum und die Apokalypse des Johannes. Die Johanneslegende, die Probleme der johanneischen Verfasserschaft und die Frage der Pseudonymität der Apokalypse." In *Poetik und Intertextualität der Apokalypse*, hg. v. Stefan Alkier, Thomas Hieke und Tobias Nicklas, in Zusammenarbeit mit Michael Sommer, 71–133. Tübingen: Mohr Siebeck, 2015.

Frey, Jörg. "Between Torah and Stoa: How Could Readers Have Understood the Johannine Logos." In *The Prologue of the Gospel of John: Its Literary, Theological, and Philosophical Contexts*, hg. v. Jan G. van der Watt, R. Alan Culpepper und Udo Schnelle, 189–234. Tübingen: Mohr Siebeck, 2016.

Frey, Jörg. "Johannesevangelium." In *Jesus-Handbuch*, hg. v. Jens Schröter und Christine Jacobi, 137–45. Tübingen: Mohr Siebeck, 2017.

Frey, Jörg: "Das prototypische Zeichen (Joh 2,1–11)." In *The Opening of John's Narrative (John 1:19–2:22). Historical, Literary, and Theological Readings from the Colloquium Ioanneum in Ephesus*, hg. v. R. Alan Culpepper und Jörg Frey, 165–216. Tübingen: Mohr Siebeck, 2017.

Frey, Jörg. *Theology and History in the Fourth Gospel. Tradition and Narration*. Waco: Baylor University Press, 2018.
Frey, Jörg. "The Gospel of John as a Narrative Memory of Jesus." In *Memory and Memories in Early Christianity*, hg. v. Simon Butticaz und Enrico Norelli, 261–84. Tübingen: Mohr Siebeck, 2018.
Frey, Jörg. "‚‚Seht, euer König!' Die Johannespassion als Sehschule des Glaubens." *ThBeitr* 50 (2019): 7–27.
Frey, Jörg. "Between Jewish Monotheism and Proto-Trinitarian Relations: The Making and Character of Johannine Christology." In *Monotheism and Christology in Greco-Roman Antiquity*, hg. v. Matthew V. Novensen, 189–221. Leiden: Brill, 2020.
Frey, Jörg. "Urbanity in the Gospel of John," in *Early Christian Encounters with Town and Countryside. Essays on Urban and Rural Structures of Early Christianity*, hg. v. Markus Tiwald und Jürgen K. Zangenberg 233–50. Göttingen: Vandenhoeck & Ruprecht, 2021.
Frey, Jörg. "From Eternal Life to the Word That Was in the Beginning: The Logic of Johannine Theology." In *From Protology to Eschatology: Competing Views on the Origin and the End of the Cosmos in Platonism and Christian Thought*, hg. v. Joseph Verheyden, Geerd Roskam und Gerd van Riel, 99–118. Tübingen: Mohr Siebeck, 2021.
Frey, Jörg "Gottes Offenbarung in Jesus Christus. Zur theologischen Bedeutung von Joh 1,18." In *Über Gott. Festschrift für Reinhard Feldmeier*, hg. v. Jan Dochhorn, Reiner Hirsch-Luipold und Ilina Tanseanu-Doebler, 223–47. Tübingen: Mohr Siebeck, 2022.
Frey, Jörg. *Vom Ende zum Anfang. Studien zu den johanneischen Schriften. Kleine Schriften 4*, hg. v. Ruben A. Bühner. Tübingen: Mohr Siebeck, 2022.
Heemstra, Marius. *The Fiscus Judaicus and the Parting of the Ways*. Tübingen: Mohr Siebeck, 2010.
Hengel, Martin. *Der Sohn Gottes. Die Entstehung der Christologie und die jüdisch-hellenistische Religionsgeschichte*. Tübingen: Mohr Siebeck, ²1977.
Hurtado, Larry H. *Lord Jesus Christ*. Grand Rapids, Mi: Eerdmans, 2003.
Janowski, Bernd und Popkes, Enno. *Das Geheimnis der Gegenwart Gottes. Zur Schechina-Vorstellung im Judentum und Christentum*. Tübingen: Mohr Siebeck, 2014.
Jeremias, Joachim. *Neutestamentliche Theologie*, Bd. 1, *Die Verkündigung Jesu*. Gütersloh: Gütersloher Verlagshaus, 1979.
Käsemann, Ernst. *Jesu letzter Wille nach Johannes 17*. Tübingen: J. C. B. Mohr, 1966; ⁴1980.
Klauck, Hans-Josef. *Der erste Johannesbrief*, EKK XXIII/1. Zürich: Benziger, 1991.
Martyn, Louis J. *History and Theology in the Fourth Gospel*. New York: Harper & Row, 1968.
Onuki, Takashi. *Gemeinde und Welt im Johannesevangelium*. Neukirchen-Vluyn: Neukirchener Verlag, 1984.
Schäfer, Peter. "Die sogenannte Synode von Jabne." In *Studien zur Geschichte und Theologie des rabbinischen Judentums*, hg. v. Peter Schäfer, 45–64. Leiden: Brill, 1978.
Schnelle, Udo. *Das Evangelium nach Johannes*, ThHKNT 4. Leipzig: Evangelische Verlagsanstalt: ⁵2016.
Stemberger, Günter. "Die sogenannte ‚Synode von Jabne' und das frühe Christentum," *Kairos* 19 (1977): 14–21.
van der Watt, Jan G. *Family of the King. Dynamics of Metaphor in the Gospel according to John*. Leiden: Brill, 2000.
van der Watt, Jan G., Culpepper, Alan R. und Schnelle, Udo. *The Prologue of the Gospel of John: Its Literary, Theological, and Philosophical Contexts*. Tübingen: Mohr Siebeck, 2016.
Wengst, Klaus. *Bedrängte Gemeinde und verherrlichter Christus. Ein Versuch über das Johannesevangelium*. München: Chr. Kaiser, ⁴1992.
Zimmermann, Ruben. *Christologie der Bilder im Johannesevangelium*. Tübingen: Mohr Siebeck, 2004.

Friederike Nüssel
Im Horizont des Dialogs
Zur Entwicklung evangelisch-theologischer Versöhnungslehre und ihrem Beitrag zu interkonfessioneller und interreligiöser Verständigung

Abstract: To further peace and justice and to shape a process of reconciliation is the essential goal of the modern ecumenical movement of the churches and their inter-religious dialogue. And yet, what is to be understood by reconciliation and how can it, despite differing conceptions, result in peace and justice? This question is in no way answered in Christian theologies in a unified way. In this lecture, I will be concerned with working out a Christian understanding of reconciliation which, on the one hand, accentuates the specifically Christian concern and, on the other, can count as a contribution to inter-religious conversation about reconciliation.

Keywords: Absolutheitsanspruch, Drei-Ämter-Lehre, Entzweiung, Frieden, Gehorsam Christi, Gesamtleben, neues, Kreuzestod, Liebe, Mitgefühl, Mittlertätigkeit, Ökumenische Bewegung, Satisfaktion, Sünde, Trinitätslehre, Versöhnung, Verzeihung

1 Einleitende Überlegungen

In einem Beitrag von 2017 warb der damalige Vorsitzende des Rates der Evangelischen Kirche in Deutschland Heinrich Bedford-Strohm programmatisch dafür, die Religionen als Kräfte des Friedens und der Versöhnung zu stärken.[1] Dieses Votum geht konform mit vielen Stimmen aus ganz unterschiedlichen Richtungen, die heute die Religionen bei ihrer Verantwortung für Frieden und Versöhnung behaften. Selbst religionskritisch eingestellte Denker wie Jürgen Habermas sind nach dem 11. September 2001 dazu übergegangen, das Potential der Religionen zur För-

---

[1] Heinrich Bedford-Strohm, „Öffentliche Theologie und interreligiöser Dialog," in *VELKD-Informationen* 154 (2017): 2–6.

Friederike Nüssel ist Professorin für Systematische Theologie und Direktorin des Ökumenischen Instituts an der Universität Heidelberg. Neueste Veröffentlichung zum Thema: „Luther and Schleiermacher. Schleiermacher's Transformation of Luther's Christological Legacy." In *Apprehending Love. Theological and Philosophical Inquiries*, hg. v. Pekka Kärkkäinen und Olli-Pekka Vainio, 163–81 (Helsinki: Luther-Agricola-Seura, 2019).

derung von zivilem Zusammenleben und demokratischen Werten herauszustellen.[2] Zwar waren Religionen und christliche Konfessionen in der Geschichte Europas und vieler anderer Regionen der Welt vielfach Anlass für Kriege und Feindseligkeiten. Aber das steht nicht im Einklang zu ihren ureigenen Glaubensüberzeugungen. Die globale ökumenische Bewegung[3] und vielfältige interreligiöse Foren und Organisationen treten heute für Frieden und Versöhnung über Konfessions- und Religionsgrenzen ein. Die Instrumentalisierung von Religionen für machtpolitische Zwecke ist keineswegs gebannt, wie man unlängst an der Haltung der Russisch-Orthodoxen Kirche zum Angriff Russlands auf die Ukraine sehen kann. Auch sind sich die christlichen Kirchen keineswegs darüber einig, wie auf eine solche Haltung zu reagieren ist. Und doch dokumentiert gerade diese Debatte zweierlei: zum einen erwarten die ökumenisch organisierten Kirchen voneinander und untereinander den Einsatz für Frieden und Versöhnung. Zum anderen liegt ihnen daran, in der Weltöffentlichkeit in ihrem Friedenswillen wahrgenommen zu werden. Konstitutiv für die Entwicklung und Gestaltung der ökumenischen Beziehungen der Kirchen auf Weltebene wurde der 1948 in Amsterdam gegründete Ökumenischen Rat der Kirchen, in dem derzeit 352 Kirchen weltweit Mitglied sind.[4] Der zweite globale Akteur in der Ökumenischen Bewegung ist die römisch-katholische Kirche geworden, die sich mit der Gründung des Sekretariats für die Förderung der Einheit der Christen schon vor dem Zweiten Vatikanischen Konzil auf den Eintritt in die Ökumenische Bewegung vorbereitete und mit dem Konzil und dem Dekret über den Ökumenismus diesen vollzog. Für den Weltrat der Kirchen beinhaltet die Zugehörigkeit zur Ökumenischen Bewegung die Übereinstimmung mit ihren Zielen, die seit den Anfängen in der Beförderung von Frieden und Gerechtigkeit gesehen wurden. Das ökumenische „Commitment" sieht zwar von Kirche zu Kirche anders aus. Aber im Unterschied zu früheren Jahrhunderten ist es für die Kirchen in der Moderne und insbesondere seit den Weltkriegen wichtig, für diese Ziele einzutreten und im Lichte dieser Ziele wahrgenommen zu werden. Der Einsatz für Frieden, Gerechtigkeit und Versöhnung ist Teil des christlichen Zeugnisses und darin zugleich Teil der Botschaft, mit der sich die Kirchen in öffentlichen Diskursen präsentieren. Hier liegt eine Kehrtwende gegenüber früheren Jahrhunderten. Die Relevanz von Religionen bemisst sich heute entsprechend wesentlich auch daran, ob sie zu einer friedlicheren Welt beitragen können.

---

2 Jürgen Habermas, *Glauben und Wissen. Friedenspreis des deutschen Buchhandels* (Frankfurt am Main: Suhrkamp, 2001). Vgl. auch Jürgen Habermas, *Zwischen Naturalismus und Religion. Philosophische Aufsätze* (Frankfurt am Main: Suhrkamp, 2005).
3 Vgl. dazu Friederike Nüssel und Dorothea Sattler, *Einführung in die Ökumenische Theologie* (Darmstadt: Wissenschaftliche Buchgesellschaft, 2008), 21–24.
4 Eine Übersicht findet sich hier: https://www.oikoumene.org/de/member-churches.

Die systematisch-theologische Reflexion der Anforderungen heutiger Versöhnungslehre im interreligiösen Horizont kann so an ein Anliegen anknüpfen, welches die Kirchen verbindet und ihre Aufgeschlossenheit für interreligiöse Beziehungen – wenn auch in unterschiedlichem Maße – bestimmt. Zugleich ist die theoretische Erörterung des christlichen Verständnisses von Versöhnung und seine Bedeutung für das Verhältnis zu anderen Religionen eine unerlässliche theoretische Grundlage. Diese wiederum kann nicht außer Acht lassen, dass die Frage der Versöhnung sich nicht zuerst in Richtung auf die anderen Religionen stellt, sondern zugleich und in bestimmter Hinsicht auch zuvor ein innerchristliches Thema ist. Gegenüber dem interreligiösen Horizont der Versöhnungsthematik hat die interkonfessionelle Auseinandersetzung in jüngster Zeit in der Ukraine-Krise noch einmal neues Gewicht gewonnen. Denn korrespondierend zum russischen Angriffskrieg treten massive Differenzen im Verständnis der ethischen Verantwortung der Kirchen für Friede und Versöhnung zutage. Rückwirkend lesen sich die Eingangsüberlegungen zur Versöhnungsthematik im ersten Band der Elementaren Christologie von Heinrich Assel, der 2020 erschien,[5] nahezu prophetisch. Assel nimmt hier den durch die Annexion der Krim 2014 neu etablierten „frozen conflict" zum Anlass, um die Differenzen zwischen westlichem und östlichem Versöhnungsdenken und die Dringlichkeit einer Verständigung herauszustellen. In Bezug auf den russisch-ukrainischen Konflikt schreibt Assel:

> Eine Aussöhnung zwischen diesen neuen Konfliktparteien erscheint heute unwahrscheinlich. Selbst eine verbindliche zwischengesellschaftliche Sprache der Konfliktentschärfung fehlt. Als westliche Christinnen und Christen, ob evangelisch, ob katholisch, ob deutsch oder polnisch, stoßen wir auf neue Fragen: Gibt es zwischen den westlich-lateinischen Christentümern Deutschlands und Polens und den östlich-orthodoxen Christentümern insbesondere Russlands und der Ukraine eine gemeinsame und verbindliche Lehre der Versöhnung, an die wir heute appellieren könnten? Ist zwischen diesen Christentümern Raum für versöhnungsethische Verantwortung und Urteilskraft, die sich in politische und völkerrechtliche Urteilskraft umsetzt? Rechnen wir in der Tiefenschicht politischer Arbeit mit der von Gott verheißenen Versöhnung? Wer wären die Initiativgruppen und Träger?[6]

Inzwischen ist die Ost-West-Differenz durch die Konfliktsituation in der Ukraine noch komplexer geworden. Zum einen hat sich die Ukrainische Orthodoxe Kirche Moskauer Patriarchats am 22. Mai 2022 von Moskau losgesagt, so dass die Frage nach dem Verhältnis zur 2018 gegründeten Orthodoxen Kirche der Ukraine auf neue Weise virulent geworden ist. Zum anderen impliziert die Verurteilung des rus-

---

[5] Heinrich Assel, *Elementare Christologie*, Bd. 1, *Versöhnung und neue Schöpfung* (Gütersloh: Gütersloher Verlagshaus, 2020).
[6] Assel, *Elementare Christologie* 1, 75.

sischen Angriffskrieges und der Haltung des Moskauer Patriarchats zwar eine Solidarisierung mit den Werten, für die die ukrainische Politik in der Verteidigung gegen Russland kämpft. Doch davon bleiben die theologischen Differenzen zwischen östlichen und westlichen Soteriologien und Versöhnungslehren, die Assel markiert, unberührt. Welche Konsequenzen die kirchenpolitischen Entwicklungen für die interkonfessionelle Verständigung über das theologische Verständnis von Versöhnung und die praktischen Konsequenzen für das Miteinander der Kirchen haben werden, ist derzeit nicht absehbar.

Ein solcher Diskurs erfordert die Besinnung auf das Profil und den Beitrag zum Versöhnungsverständnis der einzelnen Kirchen und Religionsgemeinschaften. Denn es gehört zu den ökumenischen und religionstheologischen Grundeinsichten im 20. Jahrhundert, in der Diskussion theologischer und religiöser Themen von dem jeweiligen Selbstverständnis einer Konfession und Religion auszugehen. Der erste und grundlegende Schritt in einem interkonfessionellen oder interreligiösen Gespräch über das Verständnis von Versöhnung besteht entsprechend darin, die verschiedenen Positionen zu hören und darüber in einen Dialog einzutreten. Darum soll hier im Sinne einer Grundlagenorientierung darüber nachgedacht werden, worin das Profil und der Beitrag eines *evangelisch-theologischen* Verständnisses von Versöhnung gefunden werden können. Die Notwendigkeit einer solchen Reflexion ergibt sich nicht zuletzt daraus, dass in der evangelischen Theologie selbst verschiedene Versöhnungslehren entwickelt worden sind, so dass eine Teilnahme an interkonfessionellen und interreligiösen Dialogen über Fragen der Versöhnung eine Selbstverständigung über die protestantische Pluralität der Versöhnungsverständnisse impliziert.

2 Zur Entwicklung des Versöhnungsgedankens in der evangelischen Theologiegeschichte

Der Begriff der Versöhnung ist in den biblischen Schriften einer unter mehreren Begriffen, mit denen das Heilswirken Gottes charakterisiert wird. Mit dem deutschen Wort ‚Versöhnung' werden dabei vor allem das griechische Nomen *katallage* und das Verb *kattalassein* (in der Vulgata: *reconciliatio* und *reconciliare*) übersetzt. Mit diesen Termini beschreibt Paulus das von Gott in Christus begründete Heilsgeschehen, das in und durch die Aufrichtung des Wortes von der Versöhnung vermittelt wird (vgl. 2 Kor 5,11–21).[7] Neben der Rede von der Versöhnung gibt es bei

---

7 Vgl. dazu Otfried Hofius, „Versöhnung II," in *TRE* 35 (2003), 18–22, bes. 18 f.

Paulus und in den anderen neutestamentlichen Schriften weitere Begriffe, die Gottes Heilswirken beschreiben, darunter insbesondere der Begriff der Rettung oder Erlösung (*soteria* und *apolytrosis*) sowie der Begriff der Rechtfertigung (*dikaiosyne*).[8]

Während in der Alten Kirche die Erlösung vornehmlich als Sieg über den Teufel verstanden wurde,[9] erklärt die Versöhnungslehre von Anselm von Canterbury im Mittelalter sowohl im Verhältnis zu den patristischen Ansätzen wie insbesondere auch zur Gegenposition von Abaelard die Notwendigkeit der Selbsthingabe des Gottmenschen am Kreuz zur Überwindung der Sünde aus der guten Weltordnung Gottes und der Unfähigkeit des Menschen, die Sünde eigenständig wieder gut zu machen.[10] Indem der Gottmensch durch seinen Tod eine Satisfaktionsleistung von unendlichem Wert erbringt, kann Gott dieses Verdienst den satisfaktionsunfähigen Menschen zurechnen, so dass auf diese Weise die durch die Sünde entstandene Unordnung aufgehoben und die Ordnung der Welt wieder hergestellt wird.

In den reformatorischen Theologien und Bekenntnistraditionen wird die Satisfaktionslehre Anselms rezipiert.[11] Zwar wandelt Luther die anselmsche Lehre entscheidend ab, indem er den Tod Jesu Christi als stellvertretendes Strafleiden interpretiert und vor allem betont, dass der Tod Jesu nicht allein die menschliche Natur betreffe.[12] Doch in den lutherischen und reformierten Bekenntnisschriften der Reformationszeit und den Dogmatiken im konfessionellen Zeitalter wird der Kreuzestod Jesu Christi wie bei Anselm als Genugtuung für die Sünde (Satisfaktion) und darin als objektiver Grund der Erlösung verstanden. In der Drei-Ämter-Lehre von Johannes Calvin, die in der reformierten und lutherischen Dogmatik breit rezipiert wird, wird allerdings ein differenziertes Verständnis der erlösenden Mittlertä-

---

8 Vgl. Dietrich Korsch, „Versöhnung III," in *TRE* 35 (2003), 22–40, zur Begrifflichkeit bes. 23,42–23,7. Vgl. auch Günter Lanczkowski u. a., „Heil und Erlösung," in *TRE* 14 (1985), 605–37.
9 Vgl. Korsch, Versöhnung III, 26–31.
10 Vgl. Gunther Wenz, *Geschichte der Versöhnungslehre*, Bd. 1 (München: Kaiser, 1984), 42–55; Friederike Nüssel, „Die Sühnevorstellung in der klassischen Dogmatik und ihre neuzeitliche Problematisierung," in *Deutungen des Todes im Neuen Testament*, hg. v. Jörg Frey und Jens Schröter, WUNT 181 (Tübingen: Mohr Siebeck, 2005), 73–94. Vgl. auch Korsch, Versöhnung III, 26–8.
11 Vgl. dazu Friederike Nüssel, *Allein aus Glauben. Zur Entwicklung der Rechtfertigungslehre in der konkordistischen und frühen nachkonkordistischen Theologie*, FSÖTh 95 (Göttingen: Vandenhoeck & Ruprecht, 2000).
12 Martin Luther, *Von den Konziliis und Kirchen* (1539), in *WA* 50, 488–653, 590,11–22. Vgl. zu diesem Gedanken der Teilhabe der göttlichen Natur „an allen Eigentümlichkeiten der menschlichen Natur" Reinhard Schwarz, „Gott ist Mensch. Zur Lehre von der Person Christi bei den Ockhamisten und bei Luther," *ZThK* 69 (1966): 289–351, 312. Zur weiteren Entwicklung in der lutherischen Theologie vgl. Ulrich Wiedenroth, *Krypsis und Kenosis. Studien zu Thema und Genese der Tübinger Christologie im 17. Jahrhundert*, BHTh 162 (Tübingen: Mohr Siebeck, 2011).

tigkeit Jesu Christi entwickelt, indem prophetisches, priesterliches und königliches Amt unterschieden werden. Das priesterliche Amt umfasst die *satisfactio* in Form des aktiven und passiven Gehorsams und die *intercessio*, also die Fürbitte des Sohnes beim Vater, die Genugtuungsleistung den Sündern zuzurechnen.

Indem Luther und ihm folgend die anderen Reformatoren in der Auslegung der Schrift und insbesondere der Briefe des Paulus erkennen, dass die Rechtfertigung ohne Werke geschieht, d. h. keine vorbereitenden, ergänzenden oder nachfolgenden Werke erforderlich sind, um sich der Zurechnung der Gerechtigkeit würdig zu erweisen, bringen sie die reine Gnade der Rechtfertigungszusage Gottes zum Tragen, in der sich wiederum die schenkende Gerechtigkeit Gottes manifestiert. Die Zusage der Gerechtigkeit Christi in der Verheißung der Rechtfertigung allein aus Gnade und allein im Glauben ohne menschliche Verdienste ist der Inhalt des Evangeliums. Die Verkündigung des Evangeliums vermittelt so den Grund für das Vertrauen auf Gott, in welchem der Mensch gerecht wird, weil und insofern er Gottes Gnade anerkennt und für sich annimmt.[13] Wenngleich in der reformatorischen Erklärung der Erlösung der Glaube die konstitutive Form ist, in der das in Jesus Christus gewirkte Heil für den Menschen Wirklichkeit wird, wird dogmatisch zwischen dem Erlösungswerk Jesu Christi und der Heilsvermittlung durch das Wirken des Geistes im Wort unterschieden. Terminologisch erscheint die Versöhnung im Sinne der *reconciliatio* auf die priesterliche Tätigkeit Jesu Christi in *satisfactio* und *intercessio* beschränkt, während die Heilsaneignung im Glauben Thema der Pneumatologie ist.

Dass der Versöhnungsbegriff demgegenüber die objektive und subjektive Versöhnung in ihrer Vermittlung umfassen muss und so Zentralbegriff der christlichen Religion ist, hat Ferdinand Christian Baur in seinem Werk über die geschichtliche Entwicklung der christlichen Lehre von der Versöhnung 1838[14] als Konsequenz aus der dogmenhistorischen Entwicklung selbst heraus zu begründen versucht. Baur ermittelt drei Perioden der Geschichte der Versöhnungslehre. Während in der ersten Periode von der ältesten Zeit bis zur Reformation der objektive Standpunkt dogmatischer Substantialität im Zentrum gestanden sei, habe sich in der zweiten Periode von der Reformation bis hin zu Kant der Übergang vom Standpunkt der unmittelbaren Objektivität zum Standpunkt der Subjektivität vollzogen. In der dritten Periode seien sodann auf der Ebene des subjektiven Geistes das Problem der Einseitigkeit der Subjektivität und die Notwendigkeit erkannt worden, „sich der subjectiven Willkür zu entledigen, und das Allgemeine und Objective, das

---

13 Vgl. dazu Nüssel, *Allein aus Glauben*, 48–61.337–47.
14 Ferdinand Christian Baur, *Die christliche Lehre von der Versöhnung in ihrer geschichtlichen Entwicklung von der ältesten Zeit bis auf die neueste* (Tübingen: Osiander, 1838).

der Subjectivität allein ihren festen Haltpunct gibt, sich zum Bewußtseyn zu bringen".[15] Baurs Darstellung der Entwicklung des Versöhnungsgedankens ist zwar alsbald und nicht zu Unrecht von Albrecht Ritschl als „eine ‚konstruktivistische' Vergewaltigung des historischen Einzelphänomens"[16] kritisiert worden. Auch bereiten die etwas später von Martin Kähler aufgedeckte Bedeutungsvielfalt des Versöhnungsbegriffs und die Vielfalt seiner systematischen Verwendungsweise[17] der These von der geschichtlichen Selbstentfaltung des Versöhnungsgedankens Schwierigkeiten. Gleichwohl ist Baurs Geschichte der Versöhnungslehre für die christentumsgeschichtliche Lehrentwicklung epochal, indem er inhaltlich die Zentralstellung des Versöhnungsbegriffs und die Notwendigkeit der Integration von objektiver und subjektiver Seite herausstellt und damit einen theologiegeschichtlichen Impuls für die weitere Entwicklung setzt. Seine These, „daß die Versöhnung den inneren Grund der Erlösung, die Erlösung die äußere Gestalt der Versöhnung bezeichnet",[18] enthält zum einen einen Vorschlag für die bis dahin ungeklärte Zuordnung der Begriffe, die dafür sorgt, dass fortan die Begriffe der Erlösung und Versöhnung beide zu den soteriologischen Zentralbegriffen werden. Zum anderen bewährt sich seine These, dass für das Christentum als Religion die geschichtliche Entdeckung und Entfaltung des Versöhnungsgedankens konstitutiv ist, in der weiteren Entwicklung der Versöhnungslehre, wie sie knapp 150 Jahre nach Baurs Werk Gunther Wenz in seiner „Geschichte der Versöhnungslehre in der evangelischen Theologie der Neuzeit" rekonstruiert hat. Über Baur hinausgehend erschließt Wenz die Etappen der Vermittlungstheologie, der Dialektischen Theologie und zentraler zeitgenössischer Ansätze nach dem Zweiten Weltkrieg als Weiterentwicklungen der Versöhnungslehre und spitzt dabei die Baur'sche These dahingehend zu, dass der Versöhnungsbegriff selbst Anteil hat an der Geschichte, „deren thematischen Zusammenhang er bezeichnen soll".[19] Im Unterschied zu Baur und im Einklang mit der Kritik Ritschls ist es dabei das erklärte Anliegen von Wenz zu vermeiden, „das jeweils historisch-geistesgeschichtlich Besondere auf vorgefaßte subjektive Prämissen oder auf eine Strukturallgemeinheit zu reduzieren".[20] Vielmehr geht es ihm darum, „die Einsicht in strukturelle Zusammenhänge am geschichtlich Besonderen selbst zu erheben".[21]

---

15 Baur, Versöhnung, 14.
16 So Wenz, Versöhnungslehre 1, 21.
17 Vgl. dazu Martin Kähler, „Das Wort ‚Versöhnung' im Sprachgebrauche der kirchlichen Lehre," in Martin Kähler, Zur Lehre von der Versöhnung (Gütersloh: C. Bertelsmann, 1937), 1–38. Vgl. zur Interpretation Gunther Wenz, Geschichte der Versöhnungslehre in der evangelischen Theologie der Neuzeit Versöhnungslehre, Bd. 2 (München: Kaiser, 1986), 25–8.
18 Wenz, Versöhnungslehre 1, 17.
19 Wenz, Versöhnungslehre 1, 25.
20 Wenz, Versöhnungslehre 1, 31.
21 Wenz, Versöhnungslehre 1, 31.

Zugleich stellt Wenz die in der Geschichte der Versöhnungslehre sich manifestierende „Subjektivität als Epochenindex der Neuzeit"[22] heraus, weshalb für ihn die Entwicklung von Anselm über die Scholastik, die Reformation und die altprotestantische Orthodoxie als Vorgeschichte zu stehen kommt. Erst in den Ansätzen der Sozinianer[23] sowie bei Hugo Grotius und den Arminianern[24] melden sich erste Versuche, „die Versöhnung selbsttätig zu betreiben",[25] in denen Wenz die neuzeitliche Versöhnungslehre beginnen sieht.[26]

3 Kontroverse Profilierungen des Versöhnungsgedankens bei Hegel und Schleiermacher

Wenn Ferdinand Christian Baur die dritte Periode in der Geschichte der Versöhnungslehre als den „Standpunkt der durch die Subjektivität vermittelten Objektivität"[27] kennzeichnet, so stehen im Hintergrund dieser Entwicklung maßgeblich die Ansätze von Georg Wilhelm Friedrich Hegel und Friedrich Schleiermacher. Wie Dietrich Korsch festhält, bestimmt die „bei Hegel und Schleiermacher erreichte Konstellation von Versöhnung und Erlösung […] die Konturen für den konstruktiven Umgang mit dem Problem in allen nachfolgenden Debatten."[28] Dabei sind sie nicht nur darin bestimmend, dass sie die subjektive Vermittlung des objektiven Grundes der Versöhnung herausstellen. Ihre Bedeutung für die weitere Entwicklung der Versöhnungslehre liegt vielmehr in der Art und Weise, wie sie das im Wirken Jesu Christi objektiv gründende Verständnis der Versöhnung unterschiedlich profilieren.

In seinen „Vorlesungen über die Philosophie der Religion"[29] interpretiert Georg Wilhelm Friedrich Hegel die christliche Religion als die offenbare, absolute

---

22 Wenz, *Versöhnungslehre* 1, 33.
23 Vgl. dazu Wenz, *Versöhnungslehre* 1, 100–27.
24 Vgl. Wenz, *Versöhnungslehre* 1, 128–48.
25 Wenz, *Versöhnungslehre* 1, 87.
26 Die weitere Entwicklung rekonstruiert Wenz in den Abschnitten des Pietismus und der Neologie Vgl. Wenz, *Versöhnungslehre* 1, 149–216 (§§ 4–6 zu Dippel, Töllner, Eberhard, Steinbart, Barth, Löffler und den Verteidigern der kirchlichen Lehre).
27 Baur, *christliche Lehre*, 563.
28 Korsch, Versöhnung III, 34,39–41. Vgl. auch Nüssel, Sühnevorstellung, 88–90.
29 Vgl. Georg Wilhelm Friedrich Hegel, *Vorlesungen über die Philosophie der Religion*, Bd. 1, *Einleitung. Der Begriff der Religion*, hrsg. von Walter Jaeschke (Hamburg: Meiner, 1993); Bd. 2, *Die bestimmte Religion* (Hamburg: Meiner, 1994); Bd. 3, *Die vollendete Religion* (Hamburg: Meiner, 1995) (im Nachfolgenden abgekürzt mit der Sigle RPh und Bandnummer).

Religion, weil in ihr der Begriff der Religion vollständig verwirklicht ist. Wie seine idealistische Geistphilosophie insgesamt auf die Überwindung der von Immanuel Kant hinterlassenen Entzweiung zwischen Subjekt und Objekt abzielt, so basiert die Argumentation für die Absolutheit der christlichen Religion darauf, dass in ihr die Entgegensetzung zwischen göttlichem und menschlichem Geist – auf der Ebene der Vorstellung – überwunden wird.[30] In der religionsphilosophischen Vorlesung von 1824 sieht Hegel den Standpunkt der christlichen Religion entsprechend darin, „daß die Versöhnung an und für sich absolut vollbracht ist, vollbracht ist in Gott als der absoluten Einheit. Ich soll mich dem gemäß machen, daß der Geist in mir wohne, daß ich geistig sei."[31] Zum objektiven Grund der Versöhnung in der Inkarnation Gottes im Sohn muss also die subjektive Aneignung im Geist hinzutreten: „Der Mensch muß das Böse negieren, um der Versöhnung, die in Gott an sich vollbracht wird, für seine Person sich bewußt zu werden."[32] Die Entzweiung des endlichen Geistes von Gott als dem Unendlichen, die in der Versöhnung aufgehoben wird, ist nach Hegel notwendig für das Werden des Selbstbewusstseins.[33] Wenngleich die Entzweiung nicht als solche böse ist,[34] wird sie doch böse, indem der Mensch „die Erhebung zum Absoluten verweigert"[35] und sich in der „Selbstsucht"[36] gegenüber dem Allgemeinen vereinzelt. Diese Situation der Entzweiung und Entfremdung des Menschen findet Hegel in der christlichen Religion in der Vorstellung von der Erbsünde ausgedrückt, der zu Folge der Mensch „von Haus aus"[37] böse ist. Die christliche Religion fängt mithin „von der absoluten Entzweiung"[38] an und versteht den Menschen als einen, der in seinem Innersten „ein Negatives mit sich selbst"[39] ist. Hegel knüpft damit nicht nur an das radikale Sündenverständnis Augustins und Luthers[40] an, sondern holt der Sache nach das paulinische Verständnis der Sünde als *Feindschaft* gegen Gott (Röm 5,10) ein.

---

30 Vgl. RPh 1, 23 (Manuskript) und 353 (Nachschrift Strauß); RPh 3, 16 (Manuskript).
31 RPh 1, 249.
32 RPh 3, 360 (Nachschrift Strauß).
33 Vgl. Christine Axt-Piscalar, „Sünde VII," in TRE 32 (2002), 400–36, 413,24. Vgl. RPh 1, 276.291.
34 Vgl. Axt-Piscalar, Sünde VII, 413,25 f.
35 Axt-Piscalar, Sünde VII, 413,26 f.
36 RPh 3, 38.40 (Manuskript).
37 RPh 1, 23 (Manuskript).
38 RPh 1, 23 (Manuskript).
39 RPh 1, 23 (Manuskript).
40 Vgl. dazu Christine Axt-Piscalar, „Extreme Theologie. Luthers Angriff auf die Willenstheorie und den Gottesgedanken des Erasmus," in *Erasmus und Luther über Freiheit. Rezeption und Relevanz des gelehrten Streits*, hg. v. Jörg Noller und Georg Sans (Freiburg: Karl Alber, 2020), 46–75.

Den objektiven Grund der Versöhnung sieht Hegel – durchaus im Einklang mit dem paulinischen Gedanken der von Gott selbst aufgerichteten Versöhnung – in der Überwindung des Gegensatzes der Sünde durch Gott selbst im Kreuzestod Jesu Christi. Im Hintergrund dieses Verständnisses steht bei Hegel eine längere Entwicklung. Hatte der junge Hegel die traditionelle Christologie und Satisfaktionslehre mit radikaler aufklärerischer Kritik überzogen,[41] so änderte sich sein Verständnis des Christentums im Zusammenhang seiner Auseinandersetzung mit der Reflexionsphilosophie der Subjektivität bei Kant, Jacobi und Fichte, die er unter dem Obertitel „Glauben und Wissen" (1802/03) vorträgt. Gegenüber der Ausgrenzung der Religion und des Gottesgedankens aus der Philosophie fordert Hegel hier, den Tod Gottes in den Begriff der Unendlichkeit bzw. „als Moment der höchsten Idee" aufzunehmen und „das absolute Leiden oder den spekulativen Karfreitag, der sonst historisch war, [...] in der ganzen Wahrheit und Härte seiner Gottlosigkeit"[42] wieder herzustellen. Denn nur so könne „die höchste Totalität in ihrem ganzen Ernst und aus ihrem tiefsten Grunde, zugleich allumfassend, und in die heiterste Freiheit ihrer Gestalt auferstehen".[43] Entsprechend kann Hegel nun den Kreuzestod Jesu Christi als „die höchste Spitze der Endlichkeit"[44] verstehen, in welcher die Inkarnation Gottes gipfelt. Der Kreuzestod Jesu Christi ist mithin die „höchste Entäußerung der göttlichen Idee",[45] der „Tod Gottes".[46] Entsprechend findet Hegel in dem lutherischen Lied ‚Gott selbst ist tot'

> das Bewußtsein ausgedrückt, daß das Menschliche, Endliche, Gebrechliche, die Schwäche, das Negative göttliches Moment selbst sind, daß es in Gott selbst ist, daß die Endlichkeit, das Negative, das Anderssein nicht außer Gott ist und als Anderssein die Einheit mit Gott nicht hindert. Es ist das Anderssein, das Negative gewußt als Moment der göttlichen Natur selbst.[47]

Darin wiederum ist der Kreuzestod Jesu Christi als Tod Gottes zugleich „die höchste Anschauung der Liebe selbst, [...] eben in dieser allgemeinen Identität mit

---

41 Vgl. Wenz, *Versöhnungslehre* 1, 296–310, bes. 296–9.
42 Georg Wilhelm Friedrich Hegel, *Glauben und Wissen oder die Reflexionsphilosophie der Subjektivität, in der Vollständigkeit ihrer Formen, als Kantische, Jacobische und Fichtesche Philosophie*, hg. v. Hans Brockard und Hartmut Buchner (Hamburg: Meiner, 1968), 134.
43 Hegel, *Glauben und Wissen*, 134. Ein wesentliches Element für die Entwicklung dieser Denkbewegung ist dabei der Gedanke der Liebe als Einheit der Unterschiedenen in ihrer Unterschiedenheit. So Wenz, Versöhnungslehre 1, 301 im Rekurs auf Dieter Henrich, *Hegel im Kontext* (Frankfurt am Main: Suhrkamp, ²1975), 67.
44 RPh 3, 59 (Manuskript).
45 RPh 3, 60 (Manuskript).
46 RPh 3, 284 (Strauß Nachschrift).
47 RPh 3, 249 f. Vgl. zur Interpretation Eberhard Jüngel, *Gott als Geheimnis der Welt* (Tübingen: Mohr Siebeck, ³1978), 83–132; Wenz, *Versöhnungslehre 1*, 310–6.

dem Anderssein".[48] Indem Gott im Tod im Andern seiner selbst bei sich selbst ist, offenbart er sich als versöhnende Liebe.

Während Hegel mit diesem Verständnis des Kreuzestodes die Menschwerdung Gottes und darin Gott selbst in seiner Offenbarung als Grund der Versöhnung erschließt, bringt Friedrich Schleiermacher in seiner Glaubenslehre[49] die erlösende und versöhnende Tätigkeit Jesu Christi als Grund für die Überwindung der Entzweiung zwischen Gott und Mensch in einem neuen Gesamtleben zur Geltung. In seiner *erlösenden* Tätigkeit nimmt Jesus nach Schleiermacher „die Gläubigen in die Kräftigkeit seines Gottesbewußtseins auf",[50] und zwar in freier Weise, indem er schöpferisch das Wollen der Aufnahme hervorbringt.[51] In seiner *versöhnenden* Tätigkeit nimmt Jesus „die Gläubigen auf in die Gemeinschaft seiner ungetrübten Seligkeit".[52] Wesentlich ist dabei für Schleiermacher, dass sich Erlösung und Versöhnung auf die Ablösung des alten Gesamtlebens und die Konstitution des neuen Gesamtlebens in der Lebensgemeinschaft mit Christus beziehen und der Einzelne von vornherein als Glied des jeweiligen Gesamtlebens in Betracht kommt. Die erlösende Tätigkeit muss der versöhnenden dabei insofern vorangehen, als für die Mitteilung der Seligkeit zuerst ein Bewusstsein der Sünde und damit „eine Empfänglichkeit oder ein Verlangen"[53] nach Vollkommenheit gesetzt werden muss. Doch Erlösung und Versöhnung sind insofern gleichzusetzen, als sich durch beide Momente unmittelbar die Aufnahme der Gläubigen in die Lebensgemeinschaft mit Christus vollzieht.[54] Für diese Wirkung von Erlösung und Versöhnung muss Schleiermacher – anders als Hegel – das Leiden zunächst gar nicht zur Sprache bringen. Dies hat für ihn schon deshalb „seine Richtigkeit, weil sonst keine vollkommne Aufnahme in die Lebensgemeinschaft mit Christo [...] möglich gewesen wäre vor dem Leiden und Tode Christi."[55] „Als ein Element der zweiten Ordnung jedoch gehört"[56] das Leiden sowohl zur erlösenden wie auch zur versöhnenden Tätigkeit Christi hinzu. Für die erlösende Tätigkeit, in der das Verlangen nach Vollkommenheit gesetzt wird, ist entscheidend, dass Christus in der Stiftung des neuen Gesamtlebens „keinem Widerstande wich, auch dem nicht, welcher den Untergang der Person

---

48 RPh 3, 60 (Manuskript).
49 Friedrich Schleiermacher, *Der christliche Glaube nach den Grundsätzen der evangelischen Kirche im Zusammenhang dargestellt, Zweite Auflage (1830/31)*, hg. v. Rolf Schäfer (Berlin/New York: De Gruyter, 2008) (Im Folgenden abgekürzt mit der Sigle CG^2).
50 CG^2, § 100, 104.
51 Vgl. CG^2, § 100.
52 CG^2, § 101, 112.
53 CG^2, § 101, 113.
54 Vgl. CG^2, § 101, 113.
55 CG^2, § 101, 117.
56 CG^2, § 101, 117.

herbeizuführen vermochte."⁵⁷ Dabei liegt die in der Wirksamkeit Christi zu erkennende Vollkommenheit „nicht eigentlich und unmittelbar in dem Leiden selbst, sondern nur in der Hingebung in dasselbe".⁵⁸ Insofern spielt das Leiden hier eine mittelbare Rolle. Für die versöhnende Tätigkeit hingegen ist das Leiden direkt von Bedeutung, weil Jesu Seligkeit bzw. sein vollkommenes Gottesbewusstsein auch durch die Fülle des Leidens nicht getrübt erscheint. Die Fülle des Leidens besteht dabei für Schleiermacher in dem „Mitgefühl der Unseligkeit"⁵⁹ (bzw. dem Mitgefühl für die Sünder) und dem Erleiden der mit dem Kreuzestod verbundenen Übel. Wenngleich Schleiermacher diese Differenzierung des Leidens zum Erweis seines umfassenden Charakters vollzieht, ist ihm daran gelegen, das Leiden als *eines* anzusehen. Denn wo einzelne Leiden herausgegriffen und insbesondere den körperlichen Leiden ein besonderer Versöhnungswert beigelegt werde, geschieht dies nach Schleiermacher „selten ohne eine verunreinigende Beimischung von Superstition".⁶⁰

Mit diesem Verständnis der erlösenden und versöhnenden Tätigkeit und der Rolle des Leidens verbindet Schleiermacher eine kritisch-konstruktive Relektüre der Lehre vom priesterlichen Amt Jesu Christi durch den aktiven und passiven Gehorsam. Zunächst klärt Schleiermacher, dass tätiger und leidender Gehorsam „keineswegs beide so getrennt zu denken" seien, „als ob sie verschiedenen Teile seines Lebens eingenommen hätten, wie man gewöhnlich annimmt, daß der leidende erst begonnen habe mit seiner Gefangennehmung, der thätige aber sich geäußert habe vom Anfang seines öffentlichen Lebens bis dahin."⁶¹ Vielmehr waren „Empfänglichkeit und Selbstthätigkeit, mithin auch thätiger und leidender Gehorsam […] in allen Momenten des Lebens Christi."⁶² Der tätige Gehorsam besteht dabei nach Schleiermacher „in der vollkommenen Erfüllung des göttlichen Willens"⁶³ und kann nicht als stellvertretend gedacht werden. Vielmehr besteht „die höchste Leistung Christi darin […], uns so zu beseelen, daß eine immer vollkommenere Erfüllung des göttlichen Willens auch von uns ausgeht".⁶⁴ Der leidende

---

57 CG², § 101, 117.
58 CG², § 101, 117.
59 CG², § 101, 117.
60 CG², § 101, 118.
61 CG², § 101, 135.
62 CG², § 101, 136.
63 CG², § 101, 139. Entgegen „der gewöhnlichen Darstellung" versteht Schleiermacher den tätigen Gehorsam dabei nicht „als die vollkommene Erfüllung des Gesetzes" (138), weil das Gesetz „einen Unterschied und Zwiespalt zwischen einem gebietenden höhern und einem unvollkommenen untergeordneten Willen" (138) impliziere, was für Jesus nicht zutreffen kann, auch nicht in Bezug auf den zweifachen Willen, der seinen beiden Naturen zugeschrieben werde.
64 CG², § 101, 139.

Gehorsam besteht für Schleiermacher im Leiden für „die Gemeinschaft des sündlichen Lebens",[65] in die „Er ohne Sünde"[66] eingetreten ist in seinem „Mitgefühl mit menschlicher Schuld und Strafwürdigkeit", welches „der motivierende Anfang der Erlösung war".[67] Dabei erscheint

> in seinem durch die Beharrlichkeit hervorgerufenen Leiden bis zum Tode [...] uns die sich selbst schlechthin verläugnende Liebe; und in dieser vergegenwärtigt sich uns in der vollständigsten Anschaulichkeit die Art und Weise, wie Gott in ihm war, um die Welt mit sich zu versöhnen, so wie auch am vollkommensten in seinem Leiden, wie unerschütterlich seine Seligkeit war, mitgefühlt wird.[68]

Im Unterschied zum tätigen Gehorsam ist nach Schleiermacher der leidende Gehorsam in doppelter Hinsicht stellvertretend. Zum einen gilt dies für Christi Mitgefühl für die Sünde, weil dieses auch diejenigen einschließt, die noch gar nicht durch die Sünde unselig geworden sind. Zum anderen ist auch das Erleiden der Übel im Zusammenhang des Kreuzestodes stellvertretend „in jenem allgemeinen Sinn, daß derjenige in welchem das Böse nicht ist, auch nicht leiden sollte, wenn er also dennoch Uebel empfindet, an der Stelle derer getroffen wird, in denen das Böse ist".[69] Im diametralen Gegensatz zur traditionellen Lehre von der satisfaktorischen Bedeutung des Leidens erklärt Schleiermacher aber, der beschriebene stellvertretende Charakter des leidenden Gehorsams sei „keineswegs genugtuend".[70] Denn das Mitgefühl für die Sünde könne keine Genugtuung für die bedeuten, die noch gar nicht unselig geworden sind. Und das Erleiden des Kreuzes schließe andere Leiden derselben Art nicht aus. Genugtuend (aber nicht stellvertretend) sei hingegen der tätige Gehorsam Jesu: „Denn Christus hat ja allerdings genug für uns gethan indem er durch seine Gesammtthat nicht nur der zeitliche Anfang der Erlösung sondern auch die ewig unerschöpfliche und für jede weitere Entwiklung hinreichende Quelle eines geistigen und seligen Lebens geworden ist."[71] So kommt Schleiermacher zu dem Schluss, dass die herkömmliche Deutung des priesterlichen

---

65 CG², § 101, 140.
66 CG², § 101, 140.
67 CG², § 101, 141.
68 CG², § 101, 142. Von daher hält Schleiermacher es für verständlich, „daß die Ueberzeugung von seiner Heiligkeit sowol als seiner Seligkeit uns immer zunächst aus dem Versinken in sein Leiden aufgeht." (142) Soteriologisch zugespitzt bedeutet dies: „wie der tätige Gehorsam Christi seinen eigentlich hohenpriesterlichen Werth vornehmlich darin hat, daß Gott uns in Christo als Genossen seines Gehorsams sieht: so besteht der hohepriesterliche Werth des leidenden Gehorsams vornehmlich darin, daß wir Gott in Christo sehen und Christum als den unmittelbarsten Theilhaber der ewigen Liebe, welche ihn gesendet und ausgerüstet hat." (142).
69 CG², § 101, 146.
70 CG², § 101, 146.
71 CG², § 101, 145.

Amtes als stellvertretende Genugtuung umzukehren sei und wir Christus „unsern *genugthuenden Stellvertreter* nennen können".[72]

Wenngleich nach Schleiermacher die erlösende und versöhnende Tätigkeit Christi nur in der Verbindung von prophetischem, priesterlichem und königlichem Amt aufgefasst werden kann, kommt dem priesterlichen Amt für die Konstitution der Lebensgemeinschaft mit Christus und dem darin ermöglichten Gottesverhältnis doch eine besondere Bedeutung zu. Denn

> wie der thätige Gehorsam Christi seinen eigentlich hohenpriesterlichen Werth vornehmlich darin hat, daß Gott uns in Christo als Genossen seines Gehorsams sieht: so besteht der hohepriesterliche Werth des leidenden Gehorsams vornehmlich darin, daß wir Gott in Christo sehen und Christum als den unmittelbarsten Theilhaber der ewigen Liebe, welche ihn gesendet und ausgerüstet hat.[73]

Wie Hegel kann auch Schleiermacher das Geschehen der Erlösung und Versöhnung durch die Mittlertätigkeit Jesu als Manifestation der Liebe Gottes verstehen. Doch im Unterschied zu Hegel gründet die Erkenntnis der Liebe nicht darin, dass Gott selbst in die endliche Wirklichkeit des Menschen eingeht und den Tod als die äußerste Spitze der Inkarnation auf sich nimmt. Die Vorstellung, dass die göttliche Natur im Leiden Jesu mitgelitten habe, lehnt Schleiermacher in strikter Abgrenzung gegen die entsprechende lutherische Lehrentwicklung ab.[74] Stattdessen erklärt er, die Konkordienformel sei in diesem Punkt „großer Censur"[75] zu unterwerfen. Denn sie widerspreche der anerkannten Lehre von der Leidensunfähigkeit der göttlichen Natur. Erlösung und Versöhnung gründen zwar nach Schleiermacher im ewigen Dekret Gottes und gehen in diesem Sinne von Gott aus. Aber Hegels spekulativer Karfreitag und die Rückführung der Versöhnung auf die innere Selbstbewegung der Liebe in Gott verfehlen für Schleiermacher die Gottheit Gottes in ihrer Einfachheit. Entsprechend wird auch die Liebe anders gedacht. Hegel entwickelt das Verständnis der Liebe aus der Struktur der Entzweiung und ihrer Überwindung und versteht sie als ein Einssein, in welchem der Liebende im Andern bei sich selbst ist und darin den Anderen in seiner Andersheit anerkennt. Schleiermacher hingegen rekurriert in seinem Verständnis der Liebe auf die erlösende und

---

[72] CG², § 101, 146.
[73] CG², § 101, 142.
[74] CG², § 104, 144. Der Auseinandersetzung mit der lutherischen Christologie ist allerdings keineswegs nur durch Abgrenzung bestimmt, vgl. dazu Friederike Nüssel, „Luther and Schleiermacher. Schleiermacher's Transformation of Luther's Christological Legacy," in *Apprehending Love: Theological and Philosophical Inquiries*, FS Risto Saarinen, hg. v. Pekka Kärkkäinen und Olli-Pekka Vainio, Schriften der Luther-Agricola-Gesellschaft 73 (Helsinki: Luther-Agricola-Seura, 2019), 163–81.
[75] CG², § 104, 144, Anmerkung.

versöhnende Tätigkeit Christi. In Christi Mitgefühl für die Unseligkeit der Menschheit und in der selbstlosen Hingabe seines Lebens im Leiden wird die Liebe Christi erfahrbar, die Schleiermacher zwar auf ein Sein Gottes in ihm zurückführt, durch die Christus schöpferisch zu wirken vermag,[76] aber nicht auf eine Struktur des göttlichen Geistes. So kann er in der Lehre von den Eigenschaften Gottes, die das Bewusstsein der Gnade entfalten, zwar sagen: „Die göttliche Liebe als die Eigenschaft, vermöge deren das göttliche Wesen sich mittheilt, wird in dem Werk der Erlösung erkannt."[77] Aber daraus ergibt sich für ihn keine Auslegung des göttlichen Wesens in einer immanenten Trinitätslehre.

Entscheidend ist für Schleiermacher stattdessen, dass die Erfahrung der Liebe im Mitgefühl Christi und seiner Selbsthingabe der motivierende Anfang der Erlösung ist, durch welche die Gläubigen dazu bewegt werden, sich in die Lebensgemeinschaft mit Christus aufnehmen zu lassen. Die Aufnahme der Lebensgemeinschaft mit Christus ist zugleich der Eintritt in das von ihm bestimmte neue Gesamtleben im Glauben und Abkehr vom alten Gesamtleben der Sünde. Erst von Christus und dem neuen Gesamtleben her wird dabei die Sünde als Zustand des gehemmten Gottesbewusstseins erkannt.[78] Zwar fällt die Bestimmung der Sünde als Hemmung des Gottesbewusstseins weniger radikal aus als Hegels Bestimmung der Sünde als Entzweiung und Selbstsucht. Dafür bringt Schleiermacher aber die konstitutive Bedeutung der „Selbstoffenbarung"[79] Christi für die Erkenntnis der Sünde und zugleich die Bedeutung der Gemeinschaft für das Selbst-, Welt- und Gottesverhältnis des Einzelnen zum Zuge. Die konstitutive Rolle der Gemeinschaft kommt in Schleiermachers Erklärung der erlösenden und versöhnenden Tätigkeit Christi darin zum Tragen, dass diese auf die „Bildung des neuen Gesammtlebens"[80] zielt und Christus in seiner priesterlichen Tätigkeit

---

[76] CG², § 100, 106: „Wie nun das Sein Gottes in ihm selbst als thätiges Princip zeitlos ist und ewig, alle Aeußerungen desselben aber durch die Form des menschlichen Lebens bedingt: so kann er auch auf das freie nur wirken nach der Ordnung wie es in seinen Lebenskreis eintritt, und nur nach der Natur des freien. Seine die Gemeinschaft mit ihm aufnehmende Thätigkeit ist also ein schöpferisches Hervorbringen des ihn in sich aufnehmen wollens, oder vielmehr – denn es ist nur Empfänglichkeit für seine in der Mittheilung begriffene Thätigkeit – nur die Zustimmung zu der Wirkung von dieser." Vgl. weiter, CG², § 100, 107: „Die ursprüngliche Thätigkeit des Erlösers wird also am besten gedacht unter der Form einer eindringenden Thätigkeit, die aber von ihrem Gegenstand wegen der freien Bewegung mit der er sich ihr zuwendet als eine anziehende aufgenommen wird, auf dieselbe Weise wie wir jedem eine anziehende Kraft zuschreiben, dessen bildenden geistigen Einwirkungen wir uns gern hingeben."
[77] CG², § 166, 500.
[78] Vgl. dazu Axt-Piscalar, Sünde VII, 419,15–19.
[79] So CG², § 100, 106.
[80] CG², § 101, 115.

„uns rein darstellt vor Gott vermöge seiner eignen vollkommenen Erfüllung des göttlichen Willens [...], so daß wir in diesem Zusammenhang mit ihm auch Gegenstände des göttlichen Wohlgefallens sind".[81] Christus ist mithin „unser Hohepriester, weil Gott uns nicht jeden für sich sondern nur in ihm sieht".[82] In der Lebensgemeinschaft bzw. dem neuen Gesamtleben, welches Christus begründet, will entsprechend „keiner etwas für sich sein noch auch so von Gott betrachtet werden, sondern jeder will nur als von ihm beseelt erscheinen und als ein nur noch in der Entwiklung begriffener Theil seines Werkes; so daß auch das noch nicht ganz mit ihm vereinigte doch auf dasselbe beseelende Princip bezogen wird als das, was noch künftig von ihm wird beseelt werde".[83]

4 Weichenstellungen für die Weiterentwicklung der Versöhnungslehre

In ihren unterschiedlichen Ansätzen adressieren Schleiermacher und Hegel je auf ihre Weise zwei elementare Anfragen an die traditionelle Erklärung der rekonziliatorischen Wirksamkeit Christi durch die Satisfaktion. Zum einen erscheint Gott in beiden Entwürfen nicht mehr als Empfänger der satisfaktorischen Leistung Christi, sondern als sich in diesem Geschehen selbst mitteilender Grund und Urheber der Erlösung und Versöhnung. Zum anderen wird die schon von den Sozinianern und später in der Aufklärungstheologie vorgebrachte moralische Kritik an der Zurechnung eines fremden Verdienstes gegenstandslos, weil die Versöhnung in der Verbindung von offenbarender Tätigkeit Christi und Aneignung derselben an der Stelle der Gläubigen begründet ist und nicht auf der Zurechnung eines fremden Verdienstes beruht. Gleichwohl präsentieren sich in den Versöhnungslehren von Hegel und Schleiermacher Gegensätze im Blick auf das Verständnis des Kreuzestodes Jesu Christi, das Verständnis der Sünde, die durch die Versöhnung zu überwinden ist, das Wesen der Liebe und der Gottheit Gottes. Bei Hegel erscheint der Tod Jesu Christi als der Tod Gottes selbst, der als höchste Spitze der Inkarnation die wahre Unendlichkeit Gottes offenbart. Die Erkenntnis der wahren Gottheit Gottes wiederum hebt die Vereinzelung des endlichen Geistes in der Entzweiung vom Unendlichen auf und begründet die Versöhnung mit Gott. Bei Schleiermacher erscheint der Tod Jesu Christi als Konsequenz seiner erlösenden und versöhnenden

---

[81] CG^2, § 104, 137.
[82] CG^2, § 104, 137.
[83] CG^2, § 104, 137.

Mittlertätigkeit, die in der Stiftung eines neuen Gesamtlebens besteht, in dem die ewige Liebe als bewegender Grund der neuen Gemeinschaft und die Sünde als Hemmung des Gottesbewusstseins erkannt werden. Auf dem Boden dieser unterschiedlichen Konzeptionen stehen die weiteren Ansätze in der Versöhnungslehre vor der Frage, ob der Tod Jesu Christi in den Bahnen Hegels als Tod Gottes oder in den Bahnen Schleiermachers als Berufsgehorsam Jesu Christi als des Mittlers zu interpretieren ist. Damit unmittelbar verbunden ist die Frage, ob Gottes Gottheit in der Offenbarung seiner – den Gegensatz des Endlichen in sich aufnehmenden – Unendlichkeit Grund der Versöhnung ist oder die Selbstmitteilung seines ewigen und unveränderlichen Gemeinschaftswillens in der Sendung Jesu Christi die Versöhnung stiftet. Entsprechend muss die Versöhnungslehre entweder mit einer immanenten Trinitätslehre verbunden werden oder auf die ökonomisch-trinitarische Rede von Gottes Dekret und Sendung, Jesu Mittlertätigkeit und die Mitteilung des Geistes beschränkt bleiben. Korrespondierend zum jeweiligen Verständnis des Lebens und Leidens Jesu Christi kann die Sünde entweder als radikale Entfremdung des Menschen gegenüber seiner geschöpflichen Bestimmung oder als Hemmung des Gottesbewusstseins ausgelegt werden.

Wichtige Schritte in der weiteren Entwicklung der Versöhnungslehre im 19. Jahrhundert bieten Albrecht Ritschl[84] und Martin Kähler.[85] Ritschl verstärkt Schleiermachers Konzentration der Soteriologie auf die Konstitution des neuen Gesamtlebens in epistemologischer Richtung, indem er geltend macht, dass sich die Eigenart der christlichen Religion in ihrem geistigen und sittlichen Charakter nur vom Standpunkt der Gemeinde aus entfalten lasse.[86] Entsprechend gehört es für Ritschl zum Wesen der christlichen Religion, dass sie „aus besonderer Offenbarung entspringt, und in einer besonderen Gemeinde von Gläubigen und Gottesverehrern da ist".[87] Das impliziert, dass auch die soteriologischen Grundbegriffe der christlichen Religion, welche nach Ritschl die Begriffe der Rechtfertigung und Versöhnung sind, als eigentlich religiöse Grundbegriffe „nicht in ihrer isolirten

---

84 Albrecht Ritschl, *Die christliche Lehre von der Rechtfertigung und Versöhnung*, 3 Bde. (Bonn: Adolf Marcus, 1872–1874).
85 Martin Kähler, *Die Wissenschaft der christlichen Lehre* (Leipzig: Deichert, 1905).
86 Dafür macht Ritschl logisch geltend, dass sich der „Inhalt des Christenthums als ein Ganzes in der richtigen Gliederung der einzelnen Data" nur darlegen lasse, wenn man „einen und denselben Standpunkt einnimmt." (Ritschl, Rechtfertigung und Versöhnung 3, 4.)
87 Albrecht Ritschl, *Unterricht in der christlichen Religion, Studienausgabe nach der 1. Auflage von 1875 nebst den Abweichungen der 2. und 3. Auflage*, hg. v. Christine Axt-Piscalar (Tübingen: Mohr Siebeck, 2002), § 1, 9. Entsprechend müsse der „ihr eigenthümliche Gedanke Gottes stets in Verbindung mit der Anerkennung des Trägers dieser Offenbarung und mit der Wertschätzung der christlichen Gemeinde aufgefaßt werden, damit der ganze Inhalt des Christentums richtig verstanden werde" (9).

Anwendung auf das einzelne Subject, verstanden sondern zugleich in der Relation auf die Gemeinde der Gläubigen richtig zu deuten"[88] sind. Die Zusage der Rechtfertigung (in der für Ritschl die Erlösung besteht) überwindet die trennende Wirkung des mit der Sündenerkenntnis verbundenen Schuldbewusstseins und befreit so zur Mitwirkung an dem von Jesus verkündeten Reich Gottes als dem Zweck der göttlichen Liebe. Wie bei Schleiermacher wird der Tod Jesu dabei als Folge seines Berufsgehorsams verstanden. Demgegenüber versteht Martin Kähler den Tod Jesu Christi nicht nur als Folge seines Lebens und seiner Selbsterniedrigung, sondern im Rekurs auf Paulus als Erleiden des göttlichen Gerichts[89] und darin als eine „Handlung Gottes",[90] in der das Elend der Menschheit real überwunden werde. Entsprechend ist Christus in seinem Leben und seinem Tod „der Begründer einer veränderten Sachlage".[91] Kähler tritt so, nunmehr auf dem Boden der Auseinandersetzungen mit der zeitgenössischen Jesusforschung, für eine *theologia crucis* als Kern der Versöhnungslehre ein und gibt darin entscheidende Impulse für die Versöhnungslehre bei Karl Barth.[92]

In der Zeit nach dem Zweiten Weltkrieg rückt die Reflexion auf die Bedeutung des Kreuzestodes für das Verständnis der Gottheit Gottes in vielen evangelischen und katholischen Entwürfen ins Zentrum. Sie bildet die Basis zum einen für eine theologische Auseinandersetzung mit den Herausforderungen des Atheismus und zum anderen mit der Theodizeefrage im Horizont der Shoah. Auf evangelischer Seite stehen dafür die Entwürfe von Wolfhart Pannenberg, Eberhard Jüngel und Jürgen Moltmann.[93] Der Entwurf von Pannenberg sticht hier insofern heraus, als in seiner Interpretation der Versöhnung die versöhnungstheologischen Grundgedanken in den Linien von Hegel und Schleiermacher integriert werden, um auf die Anfragen an den Wahrheitsanspruch des christlichen Glaubens im Kontext von religiöser Pluralisierung und wissenschaftlicher Säkularisierung zu antworten. Einerseits versteht Pannenberg die Geschichte Jesu als Vollzug seiner Sendung zur Verkündigung des Reiches Gottes und folgt darin der Interpretation des Todes als Berufsgehorsam. Andererseits thematisiert er den Tod Jesu Christi als Resultat der Strittigkeit seines Auftretens und radikale Infragestellung seiner Botschaft. Die

---

[88] Ritschl, *Rechtfertigung und Versöhnung* 3, 28.
[89] Vgl. Kähler, *Wissenschaft*, 412–5. Vgl. dazu Wenz, *Versöhnungslehre* 2, 142–66.
[90] Kähler, *Wissenschaft*, § 353, 305, und § 360, 311.
[91] Martin Kähler, *Zur Lehre von der Versöhnung* (Gütersloh: C. Bertelsmann, ²1937), 337. Vgl. Wolfhart Pannenberg, *Systematische Theologie*, Bd. 2 (Göttingen: Vandenhoeck & Ruprecht, 1990), 455f., der diesen Gedanken Kählers gegenüber Risctl positiv aufnimmt.
[92] Zu Karl Barths Versöhnungslehre vgl. knapp und prägnant Korsch, Versöhnung III, 35f. Vgl. ausführlicher Wenz, *Versöhnungslehre* 2, 214–78.
[93] Vgl. dazu Wenz, *Versöhnungslehre* 2, Achter Abschnitt: Grundfragen gegenwärtiger Kreuzestheologie oder Cur Deus crucifixus?, bes. 279–354.

Strittigkeit der Botschaft vom nahen Reich Gottes wird durch die Auferweckung Jesu zu neuem Leben zwar aufgehoben, aber so, dass diese als Antizipation der endgültigen Auferweckung am Ende der Geschichte strittig bleibt. Diese Strittigkeit gründet dabei nicht zuerst in beschränkten menschlichen Erkenntnismöglichkeiten, sondern in der ausstehenden Selbstverwirklichung Gottes.[94] Wenngleich Pannenberg – ebenso wie Karl Barth – die immanente Trinität Gottes als Bedingung der Freiheit des Schöpfungshandelns und der Kontingenz der Welt gegen Hegel zum Zuge bringt und die immanente Trinitätslehre aus der geschichtlichen Selbstunterscheidung des Sohnes vom Vater im Geist heraus entwickelt, nimmt er doch Hegels Bestimmung der Gottheit Gottes als wahrhaft unendlich auf und gibt damit verbunden der Negation in Gott Raum. Wirken und Geschick Jesu werden dabei als Anbruch und Antizipation des künftigen Reiches Gottes verstanden, in welchem Gott am Ende der Geschichte die Menschheit versammelt. Die Kirche als Leib Christi, die durch das Wirken des Geistes gesammelt wird, ist dabei dazu bestimmt, vorläufiges und fragmentarisches Zeichen und in diesem Sinne auch Instrument der Versöhnung der Menschen mit Gott und untereinander zu sein.[95] Indem die Kirche ein Vorzeichen der universalen Gemeinschaft im Reich Gottes sein soll, verfehlt sie ihre Bestimmung, wo sie „exklusive Ansprüche für ihre jeweilige eigene, partikulare Gestalt"[96] erhebt. Die „Spaltung der Christenheit in sich gegenseitig verurteilende Konfessionskirchen"[97] versteht Pannenberg mit Edmund Schlink als „Skandal".[98] Während die ökumenische Aufgabe der interkonfessionellen Verständigung für Pannenberg notwendig für die Glaubwürdigkeit des kirchlichen Glaubenszeugnisses ist, ergibt sich die Auseinandersetzung mit den nichtchristlichen Religionen im Zusammenhang der Explikation des christlichen Wahrheitsanspruchs. Dabei erhebt Pannenberg aus der Rekonstruktion der religionsgeschichtlichen Entwicklung sowohl die anthropologische Bedeutung von Religion als auch die Wahrheitsfrage als Thema der Religionsgeschichte, der sich seine

---

94 Vgl. dazu Friederike Nüssel, „Was heißt ‚als Geschichte'? Zur christologischen Fundierung des offenbarungstheologischen Programms," in *Offenbarung als Geschichte. Implikationen und Konsequenzen eines theologischen Programms*, hg. v. Gunther Wenz, Pannenberg-Studien Bd. 4 (Göttingen: Vandenhoeck & Ruprecht, 2018), 71–91. Vgl. auch Friederike Nüssel, „Theologia crucis? Zur Rezeption lutherischer Kreuzestheologie in Wolfhart Pannenbergs Systematischer Theologie," in *Die Christologie Wolfhart Pannenbergs*, hg. v. Gunther Wenz, Pannenberg-Studien Bd. 6 (Göttingen: Vandenhoeck & Ruprecht, 2020), 171–89.
95 Vgl. dazu Wolfhart Pannenberg, *Systematische Theologie*, Bd. 3 (Göttingen: Vandenhoeck & Ruperecht 1993), 55–7.
96 Pannenberg, *Systematische Theologie* 3, 45.
97 Pannenberg, *Systematische Theologie* 3, 144.
98 Pannenberg, *Systematische Theologie* 3, 448.

Theologie in der Auslegung des christlichen Wahrheitsanspruchs stellt und dabei einen religionstheologischen Inklusivismus vertritt.

Pannenbergs religionstheologische Sichtweise ist dabei nur ein Beispiel unter vielen, in denen sich die wohl bedeutendste Veränderung der versöhnungstheologischen Debattenlage im 20. Jahrhundert zeigt. Während im 19. Jahrhundert die christliche Versöhnungslehre in unterschiedlicher Weise zum Erweis für die Absolutheit der christlichen Religion[99] oder ihrer geschichtlichen Höchstgeltung[100] herangezogen wurde, wird in systematischen Theologien im 20. Jahrhundert auf einen solchen Erweis gezielt verzichtet. Das geschieht teils aus offenbarungstheologischen[101] Gründen, teils im Rahmen einer wissenschaftstheoretisch begründeten Konzentration auf die Auslegung des christlichen Glaubensbewusstseins. Unterstützt wird der Verzicht dabei auch durch die Einsicht in die komplexen methodischen Schwierigkeiten eines Religionsvergleichs. Auch in kirchlichen Stellungnahmen von evangelischer Seite wird nicht für einen Absolutheitsanspruch der christlichen Religion, sondern für die Anerkennung eines religiösen Pluralismus als Faktizität argumentiert, die sich Christen gerade im Bewusstsein für den Charakter des Glaubens als Gewissheit nahelege.[102] Ein elementarer Faktor für die beschriebene Entwicklung liegt dabei in der bereits eingangs genannten Ökumenischen Bewegung. In ihr verbindet sich seit den Anfängen das praktische Eintreten für Frieden und Gerechtigkeit und später

---

99 So verband Baur die geschichtliche Rekonstruktion der Entwicklung des Versöhnungsgedankens im Christentum mit der religionsphilosophischen These, dass die „Lehre von der Versöhnung des Menschen mit Gott, oder Gottes mit dem Menschen [...] der Mittelpunct *jeder* Religion" sei (Baur, *christliche Lehre*, III, Hervorhebung durch Vfn.). Die Aufgabe aller Religion erhält nach Baur entsprechend „in dem Begriff der Versöhnung ihre tiefste und innerlichste Bedeutung." (III).

100 So bei Friedrich Schleiermacher und ebenso noch bei Ernst Troeltsch, vgl. dazu Friederike Nüssel, „Die Absolutheitsschrift als Fundamentaldogmatik?" in *Christlicher Wahrheitsanspruch – historische Relativität. Auseinandersetzungen mit Ernst Troeltschs Absolutheitsschrift im Kontext heutiger Religionstheologie, Christentum und Kultur*, hg. v. Reinhold Bernhardt und Georg Pfleiderer, Basler Studien zu Theologie und Kulturwissenschaft des Christentums 4, (Zürich: TVZ, 2004), 67–84.

101 Vgl. Karl Barth, *Kirchliche Dogmatik*, Bd. I/2, § 17 (Zürich: TVZ, 1940), 304–97.

102 Vgl. dazu: Christlicher Glaube und religiöse Vielfalt in evangelischer Perspektive. Ein Grundlagentext des Rates der Evangelischen Kirche in Deutschland (EKD), (Gütersloh: Gütersloher Verlagshaus, 2015), 75. Eine Anerkennung anderer Religionen wird zum einen in der Formulierung zum Ausdruck gebracht, dass „Menschen von nebenan, aber auch in den Religionsgemeinschaften auf der anderen Straßenseite nicht nur geduldete Fremde oder tolerierte Andersgläubige [sind], sondern Mitbewohner eines gemeinsamen Raums, Mitbürger einer gemeinsamen Polis und von Gottes Wort Mitangesprochene." (19) Zum anderen wird aus dem evangelischen Verständnis des Glaubens als individueller Gewissheit gefolgert, dass diese sich nicht verantwortlich vertreten lasse, „ohne das Recht divergierender religiöser Überzeugungen und damit das Recht des religiösen Pluralismus anzuerkennen und zu stärken." (21).

auch für die Bewahrung der Schöpfung mit dem Streben nach sichtbarer Einheit der Kirchen. In der Ökumenischen Bewegung ist immer deutlicher erkannt worden, dass Konfessionen und Religionen über Jahrhunderte entweder direkt Anlass für Konflikte und gewaltsame Auseinandersetzungen geboten haben oder für politische Auseinandersetzungen instrumentalisiert worden sind. Um demgegenüber eine Verantwortung für Frieden und Versöhnung wahrzunehmen,[103] ist in der Ökumenischen Bewegung der Kirchen ebenso wie in anderen Religionen die Bedeutung des Dialogs zur Überwindung von Feindseligkeit, Ausgrenzung, Aggression und Gewalt erkannt worden. Der Dialog impliziert, dass mit wechselseitigen Erkenntnisgewinnen gerechnet und der eigene Wahrheitsanspruch nicht in Gestalt eines Absolutheitsanspruchs vorgetragen wird.

5 Überlegungen zum Beitrag christlicher Versöhnungslehre in Versöhnungsprozessen

Aus der vorangehend in Grundzügen beschriebenen Entwicklung evangelisch-theologischer Versöhnungslehre lassen sich Grundeinsichten zum christlichen Verständnis der Versöhnung und seinem Beitrag in interkonfessionellen und interreligiösen Versöhnungsprozessen entnehmen, die zum Schluss thetisch zusammengefasst werden sollen.

(1) Die neuzeitliche Entwicklung der Versöhnungslehre zeigt, dass die Versöhnung zwischen Gott und Mensch in der konstitutiven Verbindung von „objektiver" und „subjektiver" Versöhnung als Zentrum der christlichen Religion erkannt wurde. Das Verständnis und der Zusammenhang beider Seiten sind zum Thema

---

[103] Programmatisch rief der Ökumenische Rat der Kirchen auf seiner zehnten Vollversammlung in Busan 2013 die Kirchen zu einem gemeinsamen Pilgerweg für Gerechtigkeit und Frieden auf. Die elfte Vollversammlung des ÖRK in Karlsruhe 2022 setzte diesen Pilgerweg fort unter dem Motto „Die Liebe Christi bewegt, versöhnt und eint die Welt" https://www.oikoumene.org/de/resources/documents/message-of-the-wcc-11th-assembly-a-call-to-act-together. Vgl. bes. Punkt 6: „Versöhnung ist eine Bewegung hin zu Gott und zueinander. Sie verlangt eine Bereitschaft, Gott zuzuhören und uns gegenseitig zuzuhören. Sie bedeutet eine Verwandlung des Herzens – von Ichbezogenheit und Gleichgültigkeit hin zu Dienst und Inklusion -, die auch unsere Wechselbeziehung mit der Schöpfung anerkennt. Wir bekennen, dass wir immer wieder scheitern, uneinig sind und zuweilen in entgegengesetzte Richtungen gehen, obwohl wir uns von ganzem Herzen danach sehnen, Gott und unseren Nächsten zu dienen. Wir bekennen, dass wir die transformierende Kraft der Liebe Christi brauchen, um eine Welt zu schaffen, die wahrhaftig versöhnt und vereint ist."

der weiteren Entwicklung bis in die Gegenwart geworden. Die Reflexion der Versöhnung in der Versöhnungslehre gehört selbst zur subjektiven Aneignung des Versöhnungsgeschehens.

(2) In den Versöhnungslehren bei Hegel und Schleiermacher stehen sich – aufruhend auf den vorangehenden Debatten in Reformation und Aufklärung – unterschiedliche und zugleich exemplarische Verständnisse von Erlösung und Versöhnung gegenüber, die weichenstellend für die weitere Debatte wurden. In der Auslegungsdifferenz dokumentieren sich ein Ringen um ein konsistentes Verständnis der Versöhnung und die Unabgeschlossenheit des Versöhnungsdiskurses.

(3) Zu den gemeinsam gewonnenen Einsichten in Bezug auf die Deutung des Kreuzestodes Jesu Christi gehört, dass dieser nicht isoliert als Grund für Gottes Vergebung der Sünde verstanden werden kann, sondern im Zusammenhang des Lebens Jesu und der Auferweckung durch Gott zu sehen ist. Das bedeutet: die Vergebung Gottes, die die Versöhnung Gottes mit dem Menschen begründet, realisiert sich in dem Gesamtgeschehen des Lebens und Geschicks Jesu Christi.

(4) In der Darstellung des Versöhnungsgeschehens in der Geschichte Jesu (d. i. in den Berichten der Evangelien und ihrer Deutung in den apostolischen Zeugnissen) wird zum einen gezeigt, dass Versöhnung die Vergebung der Sünde sowohl für Gott wie auch für die Menschen erfordert. Zum anderen gewährt die geschichtliche Darstellung des Vergebungsgeschehens die Möglichkeit, im Nachvollzug der Geschichte Jesu ein Verständnis für die sündige Verstrickung als Grund der Versöhnungsbedürftigkeit konkret zu entwickeln. Denn die Darstellung von Gottes Vergebung in der Geschichte Jesu Christi ist so gestaltet, dass die Einsicht in die Notwendigkeit der Vergebung durch eine konkrete Erschließung der Wahrnehmung Jesu und der Reaktion auf seine Botschaft vermittelt ist. Dass Vergebung nur angesichts der Verstrickung der Sünde möglich ist, wird nicht nur dargestellt, sondern darin aufgearbeitet. Entsprechend kann in Dialogen über Versöhnung von christlicher Seite die Einsicht eingebracht werden, dass Vergebung als konstitutives Moment von Versöhnung die nachvollziehende Besinnung auf das, was zu vergeben ist, einschließen muss und geschichtliche Aufarbeitung erfordert.

(5) Lag der Fokus der neuzeitlichen Reflexion auf dem Verhältnis von objektiver und subjektiver Versöhnung zwischen Gott und Mensch, ist im 19. Jahrhundert und später in der Ökumenischen Bewegung die Frage nach ihrer Bedeutung für die Versöhnung der Menschen untereinander in den Vordergrund getreten. Maßgeblich war dafür die Betonung der teleologischen Ausrichtung der christlichen Religion auf das Reich Gottes und die damit verbundene Hoffnung auf Frieden und Gerechtigkeit für die Menschheit als Ganze. In der Konsequenz dieser Perspektive liegt es, wenn sich christliche Konfessionen nicht nur für die Überwin-

dung der Kirchentrennungen einsetzen, sondern in interreligiösen Dialogen auch für eine friedliche Koexistenz der Religionen in wechselseitiger Anerkennung der Unterschiedenheit, statt einen Absolutheitsanspruch für das Christentum geltend zu machen und darin neue Feindseligkeit zu säen.

(6) Einen Absolutheitsanspruch auf die christliche Versöhnungslehre erheben zu wollen, legt sich schon mit Blick auf die evangelische Lehrentwicklung nicht nahe. Denn sie ist bestimmt von den Polaritäten im Verständnis des Kreuzestodes Jesu Christi, wie sie bei Hegel und Schleiermacher hervortraten. Zum einen wurde der Kreuzestod Jesu Christi als Tod Gottes und höchste Spitze der Inkarnation, zum anderen als Ausdruck des vollkommenen Gottesbewusstseins Jesu und seines Berufsgehorsams verstanden. Damit ergaben und ergeben sich unterschiedliche dogmatische Auslegungen der Gottheit des Gottes, der in der Geschichte Jesu Christi die Sünde in ihrem Charakter als Verstrickung und Feindschaft aufdeckt, durch die Vergebung der Sünde die Versöhnung zwischen sich und den Menschen stiftet und darin seine Liebe erweist. Wird der Kreuzestod Jesu Christi als Tod oder Mitleiden Gottes aufgefasst, impliziert dies die immanente Selbstunterscheidung in Gott, in der Gott schon in sich selbst Liebe und Versöhnung ist. Die immanente Trinitätslehre ist dann konstitutiv für die Explikation des Gottesgedankens. Wird demgegenüber der Gedanke eines (Mit-)Leidens Gottes ausgeschlossen und der Kreuzestod Jesu Christi als Berufsgehorsam des Sohnes verstanden, erscheint die Hingabe des Sohnes zwar als Ausdruck der Liebe, die Gottes ewigen Willen bestimmt. Doch um die Offenbarung dieses Liebeswillens zu denken, erscheint eine ökonomisch-trinitarische Rede von Gott als Vater, Sohn und Geist hinreichend.

(7) In der deutschsprachigen Theologie heute überwiegt zwar eine Verbindung dieser Deutungen, wobei die immanente Trinitätslehre weitgehend fester Bestandteil der Dogmatik ist, nicht zuletzt um auf die a-theistische Kritik am theistischen Gottesgedanken zu antworten. Ein immanent trinitarisches Gottesverständnis ist allerdings in Gesprächskonstellationen mit anderen Religionen, humanistischen Positionen und naturwissenschaftlich dominierten Weltbildern sperriger als dasjenige, das auf eine immanente Trinitätslehre verzichtet oder sich dazu indifferent verhält. Ein Verzicht auf die immanente Trinitätslehre zur Explikation der Gottheit Gottes stößt aber wiederum auf Widerstand im Gespräch mit den Kirchen, die die trinitätstheologische Lehrbildung der Alten Kirche für identitätsstiftend erachten. Auch wenn sich solchen aporetischen Konstellationen nicht entgehen lässt, kann es produktiv sein, in Dialogen die Wahrnehmung lehrmäßiger Pluralität innerhalb der Traditionen zu fördern. Denn sie trägt dazu bei, die Unterscheidung zwischen den Lehrgestalten und den motivierenden Anliegen und Motiven vorzunehmen. Die Unterscheidung zwischen Lehraussagen und theologischen Motiven und der Diskurs über diese Dif-

ferenz können einerseits Unterschiede noch klarer fassen helfen, andererseits aber auch neue Wege der Verständigung eröffnen.

(8) In den evangelischen Versöhnungslehren wird, trotz der Differenz im Verständnis des Kreuzestodes, Gottes Liebe übereinstimmend als Grund und bewegender Impuls der Versöhnung zwischen Gott und Menschen und Menschen untereinander verstanden. In diesem Punkt besteht, wie die ökumenischen Dialoge gezeigt haben, auch konfessionsübergreifend Konsens. Diese Überzeugung impliziert, dass die Gestalt der Versöhnung, die die Feindschaft der Sünde überwindet, nur durch Gott selbst gestiftet werden kann. Daraus ergibt sich ein realistischer Blick für die Grenzen menschlicher Fähigkeit und Bereitschaft zu Vergebung und Versöhnung. Wo Versöhnung im zwischenmenschlichen Bereich erstrebt wird oder wünschenswert erscheint, ist Vergebung oft nicht möglich und erscheint die Bitte um Vergebung nicht zumutbar, weil das Unrecht zu groß und die Verletzungen zu tief sind. Es gibt kein Recht auf Verzeihung. Vergebung schließt ein Moment der Unverfügbarkeit und Unbedingtheit ein. Wo Vergebung und eine Erneuerung der Beziehungen möglich werden, lässt sich das nicht oder jedenfalls nicht allein auf die moralischen Kapazitäten des Menschen zurückführen. Es ist vielmehr – mit Dietrich Korsch formuliert – „die Unbedingtheit der Verzeihung, die auch nur unbedingt, also ohne Absicherung, gewährt und angenommen werden kann, in welcher Gottes Wirklichkeit erfahren wird".[104]

Bibliographie

Assel, Heinrich. *Elementare Christologie*. Bd. 1. *Versöhnung und neue Schöpfung*, Gütersloh: Gütersloher Verlagshaus, 2020.
Axt-Piscalar, Christine. "Sünde VII." *TRE* 32 (2002): 400–36.
Axt-Piscalar, Christine. "Extreme Theologie. Luthers Angriff auf die Willenstheorie und den Gottesgedanken des Erasmus." In *Erasmus und Luther über Freiheit. Rezeption und Relevanz des gelehrten Streits*, hg. v. Jörg Noller und Georg Sans, 46–75. Freiburg: Karl Alber, 2020.
Barth, Karl. *Kirchliche Dogmatik*. Bd. I/2. Zollikon-Zürich: Theologischer Verlag, 1940.
Baur, Ferdinand Christian. *Die christliche Lehre von der Versöhnung in ihrer geschichtlichen Entwicklung von der ältesten Zeit bis auf die neueste*. Tübingen: Osiander, 1838.
Christlicher Glaube und religiöse Vielfalt in evangelischer Perspektive. Ein Grundlagentext des Rates der Evangelischen Kirche in Deutschland (EKD). Gütersloh: Gütersloher Verlagshaus, 2015.
Bedford-Strohm, Heinrich. "Öffentliche Theologie und interreligiöser Dialog." In *VELKD-Informationen* 154 (2017): 2–6.

---

[104] Korsch, Versöhnung III, 38,11–13.

Habermas, Jürgen. *Glauben und Wissen, Friedenspreis des deutschen Buchhandels*. Frankfurt am Main: Suhrkamp, 2001.
Habermas, Jürgen. Zwischen Naturalismus und Religion. Philosophische Aufsätze. Frankfurt am Main: Suhrkamp, 2005.
Hegel, Georg Wilhelm Friedrich. *Glauben und Wissen oder die Reflexionsphilosophie der Subjektivität, in der Vollständigkeit ihrer Formen, als Kantische, Jacobische und Fichtesche Philosophie*, hg. v. Hans Brockard und Hartmut Buchner. Hamburg: Meiner, 1968.
Hegel, Georg Wilhelm Friedrich. *Vorlesungen über die Philosophie der Religion*. Bd. 1, *Einleitung. Der Begriff der Religion*, hg. v. Walter Jaeschke. Hamburg: Meiner, 1993.
Hegel, Georg Wilhelm Friedrich. *Vorlesungen über die Philosophie der Religion*. Bd. 2, *Die bestimmte Religion*, hg. v. Walter Jaeschke. Hamburg: Meiner, 1994.
Hegel, Georg Wilhelm Friedrich. *Vorlesungen über die Philosophie der Religion*. Bd. 3, *Die vollendete Religion*, hg. v. Walter Jaeschke. Hamburg: Meiner, 1995.
Henrich, Dieter. *Hegel im Kontext*. Frankfurt am Main: Suhrkamp, ^{2}1975.
Hofius, Otfried. "Versöhnung II." *TRE* 35 (2003): 18–22.
Jüngel, Eberhart. *Gott als Geheimnis der Welt*, Tübingen: Mohr Siebeck, ^{3}1978.
Kähler, Martin, *Zur Lehre von der Versöhnung*. Gütersloh: C. Bertelsmann, ^{2}1937.
Kähler, Martin. "Das Wort ‚Versöhnung' im Sprachgebrauche der kirchlichen Lehre." In ders. *Zur Lehre von der Versöhnung*, 1–38. Gütersloh: C. Bertelsmann, 1937.
Kähler, Martin. *Die Wissenschaft der christlichen Lehre*. Leipzig: Deichert, 1905.
Korsch, Dietrich. "Versöhnung III." *TRE* 35 (2003): 22–40.
Lanczkowski, Günter u. a. "Heil und Erlösung." *TRE* 14 (1985), 605–37
Luther, Martin. *Von den Konziliis und Kirchen* (1539). In *WA* 50, 488–653.
Nüssel, Friederike. *Allein aus Glauben. Zur Entwicklung der Rechtfertigungslehre in der konkordistischen und frühen nachkonkordistischen Theologie*, FSÖTh 95. Göttingen: Vandenhoeck & Ruprecht, 2000.
Nüssel, Friederike. "Die Absolutheitsschrift als Fundamentaldogmatik?" In *Christlicher Wahrheitsanspruch – historische Relativität. Auseinandersetzungen mit Ernst Troeltschs Absolutheitsschrift im Kontext heutiger Religionstheologie, Christentum und Kultur*, hg. v. Reinhold Bernhardt und Georg Pfleiderer. Basler Studien zu Theologie und Kulturwissenschaft des Christentums 4, 67–84. Zürich: TVZ, 2004.
Nüssel, Friederike. "Die Sühnevorstellung in der klassischen Dogmatik und ihre neuzeitliche Problematisierung." In *Deutungen des Todes im Neuen Testament*, hg. v. Jörg Frey und Jens Schröter. WUNT 181, 73–94. Tübingen: Mohr Siebeck, 2005.
Nüssel, Friederike und Dorothea Sattler. *Einführung in die Ökumenische Theologie*. Darmstadt: Wissenschaftliche Buchgesellschaft, 2008.
Nüssel, Friederike. "Was heißt ‚als Geschichte'? Zur christologischen Fundierung des offenbarungstheologischen Programms." In *Offenbarung als Geschichte. Implikationen und Konsequenzen eines theologischen Programms*, hg. v. Gunther Wenz. Pannenberg-Studien 4, 71–91. Göttingen: Vandenhoeck & Ruprecht, 2018.
Nüssel, Friederike. "Luther and Schleiermacher. Schleiermacher's Transformation of Luther's Christological Legacy." In *Apprehending Love: Theological and Philosophical Inquiries*. FS für Risto Saarinen, hg. v. Pekka Kärkkäinen und Vainio Olli-Pekka. Schriften der Luther-Agricola-Gesellschaft 73, 163–81. Helsinki: Luther-Agricola-Seura, 2019.
Nüssel, Friederike. "*Theologia crucis?* Zur Rezeption lutherischer Kreuzestheologie in Wolfhart Pannenbergs Systematischer Theologie." In *Die Christologie Wolfhart Pannenbergs*, hg. v. Gunther Wenz. Pannenberg-Studien 6, 171–89. Göttingen: Vandenhoeck & Ruprecht, 2020.
Pannenberg, Wolfhart. *Systematische Theologie*. Bd. 2. Göttingen: Vandenhoeck & Ruprecht, 1993.

Ritschl, Albrecht. *Die christliche Lehre von der Rechtfertigung und Versöhnung*. 3 Bde. Bonn: Adolf Marcus, 1872–1874.
Ritschl, Albrecht. *Unterricht in der christlichen Religion, Studienausgabe nach der 1. Auflage von 1875 nebst den Abweichungen der 2. und 3. Auflage*, hg. v. Christine Axt-Piscalar. Tübingen: Mohr Siebeck, 2002.
Schleiermacher, Friedrich. *Der christliche Glaube nach den Grundsätzen der evangelischen Kirche im Zusammenhang dargestellt, Zweite Auflage (1830/31)*, hg. v. Rolf Schäfer. Berlin/New York: Walter de Gruyter, 2008.
Schwarz, Reinhard. "Gott ist Mensch. Zur Lehre von der Person Christi bei den Ockhamisten und bei Luther." *ZThK* 69 (1966): 289–351.
Wenz, Gunther. *Geschichte der Versöhnungslehre in der evangelischen Theologie der Neuzeit*. 2 Bde. München: Kaiser, 1984–1986.
Wiedenroth, Ulrich. *Krypsis und Kenosis. Studien zu Thema und Genese der Tübinger Christologie im 17. Jahrhundert*. BHTh 162. Tübingen: Mohr Siebeck, 2011.

II Author meets Critic: Heinrich Assel, Elementare Christologie 1–3, 2020

Christine Svinth-Værge Põder
Das kritische Erbe der *theologia crucis* in der Versöhnungslehre angesichts feministischer Kritik und *black theology*

Heinrich Assels *Elementare Christologie* 1

Abstract: This contribution explores the critical legacy of the *theologia crucis* in a discussion of Heinrich Assel's *Elementare Christologie*, with special regard to the doctrine of atonement. It takes its point of departure from the opening question of Assel's Christology: where should Christology begin? – and elaborates the facets of the orientating hermeneutical approach, with its starting point in concrete experiences and religious and social practices using the name Jesus Christ as a point of orientation. In addition, this contribution explores the affinities of this approach to approaches of contextual theologies, employing the *theologia crucis* as a focal point of critical hermeneutics with contemporary, practical, experiential pertinence. From this angle, Assel's attentiveness towards contingency and social and religious imaginaries become significant for a theological interpretation of atonement and substitution in the face of contemporary challenges.

Keywords: Bondage of the Will, Luther, Flesh, Body, Incarnation, Christology, Eschatology, Merleau-Ponty, Embodiment, Intercorporeality

1 Orientierungsfähigkeit des Namens Jesu Christi. Kurze Hinführung zu Heinrich Assel: *Elementare Christologie*

Das dreibändige Werk *Elementare Christologie* von Heinrich Assel, das 2020 erschien, fängt mit einer Frage an – mit einer Frage nach dem „Wo" des An-

---

Christine Svinth-Værge Põder ist Professorin für Systematische Theologie an der Theologischen Fakultät der Universität Kopenhagen. Neueste Veröffentlichung zum Thema: „Kreuzestheologie in der Lutherforschung des 20. Jahrhundert." In *Ausstrahlung und Widerschein. Wahrnehmung und Wirkung der Wittenberger Universität im Europa des 16. Jahrhunderts*, hg. v. Michael Beyer, Martin Hauger und Volker Leppin, 533–51 (Leipzig: Evangelische Verlagsanstalt 2023).

fangs.¹ Man könnte eine zweite – zwar scheinbar kategorial andersartige – Frage danebenstellen: „Wie" versteht und vermittelt die Christologie ihren Gegenwartsbezug zu einer Zeit, in der Theologie wiederholt ihre gesellschaftliche Relevanz nach außen zu kommunizieren hat? Die erste Frage – und eben damit auch die zweite, hier nebengestellte Frage – beantwortet Assel mit dem orientierungshermeneutischen Zugang des Buches. Die Christologie setzt bei konkreten Erfahrungen und Praxisformen an, in denen die Verwendung des Namens JESUS CHRISTUS (bei dieser Funktion immer in Kapitälchen geschrieben) orientierend wirkt. Bereits an dieser kurzen Charakterisierung kann deutlich gemacht werden, wie der durch Orientierungshermeneutik und Namenstheologie informierte Zugang zugleich sowohl Kontingenz berücksichtigt als auch irreduzible Identität gewähren kann. Das *Elementare* an Assels Elementarer Christologie liegt nicht an der Form oder der bezweckten Anwendung, sondern hat genau mit diesem orientierungshermeneutischen Anspruch zu tun. Bei den konkreten Ansatzbereichen geht es um „Gemeinplätze", die etwa den Gottesdienst umfassen können, wie es Christoph Schwöbel vorgeschlagen hat. Es können aber auch z. B. politisch-theologisch Versöhnungs-Ereignisse im öffentlichen und politischen Leben in Frage kommen. Als Beispiel dessen wird in § 2 auf eine konkrete Versöhnungsinitiative – in der Ostdenkschrift der EKD von 1965 – hingewiesen, in deren Bemühung um Aussöhnung zwischen Polen und Deutschen die theologische Versöhnungsethik eine Rolle spielte.² Es wird jedoch die Etablierung eines neuen *frozen conflict* die Lage um die Annektierung der Krim in 2014 erwähnt, die nun, 2022, seit dem Erscheinungsdatum des Buches eine erneute und folgenschwere Aktualität bekommen hat. Die zwei Beispiele zeigen, dass die Kontingenz bis in den Kontextbezug der Christologien hineinreicht. Traditionsbedingt gibt es Versöhnungslehre oder es gibt sie nicht, und im letzten Fall bleiben die Praktiken sprachlos.³

Die Anknüpfung der Christologie an konkrete Praxis-Bereiche hat mehrere methodische und fundamentaltheologische Implikationen. Es zeigt sich bei diesem Zugang, dass beim Glauben, der sich ‚im Namen Jesu Christi' orientiert, nicht nur Vollzug und Bezug des Glaubens – oder, im Gespräch mit M. Kähler und W. Herrmann: sein Grund und Gegenstand – untrennbar sind.⁴ Es muss mit dem „Was und Warum" des Glaubens, sofort auch das „Wo und Wenn" des Glaubens thematisiert werden. Gemeint sind hermeneutische Orte, Situationen „an denen sich der Bezug zum Namen Jesus Christus öffnet – oder [auch] nicht

---

1 Heinrich Assel, *Elementare Christologie*, Bd. 1, *Versöhnung und neue Schöpfung* (Gütersloh: Gütersloher Verlagshaus, 2020), 17 – Im Folgenden abgekürzt mit der Sigle: Assel, EC sowie der jeweiligen Band-Angabe.
2 EC 1, 71 ff.
3 EC 1, 77.
4 EC 1, 22.

öffnet".[5] Orientierung geschieht – *wenn* sie denn geschieht. Denn sonst wäre sie ja keine Orientierung in der orientierungsbedürftigen Situation. Dieses „wenn", das die Kontingenz in den hermeneutischen Orientierungsstrukturen berücksichtigt, stärkt die Plausibilität und Tragfähigkeit des Konzepts hinsichtlich der erschlossenen Orientierungsfähigkeit des Namens JESUS CHRISTUS.[6] Dieses „wenn" ist aber auch sinnvoll, um Christologie-Skepsis zu berücksichtigen, wie es die Rechenschaft über die Christologie als Wissenschaft fordert. Es ist kennzeichnend für den Blickwinkel des Werks, dass es sich nicht mit zweistelligen Konstruktionen etwa eines Entweder-Oder von Glauben und Unglauben zufrieden stellt.[7] So spielt in dieser Christologie auch die Christologie-Skepsis eine gewichtige Rolle: Die Orientierungsfähigkeit des Namens JESUS CHRISTUS findet gerade in solchen Konzepten, die diese Orientierungsfähigkeit bestreiten, ihren besondere Testfall.[8] Denn dadurch öffnet sich ja ein Bereich, in welchem sich die orientierungshermeneutische Ergebnisse als diskutierbar und dadurch als rechenschaftsfähig erweisen. Zentral ist in dieser Hinsicht im Werk die jüdisch-philosophische Christologie-Skepsis, die durch die drei Bände hindurch stetig als Gesprächspartner einbezogen wird.[9]

Im Gegensatz dazu wird feministische Christologie-Skepsis zwar auch erwähnt, aber nicht weiter besprochen. Jedoch scheint der Zugang der *Elementaren Christologie* dort eine Affinität zu einigen Repräsentant*innen kontextueller Theologie zu haben, wo die Rechenschaftsfähigkeit und das kritische Potential gerade in Verbindung mit Orientierungsfähigkeit plausibilisiert wird. Auch für die kontextuelle (feministische, postkoloniale, *black*) Theologie erweist sich das Orientierungspotential von Theologie in der Weise, dass sie Sinnhorizonte für eine konkrete Praxis darbietet – oder es erweist sich nicht. Die theologische Kritik dieser Zugänge richtet sich somit gerade gegen nicht erkannte ideologische Tendenzen in traditionalistischen Entwürfen und Praktiken, die für andere als diejenigen, die sie (immer wieder) entwerfen und praktizieren, eher desorientierend wirken.

Vom Ausgangspunkt in den Orientierungsstrukturen engagiert sich Assels Werk in umfassenden Gesprächen und kritischen Positionierungen gegenüber einem breiten Spektrum systematischer, philosophischer und exegetischer For-

---

5 EC 1, 25.
6 Vgl. dazu auch Ingolf U. Dalferth, „Verstehen als Orientierungspraxis. Eine hermeneutische Skizze," in *Zur Philosophie der Orientierung*, hg. v. Andrea Bertino et. al. (Berlin/Boston: Walter de Gruyter, 2016), 171–84.
7 Vgl. EC 1, 238 ff.
8 EC 1, 18.
9 EC 1, 23. – Vgl. den Beitrag von René Dausner in diesem Band.

schung. Dieser Ausgangspunkt hat mithin Bedeutung für die Bibelhermeneutik als zentralem Bezugspunkt. So würde man die klassisch-reformatorische Regel, dass „Jesus Christus" die „Mitte der Schrift" sei, missverstehen, würde man sie vorkritisch verwenden. Stattdessen wird „Mitte" als pragmatischer Horizont verstanden, den das gemeinsame Gebrauchen des Namens JESUS CHRISTUS eröffnet und der dann in diesem Sinne „Mitte" und Orientierungspunkt ist.[10] Die Frage nach dem Verhältnis zwischen Dogmatik und Exegese, die in diesem Zusammenhang auftaucht, nimmt Assel später auf. Interpretations- und Orientierungspraktiken werden dann bedeutsam als ein Zwischengebiet zwischen protochristologischem Diskurs der biblischen Texte und der nicht-erzählenden, dogmatischen Christologie.[11] In differenziertem Anschluss an Dalferths hermeneutischen Ansatz soll eine Vernetzung von christologischen Orientierungsstrukturen in der Schrift als Evangelium sowie im „Leben der Kirche und im Denken der Theologie" vorgenommen werden, die nicht Prinzipien zu sein beanspruchen, sondern anhand von „Gemeinplätzen" entfaltet werden sollen.[12]

Demgemäß wird im ersten Band das Ereignis *Kreuz und Auferweckung* als Orientierungsstruktur von *Versöhnung und Neuschöpfung* in Diskussion mit historischen und heutigen theologischen Positionen durchgearbeitet. Danach wird im zweiten Band der erinnerte „irdische Jesus" mithilfe narrativer, rezeptionsästhetischer Interpretationen einiger neutestamentlicher Evangelientexte behandelt. Am Ende werden im dritten Band Inkarnationsdiskurse – zum Teil im Gespräch mit jüdischer Philosophie – erörtert.[13] In diesem Beitrag bin ich gefragt, ein Statement zum ersten Band von Assels *Elementarer Christologie* unter der Perspektive „Das kritische Erbe der theologia crucis in der Versöhnungslehre" zu geben und ich füge dieser Frage die Konkretion hinzu: „angesichts feministischer Kritik und black theology". Ich werde so verfahren, dass ich einige zentrale und strategisch wichtige Pointen in diesem Band aufgreife, dazu einige Fragen stelle und Perspektiven ziehe.

---

10 EC 1, 36.42.
11 EC 1, 50 ff.
12 EC 1, 42 f.
13 Vgl. EC 2 und EC 3. – Vgl. hierzu die Beiträge von Hermut Löhr und René Dausner in diesem Band.

2 Das kritische Erbe der *theologia crucis* – Zum Horizont des Fragens

Der Titel meines Beitrags lautet: Das kritische Erbe der *theologia crucis* in der Versöhnungslehre. Das ist zu präzisieren. Zu fragen ist nicht nur in welcher Hinsicht die *theologia crucis* im Rahmen der Rede von Versöhnung in Band 1 kritisch ist und wirkt, sondern umgekehrt auch, in welchen kreuzestheologischen Horizont dieses kritische Erbe einzuordnen ist. Das heißt auch, um welches Erbe geht es und in welchem Sinne ist es kritisch? Ist es (a) auf die Weise kritisch, dass es kritische Urteilsbildung (in Versöhnungspraktiken? in der Versöhnungslehre?) stärkt? Oder eher (b) auf die Weise kritisch, dass an ihm verborgene Probleme der Versöhnungslehre ins Licht rücken? Dem Anspruch der *Elementaren Christologie* folgend, müsste es um beides gehen. Das Erbe der (lutherischen) *theologia crucis* im 20. und 21. Jahrhundert ist vielfältig und kann somit in beiden Hinsichten kritisch genannt werden. Ich werde in diesem Beitrag sowohl die kritische Bedeutung der *theologia crucis* in den Ausführungen zur Versöhnungslehre in der *Elementaren Christologie* darlegen als sie auch im Horizont anderer kritischen Interpretationen der *theologia crucis* befragen. Und ich werde so verfahren, dass ich hier (in Abschnitt 2) zunächst den erwähnten Horizont in aller Kürze skizziere und danach (in Abschnitt 3) auf die hermeneutische Funktion der Kreuzestheologie in der *Elementaren Christologie* eingehe, um schließlich (in Abschnitt 4) einige Brennpunkte und Anwendungsfelder der Versöhnungsdiskurse zu skizzieren.

Das kreuzestheologische Interesse im 20. Jahrhundert verdichtet sich in Lutherrezeptionen mit epistemologischer und praktischer Absicht. M. Korthaus hat auf „Konjunkturen" der *theologia crucis* hingewiesen.[14] Besonders im Schnittfeld zwischen Lutherrenaissance[15] und Dialektischer Theologie im ersten Drittel des zwanzigsten Jahrhunderts erwiesen sich Voraussetzungen, die die Interpretation der *theologia crucis* fruchtbar gemacht hatte, zunächst als programmatisch. So in W. von Loewenichs Buch *Luthers theologia crucis*, nach dem „[d]ie theologia crucis [...] ein Princip der gesamten Theologie Luthers [ist], [und] nicht auf eine besondere

---

14 Michael Korthaus, *Kreuzestheologie. Geschichte und Gehalt eines Programmbegriffs in der evangelischen Theologie* (Tübingen: Mohr Siebeck, 2007), 1; vgl. auch Anna Madsen, *The theology of the cross in historical perspective* (Eugene, OR: Wipf and Stock Publ., 2007), 231; Thomas-Andreas Põder, *Solidarische Toleranz. Kreuzestheologie und Sozialethik bei Alexander von Oettingen* (Göttingen: Vandenhoeck & Ruprecht, 2016), 23 f.
15 Zu kreuzestheologische Ansätze in der Lutherrenaissance, besonders bei Karl Holl, vgl. Heinrich Assel, *Der andere Aufbruch. Die Lutherrenaissance – Ursprünge, Aporien und Wege: Karl Holl, Emanuel Hirsch, Rudolf Hermann (1910–1935)* (Göttingen: Vandenhoeck & Ruprecht, 1994); Heinrich Assel, Hg., *Karl Holl. Leben – Werk – Briefe* (Tübingen: Mohr Siebeck, 2021).

Periode seiner Theologie eingeschränkt werden [darf]".[16] Diese theologiegeschichtliche Würdigung vermittelt eine Ansicht (über von Loewenich hinaus) von Luthers *theologia crucis*, die nicht nur ein materialdogmatischer Akzent auf Sünde und Versöhnung ist, sondern vielmehr eine kritisch-hermeneutische Funktion einnimmt, die zuerst etwa in der Heidelberger Disputation explizit formuliert wird, aber auch für die Deutung der späteren Theologie Luthers bedeutsam bleibt. Die christologisch-soteriologisch begründete Kritik an Werkgerechtigkeit wird hier im Rahmen einer umfassenderen epistemologischen Kritik verortet, die mit Hinblick auf geläufige Weltvorstellungen subversiv wirkt.[17] Damit bildet dieser Zugang zu Luther den Ausgangspunkt einer theologisch-kritischen Hermeneutik, die auch in den späteren ‚Hochkonjunkturen' der Kreuzestheologie im 20. Jahrhundert zum Tragen kommt. Wie G. Bader entfaltet hat, geht es in Luthers *theologia crucis* um eine Art von kritischer Hermeneutik, die sich selbst sozusagen rückwärts gegen den sie aussprechende *theologus crucis* wendet, und sich gerade darum dem Aussprechen entzieht. „Redet er wie er als Theologe gewohnt ist zu tun, so ist es nicht mehr das Kreuz, von dem er redet; ist es aber das Kreuz, dann redet er nicht mehr von ihm oder noch nicht."[18]

Daher ist es aufschlussreich, wenn in der Lutherrezeption Hans Joachim Iwands (den Assel auch in Band 1 aufnimmt) der praktische Charakter der *theologia crucis* hervorgehoben wird. Gott nach der 20. Heidelberger These durch die Anschauung von Leiden und Kreuz zu verstehen, deutet Iwand als eine Art christologische Lebensform: „Das wirkliche Leben – das ist der Weg des Kreuzes."[19] Kreuzestheologie ist also eng mit dieser kreuzförmigen Existenzpraxis verbunden. Die kritische Hermeneutik des Kreuzes ist demnach eine Hermeneutik der Praxis, jedoch bei Iwand so, dass die Erkenntnis Gottes durch Leiden und Kreuz im faktisch-praktischen Leben verankert ist, das als Widerfahrnis und nicht als *vita activa* wahrgenommen wird.[20] Korthaus hat dazu gefragt, ob man es nicht dann – *vita passiva* – anderen überlässt, über den eigenen Lebenslauf zu ent-

---

16 Walther von Loewenich, *Luthers theologia crucis* (München: Chr. Kaiser, 1929), 7.
17 Vgl. dazu Marius Mjaaland, *The hidden God. Luther, Philosophy and Political Theology* (Bloomington: Indiana UP, 2016), 38 ff.
18 Günter Bader, „Was heißt: Theologus crucis dicit id quod res est?" in *Kreuzestheologie – kontrovers und erhellend. Prof. Dr. Volker Weymann zur Verabschiedung in den Ruhestand*, hg. v. Klaus Grünwaldt, Udo Hahn (Hannover: Amt der VELKD, 2007), 167–81, 181. – Vgl. dazu auch den Beitrag von Phillipp Stoellger in diesem Band.
19 Hans Joachim Iwand, „Theologia crucis," in *Iwand. Nachgelassene Werke, Bd. 2, Vorträge und Aufsätze*, hg. v. Dieter Schellong u. a. (München: Chr. Kaiser, 1966 [1959]), 381–98, 395.
20 Iwand, Theologia Crucis, 396 f. Eine ausführlichere Darstellung und Erörterung von Iwands „Theologia Crucis" habe ich vorgenommen in "Kreuzestheologie in der Lutherforschung des 20. Jahrhundert," in *Ausstrahlung und Widerschein: Wahrnehmung und Wirkung der Wittenber-*

scheiden, und dadurch die *vita activa* bestätigt.²¹ In ähnlicher Weise hat Reinhard Vollmer in Iwands Pointierung eine Tendenz zur „Schicksalsergebenheit" gesehen.²² Eine kreuzestheologische Hermeneutik der Praxis läuft Gefahr, das Leid zu idealisieren, wenn das Leiden als erkenntnisfähiger als das Handeln angesehen wird – es sei denn, es gelingt, die Hermeneutik des Leidens als solche zu explizieren und somit anzuzeigen, dass das Erkennen selbst ein Erleiden ist. Dieses Problem ist – im gewissen Sinne nicht weit vom Anliegen Iwands entfernt – in der neueren Rezeption der *theologia crucis* in der kontextuellen Theologie am Ende des 20. und Anfang des 21. Jahrhunderts aufgenommen worden. Hier wird die kritische Hermeneutik und dasjenige, was als subversive Stoßrichtung der *theologia crucis* wahrgenommen wird, im kritischen Blick auf hierarchische Strukturen und blinde Flecken der theologischen Erkenntnis und Sprache zum Tragen gebracht.

Auch die oben erwähnte feministische Theologie, die als Christologie-Skepsis für diese orientierungshermeneutische Christologie-Konzeption produktiv werden kann, zeichnet sich in das Schema dieses zweifachen kritischen Erbes ein. Zunächst ist in der früheren feministischen Theologie – als Beispiel der Kritik (b) – der Gedanke des Kreuzes und der Versöhnung durch den Kreuzestod Christi kritisiert worden. Der feministische Einwand gegen traditionelle Konzeptionen von der Versöhnung und vom Kreuz liegt (zugespitzt) darin, dass hier Gewaltkult betrieben werde. So etwa bei D. Sölle: „Jeder Versuch, das Leiden als unmittelbar oder mittelbar von Gott verursacht anzusehen, steht in der Gefahr, sadistisch über Gott zu denken […] Die äußerste Konsequenz des theologischen Sadismus ist die Anbetung des Henkers."²³ Rosemary Radford Ruether hat den Gedanken von versöhnendem Leid mit Hinblick auf gewaltsame soziale Strukturen umfassend und kritisch kontextualisiert.²⁴ Jedoch wird besonders in der protestantischen feministischen Theologie (aber auch in *black theology* und postkolonialer Theologie²⁵) gerade die konstruktive Rezeption der *theologia crucis* produktiv, indem in diesem Rahmen das Potential der *theologia crucis* als kritische hermeneutische

---

ger Universität im Europa des 16. Jahrhunderts, hg. v. M. Beyer u. a. (Leipzig: Evangelische Verlagsanstalt, 2023) 533–51.
21 Korthaus, *Kreuzestheologie*, 109.
22 Reinhard Vollmer, *Gott Recht geben – im Gebet. Zur anthropologischen Bedeutung der Rechtfertigungslehre bei Rudolf Hermann und Hans Joachim Iwand* (Bad Salzuflen: MBK-Verlag, 2006), 198.
23 Dorothee Sölle, *Leiden* (Stuttgart: Kreuz-Verlag, 1973), 37.39.
24 Rosemary Radford Ruether, *Introducing Redemption in Christian Feminism* (London: Bloomsbury Publishing, 1998), 95–107.
25 Z.B. James Cone, „An African-American Perspective on the Cross and Suffering," in *The Scandal of a Crucified World. Perspectives on the Cross and Suffering*, hg. v. Yacob Tesfai (New York:

Perspektive zum Tragen kommt – als Kritik (a). Der Gedanke einer Erkenntnis durch das Kreuz und die kritische Distinktion zwischen *theologia crucis* und *theologia gloriae* in Luthers *Heidelberger Disputation* entlarvt hier geläufige Vorstellungen von Versöhnung hinsichtlich der ihnen unterliegenden Gewaltstrukturen und weist auf die realistische und solidarische Haltung zum leidvollen Sündersein hin.[26] Das heißt, ohne die ursprüngliche Kritik der Versöhnungslehre zu verabschieden wird hier die Kreuzestheologie selbst zum kritischen Maßstab der Theologie. Hinsichtlich der Pointe, dass eine Idealisierung von Leid als versöhnend oder erkenntnisfähig ein Risiko der Versöhnungslehre ist, ist die orientierungshermeneutische Betonung der Kontingenz in der *Elementaren Christologie* gerade kreuzestheologisch zu würdigen.

3 Kreuzestheologie als methodischer Ansatz in Bd. 1 der *Elementaren Christologie*

Ich komme jetzt wieder auf die *Elementare Christologie* zurück und knüpfe an der Pointe des „Wo und Wenn" des Glaubensvollzugs an. Die Orientierung am Namen JESUS CHRISTUS erschließt sich an konkreten Orten und Situationen. Deshalb setzt die Christologie bei Einführungssituationen oder Gemeinplätzen an, die somit als hermeneutische Orte gelten, „an denen sich der Bezug zum Namen Jesus Christus öffnet – oder [auch] nicht öffnet".[27]

Diese elementaren Orte christologischer Orientierung haben also m.a.W. ihre Kontingenz mitgesetzt. Es kann hier Orientierung geschehen – wenn sie geschieht. Deswegen – das ist die Pointe am Anfang des Buches – muss die jüdische Christologie-Skepsis integriert sein.[28] Um die methodische Verknüpfung von Kontingenz-Berücksichtigung und Kreuzestheologie darzulegen, werde ich drei Zusammenhänge im Buch skizzieren.

(1) *Gegenwart und Abwesenheit.* Es wird sowohl mit der Gegenwart Christi als auch mit der Abwesenheit Christi als hermeneutischen Kategorien operiert, die

---

Maryknoll, 1994), 48–61; Vítor Westhelle, *Transfiguring Luther: The Planetary Promise of Luther's Theology* (Eugene: James Clarke & Co, 2017).

26 So bereits bei Elisabeth Moltmann-Wendel, „Zur Kreuzestheologie Heute. Gibt es eine feministische Kreuzestheologie?", in *EvTh* 50 (1990): 546–57. Vgl. auch Deanna A. Thompson, *Crossing the Divide. Luther, Feminism and the Cross* (Minneapolis: Fortress, 2004).

27 EC 1, 25.

28 EC 1, 23.

Orientierung eröffnen. Dass die Orientierungshermeneutik in Assels Christologie als kreuzestheologisch einzuschätzen ist, zeigt das Zitat auf dem Schuber der drei Bände, das wie eine Art Motto des Buches fungiert. Hier wird eine Skizze von Caspar David Friedrich von den beschreibenden und deutenden Worten des Künstlers begleitet: „Am nackten steinigten Meeresstrande steht hoch aufgerichtet das Kreutz, denen so es sehn ein Trost, denen so es nicht sehn ein Kreutz."[29] Also auch dort wo die Orientierung sich nicht öffnet, bleibt das irreduzible und polyvalente Symbol des Kreuzes stehen. Das gleiche gilt dem Namen „Jesus Christus", der auch dort irreduzibel bleibt, wo die Orientierung wegfällt. Umgekehrt kann Orientierung bei wirksamer Abwesenheit des Namens geschehen, wie es der Fall bei den semantisch offenen (und nicht dogmatisch präzisen) Christusmetaphern etwa in Bachs Matthäuspassion (nach Blumenberg) ist.[30]

(2) *Narrative und historische Kontingenz.* Die Kontingenz, die im Ansatz des ersten Bandes orientierungshermeneutisch eingeführt wird, spielt außerdem eine Rolle bei der Verbindung zwischen dem Narrativen und dem Historischen. Dies kommt besonders und ausführlicher im zweiten Band zum Tragen, wird aber auch schon im ersten Band angesprochen. Hier wird die Frage, wie dem Tod Jesu christologischer Sinn zuzuschreiben ist, folgendermaßen gestellt: „Wie ist der Sinn des Todes Jesu von Ostern her zu begreifen, ohne ihn seiner historischen Kontingenz und seines historischen Rätsels zu berauben, die sich in der narrativen Kontingenz des Passionsberichts darstellt?"[31] Diese Frage wird im zweiten Band (in einer rezeptionsästhetischen und textsemiotischen Lesung des Markusevangeliums mit Louis Marin[32]) auf eine Weise beantwortet, die zugleich die erklärungsbedürftige Zusammenstellung von historischen und narrativen Kontingenz erläutert. Der narrative Begriff „erzählter Kontingenz", knüpft an das erzählte Leben und den Kreuzestod Jesu an und wird einerseits gegenüber „historischer Kontingenz" differenziert, kann aber andererseits auch als auf die historische Kontingenz hypothetisch hinweisend verstanden werden.[33] Die Hervorhebung erzählter Kontingenz bedeutet, dass Ablehnungen und Missverständnisse mit Blick auf Jesus – d. h. narrative Momenten wie etwa der Verrat Jesu oder das Nichtverstehen der Jünger – im Markusevangelium als Durchgangs-(Null)-Punkte für Sinnbildung narrativ wichtig werden. Das historisch Kontingente im Leben und im

---

29 Caspar David Friedrich an Louise Caroline Sophie Seidler, Brief vom 9. Mai 1815, ULB Bonn (Signatur: Autograph Nr. 14, http://digitale-sammlungen.ulb.uni-bonn.de/urn/urn:nbn:de:hbz:5:1-59121/http://digitale-sammlungen.ulb.uni-bonn.de/urn/urn:nbn:de:hbz:5:1-59116).
30 Vgl. EC 1, 61 f.
31 EC 1, 381.
32 Vgl. EC 2, 52–71.
33 EC 2, 60.

Tod Jesu wird also im narrativ Kontingenten sozusagen gespiegelt oder dargestellt. Und für die narrative Sinn-Bildung in den Berichten von Passion, Tod und Auferstehung sind diese Nullpunkte der Sinnlosigkeit entscheidend.

(3) *Utopiekritik und Ideologiekritik*. Ein Aspekt des Elementaren der *Elementaren Christologie* ist die „Vermittlung von religiöser Erfahrung".[34] In teilweiser Anlehnung an Ricœurs Zeugnis-Begriff beschreibt Assel auch diese Vermittlung als „Gemeinplatz", der als eine von mehreren Komponenten des sozial und religiös Imaginären auch dessen „unvermeidlichen pathologischen Formen" des Utopischen und Ideologischen umfasst. Hinsichtlich des skizzierten Zusammenhangs von Kontingenzberücksichtigung und kreuzestheologischer Methode spielen diese Komponenten eine kritische Rolle für Versöhnungstheologie als Orientierung. Wenn Vermittlung und Erfahrung zur Orientierung werden, schließt dies das Hervorrufen des sozial und religiös Imaginären ein, und Orientierung im Sinne von Versöhnungshandeln ereignet sich dann kritisch durch die komplementären, ‚pathologischen' Formen der Ideologie und der Utopie hindurch. Diese Struktur wird zunächst in der Einleitung eingeführt,[35] um dann im Paragraphen über das Versöhnungsbemühen der Ostdenkschrift heuristische Anwendung zu finden.[36] Diese Bemühung um christliche Versöhnung zwischen „Deutschen und Polen" (genauer: zwischen kirchlichen und politischen Initiativgruppen innerhalb der beiden Völker stellvertretend für diese Völker) schließt die Ideologiekritik und die Utopiekritik ein, und dabei wird im Anschluss an Ricœur bemerkt, dass (je gesellschaftlich situierte) Vorstellungen von Versöhnung ideologische Elemente und (je gesellschaftlich situierte) Vorstellungen von Neuschöpfung utopische Elemente enthalten und zwar enthalten *müssen*, gerade weil darunter nicht bloß Bewusstseinsvorgänge verstanden sein sollen.[37] Diese Pointe, die auch den Titel des ersten Bandes – *Versöhnung und neue Schöpfung* – beleuchtet, kehrt in der Diskussion wieder, die den ersten Band abschließt und in der es darum geht, ob Versöhnungslehre eher im Sinne einer Neuschöpfungslehre zu konzipieren wäre. Hier geht es zunächst um die kritische Pointe, dass man „an einer ins Utopische gehenden Neuschöpfungslehre kreuzestheologische Kritik formulieren" kann, wenn diese Lehre sich der Schuld nicht „nüchtern genug" stellt.[38] Umgekehrt kann man „an einer ins Ideologische gehenden Versöhnungs-

---

[34] EC 1, 48.
[35] EC 1, 56–60.
[36] EC 1, 81–84.
[37] EC 1, 82f.
[38] EC 1, 83.

lehre auferweckungstheologische Kritik formulieren",³⁹ wenn diese sich der Überwindung des Alten und (historisch gesehen) nahezu Unversöhnlichen durch das Neue und Neuschöpferische Gottes nicht genügend stellt. Aber kann man Kreuz und Auferstehung differenziert zu dieser kritischen Anwendung heranziehen? Gibt es nicht auch kreuzestheologische Kritik an Ideologie, wenn sich die Vorstellung des „guten Alten"⁴⁰ nicht nur der Erneuerung Gottes verschließt, sondern eben dadurch in der Realität die Schuld und Sünde des Alten reproduziert?

Wie auch immer man diese Frage beantworten würde, so ist hier dennoch ein prinzipieller und komplementärer Griff von größter Tragweite für praktischorientierende Versöhnungstheologien im Spiel. Man denke hier nicht nur an eine politische Theologie wie in der Ostdenkschrift, sondern auch an die heute zunehmende Nachfrage nach einer Klimatheologie, die nach der Konzeption Assels stets sowohl Ideologie und Utopie beinhalten müsste, wie zugleich auch zur Ideologiekritik und zur Utopiekritik veranlasst wäre.

Die Kontingenzberücksichtigung kann man somit als Komponente eines methodischen Zugriffes sehen, wo Kontingenz sowohl kreuzestheologisch bestimmt als auch kritisch in das religiös Imaginäre und in die Orientierung am Namen JESUS CHRISTUS integriert ist. Dieser Vorgang kann auch Christologie-Skepsis umfassen. Wie bei der lutherisch-kreuzestheologischen Pointe des *sub contrario* gilt es hier „Christus praesens im Horizont des Christus absens zu begreifen".⁴¹ D. h. Christologie (die nach trinitarischer Offenbarung als Grund fragt) methodisch nur zusammen mit Fremdwahrnehmungen der Christologie zu behandeln, wie dies am Ende der Einleitung entfaltet wird. Das aber mindert die Orientierungsfähigkeit nicht, sondern es stärkt sie.

4 Kreuzestheologie in der Themaregel und in der Versöhnungsdiskussion

Das „Erbe der theologia crucis" weist mit anderen Worten kritisch darauf hin, wie Theologie der Orientierung gerecht wird. Wie kann Theologie kontextuell einen Orientierungsbedarf identifizieren, und wie kann sie der Kontingenz Rechnung tragen? Wie wird dasjenige beschrieben und theologisch verortet, was situ-

---

39 EC 1, 83.
40 EC 1, 83.
41 Vgl. EC 1, 66.

ativ orientierend wirken kann (wenn es denn wirkt), und wie orientiert das Reden im Namen des Gekreuzigten und Auferstandenen?

In diesem orientierungshermeneutischen Rahmen ist „Versöhnungslehre" eine Voraussetzung, um eine Sprache für die Orientierungspraxis zu verleihen,[42] um sozusagen den Versöhnungsbedarf als solchen überhaupt zu identifizieren. Wie das Erbe der *theologia crucis* zugleich als die selbstkritische Dimension der Versöhnungslehre gesehen werden kann, kommt in Assels Ausführungen über Christologie-Skepsis und in der Rezeption der Ideologiekritik Ricoeurs zum Ausdruck – und, so möchte ich hinzufügen, auch mit der Berücksichtigung des Anliegens der kontextuellen Theologie.

In diesem letzten Abschnitt fokussiere ich nun zentrale Begriffe der Versöhnungslehre der *Elementaren Christologie*. Was müsste diese Versöhnungslehre leisten? Nachdem vorhin Negativität im Sinne von Kontingenz, Desorientierung und Sinnlosigkeit beschrieben wurde, werde ich nun fragen, was es für die Verortung dieser Negativitäten bedeutet, wenn in der Versöhnungslehre der Sündenbegriff hinzugefügt wird und auf die Zuspitzung einer *Überwindung der Sünde* (Kap. 10) hin bearbeitet wird? Als Beispiel beziehe ich mich kurz auf eine Interpretation von Kreuz und Versöhnung in der *black theology*.

(1) *Themaregel.* Die *Elementare Christologie* stellt am Anfang diskutierend eine kreuzestheologische Themaregel auf, eine verdichtete Formulierung, die durch das Buch hindurch immer wiederkehrt und mehrere thematische Linien verbindet. Sie lautet im Anschluss an Hans Georg Geyer: Die *theologia crucis* ist Kapitel und Kompendium der *theologia trinitatis*.[43] Mit Geyer stellt die Kreuzigung Jesu – des Sohnes Gottes – die Möglichkeit dar, dass der dreieinige Gott sich „zurücknimmt" ins einfache Sein, und somit das hingegebene Leben nicht mehr hingegeben sei. Für den Glauben an den Auferstandenen ist dies eine Unmöglichkeit – dadurch aber wird das Kreuz gerade zur *Selbstbestimmung* Gottes, und nicht nur zur „Umstimmung" (in Unterschied zu Kähler und etwa zur Theorie von Versöhnung als Sühne).[44] Wie zentral dieser Gedanke innerhalb des Werkes ist, zeigt sich daran, dass er auch den Ausgang des dritten Bandes bildet, wo nochmals der Gedanke der Selbsthingabe anhand von Geyers Themaregel als Abschluss der Ausführungen über die Inkarnationsdiskurse zum Tragen kommt. Diese bilden dort die Voraussetzungen um abschließend Kreuz und Inkarnation in der Verlän-

---

42 Vgl. EC 1, 73.77.
43 EC 1, 34.
44 EC 1, 34.195 ff., vgl. auch EC 3, 323.

gerung einer Lesung des Johannesprologs aufeinander zu beziehen. Dies wird im ersten Band als Vorbegriff grundgelegt.

Assel ergänzt somit die Themaregel gleich am Anfang: Die *theologia crucis* ist auch Kapitel und Kompendium der *theologia incarnationis*.[45] Er entfaltet eine Voraussetzung in Geyers Themaregel, weil damit die gemeinte Identität Jesu Christi als des einzigen Sohnes Gottes als ein Aspekt der Themaregel angesehen wird. Mithin können sowohl der Gottesbezug als auch der Weltbezug Jesu kreuzestheologisch thematisiert werden, oder in anderer Begrifflichkeit, Jesu Einzigkeit und Erstheit.[46] Von dieser kreuzes-, inkarnations- und trinitätstheologischen Themaregel her gibt es Folgerungen für das gesamte Diskussionsspektrum der Versöhnungs- und Neuschöpfungstheorien, hierunter fallen die Ausführungen über Stellvertretung, Gabe und Opfer.

(2) *Stellvertretung*. Im Anschluss an diesem kreuzestheologischen Brennpunkt greife ich deshalb noch ganz kurz als letzten Punkt auf, was als ein kreuzestheologisches Schlüsselkonzept in Assels Diskussion der Versöhnungstheorien wahrgenommen werden kann, nämlich das Konzept der *originären Stellvertretung*. Dieses Konzept verknüpft mehrere Themenbereiche, nicht nur der Versöhnungstheorien, sondern auch später der jüdisch-philosophischen Interpretation von Mt 25 am Ende des zweiten Bands, dort mit ethischen Implikationen.[47] Der Begriff selbst wird in § 9 in dialektischem Unterschied zur *sekundären* Stellvertretung definiert. Es geht hier um eine „orientierungshermeneutische Grundspannung des Konzepts Stellvertretung".[48] Als sekundär werden hier Stellvertretungstypen (Repräsentation, Vikariat) genannt, die auf moral- und rechtsmetaphysische Ordnungen und Herrschaftsverhältnisse basieren. Solche sind besonders deutlich in vormodernen Versöhnungstheologien wie z. B. der Theorie Anselms von der vikariierenden Strafersatzleistung Christi. In unterschiedlichen Varianten hat Rechts- und Herrschaftsmetaphysik den Rahmen für theologische Versöhnungstheorien gebildet (und Assel weist darauf hin, dass solche sekundären Stellvertretungsvor-

---

[45] EC 1, 34.
[46] Welche Bedeutung die Weltlichkeit von Welt für den Orientierungsbedarf hier hat, mag indirekt in dem Gespräch mit Notger Slenczka mit der Frage zum Ausdruck kommen: „Entscheidet aber Versöhnung Gottes nicht über Sein und Nicht-Sein der Welt [...]in realen Interessen-Konflikten, Feindschaften und sinnzerstörenden Schrecken? Hier [sc. bei Slenczka] wird sie Bewusstseins-Geschichte christlicher Subjektivität", EC 1, 32.
[47] Vgl. EC 2, 340–360.
[48] EC 1, 245.

stellungen auch in modernen nachmetaphysischen Gestalten überleben[49]). Dies veranlasst den Hinweis auf die Problematik, dass solche – den Verständnishorizont der theologischen Versöhnungstheorien bildende – Weltanschauungsmomente sich als unzeitgemäß erweisen können und darum zu verabschieden sind.[50] Assel betont hier die pragmatische Umcodierung des Stellvertretungskonzepts hin auf „Kategorien für originäre Stellvertretung".[51]

Originäre Stellvertretung meint leibhaftig und verantwortlich an der Stelle des Anderen zu stehen und wird mit der Einzigkeit Christi in Verbindung gesehen.[52] Diesbezüglich ist Luthers Figur des wunderbaren Tausches in der Freiheitsschrift versprechend, in welcher „der Ort des Menschen [...] zum Ort Christi vor Gott wird".[53] Zugleich bildet der Begriff originärer Stellvertretung eine Brücke zum ethischen Anliegen, dass im § 28 mit der Einbeziehung von Cohen und Rosenzweig zum Ausdruck kommt. Aber wird über diese Brücke das Evangelium zum Gesetz? Allerdings wird in § 9 gezeigt, wie ‚die Beschreibung originärer Stellvertretung' wiederum in Stellvertretung gesellschaftlicher und mithin sekundärer Kategorien übersetzt wird (und dabei werden erneut Ricœurs Funktionen des Ideologischen und Utopischen als Formen des sozial Imaginären relevant).[54]

Als ein Beispiel für diese Dialektik der Stellvertretung ist die Versöhnungskritik der *black theology* aufschlussreich. Am Ende von § 9 wird exemplarisch M. L. King herangezogen. Im Horizont des „American Dream" geht sein Traum darum, dass stellvertretendes, unschuldiges Leiden befreiende Kraft haben kann. Mit Kants Religionsschrift: „unschuldiges Leiden auf sich [zu nehmen]" trägt dazu bei, „die gesellschaftliche Emanzipation aus der Gewalt, der Entfremdung und Verblendung einer Gesellschaft anzuzeigen und zu beschleunigen".[55] Entsprechend ist das Leiden in der Rede M. L. Kings *I have a dream* von 1963 „creative".[56] Gegenüber dem amerikanischen Traum mutet die Rede ideologiekritisch an. Doch auch hier, bei aller Relevanz, ist das Gelingen der Emanzipation kontingent – denn die Rede findet nicht unbedingt Resonanz in der Schwarzen Theologie. In einem anderen Beispiel aus der *black theology*, nämlich in der Rezeption der *theologia crucis* in der Theologie James Cones, geschieht gewissermaßen eine kreuzestheologische Utopiekritik. In

---

49 EC 1, 258.
50 EC 1, 250 f.
51 EC 1, 257.
52 EC 1, 246 ff.
53 EC 1, 256.
54 EC 1, 266 f.
55 EC 1, 304 f.
56 EC 1, 305.

diesem Licht erscheint etwa auch die Vorstellung von Stellvertretung in der Theologie Kings als „sekundär" weil sie im Horizont problematischer Herrschafts- und Repräsentationsverhältnisse gedacht wird.[57] Demgegenüber ist es nach Cone besonders beeindruckend, wie die langen Erfahrungen rassistischer Lynchmorde in den USA in den schwarzen christlichen Gemeinschaften ein Spiegelbild oder eine Identifikationsmöglichkeit im Angesicht des gekreuzigten Jesus gefunden hat.[58] Im Rahmen der *Elementaren Christologie* gesprochen: Die kritische Pointe gegenüber sekundärer Stellvertretung und ihren impliziten Herrschaftsverhältnissen und Repräsentationsproblemen ähnelt dem kritischen Anliegen einiger kontextueller und kreuzestheologisch inspirierter Entwürfe. Die Ambivalenz die den Vorstellungsrahmen der Stellvertretung kennzeichnet, kehrt dementsprechend wieder in der Ausarbeitung der Figuren von Opfer und Gabe in den späteren §§ 11 und 12.[59]

(3) *Das peccatum metaphoricum*. Vom Konzept der originären Stellvertretung her kann nun an Luthers paradoxen Ausdruck des *peccatum metaphoricum* – der übertragenen Sünde – angeknüpft werden und in § 10 der Sündenbegriff erörtert werden. Nur indem die Sünde auf einen anderen übertragen wird, wird sie als wirkliche Sünde erkannt. Dass bedeutet prinzipiell, dass Christologie die Sündenlehre begründet und nicht umgekehrt.[60] Die Herausforderung, die hier aufgenommen wird, ist demnach wie man zugleich Sünde in der Versöhnungslehre als Implikation, aber nicht als Voraussetzung verortet, und zugleich diese Sündenlehre nicht von einer Phänomenologie des Bösen absondert, was ihr Orientierungspotential abschwächen würde. Dies mündet in einer Differenzierung zwischen Evangelium und Gesetz, wo „Erkenntnis des Bösen als Sünde durch das Gesetz [...] unwahr und täuschend" ist, weil sie selbst „Phänomenwerden von Sünde im Urteilen und Sich-Orientieren als Schein"[61] ist. Jedoch, diese „pathologische Erkenntnis des Bösen als Sünde durch das Gesetz" wird zum Horizont oder zur paradoxen Voraussetzung für die „Erkenntnis des Bösen als Sünde durch das Evangelium".[62] Die Hamartiologie in § 10 bestimmt somit Sünde als Nichtiges, Böses und als Desorientierung; demgegenüber den Glauben

---

57 Vgl. EC 1, 246f.
58 James Cone, „An African-American Perspective on the Cross and Suffering," in *The Scandal of a Crucified World. Perspectives on the Cross and Suffering*, hg. v. Yacob Tesfai (New York: Maryknoll 1994), 48–61.
59 Vgl. besonders EC 1, 372. Vgl. auch Günter Bader: „Die Ambiguität des Opferbegriffs," in *NZSTh* 36 (1994): 59–74.
60 EC 1, 327ff.
61 EC 1, 314.
62 EC 1, 314.

als dramatische Urteilspraxis und Selbsterkenntnis im Spiegel Christi, wohingegen das rein reflexive Schuldgefühl auch in seiner skrupulösesten Form noch unwahre Sündenerkenntnis ist.[63] Gesetz wird zum Horizont für das Evangelium, führt aber zu einer Art Sündenerkenntnis, die angesichts des Evangeliums selbst Sünde wird.

Mit Bezugnahme auf Luther, wird darum das Kreuz gerade zum Ärgernis, weil die moralische Selbstprojektion der Sünder auf Jesus als guter Mensch (der sie gerne sein wollen) zerbricht. Indem die Sünde so erkennbar wird, wird sie zugleich verschlungen. *Simul iustus et peccator* ist der Mensch somit nicht in einem antinomischen Sinne, sondern in Bewegung.[64]

Um nochmals auf die *black theology* zurückzukommen: Wie sieht Versöhnungspraxis in dem Fall aus, in dem man auf das Kreuz schauend die Projektion und somit zunächst die Sünde *anderer* entdeckt, aber mit Blick auf sich selbst nur das Leid wiedererkennt und sich damit identifiziert?[65] Denn diese Theologie (etwa bei Cone) muss der Spiritualität der *black communities* gerecht werden, die am Kreuz Christi das eigene Leid wiedererkennt – und also gerade nicht vor der Projektion zurückschreckt. Hingegen kann mithilfe ihrer kritischen Hermeneutik darauf hingewiesen werden, wie selbst noch Darstellungen des Kreuzes repressive Repräsentationen weitergenerieren können, die gegenüber dem Zerbrechen der moralischen Selbstprojektion immun sind und somit aus dem Evangelium das Gesetz machen können. Luthers Figur der übertragenen Sünde könnte in dieser Rezeption der Kreuzestheologie dann auch das überindividuelle, mehrdimensionale Geflecht des Bösen als Sünde umfassen. Eine Komponente praktischer Versöhnung, oder einer orientierenden Versöhnungsethik wäre die Anerkennung dieser Identifikation der Leidenden mit dem Gekreuzigten. Auch so wäre von einer orientierenden Kraft des Kreuzes die Rede.

Es sind damit hermeneutische Querverbindungen zwischen der Themaregel einerseits und sowohl dem differenzierten Stellvertretungskonzept als auch der ambivalenten oder polyvalenten Gabe-Hingabe-Opfer-Thematik andererseits hergestellt. Wie Versöhnungslehre orientieren kann, zeigt sich im Zusammendenken von Inkarnation und Kreuz in der Themaregel und im Zusammendenken von Identität und Kontingenz. Diese Komplexität ist ein Potential für weitere theologische Anwendungsmöglichkeiten, wie sich z. B. anhand der Bezugnahmen feministischer Theologie und *black theology* zeigen lässt.

---

63 EC 1, 310 ff.318.322.
64 EC 1, 329.
65 Vgl. das Zitat von Cornelia Richter EC 1, 214.

Bibliographie

Assel, Heinrich. *Der andere Aufbruch. Die Lutherrenaissance – Ursprünge, Aporien und Wege: Karl Holl, Emanuel Hirsch, Rudolf Hermann (1910–1935)*. Göttingen: Vandenhoeck & Ruprecht, 1994.
Assel, Heinrich. *Elementare Christologie*, Bd. 1, *Versöhnung und neue Schöpfung*. Gütersloh: Gütersloher Verlagshaus, 2020.
Assel, Heinrich. *Elementare Christologie*, Bd. 2, *Der gegenwärtig erinnerte Jesus*. Gütersloh: Gütersloher Verlagshaus, 2020.
Assel, Heinrich. *Elementare Christologie*, Bd. 3, *Inkarnation des Menschen und Menschwerdung Gottes*. Gütersloh: Gütersloher Verlagshaus, 2020.
Assel, Heinrich (Hg). *Karl Holl. Leben – Werk – Briefe*. Tübingen: Mohr Siebeck, 2021.
Bader, Günter. "Die Ambiguität des Opferbegriffs." *NZSTh* 36 (1994): 59–74.
Bader, Günter. "Was heist: Theologus crucis dicit id quod res est?" In *Kreuzestheologie – kontrovers und erhellend. Prof. Dr. Volker Weymann zur Verabschiedung in den Ruhestand*, hg. v. Klaus Grünwaldt et al. 167–81. Hannover: Amt der VELKD, 2007.
Cone, James. "An African-American Perspective on the Cross and Suffering." In *The Scandal of a Crucified World. Perspectives on the Cross and Suffering*, hg. v. Yacob Tesfai, 48–61. New York: Maryknoll, 1994.
Dalferth, Ingolf U. "Verstehen als Orientierungspraxis. Eine hermeneutische Skizze." In *Zur Philosophie der Orientierung*, hg. v. Andrea Bertino u. a. 171–84. Berlin/Boston: Walter de Gruyter, 2016.
Iwand, Hans Joachim. "Theologia crucis" [1959] In: *Iwand, Nachgelassene Werke*, Bd. 2, *Vorträge und Aufsätze*, hg. v. Dieter Schellong u. a., 381–98. München: Chr. Kaiser, 1966.
Korthaus, Michael. *Kreuzestheologie. Geschichte und Gehalt eines Programmbegriffs in der evangelischen Theologie*. Tübingen: Mohr Siebeck, 2007.
Loewenich, Walther von. *Luthers theologia crucis*. München: Chr. Kaiser, 1929.
Madsen, Anna. *The theology of the cross in historical perspective*. Eugene, OR: Wipf and Stock Publ., 2007.
Mjaaland, Marius. *The hidden God. Luther, Philosophy and Political Theology*. Bloomington: Indiana UP, 2016.
Moltmann-Wendel, Elisabeth. "Zur Kreuzestheologie Heute. Gibt es eine feministische Kreuzestheologie?" *EvTh* 50 (1990):, 546–57.
Radford Ruether, Rosemary. *Introducing Redemption in Christian Feminism*. London: Bloomsbury Publishing, 1998.
Sölle, Dorothee. *Leiden*. Stuttgart: Kreuz-Verlag, 1973.
Thompson, Deanna A. *Crossing the Divide. Luther, Feminism and the Cross*. Minneapolis: Fortress Press, 2004.
Põder, Christine. "Kreuzestheologie in der Lutherforschung des 20. Jahrhundert." In *Ausstrahlung und Widerschein: Wahrnehmung und Wirkung der Wittenberger Universität im Europa des 16. Jahrhunderts*, hg. v. M. Beyer u. a. 533–51. Leipzig: Evangelische Verlagsanstalt, 2023 [im Erscheinen].
Põder, Thomas-Andreas. *Solidarische Toleranz. Kreuzestheologie und Sozialethik bei Alexander von Oettingen*. Göttingen: Vandenhoeck & Ruprecht, 2016.
Vollmer, Reinhard. *Gott Recht geben – im Gebet. Zur anthropologischen Bedeutung der Rechtfertigungslehre bei Rudolf Hermann und Hans Joachim Iwand*. Bad Salzuflen: MBK-Verlag, 2006.
Westhelle, Vítor. *Transfiguring Luther: The Planetary Promise of Luther's Theology*. Eugene: James Clarke & Co, 2017.

Heinrich Assel
Das kritische Erbe der *theologia crucis* und die politische Christologie

Keywords: Christologie, Kreuz, Theologie des Kreuze, theologia crucis, politische Christologie, black christology, Versöhnung, Versöhnungslehre, Schöpfer und Schöpfung, Ideologie, Utopie

(1) Wer Christine Pöder als Leserin des *Ersten Bandes der Elementaren Christologie: Versöhnung und neue Schöpfung* hat, kann sich als Autor glücklich schätzen. Wer Christine Pöder als Leserin hat, ‚lernt' als Autor aber auch ‚das Fürchten'.

Sie präpariert einen, vielleicht den wesentlichen Strang dieses Ersten Bands heraus: Das kritische Erbe der *theologia crucis* in der Versöhnungslehre. Sie steuert sofort die Hauptbastion an:[1] (1.) Das kritische Erbe der Kreuzestheologie und *die ‚kontextuelle' Kontingenz des methodisch gewählten Anfangs* von Christologie. Thematisch ist damit das Elementarste von Christologie, (2.) die Orientierungskraft des Namens JESUS CHRISTUS als *methodischer Anfang* (EC 1, 18–24 § 1,1 Der Name ‚Jesus Christus' als Anfang – Elementare Orientierung).[2] Mithin auch (3.) die Anfangs-Aporie[3] der ‚Gegenwart' *oder ‚Gegenwärtigkeit' im Gemeinplatz* des *Christus praesens*, sei es in der Feier des christlichen Gottesdienstes (Chr. Schwöbel), sei es in der christlichen Versöhnungspraxis am Beispiel Aussöhnung von Deutschen und Polen (EC 1, 24–35.71–86). Meine Christologie bezieht diesen ihren ‚Ort' als methodischen Standpunkt der Orientierung und Horizonteröffnung und stößt auf ihren Ausgangs-Topos: Wer ermöglicht christliche Versöhnungs-

---

1 Sie folgt der von Franz Rosenzweig empfohlenen, ‚napoleonischen' Maxime, im Lesen von Texten mit systematischem Anspruch sofort Hauptbastionen anzusteuern und, falls nötig, zu schleifen. Nebenbastionen würden folgerichtig kampflos kapitulieren.
2 Heinrich Assel, *Elementare Christologie*, Bd. 1, *Versöhnung und neue Schöpfung*. Gütersloh: Gütersloher Verlagshaus, 2020. Im Folgenden abgekürzt als EC 1.
3 ‚Aporie' „benennt das, was herkömmlicherweise das ‚Mysterium des Glaubens' genannt wird, unter den Bedingungen seiner rationalen Beschreibung. In der Beziehung auf sie wird die Unabgeschlossenheit jeder theologischen Aussage zum Ausdruck gebracht. Aporien können als strukturelle Probleme [...] dargestellt werden." Gerhard Sauter u. a., Hg., *Wissenschaftstheoretische Kritik der Theologie. Die Theologie und die neuere wissenschaftstheoretische Diskussion. Materialien-Analysen-Entwürfe* (München: Chr. Kaiser, 1973), 355.

Heinrich Assel ist Professor für Systematische Theologie an der Theologischen Fakultät der Universität Greifswald. Neueste Veröffentlichung zum Thema: *Elementare Christologie*, 3 Bde. (Gütersloh: Gütersloher Verlagshaus 2020).

https://doi.org/10.1515/9783111340951-008

praktiken in der ‚immer noch versöhnlicheren' Gegenwart der Versöhnung Gottes inmitten des noch so ‚unversöhnlichen Kontextes' (ein Entdeckungszusammenhang, der sich von 2014 an aufdrängte)?

Kants berühmtes Schlusswort zum Pantheismus-Streit in seiner Abhandlung: *Was heißt: Sich im Denken orientieren?* stellt ja die Frage, wo in größtmöglicher Des-Orientierung der nicht mehr weiter desorientierbare, insofern methodisch grundlegende Anfang der (Re-)Orientierung zu finden sei.[4] Ein Anfang so elementar und so kontingent wie die Links-Rechts-Unterscheidung für die Orientierung-im-Körper und so elementar und so kontingent wie die Maxime der Selbsterhaltung der praktischen Vernunft für die Orientierung-im-Denken, die sich gerade in ihrer Selbsterhaltung und Selbsterzeugung als radikal kontingent exponiert[5] und praktisch vollzieht: als kontingente Freiheit, ‚begreifbar unbegreifbar'. Ein Anfang also, so elementar und kontingent wie der Name ‚Jesus Christus' als ‚Geheimnis' oder ‚Aporie' christlichen Glaubens und christlicher Freiheit. Woraufhin, zu welchem Ende dieses Geheimnis des Anfangs in strukturelle Probleme, in drei Dimensionen und in fünfunddreißig Themen von Christologie exponieren?

(2) Mit der ersten Frage: Wo (mit einer Christologie) *Anfangen?* (und ich sage nicht: Anfangen-Können) ist also sofort auch die letzte Frage gestellt: Wo (mit einer Christologie) *Enden-Können?* Die Antwort auf diese Frage wird in meiner Christologie in § 35 versucht:[6] *Logos und Schöpfung: Sprachskepsis und Sprachgewissheit.* Also dort, wo die in meiner Christologie enthaltene Fundamentalunterscheidung *von Gott und Welt als Unterscheidung von Schöpfer und Schöpfung* exponiert wird. Kann diese Fundamentalunterscheidung von Schöpfer und Schöpfung anders verortet sein als im Kapitel über *Inkarnation des Menschen und Menschwerdung Gottes*; also dort, wo die christliche, evangelische, reformatorische Orientierungsformel der Inkarnationschristologie exponiert wird: *Creatura est capax Creatoris?*[7]

---

4 Immanuel Kant, *Was heißt: Sich im Denken orientieren? (1786)*, Bd. 5, Werke in zehn Bänden, hg. v. Wilhelm Weischedel (Darmstadt: Wissenschaftliche Buchgesellschaft, 1983), 265–83.
5 Kant, *Denken*, 283 (A 330), Anm.; Immanuel Kant, *Grundlegung zur Metaphysik der Sitten (1785)*, Bd. 6, Werke in zehn Bänden, hg. v. Wilhelm Weischedel (Darmstadt: Wissenschaftliche Buchgesellschaft, 1983), 102 (B 128). Die Aporie des Anfangs als methodisches Problem des Anfangs und als Anfang mit dem göttlichen Namen ist ausgeführt in: Heinrich Assel, *Geheimnis und Sakrament. Die Theologie des göttlichen Namens bei Kant, Cohen und Rosenzweig*, FSÖTh 98, Göttingen: Vandenhoeck & Ruprecht, 2001, 116–58.237–68.
6 Heinrich Assel, *Inkarnation des Menschen und Menschwerdung Gottes*, Bd. 3, *Elementare Christologie*. Gütersloh: Gütersloher Verlagshaus, 2020. Im Folgenden abgekürzt EC 3.
7 Vgl. zu dieser Formel meine Antwort an René Dausner.

Völlig zutreffend schlägt Christine Pöder den Bogen vom Anfang im Namen JESUS CHRISTUS (der *Einleitung* in EC 1) mit dem kritischen Erbe der Kreuzestheologie (§§ 1–7 in EC 1) zu *diesem Ende* (§§ 34–36 in EC 3): Hier wird die fundamentale und nicht reduzible Alterität meiner christologischen *Schöpfer-Schöpfung-Unterscheidung* und *Schöpfer-Schöpfung-Dialektik* (Anfangs- und Neuschöpfung!) gegenüber einer jüdisch-religionsphilosophischen *Schöpfer-Schöpfung-Unterscheidung* und *Schöpfer-Schöpfung-Dialektik* (Anfangs- und Neuschöpfung!) dargestellt. Letztere wird für mich exemplarisch und gültig auf einer Höhenlinie von Hermann Cohen über Franz Rosenzweig und Jakob Gordin bis zu Emmanuel Levinas sichtbar (vgl. dazu meine Antwort auf René Dausner).

Der Antagonismus von Sprachgewissheit und Sprachskepsis ist selbstverständlich nicht auf den Antagonismus von christlich-urteilsförmiger Christo-*logie* und jüdisch-skeptischer *De-konstruktion* von (transzendentalen) Urteils-Aussagen über Gott abzubilden.[8] Levinas' Dekonstruktion von Christologie und Offenbarungs-*Theologie* in seiner *Passion des Sagens* treibt diese Skepsis zwar zum (bisher) konsequentesten Ende, setzt aber darin Christologie als Theologie voraus. Die bis ans Ende durchgehaltene Dialektik von Christologie selbst ‚zwischen Sprachgewissheit und Sprachskepsis' müsste vielmehr Signum der bis an dieses Ende durchgehaltenen Kontingenz des Christo-*logen* selbst *als Christ* sein: Warum JESUS CHRISTUS (warum NAME?) und nicht vielmehr nicht-JESUS CHRISTUS (warum nicht nicht-NAME?)? Die bis ans Ende durchgehaltene Kontingenz müsste sich zuletzt *schöpfungstheologisch exponieren*, eben durch die genuin christologisch exponierte *Schöpfer-Schöpfung-Unterscheidung* und *Schöpfer-Schöpfung-Dialektik* (Anfangs- und Neuschöpfung!); und zugleich *via negativa*, weil der Name GOTT *als Schöpfer* sich sofort im Sagen und im Aussagen, im Symbolisieren und in jeder Semiose in trinitarische und tetragrammatische Grammatiken kontingent verzweigt, kontingente Verzweigungen, die nicht mehr selbst im Inbegriff ‚Gottes' *als Schöpfer* begreifbar sind, sondern *via negativa*, begreifbar unbegreifbar auszubuchstabieren sind.[9]

Immerhin: Mit der *Schöpfer-Schöpfung-Unterscheidung* und *Schöpfer-Schöpfung-Dialektik* (Anfangs- und Neuschöpfung!) ist nicht nur die abschließende und fundamentalste der elementaren Orientierungs-Unterscheidung erreicht und exponiert.

---

8 Es ist ja gerade die Dialektik von Christo-Logie und Christo-Poetik und anders gelagerte Dialektik von Gewissheit und Skepsis im Urteilen, die drei Lehr-Bücher mit Urteilen und Argumenten, mit Grundlegungen und Themen erzeugt und schließlich das Endenkönnen der Lehr-Buch-Form *Christologie* ermöglicht: οὐδ' αὐτὸν οἶμαι τὸν κόσμον χωρῆσαι τὰ γραφόμενα βιβλία (Joh 21,25), Übergang vom Buch ins Leben als Praxis der Bewährung.
9 Heinrich Assel, „Eliminierter Name. Unendlichkeit Gottes zwischen Trinität und Tetragramm," in *Gott Nennen. Gottes Namen und Gott als Name*, hg. v. Ingolf U. Dalferth und Philipp Stoellger, RPT 35, Tübingen: Mohr-Siebeck 2008, 209–48.

Mit ihr ist auch die *Schluss-Aporie* möglicher *Trans-Differenz* des Christlichen und Jüdischen erreicht. Oder sollte ich genauer sagen: Die (transzendental und phänomenologisch) *unmögliche* Trans-Differenz von Christologie als christlicher Orientierung im trinitarischen Namen Gottes und jüdischer Skepsis als Orientierung im tetragrammatischen Namen Gottes? Die *Schöpfer-Schöpfung-Unterscheidung* und *Schöpfer-Schöpfung-Dialektik* (Anfangs- und Neuschöpfung!) als den ‚Raum' geteilter Probleme eröffnet und diesen Raum der „Offenheit [...] zwischen Wahrheit und Ideologie"[10] ausgelotet zu haben, halte ich für das *andere kritische Erbe*, dem kritischen Erbe der *theologia crucis* verwandt: *das kritische Erbe der Schöpfungstheorie* der genannten jüdischen Sprachdenker und Philosophen.

(3) Mit § 35 endet daher meine Christo-logie und kann, nach meinem Verständnis, auch enden. Der *Epilog* des § 36 *Anders gesagt: Der Prolog des Vierten Evangeliums als Zeuge der Inkarnation* ist nicht mehr Christo-logie, sondern Christo-poetik (*Anders gesagt*). Er sucht zwischen Sprachgewissheit und Sprachskepsis die unmögliche Trans-Differenz und diesen Raum der Offenheit anhand des ‚Prologs als messianischer Text'[11] ‚aus den Quellen des Christentums' kommentierend auszuloten. Methodisch gesagt: Der ‚grundlegende' Anfang, nach dem die *Einleitung* der Christologie fragt, um von Namen JESUS CHRISTUS her den Ausgangs-Topos (Versöhnungspraxis und Versöhnungslehre) und die Themaregel (mit Hans-Georg Geyer: *theologia crucis* als Kapitel und Kompendium der *theologia trinitatis*) zu exponieren, fungiert in der gesamte *Elementaren Christo-logie* als logisch ‚ungrundlegender' Ursprung der konstruktiven Erzeugung von Orientierung und von elementaren Orientierungspunkten und -unterscheidungen. Er endet, wo die Kontingenz kreuzestheologischer Orientierung im Namen JESUS CHRISTUS als *Geheimnis der Kreatürlichkeit* christlichen Glaubens und Erkennens *via negativa* erreicht ist und sich ‚aus den Quellen des Christentums' darstellt. Wieviel ich für dieses methodische Selbstverständnis und für diese ‚systematische Anlage' meiner Christologie Hermann Cohens *Religion der Vernunft aus den Quellen des Judentums* und Franz Rosenzweigs *Stern der Erlösung* verdanke, davon versuchte ich Schritt für Schritt Rechenschaft zu geben.

(4) Genau *hier* nun setzt der fremde Blick der Leserin Christine Põder erneut an. Sie versteht in gewisser Weise besser, das heißt: ideologiekritischer als der Autor, weil sie den Anfang der Elementaren Christologie auf seine beanspruchte Kontingenz behaftet und sachgerecht zeigt, was es *noch Außerdem* heißen könnte und

---

10 Emmanuel Levinas, *Jenseits des Seins oder anders als Sein geschieht*, übersetzt von Thomas Wiemer (Freiburg: Karl Alber, 1998), 380.
11 Die Formel ‚messianischer Text' entnehme ich einem Gespräch mit meinem späteren Greifswalder philosophischen Kollegen Werner Stegmaier im Jahr 2003. Stegmaier nannte Franz Rosenzweigs *Stern der Erlösung* einen *messianischen Text* (aus den Quellen des Judentums).

was es *noch Anderes* bedeuten könnte, sich kreuzes-christologisch und versöhnungs-praxeologisch zu orientieren. Sie wendet die Un-Grundlegung des Anfangs mit dem Namen JESUS CHRISTUS und die kreuzestheologisch *kritisch* zu exponierende Kontingenz des an der *Gegenwärtigkeit des Versöhners Christus interessierten* Christo-logen auf die (meine) Christologie selbst an.

Mit dem Namen JESUS CHRISTUS als Anfang der Orientierung werden sofort elementare indikatorische Unterscheidungen auf genuine Weise mit erzeugt und ‚grammatisch' reguliert: ‚hier und dort', ‚oben/Himmel und unten/Erde', ‚gegenwärtig und vergangen-erinnert sowie vergangen-historisch', ‚gegenwärtig und zukünftig-futurisch sowie zukünftig-messianisch und zukünftig-eschatologisch' usw. Mit dem Namen JESUS CHRISTUS sind auch Pro-Nomina grammatisch folgerichtig: ‚Du (bist mein), ich (bin Dein)'; ‚Er' und ‚wir'; ‚Er – und Sie?'; ‚wir' (Christinnen und Christen) und ‚ihr' (Nicht-Christinnen und Nicht-Christen), ‚wir' (‚Opfer') und ‚ihr' (‚Täter'); ‚wir' (Sklaven und Nachfahren von Sklaven) und ‚ihr' (Herren und Nachfahren von Herren). Schließlich namenslogische Unterscheidungen: NOMEN PROPRIUM und PRO-NOMEN, vielleicht auch (aber genau dies ist zu erläutern): NAME und nicht-NAME (‚Gott' bzw. ‚Jesus Christus' als NAME und als nicht-NAME, als unendlich minimierter, fast eliminierter Eigenname). Solche Unterscheidungen seien im christologischen Anfang, im Ausgangs-Topos ‚Versöhnung' und in der kreuzestheologischen Themaregel meiner Christologie mit erzeugt, aber nicht vollständig von mir ausgelotet. Um dies zu zeigen, thematisiert Christine Pöder drei (höherstufigere) Leit-Unterscheidungen meiner Christologie: ‚Gegenwart und Abwesenheit' (Jesu Christi, des Versöhners), ‚narrative und historische Kontingenz' (des in Evangelien ‚erinnerten Jesus'), ‚Utopie und Ideologie' (im Mythos vom Gott-Menschen als Versöhner).

(5) Ihre behutsam fremde Lesart dieser drei dialektischen Leit-Unterscheidungen setzt an der Unterscheidung ‚Gegenwart und Abwesenheit', ‚Christus praesens und Christus absens' an. Sie zielt auf die von mir beanspruchte Verschränkung von Utopie-Kritik und Ideologie-Kritik, indem sie diese nun behutsam auf das kritische Erbe der Kreuzestheologie anwendet: „Ist es (a) auf die Weise kritisch, dass es kritische Urteilsbildung (in Versöhnungspraktiken? in der Versöhnungslehre?) stärkt? Oder eher (b) auf die Weise kritisch, dass an ihm verborgene Probleme der Versöhnungslehre ins Licht rücken? Den Anspruch der Elementaren Christologie folgend, müsste es um beides gehen." (Pöder, 139).

In der Tat! Pöder rückt verborgene Probleme meiner Versöhnungslehre ins Licht. Worum es geht, lässt sich am christologisch exponierten Begriff der *Gegenwart, Gegenwärtigkeit* (der Versöhnung) exemplifizieren, der die beiden einleitenden Paragraphen meiner Christologie (EC 1 m §§ 1 und 2) bündelt. Ich rekurriere zum Zweck der Bündelung bewusst auf Michael Theunissens (durch Franz Rosenzweig inspirierte) Kritik an *Hegels Lehre vom absoluten Geist als theologisch-politischer Traktat*:

> Die Lehre von Jesus Christus als Versöhner ist gegenwartsbezogen. Die jeweils eigene Gegenwart, ihre wirklichen Tendenzen und Interessenkämpfe im Spiegel der Gegenwart des Versöhners zu begreifen – das macht Christologie zur *eminent interessierten Erkenntnis*. Michael Theunissen formuliert dies als Aufgabe interessierter Erkenntnis (eine Formel, die nicht ans Medium der Hegel-Interpretation gebunden ist, in der sie bei Theunissen steht): ‚Erst wenn der Mensch die Gegenwart als Werden zu erfassen fähig ist, indem er in ihr jene Tendenzen erkennt, aus deren dialektischem Gegensatz er die Zukunft zu schaffen fähig ist, wird die Gegenwart, die Gegenwart als Werden, zu seiner Gegenwart.'[12] Hoffnung der Versöhnung der Welt mit Gott vollzieht sich als Werden zur je eigenen Gegenwart. Werden zur je eigenen Gegenwart vollzieht sich im Erkennen jener Tendenzen, aus deren dialektischem Gegensatz Menschen ihre Zukunft zu schaffen fähig sind. Diese Zukunft geht nie in einer erfüllten Gegenwart oder Vergangenheit auf. Zukunft der Versöhnung bleibt pure Möglichkeit auch in vorläufigen historischen Aussöhnungen. Gegenwart bleibt Werden zur Gegenwart. Am jeweils eigenen und noch so zufälligen Ort – zum Beispiel im Osten Deutschlands entlang der Oder-Neiße-Linie – eröffnet sich der Gegenwartshorizont der Versöhner-Lehre. Er öffnet sich in längerfristigen Anamnesen von 1965 über 1990 bis 2015 und heute. ‚Ich glaube, dass Gott aus allem, auch aus dem Bösesten, Gutes entstehen lassen kann und will'[13] – dieser Glaubenssatz D. Bonhoeffers wird in der Versöhner-Lehre zur *eminent interessierten Erkenntnis der Gegenwärtigkeit des Versöhners*. Wenn die vorliegende Versöhner-Lehre mit einem Paragraphen über Versöhnung und Aussöhnung heute am Beispiel Polen und Deutsche eröffnet, so reflektiert dies einen möglichen, meinen Gemeinplatz interessierter Erkenntnis. (EC 1, 84 f.)

(6) Ist, so verstehe ich Christine Pöders Frage, mit dem beanspruchten Anfang im und mit dem Namen JESUS CHRISTUS tatsächlich der so elementare wie kontingente Anfang gemacht? Und bewährt und erweist sich diese Grundlegung im Namen JESUS CHRISTUS in der gesamten versöhnungschristologischen Exposition, die durch Vorbegriff und dialektische Themaregel das Ereignis von Kreuz und Auferweckung als *hermeneutisch notwendig* zu begreifen sucht und *zugleich kontingent* belassen will (die Konnotationen von Kontingenz fächern sich mit den drei dialektischen Topoi dabei weiter auf)? Wäre der Name JESUS CHRISTUS für die Orientierung-im-Glauben in dieser Weise elementar, so müsste der Orientierung suchende Glaube[14] sein eigene kontingente Verortung und den kontingenten Entdeckungs-Horizont

---

12 Michael Theunissen, *Hegels Lehre vom absoluten Geist als theologisch-politischer Traktat* (Berlin/New York: Walter de Gruyter, 1970), 386. Anm. 58, Zitat von Georg Lukács.
13 Dietrich Bonhoeffer, *Widerstand und Ergebung. Briefe und Aufzeichnungen aus der Haft*, hg. v. Christian Gremmels, Eberhard Bethge und Renate Bethge in Zusammenarbeit mit Ilse Tödt, DBW Bd. 8 (Gütersloh: Gütersloher Verlagshaus, 1998), 30.
14 Verwirrt in größtmöglicher Des-Orientierung durch ‚Sünde', durch innere Lüge, Apostasie und Ärgernis, durch grundlosen Hass in pandemischen Verbrechen gegen die Menschlichkeit.

seines Sich-Versöhnt-Glaubens und Versöhntseins kritisch vor sich selbst bringen, eingeschlossen das stets auch Ideologische und Utopische jeder gefundenen Re-Orientierung. Das eben wäre auf dem Weg vom Anfang zum Vorbegriff und zur Themaregel zu erweisen, wenn denn diese Themaregel das kritische Erbe der *theologia crucis* in der Versöhnungslehre beansprucht.

Kommt es schon bei diesen anfänglichen Schritten zu Ausrutschern nach links und rechts, zu übereilten Fehltritten und zu Einbrüchen ins Grundlose, so würde es dem *theologus crucis* überhaupt nichts helfen, dass er es *an sich kritischer wusste und wollte*: „Redet er wie er als Theologe gewohnt ist zu tun, so ist es nicht mehr das Kreuz, von dem er redet; ist es aber das Kreuz, dann redet er nicht mehr von ihm oder noch nicht."[15]

Unweigerlich hieße es: Zurück auf Anfang ‚coram cruce'![16]

(7) Christine Pöder bahnt eine kritische Lesart an, die – träfe sie zu (und ahnt es die Leser*in nicht?) – für den Autor nichts weniger bedeutete als ‚Zurück auf Anfang coram cruce'! Zurück an den Anfang *des Verstehens oder vielmehr Nicht-Verstehens, Pathos des Erneut-Anfangen-Müssens coram cruce*.

(8) Pöders Kritik zielt auf Elementareres als ein neues, das nächste Christologie-Buch, auf immer neue Revisionen. Sie wendet *die Dialektik der kreuzestheologischen Themaregel ideologiekritisch auf das Anfangen selbst und die Themaregel selbst an*, schließlich auf das gesamte Unternehmen der vorgelegten Versöhnungslehre. Kommt es denn, radikal gefragt, aufs Besser-Verstehen an? Kommt es aufs je neue Interpretieren *der Welt coram cruce* an? „Kömmt es" nicht vielmehr „drauf an, sie zu verändern"?[17] Das Theorie-Praxis-Problem von Christologie als Versöhnungslehre, das Pöder namhaft macht, führt auf eine radikalere Ideologie-Kritik, als diejenige P. Ricœurs (auf die ich mich in § 1 und 2 beziehe). Radikaler wäre die von K. Marx und F. Engels in der *Deutschen Ideologie* 1845/46 gesuchte Ideologie-Kritik: Die Forderung, „das Bewußtsein zu verändern", das sich in seinen Produkten entfremdete Bewußtsein mit sich zu versöhnen, „läuft auf die Forderung hinaus, das Bestehende anders zu interpretiren [sic!], d. h. es vermittelst einer andren Interpretation anzuerkennen. Die junghegelschen Ideologen sind

---
15 Günter Bader, „Was heißt: Theologus crucis dicit id quod res est?" in *Kreuzestheologie – kontrovers und erhellend. Prof. Dr. Volker Weymann zur Verabschiedung in den Ruhestand*, hg. v. Klaus Grünwaldt und Udo Hahn (Hannover: Amt der VELKD, 2007), 167–81, 181.
16 Vgl. Philipp Stoellgers Exposition des *coram cruce* in diesem Band.
17 „Die Philosophen haben die Welt nur verschieden interpretiert, es kommt aber darauf an, sie zu verändern" Karl Marx, „Thesen über Feuerbach (Frühjahr 1845), These 11," in *Karl Marx. Friedrich Engels. Werke*, hg. v. Institut für Marximus-Lenismus, Bd. 3 (Berlin: Dietz Verlag, 1978), 533–535, 535. (Erstfassung: „[...] es kömmt [sic!] drauf an, sie zu verändern." Vgl. MEW 3, 7).

trotz ihrer angeblich ‚welterschütternden' Phrasen die größten Konservativen. [...] Keinem von diesen Philosophen ist es eingefallen, nach dem Zusammenhange der deutschen Philosophie mit der deutschen Wirklichkeit, nach dem Zusammenhange ihrer Kritik mit ihrer eigenen materiellen Umgebung zu fragen."[18]

Marx und Engels radikalisieren ihre Kritik in einer Weise, dass ihr Ideologie-Begriff selbst zu einem bloß temporären, dilemma-haften Konzept der Selbstverständigung wird. Es schwankt zwischen der Kritik der bürgerlichen Ideologie einer klassenbedingten bürgerlich-kapitalistischen Verkehrsform und der Frage, ob es eine proletarische Ideologie der revolutionären Massen geben solle und ob der Kommunismus eine solche Ideologie darstelle, Instrument des Klassenkampfs einer revolutionären Masse, die gerade keine Klasse ist:

> Zwischen diesen beiden Perspektiven schwankt der Text [sc. der *Deutschen Ideologie*] hin und her. Liest man ihn *ideologietheoretisch*, so wirkt er als ein Dokument der Selbstaufklärung auf der Suche nach einer ‚Ideologiekritik' in Form einer *historisch-politischen Ökonomie des Wissens*. Liest man ihn dagegen stärker von seiner *revolutionstheoretischen* Seite, entwickelt er einen geradezu dilemmatischen Sog, in dem ‚Ideologie' und ‚Ideologiekritik' zu ununterscheidbaren Elementen einer *Praxis des Klassenkampfs* werden.[19]

(9) Weil Christine Pöder das Theorie-Praxis-Problem von Christologie so radikal stellt wie Marx und Engels, müssen wir mit ihr mindestens zwei Schritte zurück vor den Anfang, vom Elementaren zum (vielleicht) Elementareren. Sie befragt die kreuzestheologische Themaregel (erneut sachgerecht!) nicht nur auf ihren *trinitätstheologischen Grund* im riskanten Ereignis der ‚ungeheuren Wandlung' und Selbstbestimmung Gottes als Liebe (EC 1, § 7). Vielmehr befragt sie diese auch voraus auf ihr *inkarnationschristologisches Ereignis* im *Augenblick originärer Stellvertretung des messianischen Selbst-im-Leib-für-den-Anderen* (von EC 1, § 9 auf EC 3, § 34 hin). Sie schlägt also – mit souveränem Zugriff am gewählten Testfall und Topos *originärer Stellvertretung und sekundärer, herrschaftsbestimmter Stellvertretungen* – den Bogen vom Anfang im Namen JESUS CHRISTUS als Versöhner (EC 1 § 1) über JESUS CHRISTUS als Einziger am Kreuz (§ 7) und originärer Stellvertreter

---

18 Karl Marx u. Friedrich Engels, *Die Deutsche Ideologie* (Berlin: Henricus Edition Deutsche Klassik, 2018), 135, aus dem Kapitel: *Feuerbach. Die Ideologie überhaupt, namentlich die deutsche.*
19 Matthias Bohlender, „Die Herrschaft der Gedanken. Über Funktionsweise, Effekt und die Produktionsbedingungen von Ideologie," in *Karl Marx, Friedrich Engels: Die deutsche Ideologie*, hg. v. Harald Bluhm, Klassiker Auslegen 36, (Berlin: Akademie Verlag, 2010), 41–58, 57. Würden sich die Massen aufgrund ihrer illusionslosen Lage selbst aus der ideologischen Entfremdung befreien, dann hätte Ideologie ihren Herrschaftseffekt über die Massen verloren – eine theoretisch schwer erklärbare Disruption. Marx und Engels befänden sind dann in der „delikaten Rolle von Selbstaufklärern der bürgerlichen Klasse" (ebd.), die sich noch unter diesem Herrschaftseffekt befände.

(§ 9) zum Knotenpunkt im § 28 (EC 2, 28): *Das Bild Jesu als Bild des Armen*. Von dieser ‚Humanchristologie' am Ende des Zweiten Bands geht sie weiter zurück zur ‚Inkarnations- und Menschwerdungschristologie' (EC 3, § 34).

(10) An diesem Testfall geprüft, scheint sich mein Anspruch, das kritische Erbe der *theologia crucis* in der Versöhnungslehre ideologie-kritisch und utopie-kritisch geltend zu machen ins methodisch Unkontrollierbare zu verflüchtigen. Die gewohnt kritische Handhabung dieser Dialektik in der *Theorie* schlägt zurück auf den *theologus crucis* in seiner (dem Anspruch nach) kritischeren *Praxis-Orientierung*:

> Hier geht es zunächst um die kritische Pointe, dass man „an einer ins Utopische gehenden Neuschöpfungslehre kreuzestheologische Kritik formulieren" kann, wenn diese Lehre sich der Schuld nicht ‚nüchtern genug' stellt.[20] Umgekehrt kann man „an einer ins Ideologische gehenden Versöhnungslehre auferweckungstheologische Kritik formulieren", wenn diese sich der Überwindung des Alten und (historisch gesehen) nahezu Unversöhnlichen durch das Neue und Neuschöpferische Gottes nicht genügend stellt. Aber kann man Kreuz und Auferstehung differenziert zu dieser kritischen Anwendung heranziehen? Gibt es nicht auch kreuzestheologische Kritik an Ideologie, wenn sich die Vorstellung des „guten Alten"[21] nicht nur der Erneuerung Gottes verschließt, sondern eben dadurch in der Realität die Schuld und Sünde des Alten reproduziert? Wie auch immer man diese Frage beantworten würde, so ist hier dennoch ein prinzipieller und komplementärer Griff von größter Tragweite für praktisch-orientierende Versöhnungstheologien im Spiel. (Pöder, 144f.)

In der Tat! Zum Beispiel weil diese Praxis-Orientierung jede stereotyp gehandhabte, kreuzestheologische Ideologie- und Utopie-Kritik entsichert und verkehrt. Nicht nur verkehrt sich die Dialektik von Kreuz und Auferweckung, Auferweckung und Kreuz. Es überkreuzt sich die Dialektik von Christologie als doktrinaler Theorie und mimetischer Praxis. Christine Pöder macht ja, indem sie feministische Kritik und *black theology* (mit D. Soelle und J. Cone) namhaft macht, den *Primat mimetischer Praxis kritisch* gegenüber meiner (auch von ihr an sich geteilten) kreuzestheologischen Unterscheidung von *Einzigkeit* Jesu Christi als auferweckter Gekreuzigter und Gottes Sohn *im Gottesverhältnis* und *Erstheit* Jesu Christi als gekreuzigter Auferweckter und Menschensohn *im Weltverhältnis* in Versöhnungslehre geltend (so mit der von Pöder, 146f. zutreffend dargestellten Themaregel Hans-Georg Geyers).

> Um nochmals auf die *black theology* zurückzukommen: Wie sieht Versöhnungspraxis in dem Fall aus, in dem man auf das Kreuz schauend die Projektion und somit zunächst die Sünde anderer entdeckt, aber mit Blick auf sich selbst nur das Leid wiedererkennt und sich damit identifiziert? Denn diese Theologie (etwa bei Cone) muss der Spiritualität der *black communities* gerecht werden, die am Kreuz Christi das eigene Leid wiedererkennt – und also gerade nicht vor der Projektion zurückschreckt. Hingegen kann mithilfe ihrer kriti-

---

20 EC 1, 83.
21 Vgl. EC 1, 83.

schen Hermeneutik darauf hingewiesen werden, wie selbst noch Darstellungen des Kreuzes repressive Repräsentationen weitergenerieren können, die gegenüber dem Zerbrechen der moralischen Selbstprojektion immun sind und somit aus dem Evangelium das Gesetz machen können. Luthers Figur der übertragenen Sünde könnte in dieser Rezeption der Kreuzestheologie dann auch *das überindividuelle, mehrdimensionale Geflecht des Bösen als Sünde umfassen*. Eine Komponente praktischer Versöhnung, oder einer orientierenden Versöhnungsethik wäre die Anerkennung dieser Identifikation der Leidenden mit dem Gekreuzigten. Auch so wäre von einer orientierenden Kraft des Kreuzes die Rede. (Pöder, 150)

Beschreibt Christine Pöder hier nicht eine Versöhnungs*praxis* die das namentlich eigene Leiden in den *black communities* am Gekreuzigten wiedererkennt, der – verstehe ich recht? – darin in *seinem* Leiden als der Einzige-für-die-Anderen *namenlos würde*, das *anonyme Gesicht* der Leidenden der *black communities*? Sie würde darin also – verstehe ich recht? – aus kreuzestheologischer Exposition dieser Praxis heraus dazu auffordern, je und dann noch *vor* den elementaren Anfang von Christologie mit dem und im Namen JESUS CHRISTUS zu rekurrieren! Eine Rekurrenz *vor* den Namen JESUS CHRISTUS, die mimetisch-praktisch zu beschreiben, aber christo-logisch nicht mehr ‚begreifend einzuholen' wäre, weil eben christo-logisch der Anfang der Orientierung nur mit dem Namen und im Namen JESUS CHRISTUS gemacht werden kann. Christlicher Glaubens*vollzug* und christlicher Glaubens*bezug* kann dieses Minimum an kenntlichem Glaubens*gehalt*, eben den NAMEN selbst zwar praxeologisch, aber nicht christologisch hinterschreiten.

In einem radikalen Schritt der kritischen Rekurrrenz *vor* den Anfang von Christologie würde diese kritischere Lesart die Kontingenz des Anfangs von Christologie *coram cruce* in diesem Primat anonymer, mimetischer Versöhnungs-Praxis geltend machen: CRUX, Cruxifixus als Ort des ‚Leidens am Leiden' vor ‚Gott', das unvertretbar wird, nicht für ‚die anderen' getragen; die Verantwortung anderer (Täter, Strukturen, Verflechtungen) *pro-nominal* namhaft machend, als ‚Verantwortung der Verantwortung des Verfolgers' und der ‚bösen Strukturen'.

(11) Rekurrenz vom Anfang im Namen JESUS CHRISTUS zum PRO-NOMEN des messianischen Selbst-für-Andere rekurriert vom EIGENNAMEN ‚Jesus Christus' zum NICHT-NAMEN, zu dem was Levinas (in seiner Operation der ‚Verunendlichung des Unendlichen'), das PRO-NOMEN der messianischen Hypostase in der messianischen Subjektivität nennt (‚Echo' der ‚Spur' Gottes am Ort des messianischen Knechts Gottes, in seinem Leiden am Leiden).

Versuche ich diese kritische Lesart des Ersten Bandes meiner Christologie von meinen Voraussetzungen aus zu beschreiben, ohne sie diesen Voraussetzungen einzuordnen, so mobilisiert Christine Pöder die Potentiale der jüdischen Christologie-*Skepsis* z. B. H. Cohens und E. Levinas zugunsten eines möglichen Primats der *kreuzestheologischen, mimetischen und anonymen, politischen Praxis vor der Christo-logie*. Die Kontingenz des Anfangs der Christologie mit den Namen

JESUS CHRISTUS könnte, nur geduldig genug kreuzestheologisch und trinitätstheologisch, versöhnungspraktisch und substitutionsethisch exponiert, auf die überraschende und unvordenkliche Verwendung dieses Namens als PRO-NOMEN stoßen, worin der Eigenname ‚Jesus Christus' anonym wird: „Herr, wann haben wir dich hungrig gesehen und haben dir zu essen gegeben, oder durstig und haben dir zu trinken gegeben?" Dieses Elementarere, der NICHT-NAME (der eliminierte Name als Pro-Nomen) im Namen JESUS CHRISTUS sei es, worauf von der christlichen Seite her radikal politische Kreuzestheologien *sensu black theology* und *sensu feminist critic* stoßen würden, wie auch jüdische Interpreten von Mt 25,31–46 (s. EC 2,354–360).

(12) Trifft dies zu, dann führte diese kritische Rekurrenz der *black theology* und *feminist critic* zu einer *politisch-ideologischen non-christology*. Also zu einer kreuzestheologischen *non-christology* als ‚Ideologie einer Praxis politischen Kampfes'?[22] Gerade weil sie Levinas' These von der Pro-Nominalität des NAMENS GOTTES so verwandt ist, teilt sie m. E. auch bestimmte ihrer Konsequenzen und Probleme.

Levinas thematisiert im Vollzug seiner Beschreibung originärer Stellvertretung bestimmte *Grundbegriffe* christlicher Inkarnationslehre, die sich erstaunlich folgerichtig einstellen, stets aber sinnverschoben werden und fremd verortet sind:

– *Hypostase* ist ‚Ausnahme vom Sein' und ‚Existenzvollzug' des Selbst-für-den-Anderen (methodisch isoliert und entleert von idiomatischen Bestimmungen).
– Die *Person* mit *Eigennamen*, z. B. JESUS VON NAZARETH, lässt sich nur vom leiblich-hypostatischen Selbst des Einzigen her beschreiben. Die ‚Zeitekstasen' der messianischen Subjektivität liegen der Geschichtlichkeit und Historizität einer Person des Christus oder Messias noch zuvor.
– Levinas beschreibt stets nur den *nicht-numerischen*, messianischen Einzigen. Das alte Problem konsistenter christologischer und trinitarischer Begriffe von Hypostase und Person – jener nicht-numerisch: der Einzige, Gott und Mensch einigend; dieser numerisch: der Zweite der Trinität, Gott und Gott unterscheidend – ist nicht Levinas' Problem.
– Er beschreibt *Kenose als Demut und sogar Verfolgung, als Inkognito und Ärgernis* des Selbst-für-Andere; und er beschreibt die ‚unmögliche' Kenose Gottes, des Herrlichen, Heiligen und Unendlichen, am Ort dieser Kenose ins ‚Leiden für andere' bis hin zum ‚Leiden am Leiden'.

---

22 Der Begriff *non-christology* ist eine Analogiebildung zu *non-theology*, den Rebbeka Klein zur Interpretation Žižeks und zur programmatischen Charakterisierung ihrer eigenen politischen Theologie verwendet Rebbeka A. Klein, *Depotenzierung der Souveränität. Religion und politische Ideologie bei C. Lefort, S. Žižek und K. Barth*, RPT 85 (Tübingen: Mohr Siebeck, 2016).

- Er widmet sich dem Verhältnis des Einzigen, der sich unter dem Eigennamen der Person (z. B. JESUS VON NAZARETH) verbirgt, und konzipiert den Namen GOTT als PRO-NOMEN[23] (EC 3, 129 f.).

Die Passivität dieses inkarnierten und pro-nominalen Selbst-für-den-Anderen, Ort des Namens GOTT als Pro-Nomen, liegt bei Levinas allerdings der politischen Autonomie geschichtlicher Personen und Personen-Kollektive in ihrer gesellschaftlichen Situiertheit (*black communities*) kategorial voraus. Von dieser Unterbrechung des Politischen und Historischen her zu einer *historisch-politischen Ökonomie des Wissens* oder zu einer *Ideologie des politischen Kampfes* (z. B. einer zionistischen Praxis und Theorie des modernen Staates Israel) zu kommen, bleibt dilemmahaft und ein (ungelöstes?) Problem für Levinas.[24] Und bliebe es auch für *black theology*, wenn sie ihre Kreuzestheologie so konsequent als *politische non-christology* konzipierte.

Bibliographie

Assel, Heinrich. *Geheimnis und Sakrament. Die Theologie des göttlichen Namens bei Kant, Cohen und Rosenzweig*, FSÖTh 98. Göttingen: Vandenhoeck & Ruprecht, 2001.

Assel, Heinrich. "Eliminierter Name. Unendlichkeit Gottes zwischen Trinität und Tetragramm." In *Gott Nennen. Gottes Namen und Gott als Name*, hg. v. Ingolf U. Dalferth und Philipp Stoellger, RPT 35, 209–48. Tübingen: Mohr-Siebeck, 2008.

Assel, Heinrich. *Elementare Christologie*, Bd. 1, *Versöhnung und neue Schöpfung*. Gütersloh: Gütersloher Verlagshaus, 2020.

Assel, Heinrich. *Elementare Christologie*, Bd. 3, *Inkarnation des Menschen und Menschwerdung Gottes*. Gütersloh: Gütersloher Verlagshaus, 2020.

Bader, Günter. "Was heißt: Theologus crucis dicit id quod res est?" In *Kreuzestheologie – kontrovers und erhellend. Prof. Dr. Volker Weymann zur Verabschiedung in den Ruhestand*, hg. v. Klaus Grünwaldt und Udo Hahn, 167–81. Hannover: Amt der VELKD, 2007.

Bohlender, Matthias. "Die Herrschaft der Gedanken. Über Funktionsweise, Effekt und die Produktionsbedingungen von Ideologie." In *Karl Marx, Friedrich Engels: Die deutsche Ideologie*, hg. v. Harald Bluhm, 41–58, Klassiker Auslegen 36. Berlin: Akademie Verlag, 2010.

Bonhoeffer, Dietrich. *Widerstand und Ergebung. Briefe und Aufzeichnungen aus der Haft*, hg. v. Christian Gremmels, Eberhard Bethge und Renate Bethge in Zusammenarbeit mit Ilse Tödt, DBW Bd. 8. Gütersloh: Gütersloher Verlagshaus, 1998.

Herzog, Annabel. *Levinas's Politics. Justice, Mercy, Universality*. Philadelphia: University of Pennsylvania Press, 2020.

---

23 ‚Gott' als Pro-Nomen vgl. Levinas, *Jenseits des Seins*, 135, 191, 235, 238, 395.
24 Vgl. Annabel Herzog, *Levinas's Politics. Justice, Mercy, Universality*, Philadelphia: University of Pennsylvania Press, 2020.

Sauter, Gerhard u. a., Hg. *Wissenschaftstheoretische Kritik der Theologie. Die Theologie und die neuere wissenschaftstheoretische Diskussion. Materialien-Analysen-Entwürfe*. München: Chr. Kaiser, 1973.

Theunissen, Michael. *Hegels Lehre vom absoluten Geist als theologisch-politischer Traktat*. Berlin/New York: Walter de Gruyter, 1970.

Kant, Immanuel. *Was heißt: Sich im Denken orientieren? (1786)*, Bd. 5, *Werke in zehn Bänden*, hg. v. Wilhelm Weischedel, 265–83. Darmstadt: Wissenschaftliche Buchgesellschaft, 1983.

Kant, Immanuel. *Grundlegung zur Metaphysik der Sitten (1785)*, Bd. 6, *Werke in zehn Bänden*, hg. v. Wilhelm Weischedel. Darmstadt: Wissenschaftliche Buchgesellschaft, 1983.

Klein, Rebbeka A. *Depotenzierung der Souveränität. Religion und politische Ideologie bei C. Lefort, S. Žižek und K. Barth*, RPT 85. Tübingen: Mohr Siebeck, 2016.

Levinas, Emmanuel, *Jenseits des Seins oder anders als Sein geschieht*, Übers. Thomas Wiemer. Freiburg: Karl Alber, 1998.

Marx, Karl. "Thesen über Feuerbach (Frühjahr 1845)." In *Karl Marx. Friedrich Engels. Werke*, hg. v. Institut für Marximus-Lenismus, Bd. 3, 533–35. Berlin: Dietz Verlag, 1978.

Marx, Karl u. Engels, Friedrich. *Die Deutsche Ideologie*. Berlin: Henricus Edition Deutsche Klassik, 2018.

Hermut Löhr
Evangelien-Hermeneutik und „Jesus Remembered"
Heinrich Assels *Elementare Christologie* 2

Abstract: The article discusses selected aspects of Heinrich Assel's Christology from an exegetical perspective. In particular, the hermeneutical and theological consequences of the so-called memory turn in present-day Jesus research, the question of the role of the canon for the construction of a systematic-theological Christology as well as the importance of the history of reception and impact (and their different branches) of early Christian texts for a perception and description of the „presently remembered Jesus" are discussed. The article thus underlines the integral importance of hermeneutical and systematic-theological reflection for New Testament exegesis.

Keywords: Christologie, Erinnerung, Evangelien, Jesus (historischer, geschichtlicher, irdischer, vorösterlicher), Jesus remembered, Kanon, Kulturelles Gedächtnis, memory turn, Mitte der Schrift

1 Einführende Bemerkungen

Die Apologie Justins des Märtyrers aus der Mitte des 2. Jahrhundert n. Chr. bietet die erste uns erhaltene und einigermaßen umfassende Skizze des frühchristlichen Sonntagsgottesdienstes.[1] In Kap. 67 heißt es dort:

---

[1] Vgl. dazu ausführlich Hermut Löhr, *Studien zum frühchristlichen und frühjüdischen Gebet. Untersuchungen zu 1 Clem 59 bis 61 in seinem literarischen, historischen und theologischen Kontext*, Wissenschaftliche Untersuchungen zum Neuen Testament 160 (Tübingen: Mohr Siebeck Verlag, 2004), 427–34.

Hermut Löhr ist Professor für Neues Testament mit Schwerpunkt Antikes Judentum an der Evangelisch-Theologischen Fakultät der Universität Bonn. Neueste Veröffentlichung zum Thema: *„Nicht du trägst die Wurzel, sondern die Wurzel trägt dich". Gegenwärtige Perspektiven zum Rheinischen Synodalbeschluss „Zur Erneuerung des Verhältnisses von Christen und Juden" von 1980*, SKI.NF 78, hg. v. Wolfgng Hüllstrung und Hermut Löhr (Leipzig: Evangelische Verlagsanstalt 2023).

https://doi.org/10.1515/9783111340951-009

> An dem Tage, den man Sonntag nennt, findet eine Versammlung aller statt, die in Städten oder auf dem Lande wohnen; dabei werden die Denkwürdigkeiten der Apostel oder die Schriften der Propheten vorgelesen, solange es angeht. Hat der Vorleser aufgehört, so gibt der Vorsteher in einer Ansprache eine Ermahnung und Aufforderung zur Nachahmung all dieses Guten. Darauf erheben wir uns alle zusammen und senden Gebete empor. (Übers. Gerhard Rauschen, BKV).

Es folgt dann, in Wiederaufnahme von Kap. 65, die Darstellung des zweiten, auf die Mahlfeier mit Brot und Wasser konzentrierten Teils des Gottesdienstes. Diese Passage ist das erste erhaltene Zeugnis auch für die gottesdienstliche Lesung aus den Evangelien (neben der Prophetenlesung), die hier (67,3) als „Denkwürdigkeiten der Apostel" (gr.: τὰ ἀπομνημονεύματα τῶν ἀποστόλων) bezeichnet werden. In Kap. 66,3 wurde diese Bezeichnung zur Erläuterung des offenbar als unklar oder mehrdeutig empfundenen Begriffs *εὐαγγέλια/euangelia* eingeführt; zitiert werden *dort* die Einsetzungsworte.[2] *ἀπομνημονεύματα/apomnêmoneumata* ist ein fester Terminus der antiken Literaturgeschichte;[3] uns ist er vielleicht noch aus den „Memorabilien" des Xenophon, den „Erinnerungen an Sokrates" vertraut; Xenophon hat diesen Titel offenbar selbst gewählt.

Die Bezeichnung scheint im Kontext der Ausführungen Justins eine apologetische (und im Kontext explizit gemachte polemische) Pointe zu haben: Die Erinnerungen der an den Ereignissen Beteiligten (und ggf. ihre mündliche Weitergabe) sind Gewähr für die Zuverlässigkeit des Berichteten.

Es wäre reizvoll, die Geschichte der Interpretation und Erforschung der Evangelien und der Frage nach Jesus von Nazareth aus dem Gegenüber der Gattungsbezeichnungen „Evangelium" und „Erinnerung" zu entwickeln. In einer solchen Geschichte wäre die gegenwärtige Beschäftigung mit den beiden Fragen: „Was sind die Evangelien?" und „Wer war Jesus?" vielleicht als Knotenpunkt zu betrachten: Während die erstgenannte Frage etwa durch die Arbeiten von Richard Burridge,[4] Dirk Frickenschmidt[5] oder Detlef Dormeyer[6] in den letzten Jahrzehnten einer ausführlichen Revision unterzogen wurde, sprechen wir in Hinsicht auf die zweite geradezu von einem *memory turn*, der, ältere Ansätze aufnehmend,

---

[2] Ob diese Passage ein früher Beleg für die Rezitation der Einsetzungsworte während der Mahlfeier ist, ist in der liturgiegeschichtlichen Forschung umstritten.
[3] Vgl. Eduard Schwartz, "Apomnemoneumata," *RE* 2/1 (1895), 170 f.
[4] Richard Burridge, *What are the Gospels? A Comparison with Graeco-Roman Biography* (Waco: Baylor University Press, ³2018).
[5] Dirk Frickenschmidt, *Evangelium als Biographie. Die vier Evangelien im Rahmen antiker Erzählkunst*, Texte und Arbeiten zum neutestamentlichen Zeitalter 22, (Tübingen: Francke, 1997).
[6] Detlef Dormeyer, *Evangelium als literarische und theologische Gattung*, Erträge der Forschung 263 (Darmstadt: Wissenschaftliche Buchgesellschaft, 1989).

vor allem durch James D.G. Dunn[7] angestoßen und im deutschsprachigen Raum u. a. von Jens Schröter[8] und in jüngerer Zeit besonders eindrücklich von Sandra Hübenthal[9] im Anschluss an Jan Assmann[10] (der wiederum auf Maurice Halbwachs' Theorie des kollektiven Gedächtnisses[11] zurückgreift) kultursoziologisch gewendet auf die Jesus-Überlieferung bezogen wurde.

Assels Christologie nimmt, was für den Austausch zwischen den Disziplinen der Theologie nicht selbstverständlich ist, diese Entwicklungen in der neutestamentlichen Exegese der letzten Jahrzehnte aufmerksam wahr, und er tritt, nicht nur, aber zumal im zweiten Band des Werkes, in ein bewundernswert intensives, nachdenkliches und anregendes Gespräch mit ihnen ein. Mich haben die wiederholte Lektüre der drei Bände, ferner die Gespräche mit Heinrich Assel über sein entstehendes Werk sowie zuletzt die aufgrund eines von ihm vorgelegten „Werkstattberichts" in der Bonner Ökumenischen Neutestamentlichen Sozietät im Januar 2022 geführten Diskussion in vieler Hinsicht angeregt: die Fachdiskussionen neu zu reflektieren, manchen der in den Bänden gelegten wertvollen Spuren von Rezeption und Wirkung neutestamentlicher Texte nachzugehen und nicht zuletzt, manche scheinbar wohlbekannten neutestamentlichen Texte noch einmal und genauer zu lesen.[12]

Ich möchte die mir für diesen Beitrag vorgeschlagenen Themenfelder „Evangelienhermeneutik" und „*Jesus Remembered*" und ihre Aufnahme in der Christologie Assels im Folgenden aufgreifen und damit jedenfalls punktuell mit dieser ins Gespräch kommen.

---

[7] James D. G. Dunn, *Jesus Remembered*, Christianity in the Making 1, (Grand Rapids: Eerdmans, 2003).
[8] Jens Schröter, *Erinnerung an Jesu Worte. Studien zur Rezeption der Logienüberlieferung in Markus, Q und Thomas*, Wissenschaftliche Monographien zum Alten und Neuen Testament 76 (Neukirchen-Vluyn: Neukirchener Verlage, 1997).
[9] Sandra Hübenthal, *Das Markusevangelium als kollektives Gedächtnis*, Forschungen zur Religion und Literatur des Alten und Neuen Testaments 253 (Göttingen: Vandenhoeck & Ruprecht, ²2018); engl. Übersetzung; *Reading the Gospel of Mark as a Text from Collective Memory*. (Grand Rapids: Eerdmans, 2020).
[10] Jan Assmann, *Das kulturelle Gedächtnis. Schrift, Erinnerung und politische Identität in frühen Hochkulturen* (München: C.H. Beck, 1997).
[11] Vgl. Maurice Halbwachs, *La mémoire collective* (Paris: Presses Universitaires de France, 1950).
[12] Ein fast wahllos herausgegriffenes Beispiel mag hier für das Ganze des Leseeindrucks stehen: Die für das Verständnis des Mt – und des mt Jesus – so wichtige Passage Mt 5,17–20 findet m. E. in Assel (§ 25, bes. II 245), einen ungewöhnlich aufmerksamen Leser.

2 Das eine Evangelium und die Pluralität der Evangelien

Die Frage „Was sind die Evangelien?" wird von Assel nicht im Sinne der oben angedeuteten literaturwissenschaftlichen und -geschichtlichen Bestimmungen als antike Biographie, genauer als βίος/bios (mit manchen Parallelen in jüdischer wie griechisch-römischer Literatur), beantwortet, sondern primär textsemiotisch und wirkungsästhetisch bearbeitet. Dies hat methodische und material-christologische Konsequenzen: Assel nimmt zwar aus dem Fachdiskurs die Bezeichnungen „kanonisch geworden" bzw. „apokryph geworden"[13] auf, welche der Tatsache Rechnung tragen sollen, dass der uns geläufige Kanon eben nicht von Anfang an feststand, sondern historisch geworden (und somit – aus *historischer*[14] Perspektive – kontingent ist, was die Exegese immer wieder zu seiner Dekonstruktion eingeladen hat – und das wird vermutlich auch in Zukunft so bleiben). Doch bedeutet dies keine Relativierung oder Auflösung des (zweiteiligen) Kanons (auch solche Stimmen gibt es bekanntlich noch in der Systematischen Theologie der Gegenwart), sondern seine Affirmation. Die Debatte um das Kanonische des Kanons wird aber doch vielleicht etwas zu schnell beendet, wenn der Text formuliert:

> Sie [scil. die Christologie des erinnerten Jesus] setzt den historisch gewordenen Kanon biblischer Schriften aber nur insofern voraus, als sich seine Kanonizität material im Gebrauch erweist. Der materiale Erweis im Gebrauch bemisst sich an *Jesus Christus als pragmatischer Wirk-Mitte der Schrift*.[15]

Was unter „pragmatischer Wirk-Mitte" – eine etwas tautologische Formulierung – zu verstehen sei, wird bereits in § 1 Abschnitt 5 näher ausgeführt. Hier lesen wir:

> Das Kanonische der biblischen Bücher des zweigeteilten Kanons begründet sich also für eine Christologie nicht primär von einem semantischen Sinnhorizont und einer topischen Mitte her. Wenn überhaupt,[16] so begründet sich das Kanonische von Texten als Zeugen vom pragmatischen Gebrauchshorizont einer Gemeinschaft her, also von der biblisch-hermeneutischen

---

13 Vgl. dazu Dieter Lührmann, *Die apokryph gewordenen Evangelien. Studien zu neuen Texten und zu neuen Fragen*, Novum Testamentum. Supplements to Novum Testamentum 112, (Leiden/Bosten: Brill, 2004), 1–54.
14 Die Perspektive des Glaubens und der Glaubenstradition wird hier natürlich anders urteilen, etwa mit Verweis auf die Inspiration der Schrift oder das *testimonium internum spiritus sancti*.
15 Heinrich Assel, *Elementare Christologie*, Bd. 2, *Der gegenwärtig erinnerte Jesus* (Gütersloh: Gütersloher Verlagshaus, 2020), 23 (Hervorhebung im Original). – Im Folgenden abgekürzt mit der Sigle: EC und Bandnummer.
16 Deuten sich hier Zweifel an der Möglichkeit einer theologisch-sachlichen und nicht bloß pragmatischen Begründung des Kanons an?.

Wirkmitte her, für welche Wirkmitte formelhaft und abbreviativ der Name ‚JESUS CHRISTUS als Name Gottes und als Wort Gottes' steht.[17]

Das ist natürlich eine Abstraktion tatsächlicher Wirkung und Rezeption (oder, anders formuliert: eine Setzung), so, wie jede Affirmation von Wirkungs- und Rezeptionshermeneutik faktisch auf Abstraktion, Auswahl, Zusammenfassung und Verkürzung angewiesen ist. Vielleicht ließe sich aber die prinzipielle Unabgeschlossenheit von Wirkung und Rezeption, die synchron wie diachron gegebene Fluidität des „Gebrauchshorizont(s) einer Gemeinschaft" noch deutlicher für den Ansatz selbst fruchtbar machen?[18] Unter 3. komme ich auf diesen Punkt noch einmal zurück.

Eine konkretere materiale Füllung ergibt sich dann aus der Durchführung in den Kapiteln 6 bis 10 in Band 2: Sie setzen mit dem Namen Jesus und einem der Hoheitstitel – oder, wie Assel ganz sachgemäß sieht: Beinamen *und* Titel, nämlich „Christus" ein, und beschäftigen sich dann mit weiteren zentralen Themen und Textzusammenhängen, vielfach Teiltexten der einzelnen Evangelien. Die Behandlung der verschiedenen Arten von Wundererzählungen, die meines Erachtens freilich für alle vier kanonischen Evangelien christologisch konstitutiv sind, unterbleibt.[19]

Deutlicher wäre hier zu unterscheiden, ob wir die vier kanonischen Evangelien als unterschiedliche Ausformulierungen[20] der *einen* „frohen Botschaft" verstehen sollten (die – sekundären – Evangelien-Überschriften könnten dafür ein Indiz aus der frühen Rezeptionsgeschichte sein[21]), ob wir sie, ähnlich dazu, als den *einen* Text des Vier-Evangelien-Kanons lesen, oder ob wir sie als vier mehr

---

17 Heinrich Assel, *Elementare Christologie*, Bd. 1, *Versöhnung und neue Schöpfung* (Gütersloh: Gütersloher Verlagshaus, 2020), 36.
18 Das hier in den Sinn kommende Stichwort des „Diskurses" wird bei Assel sowohl für die biblischen Texte wie für ihre Rezeptions- und Wirkungsgeschichte mehrfach in Anspruch genommen, aber m. E. konzeptuell nicht genauer ausgearbeitet.
19 Dazu schreibt Assel in seinem oben erwähnten, an die Bonner Sozietät adressierten Werkstattbericht vom 27. Januar 2022 mit einnehmendem Freimut: „Sollten Sie mich fragen: Warum fehlen ‚Wunder Jesu'? Meine Antwort wäre wohl: Ich las Zimmermanns Kompendium *Wunder Jesu*, und ich las das Marburger Jahrbuch: *Wunder*. Wo wir hier exegetisch und christologisch stehen und was hier rechenschaftsfähig zu sagen wäre, dazu hatte ich zwar Ideen und Entwürfe. Aber ich zog zuletzt qualifiziertes Schweigen vor."
20 Im Falle der synoptischen Evangelien, die literarisch gewiss voneinander abhängen, stellt sich in rezeptionsästhetischer Perspektive durchaus die Frage, ob sie in der Antike nicht als verschiedene, veränderte Auflagen *eines* Buches wahrgenommen wurden. Vgl. dazu den innovativen Ansatz von Matthew D. C. Larsen, *Gospels before the Book* (Oxford: Oxford University Press, 2018).
21 Vgl. hierzu Martin Hengel, "Die Evangelienüberschriften," in *Jesus und die Evangelien. Kleine Schriften V*, hg. v. Martin Hengel (Tübingen: Mohr Siebeck, 2007), 526–67.

oder weniger unterschiedliche Bücher innerhalb des einen Kanons betrachten. Mir will scheinen, dass die vier Evangelien (bzw. im Falle des Lk, das zweiteilige erzählende Geschichtswerk Lk/Act) sehr unterschiedliche Vertreter der Gattung „Evangelien" sind, und dass, je nachdem, welches neutestamentliche Beispiel man wählt, auch je andere literaturgeschichtliche Analogien nahe liegen.

Die etwa für Teile des sog. *third quest* so wichtigen (neutestamentlichen) Apokryphen treten dagegen zurück:

> Gemessen daran werden apokryph gewordene Evangelien, Agrapha und zwischentestamentliche[22] Apokalypsen und Apokryphen genau dort und nur dort einbezogen, wo sich ihre textuellen Jesus-Erinnerungen als material kanonisch erweisen oder wo sie in der Jesus-Erinnerung der kanonischen Evangelien vorausgesetzt sind.[23]

Während die letzte Bemerkung wohl auch die von Assel berücksichtigte hypothetische Logien-Quelle Q „rettet" (sie ist meines Erachtens eine textsemiotisch nicht seriös zu bearbeitende Größe), klingt die vorausgehende Überlegung tautologisch. Etwa am *Protevangelium des Jakobus* ließe sich zeigen, wie eine „apokryph gewordene", d. h. unseres Wissens nie kanonische, gleichwohl populäre und viel gelesene frühchristliche Schrift die Erinnerung an Jesus (und seine Mutter!) in der Erinnerungsgemeinschaft der Kirche(n) geprägt hat und noch prägt. Noch einmal zeigt sich hier nicht nur die Selektivität und Kontingenz des Kanons (sowie der bei seiner Entstehung *de facto* zur Geltung gekommenen Kriterien), sondern auch seines materialen Erweises in der Wirkungs- und Rezeptionsgeschichte bis in die Gegenwart.

Auch eine im historischen Paradigma arbeitende Exegese[24] unterscheidet grundsätzlich und heuristisch zwischen einer eher produktionsästhetisch und einer eher rezeptionsästhetisch interessierten Analyse, je nachdem, ob der Text (oder – *sit venia verbo* – der Autor), seine Co-Texte und Kontexte, seine Enzyklo-

---

22 Diese Bezeichnung ist in literaturgeschichtlicher wie in (Israel-)theologischer Sicht problematisch. Ich selbst verwende ihn nicht.
23 EC 2, 23.
24 Der Selbstbezeichnung „historisch-kritische Exegese" kommt, wenn ich recht sehe, in der neutestamentlichen Forschung der Gegenwart sowohl im deutschsprachigen Raum wie weltweit kaum noch Bedeutung zu (was in den theologischen Nachbardisziplinen nicht durchweg erfasst wird); ja bisweilen scheint mir die Bezeichnung mit Blick auf Teile der Forschungsgeschichte pejorativ verwendet zu werden. Dies hat zum einen natürlich damit zu tun, dass nicht-historische (linguistisch oder „kulturwissenschaftlich" angeregte) Methoden der Texterschließung zunehmend die exegetische Arbeit prägen (und fördern!), zum anderen aber auch damit, dass „historisch-kritisch" nicht umfassend im Sinne der historisch abzielenden Untersuchung der Texte verstanden (wurde und) wird, sondern mit der Vorstellung eines festen, vielfach als problematisch, ungenügend und veraltet beurteilten Methodenkanons verknüpft ist.

pädie, seine Pragmatik und Leserlenkung, oder ob die (intendierte, vermutete) Leserschaft im Mittelpunkt der Untersuchung steht. Diese unterschiedlichen Perspektiven haben schon für einfachste wortsemantische Bestimmungen erhebliche Konsequenzen: Wenn der Jude Paulus sich als δοῦλος/doulos (= „Sklave", „Diener", „Knecht") bezeichnet, mag das für ihn sehr wohl mit anderen Konnotationen verbunden gewesen sein als für seine Adressaten z. B. in Philippi.

Man könnte formulieren: „Reader response" ist auch eine im Rahmen eines historischen Modells der Kommunikation durch Texte legitime und anwendbare Perspektive. Assel spricht, wie angedeutet, sowohl von Textwirkung wie von Rezeption, doch tritt diese, wenn ich den Autor recht verstehe, schrifthermeneutisch jener eher ergänzend und reagierend an die Seite, als dass sie das theologische Verständnis der Schrift und ihrer Mitte bestimmen würde. Es gibt, so will mir scheinen, für Assel ein *theologisches Prae* des Textes und seiner „Wirk-Mitte", und hier würden sich, wenn das zutrifft, *in der Gegenwart* die Wege von exegetischer und systematisch-theologischer Hermeneutik wohl scheiden. Eine die rezeptionsästhetische mit der rezeptionsgeschichtlichen Perspektive konzeptionell noch enger verknüpfende Sicht würde vielleicht die vorkanonischen Fragmente und Formeln, die kanonischen und außerkanonischen Texte und weitere Zeugnisse z. B. der Theologie-, Philosophie- oder Kunstgeschichte u. a. auf der Seite der Rezeption näher zusammenrücken.[25]

3 Der Gesalbte des Herrn und der *Kyrios Jêsus Christos*

Den verschiedenen Jesusfiguren, welche Theologie und Exegese in den letzten Jahrzehnten und Jahrhunderten hervorgebracht haben,[26] fügt Assel mit seinem Werk eine weitere hinzu: den „gegenwärtig erinnerten irdischen Jesus".

Die Rede vom „irdischen Jesus" ist in der Exegese geläufig, und sie signalisiert u. a., dass wir aus den Debatten um den „historischen Jesus", dem Nachdenken

---

25 Die sich fast notwendig ergebende weitere Frage, wer oder was denn da rezipiert wurde und werde, kann nicht einheitlich beantwortet werden, eben weil Rezeption notwendig selektiv ist und auch das individuelle oder soziale Vergessen einschließt.
26 Michael Wolter, *Jesus von Nazaret*, Theologische Bibliothek 6 (Göttingen: Vandenhoeck & Ruprecht, 2019), 22–33 typisiert folgende unterschiedlichen, wenngleich überlappenden „Jesus-Bilder": der historische Jesus, Jesus Christus (Martin Kählers „geschichtlicher, biblischer Christus"), der irdische Christus, der erinnerte Jesus Christus, Jesus von Nazaret, Selbstauslegung Jesu, sowie, als Postulat, der wirkliche Jesus.

über den Charakter der uns zur Verfügung stehenden Quellen (zwischen Mythos und Geschichtsbericht) sowie, in neuerer Zeit, der Einsicht in den konstruktiven Charakter aller Historiographie *past and present,* gelernt haben. Ich bin mir nicht ganz sicher, ob „vorösterlicher" und „irdischer" Jesus dasselbe meinen. Es wäre vielleicht etwas spitzfindig darauf hinzuweisen, dass es nach drei von vier kanonischen Evangelien auch nach Ostern einen „irdischen" Jesus gab, wenn man nicht schweigend voraussetzt (was die Interpretation aber wohl meist tut), dass der Auferstandene *per definitionem* kein Irdischer (mehr) sein kann. Nun, ob dies der Semiotik der Quellen entspricht, wäre eigens zu diskutieren. Hier und da scheint es mir Indizien für einen (epistemischen oder ontischen) „Oster-Bruch" zu geben (die Begegnungen mit dem Auferstandenen können z. T. als Begegnungen mit dem Himmlischen verstanden werden),[27] aber ich bin mir nicht sicher, ob wir damit die Zeichenwelt der Texte und das Weltverständnis (einschließlich der gar nicht so strikten Unterscheidung von „Himmel" und „Erde", sowie von Gott und Mensch) schon richtig verstanden haben.[28]

Geradezu beckmesserisch mag die weitere Überlegung anmuten, ob wir dem „irdischen Jesus" mit dieser Bezeichnung nicht etwas zu viel Mobilität zuweisen – eine Überlegung, die ich mir beim Lesen einer Christologie erlaube, die, den Standards narrativer Exegese angemessen, sich – endlich einmal! – sich nicht nur über Eigennamen, sondern auch über Ortsnamen, zeitliche und topographische Angaben des biblischen Berichts Gedanken macht.[29] Ist in dieser narratologischen Perspektive der „irdische Jesus" nicht zugleich und vielmehr und ausschließlich der Jesus im Land Israel (oder der „palästinische Jesus"!)? Gerade in rezeptions- und wirkungsgeschichtlicher Perspektive würde es meines Erachtens lohnen, dieser Spur weiter nachzugehen.

Ein zusätzlicher Marker für diese Perspektive ist die Bezeichnung „Jesus" (ohne Beinamen oder Hoheitstitel), und darin kommt auch ein differenziertes und die sehr unterschiedlichen exegetischen Positionen vorsichtig abwägendes historisches Urteil Assels zum Ausdruck. Einerseits hält er fest: „Jesus sich hat sich (historisch wahrscheinlich) nicht selbst als Messias bezeichnet."[30] Damit ist

---

27 Vgl. in diesem Sinne zum Konzept des lukanischen Doppelwerkes Michael Wolter, "Die Proömien des lukanischen Doppelwerks (Lk 1,1–4 und Apg 1,1–2)," in *Die Apostelgeschichte im Kontext antiker und frühchristlicher Historiographie,* hg. v. Jörg Frey (Berlin/New York: De Gruyter, 2009), 476–94, 481–93.
28 Die nach Ansicht mancher so selbstverliebte und mit sich selbst beschäftigte Exegese beschäftigt sich gegenwärtig (eher textbasiert als theorieorientiert) mit solchen Fragen, und sie arbeitet damit m. E. in eminentem Sinne theologisch und schrifthermeneutisch.
29 Vgl. EC 2, 53 f.
30 EC 2, 99.

die Frage, ob seine Anhänger diese Erwartung und Bezeichnung an ihn herangetragen haben, aber noch nicht beantwortet. Hierzu stellt der Autor mit Referenz auf die von Gerd Theißen und Annette Merz eingeführten Differenzierungen fest: „Für den irdischen Jesus erweisen sich auch hier Hypothesen über ein explizites, implizites oder evoziertes messianisches Selbstverständnis als fragwürdig."[31] – ein *non liquet* also. Von „Fragwürdigkeit" (im pejorativen Sinne) würde ich nicht sprechen, sehr wohl aber von unterschiedlichen Einschätzungen, Argumenten und bleibenden Unsicherheiten. Ich kann nur eben andeuten, dass es meines Erachtens gute Gründe gibt anzunehmen, an Jesus seien zu seinen Lebzeiten messianische Hoffnungen und Erwartungen herangetragen worden;[32] die etwa von Gerd Theißen angenommene Beilegung des Christus-Namens früh nach Ostern halte ich von jüdischen Verstehensvoraussetzungen her für unwahrscheinlicher – so richtig es ist, dass mit dem Bezug des Messias-Titels auf den Gekreuzigten und Auferstandenen eine semantische Umprägung[33] der Messianologie des Judentums (und *im* Judentum!) stattfindet.

Interessant ist in diesem Zusammenhang die Beobachtung, dass die in Teilen der biblischen Tradition geläufige Rede vom χριστὸς κυρίου/*christos kyriou* (= Gesalbter des Herrn) sich im Neuen Testament nur in Lk 2,26 findet, also frühchristlich-traditionsgeschichtlich sekundär und bewusst auf biblische Prätexte anspielend. Das Beieinander von κύριος und χριστός ist das literarisch Ältere (vgl. nur 1Kor 8,6; Phil 2,11): Vom „Gesalbten des Herrn" kann im entstehenden Christentum offenbar nicht gesprochen werden, wenn und sobald feststeht, dass der Gesalbte selbst der Herr ist. Daraus folgt aber nicht zwangsläufig, dass beide Titel bzw. Namen zur selben Zeit

---

31 EC 2, 99.
32 Was Jesus selbst dachte, ist nach Lage der Quellen für uns kaum erschließbar; eher ist der Eindruck (*impact*) greifbar, den er auf seine Anhänger machte.
33 Assel spricht (im Anschluss an Louis Marin) wiederholt von einem Prozess „semantischer Deinvestition und Reinvestition", dessen Nullpunkt im Tod Jesu liege. In exegetischer, besonders in traditionsgeschichtlicher Sicht würde es m. E. genügen, von Um- oder Neuprägungen zu sprechen, die aber nicht erst mit dem Tod Jesu beginnen: Die Ausbildung begrifflicher Sprache und Erzählungen des entstehenden Christentums ist Teil eines schon länger andauernden, vornehmlich biblisch-jüdischen Prozesses; und die semiotische Relevanz des Todes Jesu wäre m. E. andernorts zu suchen. Hinzu kommt, dass unsere Vorstellungen von dem innerhalb der jüdischen Messianologie Möglichen oder Unmöglichen durch die Forschung der letzten Jahrzehnte eine erhebliche Wandlung erfahren haben, die jüdische Messianologie und entstehende Christologie erheblich näher aneinanderrücken. Vgl. dazu Hermut Löhr, ",Herr' und ,Gott'. Beobachtungen zu einem Aspekt paulinischer Messianologie und Christologie in der Perspektive des jüdisch-christlichen Dialogs," in *„Nicht du trägst die Wurzel, sondern die Wurzel trägt dich". Gegenwärtige Perspektiven zum Rheinischen Synodalbeschluss „Zur Erneuerung des Verhältnisses von Christen und Juden" von 1980*, hg. v. Wolfgang Hüllstrung und Hermut Löhr (Leipzig: Evangelische Verlagsanstalt, 2023), 77–100, mit weiteren Hinweisen zur andauernden Diskussion.

und aus demselben Anstoß auf Jesus bezogen wurden. Die Geschichte der christologischen Hoheitstitel ist – wie die Geschichte jüdischer Messianologie und ihrer Terminologie der Zeit – als Geschichte fortlaufender Umschreibungen und Variationen zu beschreiben.

Das aus der exegetischen Forschung aufgenommene Interesse an der „Erinnerung" an Jesus wird bei Assel umgeformt zum Postulat des gegenwärtig erinnerten Jesus. Er schließt sich damit denjenigen Aspekt des „memory turn" an, der sich kultursoziologisch orientiert und nicht an Bedingungen, Gesetzmäßigkeiten und Variationsbreite mündlicher Überlieferung oder historischer Augenzeugenschaft interessiert ist. Doch muss die Untersuchung, wie der historische Abstand vom Einst des Geschehens um Jesus und Jetzt der Bezeugung nicht allein historisch fokussiert bleiben; die Überbrückung des zeitlichen Grabens von Einst und Jetzt ist auch eine Funktion der Texte und somit ein interessanter Gegenstand ihrer Analyse. Hier sind in den frühchristlichen Texten sehr unterschiedliche Textstrategien zu erkennen, und sie unterscheiden u. a. auch die Evangelien voneinander.

Wenn die gegenwärtige Erinnerung nicht bloß Sache des Autors der Christologie bleiben soll (was natürlich legitim wäre, aber dem gewählten hermeneutischen Ansatz dessen Anliegen nach wenig entspräche), stellt sich die Frage, wie eine solche *gegenwärtige* Erinnerung überzeugend erfasst und beschrieben werden kann. Assel inszeniert diese gegenwärtige Erinnerung nicht nur durch die eigene Darstellung, sondern durch viele, zum Teil ausführliche Zitate aus exegetischer, theologischer, philosophischer Diskussion, gelegentlich auch durch die Referenz auf Literatur, bildende Kunst und Musik. Dass dabei auch der jüdischen Religionsphilosophie (Cohen, Levinas u. a.) viel Platz eingeräumt wird, stellt eine der vielen Stärken des Werkes dar.

Versteht man die Kirche(n) als primären Ort, wo Erinnerung an Jesus ausgetauscht wird, so kämen Alternativen in den Blick: Perikopen- oder Leseordnungen, populäre Zusammenfassungen von Bibeln (z. B. Kinderbibeln), Predigten etc. Mit anderen Worten das Postulat des gegenwärtig erinnerten Jesus drängt geradezu danach, den fachlichen Dialog noch auszuweiten und etwa eine an biblisch-hermeneutischen Fragen interessierte und *zugleich* empirisch arbeitende Praktische Theologie, oder eine Interkulturelle Theologie, die sich für kontextuelle Exegesen im globalen Christentum und darüber hinaus interessiert, einzubeziehen. Auf die Texte und ihre Inanspruchnahme bezogen: Die Bibel der Kirche sieht (jenseits der konfessionellen Nuancen in der Abgrenzung des Kanonischen vom Nicht-Kanonischen) gewiss anders aus als die „akademische Bibel",³⁴ und dies *muss* Folgen für die je gegenwärtige Erinnerung an Jesus haben. Eine die Glaubenspraxis bedenkende Theologie wird dies mit Gewinn berücksichtigen.

Bibliographie

Assel, Heinrich. *Elementare Christologie*, Bd. 1, *Versöhnung und neue Schöpfung*. Gütersloh: Gütersloher Verlagshaus, 2020.

Assel, Heinrich. *Elementare Christologie*, Bd. 2, *Der gegenwärtig erinnerte Jesus*. Gütersloh: Gütersloher Verlagshaus, 2020.

Assmann, Jan. *Das kulturelle Gedächtnis. Schrift, Erinnerung und politische Identität in frühen Hochkulturen*. München: C.H. Beck, 1997.

Burridge, Richard. *What are the Gospels? A Comparison with Graeco-Roman Biography*. Waco: Baylor University Press, ³2018.

Dormeyer, Detlef. *Evangelium als literarische und theologische Gattung*. Darmstadt: Wissenschaftliche Buchgesellschaft, 1989.

Dunn, James D. G. *Jesus Remembered*. Grand Rapids: Eerdmans, 2003.

Frickenschmidt, Dirk. *Evangelium als Biographie. Die vier Evangelien im Rahmen antiker Erzählkunst*. Tübingen: Francke, 1997.

Halbwachs, Maurice. *La mémoire collective*. Paris: Presses Universitaires de France, 1950.

Hengel, Martin. "Die Evangelienüberschriften." In *Jesus und die Evangelien. Kleine Schriften V.*, hg. v. Martin Hengel, 526–67. Tübingen: Mohr Siebeck, 2007.

Hübenthal, Sandra. *Das Markusevangelium als kollektives Gedächtnis*. Göttingen: Vandenhoeck & Ruprecht, ²2018.

Legaspi, Michael C. *The Death of Scripture and the Rise of Biblical Studies*. Oxford: Oxford University Press, 2011.

Löhr, Hermut. *Studien zum frühchristlichen und frühjüdischen Gebet. Untersuchungen zu 1 Clem 59 bis 61 in seinem literarischen, historischen und theologischen Kontext*. Tübingen: Mohr Siebeck Verlag, 2004.

Löhr, Helmut. „‚Herr' und ‚Gott'. Beobachtungen zu einem Aspekt paulinischer Messianologie und Christologie in der Perspektive des jüdisch-christlichen Dialogs." In *„Nicht du trägst die Wurzel, sondern die Wurzel trägt dich". Gegenwärtige Perspektiven zum Rheinischen Synodalbeschluss „Zur Erneuerung des Verhältnisses von Christen und Juden" von 1980*, hg. v. Wolfgang Hüllstrung und Hermut Löhr, 77–100. Leipzig: Evangelische Verlagsanstalt, 2023.

Lührmann, Dieter. *Die apokryph gewordenen Evangelien. Studien zu neuen Texten und zu neuen Fragen*. Leiden/Bosten: Brill, 2004.

---

34 Ich entlehne diese Größe Michael C. Legaspi, *The Death of Scripture and the Rise of Biblical Studies*, Oxford Studies in Historical Theology (Oxford: Oxford University Press, 2011).

Schröter, Jens. Erinnerung an Jesu Worte. Studien zur Rezeption der Logienüberlieferung in Markus, Q und Thomas. Neukirchen-Vluyn: Neukirchener Verlage, 1997.
Wolter, Michael. "Die Proömien des lukanischen Doppelwerks (Lk 1,1–4 und Apg 1,1–2)." In *Die Apostelgeschichte im Kontext antiker und frühchristlicher Historiographie*, hg. v. Jörg Frey, 476–94. Berlin/New York: De Gruyter, 2009.
Wolter, Michael. *Jesus von Nazaret*. Göttingen: Vandenhoeck & Ruprecht, 2019.

Heinrich Assel
Gedächtnis, Geschichte, Vergessen – Jesus Remembered

Keywords: Jesus remembered, Wunder Jesu, Rezeptionsgeschichte, reader-response, Textwirkung, Imaginäres, Evangelien, Evangelienhermeneutik, kulturelles Gedächtnis, kanonisches Gedächtnis, Gedächtnis, historischer Jesus

Der fremde Blick Hermut Löhrs aus der anderen Zunft der neutestamentlichen Wissenschaft auf Band 2 meiner Elementaren Christologie: *Der gegenwärtig erinnerte Jesus*[1] wirkt wie das Zurückspulen des fertigen Films durch den Produktionsredakteur. Mit dem geübten Blick des Exegeten hält Hermut Löhr beim Zurückspulen des Films präzise an bestimmten Schnitt-Stellen an, an deren Schnitt und an deren Schnittfolge christologische Hypothesen oder Entscheidungen des Autors bemerkbar werden, vielleicht die blinden Flecke des *director's cut*.

(1) Löhr schöpft aus einer Fülle des ‚Bonus-Materials', das im schnittfertigen Film fehlt oder angesichts des noch möglichen Zusatz-Materials unterbelichtet scheint:
- Herausgeschnittenes, z. B. ein an sich bereits geschriebener, dann aber nicht aufgenommener Paragraph zu den Wundererzählungen der Evangelien.[2]
- Alternatives, z. B. die Pluralität der vier Evangelien, gerade auch der außerkanonischen und ‚apokryph gewordenen' Evangelien, die festzustellen selbst

---

[1] Heinrich Assel, *Elementare Christologie*, Bd. 2, *Der gegenwärtig erinnerte Jesus* (Gütersloh: Gütersloher Verlagshaus, 2020). Im Folgenden abgekürzt als EC und Bandnummer.
[2] Ansätze zu einem *christologischen* Wunder-Konzept in der EC 2 sind, trotz des von mir gewählten qualifizierten Schweigens über Wunder (vgl. Löhr, 171, Anm. 19), unten vermerkt. Ich behalte mir vor, sie auszuarbeiten und zwar in der Perspektive folgender Vorarbeiten: Friedhelm Hartenstein, „Wunder im Alten Testament. Zur theologischen Begrifflichkeit für das Außerordentliche in der Hebräischen Bibel (*pl'*, *pälä'* und *nifla'ot*)," in Ders. *Die bleibende Bedeutung des Alten Testaments. Studien zur Relevanz des ersten Kanonteils für Theologie und Kirche*, BThSt 165 (Göttingen: Vandenhoeck & Ruprecht, 2016), 269–307; Michael Wolter, „Die ‚Wunder' in der neutestamentlichen Jesusüberlieferung," in *Wunder*, MJTh 28, hg. v. Elisabeth Gräb-Schmidt und Reiner Preul (Leipzig: Evangelische Verlagsanstalt, 2016), 31–58; Heiko Schulz, „Nur das Unglaubliche ist gewiss. Zu einigen Parametern der Wunderanalyse," in *Wunder*, MJTh 28, hg. v. Elisabeth Gräb-Schmidt und Reiner Preul (Leipzig: Evangelische Verlagsanstalt, 2016), 75–116.

Heinrich Assel ist Professor für Systematische Theologie an der Theologischen Fakultät der Universität Greifswald. Neueste Veröffentlichung zum Thema: *Elementare Christologie*, 3 Bde. (Gütersloh: Gütersloher Verlagshaus 2020).

schon methodisch und hermeneutisch plurale Vorbegriffe von Evangelium als literarischer Gattung voraussetzt (Löhr, 171, Anm. 20).
- Überschießendes, z. B. Rezeptions-Praktiken und Rezeptions-Medien, die vom Standpunkt eines europäischen, modernen, protestantischen Christologen[3] und seiner *gegenwärtigen Erinnerung des irdischen Jesus* nicht in den Blick kommen. Die Erforschung dieses Überschießenden benennt Löhr abschließend als interdisziplinäre Aufgabe. Er stellt damit die Frage: Welchen Ort und welche Perspektivität, welche Geltung und welche Reichweite beansprucht die von mir vorgelegte ‚gegenwärtige Erinnerung' eigentlich? Etwa angesichts der elf wirkungsgeschichtlichen Leit-Perspektiven und der zweiundzwanzig historisch-epochalen und global-kontextuellen Einzeleinträge, in die sich das Lemma ‚Jesus' im Band 14 der *Encyclopedia of the Bible and it's Reception* ausdifferenziert?[4]

(2) Aus der gemeinsamen, langjährigen Mitarbeit an diesem enzyklopädischen Großprojekt der EBR (Löhr als area-editor für *Pauline Epistles*, ich als area-editor für *Christianity, Modernity, Europe*) kennen wir beide die ins Disparate schießende Heterogenität der Wirkungsgeschichten biblischer Topoi.
- Ist eine *Christologie des gegenwärtig erinnerten, irdischen Jesus* nur die Großform eines dieser zweiundzwanzig Lemmata zu ‚Jesus', eben der Eintrag zu *Christianity, Modernity, Europe*? Oder beansprucht sie mehr? Will sie beitragen zur Verständigung über den modellbildenden und explorativen Sinn von ‚Christologie', ‚Erinnerungshermeneutik' und ‚Textwirkungssemiotik der Evangelien'; also zur *christologisch aufgeklärten Hypothesen- und Modell-Bildung*, zum wirkungsgeschichtlich aufgeklärten Vorverständnis?
- Lehrte nicht Hans-Georg Gadamer, dass Wirkungs- und Rezeptionshermeneutik nicht primär „auf Abstraktion, Auswahl, Zusammenfassung und Verkürzung angewiesen ist" (Löhr, 171), sondern als *genuine* ‚Abstraktions- und Modellierungspraxis' ein wirkungsgeschichtlich aufgeklärtes Vorverständnis *schon voraussetzt*, also auch ein christologisch und christopoetisch explizites Vorverständnis *schon voraussetzt*?[5]

---

3 Vom Standpunkt feministischer Kritik und der *black theology* formuliert Christine Pöder Fragen und Einwände in der Diskussion des Ersten Bandes der Elementaren Christologie: Heinrich Assel, *Elementare Christologie*, Bd. 1, *Versöhnung und neue Schöpfung* (Gütersloh: Gütersloher Verlagshaus, 2020).
4 David Burns u. a., „Jesus," *EBR* 14 (2017): 1–100.
5 Es geht mithin „die Dogmatik im Sinne einer ausgebauten Lehre in das Vorverständnis jeder theologischen Exegese ein, wie Gadamer notiert. [...] So gesehen ist die griffige Formel von der systematischen Theologie als konsequenter Exegese [...] einseitig oder doch missverständlich [...], weil

- Für *wessen* Vorverständnis und für wessen Verständigung ist eine Christologie des irdischen Jesus geschrieben? Für kirchliche und christliche Lese- und Applikationspraktiken mitteleuropäischer Kirchen und deren ‚Professionals'? Zweifellos wäre dies eine literatursoziologisch reduktive Lesart. Sollte doch gelten: „Evangelische Schriftauslegung hat ihre Pointe nicht in der Auslegung der Schrift per se, sondern im Gebrauch der Schrift zur Auslegung des Lebens durch das Evangelium."[6]
- Eine Christologie des irdischen Jesus rekonstruiert kulturelle Rezeptions-Enzyklopädien von Lesern der Evangelien, also auch christologische Codes, aber *welcher* Leser? Nur *realer* Leser bestimmter kulturhistorischer und mediensoziologischer Merkmalsklassen? Oder darin auch *impliziter* Leser eines bestimmten *literaturanthropologischen* Zuschnitts, die im Gebrauch von Evangelientexte ihr imaginäres Leben erinnern?[7] Sie will zur Verständigung beitragen über die Text-Wirkungsgeschichten der Evangelien als Text-Medien des gegenwärtig erinnerten, irdischen Jesus (und der außerkanonischen Jesus-Überlieferungen).

(3) Zutreffend ordnet Löhr meine Christologie des irdischen Jesus einem Programm und einem Desiderat zu, das Moisés Mayordomo im Jahr 2010 aufstellte: „Wie eine Christologie aussehen könnte, die sich [...] klarer an Konzepten der Rezeptionsästhetik orientiert (z. B. Christologie als Wirkungspotential einer Erzäh-

---

zwischen dem Dogmatischen im elementaren Sinn der normativen Funktion jeder theologischen Schriftauslegung und Dogmatik als ausgebauter Lehre zu unterscheiden ist. Es gibt aber kein einseitiges Gefälle von der Exegese zur Dogmatik, sondern zwischen beiden besteht ein hermeneutischer Zirkel." (Ulrich H.J. Körtner, „Konsequente Exegese. Zum Verhältnis von hermeneutischer Theologie, Wort Gottes und Schriftauslegung," in *Hermeneutische Theologie*, hg. v. Ingolf U. Dalferth, Pierre Bühler und Andreas Hunziker [Tübingen: Mohr Siebeck, 2013], 149–72, 170f. Das *Elementar-Dogmatische*, das Orientierende oder (so Körtner) das Normative jeder theologischen und christologischen Schrift-Auslegung, welche das *Elementar-Poetische* umfasst, bilden das Elementare, das in den Titel meiner Christologie Eingang fand, weil sie ihren hermeneutischen Charakter kennzeichnet. Das *Programm wirkungsgeschichtlicher Hermeneutik*, unbesehen der bekannten Probleme des ‚wirkungsgeschichtlichen Bewusstseins' *sensu* Gadamer, wird heute oft unterschritten (Vgl. Hans-Georg Gadamer, *Gesammelte Werke*, Hermeneutik Bd. 1, *Wahrheit und Methode 1. Grundzüge einer philosophischen Hermeneutik* (Tübingen: Mohr Siebeck, [6]1990), 346–84. Ich bin mir natürlich bewusst, dass auch Gadamers Hermeneutik in der Praxis eines multi-disziplinären und multi-religiösen Groß-Unternehmens wie der EBR nur *eine* mögliche Position von *Rezeption und Wirkung* ist.
6 Ingolf U. Dalferth, *Wirkendes Wort. Bibel, Schrift und Evangelium im Leben der Kirche und im Denken der Theologie* (Leipzig: Evangelische Verlagsanstalt, 2018), 301f.
7 Wolfgang Iser, *Das Fiktive und das Imaginäre. Perspektiven literarischer Anthropologie* (Frankfurt a. M: Suhrkamp, 1991).

lung), bleibt leider weiterhin offen."[8] In der Tat: Diesem Desiderat versuche ich Folge zu leisten: „Zu den bisher wenig genutzten Möglichkeiten literaturwissenschaftlicher Exegese gehören [...] der systematisch-theologische Dialog auf dem Gebiet der narrativen Theologie [...]" Aus beiden Perspektiven könnten kritisch-hermeneutische Fragen generiert werden:
- „Welchen Status erhält ein Text, wenn er für autonom und kohärent erklärt wird?
- Welche hermeneutische Rolle spielen der Autor/die Autorin und seine/ihre Intention? [...]
- Welchen Ausschnitt der Wirklichkeit lassen unterschiedliche Methoden erkennen? Ist auf einer höheren Ebene eine Integration möglich?"[9]

(4) Diskutieren Hermut Löhr und ich von zwei Zugängen aus – hier produktions-, dort rezeptionshermeneutisch – auf eine *Integration* hin? Oder nicht eher auf *konkrete und methodisch bewusste Kompromisse* hin, weil sich die *Kunst des Verstehens* da und dort auf bleibend differente Dimensionen des Erinnerns in Texten konzentriert, deren Vorverständnisse und methodische Regelgefüge den Charakter von *Kunstregeln* haben, also von Regeln, die selbst nicht mehr unter übergeordnete und integrative Regeln zu bringen sind. Sie werden vielmehr an je konkreten Einzel-Themen und Einzel-Evangelien kompromisshaft ausverhandelt.[10]

(5) Um unsere Diskussion in diesem Sinn auf die drei Themen Human-Christologie (,irdischer Jesus' als Messias und Kyrios), Evangelienhermeneutik (*ein* Evangelium und die Pluralität der Evangelien) und Erinnerungshermeneutisch (,gegenwärtig erinnert') zu fokussieren, vereinbarten wir, die *prinzipielle* ,Orientierungshermeneutik der Bibel als Evangelium' und ,der Bibel als Zeugnis' aus der *Einleitung* meiner Christologie nicht zu thematisieren.[11] Erwartungsgemäß stößt unsere Diskussion materialer Fragen der Evangelien-Hermeneutik und des irdischen bzw. historischen Jesus aber doch auf prinzipielle Fragen – am Schnittfeld einerseits meiner textsemiotischen, narratologischen und textwirkungsbestimmten Zugänge im *,erinnerungs-christologischen' und textwirkungs-orientierten Paradigma* (EC 2, 14–76, 5. Kapitel: *Unterwegs zur christologischen Frage nach dem irdischen Jesus*), ande-

---

[8] Moisés Mayordomo, „Exegese zwischen Geschichte, Text und Rezeption. Literaturwissenschaftliche Zugänge zum Neuen Testament," *VF* 55 (2010): 19–37, 27.
[9] Mayordomo, Exegese, 36.
[10] Die Funktion des bewussten methodischen Kompromisses betont bereits Friedrich Mildenberger, *Biblische Dogmatik. Eine Biblische Theologie in dogmatischer Perspektive*, Bd. 1, *Prolegomena. Verstehen und Geltung der Bibel* (Stuttgart u.a: Kohlhammer, 1991), 44–8.97.114.171.205 f.229.249.260 f.
[11] Diese prinzipielle Hermeneutik findet sich der Einleitung der gesamten Elementaren Christologie, EC 1, 35–61.

rerseits seines *historischen Paradigmas* der Exegese, das kulturanthropologische und leser-hermeneutische, linguistische und archäologische Methoden umfasst. Bestimmte Fragen müssten prinzipiell-hermeneutisch auf *methodische Kompromisse* weiter diskutiert werden, könnten es aber auch. Zum Beispiel

- Fragen der ‚text- und kommunikationspragmatischen Wirkmitte' (Löhr, 171);[12]
- mögliche ‚Zweifel' an einer ‚theologisch-sachlichen' Mitte des Kanonischen (Löhr, 170, Anm. 16);[13]
- Fragen des Verhältnisses von *Christo-Poetik* der Evangelien (Metaphorik und Symbolik, Rhetorik und Argument, Realem und Imaginärem, plot und Fabel, Code und Ideologie *sensu* U. Eco) und christo-logischem *Diskurs* über den irdischen Jesus;[14]
- Fragen des hypothetischen, explorativen oder normativen Status von Kanonizität in ‚kanonischer und ritueller Erinnerung Jesu';[15] also Fragen der Sensibilität für das ‚selektiv und kontingent', faktisch kanonisch Gewordene der Jesus-Erinnerungen in gattungsbedingt heterogenen, früh-kaiserzeitlichen Jesus-‚Memorabilien' namens Evangelien (so Löhr, 168.172).

Die weitere Diskussion dieser Fragen muss hier, wo es um Band 2 geht, aufgeschoben werden. Ausgenommen *eine* Frage, nämlich diejenige nach dem Status und

---

12 EC 1, 36–47. Vgl. auch EC 2, 228.239.268; EC 3, 3.20 f.
13 In der Diskussion mit Christine Pöder wird der *praxeologisch-mimetische* Charakter von Christologie als *theologia crucis* betont; in der Diskussion mit René Dausner wird eine bestimmte Sprachlogik der Rede von Gott via negativa und Ethik als *prima philosophia* hervorgehoben. Gemessen daran kann weder Christologie noch auch der Name ‚Jesus Christus' eine theologische Sachmitte sein. Bereits F. Mildenberger äußerte prinzipiell-hermeneutische Kritik an diesem Topos der Mitte der Schrift.
14 Löhr (171, Anm. 18) vermisst Konturen eines textsemiotischen *Diskurs*-Begriffs. Dieser ist in der *Einleitung* konzipiert (EC 1, 48–60, v. a. 49–54) und wird in EC 2 mit Eco, Marin u. a. narratologisch entfaltet, vgl. EC 2, 23.28.52–63.77–80 u.ö.
15 Das Register neutestamentlicher Bibelstellen meiner Christologie (EC 3, 369–385; Altes Testament EC 3,366–369) ist auch eine Rechenschaft, welche Texte des faktischen Kanons des Neuen Testaments nun tatsächlich material-kanonische Funktion für meine Sicht der christologischen Poetik und Praxis gewannen und welche nicht; auch über Gewichtungen im Gebrauch. Das Register spiegelt zugleich manche von Löhr vermerkten methodische Verzerrungen. Wir hätten z. B. auch meinen Gebrauch und meine kritische Auseinandersetzung mit Qumran-Schriften oder mit ‚apokryph gewordene Evangelien' aufnehmen müssen. Nur so würde deutlich, dass *nicht unbesehen* faktische Kanonisierungen bestimmter Texte durch den christologischen Gebrauch festgeschrieben werden. Die Auseinandersetzung mit apokryph gewordenen Kindheitsevangelien hat m. E. keine *konstitutive* Funktion für Christologie. Wohl aber hat sie eine *diskurskritische* Funktion z. B. im Diskurs mit Navid Kermanis Rezeption solcher Traditionen, also mit Beispielen christlichen, aber auch nicht-christlichen und nicht-theologischen Zugriffs auf heterodoxe Jesus-Traditionen.

der Funktion des Topos ‚Erinnerungs-Gemeinschaft' bzw. ‚kollektives Gedächtnis' (Löhr, 168.171f.). Hermut Löhr ordnet nämlich meinen Versuch den *kultursoziologischen* Konzepten von kanonischer und ritueller Erinnerung (Jens Schröter[16]) oder der These vom Funktionsgedächtnis frühchristlicher, z. B. lukanischer Gemeinschaften (Knut Backhaus[17]) zu, was nun doch missverständlich wäre.

1 *Gegenwärtig erinnerter* irdischer Jesus – Glaube(nsgemeinschaft) als Gedächtnisstiftung?

(6) So nachvollziehbar im ‚historischen Paradigma' die kultursoziologische oder ekklesial-funktionale Instantiierung von ‚Erinnerungs-Gemeinschaft' ist, so begrenzt sind diese Konzepte im ‚erinnerungs-christologischen Paradigma'. Um ein Beispiel zu nennen: Paul Ricœurs *Gedächtnis, Geschichte, Vergessen*[18] zeigt die Grenzen gedächtnissoziologischer Anleihen in der Evangelien-Exegese: Ricœur skizziert eine *Poetik des Erinnerns* an einer zentralen Stelle, nämlich dort, wo er seine Phänomenologie des individuellen Gedächtnisses (v. a. Husserl) und seine Soziologie des kollektiven Gedächtnisses (z. B. Halbwachs) in einer *dritten Figur* zu vermitteln sucht: dem *kommunitären Gedächtnis als ‚Bezeugung' (attestation) im Forum der ‚uns Nahestehenden'*.

> Von den mir Nahestehenden erwarte ich, daß sie billigen und gutheißen, was ich bezeuge: daß ich sprechen, handeln, erzählen, mir die Verantwortung für meine Handlungen zurechnen kann. Auch an diesem Punkt ist der heilige Augustinus unser Meister. Im 10. Buch seiner *Bekenntnisse* lese ich: „Jener brüderliche Geist (*animus* [...] *fraternus*) kann das tun, nicht aber ein fremder, nicht also der der ‚fremden Söhne, deren Mund Eitles redet und deren Arm der Sünde dient' (sc. Ps 143,7f.), nein, jener brüderliche Geist, der sich über mich freut, wenn er mich gut heißen kann und traurig wird, wenn er mich missbilligt. Er wird traurig meinetwegen, denn ob er mich gutheißt oder ob er mich missbilligt, er liebt mich.

---

[16] Jens Schröter, *Erinnerung an Jesu Worte. Studien zur Rezeption der Logienüberlieferung in Markus, Q und Thomas*, WMANT 76 (Neukirchen-Vluyn: Neukirchner Verlag, 1997); Jens Schröter, *Jesus und die Anfänge der Christologie. Methodologische und exegetische Studien zu den Ursprüngen des christlichen Glaubens*, BThS 47 (Neukirchen-Vluyn: Neukirchner Verlag, 2001).

[17] Knut Backhaus, „Lukas der Maler. Die Apostelgeschichte als intentionale Geschichte der christlichen Erstepoche," in *Historiographie und fiktionales Erzählen. Zur Konstruktivität in Geschichtstheorie und Exegese*, BThSt 86, hg. v. Knut Backhaus und Gerd Häfner (Neukirchen-Vluyn: Neukirchner Verlag, 2007), 30–66.

[18] Paul Ricœur, *Gedächtnis, Geschichte, Vergessen*. Über. Hans-Dieter Gondek u. a., (München: Wilhelm Fink, 2004).

Solchen Menschen will ich mich zeigen." (Confessiones X, IV,5) Auch ich schließe unter die mir Nahestehenden diejenigen ein, die meine Handlungen missbilligen, nicht aber meine Existenz.[19]

Die *Confessiones* Augustins seien Beispiel einer Poetik des Erinnerns, weil sie durch konfessorisch und textuell inszenierte Erinnerungen in impliziten Lesern jenen Geist der Liebe wirkten, die sie zu Nahestehenden macht. Im Spiel sind also der ‚reale' Autor Augustin, das ‚fiktive Selbst' seiner in den *Confessiones* erinnerten und erzählten Strebungen und Irrungen und – vermittels Billigung und Missbilligung dieser Strebungen und Irrungen des ‚fiktiv belassenen Selbst' durch implizite Leser – das ‚imaginäre Selbst in Anderen': Im Geist miterinnernder, kommemorativer Liebe ‚zeige' sich über gebilligten oder mißbilligten Strebungen und Irrungen des realen und fiktiven Augustinus der imaginäre irdische Christus im Christen; das kommunitäre Gedächtnis wird wechselseitiges Zeugnis des gegenwärtig erinnerten Christus im Forum ‚einander (in diesem imaginären Selbst) Nahestehender'.

Dies ist gewiss eine explikationsbedürftige und über Ricœurs Vermittlung von kommunitärem Gedächtnis und Historik hinaus fortzuschreibende Problematik.[20] Der Weg ist *sehr* weit bis zur steilen These Dalferths, mit der sein Aufsatz *Glaube als Gedächtnisstiftung* (2007) schließt, nach welcher der kommemorative Glaube ein ‚genuines Wir', ein ‚Uns' des Erinnerns und Bezeugens stiftet, das bezeugt: „Das also ist das Gedächtnis, das der Glaube stiftet: *Daß nicht wir uns an etwas erinnern müssen, sondern daß wir erinnert werden*. Wir sollen gedenken, daß unser gedacht wird. Nicht mehr. Aber das ist das ganze Evangelium: *Du wirst nicht vergessen, auch wenn Du vergißt.*"[21]

(7) Um solche Thesen über kommunitäres Erinnern *und Vergessen* des irdischen Jesus wirklich auszubuchstabieren, wäre sehr viel mehr Explikation nötig (die auch bei Dalferth fehlt). Es mag hier ein Hinweis genügen: Bevor der Band 2 beginnt, über ‚Gedächtnisgemeinschaften' der Evangelien zu sprechen (§ 16), versucht Band 1 in einem langen § 15 *Kirche christologisch und pneumatologisch zu beschreiben* und *Kirche religionssoziologisch zu beschreiben*, also die ‚verborgene Kirche in der wirklichen Kirche' beschreibend zu entdecken und sich (mit Schlei-

---

19 Ricœur, *Gedächtnis*, 205. Der zitierte Passus eröffnet in Augustins Confessiones die Kapitel X und XI über Zeit und Gedächtnis. Das im *deutschen* Text eingefügte, teils sinnentstellte Augustin-Zitat wurde nach der Standardausgabe von Bernhart modifiziert.
20 Vgl. dazu vor allem Heinrich Assel, „Fiktive Enttäuschung und imaginäre Erinnerung. Proust, Augustinus und Husserl," in *Enttäuschung. Interdisziplinäre Erkundungen zu einem ambivalenten Phänomen*, hg. v. Michael Moxter und Nina Heinsohn (München: Wilhelm Fink, 2017), 211–48.
21 Ingolf U. Dalferth, „Glaube als Gedächtnisstiftung," *ZThK* 104 (2007): 59–83, 83.

ermacher!) über die *Instituierung von Kirche im Vollzug von Gedächtnisstiftung im Abendmahl* zu verständigen.[22]

Die Probleme zur anderen Seite hin, also die Probleme eines zu unkritischen Konzepts des ekklesialen Funktionsgedächtnisses von Jesus als Sohn Gottes und als Hohepriester im Vier-Evangelien-Kanon, lassen sich an den Jesus-Büchern Joseph Ratzingers studieren. An der Exegese von Joh 17 in Auseinandersetzung mit Ratzingers Vorverständnis des *Hohepriesterlichen* versuche ich zu erläutern, was hieran *textwirkungshermeneutisch und christologisch* problematisch ist.[23]

(8) Um im Bild vom *director's cut* zu bleiben: Ein gedächtnishermeneutisches und pneumatologisches Konzept der Erinnerung Jesu in den Evangelien, ihrer Narratologie und ihre Textwirkungs-Geschichte beschäftigte mich lange. Statt es in einem eigenen Kapitel (sogar über einen eigenen Band zum Thema dachte ich lange nach) zusammenzufassen, verortete ich es schließlich *jeweils am Ort methodischer Grundentscheidungen* der Christologie, also je konkret und übersichtlich:
- § 5 Grundentscheidungen: Kreuz und Auferweckung Jesu, Konstitutionsgeschichte der Identität Jesu: Kategorien (EC 1, 133–48);
- § 17 Christologie als Implikat von Erzählstruktur und Textwirkung (EC 2, 53–76);
- § 29: Dogma, Kerygma, Bild. Probleme und Modelle ökumenischer Inkarnationsdiskurse (EC 3, 14–51).

Mein Konzept des *gegenwärtig erinnerten irdischen Jesu* in den Evangelien setzt mithin die ‚Konstitutionsgeschichte der Identität Jesu in Kreuz und Auferweckung' voraus. Schon in diesem Kontext werden ‚Kategorien'[24] der nachösterlichen Erinnerung des irdischen Jesu dargestellt (EC 1, 133–48):
- *Symbolische Sinnumkehrung* evangelischer Erinnerung: das protentionale Verhältnis zwischen Charakter und Schicksal Jesu wird retentionales Verhältnis zwischen Schicksal und Charakter Jesu.
- *Symbolische Prägnanz*: Zeit holt Bedeutungen z. B. in Namen, Beinamen und Titeln hervor, ohne dass diese zuvor in ihnen enthalten waren. Symbolische Prägnanz ersetzt die immer noch entwicklungsgeschichtliche Dualität von ‚impliziter und expliziter Christologie'[25] beim historischen Jesus.

---

22 Vgl. EC 1, 470–542, v. a. 470–96 und 521–9.
23 Vgl. EC 1, 223–43.
24 Der Ausdruck ist katachrestisch.
25 Auf *diese* Dualität richtet sich meine Kritik, nicht auf die Kategorie *evozierter Messianität*, wie Löhr, 175, Anm. 32 mutmaßt.

- *Diachronie*: „Kommen nicht vielleicht die Religionen auf uns zu aus einer Vergangenheit, die nie reines Jetzt war?"[26] Das *Gewesene* des irdischen Jesus kommt in der Arbeit der Erinnerung aus einem ‚Zuvor', „das nie reines Jetzt war".
- Für *Erinnerungen eines Gewesenen*, das nie reines Jetzt war, bildet E. Husserl den Begriff ‚leerintentionaler Erinnerungen'. Leerintentionale Erinnerung können durch Enttäuschung des vermeintlich ‚Damals gegenwärtig Erlebten' zu imaginären Erinnerungen werden. Aus dem ‚Zuvor', aus dem ‚Vergessenen' und aus dem ‚Gewesenen' können im Nach-Vorne-Erinnern neue Bedeutungen hervorgeholt werden, ohne im vermeintlich ‚Damals Erlebten' enthalten sein zu müssen. Das bedeutet keineswegs, dass in solchen imaginären Erinnerungen des irdischen Jesus nicht ‚Reales' vorausgesetzt und eingegangen ist, das historisch repräsentiert und rekonstruiert werden kann und muss: Die Konstitutionsgeschichte der Identität Jesu hat im Kreuz (und von daher im ‚historischen Jesus') ihr bleibend historisch reales Rätsel.
- Wie solche imaginären Erinnerungen durch Text und Textwirkung an Leser und an Lese-Gemeinschaft mitgeteilt werden und durch sie mithervorgebracht werden, dafür bietet Literatur großartige Beispiele, von Augustins *Confessiones* bis zu Marcel Prousts *Recherche*.[27]
- *Erinnerung* wird *Nach-Vorne-Erinnern, Wiederholung* (S. Kierkegaard, W. Iser). Der *Bild-Charakter* des Erinnerns und *das Imaginäre* im Akt des Lesens gehören hierher.

(9) Lassen sich so einige ‚Dimensionen' des Gedächtnisses, das der Glaube stiftet, beschreiben? Wie methodische Innovationen in der Exegese mit einer Erinnerungshermeneutik von Evangelientexten zu verklammern sind, und zwar je an thematischen Orten der christologischen Darstellung des gegenwärtigen irdischen Jesus, mag damit angedeutet sein. Die Frage der ‚Gedächtnis- als Interpretations-Gemeinschaft' beschäftigt mich dabei bis in den letzten Paragraphen, der Auslegung des Prologs des Vierten Evangeliums *als messianischer Text* (§ 36,1 *Text-Zeuge und Text-Spiel*). Die von Löhr gestellte Frage, wie sich „die prinzipielle Unabgeschlossenheit von Wirkung und Rezeption [sc. von Texten *als Zeugen*], die synchron wie diachron gegebene Fluidität des ‚Gebrauchshorizont(s) einer Gemeinschaft' noch deutlicher für den Ansatz selbst fruchtbar machen" lassen kann (Löhr, 171), bleibt bis zum Ende auch meine Frage. Es mag für jetzt ausreichen, eine für die Prolog-Interpretation leitende Ma-

---

26 Emmanuel Lévinas, „Rätsel und Phänomen," in *Die Spur des Anderen. Untersuchungen zur Phänomenologie und Sozialphilosophie*, Übers. Wolfgang Nikolaus Krewani (Freiburg: Verlag Karl Alber, 2012), 236–59, 250.
27 Vgl. Assel, Fiktive Enttäuschung. Vgl. Wolfgang Iser, *Der Akt des Lesens. Theorie ästhetischer Wirkung* (München: Fink, ³1990).

xime U. Ecos zu zitieren, nach welcher eine Christologie des irdischen Jesus der Versuch wäre, ‚konditionale Gewohnheiten' im Evangelien-Verstehen festzustellen – damit spätere Interpretationen darüber hinaus gehen können:

> Feststellen, wovon ein Text redet, heißt eine kohärente Entscheidung hinsichtlich der späteren Interpretationen treffen. Eine Entscheidung dieser Art ist eine „konditionale Gewohnheit" [...] Es gibt eine authentische Vervollkommenbarkeit der Erkenntnis, der gemäß ‚die Realität konstituiert wird', und diese [...] Vervollkommbarkeit muß einer Gemeinschaft angehören.[28]

2 Der ‚irdische Jesus' im Horizont jüdischer Messianologien

(10) „Die Geschichte der christologischen Hoheitstitel ist – wie die Geschichte jüdischer Messianologie und ihrer Terminologie der Zeit – als Geschichte fortlaufender Umschreibungen und Variationen zu beschreiben." (Löhr, 176).

Die Hypothese eines impliziten messianischen Vollmachtsbewußtseins Jesu, das nach Ostern zum expliziten Bekenntnis in (bestimmten!) Überlieferungsgemeinschaften zu *Jesus als Christus* wird (bekennen aber andere nicht *kyrios-christologisch Jesus als Herr*?), und die These vom ‚kerygmatischen Urteil' ‚Jesus ist Christus' als oberster Grundsatz jeder Christologie (Hans-Georg Geyer, Eberhard Jüngel), diese beiden Hypothesen samt der vorgesetzten Dualität von ‚implizit und explizit' (in anderer Weise auch ‚vor-österlich und nach-österlich') erscheinen heute exegetisch wie christologisch überholt.

Unstrittig ist, dass der ‚irdische Jesus' nur in der Dialektik von nach-österlicher Erinnerung-nach-vorne und vor-österlicher Erinnerungs-Prägnanz *Identität* gewinnt. Gerade weil der vor-österliche, irdische Jesus den Augenzeugen diachron blieb, so dass die Nachfolgenden vor Ostern dem historischen Jesus *historisch zeitgleich* sind (was ihre Zeugnisse auch zu *historischen Quellen* von Augenzeugen macht), aber dem erinnerten irdischen Jesus *ungleichzeitig*, ‚*diachron*' (sensu Levinas) *bleiben* (was ihre Zeugnisse zu *Erinnerungen* im skizzierten Sinn macht). Die Ausarbeitung dieser Dialektik an den Kategorien des Eschatischen und Apokalyptischen und an den Topoi Nachfolge und Verrat, Vollmacht und Ärgernis Jesu, Ankunft und Entfernung des Reiches Gottes versucht EC 2, 23–35. Ein einzigartiger Text wie Mt 25,31–46 lotet diese Dialektik aus, weil ‚den Gerechten' das Bild des irdi-

---

[28] Umberto Eco, *Die Grenzen der Interpretation*, aus dem Italienischen von Günter Memmert (München/Wien: Hanser, 1992), 438 f., mit Zitatformeln von Charles Sanders Peirce.

schen Jesus als Bild des Armen *auch nach Ostern* in den Geringsten zeitgleich wird, aber *diachron*, ungleichzeitig und also unerkannt bleibt, erinnerbar nur als der, der ‚im Armen da gewesen sein wird'.[29]

(11) Besteht bei der Hypothese evozierter Messianität Jesu Verständigungsbedarf, wie Hermut Löhr mutmaßt? Er erinnert an jüdisch-messianische Enzyklopädien derer, die den historischen Jesus und den irdischen Jesus vor und nach Ostern fortlaufend variierend tradieren und messianisch identifizieren. Wo ich von *Sinn-Umkehrungen* der Identifizierung und vom Nullpunkt der Signifikation in Verrat und Kreuzigung spreche, sieht er eher *kontinuierliche Sinnverschiebungen* in den Zeugnissen als Quellen und als Erinnerungen. Er lässt offen, wer die Erinnerungs-Subjekte sind (also die ‚Erinnerungs-Gemeinschaften' s. o.) und wie sich Sinn-Kontinuum und Unterbrechung, Amnesie und Inversionen des Sinns und der Medien in historischer Repräsentation und evangeliumshermeneutischer Anamnesis zueinander verhalten.

Duale, durch die sich die vertikalen und horizontalen Achsen der Erzählwelten strukturieren, z. B. irdisch und himmlisch, Satan und ankommendes Reich Gottes, Kapernaum und Jerusalem, Verräter und Nachfolger sind Aspekte beständiger dynamischer Symbolisationsverschiebungen in der historischen Emergenz des Erinnerns an den irdischen Jesus. Die Identität des ‚irdischen' Jesus problematisiert Löhr erneut: der ‚palästinische, galiläische Jesus' in seinen lokal so rätselhaft selektiven, ‚zufälligen' Itineraren und ihrer Toponyme verlange, die Kontingenz des ‚Irdischen' des irdischen Jesus auch als Kontingenz historischer Repräsentation und narrativer Erinnerung an Sinn-Konnotationen dieser Toponyme (‚Kapernaum', ‚Bethanien', ‚Jerusalem') darzustellen. Bis hinein in diesen ‚Alltag der Inkarnation' stellt sich die Frage der Unbehaustheit des Menschensohns.[30]

Vielleicht darf ich Löhrs kritische Fragen so aufnehmen und beantworten: Wo er von kontinuierlichen Verschiebungen redet, rede ich z. B. von symbolischer Prägnanz und Umkehr, von De-investition und Re-investition von narrativem Sinn. Der in *episodischen* Evangelien-Erzählungen wie in *autosemantischen Evangelien* gegenwärtig erinnerte Jesus ist bei mir zweifellos von der Semiotik der Passionserzählungen her beschrieben.

Wie Geschichte und Pluralität jüdischer Messianologien zu integrieren sei, beschäftigte mich im Übrigen sehr lange. Auch hier entschied ich mich für ‚übersichtliche Darstellungen' je an bestimmten Orten und je in bestimmten Funktionen (vgl. EC 2, § 19 Jesus als Christus.

---

29 Vgl. EC 2, 343–53.
30 Vgl. zur Unbehaustheit des Menschensohns nicht nur in der Unbehaustheit seiner Wanderungen, sondern bis zur Unbehaustheit im-Leib EC 3, § 34,5, 257–68.

Kritik und Funktion des Messianischen, Abschnitt 1, 96–8: Orte und Funktionen des Messianischen in der Christologie).

(12) Episodische Erzählungen wie Evangelien erzählen und wirken in figurativ-diachronen, narrativ-repräsentativen und textuell-antizipativen Dimensionen. Beispiel Gebet Jesu: Familienverwandtschaft und Sinn-Variationen zwischen Vaterunser und Qaddisch machen das „Unservater zum Mustertext für eine an der Rezeption orientierte Exegese!"[31] (Ulrich Luz). In der Bergpredigt des Matthäus wird das Vaterunser zum Gebet impliziter Adressaten, welche die „weitaus bessere Gerechtigkeit" lernen sollen (Mt 5,17–20). Gebot und Gebet Jesu üben eine christologisch zu lernende Urteilskraft ein. Es ist eines, die jüdischen *und nichtmehr jüdischen* Enzyklopädien der Erstrezipienten des Gebets Jesu zu erfragen. Ein anderes ist es, die Wiederholung des Gebets Jesu als Urteilskraft zu lernen, die – wie zum Gebet – zum Gebot Jesu die Erfüllungssituation erst findet.

Man habe, so Hans-Dieter Betz, zwischen „drei Textgestalten der Bergpredigt" zu unterscheiden:

> dem *vorausliegenden Text der Verkündigung des historischen Jesus*, dem *Bergpredigttext, der einfach abzulesen, vorzulesen und nachzusprechen ist*, sowie dem *Text, der sich im theologischen Denken und in der Lebensexistenz bilden soll*. *Der zuletzt genannte ist der eigentliche Text, auf den es in der Bergpredigt ankommt* während der auf dem Papier stehende Bergpredigttext dem gegenüber nur eine Hilfsfunktion ausübt, die ihrerseits aber notwendig ist wegen der umstrittenen Bedeutung der Verkündigung Jesu.[32]

(13) Über einiges müssten Löhr und ich uns wohl weiter verständigen. Zum Beispiel über das jeweilige Verhältnis von *(historisch) Realem, (narrativ) Fiktiven und (wirksam) Imaginären* des jeweiligen Evangelientextes, des Evangeliums und der Evangelien als intertextuelles Feld.[33] Fragt Löhr vorrangig nach historisch Realem des palästinischen Jesus und nach dem Fiktiven jeweiliger Autor-Fiktionen und -strategien im jeweiligen Evangelium, um schließlich die durch Jesus von Nazareth in den Jesus-Bewegungen evozierten ‚Ideologien' (*sensu* U. Eco) vor und nach Ostern zu rekonstruieren, wobei sich ‚messiano-logische' und ‚kyrios-christologische' ‚Ideologien' historisch nachvollziehbar verzweigen, aber auch ablösen und überlappen? So verstehe ich ihn und sehe ihn v. a. in der figurativ-diachronen und narrativ-repräsentativen Dimensionen historisch fragen und forschen. Mich interessiert die Dimension einer in der Textwirkung der Erzählung und des Evangeliums in implizi-

---

[31] Ulrich Luz, *Das Evangelium nach Matthäus*, Bd. 1, *Matthäus 1–7*, EKK I/1 (Neukirchen-Vluyn: Neukirchner Verlag, ⁵2002), 441, Anm. 55.
[32] Hans-Dieter Betz, „Die hermeneutischen Prinzipien in der Bergpredigt (Mt 5, 17–20)," in ders. *Studien zur Bergpredigt* (Tübingen: Mohr Siebeck, 1985), 34–48, 37 f.
[33] Iser, *Das Fiktive*.

ten Lesern hervorgebrachten, *imaginären Erinnerung des irdischen Jesus* in der *textuell-antizipativen Dimension*, unter steter Berücksichtigung der beiden anderen narratologischen Dimensionen. Meine thematische Auswahl „Namen, Beinamen, Titel", „Anfang des Evangeliums: Wort – Kraft – Leib Jesu", „Gleichnisse" und „Bergpredigt", „Gebet" „Mähler und letztes Mahl", „Bild des Menschen" (EC 2, §§ 18–28) führen diese meine Interpretation *methodisch kompromisshaft* und exemplarisch vor.

(14) Selbstverständlich behält Exegese im historischen Paradigma eminent sachkritische Geltung gegenüber Christologie des erinnerten Jesus. *Beispiel Evanglienanfang, Abrahamssohnschaft, Geistgeburt und Jungfrauengeburt*: Von der Prolog-Forschung lernte ich christologisch sehr viel (M. Theobald, H.J. Klauck, J. Frey, H. Lausberg, M. Mayordomo[34]). Der Matthäus-Anfang setzt mit drei textuellen Leerstellen in der Genealogie Jesu aufschlussreiche Rezeptionssignale. (a) Der Beiname ABRAHAMSSOHN stehe für die Katachrese des Anfangs: „Mit Jesus läßt Gott etwas Neues beginnen; er ist der entscheidende Wendepunkt in der Geschichte Gottes mit seinem Volk."[35] Wie dies in *christologischen Sinn* überführen?

Die anderen Leerstellen der Genealogie, die sich aus der Enzyklopädie der Erstleser in ihrem Sinn nicht erschließen lässt, sind (b) die Geistempfängnis und (c) die Jungfrauengeburt. Die erste wird messianologisch bedeutsam, die zweite inkarnationschristologisch unübersehbar wirksam. Hinsichtlich *Jungfrauengeburt* gilt rezeptionshistorisch bemerkenswerterweise: „Wie die jungfräuliche Zeugung zu einer für die Rezipierenden des M[atthäusevangeliums] so selbstverständlichen Voraussetzung werden konnte, liegt m. E. theologiegeschichtlich im Dunkeln."[36]

Was historisch im Dunkeln liegt und textuell als Leerstelle fungiert, lädt ein, mit inkarnationschristologischem Sinn besetzt zu werden, ja übersetzt zu werden. Inkarnationschristologie wird dann zur gynäkologischen Hyper-Investiton ins hochverzinsliche Wundersinn-Kapital einer konstruierten Ontogenese des Gott-Menschen im Uterus Mariens. Tatsächlich fungiert die Leerstelle ‚Jungfrauen-

---

[34] Michael Theobald, *Die Fleischwerdung des Logos. Studien zum Verhältnis des Johannesprologs zum Corpus des Evangeliums und zu 1 Joh*, NTA.NF 20 (Münster: Aschendorff, 1988); Hans-Josef Klauck, *Vorspiel im Himmel? Erzähltechnik und Theologie im Markusprolog*, BThSt 32 (Neukirchen-Vluyn: Neukirchner Verlag, 1997); Heinrich Lausberg, *Der Johannesprolog. Rhetorische Befunde zu Form und Sinn des Textes*, Nachrichten der Akademie der Wissenschaften in Göttingen. Philologisch-Historische Klasse 1984/5 (Göttingen: Vandenhoeck & Ruprecht, 1984); Jörg Frey, *Die johanneische Eschatologie*, Bd. 2, *Das johanneische Zeitverständnis*, WUNT 110 (Tübingen: Mohr Siebeck, 1998); Moisés Mayordomo-Marin, *Den Anfang hören. Leseorientierte Evangelienexegese am Beispiel von Matthäus 1–2*, FRLANT 180 (Göttingen: Vandenhoeck & Ruprecht, 1998).
[35] Mayordomo, *Anfang*, 256.
[36] Mayordomo, *Anfang*, 255.

geburt' aber als Anweisung zur *Sparsamkeit*. Offenbar will Matthäus die Genesis Jesu weder mit dem *Logos-Mythos* (wie Joh 1,1–18), noch mit der *Adam-Typologie* (wie in Röm 5,11–21; und Luk 3,23–38) besetzen. ‚Jungfrauengeburt' fungiert als Leer-Symbol genuin matthäischer Inkarnationschristologie, die sich erst im Voraus- und Zurücklesen des impliziten Lesers, der bis hin zu Mt 25,31–46 und Mt 28,16–20 liest mit rezeptivem Sinn auflädt und dabei immer weiter verschiebt.

Die Pointe der *Geist-Empfängnis* sei ‚maximal unmittelbare Einwohnung' (H. Gese) oder ‚aufs Minimale reduzierte Vermittlung' (M. Mayordomo).[37] Sind wir mit solchen, doch wohl katachrestischen Exegesen dieses Topos nicht an der Schnittstelle von Erzählsymbol und christologischem *Text-Diskurs*? Das „Wunder der Existenz Jesu" *von Anfang an* (Ernst Fuchs[38]) und die „heimliche Geburt" des messianischen Subjekts (Emmanuel Levinas[39]) im ‚Augenblick der Erwählung' zur Nähe für den Anderen wird mit einem Topos besetzt, der mit dem Dual ‚maximal unmittelbare und minimal vermittelte' Empfängnis noch nicht angemessen zum Diskurs-Begriff wird. Exponiert doch nur der *gesamte christologische Diskurs* (von § 1 bis § 36) dieses Wunder von Anfang an und diese ‚heimliche Geburt'.

Das Matthäus-Evangelium eröffnet mit diesem Anfang seinen eigenen *inkarnationschristologischen* Diskurs. Aus ihm lässt sich ein *eigener Vorbegriff von Menschwerdung Gottes im erinnerten Bild Jesu als Bild des Armen in messianischer und erwählungstheologischer Perspektive* gewinnen (vgl. § 28 mit § 34 und § 36). Menschwerdung Gottes ereignet sich am Ort des Menschen Jesus von Nazareth, der im eigenen Leib unbehaust existiert, einziger Menschensohn im eschatischen Augenblick der Erwählung, messianisches Selbst in der Nähe zum Anderen und im Leiden am Leiden.

Dieser messianologische und inkarnationschristologische Diskurs ist sachkritisch auf die unübersehbar ideologischen Über-Diskursivierungen der Jungfrauengeburt anzuwenden. Das Leer-Symbol ‚Jungfrauengeburt' gehört zur enkomiastischen Topik übernatürlicher Begabungen Jesu, die Mayordomo rekonstruiert. I. A. Dorner war der letzte bedeutende und ernst zu nehmende Christologe der Moderne, der daraus eine Lehre von der *natürlichen Gottmenschheit* Jesu kraft Geistempfängnis und Jung-

---

37 Vgl. Mayordomo, *Anfang*, 256 mit Belegen.

38 „*So also taucht das Problem der Christologie auf.* Ist die Frage spitzfindig oder aber notwendig, ob Jesu Verkündigung seine Tat bzw. ob seine Tat seine Verkündigung ist? Ist denn erst mit der Auferstehung Jesu das Wunder geschehen, das Jesus verkündigte? Oder *war die Existenz Jesu von Anfang an das Wunder?*", Ernst Fuchs, *Jesus. Wort und Tat* (Tübingen: Mohr, 1971), 101f. (Kursive HA); vgl. zur Prägnanz dieser Formel EC 2, 44f.48f.75f.

39 „Die Bedeutung als Nähe ist so die heimliche Geburt des Subjekts." Emmanuel Levinas, *Jenseits des Seins oder anders als Sein geschieht*, übersetzt von Thomas Wiener (Freiburg: Karl Alber, 1998), 305f.

frauengeburt entwickelte und sie zur Lehre von der *ethischen Gottmenschheit Jesu* und ihrer werdenden *Vollkommenheiten* ausarbeitete. Er überführte die enkomiastische Topik der übernatürlichen Begabung Jesu in die Konstruktion der progressiven Inkarnation des Gottmenschen Jesus Christus.[40] Das erwies sich als Sackgasse.

Zurecht statuiert W. Pannenberg, dass das einzige ökumenische Symbol, das *kritischer Erinnerung* standhält, das *christologische* Symbol von Maria *als Gottesgebärerin* ist. All die anderen Besetzungen und Überbesetzungen dieses Leersymbols dürfen wir vergessen.

Bibliographie

Assel, Heinrich. "Fiktive Enttäuschung und imaginäre Erinnerung. Proust, Augustinus und Husserl." In *Enttäuschung. Interdisziplinäre Erkundungen zu einem ambivalenten Phänomen*, hg. v. Michael Moxter und Nina Heinsohn, 211–48. München: Wilhelm Fink, 2017.
Assel, Heinrich. *Elementare Christologie*, Bd. 1, *Versöhnung und neue Schöpfung*. Gütersloh: Gütersloher Verlagshaus, 2020.
Assel, Heinrich., *Elementare Christologie*, Bd. 2, *Der gegenwärtig erinnerte Jesus*. Gütersloh: Gütersloher Verlagshaus, 2020.
Assel Heinrich. *Elementare Christologie*, Bd. 3, *Inkarnation des Menschen und Menschwerdung Gottes*. Gütersloh: Gütersloher Verlagshaus, 2020.
Backhaus, Knut. "Lukas der Maler. Die Apostelgeschichte als intentionale Geschichte der christlichen Erstepoche." In *Historiographie und fiktionales Erzählen. Zur Konstruktivität in Geschichtstheorie und Exegese*, BThSt 86, hg. v. Knut Backhaus und Gerd Häfner, 30–66. Neukirchen-Vluyn: Neukirchner Verlag, 2007.
Betz, Hans-Dieter. "Die hermeneutischen Prinzipien in der Bergpredigt (Mt 5, 17–20)." In ders. *Studien zur Bergpredigt*, 34–48. Tübingen: Mohr Siebeck, 1985.
Burns, David u. a. "Jesus." *EBR* 14 (2017): 1–100.
Dalferth, Ingolf U. *Wirkendes Wort. Bibel, Schrift und Evangelium im Leben der Kirche und im Denken der Theologie*. Leipzig: Evangelische Verlagsanstalt, 2018.
Dalferth, Ingolf U. "Glaube als Gedächtnisstiftung." *ZThK* 104 (2007): 59–83.
Eco, Umberto. *Die Grenzen der Interpretation*, Übers. Günter Memmert. München/Wien: Hanser, 1992.
Frey, Jörg. *Die johanneische Eschatologie*, Bd. 2, *Das johanneische Zeitverständnis*, WUNT 110. Tübingen: Mohr Siebeck, 1998.
Fuchs, Ernst. *Jesus. Wort und Tat*. Tübingen: Mohr, 1971.
Gadamer, Hans-Georg. *Gesammelte Werke*, Hermeneutik Bd. 1, *Wahrheit und Methode. 1. Grundzüge einer philosophischen Hermeneutik*. Tübingen: Mohr Siebeck, [6]1990.
Hartenstein, Friedhelm. "Wunder im Alten Testament. Zur theologischen Begrifflichkeit für das Außerordentliche in der Hebräischen Bibel (*pl'*, *pälä'* und *nifla'ot*)." In ders. *Die bleibende*

---

[40] Dorner führt hier die lange Lehrtradition der *excellentia corporis Christi* fort, die christologisch scharf zu kritisieren ist. Vgl. dazu Richard Schröder, *Johann Gerhards lutherische Christologie und die aristotelische Metaphysik*, BHTh 67 (Tübingen: Mohr Siebeck, 1983), 94 f.122.157.211.215.

Bedeutung des Alten Testaments. Studien zur Relevanz des ersten Kanonteils für Theologie und Kirche, BThSt 165, 269–307. Göttingen: Vandenhoeck & Ruprecht, 2016.

Iser, Wolfgang. *Der Akt des Lesens. Theorie ästhetischer Wirkung*. München: Fink, ³1990.

Iser, Wolfgang. *Das Fiktive und das Imaginäre. Perspektiven literarischer Anthropologie*. Frankfurt a. M.: Suhrkamp, 1991.

Körtner, Ulrich H.J. "Konsequente Exegese. Zum Verhältnis von hermeneutischer Theologie, Wort Gottes und Schriftauslegung." In *Hermeneutische Theologie*, hg. v. Ingolf U. Dalferth, Pierre Bühler und Andreas Hunziker, 149–72. Tübingen: Mohr Siebeck, 2013.

Klauck, Hans-Josef. *Vorspiel im Himmel? Erzähltechnik und Theologie im Markusprolog*, BThSt 32. Neukirchen-Vluyn: Neukirchner Verlag, 1997.

Lausberg, Heinrich. *Der Johannesprolog. Rhetorische Befunde zu Form und Sinn des Textes*, Nachrichten der Akademie der Wissenschaften in Göttingen. Philologisch-Historische Klasse 1984/5, Göttingen: Vandenhoeck & Ruprecht, 1984.

Lévinas, Emmanuel. "Rätsel und Phänomen." In *Die Spur des Anderen. Untersuchungen zur Phänomenologie und Sozialphilosophie*, Übers. Wolfgang Nikolaus Krewani, 236–59. Freiburg: Verlag Karl Alber, 2012.

Luz, Ulrich. *Das Evangelium nach Matthäus*, Bd. 1, *Matthäus 1–7*, EKK I/1. Neukirchen-Vluyn: Neukirchner Verlag, ⁵2002.

Mayordomo, Moisés. *Den Anfang hören. Leseorientierte Evangelienexegese am Beispiel von Matthäus 1–2*, FRLANT 180. Göttingen: Vandenhoeck & Ruprecht, 1998.

Mayordomo, Moisés. "Exegese zwischen Geschichte, Text und Rezeption. Literaturwissenschaftliche Zugänge zum Neuen Testament." *VF* 55 (2010): 19–37.

Mildenberger, Friedrich. *Biblische Dogmatik. Eine Biblische Theologie in dogmatischer Perspektive*, Bd. 1, *Prolegomena. Verstehen und Geltung der Bibel*. Stuttgart u.a: Kohlhammer, 1991.

Ricœur, Paul. *Gedächtnis, Geschichte, Vergessen*. Übers. Hans-Dieter Gondek u. a. München: Wilhelm Fink, 2004.

Schröder, Richard. *Johann Gerhards lutherische Christologie und die aristotelische Metaphysik*, BHTh 67. Tübingen: Mohr Siebeck, 1983.

Schröter Jens. *Erinnerung an Jesu Worte. Studien zur Rezeption der Logienüberlieferung in Markus, Q und Thomas*, WMANT 76. Neukirchen-Vluyn: Neukirchner Verlag, 1997.

Schröter, Jens. *Jesus und die Anfänge der Christologie. Methodologische und exegetische Studien zu den Ursprüngen des christlichen Glaubens*, BThS 47. Neukirchen-Vluyn: Neukirchner Verlag, 2001.

Schulz, Heiko. "Nur das Unglaubliche ist gewiss. Zu einigen Parametern der Wunderanalyse," in *Wunde*, MJTh 28, hg. v. Elisabeth Gräb-Schmidt und Reiner Preul, 75–116. Leipzig: Evangelische Verlagsanstalt, 2016.

Sparn, Walter. "Jesus Christus V. Vom Tridentinum bis zur Aufklärung." *TRE* 17 (1988): 1–16.

Theobald, Michael. *Die Fleischwerdung des Logos. Studien zum Verhältnis des Johannesprologs zum Corpus des Evangeliums und zu 1 Joh*, NTA.NF 20. Münster: Aschendorff, 1988.

Wolter, Michael. "Die ‚Wunder' in der neutestamentlichen Jesusüberlieferung," in *Wunder*, MJTh 28, hg. v. Elisabeth Gräb-Schmidt und Reiner Preul, 31–58. Leipzig: Evangelische Verlagsanstalt, 2016.

René Dausner
Inkarnationschristologie und messianisches Denken im Dialog mit dem jüdischen Philosophen Emmanuel Levinas

Heinrich Assels *Elementare Christologie* 3

Abstract: The present contribution sketches a christological incarnation doctrine under the auspices of messianic thought. The dialogue between Christian and Jewish thought staged in this way is unfolded on the basis of the third and last volume of Heinrich Assel's *Elementary Christology*. The background is the prominent and programmatic essay „Un Dieu Homme" by the Jewish phenomenologist Emmanuel Levinas, that Heinrich Assel rereads for his own study in an innovative and intensive way. After a brief sketch of Levinas' argumentation in two steps – 1. on the idea of God's humiliation, 2. on the idea of substitution – its Christological potential is critically brought into conversation with Heinrich Assel's incarnational approach to thought. Three main questions are discussed: 1. the critique of onto-theology, 2. messianism and finally 3. the christologically relevant difference between God and man.

Keywords: christology, incarnation, phenomenology, messianism, humiliation, substitution, Emmanuel Levinas, Heinrich Assel

Der Inkarnationsgedanke bildet – völlig zu Recht, wenn auch nicht unumstritten – einen ebenso zentralen wie prekären Kristallisationspunkt dogmatischer Selbstverständigungsprozesse in der Moderne. Die Zentralität hat Karl Rahner trefflich benannt, wenn er die Inkarnation als „Mitte der Wirklichkeit, aus der wir Christen leben" charakterisiert: „Wir sollten also in der Theologie und im christlichen Leben über diese Mitte nachdenken. Und manchmal weniger über tausend andere Dinge reden. Denn dieses Geheimnis ist unerschöpflich, und verglichen mit ihm, sind die

---

René Dausner ist Professor der Systematischen Theologie mit dem Schwerpunkt Dogmatik und Fundamentaltheologie am Institut für Katholische Theologie der Universität Hildesheim sowie im Lehrgebiet Katholische Theologie an der Leibniz Universität Hannover. Neueste Veröffentlichung zum Thema: *Christologie in messianischer Perspektive. Zur Bedeutung Jesu im Diskurs mit Emmanuel Levinas und Giorgio Agamben* (Paderborn: Ferdinand Schöningh 2016).

meisten anderen Dinge, über die wir reden, belanglos."[1] Gerade die hier benannte Notwendigkeit der Verständigung über den Inkarnationsgedanken macht zugleich das Prekäre an ihm deutlich. Bedrohlich ist dabei weniger die Gefahr einer zunehmenden Ökonomisierung und Kommerzialisierung des Weihnachtsfestes als liturgischem Ort des Inkarnationsgedankens, als vielmehr der Inkarnationsgedanke selbst, der ebenso irreführend wie „gewöhnlich mit *Menschwerdung Gottes* übersetzt"[2] wird.

Einspruch ist vornehmlich von philosophischer Seite zu erwarten, zumal von einem Denken jüdischer und islamischer Provenienz. Denn auch wenn in allen drei monotheistischen Religionen die Offenbarung durch das göttliche Wort zentral ist, erscheint die christliche Vorstellung, dass dieses Wort Gottes in dem einen und einzigen Menschen Jesus von Nazareth wörtlich und leibhaftig zur Welt gekommen sei, für jüdisches und islamisches Denken inakzeptabel. Dominant ist die Sorge, Gottes Unendlichkeit würde durch diese Form der Inkarnation verendlicht, Gottes Transzendenz immanentisiert, Gottes Größe auf das Maß des Endlichen reduziert. Franz Rosenzweig argwöhnte gar, im Gedanken der Inkarnation breche „[d]as zuinnerst in jedem Christen unvertilgbare Stück Heidentum"[3] hervor.

Einspruch gegenüber der Zentralität der Inkarnationschristologie wird überraschenderweise aber auch innerhalb der christlichen Theologie selbst geäußert, insbesondere in christologischen Entwürfen neuprotestantischer Prägung. Umso bemerkenswerter ist daher das großangelegte Projekt einer dreibändigen *Elementaren Christologie*, die der evangelische Dogmatiker Heinrich Assel kürzlich vorgelegt hat. Der gesamte dritte Band, der unter der Doppelüberschrift „Inkarnation des Menschen und Menschwerdung Gottes" steht, ist der Frage und Fraglichkeit des Inkarnationsdenkens gewidmet.

Emmanuel Levinas hat als jüdischer Philosoph diese Kritik an inkarnatorischem Denken produktiv aufgegriffen, ohne in einer bloßen Wiederholung zu verharren; vielmehr entwickelt er angesichts seines eigenen phänomenologischen Ansatzes und seiner Aufmerksamkeit für die leibliche Dimension des menschlichen Daseins ein neues Verständnis von Inkarnation. Die Herausforderung dieser Philosophie für eine christliche Jesusinterpretation ist noch immer – und je länger, je

---

1 Karl Rahner, „Zur Theologie der Menschwerdung," in ders., *Sämtliche Werke*, Bd. 12, *Menschsein und Menschwerdung Gottes* (Freiburg i. Br.: Verlag Herder, 2005), 309–23, 309.
2 Otto Hermann Pesch, „Inkarnation," in *Lexikon des Dialogs. Grundbegriffe aus Christentum und Islam*, Bd. 1, *Abendmahl – Kult*. Im Auftrag der Eugen-Biser-Stiftung hg. v. Richard Heinzmann (Freiburg i. Br.: Verlag Herder, 2013), 349–50, 349.
3 Franz Rosenzweig, *Der Stern der Erlösung* (Frankfurt a. M.: Suhrkamp, 1988), 388.

mehr – enorm⁴ und ermöglicht nicht nur deren Neufigurierung sondern zugleich auch der Inkarnationstheorie im Diskurs mit jüdischem und – auf dieser Basis – auch islamischem Denken.

1 Orientierungssuche

Bezeichnenderweise eröffnet Heinrich Assel sein magistrales Werk „Elementare Christologie" mit einer zunächst schlicht scheinenden, zugleich aber nottuenden Frage: „Wo nimmt Christologie ihren *Anfang*?"⁵ Die Antwort auf diese ätiologische Frage erfolgt in einem Doppelschritt, der rhetorisch gesprochen eine *correctio*⁶ darstellt: „Beim Namen ‚Jesus Christus'. Bei exemplarischen Verwendungen des Namens ‚Jesus Christus'."⁷ Der Neu-Einsatz verschiebt die Antwort vom Singular in den Plural und zeigt an, dass ein Anfang nicht oder besser: nicht ein Anfang allein zu finden ist. Wer nach dem Anfangsort von Christologie fragt, stößt auf eine Fülle an Traditionen und *loci theologici*, die in exemplarischer Weise abzuschreiten der Autor unternimmt.

Bei näherem Zusehen erweist sich die Frage nach dem Ursprungsort christologischen Denkens als Anschlussfrage zu der vorgelagerten und überlagernden Frage, die als Überschrift des Einführungskapitels zu verstehen ist: „Was heißt: Sich im Namen ‚Jesus Christus' orientieren?" Die Frage nach dem Anfang ist folglich die erste Frage, die aber im Kontext einer Orientierungssuche steht, die ihre Anklänge an Immanuel Kants berühmten Aufsatz „Was heißt: Sich im Denken orien-

---

4 Vgl. Josef Wohlmuth, Hg., *Emmanuel Levinas. Eine Herausforderung für die christliche Theologie* (Paderborn: Schöningh, 1999). Vgl. darüber hinaus *pars pro toto* die folgenden Bände: Norbert Fischer, *Die Gottesfrage in der Philosophie von Emmanuel Levinas* (Hamburg: Felix Meiner Verlag, 2013); Bernhard Casper, *Das Dialogische Denken. Franz Rosenzweig, Ferdinand Ebner und Martin Buber. Um einen Exkurs zu Emmanuel Levinas erweiterte Neuausgabe* (Freiburg im Breisgau: Verlag Karl Alber, 2017); Christian Rößner, *Der „Grenzgott der Moral". Eine phänomenologische Relektüre von Immanuel Kants praktischer Metaphysik im Ausgang von Emmanuel Levinas* (München/Freiburg: Verlag Karl Alber, 2018); Norbert Fischer und Jakub Sirovátka, *Das Antlitz des Anderen. Zum Denken von Emmanuel Levinas* (München/Freiburg: Verlag Karl Alber, 2020); Bernhard Casper, *„Geisel für den Anderen – vielleicht nur ein harter Name für Liebe". Emmanuel Levinas und seine Hermeneutik diachronen da-seins* (München/Freiburg: Verlag Karl Alber, 2021).
5 Heinrich Assel, *Elementare Christologie*, Bd. 1, *Versöhnung und neue Schöpfung* (Gütersloh: Gütersloher Verlagshaus, 2020), 17. – Im Folgenden abgekürzt mit der Sigle: EC sowie der jeweiligen Band-Angabe.
6 Georg Wöhrle, Art., „Correctio," in *Historisches Wörterbuch der Rhetorik*, Bd. 2 (Berlin: Walter de Gruyter, 1994), 394–5.
7 EC 1, 17.

tieren?" (1786) deutlich markiert. Die Rationalität christologischer Bemühungen und die Tradition aufklärerischen Denkens kommt somit von Beginn an programmatisch zum Ausdruck. *Sich im Namen ‚Jesus Christus' orientieren*, erscheint mithin als christlich theologische Wendung einer *Orientierung im Denken*, das rational, nicht rationalistisch, aufklärend, nicht aufgeklärt daherkommt.

Sowohl die Pluralität christologischer Ansätze als auch die Rationalität der christlichen Jesusdeutung spielen im Fortgang der Analysen eine zentrale Rolle und führen zur Elementarisierung christologischer Topoi.

> Wer anfängt, christologisch darüber nachzudenken, wird die unübersehbar vielfältigen Gebrauchsweisen auf elementare Einführungssituationen des Namens JESUS CHRISTUS zurückführen müssen, in denen sich das elementar Orientierende dieses Namens für den Vollzug und Bezug des Glaubens, für die Praxis und Ethik der Nächstenschaft und für das Imaginäre der Hoffnung übersichtlich beschreiben lässt.[8]

Es ist daher folgerichtig, dass die elementare Orientierungssuche unterschiedliche christologische Entwürfe aufgreift und anhand dieser Ansätze einen eigenen Vorschlag entwickelt. Die Einteilung in drei Bände realisiert angesichts dieses Vorschlags den folgenden Argumentationsgang: Assels *Elementare Christologie* beginnt „in Band 1 mit der Christologie des auferweckten Gekreuzigten als Versöhnung und Neuschöpfung"; dies sei „der mitwandernde Sinnhorizont des gegenwärtig erinnerten irdischen Jesus in Band 2 und der Inkarnation des Menschen sowie der Menschwerdung Gottes in Band 3."[9]

Allerdings könnte diese Einteilung der irrigen Annahme Vorschub leisten, die Inkarnationschristologie sei auf den letzten Band beschränkt oder könne gar als Annex oder „sekundäres Interpretament" „vom eschatischen Offenbarungshandeln Gottes am auferweckten Gekreuzigten"[10] verstanden werden. Heinrich Assel verfolgt demgegenüber von Anfang an die Entwicklung, Rehabilitierung und Apologie des Inkarnationsdiskurses gegenüber dessen Kritiken. Zu Beginn des ersten Bandes geht es zwar zunächst nur um eine „weichenstellende Reduktion im Vorbegriff", insofern konstatiert wird, dass in „den deutschsprachigen evangelischen Christologien [...] seit einigen Dekaden kaum *innovative* Inkarnationschristologien zu finden" seien.[11] Aber es zeichnet sich ebenso von Beginn ab, was Assel im drit-

---

[8] EC 1, 17. – In einer zugehörigen Anmerkung weist Heinrich Assel darauf hin, dass der Eigenname „JESUS" und „JESUS CHRISTUS" „mittels Kapitälchen markiert" werde, „um namentliche Verwendung anzuzeigen." In der biblischen Tradition biblischer Gottesnamen wird der Name Jesu somit namenstheologisch reflektiert und eingeführt, auch um die Differenz zu dem in dem Namen enthaltenen Hoheitstitel „Messias" deutlich werden zu lassen.
[9] EC 1, 34f.
[10] EC 1, 33.
[11] EC 1, 33.

ten Band explizieren wird, nämlich die fundamentale Öffnung des Inkarnationsdiskurses durch das phänomenologische Denken des jüdischen Philosophen Emmanuel Levinas. Dieser Ansatz und Dialog steht im Fokus der im Folgenden zu entwickelnden Argumentation.

2 Un Dieu-Homme?

2.1 Zur Orientierung

Im Rahmen der sog. „Woche der katholischen Intellektuellen" fand im Jahr 1968 eine Jahrestagung statt mit dem Titel „Qui est Jésus-Christ?" (*Wer ist Jesus Christus?*). Unter den Beitragenden war auch Emmanuel Levinas, der einen Vortrag unter der Überschrift „Un Dieu-Homme?" gehalten hat.[12] Es steht außer Frage, dass die biblisch motivierte Fragestellung, wer dieser Jesus von Nazareth sei,[13] nicht zu Unrecht als „christologische Grundfrage" (G.-L. Müller) und „Urfrage der Christologie" (H. Kessler) gilt. Levinas, der in dieser Frage einen Kernbegriff der christlichen Glaubenslehre erkennt, greift die Herausforderung auf, die sich mit der pointierten Fragestellung nach Jesus Christus für ihn als jüdischen Philosophen ergibt, indem er mit seiner Gegenfrage die philosophische Denkmöglichkeit einräumt, Inkarnationschristologie subjekttheoretisch zu verstehen und zugleich anthropologisch zu erweitern.

Die Debatte über die Bedeutung dieses Beitrags hält auch heute noch – 55 Jahre später – unvermindert an. So hat beispielsweise Jan-Heiner Tück jüngst in seinem Beitrag „Gottes Wohnen unter uns" ein Gespräch *zwischen jüdischer Theologie der Einwohnung und christlichem Inkarnationsglauben* dargestellt.[14] Bereits in den Eingangsüberlegungen lehnt er den Ansatz von Emmanuel Levinas als un-

---

[12] Zuerst veröffentlicht in: René Rémond, Hg., *Qui est Jésus-Christ?* (Paris, 1968), 186–92. Wieder abgedruckt in: Emmanuel Lévinas, *Entre nous* (Paris, 1991), 64–71. Die deutsche Übersetzung besorgte Frank Miething unter dem irreführenden Titel: „Menschwerdung Gottes?," in: Emmanuel Levinas, *Zwischen uns. Versuche über das Denken an den Anderen* (München: Carl Hanser Verlag, 1995), 73–82. Eine revidierte, zudem kommentierte Übersetzung unter dem geeigneteren Titel „Ein Gott Mensch?" ist erschienen in: Rolf Kühn, Hg., *Religio und passio. Texte zur neueren französischen Religionsphilosophie* (Würzburg: Echter, 2014), 40–49.
[13] Vgl. Mk 4,41: „τίς ἄρα οὗτός ἐστιν ὅτι καὶ ὁ ἄνεμος καὶ ἡ θάλασσα ὑπακούει αὐτῷ" – „Wer ist denn dieser, daß auch der Sturm und das Meer ihm gehorchen?" (Übersetzung von Joachim Gnilka, *Das Evangelium nach Markus*, EKK II/1 [Zürich u. a.: Benziger Verlag, 1978], 193). Vgl. auch: Lk 8,25.
[14] Jan-Heiner Tück, „Gottes Wohnen unter uns. Jüdische Theologie der Einwohnung und christlicher Inkarnationsglaube im Gespräch," *Kirche und Israel* 37 (2022): 42–59.

zureichend ab, weil Levinas „Vorbehalte gegenüber der Inkarnation geäußert und vor einer Verdinglichung der göttlichen Transzendenz gewarnt" habe. Tück fährt fort:

> Die Vorstellung einer Erniedrigung Gottes kann Lévinas zwar bis zu einem gewissen Grad nachvollziehen, den Glauben an die Inkarnation Gottes im Fleisch eines Menschen aber lehnt er als idolatrisch ab. In seinem Aufsatz *Un Dieu homme?* erinnert er an das jüdische Bilderverbot und schließt den Gedanken an eine sichtbare Ikone Gottes aus.[15]

Mit diesem knappen und pauschalen Urteil reformuliert Tück einen weit verbreiteten Irrtum in der Rezeption des Denkens von Levinas.[16]

Abgesehen davon, dass – mit Karl Rahner – präziser von einer *Menschwerdung des Wortes Gottes* zu sprechen wäre, könnte aus der Lektüre des Beitrags von Levinas leicht gelernt werden, die christliche Inkarnationsvorstellung von paganem Denken, das in der Tat als idolatrisch abzulehnen ist, zu unterscheiden. Auch die wegweisenden Analysen und Reflexionen zu einer christlichen Jesusinterpretation im Anschluss an Levinas, die der von Tück an anderer Stelle genannte Josef Wohlmuth wiederholt vorgelegt hat,[17] kommen bedauerlicherweise

---

[15] Beide Zitate Tück, Gottes Wohnen, 43.
[16] Vgl. Helmut Hoping, *Jesus aus Galiläa. Messias und Gottes Sohn* (Freiburg i.Br.: Verlag Herder, 2019), 241–4. Im Gegensatz zu Tück, der sich an Hopings grundlegendes Urteil über einen angeblichen Ausschluss des Inkarnationsgedankens anschließt, erkennt Hoping immerhin die Innovation für eine theologische Anthropologie an: „Auch wenn Levinas' idolkritischer Gottebenbildlichkeitsbegriff den Gedanken einer Inkarnation Gottes ausschließt, kann sein Begriff des ‚inkarnierten' Subjekts helfen, die Geschöpflichkeit des Subjekts besser zu verstehen." Vgl. Jürgen Werbick, *Gott verbindlich. Eine theologische Gotteslehre* (Freiburg i. Br.: Verlag Herder, 2007), 539–44.
[17] Josef Wohlmuth, „Emmanuel Levinas und die christliche Theologie," in: *Im Geheimnis einander nahe. Theologische Aufsätze zum Verhältnis von Judentum und Christentum*, hg. v. Josef Wohlmuth (Paderborn u. a.: Ferdinand Schöningh, 1996), 39–62; Josef Wohlmuth, „Herausgeforderte Christologie," in: *Emmanuel Levinas – eine Herausforderung für die christliche Theologie*, hg. v. Josef Wohlmuth (Paderborn u. a.: Ferdinand Schöningh, ²1999), 215–29; Josef Wohlmuth, „Chalkedonische Christologie und Metaphysik," in *Religion. Metaphysik(kritik). Theologie im Kontext der Moderne / Postmoderne*, hg. v. Markus Knapp und Theo Kobusch (Berlin u. a.: Walter de Gruyter, 2001), 333–54; Josef Wohlmuth, „Jüdischer Messianismus und Christologie," in ders., *Die Tora spricht die Sprache der Menschen. Theologische Aufsätze und Meditationen zur Beziehung von Judentum und Christentum* (Paderborn u. a.: Ferdinand Schöningh, 2002), 160–85; Josef Wohlmuth, „Trinität – Versuch eines Ansatzes," in *Monotheismus Israels und christlicher Trinitätsglaube*, hg. v. Magnus Striet (Freiburg i. Br.: Verlag Herder, 2004), 33–69; Josef Wohlmuth, „Emmanuel Levinas und die christliche Jesusinterpretation. Ein Streit um die Denkformen in der Christologie," in *Kircheneinheit und Weltverantwortung. Festschrift für Peter Neuner*, hg. v. Christoph Böttigheimer und Hubert Filser (Regensburg: Pustet, 2006), 281–305; Josef Wohlmuth, „Jesusinterpretation im jüdisch-christlichen Gespräch seit Dabru emet," in ders., *An der Schwelle zum Heiligtum. Christliche Theologie im Gespräch mit jüdischem Denken* (Paderborn: Ferdinand Schöningh, 2007), 119–37.

nicht zum Tragen. Das Vorurteil einer Idolatrie gegenüber dem Ansatz von Levinas verstellt den konstruktiven Blick auf dessen Relevanz für eine Innovation des inkarnatorischen Denkens in messianischer Perspektive.[18] Bedauerlicherweise fehlt zudem der ökumenische Blick auf die *Elementare Christologie* Heinrich Assels, der die Herausforderung des Denkens, das Levinas entfaltet, höchst produktiv und konstruktiv-kritisch aufnimmt. Assel konstatiert trefflich:

> Der markanteste neuere Fortschritt zur Philosophie der Inkarnation des Menschen und darin zur Menschwerdung Gottes stammt von einem jüdischen Philosophen. Es handelt sich um Emmanuel Levinas' Essay *Ein Gott-Mensch?* oder *Menschwerdung Gottes?* (Un Dieu Home? 1968) und um sein Hauptwerk *Jenseits des Seins oder anders als Sein geschieht* (1974).[19]

Mit dieser Entscheidung, die Phänomenologie von Emmanuel Levinas und vornehmlich seinen kaum zu überschätzenden Beitrag „Un Dieu-Homme?" als Basis für eine neue Inkarnationschristologie zu wählen, begibt sich Heinrich Assel auf bislang noch immer zu wenig beschrittene Pfade. Worum geht es?

2.2 Zum Argumentationsgang

Der Argumentationsgang des Beitrags von Emmanuel Levinas, den ich auch andernorts bereits rekonstruiert habe, enthält zwei Aspekte, die für die Frage, wer Jesus Christus sei, aus philosophischer Perspektive relevant sind: *zum einen* den Aspekt der Erniedrigung Gottes (*humiliation*), *zum anderen* den Aspekt der Stellvertretung (*substitution*). Die Frage nach der Inkarnation des Subjekts ist für beide Aspekte relevant und stellt daher ein Verbindungsglied beider Theologumena dar, die Levinas in philosophischer Hinsicht zu deuten sucht. Die beiden Aspekte, die mir für den Inkarnationsgedanken sowie für das Denken der Offenbarung Gottes von fundamentaler Bedeutung erscheinen, möchte ich in aller Kürze skizzieren.

In einem *ersten Gedankengang* arbeitet Levinas heraus, dass die Frage nach einer Offenbarung Gottes der doppelten Gefahr eines Pantheismus sowie einer absoluten Abstraktion entgehen müsse. Zentral ist daher die Frage, wie die göttliche Transzendenz in die Immanenz einbrechen kann, ohne einerseits ihre Transzendenz zu verlieren und ohne andererseits die Immanenz zu negieren. Mit der Logik sei diese Erfahrung der Transzendenz als Erfahrung nicht zu erreichen; denn jede

---

[18] Vgl. René Dausner, *Christologie in messianischer Perspektive. Zur Bedeutung Jesu im Diskurs mit Emmanuel Levinas und Giorgio Agamben* (Paderborn: Ferdinand Schöningh, 2016).
[19] EC 3, 216.

Alterität werde im Denken aufgelöst, der *„außer-ordentliche* Mehrwert einer Nähe von Endlichem und Unendlichem"[20] gehe verloren. Die einzige Weise, diese außerordentliche Offenbarung zu denken geschieht Levinas zufolge im Modus radikaler Erniedrigung. Die Wahrheit ist nur dann als Erniedrigung der Transzendenz zu verstehen, wenn sie eine verfolgte und somit auch eine letztlich umstrittene Wahrheit ist.[21] Zur Beschreibung dieser verfolgten Wahrheit verwendet Levinas Ausdrücke der Demut und der Erniedrigung, die nicht zufällig an die biblische Sprache erinnern: Der Anspruch dieser Wahrheit sei der „Anspruch eines Bettlers und Heimatlosen, der nichts hat, wohin er sein Haupt legen könnte"[22]; die Wahrheit „nimmt nicht Platz in der Welt, in der sie sogleich aufginge, als wäre sie nicht von jener Welt."[23] Die Bezüge zur christlichen Deutung Jesu von Nazareth sind augenfällig. Entscheidend für das Verständnis dieser Transzendenz, die nicht in Immanenz aufgeht, sondern als Transzendenz und somit als „nichtassimilierbare Andersheit" in Gestalt der Erniedrigung erscheint, ist „absolute Unterscheidung zu allem, was sich zeigt".[24] Kennzeichnend für diesen Gedanken ist eine bleibende Ungleichzeitigkeit zwischen Transzendenz und Immanenz. Für Levinas ist die uneinholbare Verschiebung in der Zeit, die er Diachronie nennt, der Modus des Erscheinens von Transzendenz. Auf anachronistische, paradox anmutende Weise gehe das Austreten aus der Ordnung dem Eintritt voraus.

Die Frage nach der Inkarnation wird an diesem Punkt virulent. Denn die beschriebene, anachronistische Erscheinungsform der Transzendenz in der Immanenz sei nur indirekt, nur im Modus einer Spur zugänglich. Spur (*trace*) bedeutet für Levinas – auf eine Kurzformel gebracht – „die Nähe Gottes im Antlitz meines Nächsten." Es kann nicht verwundern, dass Levinas große Sympathie hatte für die Perikope vom Weltgericht in Mt 25,31–46:[25] Auf die Frage, wo und wann eine Begegnung mit dem Menschensohn stattgefunden habe, antwortet Jesus bekanntlich mit Verweis auf die Begegnung mit den Marginalisierten: den Hungrigen und Durstigen, den Fremden und Nackten sowie den Kranken und Inhaftierten. Levinas versteht daher den Einbruch des Unendlichen nicht als eine Aufhebung des Unendlichen; da der Gedanke des Unendlichen sich auf paradoxe Weise selbst transzendiere, weil er unendlich viel mehr denkt, als er denkt, könne sich das Un-

---

20 Levinas, Ein Gott Mensch, 42.
21 „Der Gedanke der verfolgten Wahrheit erlaubt uns, dem Enthüllungsspiel, bei dem die Immanenz immer gegen die Transzendenz gewinnt, ein Ende zu bereiten." (Levinas, Ein Gott Mensch, 44).
22 Levinas, Ein Gott Mensch, 43.
23 Levinas, Ein Gott Mensch, 44.
24 Levinas, Menschwerdung Gottes, 78.
25 Vgl. Jes 58,6 f.

endliche nicht „in einem Begehrlichen inkarnieren".²⁶ Für die Frage nach der Inkarnation ergibt sich nach Levinas eine gravierende Konsequenz: Inkarnation ist kein Beschreibungsmodus, um die Unendlichkeit Gottes zu umschreiben; ein solches Verständnis würde die Transzendenz Gottes aufheben und die Unendlichkeit verendlichen. Vielmehr erscheint die Unendlichkeit inkarniert im nicht ausgesuchten Anderen, dessen Nähe sich mir so aufdrängt, dass das Subjekt eine Kernspaltung, ein inneres Zerrissenwerden, erfährt. Dadurch wird zugleich deutlich, was bei Levinas Offenbarung des Unendlichen im Endlichen bedeutet: „Offenbarung geschieht durch denjenigen, der sie empfängt".²⁷ Damit kommt bereits der zweite Aspekt, die Stellvertretung, zur Sprache.

Trotz der Bedeutung der Leiblichkeit, die mit den Aspekten der Nähe und des Antlitzes im ersten Gedankengang angeklungen ist, verwendet Levinas den Begriff der Inkarnation explizit erst im *zweiten* Gedankengang, in dem das Subjekt von der Stellvertretung her verstanden wird. Bei dem Begriff Stellvertretung (*substitution*) handelt sich um einen zentralen, aber auch schnell missverständlichen Begriff des Levinas'schen Denkens, der in streng phänomenologischer Diktion auf das Subjekt, d. h. das je eigene Selbst als Erfahrungs- und Erkenntnisort bezogen ist. Der Begriff der *substitution* meint bei Levinas eine Stellvertretung, zu der das inkarnierte Ich in der Begegnung mit der Alterität herausgefordert ist, noch bevor es eine Entscheidung zu treffen vermochte. „Das Ich", so Levinas, „ist in sich, eingepfercht in sich, ohne Zuflucht zu irgend etwas in seiner Haut – unwohl in seiner Haut"²⁸. Levinas betont in diesem Kontext, dass Inkarnation „keinerlei metaphorischen Sinn" habe, sondern im allerwörtlichsten Sinn des Wortes verstanden werden muss, um das Selbstsein des jeweiligen Ich zu verstehen. Die Rede vom inkarnierten Subjekt deutet den Gedanken der Inkarnation im Sinn eines inkarnierten Subjektseins, für das einerseits eine Begegnung mit der Alterität dessen leibhaftige Not und Hilfsbedürftigkeit zum Ausdruck bringt und andererseits das Subjekt herausfordert, nicht mit schönen Worten, sondern mit gebender Hand auf diese Not zu reagieren.

---

26 Levinas, Ein Gott Mensch, 46.
27 Emmanuel Levinas, *Jenseits des Seins oder anders als Sein geschieht* (Freiburg i. Br.: Verlag Karl Alber, ²1998), 341.
28 Fortsetzung des Zitats: „wobei diese Inkarnation keinerlei metaphorischen Sinn hat, sondern der allerwörtlichste Ausdruck einer absoluten Rückläufigkeit (*récurrence*) ist, die jede andere Sprache nur annähernd wiedergeben könnte. Das Selbstsein ist kein inkarniertes Ich, zusätzlich zu seiner Verbannung in sich, ein der Beleidigung, der Anklage, dem Schmerz Ausgesetzt-sein." (Levinas, Ein Gott Mensch, 48).

2.3 Zum Argumentationskern von *Un Dieu Homme?* in der elementar-christologischen Rekonstruktion Heinrich Assels

Das Denken von Emmanuel Levinas spielt in der dreibändigen *Elementaren Christologie* Heinrich Assels eine kaum zu überschätzende Rolle. Zwar ist eine inhaltliche Bezugnahme auf das Werk von Levinas im zweiten Band, der sich mit dem *gegenwärtig erinnerten Jesus* befasst, schwächer ausgeprägt als in den beiden anderen Bänden;[29] umso eindringlicher aber sucht Assel im ersten und im dritten Band eine ausführliche Auseinandersetzung mit dem messianischen Inkarnationsdenken von Levinas. Den entscheidenden Motivationsgrund für diesen Diskurs beschreibt Assel selbst folgendermaßen:

> Eine heute verantwortbare eigene Inkarnationschristologie unter Einbezug der Inspirations- oder Geist-Christologien steht also sowohl im Horizont dieser Auseinandersetzungen um die Rezeption und Kritik konziliarer, ökumenischer Christologien [... als auch im Kontext der Auseinandersetzungen] um die Transformation, ja Elimination der Inkarnationschristologie überhaupt. Sie sollte sich der denkbar schärfsten Skepsis gegenüber dem Bekenntnis zur Menschwerdung Gottes in Jesus Christus überhaupt aussetzen. Ein Proprium der hier vorgelegten Inkarnationschristologie ist, dass sie diese denkbar schärfste Skepsis nicht in Schleiermacher und Fichte, in Kant und Hegel, in David Friedrich Strauss und Ferdinand Christian Baur, in Ludwig Feuerbach und Karl Marx kulminieren sieht. Vielmehr in jenen Kritiken und tiefgreifenden Alterationen der Inkarnationschristologie, die sich als „Religion der Vernunft aus den Quellen des Judentums" verstehen und sich in Exponenten wie Hermann Cohen, Franz Rosenzweig, Jakob Gordin oder Emmanuel Levinas zeigen [...]. (EC 3, 17)

Assel zufolge wenden sich die jüdischen Kritiker gegen „die christlichen Inkarnationschristologien und Logos-Theorien als Mythologie der Vernunft", um „das Potential der Selbstkritik der Vernunft und der Religion der Vernunft gegen ihre eigene Dialektik" in Stellung zu bringen (EC 3, 17). Ziel der christologischen Überlegungen, die Assel entfaltet, ist somit ein Aufbau der „Problemgeschichte der Inkarnationschristologie zwischen Dogma und Skepsis" (EC 3, 19).

Für die angestrebte Rekonstruktion einer Inkarnationschristologie bildet der Text *Un Dieu Homme?* von Levinas sowie *Autrement qu'être* die wesentliche Basis der Auseinandersetzung. Wie sehr Heinrich Assel das Denken von Levinas für die eigene Elementarisierung und Konstruktion der Christologie schätzt und verwendet, wird bereits an der Überschrift von § 30 deutlich, die in klarer Anlehnung an dessen sog. Spätwerk formuliert ist: „Gott und Mensch jenseits des Seins". Kritisch rückzufragen bleibt, warum diese bedeutsame Umschreibung auf den vor-

---

29 Vgl. aber z. B. Die Referenz auf Levinas' Interpretation von Mt 25,31–46 in EC 2, 350–59.

chalcedonensischen Inkarnationsdiskurs bezogen bleibt und an dieser Stelle nicht zu einer weiterführenden, produktiven *Relecture* des Horos von Chalkedon genutzt wird.[30] Dieser Schritt wäre umso näherliegender gewesen, als Assel an zwei systematischen Stellen auf das christologisch herausfordernde Denken von Levinas zu sprechen kommt: zum einen im Kontext der Stellvertretung (§ 9.4), ein Gedanke, der in den Analysen des Bonner Dogmatikers Josef Wohlmuth eine zentrale Position für die Deutungen des Chalcedonense einnimmt: „Was der chalkedonische Text nur durch die Klausel διὰ τὴν ἡμετέραν σωτηρίαν anklingen lässt, könnte Levinas zufolge als Stellvertretung Jesu bis in den Tod verstanden werden."[31] Zum anderen setzt Assel sich intensiv mit dem Denken von Levinas im Diskurs um eine erneuerte Inkarnationschristologie auseinander (§ 34).

In beiden Diskursen rekonstruiert Assel den „Argumentationskern in *Ein Gott Mensch?*" (EC 3, 242) „als einziges, in sich kompaktes Problem" (EC 1,277; EC 3, 242). Im Unterschied zu Levinas selbst – und auch in der Sekundärliteratur – unterscheidet Assel allerdings nicht zwei Gedankengänge, die im französischen Original mit den Begriffen *humiliation* und *substitution* umschrieben werden; nach Assel handelt es sich um „ein dreifaches Problem", das in *Jenseits des Seins* „eine sich steigernde ethische Beschreibung der Inkarnation des Subjekts durch Nähe und durch originäre Stellvertretung, die indirekt Züge des prophetischen Gottesknechts evoziert" (EC 3, 245). Eine Erweiterung des doppelten Gedankengangs von Levinas zu einer dreifachen Problemstellung erlaubt eine wegweisende weitere Unterscheidung, nämlich die Differenz zwischen der *Inkarnation des Menschen* einerseits und der *Menschwerdung Gottes* andererseits; zu fragen bleibt allerdings, ob mit dieser nachgelagerten Differenz nicht der Witz verspielt wird, der gerade in der Denkfigur des Unendlichen im Endlichen, der Infinition, geboten wird.[32] In der Folge dieser Verschiebung entwickelt Assel bedeutende Elemente:

1. „Nähe und Verantwortung" (EC 1, 282), die in der *Elementaren Christologie* mit der „*Nähe des Gebots*" (EC 1, 245–48; 282) aus Dtn 30,11–14 in Verbindung gebracht wird;

---

30 Eine „Evaluation und Interpretation" des Chalcedonense integriert Assel in den ‚nachchalcedonensischen Inkarnationsdiskurs' (§ 31). Zu einer intensiven Auseinandersetzung mit dem Konzil von Chalkedon und den von Levinas zu lernenden Denkformen vgl. Wohlmuth, Chalkedonische Christologie; Wohlmuth, Jesusinterpretation; Josef Wohlmuth, „Der jüdische Jesus und die Christologie des Konzils von Chalkedon," in *Christologie zwischen Judentum und Christentum*, hg. v. Christian Danz u. a. (Tübingen: Mohr Siebeck, 2020), 319–32.
31 Wohlmuth, Jesusinterpretation, 132.
32 Vgl. Dausner, *Christologie*, 373–5.

2. „Verantwortung und Verfolgung" (EC 1, 283f.), Kategorien, die inkarnationschristologisch als „Leibbürgschaft" umschrieben und im Rahmen der originären Stellvertretung als *„Wortwerdung des Fleisches"* (EC 3, 248)[33] gedeutet werden;
3. „Spur des Mitleidens Gottes" (EC 1, 285; EC 3, 254): was im Kontext der Stellvertretung als „Leiden am Leiden" (EC 1, 285) gedeutet wird, greift Assel im inkarnationschristologischen Diskurs auf als Fleischwerdung des Wortes (*„Wort ward Fleisch"*, EC 3, 254). Was daran anschließend als „Alltag der Inkarnation: Inkarnation und Inspiration" ausgeführt wird, versteht Assel als „Konfrontation" des Denkens von Levinas mit den „Leidenschaften und Passivitäten Jesu" (EC 3, 258). Allerdings bleibt zu fragen, ob diese Deutungsmuster nicht auf der Ebene dessen verbleiben, was das Zweite Vatikanische Konzil über die Menschlichkeit Jesu in *Gaudium et spes* festgehalten hat: „Mit Menschenhänden hat er gearbeitet, mit menschlichem Geist gedacht, mit einem menschlichen Willen hat er gehandelt, mit einem menschlichen Herzen geliebt. Geboren aus Maria, der Jungfrau, ist er in Wahrheit einer aus uns geworden, in allem uns gleich außer der Sünde. Als unschuldiges Opferlamm hat er freiwillig sein Blut vergossen und uns Leben erworben. In ihm hat Gott uns mit sich und untereinander versöhnt und der Knechtschaft des Teufels und der Sünde entrissen." (GS 22)

Für die *Elementare Christologie* bildet die Auseinandersetzung mit dem Denken von Levinas eine wichtige und – im doppelten Wortsinn – konstruktive Bedeutung. Insbesondere für eine Inkarnationschristologie, die sich den Einsprüchen jüdischen Denkens aussetzt, greift Assel die „ethische Beschreibung des inkarnierten Selbst-im-Leib und seiner Stellvertretung für den Anderen" auf; im vorletzten Abschnitt, § 35 „Logos und Schöpfung", der als eine Vorbereitung einer inkarnationschristologischen Interpretation des Johannesprologs in § 36 dient, betont Assel ferner die auch bei Levinas präsente „Tradition schöpfungsphilosophischen Sprachdenken[s]" (EC 3, 268). Im Unterschied zu einer bloß negativen Theologie finde sich bei Levinas die „Tradition einer *via negativa*, einer *ursprungslogischen* Lehre von der Attribuierung Gottes. Diese liegt wiederum der *ethischen Positivität* dieser Attribuierung bei Levinas zugrunde" (EC 3, 270),

---

[33] Vgl. dazu weiterführend: Erwin Dirscherl, „Wenn das Fleisch Wort wird. Der Leib als Präsenzraum Gottes und des Menschen," in *Stille der Theologie. Einheit und Vielfalt katholischer Systematik in der Gegenwart*, hg. v. Martin Dürnberger u. a. (Regensburg: Pustet, 2017), 269–79. Vgl. Erwin Dirscherl, *Das menschliche Wort Gottes und seine Präsenz in der Zeit. Reflexionen zur Grundorientierung der Kirche* (Paderborn: Ferdinand Schöningh, 2013).

eine Positivität, die am Ende des Abschnitts als „namens-ethisch" charakterisierte „Gewissheit" gefasst wird (EC 3, 286).

3 Weiterführende Rückfragen

Wer die *Elementare Christologie* Heinrich Assels studiert, stößt fortwährend auf das Denken von Emmanuel Levinas; an zwei markanten Kristallisationspunkten seines Gedankengangs setzt sich Assel – wie oben ausgeführt – explizit und höchst intensiv mit dem Denken von Levinas auseinander. Im Vordergrund steht dabei weniger der messianische Aspekt als vielmehr der Gedanke von Inkarnation und Stellvertretung.[34] Eine erste Bilanz seiner Analysen hat Assel folgendermaßen formuliert:

> Levinas beharrt auf der jüdischen Skepsis gegenüber dem christlichen Bekenntnis der *Inkarnation Gottes* in Jesus von Nazareth. Er formuliert aber eine *philosophische* Kritik an der *Inkarnation des Menschen*, in deren Horizont ein mögliches philosophisches Verständnis von *Inkarnation Gottes im Ereignis der Inkarnation des Menschen* nicht mehr ausgeschlossen ist. Er *exploriert* aus einer genuinen Wahrheitsverwandtschaft des Jüdischen und Christlichen (GM 13) das „nach Hegel" *geteilte Problem* eines Denkens Gottes, das sich von der Onto-Theologie des Absoluten als „wahrhaft Unendliches" und als „Geist" löst. In diesem Sich-Lösen stößt Levinas unweigerlich auf das *philosophisch geteilte* Problem der Inkarnation. (EC 3, 216)

Die hier vorgelegte Problemskizze schildert denkbar präzise die Herausforderung, die das jüdische Denken von Levinas für die von Heinrich Assel entfaltete *Elementare Christologie* darstellt. Denn neben der jüdischen Skepsis gegenüber christologischen Ansätzen (1) kommt auch die ‚Wahrheitsverwandtschaft' und somit die grundlegende Gemeinsamkeit zwischen Judentum und Christentum (2) zum Tragen. Wie auch für Franz Rosenzweig, dessen Hauptwerk *Der Stern der Erlösung* nach eigenem Bekunden zu sehr in *Totalität und Unendlichkeit*, dem ersten Hauptwerk von Levinas präsent sei, um zitiert werden zu können, ist Hegel und mit ihm jegliches Systemdenken in höchstem Maß kritikwürdig. Die sprachliche Anzeige ‚nach Hegel', die Assel mit Bedacht in einfache Anführungszeichen setzt, stellt somit nicht nur eine temporale Nachzeitigkeit dar, sondern zugleich eine philosophische. Allerdings stellen sich mir drei zentrale Fragen:

---

34 Den Gedanken der – mit Bernhard Waldenfels treffend als originäre Stellvertretung charakterisierten – Verbindung von „substitution" (frz.) und Inkarnation untersucht Assel vorbereitend in EC 1, § 9.4: *Originäre Stellvertretung und Inkarnation*, bevor er EC 3, § 34: *Fleisch wird Wort – Wort ward Fleisch* die Inkarnation mit jüdisch-philosophischer Skepsis ins Gespräch bringt.

1. Inwiefern stößt Levinas in seiner Kritik an der Onto-Theologie „unweigerlich" auf den Inkarnationsgedanken? Ist es nicht vielmehr umgekehrt und geradewegs so, dass die Reflexion auf Inkarnation und näherhin auf das *inkarnierte Subjekt* bei Levinas zu einer Kritik der Onto-Theologie führt?[35] Diese Frage drängt sich auf, insofern der eingangs eingeführte Aspekt sinnlicher und leibhaftiger Erfahrung, für die in äußerster Abbreviatur der Name *Auschwitz* steht, für Levinas unhintergehbar ist. Aus der Relektüre Heinrich Assels könnte sich jedoch der Eindruck ergeben, dass auch unabhängig von dieser Erfahrungsdimension, gleichsam „unweigerlich", sich eine Kritik an dem abendländischen Denken ergibt. Demgegenüber betont Levinas in seinem fundamentalen Aufsatz *Gott und die Philosophie*, dass nicht zufällig die Geschichte der abendländischen Philosophie, die bekanntlich über weite Strecken mit der Theologie identisch war oder zumindest Seit an Seit ging, eine „Destruktion der Transzendenz" gewesen sei.[36] Gegenüber der aus der griechischen Philosophie übernommenen und prägenden Übereinstimmung von Denken und Sein fragt Levinas nach Sinnhorizonten jenseits des Seins, eine gedankliche Bewegung, die Heinrich Assel aufgreift. Ohne die komplexen Ausführungen von Levinas an der Stelle ausführen oder gar rekapitulieren zu können, sei zumindest angedeutet, dass es ihm um eine – mit Assel gesprochen – „Inversion" des Denkens geht.[37] Vergleichbar mit Immanuel Kant und in produktiver Fortführung seines Denkens betont auch Emmanuel Levinas den *Primat der reinen praktischen Vernunft* gegenüber der reinen Vernunft; nicht mehr die Metaphysik im Sinn der Ontologie ist nun die *prima philosophia*, sondern die Ethik, wobei Ethik bei Levinas keine Morallehre, keine philosophische „Branche" neben anderen meint, sondern die *Erste Philosophie* darstellt.[38] Von diesen Vorgaben aus entwickelt Levinas den Gedanken der Substitu-

---

35 Vgl. Wohlmuth, Chalkedonische Christologie, 345: „Die Skepsis gegenüber der Christologie Chalkedons richtet sich doch gerade gegen eine christologische Jesusinterpretation, die angeblich ohne griechische Metaphysik gar nicht möglich wäre, dann aber mit dieser auch steht und fällt. Würde man Chalkedons Christologie hingegen verteidigen, weil sie sich bereits über das Ontische hinaus auf das Allgemein-Menschliche oder auf einen universalen Sinnhorizont bezieht, so wäre umgekehrt zu fragen, ob der angeblich ontologische Text des 5. Jh. für einen trans-ontologischen Interpretationsversuch, der sich auf die Gegebenheit des Phänomens Jesus von Nazareth bezieht, offen ist."
36 Emmanuel Levinas, „Gott und die Philosophie," in *Gott nennen. Phänomenologische Zugänge*, hg. v. Bernhard Casper (Freiburg u. a.: Alber, 1981), 81–123, 83. Vgl. Emmanuel Lévinas, „Dieu et la philosophie," in *De Dieu qui vient a l'idée*, hg. v. Emmanuel Lévinas (Paris: Librairie Philosophique Vrin, ²1986), 93–127.
37 EC 3, 225. Vgl. EC 3, 218: „Die Auseinandersetzung mit der Onto-Theologie geschieht in der Haltung einer ironischen ‚Noblesse', in der ‚manche Monotheisten, obschon sie es kennen, das nicht anerkennen, was nicht der Höchste ist' (JS, 379)."
38 Vgl. *Emmanuel Levinas*, „Le Primat de la Philosophie pure pratique," in: *Norbert Fischer*, Hg., Kants Metaphysik und Religionsphilosophie (Hamburg: Meiner, 2004), 179–205.

tion, die zu einer Radikalisierung der Subjektivität wird, die unvertretbare Verantwortung für den / die Andere(n) maßgebend wird. Das inkarnierte Subjekt, das Levinas zu denken erlaubt, ist „unwohl in seiner Haut"[39]. Lässt diese Gespaltenheit, dieser Riss im Innern des Subjekts nicht erkennen, dass die Lösung von der Onto-Theologie eine Implikation inkarnierter Subjektivität ist – und nicht umgekehrt?

2. Der Beitrag *Un Dieu-Homme?* von Levinas beginnt mit dem lapidaren, aber gravierenden Satz: „Philosophie ist Aufklärung." Dieser aufklärerischen Tradition weiß Levinas sich unentwegt verpflichtet, auch und gerade, wenn er durch Inversionen und Neubestimmungen inkarnierte Subjektivität zu denken versucht. Es ist daher nicht überraschend, wenn Levinas gegen Ende des Beitrags formuliert: „Das Mich [gemeint: das Subjekt im Akkusativ] ist derjenige, der vor jeder Entscheidung schon erwählt ist, die ganze Verantwortung der Welt zu tragen." Erst an dieser Stelle – im letzten Satz – greift Levinas das Wort des Messianismus auf, um die „Umkehrung des Seins, das in seinem Sein beharrt", denken zu können.[40] Die Messiasfigur ist insofern eine Radikalform des inkarnierten Subjekts, das ‚die ganze Verantwortung der Welt trägt'. Handelt es sich bei diesem messianischen Denken um eine Utopie? Wie zentral die Verklammerung von Subjektivität und Messianismus ist, wird deutlich, wenn Levinas an anderer Stelle sagen kann: „Der Messias ist Ich, Ich-Sein heißt Messias sein."[41] Bedenkt man, dass der hier eingeführte Messianismus eine Radikalisierung der Anthropologie darstellt, insofern „griechisch-substanzhafte Konturen [...] durch den jüdischen Messianismus [...] aufgesprengt werden"[42], stellt sich die Frage nach dem Zueinander von Gottheit und Menschheit in dem – gemäß christlicher Bekenntnistradition – Gott-Menschen Jesus Christus. Welche Konsequenzen ergeben sich dann aber für eine *Elementare Christologie*, wenn dieser Aspekt des Messianismus mit Blick auf den Gedanken einer inkarnierten Subjektivität reflektiert wird?

3. Der französische Originaltitel des Beitrags von Levinas lautet: *Un Dieu-Homme?* Das Fragezeichen markiert die kritische Gegenfrage gegenüber dem Titel der bereits erwähnten Tagung katholischer Intellektueller in Paris: „Qui est Jésus-Christ?" Levinas greift also die Antwort des christlichen Bekenntnisses auf und transformiert sie ins Philosophische. Die Redeform von dem Gott-Menschen markiert im Unterschied zu der Wendung „Menschwerdung Gottes" eine Differenz-

---

[39] Levinas, Ein Gott Mensch, 48. Frz. „mal dans sa peau", vgl. Emmanuel Levinas, *Autrement qu'être ou au-delà de l'essence* (Paris: La vivre de Poche, 1974), 66.
[40] Levinas, Ein Gott Mensch, 49.
[41] Emmanuel Levinas, *Schwierige Freiheit. Versuch über das Judentum* (Frankfurt a. M.: Suhrkamp, ²1996), 94.
[42] Wohlmuth, Jüdischer Messianismus, 180.

sensibilität, die das pagane Denken einer Metamorphose oder Transformation gerade vermeidet. Die jüdische und auch islamische Sorge, Gottes Unendlichkeit würde durch diese Form der Inkarnation verendlicht, Gottes Transzendenz immanentisiert, Gottes Größe auf das Maß des Endlichen reduziert, erscheint mir nicht unberechtigt. Dieser Aspekt ist umso drängender, als die von Levinas verwendete Sprachform *Un Dieu-Homme?* eine Neuinterpretation des Chalcedonense erforderlich und möglich macht. Josef Wohlmuth hat darauf hingewiesen, dass das erste der vier privativen Adverbien „ἀσυγχύτως" (unvermischt) als „jüdischer Stachel in der Christologie"[43] zu lesen sei. „Die trans-ontologische Denkfigur, die Levinas in seinem philosophischen Gesamtwerk entwickelt hat, kann zuletzt dazu verhelfen, das von Chalkedon ausgesprochene ‚vollkommen in der Gottheit' und ‚vollkommen in der Menschheit', das so schwer zu denken ist, solange man es als Einigung zweier ontologischer Größen (‚Substanzen') versteht, in folgender Weise auszulegen: Jesu Menschsein in seiner konkreten historischen, in die Überlieferungsgeschichte und Sprachtradition des frühen Judentums situierte Gestalt läßt das ‚vollkommen Göttliche' in inkarnierter Leiblichkeit aufleuchten, in der sich Selbstbewußtsein und Hingabefähigkeit gegenseitig bedingen und sich die absolute Nähe des ‚vollkommen Göttlichen' in der Art seines Lebens und Sterbens zeigt."[44] Vor diesem Hintergrund stellt sich die Frage, inwiefern die Rede von einer „Menschwerdung Gottes" diese Differenzeinheit des Gott-Menschen aufrechtzuerhalten vermag?

Die drei Fragenkreise können und sollen nicht den Eindruck schmälern, dass Heinrich Assel mit seinem weitausgreifenden Ansatz einer *Elementaren Christologie* nicht nur christologische Elemente im Sinn der Materialdogmatik ausgeführt hat, sondern darüber hinaus eine „elementare", d. h. fundamentale Christologie und einen Meilenstein in der Entwicklung der Christologie geschaffen hat. Die Würdigung, die Heinrich Assel in seinen differenzierten Einzelanalysen sowie in der Gesamtanlage dem Denken von Emmanuel Levinas zukommen lässt, sollten einer kommenden christlichen Theologie – zumal in Deutschland – im besten Sinn des Wortes zu denken geben.

---

43 Wohlmuth, Jüdischer Messianismus, 182. Vgl. Hoping, *Jesus*, 345 f.: „Die Zwei-Naturen-Lehre ist der Versuch, das letztlich Unsagbare mit den philosophischen Kategorien der Zeit zu sagen: Gottes bleibende Unendlichkeit und Transzendenz in seiner Entäußerung bis ins menschliche Fleisch." Vgl. auch: Dirk Ansorge u. a., Hg., *Jesus der Christus im Glauben der einen Kirche* (Freiburg i.Br.: Herder, 2019).
44 Wohlmuth, Chalkedonische Christologie, 351 f.

Bibliographie

Ansorge, Dirk u.a., Hg. *Jesus der Christus im Glauben der einen Kirche*. Freiburg i.Br.: Herder, 2019.
Assel, Heinrich. *Versöhnung und neue Schöpfung, Bd. 1, Elementare Christologie*. Gütersloh: Gütersloher Verlagshaus, 2020.
Assel, Heinrich. *Elementare Christologie, Bd. 3, Inkarnation des Menschen und Menschwerdung Gottes*. Gütersloh: Gütersloher Verlagshaus, 2020.
Casper, Bernhard. *„Geisel für den Anderen – vielleicht nur ein harter Name für Liebe". Emmanuel Levinas und seine Hermeneutik diachronen da-seins*. München/Freiburg: Verlag Karl Alber, 2021.
Casper, Bernhard. *Das Dialogische Denken. Franz Rosenzweig, Ferdinand Ebner und Martin Buber. Um einen Exkurs zu Emmanuel Levinas erweiterte Neuausgabe*. Freiburg i. Br.: Verlag Karl Alber, 2017.
Casper, Bernhard, Hg. *Gott nennen. Phänomenologische Zugänge*. Freiburg u.a.: Alber, 1981.
Dausner, René. *Christologie in messianischer Perspektive. Zur Bedeutung Jesu im Diskurs mit Emmanuel Levinas und Giorgio Agamben*. Paderborn: Ferdinand Schöningh, 2016.
Dirscherl, Erwin. *Das menschliche Wort Gottes und seine Präsenz in der Zeit. Reflexionen zur Grundorientierung der Kirche*. Paderborn: Ferdinand Schöningh, 2013.
Dirscherl, Erwin. "Wenn das Fleisch Wort wird. Der Leib als Präsenzraum Gottes und des Menschen." In *Stille der Theologie. Einheit und Vielfalt katholischer Systematik in der Gegenwart*, hg. v. Martin Dürnberger u. a., 269–79. Regensburg: Pustet, 2017.
Fischer, Norbert. *Die Gottesfrage in der Philosophie von Emmanuel Levinas*. Hamburg: Felix Meiner Verlag, 2013.
Fischer, Norbert und Sirovátka, Jakub. *Das Antlitz des Anderen. Zum Denken von Emmanuel Levinas*. München/Freiburg: Verlag Karl Alber, 2020.
Gnilka, Joachim. *Das Evangelium nach Markus*, EKK II/1. Zürich u.a.: Benziger Verlag, 1978.
Hoping, Helmut. *Jesus aus Galiläa. Messias und Gottes Sohn*. Freiburg i.Br.: Verlag Herder, 2019.
Lévinas, Emmanuel. *Autrement qu'être ou au-delà de l'essence*. Paris: La vivre de Poche, 1974.
Lévinas, Emmanuel. "Gott und die Philosophie." In *Gott nennen. Phänomenologische Zugänge*, hg. v. Bernhard Casper, 81–123. Freiburg u.a.: Alber, 1981.
Lévinas, Emmanuel, Hg. *De Dieu qui vient a l'idée*. Paris: Librairie Philosophique Vrin, [2]1986.
Lévinas, Emmanuel. *Entre nous*. Paris, 1991.
Lévinas, Emmanuel. "Menschwerdung Gottes?" In ders. *Zwischen uns. Versuche über das Denken an den Anderen*, 64–71. München: Carl Hanser Verlag, 1995.
Lévinas, Emmanuel. *Schwierige Freiheit. Versuch über das Judentum*. Frankfurt a. M.: Suhrkamp, [2]1996.
Lévinas, Emmanuel. *Jenseits des Seins oder anders als Sein geschieht*. Freiburg i. Br.: Verlag Karl Alber, [2]1998.
Lévinas, Emmanuel. "Le Primat de la Philosophie pure pratique." In *Kants Metaphysik und Religionsphilosophie* hg. v. Norbert Fischer, 179–205. Hamburg: Meiner, 2004.
Lévinas, Emmanuel. "Ein Gott Mensch ?" In *Religio und passio. Texte zur neueren französischen Religionsphilosophie*, hg. v. Rolf Kühn, 40–49. Würzburg: Echter, 2014.
Miething, Frank. *Zwischen uns. Versuche über das Denken an den Anderen*. München: Carl Hanser Verlag, 1995.
Pesch, Otto Hermann. "Inkarnation." In *Lexikon des Dialogs. Grundbegriffe aus Christentum und Islam*, Bd. 1, *Abendmahl – Kult*. Im Auftrag der Eugen-Biser-Stiftung hg. v. Richard Heinzmann, 349–350. Freiburg i. Br.: Verlag Herder, 2013.
Rahner, Karl. "Zur Theologie der Menschwerdung." In ders. *Sämtliche Werke*, Bd. 12, *Menschsein und Menschwerdung Gottes*, 309–323. Freiburg i. Br.: Verlag Herder, 2005.

Rößner, Christian. *Der „Grenzgott der Moral".* *Eine phänomenologische Relektüre von Immanuel Kants praktischer Metaphysik im Ausgang von Emmanuel Levinas.* München/Freiburg: Verlag Karl Alber, 2018.

Rosenzweig, Franz. *Der Stern der Erlösung*. Frankfurt a. M.: Suhrkamp, 1988.

Tück, Jan-Heiner. "Gottes Wohnen unter uns. Jüdische Theologie der Einwohnung und christlicher Inkarnationsglaube im Gespräch," *Kirche und Israel* 37 (2022): 42–59.

Werbick, Jürgen. *Gott verbindlich. Eine theologische Gotteslehre.* Freiburg i. Br.: Verlag Herder, 2007.

Wohlmuth, Josef. "Emmanuel Levinas und die christliche Theologie." In ders. *Im Geheimnis einander nahe. Theologische Aufsätze zum Verhältnis von Judentum und Christentum*, 39–62. Paderborn u.a.: Ferdinand Schöningh, 1996.

Wohlmuth, Josef, Hg. *Emmanuel Levinas. Eine Herausforderung für die christliche Theologie.* Paderborn: Schöningh, 1999.

Wohlmuth, Josef. "Herausgeforderte Christologie." In *Emmanuel Levinas – eine Herausforderung für die christliche Theologie*, hg. v. Josef Wohlmuth, 215–29. Paderborn u. a.: Ferdinand Schöningh, ²1999.

Wohlmuth, Josef. "Chalkedonische Christologie und Metaphysik." In *Religion. Metaphysik(kritik). Theologie im Kontext der Moderne / Postmoderne*, hg. v. Markus Knapp und Theo Kobusch, 333–54. Berlin: Walter de Gruyter, 2001.

Wohlmuth, Josef. "Jüdischer Messianismus und Christologie." In ders. *Die Tora spricht die Sprache der Menschen. Theologische Aufsätze und Meditationen zur Beziehung von Judentum und Christentum*, 160–85. Paderborn u.a.: Ferdinand Schöningh, 2002.

Wohlmuth, Josef. "Trinität – Versuch eines Ansatzes." In *Monotheismus Israels und christlicher Trinitätsglaube*, hg. v. Magnus Striet, 33–69. Freiburg i. Br.: Verlag Herder, 2004.

Wohlmuth, Josef. "Emmanuel Levinas und die christliche Jesusinterpretation. Ein Streit um die Denkformen in der Christologie." In *Kircheneinheit und Weltverantwortung. Festschrift für Peter Neuner*, hg. v. Christoph Böttigheimer und Hubert Filser, 281–305. Regensburg: Pustet, 2006.

Wohlmuth, Josef. "Jesusinterpretation im jüdisch-christlichen Gespräch seit Dabru emet." In ders., *An der Schwelle zum Heiligtum. Christliche Theologie im Gespräch mit jüdischem Denken*, 119–37. Paderborn: Ferdinand Schöningh, 2007.

Wohlmuth, Josef. "Der jüdische Jesus und die Christologie des Konzils von Chalkedon." In *Christologie zwischen Judentum und Christentum*, hg. v. Christian Danz u. a., 319–32. Tübingen: Mohr Siebeck, 2020.

Heinrich Assel
Gott ist Mensch, *creator est creatura*
Sprachlogische und schöpfungsphilosophische Horizontöffnungen eines Dialogs über Inkarnation des Menschen und Menschwerdung Gottes

Keywords: High christology, incarnation, phenomenology, messianism, humiliation, substitution, Emmanuel Levinas, Martin Luther, communicatio idiomatum

(1) Die Überschrift ‚Inkarnationschristologie und messianisches Denken', unter der René Dausner meinen inkarnations-philosophischen Dialog mit dem jüdischen Inkarnations-Skeptiker Emmanuel Levinas eindringlich rekonstruiert und kritisch kommentiert, entspricht unserer Vereinbarung. Die Vereinbarung, das Gespräch über Band 3 der *Elementare Christologie: Inkarnation des Menschen und Menschwerdung Gottes*[1] unter diesem Titel zu perspektivieren, bedarf allerdings selbst der Verortung, damit kein Zerrbild entsteht. Es sollten die großformatigen Perspektiven patristischer, reformatorischer und moderner Inkarnations-Christologien im Blick bleiben, in die sich meine (unsere) ‚Miniaturen' über Levinas einfügen, wobei die Detailanalysen zu Levinas diese Gesamt-Perspektivik wie Linsen gleichsam perspektivisch brechen, teils fokussierend, teils streuend. Ich eröffne daher meine Antwort auf Dausner nicht mit Levinas, sondern mit jenem Inkarnations-Christologen, der meine Frage nach (seit Jahrzehnten vermissten!) Innovationen[2] in den protestantischen Inkarnations-Christologien, deutschsprachiger Provenienz früher und tiefer prägte als Levinas. Gemeint ist der Autor der (schon in meiner Antwort an

---
[1] Heinrich Assel, *Elementare Christologie*, Bd. 3, *Inkarnation des Menschen und Menschwerdung Gottes*. Gütersloh: Gütersloher Verlagshaus, 2020 (Im Folgenden abgekürzt EC 3).
[2] „Innovation: Entwicklung und Einführung neuer Möglichkeiten der Problemlösung [...] Innovation zielt auf eine methodisch herbeizuführende und darum auch theoretisch erfaßbare [sic] Veränderung der Forschungslage." Gerhard Sauter u. a., Hg., *Wissenschaftstheoretische Kritik der Theologie. Die Theologie und die neuere wissenschaftstheoretische Diskussion. Materialien-Analysen-Entwürfe* (München: Chr. Kaiser, 1973), 359.

Heinrich Assel ist Professor für Systematische Theologie an der Theologischen Fakultät der Universität Greifswald. Neueste Veröffentlichung zum Thema: *Elementare Christologie*, 3 Bde. (Gütersloh: Gütersloher Verlagshaus 2020).

https://doi.org/10.1515/9783111340951-012

Christine Põder zitierten) grammatischen Grundregel von Inkarnations-Christologie und Schöpfungs-Theologie: Gott ist Mensch, *creator est creatura*.[3]

Martin Luther formuliert in seinen späten inkarnationschristologischen Disputationen diesen *grammatischen Grundsatz* als Rezeptionsregel der *Lehre von der Idiomenkommunikation*:

> „Alle Prädikate geschöpflichen Seins empfangen in Christus eine neue Bedeutung, obwohl die bezeichnete Sache, das ist das geschöpfliche Sein, in Christus seine Identität bewahrt. Certum est [...], omnia vocabula in Christo novam significationem accipere in eadem re significata. Worte wie homo, humanitas, passus usw. werden zu neuen Worten, wenn sie von Christus ausgesagt werden. Sie bezeichnen noch dieselbe Sache wie in der nicht-christologischen Rede, aber in einer anderen, neuen Weise."[4] „Im neuen christologischen Sprachgebrauch ist das Geschöpf mit der Gottheit zu derselben Person untrennbar ‚ineffabilibus modis' verbunden, das selbe Geschöpf, das im alten Sprachgebrauch von der Gottheit ‚infinitis modis' getrennt ist."[5] „Schöpfer und Geschöpf sind in Christus ein und dieselbe Person".[6]

Christus ist die Gottperson, die das Geschöpf ins eigene Personsein aufnimmt; Christus ist zugleich das Geschöpf, das von der Gottperson in die Identität der Schöpferperson aufgenommen ist. Diese frühreformatorischen Rezeptionsregeln sind in sich höchst erläuterungsbedürftig. *Sie sind Programm, nicht Lösung*, wie die Nachgeschichte im ‚neuen Dogma der Lutheraner' (Heinrich Bullinger), also der frühmodernen, lutherischen (und reformierten) Lehre von der Idiomenkommunikation und ihren *genera* zeigt.

Luthers Inkarnations-Christologie ist (in Band 3 meiner Christologie) der Kristallisationspunkt der Problemgeschichte der Lehren von der *communicatio*

---

[3] Die Formel *creator est creatura* formuliert abbreviativ, aber prägnant, worum es geht, vgl. Oswald Bayer und Benjamin Gleede, Hg., *Creator est creatura. Luthers Christologie als Lehre von der Idiomenkommunikation*, TBT 138 (Berlin/New York: Walter de Gruyter, 2007). Sie ist sachlich triftiger als die Formel: *finitum est capax infiniti*. Erst in einer späteren Version wird aus der Formel *creator est creatura* (die auch ‚neu-chalcedonisch' interpretiert werden kann) die Formel: *finitum est capax infiniti*. Die Vorgeschichte *dieser* Formel reicht in die Anathematismen des Nestorius gegen Kyrill zurück, vgl. Werner Elert, *Der Ausgang der altkirchlichen Christologie. Eine Untersuchung über Theodor von Pharan und seine Zeit als Einführung in die alte Dogmengeschichte* (Berlin: Lutherisches Verlagshaus, 1957), 52–6. Einschlägig sind die Studien von Benjamin Gleede, „Vermischt, ausgetauscht und kreuzweis zugesprochen. Zur wechselvollen Geschichte der Idiome Christi in der alten Kirche," in Bayer/Gleede, *Creator est creatura*, 35–94; Benjamin Gleede, *The Development of the Term ἐνυπόστατος from Origen to John of Damascus*, Supplements to Vigiliae Christianae 113 (Leiden/Boston: Brill, 2012).

[4] Reinhard Schwarz, „Gott ist Mensch. Zur Lehre von der Person Christi bei den Ockhamisten und bei Luther," *ZThK* 63 (1966): 289–351, 334. Mit einem Zitat aus: Martin Luther, „Disputatio de divinitate et humanitate Christi" (1540), These 23, WA 39/II, 94,17 f.

[5] Schwarz, Gott, 335 mit Bezug auf Luther, WA 39/II, 94,21 f.

[6] Schwarz, Gott, 335 mit Bezug auf Luther, WA 39/II, 105,6 f.

idiomatum von Kyrill von Alexandrien zu Maximus Confessor, von Thomas von Aquin zu Duns Scotus und Wilhelm Ockham. In ihr übersetzen sich deren Innovationen wie deren Problematik in ein neues Stadium person-ontologischen und (wie G.W.F. Hegel, I.A. Dorner und W. Pannenberg noch sagen würden) absolutheitstheologischen und unendlichkeits-spekulativen Denkens. Vielmehr aber noch: Sie übersetzen sich in ein neues Stadium *sprachlogischer und ‚grammatischer' Meta-Theorie* der chalcedonensischen, nach-chalcedonensischen und suppositallogischen Inkarnationsdiskurse.[7]

In derselben frühreformatorischen Schrift, in der Luther seine bahnbrechende Regel für das rhetorisch-metaphorische und dialektisch-doktrinale Sinngeheimnis der Versöhnung des Todes Jesu findet (Christus im Vollzug der Inkarnation in seinem Tod das *peccatum metaphoricum* Gottes[8]), formuliert er auch die entscheidende sprachtheologische Regel seiner Rezeption der neuchalcedonensischen Inkarnationschristologie.[9] Er reformuliert die Lehre von der *communicatio idiomatum* im Ansatz person-ontologisch und unendlichkeits-philosophisch, sprachlogisch und grammatisch.[10] Gerade weil Luther das Axiom seines Lehrers Biel teilt:[11] *nulla proportio est finiti ad infinitum* (es besteht kein Verhältnis zwischen dem Endlichen und dem Unendlichen, Endliches und Unendliches sind inkommensurabel[12]) und gerade indem

---

[7] Sprachlogisch und grammatisch durchaus auch in dem Sinn, den Rowan Williams geltend macht: Rowan Williams, *Christ the Heart of Creation* (London u. a.: Bloomsbury, 2018), 255–72 (Appendix: Concluding [untheological?] Postscript: Wittgenstein, Kierkegaard and Chalcedon).

[8] Martin Luther, „Rationis Latomianae pro incendariis Lovianiensis scholae sophistis redditae, Lutheriana confutatio" (Lutherische Widerlegung der latomianischen Rechtfertigung für die scholastischen Brandstifter der Universität zu Löwen), 1521 (Anti-Latomus), WA 8, 86,31 f.; StA 2,467,16 f.

[9] Der Ansatz bei der Anti-Latomus-Schrift kennzeichnet meine Interpretation, wie in Band 1 meiner Christologie so in Band 3. Überzeugend zeigt Theodor Mahlmann, dass es weder Luthers Christologie noch der nach-lutherischen Christologie gerecht wird, wenn sie aus der Abendmahlskontroverse mit Zwingli her entwickelt werden. Weder ist die These von der Realpräsenz Christi im Abendmahl Funktion einer bestimmten Christologie der Ubiquität; sie ist vielmehr primär Folge der literalen Interpretation der *verba testamenti*. Noch ist die Christologie der Idiomenkommunikation Funktion der anti-zwinglischen Abendmahlstheologie und ihres Ubiquitäts-Theorems. Sie setzt vielmehr schon vor dem Abendmahls-Streit an, vgl. Theodor Mahlmann, *Das neue Dogma der lutherischen Christologie. Problem und Geschichte seiner Begründung* (Gütersloh: Gütersloher Verlagshaus, 1969), 17 passim.

[10] Schwarz, *Gott*, 342, weist zu Recht auf den Anti-Latomus hin, in dem erstmals die synthetische Kraft der *nova significatio* erkannt sei.

[11] Luther teilt die logische Evaluation des Urteils *Deus est homo, homo est Deus* durch Ockham und Biel. Dies ist keine *praedicatio identica*. Er verschärft das Axiom *nulla proportio est finiti ad infiniti* (Gabriel Biel) sogar noch, vgl. Schwarz, *Gott*, 342 f.

[12] Zur Herkunft der Formel *finitum non capax infiniti* als antiochenisch-nestorianisch, vgl. Elert, *Ausgang*, 61 f.

er es wort-theologisch vertieft zur Regel: *nulla est proportio creaturae et creatoris* (es besteht kein Verhältnis zwischen Geschöpf und Schöpfer), gilt kraft Inkarnation die *neue dialektische Regel* der *communicatio idiomatum*.

> Wer nämlich über Sünde und Gnade, über Gesetz und Evangelium, über Christus und Mensch [im Sinn] christlich[er Lehre] diskutieren will, der muss beständig [über sie] nicht anders als über Gott und Mensch in Christus diskutieren. Dabei ist auf das allerbehutsamste zu beachten, dass beide Naturen über die ganze Person ausgesagt werden, mit allen ihren [wesentlichen] Eigenschaften; jedoch hüte man sich, damit man ihr [der ganzen Person Christi] nicht das zuspricht, was Gott [als Gott] einfach [i. S.v. konventionell], und was dem Menschen [als Mensch] einfach [i. S.v. konventionell] zugesprochen wird. Ein anderes ist es nämlich, über den inkarnierten Gott und den vergotteten Menschen zu sprechen, ein anderes über Gott oder Mensch einfach.[13]

(2) Diesen *Paradigmenwechsel in der Meta-Theorie Luthers* zu halten und ihre Innovationspotentiale traditionsfähig zu machen, erwies sich als das notorische Problem des ‚neuen Dogmas der Lutheraner' nach Luther (1540) bis zur *decisio saxonica* (1624), mit der sich die Innovationskraft dieser innovativen Lehrbildung erschöpfte.[14] Ich muss hier nicht im Einzelnen die Innovationen und Sackgassen der norddeutschen und süddeutschen Lutheraner nachzeichnen,[15] zumal die *statements* zu Bruce McCormacks Christologie und seine *response* zu diesem Paradigma hierzu subtile historische Hinweise enthalten. Wichtiger ist der Hinweis Walter Sparns, dem wir eine der besten Darstellungen des ‚neuen Dogmas der Lutheraner' verdanken, dass die Aporien der Lutheraner nicht im Paradigma der Person-Ontologie und Naturen-

---

13 „Nam qui de peccato et gratia, de lege et Evangelio, de Christo et homine volet Christianiter disserere, oportet ferme non aliter quam de deo et homine in Christo disserere. Ubi cautissime observandam, ut utramque naturam de tota persona enunciet, cum omnibus suis propriis, et tamen caveat, ne quod simpliciter deo, aut simpliciter homini convenit, ei tribuat. Aliud enim est, *de deo incarnato, vel homine deificato loqui*, et aliud de deo vel homine simpliciter. Ita aliud est peccatum extra gratiam aliud in gratia, ut possis imaginari gratiam seu donum deo esse impeccatificatum, et peccatum gratificatum, quam diu hic sumus, ut propter donum et gratiam peccatum iam non peccatum sit." Luther, Anti-Latomus, WA 8,126,23–32; StA 2,516,11–20 (Einfügungen HA); frühe Schlüsselbelege zur Interpretation der *communicatio idiomatum*: WA 56,343,26–33; StA 1,130,1–7 (Römerbriefkommentar); WA 7,26,32–28,25; StA 2,279,18–281,23 (Freiheitsschrift); WA 26,320,25–323,12 (Vom Abendmahl Christi).
14 Walter Sparn, „Jesus Christus V. Vom Tridentinum bis zur Aufklärung," in *TRE* 17 (1988): 1–16, 7.16. Sparn zeigt, wie die Grenze der Entwicklungsfähigkeit der lutherischen Christologie erreicht ist. Daher der Rückzug auf die *Decisio Saxonica*. Johannes Zachhubers neueste, vornehm kritische Rezension zu: Richard Cross, *Christology and Metaphysics in the Seventeenth Century* (Oxford: Oxford University Press, 2022), in The Journal of Theological Studies NS 74 (2023) zeigt, dass die metaphysik-geschichtliche und sprachlogisch-grammatische Innovation Luthers und des ‚neuen Dogmas' nach wie vor unterschätzt wird (https://doi.org/10.1093/jts/flad030, 22.6.2023).
15 Vgl. EC 3, 170–7.

Metaphysik gelöst wurden (und nicht gelöst werden konnten), sondern erst durch einen *erneuten Paradigmen-Wechsel* in der Meta-Theorie strukturell transformiert wurden, der aber auf Luthers Paradigmen-Wechsel nicht einfach abbildbar ist (und umgekehrt): „Mit dem neuen Thema ‚Offenbarung und Geschichte' war nicht nur die zukünftige Entwicklung der Christologie eingeleitet, sondern auch das strukturelle Niveau des christologischen Dogmas von der Einheit zweier ‚Naturen' der Person Christi wiedergewonnen."[16] Erst jetzt, im Rahmen *dieses* Paradigmas werden die großformatigen Aporetiken der chalcedonensischen und der neuchalcedonensischen Christologie formuliert (von F. Schleiermacher bis W. Pannenberg und G. Essen[17]) und jene Modelle transformatorischer und eliminatorischer Kritik des Inkarnations-Dogmas für die initial F. Schleiermacher und D.F. Strauß stehen.[18] Es sind aber nicht diese ‚großen Namen', sondern I.A. Dorner mit seiner innovativen Lehre von der progressiven Inkarnation (die in manchem Bruce McCormacks reformierter Kenosis-Christologie vorarbeitet) und die ‚offenbarungstheologischen' Reformulierungen der Lehre von den göttlichen (und menschlichen) Eigenschaften (von A. Ritschl über H. Cremer bis zu W. Pannenberg und W. Krötke), die an die Schwelle jenes vollständig explizierten Stands von Paradigmatik und Problematik führen, an der mein Gespräch mit Levinas im § 34 und im letzten, zwölften Kapitel: *Inkarnation des Menschen und Menschwerdung Gottes* allererst beginnt.

(3) Warum diese Rekapitulation dessen, was auf 200 Seiten im elften Kapitel meiner Christologie *Die Lehre von Inkarnation und Menschwerdung. Dimensionen und Grundentscheidungen* ausgebreitet ist?[19]

Nun, zunächst um die erste kritische Frage Dausners nicht unkommentiert zu lassen, der sich an den Überschriften der §§ 29–33 orientiert und fragt, weshalb nur in § 30 eine levinas'sche Formel anklingt: „Gott und Mensch jenseits des Seins'. Kritisch rückzufragen bleibt, warum diese bedeutsame Umschreibung auf den vorchalcedonensischen Inkarnationsdiskurs bezogen bleibt und an dieser Stelle nicht zu einer weiterführenden, produktiven *Relecture* des Horos von Chalcedon genutzt wird." (Dausner, 204f.). Diesem Ansinnen, Levinas' Innovationen direkt

---

16 Sparn, Jesus Christus V, 11. Vgl. hierzu EC 3, 177–82.183–217 und insgesamt Richard Schröder, *Johann Gerhards lutherische Christologie und die aristotelische Metaphysik*, BHTh 6 (Tübingen: Mohr-Siebeck, 1983).
17 Vgl. EC 3, 183–5.
18 Vgl. EC 3, 185–96.
19 EC 3, 13–213. § 29 Menschwerdung Gottes und Inkarnation des Menschen; § 30 Menschwerdung Gottes: Gott und Mensch jenseits des Seins. Der vor-chalcedonensische Inkarnationsdiskurs; § 31 Die gott-menschliche Person Jesu und ihre Existenz. Der nach-chalcedonensische Inkarnationsdiskurs; § 32 ‚Gott ist Mensch' – Reformatorische Inkarnationsdiskurse; § 33 Moderne Inkarnationschristologien angesichts christlicher Skepsis.

re-interpretativ auf den Horos von Chalkedon in seiner genuinen Denkform und Sprachform zu applizieren, widersprechen sowohl die (in diesem Band vorgetragenen) dogmenhistorischen Argumente J. Zachhubers[20] als auch die dogmenhermeneutischen Argumente G. Essens[21] triftig. Ich trug solchen Argumenten *avant la lettre* Rechnung. Infolgedessen evaluierte ich die *Überhangprobleme* des Horos,[22] die in den nach-chalcedonensischen Diskursen teils zu Patt-Situationen, teils zu Regressionen, teils zu Innovationen führten, schlug eine mögliche historische und systematische Interpretation vor und formulierte – angesichts einer in der heutigen deutschsprachigen evangelischen Christologie vorherrschenden vollständigen Elimination von Chalcedon – Minimalstandards einer positionsübergreifenden Rezeption von Chalcedon. Der Horos von Chalcedon kann begrenzte ‚dialogisch finite' Problemlösungs-Geltung für *bestimmte* christologische Probleme nicht nur in seiner vergangenen Denk- und Sprachform, sondern *auch in historisch fortgeschrittenen Paradigmen* (im Paradigma Creator est creatura, im Paradigma Offenbarung und Geschichte) haben. Andere Überhangprobleme und neu auftretende Probleme (z. B. Probleme metaphysischer und metaphorischer Grammatiken; Probleme von Offenbarung und Geschichte, eingeschlossen das Problem Mythos und Logos) sind *nicht* durch die ‚dialogisch finiten' Regeln des Horos zu lösen, weil sie *im darin vorausgesetzten Paradigma* unlösbar sind (wenn man so will: im ‚schlecht-unendlichkeitsphilosophischen' Paradigma göttlicher und menschlicher Naturen) und zu beständigen ‚unkalkulierbaren Kategorienfehlern'[23] metatheoretischer Axiomatiken führen.

(4) Um nicht missverstanden zu werden: Meine Replik an Dausner lautet nicht, dass M. Luther zusammen mit M. Chemnitz und J. Gerhard, dass Maximus Confessor zusammen mit Kyrill von Alexandrien und Johannes Damascenus, dass I.A. Dorner und A. Ritschl zusammen mit K. Barth nicht weniger gewichtig sind und genauso intensiv zu diskutieren sind wie Levinas. Dass also die *gesamte Diskurszusammenhang* der Lehre von der *communicatio ideomatum* bei seinem Ansinnen übersehen bleibt. Meine Replik an Sarah Coakley, die Thomas von Aquins' Fassung der christologischen Lehre von der *communicatio ideomatum* für die eigentliche Reparatur

---

20 Zachhuber, 61–5.
21 Essen, 51: „Dogmatische Christologie wäre also zu begreifen als die Explikation der der Geschichte Jesu selbst ursprünglich eigenen Bedeutung, Gottes Selbstoffenbarung zu sein. Eine solche dogmatische Christologie verlangt allerdings, sich als ein Denkformprojekt zu begreifen. Denn dogmatische Christologie ist die systematische Darstellung des Inhalts der überlieferten Christusverkündigung und ineins die Vergegenwärtigung ihrer Bedeutung."
22 Vgl. EC 3, 109–11.
23 An einer Reihe von Beispielen diskutiert Jens Wolff, 240.249f. Probleme unkalkulierter Kategorienfehler.

und Modell-Interpretation des Chalcedonense präsentiert, würde ebensowenig lauten: Könnten nicht Luther und das ‚neue Dogma der Lutheraner' nicht innovativer sein, zumal sich die Kenosis-Christologie McCormacks auf verdrängte Spuren eines *genus tapeinoticon* schon bei J. Gerhardt u. a. berufen könnte?[24] Vielmehr: In welchem axiomatischen Paradigma, in welcher Denkform von Bestimmtheit, in welcher sprachlogischen Grammatik von Christologie sollten wir dieses oder jenes Problem diskutieren, um innovativ (problemlösend) zu diskutieren, nicht nur reproduktiv (hermeneutisch übersetzend) oder gar regressiv (hinter einen in ‚dialogisch finiten' Regeln darstellbaren Argumentationsstand zurückfallend)?

Meine Interpretation des Chalcedonense ist also deshalb historisch begrenzend und darin aporetisch, weil sie die Innovationen der nachchalcedonensischen Christologie zu begreifen sucht, die für mich bis Maximus zu einem ersten echten Paradigma-Wechsel in der Lehre von der *communicatio idiomatum* führen: Aussagen über Jesus Christus als Gott und Mensch vollziehen sich sprachlogisch durch strukturelle Perichorese. Die *perichoretische Struktur* der Aussagen über Jesus Christus als Gott und Mensch meint: Aussagen über göttliche und menschliche Eigenschaften in Christus sind nicht definitorisch. Das Definitorische wird prämissenbedingt unterbrochen und überschritten. Dies ist eine Erkenntnis, zu der Maximus Confessor kommen wird:[25] Vom Menschen Jesus wird Göttliches (Verherrlichung, Liebe Gottes) ausgesagt; und vom ‚Sohn' Jesus Menschliches (Gebet, Verarmung und Niedrigkeit, Begräbnis). Diese Aussagen fordern sich nicht nur, sie gehen ineinander über und sie werden jeweils nur *im Umschlag* vom metaphysisch Gesagten zum Sagen der Existenz *dieses* Einzelnen, dieser mes-

---

[24] Schröder, *Christologie*, 188 f.192 f.193 f. Diese Passagen Schröders können als Beispiel jener ‚Rekurrenzen' vor die naturen- und person-metaphysische Konstruktion der Person Jesu Christi gelten, die der kreuzestheologische Satz ‚Deus est passus' in Johann Gerhards Christologie provoziert, vgl. zum Modell ‚Rekurrenz' EC 3, 33–38.

[25] Vgl. EC 3, 139–43, § 31,4: der Sinn von Perichorese als nicht aussageförmige *Struktur, in welcher das Problem der genuinen Existenz des Einzelnen, dieses Einzelnen mit Namen Jesus Christus überhaupt erst in Blick kommt*. Johannes Zachhuber konstatiert in seiner Rezension von Gleede, *Term*, in *ThLZ* 140 (2015): 937–9, 938, über die Genese der Enhypostasie-Lehre und die damit einhergehende Entdeckung der Unterscheidung von *Essenz und Existenz* und *des Problem der genuinen Existenz des Einzelnen* (Hypostase): „Die extreme Abstraktheit und scheinbar übertriebene begriffliche Subtilität der vom Vf. aufbereiteten Debatte darf nicht den Blick verstellen, dass es sich hierbei um einen der langfristig weitreichendsten Transformationsprozesse abendländischen Denkens handelt. Dass dieser Prozess tatsächlich in der Spätantike stattgefunden hat [...], ist das entscheidende und wirklich bedeutsame Ergebnis dieser im besten Sinn des Wortes gelehrten Studie."

sianischen Subjektivität, bedeutsam: als ‚Spur' und ‚Echo' des Augenblicks der Menschwerdung, die öffentliches ‚Geheimnis' ist.[26]

Die ‚Definition' von Chalcedon fordert diese Innovation, liegt ihr aber zuvor. Problematisch wird dies, weil sie mit ihren Verwerfungen scheinbar wahrheitsdefinitive Folgerungen zieht. Die the-ontologische Axiomatik von Naturen bildet ihre axiomatische Grenze von Anfang an, nicht erst in der Moderne mit dem manifesten Plausibilitätsverlust aristotelischer Ontologien.

> Begrifflich kann Singuläres immer nur als Besonderes eines Allgemeinen thematisiert werden. Als *Singuläres* muss es metaphorisch oder narrativ zur Sprache kommen und bedacht werden. Wir sprechen *begrifflich*, indem wir etwas in einen Sprachzusammenhang einordnen. Wir sprechen dagegen *metaphorisch*, indem wir Sprache *aus anderen Zusammenhängen* verwenden, um etwas [...] nicht Einzuordnendes *zur Sprache zu bringen* [...] *Das Einzigartige lässt sich nur zur Sprache bringen, indem man weiter von ihm spricht.*[27]

Das heißt: Beginnend mit Gregors Unendlichkeits-Axiom und der Lehre von der Kommunikation göttlicher und menschlicher Eigenschaften im Wirken und im Wirkwesen der gottmenschlichen Person, also mit der perichoretischen Struktur, kommt in die Aussagen über Christus eine beständige axiomatische Spannung. Sie provoziert den Übergang von der Axiomatik zur ‚perichoretischen' Struktur im metaphorischen und genuin narrativen Sprechen und dann auch im ‚dialektisch neue Bedeutungen erzeugenden' Aussagen von Jesus Christus.[28] Vom einen zum anderen überzugehen, ist nicht erzwingbar. *Dieser* Übergang widerfährt im Reden als Übergang ‚von alter zu neuer Rede'. *Je metaphysisch stringenter und kohärenter die singuläre Person, der Einzelne namens Jesus Christus konstruiert wird, desto kritisch prägnanter und sprachlich innovativer melden sich Störungen.*

(5) Rückbezogen auf Luthers Paradigma bedeutet dies: Seine ‚Regel' (seine Grammatik) leitet die rhetorische Metaphorik der Aussagen über den inkarnierten Gott und den vergotteten Menschen in der synekdochisch stets *als Ganze* prädizierten, singulären Person Jesu Christi. Das je Neue der Semantik von Gott und Mensch,

---

26 ‚Spur', ‚Echo' – das sind Metaphern, mit denen Levinas seine genuine Unterscheidung inkarnierter Hypostase von geschichtlicher *Person*, aber auch messianischer *Subjektivität* beschreibt, vgl. EC 3, 236.242.245.248.257.315 bzw. 254–6.
27 Ingolf U. Dalferth, *Die Wirklichkeit des Möglichen. Hermeneutische Religionsphilosophie* (Tübingen: Mohr Siebeck, 2003), 546 f. Vielleicht wäre zu formulieren: Die Existenz des Einzigen, *dieses* Einzigen.
28 Man beachte: Logik und Ontologie bilden eine Axiomatik. Nicht so die perichoretische Struktur der Aussagen über Jesus, die vom Individuum aus neue perichoretische Aussagen über Gott und Menschheit ermöglichen – doch nie im Sinn einer metaphysischen Axiomatik, sondern nur im Sinn grammatisch sinnhafter Regelbrüche.

von Schöpfer und Geschöpf erschließt sich, wenn je der Umschlag von metaphysisch konventioneller Semantik Gottes und des Menschlichen in perichoretische Aussagen über den einzigen JESUS CHRISTUS *als deus incarnatus* (fleischgewordener Gott) und *homo deificatus* (vergotteter Mensch) vollzogen wird. Dieser Einzige (diese messianische Subjektivität) ist nicht aussagbar, wohl aber je neu perichoretisch und metaphorisch sagbar. Gerade durch die semantische Zurücksetzung der konventionell-metaphysisch unvereinbaren Wesenseigenschaften des Göttlichen und Menschlichen wird der neue Sinn *per dissimile* und *per impossibile* projektiert und im Weiterreden verstanden, *wobei das Verstehen des unkonventionell Neuen sich gerade aus der Negation des Zurückgesetzten speist* (weshalb Christologie diese christologischen Codes ihrer Lehr-Traditionen, Lehr-Modelle und Lehr-Epochen mittradiert: um sie zurückzusetzen).

Vorausgesetzt sind die Bestimmtheitssphären von Gottheit und Menschheit, von Schöpfer und Schöpfung in ihren unvereinbaren Identitäten. Das metaphysische Axiom *nulla proportio* trennt und beschränkt diese Sphären. In Anspruch genommen wird die christologisch bedingte, *metaphorische Nicht-Identität* des metaphysisch unvereinbar Identischen,[29] welche es erlaubt zu sagen: Gott (bleibend Gott) ist Mensch, Schöpfer (bleibend Schöpfer) ist Geschöpf. Die metaphorische Synthesis bringt neue Bedeutsamkeit hervor. Das ‚an sich' metaphysisch Unvereinbare, die Disproportion in den konventionell-metaphysischen Urteilen über die Naturen des Unendlichen und Endlichen, des Schöpfers und des Geschöpfs ist vorausgesetzt; aber nun nicht mehr als starre Schranke, sondern als *Grenze*, die *in* den perichoretischen Prädikationen der ganzen Person Jesu Christi wirksam ist. Das erlaubt *neue* Prädikationen der *in ihrer singulären Identität und hypostatischen Existenz logisch und ontologisch nicht aussagbaren, aber in den perichoretischen Prädikationen metaphorisch sagbaren (prädizierbaren) und (sprachanalog) imaginär zeigbaren, einen und ganzen* Person Jesu – in ihrem Existenzvollzug (Leiden als Erleiden, Leben als Erleben), in ihren Wirkweisen (Jesu Tod als Tod des Todes etc.) und in ihren Sprecherrollen (Jesu Zeugnis als ungeschaffenes Wort[30]). Aus der Schranke (*nulla proportio*) wird die kritische Grenze, die durch Prädikationen des Göttlichen in die Sphäre des Menschlichen, des Menschlichen in die Sphäre des Göttlichen nach dem Muster *deus incarnatus, vel homo deificatus* ausgelotet wird. Solche Prädikationen, welche die Grenze der Sphären wahren, indem sie die jeweilige Sphäre der Prädi-

---

29 Weil auch bei ihm Gott und Mensch *unvermischt und unverwandelt* bleiben, kann Luther Chalcedon rezipieren, obgleich die Pointe *ungetrennt und ungeschieden* ist, also die kyrill-neuchalcedonensische Rezeption.
30 Das Verhältnis von „Gottes Wort in Menschenwort" ist überzeugend ausgearbeitet in: Albrecht Beutel, *In dem Anfang war das Wort. Studien zu Luthers Sprachverständnis*, HUTh 27 (Tübingen: Mohr Siebeck, 1991), 348–480.

kationen des Menschlichen und Göttlichen urteilend durchlaufen, bestimmen jeweils das Göttliche vom verneinten Menschlichen her affirmativ neu und das Menschliche vom verneinten Göttlichen her affirmativ neu, aber nicht einfach affirmativ, sondern in Form von *unendlichen Urteilen*. In diesen unendlichen Urteilen wird auch das prädikative ‚ist' in neuem Sinn verwendet, z. B. ‚Gott ist nicht-unsterblich, Gott ist (in Jesus Christus) unsterblich und sterblich zugleich', ‚Mensch ist nicht-Sünde, Mensch ist (in Jesus Christus) zur Sünde und zur Gerechtigkeit zugleich gemacht'. Neu ist dieser Sinn, weil hinzeigend auf die singuläre Existenz des einzigen Gottmenschen JESUS CHRISTUS. Es werden keine the-ontologisch neuen Bestimmtheiten und Qualitäten eingeführt, sondern es wird *dieser Einzige per impossibile* sagbar – als *die Ausnahme von Sein*, auf den in *perichoretischen Prädikationen* und in (sprachlogisch gesehen) *unendlichen Urteilen* hingezeigt wird.

(6) Eine ‚post-metaphysische' Christologie der Inkarnation anzustreben, halte ich mithin für zu kurz gegriffen. Vielmehr dort, wo die Konstruktion der gottmenschlichen Person Christi am stringentesten und kohärentesten ausgearbeitet wird, melden sich Störungen und Rekurrenzen. Eine Christologie der Inkarnation in ‚neuer Sprache' (und die ‚ethische Sprache' Levinas' könnte dafür ein Beispiel sein), zeigt sich nur im Vollzug solcher Alternanz und Rekurrenz. Luthers These, dass die Christologie der Inkarnation erfordere, aus der *alten* Sprache der metaphysischen Prinzipien in die *neue* Sprache des schlechthin Einzigen überzugehen, ist ein heuristischer Ausdruck für solche Alternanz und Rekurrenz.

(7) Christologie ‚als Buch', als ‚problemlösungs-orientierte Praxis' kann *enden* und warum meine Christologie dort enden kann, wo sie endet, ist bereits in meiner Antwort an Christine Põder angedeutet (154–6). Der Übergang in die mimetische Praxis der Versöhnung oder Befreiung (mit Christine Põder) oder (mit Franz Rosenzweig) ‚ins Leben angesichts des Anderen und angesichts des unendlich Guten' sind prominente Ausgänge. Der Übergang zu neuen Problemen, die am Ende des Buches herausspringen und die folgerichtig als nächstes zu bearbeiten wären, ist für den akademischen Diskurs naheliegender. René Dausner stellt mir nun solch ein neues Problem in drei Fragen zu meiner Levinas-Interpretation. Er zeichnet zuvor präzise nach, inwiefern originäre Substitution und inkarnierte Subjektivität mich beschäftigen. Er verortet die ‚anthropologische' und ‚geschichts-theodizeeische' Funktion des Messianischen. Er akzentuiert Levinas' christologische Skepsis. Er bezieht sie auf den Stachel der chalcedonensischen *alpha-privativa*. Es ist lehrreich, sich seinen drei Fragen zu stellen und ich antworte nun (nach diesem langen Anlauf) direkt auf das *eine neue Problem*, das ich mir darin gestellt sehe.

Ich würde heute sogar noch entschiedener als in meiner Christologie behaupten: Die *theologische Kritik* an ‚Onto-Theologie' geht Levinas *Ein Gott Mensch* (1968) voraus. Sie reicht noch vor die Shoa zurück – wobei mir, indem ich dies behaupte, Levinas' Widmung zu *Jenseits des Seins* (1974) unvergeßbar vor Augen steht. Wenn Levinas sich allerdings eingangs von *Un Dieu Homme?* (1968) auf *Philosophie als Aufklärung* beruft (woran Dausner erinnert), dann gipfelt *Aufklärung* für Levinas (1968), wie zuvor übrigens schon für H. Cohen (1908),[31] freilich nicht erst in Kants Umstellung von Ontologie auf Ethik als *prima philosophia*. Für diese Denker gipfelt Aufklärung schon in Maimonides und seiner genuin ethischen *Via negativa* in der Rede von Gott. Mit *Via negativa* betitelt Dirk Westerkamp seine Untersuchung über *Sprache und Methode der negativen Theologie* (2006). Im Schlusskapitel *Der durchkreuzte Name: Negative Theologie im Diskurs der Moderne* mutmaßt Westerkamp richtig:[32] Die Sprach-Logik der infiniten Negation in der Attribuierung Gottes geht von Hermann Cohens Abhandlung *Charakteristik der Ethik Maimunis* (1908) aus. Ihr Resultat ist eine Grammatik der Attribuierung Gottes, des Einzigen, als Schöpfer (so in Cohens *Religion der Vernunft aus den Quellen des Judentums* 1918), verbunden mit Cohens abschließender Kritik am *Mythos vom Logos* und an jeder *Mittler-Christologie*.

(8) Mit Cohens Logik, die in einer Ersten Klasse von Urteilen, dem Urteil des Ursprungs, der Identität und des Widerspruchs und also in einer transzendentallogischen Theorie des unendlichen Urteils ihre ‚Grundlegung' hat,[33] beginnt eine jüdisch-philosophische Denkschule der *Theo-Logik*, die von Cohen über Franz Rosenzweig und Jakob Gordin bis zu Emmanuel Levinas reicht und die unter die Formel *via negativa* firmieren kann. Sie bildet bereits um 1930 eine Alternative zum Modell *Dialektischer Theologien* von Karl Barth oder Erich Przywara, die sprachlogisch auf *Aussage- und Urteilslogiken* von Dialektik und Analogie (*analogia fidei* bzw. *analogia entis*) aufgebaut sind. Schon 1931 konnte Levinas bei Jakob Gordin, der nach 1933 Inspirator der Pariser Schule jüdischen Denkens wurde, im Artikel *Gott: in der Religionsphilosophie* lesen: Maimonides kommt,

> indem er von der bereits vorliegenden Formel: Gott ist einer nicht durch die Einheit, seiend nicht durch das Sein usw., ausgeht, zu der eigenartigen Theorie der ‚Negation' der privativen Attribute (שלילת העדרים), welche Operation er sowohl von der der ‚doppelten Negation' als auch von der der ‚totalen Negation' scharf unterscheidet. Wenn weiterhin Maimonides die von ihm zuerst getroffene Unterscheidung zwischen den ‚negativen' Attributen und den

---

31 Hermann Cohen, „Charakteristik der *Ethik Maimunis* (1908)," in *Werke 15, Kleinere Schriften IV 1907–1912*, hg. v. Hartwig Wiedebach (Hildesheim/Zürich/New York: Olms, 2009), 161–269.
32 Dirk Westerkamp, *Via negativa. Sprache und Methode der negativen Theologie* (München: Wilhelm Fink, 2006), 185–218.
33 Hermann Cohen, *System der Philosophie 1. Logik der reinen Erkenntnis*, Werke 6, hg. v. Helmut Holzhey (Hildesheim: Olms, [4]1997), 79–120: Erste Klasse: Die Urteile der Denkgesetze.

Wirkungsattributen (die ebenfalls nicht analogisch zu verstehen sind) fallen läßt und beide Arten einander angleicht, so bedeutet dies, daß die Eigenschaften Gottes ‚Gottes Wege' sind ([Moreh] I, c. 54). Der adäquate Sinn der ‚Negation der Privation' erweist sich lediglich als *das Bekenntnis zu Gott als dem Schöpfer der Welt bzw. zu Gott als dem Urbild der ethischen Handlungen*, dem Wegweiser zum Guten. Durch diese Synthese beider Momente: der Transzendenz Gottes und der ethischen (im weiteren Sinne geschichtsphilosophischen) Orientierung des Gottesbegriffs, überwindet Maimonides prinzipiell sowohl den neuplatonischen als auch den aristotelischen Gottesbegriff.[34]

1933 aus Deutschland zwangsemigriert und im Pariser Exil publizieren Gordin und Levinas 1934 zwei Aufsätze zur Aktualität Maimonides', in der beide ‚jüdische Existenz heute' als ‚theologische Existenz heute' exponieren. In seinem Aufsatz *L'Actualité de Maïmonide* (1934) zieht Gordin aus dieser Schöpfer-Transzendenz *via negativa* und dieser Immanenz des *urbildlichen Guten* Folgerungen und greift bestimmten Spitzenformeln aus Lévinas' *Jenseits des Seins* (1974) zur *messianischen Subjektivität und Substitution* weit voraus.

> La singularité unique des destinées du peuple juif qui, en dépit de toutes les lois naturelles et des lois dites historiques, a conservé son existence individuelle et qui „campe solitaire et n'est pas compté parmi les autres peuples" (Moreh IV,9; Nombres 23,9), tout en demeurant de tout temps et en tout lieu le compagnon éternel de l'histoire – cette singularité témoigne qu' ici, et seulement ici, nous touchons au véritable esprit de l'histoire. Le martyrologue de ce peuple devient un exemple palpable, une projection complète du calvaire de toute l'humanité souffrante. Cet ‚esclave de Dieu, endolori' qui condense dans son destin la torture mondiale devient un symbole concret de l'humanité qui apprend à se connaître, et une préfiguration providentielle de la future humanité messianique. [...] *La doctrine de Maimonïde relative à la création apporte à ses conceptions la base théorique indispensable.*[35]

Es ist genau dieser Passus von 1934, den Levinas 1972 als eine entscheidende Erkenntnis Gordins rezitiert und in ihrem Einfluss auf ihn selbst hervorhebt.[36] 1934

---

34 Jakob Gordin, „Gott: in der Religionsphilosophie," *Berliner Encyclopedia Judaica* 7 (1931), 577–90, 586.
35 Jakob Gordin, „Actualité de Maïmonide," *Les Cahiers juifs* (1934; reprinted 1972.1979.1995), 123–44, 136 f. (Kursive HA); übersetzt: „The uniqueness of the destiny of the Jewish people who, despite all natural laws and so-called historical laws, has retained its individual existence, and who ‚dwells apart, and will not be reckoned among the nations' (Moreh IV,9; Numbers 23,9), while remaining in any time and place the eternal companion of history – this uniqueness testifies to the fact that here, and only here, do we touch the true spirit of history. The martyrology of this people becomes a tangible example, a perfect representation of the calvary of all human sufferings. This grieved ‚slave of God', who condenses in his destiny the torture of the world, becomes a concrete symbol of humanity that tries to know itself, and a providential prefiguration of the future messianic humanity. [...] *Maimonides' doctrine of creation provides the indispensable theoretical basis for his conceptions.*"
36 Rezitiert von Emmanuel Levinas, „Jacob Gordin," in *Difficile Liberté* (Paris: Albin Michel, 1972.1995), 295 f.

bahnt sich an, was 1968 und 1974 ausgearbeitet vorliegt. In dem einzigen Text über Maimonides aus Levinas' Feder: L'*actualité de Maïmonide* (1935) findet sich wie ein Echo zum Schluss-Satz des Gordin-Textes folgender Passus über den *Paganismus* (Levinas' Chiffre für den *Hitlerismus*):

> La perfection de Dieu n'est qu'un *homonym* de la perfection des choses. Son action n'a avec l'action d'ici bas qu' une communauté de nom. Elles sont éloignées l'un de l'autre par tout l'abîme qui sépare la création de la fabrication. La portée de cette découverte est incalculable [...] Le paganisme est une impuissance radicale de sortir du monde [...] Le sentiment d' Israël à l'egard du monde est tout différent. Il est empreint de suspicion.[37]

Die Figur der messianischen Singularität, des leidenden Knechts Gottes, der erwählten Stellvertretung für das Leiden am Leiden der Welt und dies als Präfiguration der menschheitlich-messianischen Zukunft – diese Topoi finden sich in den Pariser Texten von Gordin und Levinas um 1935 erstmals. Sie gründen in einer Schöpfungstheologie *via negativa* als Rettung von Transzendenz gegen *das Pagane* als Konsequenz zerstörter Welt-Transzendenz.

(9) René Dausner unterschätzt möglicherweise in Levinas' Argument diese (sprach)logischen und schöpfungsphilosophischen Voraussetzungen der *via negativa*, wenn er schreibt:

„Zentral ist [...] die Frage, wie die göttliche Transzendenz in die Immanenz einbrechen kann, ohne einerseits ihre Transzendenz zu verlieren und ohne andererseits die Immanenz zu negieren. Mit der Logik sei diese Erfahrung der Transzendenz als Erfahrung nicht zu erreichen; denn jede Alterität werde im Denken aufgelöst, der ‚außer-ordentliche Mehrwert einer Nähe von Endlichem und Unendlichem'[38] gehe verloren." (Dausner, 201f.) Es sei die singuläre, sinnliche und leibhaftige Erfahrung des Verfolgtseins, der verfolgten Wahrheit (S. Kierkegaard) und der Verantwortung auch noch für den Verfolger, „für die in äußerster Abbreviatur der Name *Auschwitz* steht" (Dausner, 208), die Levinas in seiner ethischen Beschreibung des inkarnierten Subjekts zum Ausdruck bringe.

Warum betone ich dagegen den jüdisch-*schöpfungstheologischen* Begründungszusammenhang und die genuin *sprachlogische via negativa* als Vorausset-

---

37 Emanuel Levinas, „L'actualité de Maïmonide," *Paix et* Droit 4 (avril 1935): 6–7, übersetzt: „The perfection of God is only a *homonym* of the perfection of all things. His action has with the action here below only in common a name. They are separated from each other by the abyss that separates the creation from the production. This discovery was of incalculable importance [...] Paganism is a fundamental incapacity to get out of the world [...] Israel's feeling towards the world is quite different. It is marked by suspicion."
38 Emmanuel Levinas, „Un Dieu Homme?" in: *Religio und passio. Texte zur neueren französischen Religionsphilosophie*, hg. v. Rolf Kühn (Würzburg: Echter, 2014), 40–9, 42.

zung der Ethik, die ‚vor Auschwitz' zurückreicht bis ins Paris in der Mitte der 1930er Jahre (Gordin und Levinas) und ins Berlin der frühen 1920er Jahre (Cohen und Gordin)? Antwort: Weil es mir in Levinas' ethischer Beschreibung um das *neue Paradigma* von Schöpfertranszendenz *via negativa* und von Schöpferimmanenz in der Spur des Anderen, in der Verunendlichung des unendlichen Guten, im inkarnierten Subjekt etc. geht; also um diese Voraussetzung der inkarnationsphilosophischen Innovation. Wenn es Dausner mit seiner ersten Frage also um Levinas' Ethik als neuer *Erster Philosophie* geht, so hat diese Erste Philosophie die Logik des unendlichen Urteils, eine genuine *via negativa* (nicht: negative Theologie!) als Prolegomenon.

W. Pannenberg und E. Jüngel führten in den 1990er Jahren die ersten prominenten Auseinandersetzungen mit Levinas. Pannenberg in einer *absolutheitstheoretischen Explikation* von Offenbarungs-Theologie und Inkarnationsphilosophie als Diskursrahmen jüdischer und christlicher Rede von Gottes Menschwerdung.[39] Jüngel im Rahmen seiner sprachhermeneutischen Sprachlehre und mündend in die Vexier-Frage nach Subjekt und Prädikat von Offenbarung und Welt-Unterbrechung. Beide unterschätzen m. E. das sprach-logisch und schöpfungs-theologisch Andere und Inkommensurable dieser jüdischen *via negativa*. Es gilt, dieses genuine Paradigma im Rahmen jüdischer Aufklärung von Cohen bis Levinas' in den Blick zu nehmen. Die Verortung ‚nach Auschwitz' verstehe ich in diesem Gesamtzusammenhang.

(10) Die Folgen für die Christologie sind weitreichend. Sie reichen in der Tat über inkarnierte Subjektivität als radikalisierten anthropologischen Topos hinaus. Der Auseinandersetzung mit Levinas in § 34 folgt daher in meiner Christologie § 35 *Logos und Schöpfung. Sprachskepsis und Sprachgewissheit.*

Cohens ursprungslogische Kritik am *Mythos vom Logos* kann ja nicht das letzte Wort sein, wenn der Prolog des Vierten Evangeliums *wirklich anfängliche Theologie und Christo-logie ist*, jenseits von Mythos, diesseits von ‚Onto-Theologie' (§ 36 Der Prolog als Zeuge der Inkarnation). Diese drei Paragraphen gehen mithin von Levinas zurück zu *sprachlogischen und schöpfungs-theologischen Voraussetzungen* einer Ethik und ethischen Sprache, die nur mit diesen Voraussetzungen *prima phi-*

---

39 Wolfhart Pannenberg, „Das christliche Inkarnationsdogma als Thema der Philosophie," in *Incarnation*, Archivio di Filosofia 19, hg. v. Marco M. Olivetti (Padua: CEDAM, 1999), 503–8, 504. „Welche Bedeutung hat [...] die Einbeziehung des Inkarnationsgedankens in den Begriff des Absoluten einerseits für die absolute Wirklichkeit Gottes und andererseits für das Verständnis der Endlichkeit des menschlichen Daseins, das durch die Inkarnation mit der göttlichen Wirklichkeit verbunden wird?."

losophia wäre. Das ist das Problem, das am Ende meiner Christologie herausspringt – und mich auch nach diesem Ende beschäftigt.[40]

Ich schlage als heuristischen Leitfaden Maurice Blanchots Bemerkung vor: „Was wir dem jüdischen Monotheismus verdanken, ist nicht die Offenbarung vom einzigen Gott. Es ist die Erschließung der (gesprochenen) Sprache als Ort, wo die Menschen *sich in Bezug halten zu dem, was jeden Bezug ausschließt*: das absolut Ferne, das absolut Fremde. Gott spricht, und der Mensch spricht zu ihm. Das ist das große Faktum Israels. […] In diesem Sinn ist die gesprochene Sprache (*la parole*) das gelobte Land, wo das Exil sich als Aufenthalt erfüllt."[41]

Bibliographie

Assel, Heinrich. *Elementare Christologie*, Bd. 3, *Inkarnation des Menschen und Menschwerdung Gottes*. Gütersloh: Gütersloher Verlagshaus, 2020.

Assel, Heinrich. "Von der Kulturpsychologie zur Schöpfungstheorie via negativa – Jakob Gordin als Interpret der System-Philosophie Hermann Cohens 1922–1934." In *Bewusstsein mit Leib und Seele*, hg. v. Hans Martin Dober und Christian Wiese. Tübingen: Mohr-Siebeck, 2024 (im Erscheinen).

Assel, Heinrich. "Edition von: Jakob Gordin. Die philosophisch-systematische Bedeutung des Gegenwartsbegriffes im Verhältnis zur Philosophie Cohens betrachtet, in *Bewusstsein mit Leib und Seele*, hg. v. Hans Martin Dober und Christian Wiese. Tübingen: Mohr-Siebeck, 2024 (im Erscheinen).

Assel, Heinrich. "Via negativa? Sprachskepsis und Schöpfungs-Philosophie bei Hermann Cohen, Franz Rosenzweig, Jakob Gordin und Emmanuel Lévinas." In *Theologie und Religionsphilosophie in der frühen Weimarer Republik, Christentum in der modernen Welt*, hg. v. Michael Moxter und Anna Smith, 83–101. Tübingen: Mohr Siebeck, 2023.

Bayer, Oswald und Gleede Benjamin, Hg. *Creator est creatura. Luthers Christologie als Lehre von der Idiomenkommunikation*, TBT 138. Berlin/New York: Walter de Gruyter, 2007.

---

40 Heinrich Assel, „Von der Kulturpsychologie zur Schöpfungstheorie via negativa – Jakob Gordin als Interpret der System-Philosophie Hermann Cohens 1922–1934," in *Bewusstsein mit Leib und Seele*, hg. v. Hans Martin Dober und Christian Wiese (Tübingen: Mohr-Siebeck, 2024; im Erscheinen); Heinrich Assel, „Edition von: Jakob Gordin. Die philosophisch-systematische Bedeutung des *Gegenwartsbegriffes* im Verhältnis zur Philosophie Cohens betrachtet," in *Bewusstsein mit Leib und Seele*, hg. v. Hans Martin Dober und Christian Wiese (Tübingen: Mohr-Siebeck, 2024; im Erscheinen); Heinrich Assel, „Via negativa? Sprachskepsis und Schöpfungs-Philosophie bei Hermann Cohen, Franz Rosenzweig, Jakob Gordin und Emmanuel Lévinas," in *Theologie und Religionsphilosophie in der frühen Weimarer Republik, Christentum in der modernen Welt 4*, hg. v. Michael Moxter und Anna Smith (Tübingen: Mohr Siebeck, 2023), 83–101.

41 Maurice Blanchot: „Être juif," in *L'entretien infini*, hg. v. Maurice Blanchot (Paris: Gallimard, 1969), 180–190, 187 f.

Beutel, Albrecht. *In dem Anfang war das Wort. Studien zu Luthers Sprachverständnis*, HUTh 27. Tübingen: Mohr Siebeck, 1991.
Blanchot, Maurice. "Être juif." In *L'entretien infini*, hg. v. Maurice Blanchot, 180–90. Paris: Gallimard, 1969.
Cohen, Hermann. "Charakteristik der *Ethik Maimunis* (1908)." In *Werke 15, Kleinere Schriften IV 1907–1912*, hg. v. H. Wiedebach, 161–269. Hildesheim/Zürich/New York: Olms, 2009.
Cohen, Hermann. *System der Philosophie 1. Logik der reinen Erkenntnis*, Werke 6, hg. v. Helmut Holzhey. Hildesheim: Olms, ⁴1997.
Cross, Richard. *Christology and Metaphysics in the Seventeenth Century*. Oxford: Oxford University Press, 2022.
Dalferth Ingolf U. *Die Wirklichkeit des Möglichen. Hermeneutische Religionsphilosophie*. Tübingen: Mohr Siebeck, 2003.
Elert, Werner. *Der Ausgang der altkirchlichen Christologie. Eine Untersuchung über Theodor von Pharan und seine Zeit als Einführung in die alte Dogmengeschichte*. Berlin: Lutherisches Verlagshaus, 1957.
Gleede, Benjamin. "Vermischt, ausgetauscht und kreuzweis zugesprochen. Zur wechselvollen Geschichte der Idiome Christi in der alten Kirche." In *Creator est creatura. Luthers Christologie als Lehre von der Idiomenkommunikation*, TBT 138, hg. v. Oswald Bayer und Benjamin Gleede, 35–94. Berlin/New York: Walter de Gruyter, 2007.
Gleede, Benjamin. *The Development of the Term ἐνυπόστατος from Origen to John of Damascus*, Supplements to Vigiliae Christianae 113. Leiden/Boston: Brill, 2012.
Gordin, Jakob. "Gott: in der Religionsphilosophie." In *Berliner Encyclopedia Judaica* 7 (1931): 577–90.
Gordin, Jakob. "Actualité de Maïmonide." In *Les Cahiers juifs* (1934; reprinted 1972.1979. 1995), 123–44.
Levinas, Emanuel. "L'actualité de Maïmonide." In *Paix et* Droit 4 (avril 1935), 6–7.
Levinas, Emmanuel. "Jacob Gordin." In *Difficile Liberté*. Paris: Albin Michel, 1972.1995.
Levinas, Emmanuel. "Ein Gott Mensch" In *Religio und passio. Texte zur neueren französischen Religionsphilosophie*, hg. v. Rolf Kühn, 40–9. Würzburg: Echter, 2014.
Luther, Martin. "Rationis Latomianae pro incendariis Lovianiensis scholae sophistis redditae, Lutheriana confutatio" (Lutherische Widerlegung der latomianischen Rechtfertigung für die scholastischen Brandstifter der Universität zu Löwen, 1521). In WA 8, 43–128 (*Anti-Latomus*).
Luther, Martin. "Disputatio de divinitate et humanitate Christi," (1540). In WA 39/II: 93–121.
Pannenberg, Wolfhart. "Das christliche Inkarnationsdogma als Thema der Philosophie." In *Incarnation*, Archivio di Filosofia 19, hg. Marco M. Olivetti, 503–8. Padua: CEDAM, 1999.
Schwarz, Reinhard. "Zur Lehre von der Person Christi bei den Ockhamisten und bei Luther." *ZThK* 63 (1966): 289–351.
Sauter, Gerhard u. a., Hg. *Wissenschaftstheoretische Kritik der Theologie. Die Theologie und die neuere wissenschaftstheoretische Diskussion. Materialien-Analysen-Entwürfe*. München: Chr. Kaiser, 1973.
Sparn, Walter. "Jesus Christus V. Vom Tridentinum bis zur Aufklärung." In *TRE* 17 (1988): 1–16.
Mahlmann, Theodor. *Das neue Dogma der lutherischen Christologie. Problem und Geschichte seiner Begründung*. Gütersloh: Gütersloher Verlagshaus, 1969.
Williams, Rowan. *Christ the Heart of Creation*. London u. a.: Bloomsbury, 2018.
Westerkamp, Dirk. *Via negativa. Sprache und Methode der negativen Theologie*. München: Wilhelm Fink, 2006.

Jens Wolff
Transitorische Momente der Christologie – göttlich-menschliches Miteinander am Kreuz?

Abstract: Dieser Text widmet sich der Frage, wie strukturelle Probleme zwischen Idiomen-Kommunikation, Zwei-Naturen- und Trinitätslehre sowie Kreuzestheologie bearbeitet werden. Er berücksichtigt zur Konturierung neuere und ältere Negativitätsdiskurse. Quellen sind die Heidelberger Disputation, Luthers Auslegung von Ps 22 sowie seine späten christologischen Disputationen. Die Ergebnisse werden dann auf die Darstellung der neu erschienenen Christologie von Bruce McCormack und der transformativen Kritik von Chalcedon bezogen. Christi Demut ist nach McCormack Gehorsamsakt und zugleich eine freie Wahl, die in Anerkennung einer für ihn gültigen Ordnung getroffen wird. Der Vf. macht darauf aufmerksam, dass die Beziehung von Passivität und Nicht-Passivität sowie die verwendeten Metaphern, Symbole und Sprachbilder im Blick auf Jesu Tod am Kreuz klärungsbedürftig bleiben.

Keywords: *Neuchalcedonismus, Anhypostasie, Enhypostasie, Trinitätslehre, Christologie, Kreuzestheologie, theologia crucis, Metapher, Metaphorologie, Symbol, Zwei-Naturen-Lehre, Idiomenkommunikation, Metaphysik, Logos, Bruce McCormack, Karl Barth, Ontologie, Demut, thatness*

1 Problemexposition

Dass „Aporien als strukturelle Probleme [...] dargestellt werden (können)"[1], gilt für die metalogische Relation von Idiomen-Kommunikation, Zwei-Naturen- und Trinitätslehre sowie der Kreuzestheologie. Heinrich Assels ‚elementare' – aufgrund ihrer Dreivolumigkeit doch eher magistrale? – Christologie verbindet

---
[1] Gerhard Sauter, Hg., *Wissenschaftstheoretische Kritik der Theologie. Die Theologie und die neuere wissenschaftstheoretische Diskussion. Materialien-Analysen-Entwürfe* (München: Kaiser, 1973), 355.

Jens Wolff ist Privatdozent für Systematische Theologie an der Theologischen Fakultät der Universität Rostock. Neueste Veröffentlichung zum Thema: *Der Zweite – Christus denken*, hg. v. Jens Wolff u. a. (Tübingen: Mohr-Siebeck 2023).

Alpha und *Omega*: Am *Anfang* ist der Name Jesus Christus als Ausgangs-Topos (Lehre vom Versöhner und Versöhnungspraxis). Zu ihm gehört die von Hans Georg Geyer gebildete buchmetaphorische *Themaregel, theologia crucis* sei Kapitel und Kompendium der *theologia trinitatis*.[2] Als *Ende* dann gilt die Kontingenz kreuzestheologischer Orientierung im Namen Jesus Christus. Damit ist verknappt gesagt das Geheimnis der Kreatürlichkeit christlichen Glaubens und Erkennens dargestellt – wobei das Negativitätsmoment in *der theologia crucis* eine neue Bedeutung annehmen kann. Was bedeutet das?

Der Weg der Negativität ist nicht Fortsetzung der alten spekulativen *theologia negativa*,[3] sondern Auseinandersetzung mit mittlerchristologieskeptischen und messianischen Denkern wie Hermann Cohen und Emmanuel Lévinas, aber auch Franz Rosenzweig und Jakob Gordin.[4] Heinrich Assels Akzentuierung besteht darin, weder Levinas-Philologie noch Anonymitäts- oder Präsenzmetaphysik zu betreiben, sondern die Folgen eines schöpfungstheologischen Negativitätsweges für Messianologie und Christologie zu durchdenken. Dieser Weg wurde gebahnt von Jakob Gordins Schöpfungstheologie zu Lévinas' messianischer Subjektivität, Singularität und Substitution nach *Jenseits des Seins* (1978). Die Denkschwierigkeit besteht darin, diesen Weg in die strukturell-systematischen Probleme von Idiomen-Kommunikation, Zwei-Naturen- und Trinitätslehre und Kreuzestheologie einzuzeichnen: nicht als spekulative *theologia negativa*, wohl aber als einzig (?) mögliche *via negativa*.

Das strukturelle Problem ‚bildet' die von Geyer formulierte Themaregel ‚ab': Wird die Kreuzestheologie, ein Meta- und Atopos, als Kompendium oder Kapitel der *Trinitätstheologie* entfaltet werden können – oder nur (um im Bild zu bleiben) als ihr Abschnitt, Satz, oder gar nur als Buchstabe?[5] Diese Frage richtet die Auf-

---

2 Heinrich Assel, *Elementare Christologie*, Bd. 1, *Versöhnung und neue Schöpfung* (Gütersloh: Gütersloher Verlagshaus, 2020), 34 – im Nachfolgenden abgekürzt mit EC und der jeweiligen Bandnummer.
3 Negative Theologien sind mit Derrida typisiert gesprochen in der Regel neuplatonische Anonymitäts- oder Präsenzmetaphysiken, vgl. Dirk Westerkamp, *Via negativa. Sprache und Methode der negativen Theologie* (München: Fink, 2006), 185–218.
4 Heinrich Assel, „Via negativa? Sprachskepsis und Schöpfungs-Philosophie bei Hermann Cohen, Franz Rosenzweig, Jakob Gordin und Emmanuel Lévinas," in: *Theologie und Religionsphilosophie in der frühen Weimarer Republik, Christentum in der modernen Welt*, hg. v. Michael Moxter und Anna Smith (Tübingen: Mohr-Siebeck, 2023), 83–101. Derrida stellt als *via negativa* Levinas' „Violence et Metaphysik" (1964) dar und bestimmt sie abgrenzend zugleich als negative Theologie. Vgl. Jacques Derrida, *L'ecriture et la différence* (Paris: Éditions du Seuil, 1967), 165–70.
5 ‚Postmoderne' Bilder chiffrieren das Christusereignis als *figura cryptica* neu in Entwürfen postdogmatischer Christologien. Sie finden nicht zu reflexionslogischen Formen, sondern allenfalls zu Figuren von *minimal art*. ‚Lebensweltliche' Spuren negativer Phänomene werden, wenn es

merksamkeit hin auf den Anlass von Bruce McCormacks analogen Strukturüberlegungen: Die zweite Person der Trinität soll neu verstanden werden als göttlichmenschliches, Leiden erfahrendes Subjekt. McCormacks Architektonik scheint damit allgemeinchristologischer und kreuzumspielender als die genannte Themaregel in Geyers Version: Seine Trinitätslehre gründet, um es etwas zugespitzt zu sagen, nicht radikal in Kreuzestheologie, sondern weiter und allgemeiner gesagt in Christologie.

Für unsere breiter werdende Gegenwart, die ‚Geschichte' sein wird, ist erneut zu betonen, dass sie „keine Wiederholungen des Gleichen" kennt: (Luther-?)„Renaissancen sind ihr Widerspruch"[6]. Luthers Textwelten lassen sich weder pinselgetreu als (Monumental-)Gemälde noch *all at once* als Super-Synopse einer *theologia perennis* kontemplieren. Sie sind keine theologische Universalbibliothek. Die systematischen Verstehensaporien von Luther aus perspektiviert, dessen Kreuzestheologie ab Heidelberg 1518 als hochinnovativ wahrgenommen wurde, resultiert heute mehrfach durchkreuzt aus komplexen historischen Strukturproblemen und systematischen Ausgangsaporien: Die nicht zu Unrecht viel zitierten, späten christologischen idiomenkommunikativen Disputationen unter Luthers Vorsitz stammen schlicht aus einer anderen Zeit als seine frühe Kreuzestheologie. Letztere kommt nicht mit der *Disputatio Heidelbergae habita* von 1518, sondern erst mit der Auslegung von Ps 22 in *den Operationes in Psalmos* und dem sich chronologisch und sachlich eng daran anschließenden *Antilatomus* gegen die Löwener Theologie, einer Streitschrift, welche Grundfragen der Theologie bedenkt, zu einem Höhepunkt und vorläufigen Abschluss. Generell gilt: historische und systematische Fragestellungen sind auch hier ineinander verschlungen. Textsymbiotische Verschlingungen dieser Art lassen sich, ob mit den Theologien Luthers, Melanchthons, Johann Gerhards, Paul Tillichs oder Karl Barths, falls überhaupt, nur schwer in das Verstehen auflösen.

Wer systematisch zur ‚Lösung' historisch auf ‚Luther' rekurriert, sieht sich mit folgenden Problemen konfrontiert: Es ist unmöglich, den späten gegen den frühen Luther auszuspielen *erstens*. Es ist *zweitens* unmöglich, späten und frühen Luther miteinander zu harmonisieren, als ob er auf jedem Stadium des Lebensweges das Gleiche sagte. Und *drittens* kann das systematische Verstehensproblem, trinitätstheologische und idiomenkommunikationsmetaphorische Lösungsversuche seiner Spätzeit direkt mit kreuzestheologischen Problemlagen der Frühzeit zu identifizieren, mit ihm nicht direkt angegangen werden. Stattdessen bleibt eine responso-

---

gut geht und nicht Sprachlosigkeit herrscht, in zeitlicher Erstreckung erzählbar als *phaenomenologia crucis*.
6 Hans Blumenberg, *Die Legitimität der Neuzeit* (Frankfurt am Main: Suhrkamp, 1988), 700.

risch-resonante Behandlung bei ‚klassischen' Textcorpora und einem nicht absolutheitstheoretischen Metatopos oder Atopos wie dem Kreuz stete Herausforderung: Stand im Rahmen von sprachphilosophischen und sprachtheologischen und topischen Fragestellungen von Hans-Georg Gadamer aus mit Augustin, Gerhard Ebeling und dem frühen Günter Bader der Johannesprolog mit seinen inkarnationstheologischen und mittlerchristologischen Implikationen zur Abklärung systematischer Probleme bereit, zeigt sich in der systematischen Theologie der Gegenwart ein neu erwachtes Interesse an den Deutungspotentialen von Luthers *theologia crucis* und anderen Kreuzestheologien.[7] Das systematisch-historische Problem bleibt angesichts von Hans Georg Geyers Themaregel in sprachlich-metaphorischen Symbolisierungen, Negationen und visualisierenden Ikonografien bestehen:[8] Von Golgatha über Matthias Grünewalds (von Karl Barth lange geschätzten) Isenheimer Altar mit seiner hochrealistischen Kreuzigungsszene und einer hyperrealistischen Auferstehungsvision bis hin zu einer nicht als Präsenz- oder Erinnerungsmetaphysik vor Augen gemalten Gegenwart eines gekreuzigt Verstorbenen, der über die Generationen (meta-)morphotisch und polykontextural-bildlich präsent bleibt.

Das zeigt die farbreduziert-monochrome und unspektakuläre *Graue Passion* von Hans Holbein dem Älteren,[9] dem Senior einer Malerfamilie und Vater des jüngeren: dieser malt bereits als Jüngling farbkräftiger und expressiver als das väterliche Vorbild ein Schockbild allererster Güte: *Der tote Christus im Grabe*.[10] Abgestorbenes Fleisch – nicht zuletzt radikales Selbstbildnis? – entfaltet hier und anderswo (de-)kontextualisiert reiche Wirkungsgeschichte.

„Wenn die Theologie ihr Grau in Grau malt, dann ist eine Gestalt des Lebens alt geworden, und mit Grau in Grau lässt sie sich nicht verjüngen, nur erkennen; die Eule der Minerva beginnt erst mit der einbrechenden Dämmerung ihren Flug."[11] Sapientiale Grauzonen werden seit dem 16. Jhd. immer wieder neu –

---

7 Philipp Stoellger, *coram cruce. Deutungspotentiale der Kreuzestheologie* (Tübingen: Mohr-Siebeck, 2023 [Im Erscheinen]).
8 Sprachskepsis und Sprachgewissheit sind zu ergänzen durch Bildskepsis und Bildgewissheit, auch durch Sprach- oder Bildlosigkeit als möglicher Neubeginn. Vgl. praktisch orientiert Johanna Breidenbach, *Das Gebet als metaphorischer Prozess. Die Erneuerung von Welt und Sprache bei Michel de Certeau und Günter Bader* (Diss. masch., Zürich 2020).
9 Vgl. Elsbeth Wiemann, „Zur monochromen Bildgestaltung," in: *Hans Holbein d. Ä. Die Graue Passion in ihrer Zeit*, hg. v. Elsbeth Wiemann (Ostfildern: Hatje Cantz, 2010), 123–45.
10 Ungeklärt ist, ob der ältere Holbein die Bilder Matthias Grünewalds schon um 1500 in Frankfurt am Main oder erst später im elsässischen Isenheim kennengelernt hatte: Dorthin war er von Augsburg aus aufgrund zerrütteter Vermögensverhältnisse und drohender Pfändungen geflüchtet.
11 Georg Wilhelm Friedrich Hegel, *Grundlinien der Philosophie des Rechts*, Werke 7 (Berlin: Suhrkamp, 2017), 28 [lies statt „Theologie" im Original lieber und genauer „Philosophie."].

nicht zuletzt durch die scheinbar nur dekorative Grisaillenmalerei – in Szene gesetzt und ‚belebt' – auch wenn es bis in die Gegenwart letztlich ‚immer' um das eine geht: die unverständliche Brutalität eines *day of execution*.[12]

2 Erinnerung an die Verschiedenheit der Christologie Gerhard Ebelings

Seit dem Gründervater der Lutherrenaissance, Karl Holl, gilt nicht mehr und nicht weniger, als „die paulinische Auffassung, nach der Tod und Auferstehung ein unteilbares Ganze[s] bilden"[13], erneut auf ihre Innovationsfähigkeit und ihre Deutungspotentiale hin weiterzuentwickeln. Zu zugespitzt und zu hyperbolisch: Eine Theologie, die nicht ganz und gar Kreuzestheologie ist, hat mit Theologie ganz und gar nichts zu tun.[14] Die nicht mehr zu steigernde Aperspektivität des am Kreuz *Gekreuzigten* bedeutet für das theologische ‚Denken' einer Kreuzestheologie nicht, dass sie als notwendig, letztbegründet oder gar als ‚mehr als notwendig' deklariert werden könnte.[15] Eine semantisch, rhetorisch und visuell grundierte ‚Orientierung' am Kreuz schließt staurozentristisch prinzipialisierende oder axiomatisierende Ansätze, d. h. den weiten Bereich der systemaffinen *theologia crucis naturalis* (Hegel und die Folgen[16]), lieber aus statt ein: spekulative Verzückung und Entrückung – wie bei der heiligen Theresa, die in der Cornaro-Kapelle Rom im Herzen vom Speer eines kleinen Engels durchbohrt wird – betreffen Passion nur indirekt.

---

[12] Legte man systematische Gegenwartsdiskurse auf die Goldwaage, könnten manche von ihnen als subtile, sublime und zugleich erhellend-dunkle Ausweichversuche vor des Todes Tödlichkeit gedeutet werden. Vgl. Ingolf U. Dalferth, *Auferweckung. Plädoyer für ein anderes Paradigma der Christologie* (Leipzig: Evangelische Verlagsanstalt, 2023), 79 f.
[13] Karl Holl, „Was verstand Luther unter Religion?," in: ders., *Gesammelte Aufsätze zur Kirchengeschichte*, Bd. I, *Luther* (Tübingen: Mohr, $^{4/5}$1927), 1–110, 70.
[14] Thomas Mann, *Gesammelte Werke*, Bd. VI (Frankfurt am Main: Fischer, 1990), 314: „Was auf dem Todes-, dem Krankheitswege entstanden, danach hat das Leben schon manches Mal mit Freuden gegriffen […] Hast du vergessen, was du auf der Hohen Schul gelernt hast, daß Gott aus dem Bösen das Gute machen kann, und daß die Gelegenheit dazu ihm nicht verkümmert werden darf? Item, einer muß immer krank und toll gewesen sein, damit die anderen es nicht mehr zu sein brauchen."
[15] Stoellger, *coram cruce*, 101.
[16] Edgar Thaidigsmann, *Identitätsverlangen und Widerspruch. Kreuzestheologie bei Luther, Hegel und Barth* (München: Kaiser, 1983).

Ein prominenter Entwurf des 20. Jahrhunderts, architektonisch eng und bis in Details an die (selbst von kirchenhistorischen Experten:Innen gelegentlich übersehene) Matrix von Luthers Auslegung des 22. Psalms angelehnt, war Gerhard Ebelings Christologie. Sie bezieht Kreuz und Auferstehung ansprechend aufeinander.[17] Sie ist – als Momentaufnahme geurteilt – heute aufgrund der inzwischen veränderten Diskurslage im Blick auf die Relation von hebräischer Bibel und Neuem Testament und ihrer engen Bindung an eine Deutung der neutestamentlichen Passionsgeschichte von Ps 22 ebelingkritisch akkomodierbar.[18] Ebeling brachte die Verbindung von Kreuz und Auferstehung zu Recht als ein unteilbares Ganzes (wie von Karl Holl gefordert) im Rückgriff auf Luthers modernvormoderne Auslegung des 22. Psalms in selbsteigener Erudition erneut zum Leuchten:[19] Es ist retrospektiv ‚immer' *noch* und ‚immer' *wieder* Aufgabe des Verstehens und zugleich erstaunlich, dass und wie Luther den Verlassenheitsschrei am Kreuz (Mk 15,34) als radikale Sprachnegativität entdeckte im Gegenüber zur gesamten Psalmenauslegungstradition. Von dort aus wagte er – genauer erst ‚spät' *nach* der ebenso viel- wie totzitierten Heidelberger Disputation! – vorzustoßen *erstens* zur grundstürzenden Gesamtneukodierung herkömmlicher (Kreuzes-) theologien und *zweitens* weiter zur christo‚logischen', nein, ‚lebens'- oder vielmehr *todes*weltlichen Negativitätsentdeckung: Gottes Radikalentzug in des Gekreuzigten schreiender Verlassenheit. Diese Negativiät geht trotz des ähnlichen Namens über die Prätentionen einer *theologia negativa* hinaus. Die davon zu unterscheidende *via negativa* hat weitreichende Implikationen für die Schöpfungslehre, aber auch für Homiletik und Kreuzestheologie und – *last but not least* – die Trinitätslehre. Sie öffnet das durchkreuzte Feld der Verneinung.

---

[17] Gerhard Ebeling, *Dogmatik des christlichen Glaubens*, Bd. 2, *Der Glaube an Gott den Versöhner der Welt* (Tübingen: Mohr-Siebeck, ⁴2012). Dieser Band fiel mir (in früherer Auflage) zufällig gegen Ende der 80iger Jahre vor dem Abitur in einer gutsortierten Stadtbücherei in der Provinz in die Hand. Vgl. Jens Wolff, *Metapher und Kreuz. Studien zu Luthers Christusbild* (Tübingen: Mohr Siebeck, 2005).
[18] Eine erhellende Darstellung von Luthers Hermeneutik der hebräischen Bibel bietet Notger Slenczka, *Vom Alten Testament und vom Neuen. Beiträge zur Neuvermessung ihres Verhältnisses* (Leipzig: Evangelische Verlagsanstalt, 2017), 217–32.
[19] Während des Veröffentlichungsprozesses wurde überlegt, ob es sinnvoll wäre, die eine Schrift in zwei getrennten Teilen erscheinen zu lassen: einen für Kreuz, den zweiten für Auferstehung. Die Zusammengehörigkeit beider schien dann doch mehr zu sein als eine Buchbindersynthese. Vgl. Wolff, *Metapher*.

3 Christopoetik und Christosymbolik – *entweder* inkarnatorisch *oder* kreuzestheologisch?

Gegenwärtig tritt in bestimmten Diskurszusammenhängen systematischer Theologie eine Differenz auf, die als Deutungskonflikt zwischen Rekurrenz und Alternanz beschreibbar ist: Sind *erstens* Christopoetik bzw. Christosymbolik mehr *kreuzestheologisch* oder mehr *inkarnatorisch* anzulegen? Falls diese Dualität keine schiefe Alternative ist: Welche Folgen haben *zweitens* Antworten auf diese Frage für die Architektonik von Christologien? Ferner *drittens* abbreviativ gefragt: Ist die *thatness* von Christi Existenz, wie Bruce MacCormack sie Christus zuschreibt, eine quasi-metaphysische Logos-Spekulation – oder kann der durchkreuzte Name Jesus Christus nur dann angemessen thematisiert werden, wenn Metaphorisches, Symbolisches, Narratives und Imaginäres konstitutiv ins Spiel kommen?

Mit diesen drei Fragen ist man unweigerlich wieder mit dem alten und neuen Kernproblem der Idiomenkommunikation und ihrem langen Schatten konfrontiert. Ihr widmet Heinrich Assel in seiner Christologie eine etwa zweihundertseitige problemgeschichtliche Darstellung.[20] Sie reicht über die sachkritische und kenntnisreiche Würdigung des altkirchlichen Dogmas bis hin zu Luthers Konzeption eines performativen Sprechens in neuen Sprachen. Wie Luthers idiomenkommunikationsmetaphorische Metaphernbilder und Bildmetaphern, die er in der hochakademischen Gestalt der späten christologischen Disputationen traktierte, systematisch und historisch zu beurteilen sind, bleibt strittig: als metapherngesättigte Metaphernontologie? Als absolutheitskritische, antiabsolutheitstheoretische, oder sogar antimetaphysische Metaphernsemantik?

Hier zwischen Skylla und Charybdis hindurchzusteuern, bleibt schwierig: Sehen sich die Deuter:Innen dieser Texte dem historisch ‚ablesbaren' Gehalt der Quellen verpflichtet oder haben sie systematische Verantwortung, die zu anderen Ergebnissen als die von den Quellen scheinbar direkt erforderten kommen? Die bekannten Standardbelegstellen helfen nur begrenzt weiter. Zitativer Gebrauch entlastet mitnichten vom Verstehen:

> In Christo autem habent novam grammaticam et dialecticam, novam linguam et novam cogitationem et sapientiam, das heist: nova facit omnia [Apk 21,5; 2Kor 5,17]. Drumb muß man hie originem, imaginem, similitudinem alle anderst verstehn.[21]

---

20 Assel, EC III, 13–214.
21 WA 39,2, 304,6–9 (Arg. 21; 1544).

Die Transferaufgabe im Blick auf Symbolisches und Metaphorisches bleibt mindestens doppelt: *erstens* bezieht sie sich auf Christus. Er tritt selbst als Redner und selbstwirksamer Symbolisator und Kommunikator von Gottes Gegenwart auf: Er ist „ein ander" – kein absoluter! – „Meister, der anders von sachen kan reden und besser trösten denn wir"[22]. Konstitutiv ist der Hinweis auf allegorisierend-metaphorische Performanz verbunden mit poimenischer Kompetenz. *Zweitens* sind Symbolisches und Metaphorisches nicht von ihm auf sich selbst, sondern von ‚uns' auf Christus zu beziehen, dass etwas Neues, eine neue Rede, entsteht. Seine Gleichnisse sind nicht unsere Gleichnisse und sein Andersreden ist nicht unser Andersreden. Systematisch wird die Verstehensaufgabe dadurch verkompliziert, dass Luther Rhetorisches und Allegorisches scheinbar ohne großen inhaltlichen Selbstwiderspruch mit einer Neukodierung der Ontologie verbindet:

> Christus non est verbum mathematicum nec physicum, sed verbum divinum et increatum, quod significat substantiam et personam, quia verbum divinum est divinitas. Christus est verbum divinum. Ergo est divinitas, id est, ipsa substantia et persona. Philosophice heist verbum sonus aut vox, sed theologice loquendo verbum significat filium Dei. Das hette Aristoteles nicht zugelassen, verbum significare plenum Deum.[23]

Hier erscheint Metaphysik als beim Wort genommene Metaphorik. Der Metaphysikschwund ist nicht vollständig, sondern ein Transfer hin zur Metaphorik und Symbolisierung – mit entsprechenden Risiken und Nebenwirkungen. Kritisch gefragt: Treten Metaphorik und Symbolik als Metaphysikfolgeerscheinung mit gleicher Macht und Herrlichkeit auf, wie die alte Metaphysik – oder ändert sich im (negativen) Transferprozess etwas am Metaphorischen? Wie zum Beispiel lässt sich das Problem einer metaphysisch aufgeladenen Performanzüberschätzung der Homiletik vermeiden?

Luther selbst weist auf eine metaphysik- und analogieabbauende Änderung hin: das neometaphorische Verständnis von ‚verbum' und ‚persona' überwindet, indem Wort und Person in Christus eine neue Bedeutung annehmen, den Satz vom ausgeschlossenen Widerspruch der aristotelischen Aussagenlogik. Dies ist eine Überwindung des Aristotelismus, die von Aristotelismen jedoch nicht völlig frei ist: Indem ‚wir' vom Gottesknecht Christus, dem ‚Arm Gottes', nicht metaphysisch-abstrakt-spekulativ, sondern sinnlich-konkret-metaphorisch und als *personales* Gotteswort reden soll(t)en, ‚wiederholen', inszenieren und rufen ‚wir' die sich in Christus selbst konkretisierende mündliche Zuwendung des menschgewordenen Gottes zur Welt aus. Das Verkündigungsmoment im Tode Jesu bleibt bei zu starker und bis zur Grausamkeit potenzierbarer Performanz nicht nur

---

22 WA 34,2, 480,21f. (1531).
23 WA 39,2, 103,6–11 (Arg. 4; 1540).

scheinbar mit dem Machtmoment der alten Metaphysik verbunden. Metaphysische Machtgier, als Lerngier der Vernunft ihren Projektionen anzulasten, wird vom diskreten Charme der Neometaphorik verzaubert und im Riss des Negativen entsichert:

> Eben mit der schwachheit, krankheit, nidrigkeit reist er [Christus] den Teufels bauch und zerbricht hel, schleust celum et endert totum mundum. Sic ratio vult discere, quomodo suam potentiam bew. Er wils nicht thun. Christus hat sich mit fussen lassen tretten und creutzigen, quando nihil scit quam infirmitatem, et tamen ista infirmitate reist er regnum et potentiam [diaboli].[24]

Der Verzicht auf Macht und Stärke, eine *recusatio imperii* als Riss zwischen Geist und der Macht der Metaphysik bei gleichzeitigem Machtgewinn durch Schwäche, lässt sich am leidenden jesajanischen Gottesknecht zeigen. Er ist – und hier setzen neue Metaphorisierungen ein – Doktor und Prediger, der im Predigtamt des Wortes dient.[25] Er ist – was keinen völligen Souveränitätsverzicht bedeutet! – ein *rex doctor*.[26] Gott promoviert mit dem Ausruf „Siehe, das ist mein Knecht!" (Jes 42,1) diesen Leidenden zum Doktor.[27] Das wird sofort mit einer Blickanweisung, die auf Christi Lexis, Deixis und Handeln zielt, verbunden: „Sieh uff den, was er thut, redet, leret, quia servus meus est."[28] Die ‚göttliche Promotion' ist für den Promovierten lebensverändernd: „Es wyrt alles uffgehaben und alleyne dem eynheym [anheim] geben."[29] Diesem *officium prudentis* ziemt es, da Geist und Macht einander entgegengesetzt sind, nicht, mit Gewalt zu herrschen oder „myt dem kopp erdurch, sed in mediis rebus eciam desperatis rem leniter perficere, feyn sewberlich erdurch gehen."[30] Luther sucht mit der hebräischen Bibel Entlastung vom Absoluten. Doch die Absolutheitsverwindung geht weder einlinig vor noch kommt sie vollständig zum Ziel.

Dass Christus sich mit Füßen hat treten lassen und kreuzigen, erzeugt im Blick auf die akademisch-diskursive Verbindung von Kreuzigung und Idiomenkommunikation ein nicht geringes Folgeproblem: Vor der Matrix von Luthers christologischen Disputationen der *Spätzeit*, die sich mühen, die idiomenkommunikativen Überlegungen der alten Kirche zu modernisieren und transformieren, führt *systematisch kein* direkter Weg zurück zur Herausbildung der neuen Kreuzestheologie zwischen 1518 und 1522. Luther hat es in seiner epochemachenden Auslegung des

---

24 WA 37, 243,23–28 (1533).
25 WA 40,3, 688,22–25 (zu Jes 52,14; 1544/50).
26 WA 40,2, 246,12 (Hs; zu Ps 2,7 Narrabo praeceptum; 1532).
27 WA 31,2, 307,26 f. (zu Jes 42,1; 1527/30).
28 WA 31,2, 307,28 f. (zu Jes 42,1; 1527/30).
29 WA 31,2, 308,8 f. (zu Jes 42,1; 1527/30).
30 WA 31,2, 428,27–29 (zu Jes 52,13; 1527/30).

22. Psalms vermieden, sowohl die Zwei-Naturen-Lehre als auch die patristische Zwei-Naturen-Exegese als überformendes Interpretament des Kreuzes in Anschlag zu bringen:[31] Beider Fehlen in der konkreten Formierung der Kreuzestheologie ist auffällig. Luther grenzt sich hier gegen zweinaturenorientierte Auslegungskonventionen ab. Es bleibt deswegen im Blick auf die späten christologischen Disputationen eine leichte Rationalisierung, von einem „gekreuzigte[n] Miteinander von Gott und Mensch in Jesus Christus"[32] zu sprechen. Argumentiert man mit ‚Vernunft', mag es dieses Miteinander geben. Ein gehäuftes semantisches Aufrufen von Gott und Mensch scheint dann opportun. Argumentiert jedoch jemand radikaler mit Blick auf das Zerbrechen der Verbindung von Gott und Mensch am Kreuz, gibt es dort *kein* ‚Miteinander' mehr – nur brutal-traumatisierende Todesstrafe. Diese Nicht-Christologie hat nichts mit Gott zu tun: sie lässt ihn allerhöchstens noch düsterer als *deus absconditus* erfahren.

Gegenstrebig gegenüber zappenduster und stockdunkel sind hier Aussagen in den späten Disputationen. Sie werden nicht direkt auf die Kreuzigung bezogen:

> Die unitas, die helts. Duas fateor naturas, sed non separari possunt. Hoc facit unitas, quae est maior et firmior coniunctio quam animae et corporis, quia haec separantur, illa nunquam, immortalis natura divina et mortalis natura humana, sed unita in una persona.[33]

Die neue Sprache der *unio personalis* von Gott und Mensch stößt an die Grenzen der Sprache: die Einheit von Gott und Mensch in der einen Person Christus ist enger, als es die Bilder, z. B. das Gleichnis von Seele und Leib, auszusprechen vermögen. Aber auch diese rhetorische Hyperbole ist letzlich nicht Einheitsmetaphysik! Sie eröffnet selbst Verstehen: Jesus Christus leibhaftig als ansprechendes Bild und anredende Metapher. Thetisch: Wenn Christus als Ausgangstopos gewählt wird, dann ist neben der Topik – und ihr ebenbürtig! – Rhetorik im Spiel.[34]

Idiomenkommunikationsmetaphorische Sprachsequenzen dienen der Aufgabe, abstraktes Reden von Gott und Mensch zu vermeiden. Bilder sind ‚unübertragbar'. Sie sperren sich gegen eine Rückübersetzung in philosophische Begriffsbildung. Sie dürfen nicht logischen Kohärenzkriterien, wie dem Satz vom ausgeschlossenen Widerspruch, unterworfen werden. Sie haben nicht nur eigene Valenz, sondern

---

31 Die von mir vorgebrachte These ist systematisch, nicht historisch. Vgl. Dorothea Vorländer, *Deus incarnatus. Die Zweinaturenchristologie Luthers bis 1521*, UKG 9 (Witten: Lutherverlag, 1974).
32 Vgl. Wolff, *Metapher*, 408.
33 WA 39,2, 102,1–5.
34 Helmar Junghans, *Der junge Luther und die Humanisten* (Göttingen: Vandenhoeck & Ruprecht, 1985); Helmar Junghans, *Martin Luther und die Rhetorik*, SSAW.PH 136/2 (Leipzig: Verlag der Sächsischen Akademie der Wissenschaften, 1998).

ebenso kommunikativ-performative Evidenz. Der ‚eingefleischte' Gott lässt sich nicht unter subsumptionslogische Begriffe, wie Besonderes und Allgemeines es sind, zwingen. Thomas von Aquin konnte im Rahmen seiner Zweinaturenexegese noch meinen: Während der Gekreuzigte stirbt, leidet sein Leib, während sein göttlicher Geist sich jubilierend erhebt. Die Monströsität dieser Deutung macht den Gekreuzigten zu einer Chimäre, einem Doppelwesen. Abermals fällt der lange Schatten abstrakter Idiomenkommunikation auf die Kreuzestheologie. Auch wenn die Frauen und Jünger ihn nach kurzer Zeit wieder als lebendig erfahren: Er ist ganz und gar tot.

4 Gottes Tod am Kreuz

Hochexpressive Symbolik formt theologische Spitzensätze: Der lutherische Kirchenlieddichter des 17. Jahrhunderts, Johannes Rist, konnte zuspitzen: „Oh große Not, Gott selbst liegt tot". Damit ist nicht nur die visuelle *Anschauung* des Todes Jesu gemeint, bei der sich eine kunsthistorische Perspektive auf die ikonografische Bildtradition beruhigen könnte. Vielmehr gilt hier eskalierte Tatsächlichkeit, Aperspektivität des Endes. Anschauung, die uns gefangen hält, ist teils hinderlich, das eigentliche Problem, das des Todes, zu erfassen. Hier ist nicht mehr nur Visualität, sondern mehr als sie. Der Tod als Negation ist nicht ‚im', sondern im Außerhalb des Bildes.

Ein hinkendes Gleichnis zur ‚Verdeutlichung': Es gibt Sportarten, die physiologisch aufgrund der Beteiligung des Körpers einteilbar sind (Laufen, Werfen, Ringen, Springen).[35] Es gibt dann welche ‚ohne' Leibbezug: Karten-, Würfel- oder Brettspiele, Halma, Schach beispielsweise oder Netz-Gaming. Welcher Art der ‚Betätigung' ist die Kreuzigung näher? ‚Geht' sie ohne Körper? Von dieser ‚apriorischen' Leibpassivität aus, genauer: vom *verkörperten* Tod des Gekreuzigten aus,[36] werden andere Tode deutbar. Bloß wie? Allemal lässt sich das *erstens* nicht durch Erkenntniszwang, etwa hegelianisch durch ‚Bewusstwerdung' oder *zweitens* durch die normativ aufgezwungene Disziplin eines Cross-Trainers bewahrheiten – sondern ‚biopolitisch': allein im befreiend-tröstlichen Glauben des Gekreuzigten.

---

35 Eugen Fink, *Spiel als Weltsymbol*, hg. von Cathrin Nielse und Hans Reiner Sepp (Freiburg im Breisgau: Alber, 2010), 286 f.
36 Assel, EC 3, 239 f. (Levinas gegen Merleau-Ponty, allerdings nicht-christologisch, d. h. hier ungekreuzigt).

Der Gekreuzigte ist nicht mehr nur Anschauung, sondern getöteter Körper als Leib-Apriori. Er unterscheidet sich von den unsterblichen Göttern der Griechen. Anders als sie ist er nicht nur nicht unsterblich, sondern ‚törichterweise' sogar gekreuzigt! Ein sterblicher ‚Gott' bzw. ein ‚sterblicher' Gott. Anders als griechische Götter, die die Sterbenden im Moment des Todes verlassen, lässt der gottverlassene Gekreuzigte die Toten allemal nicht allein: Keine Extraktion des Sterbenden im Sterben, kein sterbendes, sich absolut aktiv vom Menschen Zurückziehen. Das ist als tatsächlicher (Liebes-? und Leib-)Tod nur in, mit und unter einer expressiven Symbolik zu haben. Dieser Tod wird (chronologisch *vor* dem lutherischen Kirchenliederdichter Rist) in extremen und skandalösen Metaphern zugesprochen, und zwar so, dass Metaphorik die Zweinaturensprache sprengt: „Aber nu Gott und Mensch vereinigt ist in einer Person, so heisst recht Gottes tod, wenn der mensch stirbt, der mit Gott ein ding oder eine Person ist."[37] In Luthers Texten zeigen sich – hier ein Zwerg auf Schultern eines Riesen schreibend – aufgrund des fehlenden sprachanalytischen Instrumentariums nicht selten semantische Unschärfen, wenn von einem mehr oder weniger ‚absolut' und separat gesetzten und auf Gott bezogenen Naturbegriff und zugleich von Gottes Tod die Rede ist.[38] Gottes vermeintliche ‚Natur' bleibt semantisch anfällig für absolutheitstheoretische Missverständnisse. Kalkuliert absurde Metaphorik – als Aktualität theologischer Rhetorik – lässt diesen metaphysischen Horizont partiell hinter sich.

Es gibt nach Luther den ‚rein' rhetorischen Dreiklang, der als genitivus ‚subiectivus' und ‚objectivus' verstanden werden kann: Gottes Marter, Gottes Blut, Gottes Tod.[39] Diese triadische Formel expressiver Sprache unterscheidet sich vom ‚permanenten' Triangulieren rigoristischer Trinitätslehre. Erschriebene Dreiecke werden umbesetzt zu soteriologischen Sprachbildern.

5 Negativitätsgewinne?

Für Luther bedeutet die rhetorische Aktualität von Theologie zugleich deren ‚Anthropologisierung'. Diese ist nicht dogmatistischer Ersatz oder Substitution für Theologie, sondern schlicht Test- bzw. besser Ernstfall. Deswegen besteht ein genuin theologisches Interesse an anthropologieaffiner Rhetorik. Sie findet sich bei Luther verdichtet in der metaphorisierenden Neuentdeckung der Figur des Gekreuzigten. Sie wird für die Glaubenden zugleich zur rhetorischen Figur tatsächlicher ‚Identifi-

---

[37] WA 50, 590,20–22 (1539).
[38] WA 50, 590,13–22 (1539).
[39] WA 50, 590,19 (1539).

kation', und zwar zugespitzt soteriologisch. Dafür nutzt Luther rhetorische Um- und Neukodierungen von philosophischen Identifikations- oder Analogiekonzepten. Es ist also kein Begriffssternar wie Gott, Erstes und Letztes zu entfalten, sondern ein Neueinsatz gegeben bei einer Korrelations- und Differenzmetapher: dem Zweiten, der allen, nicht nur den Galatern, vor Augen gemalt war.[40]

Der Gekreuzigte ‚identifiziert' sich mit der Entfremdung des Menschen von Gott. Er handelt wie der im Paradies an die Sünde verfallene Adam.[41] Er selbst ist – und wieder sind das rhetorisch-reale Spitzenmetaphernsätze! – „Petrus negator et Paulus persecutor, blasphemator et adulter David."[42] Der Kirchengründer Petrus ist zugleich Verleugner, Institutionengründer und nörgelnd Nein-Sager. Christi ‚Identifikation' mit dem von Gott Entfremdeten schenkt Glaubenden neue Existenzen, Zyklen der Entfremdung unterbrechend. Niemand jedoch kann systematisch stillstellen, wie Christus die Verneinungen und Verleugnungen eines Negators auf sich nimmt.

Die Pointe ist hier ein neues rhetorisches ‚Identifikationskonzept'. Es differiert von Identifikationslogiken und Einheitsspekulationen alter oder neuer Metaphysik bzw. Ontologie. Die Pointe ist, dass seine Präsenz in Bildern, wie dem, er sei bei uns im Schlamm und in der Arbeit, dass ihm die Haut rauche, sagbar und zugesprochen wird. Rhetorisch-realistische Bilder lassen sich am Drehkreuz des Todes auf alle möglichen Figuren oder Formen der Verneinung ein: auf Zurückweisung, Weigerung, Ablehnung, Nichtanerkennung, Widerspruch, Versagung, Missachtung, Verleugnung, Verdrängung etc. Gottes (zu) ‚allgemeines' Ja zum Menschen ist transformierbar und elementarisierbar zu einem spezifischen, allen und mir individuell geltenden Ja, das nicht mit Heilsegoismus verwechselt werden sollte. Gottes „Ja" ist nicht mehr ein systematisch-stringentes, mit Liebesmetaphysik aufgeladenes „Ja", sondern rhetorisch-realistische ‚Identifikation' mit Nein-Sagern – umsonst, d. h. vom Nullpunkt des tödlichen Kreuzes aus. Aufgrund der Tödlichkeit dieses Todes bestehen negationstheoretische Bedenken, den Kreuzes- direkt oder alleinig mit dem Offenbarungsliebesbegriff zu identifizieren. Was erst ein „sowohl – als auch" ist (das Kreuz sei nicht „nur Ort der gewaltsamen Beendigung des Lebens Jesu", sondern

---

[40] Jens Wolff, Rebekka A. Klein u. a., Hg. *Der Zweite – Christus denken* (Tübingen: Mohr-Siebeck, 2023).

[41] WA 5, 604,24f.

[42] Vgl. WA 40,1, 437,5–438,3 (Hs; zu Gal 3,13; 1531): „Tu [Christus] sis Petrus negator et Paulus persecutor, blasphemator et adulter David et sis omnium hominum persona et feceris omnium hominum peccata; tu ergo cogita, ut solvas. Lex venit: Invenio peccata omnium hominum in illo [Christo]; hin mit yhm und gekreuzigt! Hoc facto totus mundus liberatus a peccatis et morte per illum unum hominem. Et deus videt totum mundum purgatum."

„Ort der endgültigen Offenbarung der universalen Liebe Gottes"[43], wird aufgrund der distanzierend-verdoppelnden Ortsangabe zu einem ortlos-liebesmetaphysischen Identifizieren Gottes mit Jesus, welches Jesu Gottverlassenheit diskret überspielt.

Ambivalenterweise tendiert Luther selbst in Kontexten des Kreuzes gelegentlich zur Liebessemantik: Als Christus zwischen den Räubern hängt, ist er ein mit hübschesten Kostbarkeiten geschmücktes Haus. Denn durch diese häßliche Gestalt leuchtet höchste Nachsicht, höchste Liebe gegen uns, das geschenkte Leben, der getötete Tod.[44] Die ansprechenden Sprachbilder überdecken geradezu das brutale Geschehen am Kreuz: Zwischen zwei Räubern hängt das kostbare Haus. Und doch sind diese Bilder nicht liebesmetaphysisch, sondern liebesmetaphorisch, d. h. kreuzfigürlich anredend.

Die Überwindung des Todes setzt hier anscheinend trotz aller radikal-tödlichen Kreuzestheologie exegetisch und semantisch inkonsequent schon am oder im Kreuz ein. Insgesamt anders funktionieren allooperierende Zuschreibungen einer abstrakt-universalen Liebe, die sich um das Identifikationstheorem gruppieren, als hätte sich, wie Eberhard Jüngel schrieb, Gott mit dem Gekreuzigten ‚identifiziert'. Dieses identitätslogische Theorem hat die metapherndomestizierende Folge, bestimmte Spitzenmetaphernsätze wie „Oh große Not, Gott selbst ist tot" als Sagbares zu entselbstverständlichen:[45] als bliebe ein Vater vom Tod seines Sohnes unangefochten, ist Gottes Marter; als ob sich nicht Gottes Status veränderte, sondern nur der des Gekreuzigten, ist Gottes Tod? Identitätslogische Zuschreibungen von Liebe am Kreuz bleiben, sofern sie nicht am Kreuz (zu) zerbrechen (drohen), *ex post* ambivalent. Sie wären zugespitzt auch denkbar ohne den Bezug zum Kreuz, etwa als allumarmender Liebesplatonismus (Ficino).

Zwischen Identitätsverlangen und Widerspruch bleibt ebenso fraglich wie fragwürdig, ob und inwiefern eine Umstellung von Identifikation/Offenbarung auf Negation für die Deutung des Kreuzigungsgeschehens weiterführt.[46] Wahlverwandschaften zwischen (negativen) Dialektik-Typen, etwa bei Hermann Cohen oder Karl Barth, erweisen sich als instabil: Die Differenzen bestehen zwischen der *via negativa* in der Attributenlehre des einzigen Gottes (Cohen nach Maimonides) und einer *analogia crucis* in der zweiten Auflage des Römerbriefkommentars Karl Barths. Beider Offenbarungsbegriffe sind inkompatibel.[47] Sie gehören in den seinerzeitigen Diskurszusammenhang von neuthomistischer Analogielehre, Rezeption

---

43 Dalferth, *Auferweckung*, 111.
44 WA 25, 364,1–5 (S zu Jes 60,7; 1532/34).
45 Dalferth, *Auferweckung*, 112.
46 Thaidigsmann, *Identitätsverlangen*.
47 Bruce McCormack, *Karl Barth's Critically Realistic Dialectical Theology. Its Genesis and Development 1909–1936* (Oxford: Clarendon Press, 1995).

bzw. Kritik von Hegels Logik (Absolutheitstheorie) und offenbarungstheologischen Konzeptionen. Cohen und andere können christologische Diskurse jedoch wesentlich inspirieren und Christologie als Absolutheitstheorie destruieren. Der Grundgedanke dabei ist, dass kein System – auch ein christologisches nicht! – vollständige Gültigkeit beanspruchen kann: Einzelheit und Persönlichkeit dürfen stets nur annihiliert, d. h. in Aus- und Abblendung erscheinen. Dreh- und Angelpunkt eines jedes Systems ist deswegen sein mögliches Durchbrochenwerden (Jakob Gordin). Riss und Unterbrechung *im* System, nicht nur Riss und Unterbrechung *durch* das (Offenbarungs-)System sind für diese ins Christologische transferierbaren Überlegungen realistisch. Lévinas, Jakob Gordin aufnehmend, erschließt die messianische Verstrickung in den Tod des Anderen, die jedem absoluten Begriff zuvorkommt. Eine nicht-absolutheitstheoretische Christopoetik und nicht-absolutistische Christosymbolik kann entweder inkarnationstheologisch, kreuzestheologisch oder individuell gestaltet werden – ohne doch Anspruch zu erheben, als geschlossenes System – eher noch als Antisystem – auftreten zu können.

6 Transformative Kritik von Chalcedon

(1) „The Humility of the Eternal Son", 2021 erschienen, ist Bruce McCormacks erster Band einer als *opus tripartitum* geplanten Dogmatik.[48] Sie ist die Frucht eines etwa 33-jährigen dogmatischen Weges. Das im Entstehen begriffene Gesamtwerk kann daher nur an ausgewählten Punkten beleuchtet und nicht im Gesamt gewürdigt werden. Die Trinitätslehre bildet die Mitte der drei Bände. Das ist notierenswert als Innovation gegenüber Schleiermacher, Ebeling und Barth. Alle drei stellten die Trinitätslehre entweder an das Ende (Schleiermacher, Ebeling) oder den Anfang des Systems (Barth) – jedenfalls nicht in die Mitte. Die Neuinterpretation von Chalcedon in Band I bildet den Vorgriff auf die Mitte der Dogmatik im derzeit noch nicht veröffentlichten Band II. Dieser wird eine trinitätstheologisch reformulierte chalcedonensische Zwei-Naturen-Lehre bieten. Sie verfährt nach McCormack konstruktiv-analytisch. Die Grundthese lautet, es sei nicht möglich, Christi Person und Werk voneinander zu trennen – und doch ist im Vorfeld die Dispositionsentscheidung getroffen worden, Christi Person im ersten und sein Werk erst im dritten Band zu verhandeln.[49] Die Übergänge von der

---

[48] Bruce McCormack, *The Humility of the Eternal Son. Reformed Kenoticism and the Repair of Chalcedon* (Cambridge: Cambridge University Press, 2021).
[49] Vgl. Gottfried Thomasius, *Christi Person und Werk. Darstellung der evangelisch-lutherischen Dogmatik vom Mittelpunkte der Christologie aus*, 3 Bde. (Erlangen: Verlag von Theodor Bläsing, 1853–1861).

Christologie zur Gotteslehre nennt Bruce McCormack „fragmentarische Metaphysik". Ihr Theoriestatus zwischen Antimetaphysik und Metaphysik bleibt indes klärungsbedürftig. Das Begleittheorem einer ontologischen Rezeptivität Christi soll den Übergang (nicht die Übergänge) zwischen dem christologischen und dem Feld der Gotteslehre ermöglichen.

Bruce McCormack sucht eine modernitätsfähige Transformation der Zwei-Naturen-Lehre, die als metaphysische Theoriebildung seit Sozzini und der Aufklärung unter Beschuss geraten war. Wir müssen, notiert McCormack, chalcedonensischer sein als viele heutige Verteidiger von Chalcedon. Das zielt gegen Systematiker wie Robert Jenson und Eberhard Jüngel: Sie hätten Chalcedon nicht gebührend gewürdigt. Aus der Revision der klassischen Zwei-Naturen-Lehre folgt für McCormack die Neufassung der Trinitätslehre. Tendenziell betreibt er nicht Repristination oder Destruktion des Dogmas, sondern Dogmenhermeneutik und -kritik im *doublebind* an (Neu-)Chalcedon: Der ewige Sohn als zweite Person der Trinität hat *erstens* eine essenzielle Relation zum persönlichen Leben von Jesus und *zweitens* wird diese verstanden als ontologische Rezeptivität (Christi).[50] Es entsteht eine eigene, am Neuchalcedonismus orientierte Reformulierung der Zwei-Naturen-Lehre. Der bewusst christologische Einsatz des ersten Bandes ist als dogmatischer Dispositionsentscheid begrüßenswert: anders als in der Endgestalt der Kirchlichen Dogmatik Karl Barths wird das Trinitarische nicht erratisch voran- oder sanft hintangestellt wie bei Schleiermacher oder Ebeling.

Das Begleittheorem der „ontologischen Rezeptivität" ist mit einem konventionell kenotischen Grundtext begründbar, dem Philipperhymnus (besonders Phil 2,7). Wenn auf Seiten Christi *ontologisch rezeptiv*, so McCormacks eigene Begriffsbildung, etwas Ähnliches meint wie *enhypostatisch* und *anhypostatisch*, stellen Christi menschliche und göttliche Natur gut neuchalcedonensisch keine eigenen Hypostasen oder Personen dar. Jede der beiden Naturen existiert enhypostatisch in Relation zur einen Christusperson und zur einen Hypostase der Trinität in drei Hypostasen.

Die neuchalcedonensische Theoriebildung, die McCormack zu (s)einem Begleittheorem der *ontologischen Rezeptivität* Christi transformiert, fokussiert auf die Relation von Gott und Mensch. Theologen des 19. oder 21. Jahrhunderts wie

---

50 Vgl. McCormack, *Humility*, 19: „Kenosis [...] refers to that ontological receptivity in relation to the human Jesus by which the identity of the Son is established in eternity (as the personal property of the second „person" of the Trinity [...]) and the unity of the Christological subject is secured in time."

Friedrich Daniel Ernst Schleiermacher,[51] Richard Rothe,[52] Wilhelm Herrmann[53] oder Ulrich Barth[54] standen der spätantiken Begriffsbildung von an- und enhypostatisch skeptisch gegenüber. Heinrich Assel versteht sie problemgeschichtlich als Merkposten.[55] Diese Problemgeschichte wird von McCormack in, mit und unter seinem Begleittheorem der „ontologischen Rezeptivität" Christi perenniert: Sein Theorem ist, wie mir scheint, *erstens* eine Deckerinnerung an die alte christologische Differenzierung von An- und Enhypostasie, die er wie viele andere Dogmatiker auf einen ersten Blick explizit abzulehnen scheint, und *zweitens* eine leicht schwankende und zugleich verleugnete Reontologisierung der Christusfigur. Was, wenn nicht *ontologische* Rezeptivität, ist trotz aller antimetaphysischen Versicherungen und Verlautbarungen Christus-Ontologie? McCormack beerbt hier auf seine liebenswürdige Art Barths kreative Reformulierung spätantiker Dualtermini:

> Anhypostasie besagt das Negative: indem die menschliche Natur Christi [...] ihr Dasein [...] im Dasein Gottes, nämlich in der Seinsweise [...] des Wortes hat, hat sie es nicht an und für sich [...] Sie hat, abgesehen von ihrem konkreten Dasein in Gott im Ereignis der *Unio*, kein eigenes Dasein,

sie ist in diesem Sinne als völlig *durchgottete* Natur negativ-daseinslos und unpersönlich-anhypostatisch. Demgegenüber bedeutet Enhypostasie das Positive:

> die menschliche Natur bekommt [...] Dasein im Dasein Gottes, nämlich in der Seinsweise [...] des Wortes. Diese göttliche Seinsweise gibt ihr im Ereignis der *Unio* Dasein, und so hat sie konkretes eigenes Dasein.[56]

Der Naturbegriff ist bei Barth – anders als bei Schleiermacher – kein Problem: Gott kommt und schenkt Dasein. Im Spannungsverhältnis von Nicht-Dasein der menschlichen Natur und dem Werden eines konkreten Daseins – Gottes Kommen – durch das Unio-Ereignis gewinnt die menschliche Natur *thatness*, d. h. konkrete Existenz. Semantisch strittig bleiben die Übergänge dieser Onto-Kinetik: Wie genau kann menschliche „Natur" abgesehen von ihrem konkreten Dasein in Gott trennscharf kein eigenes Dasein haben (Anhypostasie)? Vom paradoxalen

---

51 Friedrich Schleiermacher, *Der christliche Glaube nach den Grundsätzen der evangelischen Kirche im Zusammenhange dargestellt*, Bd. 2 (Berlin: G. Reimer Verlag, ²1831), § 97.
52 Richard Rothe, *Stille Stunden* (Wittenberg: Verlag H. Koelling, ²1888), 146.
53 Wilhelm Herrmann, *Der Verkehr des Christen mit Gott* (Stuttgart: Cotta, 1886), 45–7.
54 Ulrich Barth, *Symbole des Christentums. Berliner Dogmatikvorlesung*, hg. von Friedemann Steck (Tübingen: Mohr Siebeck, 2021), 338 würdigt Chalcedon als seinerzeit vernünftige Fehlentwicklung. An- oder Enhypostasie bleiben ungenannt (vgl. 338–343).
55 Assel, EC 3, 132 f.
56 Karl Barth, *Kirchliche Dogmatik*, Bd. I,2 (Zürich: Theologischer Verlag Zürich, ⁶1975), 178.

Haben bzw. Nicht-Haben des eigenen Daseins als menschliche Natur ausgehend lautet die kritische Frage: *Wie, wann* und *wo* finden die Übergänge vom Nicht-Haben zu Gottes Kommen statt? Wie wandelt sich das Nicht-Haben des eigenen Daseins zum Bekommen des Daseins Gottes als konkretes eigenes Sein einer menschlichen Natur, und zwar im nicht-ontologischen und nicht-metaphysischen Sinn (Enhypostasie)? Das erscheint als Problemlast, auf die McCormacks Begleittheorem der ontologischen Rezeptivität Christi zu antworten sucht.

Die Begriffsnetze weisen ob ihrer dualistischen Redeweise ein Temporalitätsdefizit auf. Eberhard Jüngel, nach der Kompatibilität dieser Negativitäts- und Positivitätsterminologie fragend, schlägt „exegetisch" eine Verzeitlichung der Kategorien vor: durch die Enhypostasie seines Seins in der Seinsweise des Logos offenbart der vorösterliche Jesus energetisch-geschichtlich die Anhypostasie seines Seins in und mit der Predigt von Gottes Reich. Diese Theoriebildung erklärt die Relation von An- und Enhypostasie zum hermeneutischen Schlüssel für die Differenz zwischen „Jesu Wort und Jesus als Wort Gottes"[57]. Sie „erklärt", wie der Verkündiger zum nachösterlich Verkündigten wird. Wann genau aber ereignen sich die Übergänge von An- zu Enhypostasie? Jüngel wählt verschiebungsontologisch die „Lösung", Jesu enhypostatisches Dasein mit dem Logos erst „spät", in der Auferstehung offenbar werden zu lassen. Nur die Fokussierung auf die ahistorische Auferstehung „legitimiert" noch derartige rhetorische Dualismen.

Bruce McCormacks Ausgangsfrage lautet: Was muss Gott sein, damit er in Christus handelt? Sein Erkenntnisinteresse gilt – den „Neuchalcedonensern" Barth und Jüngel vergleichbar – dem Ereignischarakter Christi auf der Matrix einer Gotteslehre im Horizont von Ethos und Logos: Jesu ereignishaft-konkretes Dasein ist nach McCormack *thatness*. Doch bleibt hohe Christologie nicht ohne Ontologie: Trinitarisches Sein und Handeln Gottes gehören zuhaufe. Der Autor positioniert die Trinitätslehre als Mitte der Dogmatik und kann mittig zugleich von der Christologie nicht lassen. Das Ziel der Denkaufgabe ist eine durch die neuchalcedonensisch transformierte Zwei-Naturen-Christologie (Band I) geprägte Trinitätslehre (Band II) im Horizont von Logos und Ethos.

Als Anfrage bleibt, ob die Dreieinigkeit, selbst wenn sie „erst" in Band II auftritt, nicht doch axiomatische Bedeutung gewinnen wird? Kann sie in Band II wie im Proömium behauptet tatsächlich eine dem Prolegomenon nachgeordnete Mitte bleiben? Oder wird trinitarische Christologie im Denken des Zweiten zum verborgen-offenbaren Axiom? Diese Dogmatik im Entwurf – da eins plus zwei gleich

---

[57] Eberhard Jüngel, „Jesu Wort und Jesus als Wort Gottes," in Ders. *Unterwegs zur Sache* (München: Kaiser Verlag, ²1988), 126–44, 136 f.

immer wieder drei sind – wird als pneuma-gesteuerte Zwei-Naturen-Christologie, der das Leiden am Kreuz erspart bleibt, enden.[58]

(2) Barth wie McCormack und Jüngel haben als christliche, Ontologie reflektierende Theologen metaphysisches *commitment*. Sie sind aber keine Metaphysiker.[59] Es ist dennoch (nicht: mehr als) notwendig, Sein vorauszusetzen. Ontologie gipfelt bei Barth, McCormack und Jüngel als metaphysische Reflexion in einer Lebens- und Liebes-Metaphysik.[60] Sie beantwortet die Frage: Was und wie muss Gott sein, damit er wirklich in Christus handelt? Diese Verschiebung von Ontologie geht nicht weiter als zu Gottes Leben und seiner Liebe, d. h. zu Gottes gelebter Weltrelation in Jesus Christus. Statt Christus-Metaphysik gilt Christus-Ontologie, und zwar als Wahrnehmung seiner „ontologischen" Rezeptivität, die Christi Urbegleiter ist. Doch will McCormacks verschiebungsontologisches Begleittheorem einer ontologischen Rezeptivität Christi keine naive Ontologie und kein normativer Ordnungsvorgriff sein. Es gibt „eine im Wesen Gottes begründete Demut", sie wirkt christuszentriert, denn „die Demut dieses Menschen [ist] ein Akt des Gehorsams" und zugleich „eine freie Wahl [...] vollzogen in der Anerkennung einer für ihn gültigen Ordnung".[61]

Dieses Demutskonzept im Horizont von Logos und Ethos ist für die Monographie titelgebend: „The Humility of the Eternal Son". Gott selbst ist ewig demütig, und zwar als gehorsamst Selbsthandelnder in Christus. Erst besteht sein Sein als Gott, dann sein Handeln als Christus: Ist Gott in Christus, ist das Tun des Menschen Jesus Gottes eigenes Werk. Der Gehorsamsakt Jesu Christi in Selbsterniedrigung und Selbstentäußerung ist der Natur oder dem Wesen Gottes verschiebungsontologisch selbst nicht fremd (formal: *p* impliziert *p*).

Die innere trinitarische Relation ist die Relation des ewigen Sohnes zum ewigen Vater im immanenten Leben des dreieinen Gottes als des transzendentalen Grundes dessen, was Gott dreieinig nach außen tut. Gottes Logos und Ethos sind Grundlage alles dessen, was folgt. Es gibt in Gott symbolisch ewige Demut und Gehorsam. Die Symbole realisieren sich konkret innerhalb der Zeit von Jesu Gehorsamsexistenz. Die postulierte Herausbildung ontologischer Rezeptivität auf Seiten Gottes als zweiter Person der Trinität verschiebt die Metaphysik der Alten. Hier erscheint eine Realrepugnanz im Gottesbegriff: Obwohl immer gilt, dass erst das

---

58 Vgl. McCormack, *Humility*, 15.
59 Der Status der Neo-Ontologie bleibt gegenüber Neo-Orthodoxen strittig, vgl. Justus Geilhufe, *Gnade als trinitarisches Sein. Bruce McCormacks Theologie in ihrer Entwicklung aus analytischer und konstruktiver Barthrezeption* (Göttingen: Vandenhoeck & Ruprecht, 2021).
60 Vgl. John Updike, *Das Gottesprogramm. Rogers Vision*, übers. v. Thomas Piltz (Hamburg: Rowohlt Taschenbuch, 1990).
61 Barth, *KD* IV,1, 211.

Sein, dann das Handeln kommt, *bezieht sich* der Logos rezeptiv auf den Menschen Jesus. Wie kann dieses *Sich*-Beziehen des Logos als zweite Person der Trinität auf den Menschen Jesus ontologische Rezeptivität sein und *zugleich* Selbsthandlung? Das hängt am Verstehen der selbstbezüglichen *Sich*-Relation: Ist sie spekulatives Innen oder tatsächlich Beziehen auf einen Menschen im Außen? Wie verhalten sich aktiv und rezeptiv (= passiv?) zueinander in Relation zwischen dem Menschen Jesus und der zweiten Person der Trinität? Das bleibt klärungsbedürftig.

(3) Die trinitarisch-christologische Spekulation ist dahingehend symbolisierbar, dass Gottes Sein und zugleich sein Handeln an erster bzw. zweiter Stelle stehen. Dabei dient das ontologische Rezeptivitätstheorem der Vermittlung zwischen dem Menschen Jesus und der zweiten Person der Trinität. Die der Gesamtdogmatik vorangestellte, pneuma-gesteuerte Zwei-Naturen-Christologie erhebt dabei den Anspruch, die Trennung zwischen traditionellen Logos-Christologien und modernen Geist-Christologien zu überwinden. Diese neue kenotische Christologie markiert Problemzonen und fingiert nicht Konfessionsgrenzen, etwa zwischen lutherisch und reformiert.[62] Der Untertitel von McCormacks erstem Band bietet als Selbstauskunft hingegen (neo-?)reformierte Kenotik.

Das orientierende Zentralsymbol, da alle unsere Erkenntnis von Gott symbolisch ist (vgl. Kant, Kritik der Urteilskraft, § 59), bleibt Gottes Sein als Liebender in Freiheit. Liebe (zu dritt oder zu zweit) endet liebesmetaphysisch nie. Konkreter: Das Sich-Beziehen der zweiten Person der Trinität auf den Menschen Jesus bedeutet demütigerweise kein radikales Passiv, sondern hat als Logos und Ethos ein Aktivitätsmoment. Doch wie kann die ontologisch rezeptiv-passive Person als Trinitätszweiter zugleich aktiv demütig im Menschen Jesus sein? Das ist logisch ein Paradox, rhetorisch ein Oxymoron, aus sohnesbegrifflicher Perspektive des „ewigen" Zweiten Realrepugnanz oder schlicht der metaphysische Rest eines Aktivitätsprimats. Die gleichzeitige Existenz von Dr. Jekyll und Mr. Hyde ist nachbarthianisch und mit Barth – als *contradictio in adiecto* – leicht möglich.

Das ontologisch-rezeptiv-passive Sein des Trinitätszweiten steht in Beziehung zum erfahrenden, aktiven Teilhaber am Leiden und Tod des Menschen Jesus. Passion und Kreuz des Menschen Jesus zeichnen sich durch einen Aktivitätsprimat oder einen handlungstheoretischen Rest aus: Der leidend Gekreuzigte muss stets Handelnder bleiben. Die Schwierigkeit dieser unlösbaren Aufgabe von Metaphysik-Überwindung ist benennbar: Wie können Passivität und Passion im Blick auf die zweite Person der Trinität denkend symbolisiert werden, ohne dass ein kryptometaphysischer Handlungsrest bleibt? Der ewige Sohn macht als Trinitätszweiter Demut und Gehorsam des Menschen Jesus zu seinem Eigenen. Er ist dabei ontolo-

---

[62] McCormack, *Humility*, 249. Vgl. Barth, *KD* I,2, 178 ff.

gisch rezeptiv und als Mensch Jesus zugleich höchst aktiv. Die Symbole oder (un)kalkuliert absurde Metaphern bedürfen der Metaphern-, Bild- und Symbolkritik: Erstens könnte McCormacks „ontologische Rezeptivität" Christi im Sinne einer weiteren Metaphysik-Verwindung weiter ausdifferenziert werden beispielsweise zu „ontologischer" Minimal- und Maximalrezeptivität; zweitens könnte weiter differenziert werden in Analogie zu oder Abgrenzung von Eberhard Jüngel, wenn er die Lehre von der An- und Enhypostasie auf *Temporalitäten* des Neuen Testaments wie die Auferstehung eingrenzt. Die Denkaufgabe besteht in orientierenden Fragen danach, wie, wann, warum und inwiefern der Sohn als ewiger Zweiter rezipiert und als Mensch aktiv wird. In der postulierten Aktivität verbirgt sich eine Ontologie der Handlung. Inwiefern ist Christus Urbild aktiver Vollkommenheit?

Attribute sind Bezeichnungen des göttlichen Aktes und beziehen sich in Jesus auf uns. McCormack präzisiert, dass der ewige Sohn allein als zweite Person der Trinität ontologisch-rezeptiv im Blick auf menschliches Leid und Tod ist. Die Rezeptivität bezieht sich nur als Element auf den Ersten. Sie wirkt vom Ersten ausgehend (neo-)reformiert distanziert, wenn behauptet wird, Jesu Relation zu dieser Welt sei eigentliches Element von Gottes Sein. Anders gesagt: Gottes Seinsrelation zur Welt ist vorgängig Eigentlichkeitsrelation, wenn der Sohn als ewig Zweiter ewig demütig und gehorsam bis zum Tod ist. Diese Eigentlichkeitsrelation in Gottes Sein darf durch das anästhetische *brutum factum* der Kreuzigung, den Tag der Exekution, in keiner Weise in Frage gestellt werden. Die Tat der Kreuzigung ist wie in Teilen der altprotestantischen Orthodoxie, jedoch in verschieblicher Nomenklatur, medialer Gehorsamseffekt. Der Tod ist mehr *oboedientia activa* als *oboedientia passiva*. Gott als Erster in seinem (nicht-)kenotischen Selbstsein kann nur als ewiger Zweiter vom Tod affiziert werden. Im ewigen Zweiten rezipiert Gott den Tod ontologisch als Gehorsam des Menschen Jesus. Christi menschliche Natur ist dabei keiner Vergöttlichung in dem Sinne zu unterziehen, dass sie in irgendeiner Weise an göttlichen Attributen teilnimmt, ohne menschlich zu sein.[63]

Der auf den Zweiten bezogene neo-ontologische Rezeptivitätsbegriff ist gehärtete bzw. „eigentliche" Metapher von Gottes Präsenz beim Menschen Jesus. Es geht bei Barth und McCormack um die Übersetzung einer identitätsfixierten Zwei-Naturen-Lehre in ein Verstehen von Göttlichem und Menschlichem als Aufmerksamkeit auf die Geschichte Gottes in seiner Weise und Existenz als Sohn. Göttliches wie Menschliches sind definiert durch diese Geschichte – nicht durch Geschichten! Das heißt, die zweite Person der Trinität ist in Jesus von Nazareth stets essentiell präsent. Diese Operation – niemals Entzug! – erzeugt innerhalb der Deutung der Passion eine Aura bleibender ontologischer Gottespräsenz. Der

---

63 Die ältere reformierte Theologie lehnte die Lehre vom *genus tapeinoticum* ab.

Gekreuzigte darf alles sein – außer passiv. Wäre Christologie im Zuge von Ent-Ontologisierung stattdessen als offen-performatives Kunstwerk möglich?

Obwohl der Naturbegriff laut McCormack als *single master concept* problematisch ist, ist ontologische Rezeptivität dennoch angemessene Redeweise für die Natur der Beziehung des Sohnes als der zweiten Person der Trinität zu Jesus von Nazareth: ein nie (!) unterbrochener, ewiger Akt der Identifikation auf Seiten des Logos mit dem Menschen Jesus.[64] Bereits die chalcedonensischen Bischöfe, die ansonsten mit ihrer Identitätslogik von Gott und Mensch in die richtige Richtung gehen, hätten nach McCormack den Fehler gemacht, die zweite Person mit dem präexistenten Logos als solchem zu identifizieren. Stattdessen ist es klug, das Bild ewiger Zeugung als ontologische Metapher zu verwenden, die eine teleologisch geordnete Aktivität behauptet. Gott als zweite Person der Trinität hat sein Sein in seiner Sendung, weil seine Sendung hineingebaut ist in seine ewige Zeugung. Das Kreuz ist keine (un-)kalkulierte Absurdität. Es passt metaphern- bzw. verschiebungsontologisch in Gottes normativ kalkulierbare Ordnung. Selbst Jesu Anfechtungen – um die Rationalisierungen auf die Spitze zu treiben – sind Evidenz einer Präsenz von Spontaneität. Der Spitzensatz lautet dann: „He was never passive. He was self moving he was self activating."[65] Wenn der Gekreuzigte alles mögliche war außer passiv: Wie passen selbsttätige Nicht-Passivität und ontologische Rezeptivität der zweiten Person der Trinität logisch zusammen? Die Geschichte von Gott und Mensch im Kreuz des Menschen Jesus darf durch kein Passivitätsmoment gekennzeichnet sein. Schreibmatrix ist überspitzt gesagt nicht das Kreuz, sondern die spekulative zweite Person der Trinität. Ihr muss der Gekreuzigte, sterbend herumhängend, durch Aktivität am Kreuz entsprechen: Das Rezeptionstheorem als dogmatistischer Rest. Eine Schnittmenge von Passivität und Rezeptivität ist hier exkludiert. Stattdessen könnte gelten: „Verborgenheit Gottes [Hervorhebung d. Vf.] remains the existential and theological condition."[66]

Im Dickicht der Zeichen ist am Ende der semiotische Hinweis weiterführend, dass es ja bei allem um Jesu konkrete Existenz gehe. McCormack schlägt dafür die Bezeichnung *thatness* vor: Sie erlaubt uns (ähnlich wie klassisch einst *hypostasis*) zu sagen, dass da eine konkrete Entität ist, nicht eine göttliche Identität, die einer menschlichen Identität innewohnt. Obwohl McCormack in der Regel Identitäts- und Entsprechungsfiguren im Rahmen der Thematisierung von Trinität verwen-

---

[64] Barth verwendet den Identitätsbegriff, vgl. McCormack, *Humility*, 103.111.
[65] McCormack, *Humility*, 254.
[66] Paul Ricoeur, „Lamentation as Prayer [Ps 22]," in *Thinking Biblically: Exegetical and Hermeneutical Studies*, hg. v. Andre LaCocque and Paul Ricoeur (Chicago/London: University of Chicago Press, 1998), 211–32, 231.

det,⁶⁷ tritt hier vorübergehend gegen Chalcedon eine Neigung auf, konventionelle Entsprechungs- und Identitätslogiken in Frage zu stellen.

(4) Was bedeutet das für Jesu Tod und seine Symbolik? Aus Gottes Perspektive kann gesagt werden: Gott absorbiert den Tod. Das ist wieder von seiner Aktivität her gedacht: Absorption ist ein Akt, für den Tod einen ontischen Raum zu schaffen in der gelebten Existenz des Logos. Der Tod kann nicht bleiben. Die Auferstehung des Körpers Christi wird lebendige Erinnerung, dass der Tod nicht diesen einen gefangen halten kann. Tod ist paradoxal Leben, und zwar ein Ereignis im Leben des Logos. Ontologische Rezeption der zweiten Person der Trinität bedeutet *Absorption* in Relation auch zum (biologischen) Tod. Der Logos erfährt dieses Ereignis menschlich. Er nimmt diese menschliche Erfahrung hinauf in das Leben, das seines ist. Das Hochgenommen-Sein in sein Leben ist genauso unerschöpflich wie er.

Die Thematisierung von Gottverlassenheit geht nicht über Konzeptionen des Bewusstseinsbegriffs bei Schleiermacher hinaus und bedeutet wie beim platonisierenden Herrnhuter höherer Ordnung die Wiederkehr des origenistischen Bewusstseinsmodells: Gottverlassenheit am Kreuz ist Bewusstseinsschwächung.⁶⁸ Der Gekreuzigte besitzt schlicht keine durchgehende Kräftigkeit des Gottesbewusstseins. Der Tod in Verlassenheit ist auf dieser Insel der Seligen die Erfahrung des Menschen Jesus, insofern sich der Geist aus seinem menschlichen Bewusstsein in Sterben und Tod verabschiedet. Des Vaters Präsenz ist dann nicht mehr gegeben. Da Jesu menschliches Bewusstsein jedoch nie (!) aufhört, in das göttliche Bewusstsein des Logos hinein empfangen zu werden, ist diese menschliche Erfahrung stets im Logos verortbar. Menschliche Erfahrung des Logos ist menschliche Erfahrung mit ontologisch-psychologischen Affekten. Religiöse Erfahrung, die am Kreuz in Irreligiosität umschlägt, entzieht sich dogmatistisch der Thematisierung.

Das christologische Subjekt des Todes in Gottverlassenheit, also die *thatness*, ist trotz des angeblichen Zerbrechens der Identitätslogik humorvollerweise der Gott-Mensch in gottmenschlicher Einheit – weder Jesus allein noch der Sohn als zweite Person der Trinität allein. Formal gibt es im Blick auf das Kreuz zwei Optionen: Erstens mit dem Bewusstseinsbegriff zu operieren und zweitens in der Kreuzigung nicht Gottes Verborgenheit, sondern offenbarungspositivistisch seine reale Präsenz zu behaupten.⁶⁹ Die alte bzw. erneuerte Zwei-Naturen-Lehre wird hier (wie trickreich bereits in der spätmittelalterlichen „Kreuzestheologie" eines Jacobus Perez von Valencia) als überformendes Interpretament des Kreuzes ein-

---

67 McCormack, *Humility*, 19.
68 McCormack, *Humility*, 271.
69 Eberhard Jüngel hat in seiner Tübinger Christologie-Vorlesung vom WS 2001/2002 abgelehnt, den *Christus praesens* ohne den *absconditus* zu thematisieren.

gesetzt. Als Nebenidee läuft eine ontologische Metaphorik mit: der Tod wird hochgenommen in das ewige Leben. Die Hochnahme des Todes bedeutet bei aller (rationalisierenden) Differenzierung zwischen Christi und meinem biologischen Tod den Tod des Todes als biologisches Faktum.

Liegt mit der behaupteten Absorption in Gott eine Flucht in die Metapher vor? Welchen wissenschaftstheoretischen Status hat sie? Im Rahmen metaphorischer Ontokinetik erscheint „Hochnahme" in Gott wieder als verschiebungsontologische Metapher. Metakritisch sind die Destruktion des Bewusstseins eines Gekreuzigten am Kreuz und seine bewusstseinstheoretische Selbsterhaltung ein *mismatch*. Der Tod ist Identitätsbrecher. Das impliziert trotz aller Müh(l)en der Vermittlung am Kreuz einen Zusammenbruch von Identitätslogiken.[70] Selbst *thatness* zerbricht am Kreuz. Christi Worte am Kreuz als herausgeschriene Frage sind radikale Abweisung abstrakt-wohltemperierter Rede. Das *brutum factum* des Todes als Schrei ist unhintergehbar als negatives Sprach-„ereignis". Die nachträgliche Versuchung, es zu rationalisieren, dogmatistisch zu reduzieren, als ontologische Ikone zu verehren oder in eine Ontologie des Nichts zu überführen (Martin Heidegger, Thomas Altizer), sind groß. Der Schrei der Verlassenheit ist konkretes Sprachzeichen des Todes, d. h. Nicht-Beziehung des Bewusstseins zu Gott, der paradoxerweise sterbend als „mein Gott" angeschrien wird.

Die mögliche relationale „Ontologie" zwischen Gott als erster Person der Trinität und dem ewigen Zweiten ist nicht nur gestört: Sie zerbricht am Kreuz in Stücke. Der konkrete Verlassenheitsschrei ist keine (verschiebungs-)ontologische (Metaphern-)Sprache. Er ist unhintergehbar, nicht transferierbar und Fremdkörper in der geschriebenen Koine: „Eloi, Eloi, lama sabachthani?" (Mk 15,34). Fehlinterpretierend innerhalb scholastisch-ontologischer Traditionen haben einige Theologen versucht, ihn so zu verstehen, als ob Gott nur seine Hilfe von Christus zurückzöge, wie Albertus Magnus und Thomas von Aquin. Sie unterminieren den Verlassenheitsschrei. Er ist als Stimme, als Wortlaut und Phänomen hässlich. Abstrakt gesagt: Er ist Rhapsodie der Abwesenheit oder „Gottes" Entzug.

(5) Die radikal neue Deutung des Kreuzesschreis ist im Vergleich mit mittelalterlichen und spätmittelalterlichen Ontologie-Christologien, Luther – wie sollte es anders sein? – zu verdanken.[71] Daraus resultiert mitnichten ein Verzicht auf ontologische Sprache: In der Lutherforschung lief das Ontologie-Thema als Merkposten in pluralen ontologischen Konzeptionen immer mit: bei Wilfried Joest,[72]

---

70 Anders McCormack, *Humility*, 19.
71 Vgl. Wolff, *Metapher*.
72 Wilfried Joest, *Ontologie der Person bei Luther* (Göttingen: Vandenhoeck & Ruprecht, 1967).

bei Tuoma Mannermaa und seiner Schule und in der Metakritik an einer ontologievergessenen deutschen, durch Kant oder den Neukantianismus geprägten Lutherdeutung.[73] Eine eschatologisch-relationale Ontologie als religiöse Rede von Gott bietet Luther in seiner Predigtauslegung von 1Kor 15[74] – von Identitätslogiken ontologischen Denkens nicht freibleibend. McCormack spart innerhalb seiner Verschiebungsontologie an Metaphern, während die Predigten des späten Eberhard Jüngel metapherngesättigt sind. Symbole, Bilder und Metaphern fungieren als Entlastung vom Absoluten. McCormack versteht sich – mittels Ontologieverschiebung Metaphorisches latent haltend – selbst jedoch nicht explizit als Metaphernontologe.

Die Latenz seines Metaphorischen lässt fragen, inwiefern Metaphern als *bare particulars* (bloße Einzelheiten) konstitutionstheoretisch Ontologie transportieren – oder ob Metaphern ontologiefreie Partikulare bleiben können und sollten. Für Barths, McCormacks und Jüngels Ausgangsfrage nach einer fragmentarischen Metaphysik sind Metaphern, Bilder und Symbole nicht ungeeignete Kandidaten. Sie sind angesichts des seltsamen Faktums der Passion metaphernhermeneutisch zu konturieren.

Bibliographie

Assel, Heinrich. *Elementare Christologie*, Bd. 1, *Versöhnung und neue Schöpfung*. Gütersloh: Gütersloher Verlagshaus, 2020.
Assel, Heinrich. *Elementare Christologie*, Bd. 3, *Inkarnation des Menschen und Menschwerdung Gottes*. Gütersloh: Gütersloher Verlagshaus, 2020.
Assel, Heinrich. "Via negativa? Sprachskepsis und Schöpfungs-Philosophie bei Hermann Cohen, Franz Rosenzweig, Jakob Gordin und Emmanuel Lévinas." In *Theologie und Religionsphilosophie in der frühen Weimarer Republik, Christentum in der modernen Welt*, hg. v. Michael Moxter und Anna Smith, 83–101. Tübingen: Mohr-Siebeck 2023.
Barth, Karl. *Kirchliche Dogmatik*, Bd. I,2. Zürich: Theologischer Verlag, [6]1975.
Barth, Ulrich. *Symbole des Christentums. Berliner Dogmatikvorlesung*, hg. v. Friedemann Steck. Tübingen: Mohr Siebeck, 2021.
Blumenberg, Hans. *Die Legitimität der Neuzeit*. Frankfurt am Main: Suhrkamp, 1988.

---

73 Tuoma Mannermaa, *Der im Glauben gegenwärtige Christus. Rechtfertigung und Vergottung. Zum ökumenischen Dialog* (Hannover: Lutherisches Verlagshaus, 1989). Vgl. Risto Saarinen, *Gottes Wirken auf uns. Die transzendentale Deutung des Gegenwart-Christi-Motivs in der Lutherforschung* (Helsinki: Akateeminen kirjakauppa, 1988).
74 Vgl. Gerhard Ebeling, „Des Todes Tod. Luthers Theologie der Konfrontation mit dem Tode," in *Wort und Glaube*, Bd. 4, *Theologie in den Gegensätzen des Lebens* (Tübingen: Mohr Siebeck, 1995), 610–42, 635.

Breidenbach, Johanna. *Das Gebet als metaphorischer Prozess. Die Erneuerung von Welt und Sprache bei Michel de Certeau und Günter Bader*. Diss. masch. Zürich, 2020.
Dalferth, Ingolf U. *Auferweckung. Plädoyer für ein anderes Paradigma der Christologie*. Leipzig: Evangelische Verlagsanstalt, 2023.
Derrida, Jacques. *L'ecriture et la difference*. Paris: Éditions du Seuil, 1967.
Ebeling, Gerhard. "Des Todes Tod. Luthers Theologie der Konfrontation mit dem Tode." In *Wort und Glaube*, Bd. 4, *Theologie in den Gegensätzen des Lebens*, 610–42. Tübingen: Mohr Siebeck, 1995.
Ebeling, Gerhard. *Dogmatik des christlichen Glaubens*, Bd. 2, *Der Glaube an Gott den Versöhner der Welt*. Tübingen: Mohr-Siebeck, [4]2012.
Fink, Eugen. *Spiel als Weltsymbol*, hg. von Cathrin Nielse und Hans Reiner Sepp. Freiburg im Breisgau: Alber, 2010.
Geilhufe, Justus. *Gnade als trinitarisches Sein. Bruce McCormacks Theologie in ihrer Entwicklung aus analytischer und konstruktiver Barthrezeption*. Göttingen: Vandenhoeck & Ruprecht, 2021.
Hegel, Georg Wilhelm Friedrich. *Grundlinien der Philosophie des Rechts*, Werke 7. Berlin: Suhrkamp, 2017.
Herrmann, Wilhelm. *Der Verkehr des Christen mit Gott*. Stuttgart: Cotta, 1886.
Holl, Karl. "Was verstand Luther unter Religion?" In Ders., *Gesammelte Aufsätze zur Kirchengeschichte*, Bd. I, *Luther*, 1–110. Tübingen: Mohr, [4/5]1927.
Joest, Wilfried. *Ontologie der Person bei Luther*. Göttingen: Vandenhoeck & Ruprecht, 1967.
Jüngel, Eberhard. "Jesu Wort und Jesus als Wort Gottes." In ders. *Unterwegs zur Sache*, 126–44. München: Kaiser Verlag, [2]1988.
Junghans, Helmar. *Der junge Luther und die Humanisten*. Göttingen: Vandenhoeck & Ruprecht, 1985.
Junghans, Helmar. *Martin Luther und die Rhetorik*, SSAW.PH 136/2. Leipzig: Verlag der Sächsischen Akademie der Wissenschaften, 1998.
Mannermaa, Tuomo. *Der im Glauben gegenwärtige Christus. Rechtfertigung und Vergottung. Zum ökumenischen Dialog*. Hannover: Lutherisches Verlagshaus, 1989.
McCormack, Bruce. *Karl Barth's Critically Realistic Dialectical Theology. Its Genesis and Development 1909-1936*. Oxford: Clarendeon Press, 1995.
McCormack, Bruce. *The Humility of the Eternal Son. Reformed Kenoticism and the Repair of Chalcedon*. Cambridge: Cambridge University Press, 2021.
Ricoeur, Paul. "Lamentation as Prayer [Ps 22]." In *Thinking Biblically: Exegetical and Hermeneutical Studies*, hg. v. Andre LaCocque und Paul Ricoeur, 211–32. Chicago/London: University of Chicago Press, 1998.
Rothe, Richard. *Stille Stunden*. Wittenberg: Verlag H. Koelling, [2]1888.
Saarinen, Risto. *Gottes Wirken auf uns. Die transzendentale Deutung des Gegenwart-Christi-Motivs in der Lutherforschung*. Helsinki: Akateeminen kirjakauppa, 1988.
Sauter, Gerhard, Hg. *Wissenschaftstheoretische Kritik der Theologie. Die Theologie und die neuere wissenschaftstheoretische Diskussion. Materialien-Analysen-Entwürfe*. München: Kaiser, 1973.
Schleiermacher, Friedrich. *Der christliche Glaube nach den Grundsätzen der evangelischen Kirche im Zusammenhange dargestellt*, Bd. 2. Berlin: G. Reimer Verlag, [2]1831.
Slenczka, Notger. *Vom Alten Testament und vom Neuen. Beiträge zur Neuvermessung ihres Verhältnisses*. Leipzig: Evangelische Verlagsanstalt, 2017.
Stoellger, Philipp. *coram cruce. Deutungspotentiale der Kreuzestheologie*. Tübingen: Mohr-Siebeck 2023 [Im Erscheinen].
Thaidigsmann, Edgar. *Identitätsverlangen und Widerspruch. Kreuzestheologie bei Luther, Hegel und Barth*. München: Kaiser, 1983.

Thomasius, Gottfried. *Christi Person und Werk. Darstellung der evangelisch-lutherischen Dogmatik vom Mittelpunkte der Christologie aus*, 3 Bde. Erlangen: Verlag von Theodor Bläsing, 1853–1861.
Updike, John. *Das Gottesprogramm. Rogers Vision*. Übers. v. Thomas Piltz. Hamburg: Rowohlt Taschenbuch, 1990.
Vorländer, Dorothea. *Deus incarnatus. Die Zweinaturenchristologie Luthers bis 1521*, UKG 9. Witten: Lutherverlag, 1974.
Westerkamp, Dirk. *Via negativa. Sprache und Methode der negativen Theologie*. München: Fink 2006.
Wiemann, Elsbeth. "Zur monochromen Bildgestaltung." In *Hans Holbein d. Ä. Die Graue Passion in ihrer Zeit*, hg. v. Elsbeth Wiemann, 123–45. Ostfildern: Hatje Cantz, 2010.
Wolff, Jens. *Metapher und Kreuz. Studien zu Luthers Christusbild*. Tübingen: Mohr Siebeck, 2005.
Wolff, Jens; Klein, Rebekka A. u. a., Hg, *Der Zweite – Christus denken*. Tübingen: Mohr-Siebeck, 2023.

III Author meets Critic: Bruce McCormack, The Humility of the Eternal Son, 2021

Sarah Coakley
'The Humility of the Eternal Son'

Abstract: Sarah Coakley raises three critical points for Bruce McCormack's kenotic Christology in this short article: 1. She questions whether McCormack has rightly construed the Definition of Chalcedon and the problems it bequeathed to the later tradition; 2. She enquires whether McCormack's 'repair' of Chalcdeon is itself coherent or whether it introduces more metaphysical problems than it solves; and 3. Drawing on the sophisticated Christology of Thomas Aquinas she probes the tradition of the *communicatio idiomatum* which Thomas inherited from John Damascene, and sees in this approach a more viable solution to the issues McCormack rightly raises than his own, post-Barthian, 'kenotic', alternative.

Keywords: Chalcedonian Christology, communicatio idiomatum, Cyrilline Christology, Nestorian Christology

First, let me express my sense of honour at being invited to engage with Professor McCormack on his highly-original and thought-provoking book, *The Humility of the Eternal Son*[1] which forms the first in his prospective systematic trilogy on Christology, Trinity and Soteriology. As all readers will surely agree, this is a book of breathtaking range and richness, not least in its Scriptural and historical exegesis, and in its depth of reflection on the christological *Nachlass* of Karl Barth's own oeuvre (which it might be said to clarify, extend and radicalize). But in this short contribution of mine to a shared reflection on the volume, I can myself only focus on one – admittedly core – dimension of this ambitious book: that is, its claim to "repair" the Chalcedonian patristic tradition of Christology by means of a rejection of the classic notion of divine "impassibility", and its replacement of it with a "kenotic" (in a particular sense) rendition of the eternal Son as "ontologically receptive" to the fate of the human Jesus. By means of this argument, Professor McCormack seeks to find a way between a merely extended or refined Chalcedonianism of a classical sort, on the one hand, and a "post-Barthian" collapse of the metaphysics of divinity into

---

[1] Bruce L. McCormack, *The Humility of the Eternal Son: Reformed Kenoticism and the Repair of Chalcedon* (Cambridge, Cambridge University Press, 2021); citations from this text hereafter will be given simply by supplying page numbers in parentheses.

Sarah Coakley, FBA, ist Norris-Hulse Professor of Divinity Emerita an der University of Cambridge, honorary Professor an der University of St. Andrews sowie an der Australian Catholic University (Melbourne/Rom). Neueste Veröffentlichung zum Thema: *The Broken Body. Israel, Christ and Fragmentation* (Oxford: Blackwell, 2023 [forthcoming]).

the revelatory narrative of the earthly Jesus, on the other. My overall question is whether this project can work, both metaphysically and practically/theologically.

I shall proceed through only three points, very succinctly stated, and it may be helpful to have them pre-announced here at the outset:

1. Is the "problem" of Chalcedonian Christology rightly parsed by McCormack in this book, or is there from the start a certain crucial misunderstanding of the precise difficulties that the Chalcedonian "Definition" bequeathed to the later conciliar tradition? Clearly, if the *problem* is misunderstood, then arguably the "repair" that is deemed to be necessary may be setting off on the wrong foot. That will be my first point of exploration.
2. Is the solution which is proposed as a "repair" coherent in itself? Or does it perhaps create more theological and philosophical problems than it solves? In short, is the notion of an *eternally* passible Logos-en-route-to-incarnation (the *Logos incarnandus*, as titled by McCormack), workable as a christological fundament, or does it fall unhappily between different alternative stools – what McCormack himself calls the modern "post-Barthian" temptation on the one hand, and the classical conciliar tradition on the other?
3. Is the particular construal of the so-called *communicatio idiomatum* (the account of the *metaphysical* relation of the two "natures" in the "person" of Christ) that we find bequeathed to the Western scholastic tradition via John of Damascus, insufficiently appreciated by McCormack as a viable *alternative* to his own Chalcedonian "repair"? Thomas Aquinas's sophisticated rendition of this tradition is an obvious case in point, since alone in his generation was he fully comprehending of the implications of the later christological councils[2] for this crucial issue (themselves "repairs" on Chalcedon, as McCormack perhaps insufficiently acknowledges). You could say, moreover, that Aquinas did a further new "repair" of his own; and from my perspective it is one of the most coherent and convincing in the wider tradition. My third question will therefore suggest that Thomas's rendition of the conciliar christological tradition is arguably more convincing overall, both theologically and philosophically, than the novel trajectory that McCormack essays. But it is not one, oddly, which he seriously entertains as an alternative.

None of these three points of discussion will be new to Professor McCormack, of course; but they seem worthy of brief review in order to open up a wider discussion of his enormously interesting and erudite text. And let me say at the outset: what McCormack and I do agree on, as will be clear hereafter (and I think we

---

2 Constantinople II and III in particular (see further, below).

both assume that Barth also subscribed, in his own way, to this view³), is that the "Chalcedonian" tradition, however understood, is not an optional extra in contemporary christological reflection: one way or another, its various problematic "nettles" have to be grasped.

1 Is the "Chalcedonian problem" rightly parsed by McCormack?

The first thing that has to be noted here is that McCormack has, in what one might call "neo-Harnackian" mode, a "straw man" in his sights right from the outset of his book. And that is that there was a (so-called) "pagan" intervention into Christian, Scriptural, reflection on Christ from at least the 2nd century, in the form of the doctrines of divine "simplicity" and "impassibility" (see p. 42), both of which developments he takes to have been serious mistakes in the development of christological thinking. Indeed, he believes they stem from "middle Platonism" rather than in any derivable sense from the biblical narratives. (I could question these presumptions,⁴ but will here press on). McCormack then draws a straight line from Origen through Apollinarius to Cyril of Alexandria, concluding that all of these influential thinkers were incapable of serious attention to the way in which "the human Jesus" threatened their presumption that the impassible Logos was the unitary subject of the incarnation. From here, McCormack then makes the – to my mind, equally contentious – claim that Chalcedon itself was a straightforwardly Cyrilline victory,⁵ in which even the effects of the Tome of Leo had little impact; his view is

---

3 Paul Dafydd Jones, *The Humanity of Christ: Christology in Karl Barth's Church Dogmatics* (London: T & T Clark, 2008) explores and demonstrates this point with particular effectiveness. It is perhaps surprising that McCormack does not engage more directly with Jones's perspective on Barth's Christology.

4 There is burgeoning recent literature on the issue of the Scriptural basis for the doctrine of divine simplicity: see esp. Steven J. Duby, *Divine Simplicity: A Dogmatic Account* (London: T & T Clark, 2015); Jordan P. Barrett, *Divine Simplicity: A Biblical and Trinitarian Account* (Minneapolis: MI, Fortress, 2017); and Jonathan M. Platter, 'Divine Simplicity and Scripture: A Theological Reading of Exodus 3.14', *Scottish Journal of Theology* 73 (2020): 295–306, who cites and discusses further relevant literature.

5 See pp. 52–58. McCormack relies here almost entirely on the authority of John McGuckin's *Saint Cyril of Alexandria. The Christological Controversy* (Crestwood, NY: St. Vladimir's Seminary Press, 2004), but also cites the strong existing body of scholarship that disagrees (pp. 52–3, n. 67). There is not space here for me to expound my reasons for doubting McCormack's rendition in detail; suffice it to say that one may grant McGuckin's insight that the bishops at Chalcedon were

that the Chalcedonian Definition remains a hugely problematic inheritance, given that "Cyril's identification of the 'person of the union' with a pre-existent Logos understood to be simple and impassible would not allow for a real relation of *Jesus of Nazareth* to the Logos" (p. 57, my emphasis). And this, he concludes, "created an insuperable problem" (ibid.) for the entire classical christological tradition.

Let me just suggest a number of problematic issues that immediately arise for me here under this first rubric of whether Chalcedon is, as I put it earlier, "rightly parsed" on McCormack's account.

First, McCormack seems to assume – as many have in the modern period – that Chalcedon is falsely trying to squeeze into one competitive "space" the divine characteristics of the Logos and the human characteristics of Jesus of Nazareth.[6] He can only finally see this problem as a "contradiction" (p. 32). But this fundamental presumption requires a challenge: divine and human qualities are not necessarily in competition with one another in Christ unless one falsely presumes that they operate, so to speak, at the same "level". If, in contrast, divinity (*qua* the Creator God) is the undergirding *primary cause* of humanity (and indeed of all creation), this issue has to be rethought: divinity does not have to *turn into* humanity in the incarnation, but comes into a new and unique relation to it by "assuming" it "hypostatically" (to use the later, technical language).

Second, and connectedly, it is questionable – and implicitly unorthodox, in a sense usually associated with the so-called "Nestorian" tradition – to read Chalcedon as attempting to *bracket together* the eternal Son/Logos and that entity which McCormack repeatedly calls "Jesus of Nazareth". This suggests a "two subjects", or even "two persons", mode of thinking that haunts this book from the outset, and is never completely dispelled; indeed, it later supplies the mistaken fulcrum for McCormack's unusual attempt at Chalcedonian "repair".

Thirdly, it is strange (at least to me) to argue that Chalcedon's main *aporia* was its failure to provide a precise account of the relation of the "human nature to the 'person of the union'" (p. 63). Much more problematic, on my own reading, was the fatal ambiguity that the definition left as to whether the pre-existent Logos was to be straightforwardly *identified* with the personal "hypostasis" in Christ, or whether that hypostasis was to be read as "confected" *out of* the divine and human natures

---

"mediating between Nestorius and Appollinaris" *by means of* Cyril; but this does not explain why the parties in the church most immediately *unsatisfied* with Chalcedon were themselves "miaphysites", i. e., champions of Cyril who clearly did not see Chalcedon as a triumph.

6 This is a point made repeatedly in the works of Kathryn Tanner: see, e.g., her early book, *God and Creation in Christian Theology: Tyranny or Empowerment?* (Oxford: Blackwell, 1988), and her more recent Christology, *Christ the Key* (Cambridge: Cambridge University Press, 2010).

(which the definition's formulation seemed to imply).⁷ The latter interpretation left a distinct toe-hold for the traditions of Theodore of Mopsuestia and Nestorius; which is why I find it odd that McCormack insists that the Cyrilline party wholly triumphed at Chalcedon – history does not support that supposition.⁸

Finally, what McCormack never fully acknowledges is that the Chalcedonian heritage created its *own* "repair", most notably in the form of the second (553), and then third (680–81), councils of Constantinople. It is surely not insignificant that McCormack has nothing whatever to say about the *second* council of Constantinople, since here it was that the Cyrilline tradition did at last triumph in a more clarified form, one in which the preexistent Logos was unambiguously identified with the *hypostasis* of the Son, such that one could confirm – in response to the Theopaschite controversy – that "one of the Trinity suffered and died".

All this is important because, as already intimated, McCormack's own formulation of the patristic Christological heritage of Chalcedon takes a certain disjunctive (albeit relational) rendition of the Logos, on the one hand, and "Jesus of Nazareth", on the other, *for granted*, seeking then to reunite them via a distinctly novel understanding of the metaphysics of incarnation. And this, as we shall now see, is a profoundly problematic way to respond to the challenges of Chalcedon;

---

7 For an earlier discussion of this point, see my article "Kenōsis and Subversion: On the Repression of 'Vulnerability' in Christian Feminist Writing," in *Powers and Submissions: Philosophy, Spirituality and Gender*, ed. Sarah Coakley, (Oxford: Blackwell, 2002), 1–39. McCormack discusses this article briefly in the book under discussion (see pp. 288–92), although his focus there is not on my particular rendition of Chalcedon but on my discussion of various historic renditions of *kenōsis*, in which I favour one – as being compatible with feminist sensibilities, but maintaining divine immutability – which is not attractive to McCormack himself. (I do not quite know what to make of McCormack's concluding comment that I am "an Anglo-Catholic whose spirituality can sometimes provide the solution to dogmatic questions" [ibid., p. 289!]). For a more developed account of my own Christology and the place of *kenōsis* in it, see my *The Broken Body: Israel, Christ and Fragmentation* (Oxford: Wiley-Blackwell, 2023, forthcoming), especially the Prologue and ch. 2.

8 For a recent, succinct, review of the relevant historical and theological issues involved, see Andrew Louth, "Christology in the East from the Council of Chalcedon to John Damascene," in *The Oxford Handbook of Christology*, ed. Francesca Aran Murphy (Oxford: Oxford University Press, 2015) 139–53, esp. 139–48. For my own detailed rendition of the Chalcedonian "Definition" and its goals and limitations, see Sarah Coakley, "What Does Chalcedon Solve and What Does it Not? Some Reflections on the Status and Meaning of the Chalcedonian 'Definition'," in *The Incarnation*, eds. Stephen T. Davis, Daniel Kendall, S.J., and Gerald O'Collins, S.J. (Oxford: Oxford University Press, 2002), 143–63. This latter essay is discussed briefly by McCormack in his own book (p. 28, n. 4), but rather strangely he mis-reads me as supporting a merely "regulatory" reading of the force of the "Definition", whereas in fact I am concerned to show that an "apophatic" rendition of the text does not in any way undermine the importance and centrality of its key *metaphysical* assertions about the incarnation.

for it takes a "self-activating human agent" (Jesus) as its fundamental datum, and only then seeks to give an account of the *relationship* of this to the Logos/Son. In other words, because of the way that the "Chalcedonian problem" is originally presented and "parsed" by McCormack, there are profound questions to be raised as to the propriety and coherence of the outcome.

And that brings me to my second major point:

2 Is the Proposed Christological "Repair" Coherent in Itself?

To clarify: Is the new construal, offered by McCormack, of a *passible* but eternal Son, who "anticipates" (albeit non-chronologically) the "kenotic" life of Jesus, an effective solution to the perceived difficulties of the "Chalcedonian" tradition, or does it simply bring new, even more insoluble, problems in its wake?

It should be acknowledged, first, that this new "metaphysical" solution comes with its own complexities, which need to be fore-fronted. First, the Logos is now understood to "relate to the human Jesus receptively rather than acting through or upon him" (p. 11, my emphasis), and therein lies the proposed "kenotic" back-formation into the life of God.[9] Definitively ruled out is any active pressure of the Logos *on* the "human Jesus", given the strongly anti-Cyrilline bias; what has to be appealed to instead, therefore, is specific acts of the *Holy Spirit* to account for "Jesus's" conception, baptism, miracles, and so on (p. 12). So we end up with a rather complicated metaphysical picture, in which, "On both sides of the becoming and the having-become flesh, the second person of the Trinity is both divine and human, a composite. [. . .] The Son is incarnandus (the Son becoming incarnate) until he becomes incarnatus (the Son having now become incarnate)"; [and] "On both sides of the relation, the identity of the subject is fully and completely the same" (p. 220). But it has to be said that the language of "the human Jesus", as the locus of divine revelation, dominates over the language of the "receptive" Logos, which "takes into himself all that 'comes to him' from the human with whom he is joined" (p. 11). One cannot help noticing, therefore, the striking duality of language between "Jesus" and the "Logos", one which disarmingly suggests a "two subject" model evocative of "Nestorianism" (even if the "receptive" flow is reversed from the classical model).

---

9 This of course complicates the understanding presumed by McCormack of the relation of the eternal and the temporal in Christ, a matter that I do not think he resolves completely clearly.

My first concern here, therefore, is that the Chalcedonian "two natures" account has been covertly replaced by a "two subjects" one, with dubiously coherent results. And this is particularly ironic, given that McCormack is insistent that the "Chalcedonian"/Cyrilline alternative has, as its main weakness, an incapacity to explain the "real relation" of "Jesus" to the "person of the union", given the assumed doctrine of impassibility (p. 64). But how then is the "hypostatic" *unity* of Christ explained on this new, alternative, account? I have to confess that I find this matter somewhat baffling on McCormack's rendition. Towards the end of the book it is insisted that "there are not two histories, the one in correspondence to the other. There is just one history of the one God-human" (p. 258). But does this mean that the term "Jesus" in this same paragraph stands for the human, and the Logos (as "uniting himself with Jesus") for the divine? If so, then the "union" must at best be a *conjunction*: is this what McCormack really intends? If so, we are back with the same spectre of "Nestorianism".

A second concern relates to whether the correlative and urgent *rejection* of the idea that the Logos might "assume", or "take on", humanity is a necessary or reasonable supposition. McCormack thinks it is, because, according to his reading of (supposedly Cyrilline) "Chalcedonianism", "Jesus of Nazareth" on that view "contributes nothing to the constitution of the 'person'" (p. 31, my emphasis). But I find this a strangely unsympathetic reading even of Cyril himself, given Cyril's robust insistence that the "Only Begotten Word [. . .] submitted himself to being emptied [. . .]. And did not disdain the poverty of human nature [. . .]. He was God in an appearance like ours, and the Lord in the form of a slave. This is what we mean when we say that he became flesh [. . .]."[10] True, the personal identity of Christ here resides eternally in the Logos; but in *assuming* human nature, and in *submitting* himself thereby to being "emptied" (in this particular sense of an "assumption" of humanity), a salvific change is effected for the created order as a whole. The Logos does not change *in himself*; but because he "assumes" human nature "hypostatically" in Jesus, his incarnate suffering, poverty and triumph constitutionally transform the cosmos. One might say, therefore, that it is only because McCormack implicitly and questionably *separates* "Jesus" and the "Logos" in the first place that he sets up a dynamic whereby the latter has to be acted upon by the former, and is presumably therefore necessarily subject to metaphysical change *in se*.

Thirdly and finally, then (and much more briefly), in closing:

---

[10] Cyril of Alexandria, "On the Unity of Christ", a late text (c. 438) tr. by John Anthony McGuckin, in St. Cyril of Alexandria, *On the Unity of Christ* (Crestwood, NY: St. Vladimir's Seminary Press, 1995), this quotation at 54–55.

3 Does McCormack Understand the Force of a Sophisticated Rendition of the Communicatio Idiomatum, as an Alternative to His Proposal?

I am left wondering, then, after perusing this highly-suggestive, but to me finally puzzling, "repair" of Chalcedon in McCormack's *Humility of the Eternal Son*, whether a much earlier "repair" of Chalcedon itself, such as that proffered by Thomas Aquinas in the third part of the *Summa Theologiae*,[11] might not perhaps much better satisfy the christological *desiderata* to which McCormack's book strives than his own innovative (but metaphysically deeply problematic) solution. I cannot expatiate here in detail on what I have written on Thomas's Christology at some length elsewhere;[12] but Aquinas's sophisticated account of the *communicatio idiomatum*, inherited largely through the version of this teaching outlined by John Damascene,[13] but then further refined and clarified by him, allows fully for the admission that Christ suffered *more* intensely than any other human because he was the Son of God,[14] and because in him was "hypostatically" conjoined the full fleshly frailty of human vulnerability *and* the unique divine noetic comprehension of suffering in all its dimensions. By applying what analytic philosophers of religion call the "reduplicative strategy" to christological statements about Jesus's life and death,[15] it is therefore possible on Thomas's account to give a fully coherent account of how his suffering, *qua* human, has salvific impact for others. The point of course is that the classic doctrine of divine impassibility is here still firmly adhered to; but I do not read it as having the negative impacts that McCormack's whole project is devoted to establishing – and then (with dubious coherence) "overcoming". Divine "impassibility" does not imply any sort of distanced aloofness in Aquinas (as he is so often misunderstood);[16] indeed, God

---

[11] Thomas Aquinas, *Summa Theologiae* 3a, esp. qq 1–26, for the metaphysics of the incarnation.
[12] Sarah Coakley, "The Person of Christ," in *The Cambridge Companion to the Summa*, eds. Denys Turner and Philip McCosker, (Cambridge: Cambridge University Press, 2016), 222–39.
[13] For this theme in John of Damascus, see *De Fide Orthodoxa*, III, esp. ch. 17. Aquinas's discussion is to be found at *Summa Theologiae* 3a, q 16, aa1–12.
[14] *Summa Theologiae* 3a, q 46, 6.
[15] This takes the form of clarificatory statements such as "Christ, qua Second Person of the Trinity, took flesh in the incarnation"; or "Christ, qua incarnate, suffered physically and mentally, and died."
[16] See the memorable (and excoriating) critique by Herbert McCabe, O.P., of this sort of misunderstanding in the work of Jürgen Moltmann, in McCabe, *God Matters* (London: Geoffrey Chapman, 1987), ch. 4.

eternally possesses a noetic understanding of all creation, including its profoundest suffering, unique to the divine Being and surpassing all human knowledge. But in the incarnation, Christ, *qua* human and incarnate, in addition takes on the deepest physical and psychic comprehension of human life; and thus for Thomas the doctrine of the "hypostatic union", and its further ramification in the developed theory of the *communicatio idiomatum*, ensures a complete identification of God with the pain and suffering of mortal humanity. The theological "proof of the pudding" here, of course, is in the explication of the intricacies of the theory of the *communicatio* itself, and there are plenty of remaining metaphysical issues to be confronted here, to be sure.[17] But it is revealing that McCormack does not even attempt such a task; for he has already decided that the whole, long, "Chalcedonian" tradition is defunct and irreparable on this front.

4 Conclusions

I have said more than enough here, I am sure, to excite Professor McCormack into a lively riposte; but despite not yet being convinced by the fundamental structure of his ingenious christological "repair", let me say once again in closing what a delight it has been to engage with this book, which will continue to goad, intrigue, and challenge me for a long time to come.

---

17 John of Damascus's rendition of the *communicatio* (as received by Aquinas) was not of course the only possible one; and a study of the later, and fierce, debates amongst the Lutherans on this issue is arguably the most important way of clarifying the metaphysical options retroactively. On this see Richard Cross, *Communicatio Idiomatum: Reformation Christological Debates* (Oxford: Oxford University Press, 2019), which McCormack might have found helpful to consult. It is indeed an interesting, systematic, conclusion to be drawn from these reflections on McCormack's book that contemporary students of Christology tend to diverge between those tempted, on the one hand, to resolve or relieve the paradoxes of the metaphysics of the incarnation by means of some rendition of *kenōsis* (of which McCormak represents a unusually original form), and those, on the other hand, who focus their energies on clarifying and adopting some rendition of the *communicatio idiomatum*. Both propulsions desire a more coherent account of the *relation* of the "natures" than is provided by Chalcedon itself; the crucial issue is which finally does better justice to the very nature of the divine, and indeed what that 'divinity' connotes.

Bibliography

Barrett, Jordan P. *Divine Simplicity: A Biblical and Trinitarian Account*. Minneapolis: MI, Fortress, 2017.
Coakley, Sarah. *The Broken Body: Israel, Christ and Fragmentation*. Oxford: Wiley-Blackwell, 2023.
Coakley, Sarah. "Kenōsis and Subversion: On the Repression of 'Vulnerability' in Christian Feminist Writing," in *Powers and Submissions: Philosophy, Spirituality and Gender*, ed. Sarah Coakley, 1–39. Oxford: Blackwell, 2002.
Coakley, Sarah. "What Does Chalcedon Solve and What Does it Not? Some Reflections on the Status and Meaning of the Chalcedonian 'Definition',", in *The Incarnation*, eds. Stephen T. Davis, Daniel Kendall, S.J., and Gerald O'Collins, 143–63. Oxford: Oxford University Press, 2002.
Coakley, Sarah. "The Person of Christ," in *The Cambridge Companion to the Summa*, eds. Denys Turner and Philip McCosker, 222–39. Cambridge: Cambridge University Press, 2016.
Coakley, Sarah. *The Broken Body: Israel, Christ and Fragmentation*. Oxford: Wiley-Blackwell, 2023, forthcoming.
Cross, Richard. *Communicatio Idiomatum: Reformation Christological Debates*. Oxford: Oxford University Press, 2019.
Cyril of Alexandria. "*On the Unity of Christ*", a late text (c. 438), tr. by John Anthony McGuckin, in St. Cyril of Alexandria, *On the Unity of Christ*. Crestwood, NY: St. Vladimir's Seminary Press, 1995.
Duby, Steven J. *Divine Simplicity: A Dogmatic Account*. London: T & T Clark, 2015.
Jones Paul, Dafydd. *The Humanity of Christ: Christology in Karl Barth's Church Dogmatics*. London: T & T Clark, 2008.
Louth, Andrew. "Christology in the East from the Council of Chalcedon to John Damascene," in *The Oxford Handbook of Christology*, ed. Francesca Aran Murphy, 139–53. Oxford: Oxford University Press, 2015.
McCabe, Herbert. *God Matters*. London: Geoffrey Chapman, 1987.
McCormack, Bruce L. *The Humility of the Eternal Son: Reformed Kenoticism and the Repair of Chalcedon*. Cambridge: Cambridge University Press, 2021.
McGuckin, John A. *Saint Cyril of Alexandria. The Christological Controversy*. Crestwood, NY: St. Vladimir's Seminary Press, 2004.
Platter, Jonathan M. "Divine Simplicity and Scripture: A Theological Reading of Exodus 3.14.," *Scottish Journal of Theology* 73 (2020): 295–306.
Tanner, Kathryn. *God and Creation in Christian Theology: Tyranny or Empowerment?* Oxford: Blackwell, 1988.
Tanner, Kathryn. *Christ the Key*. Cambridge: Cambridge University Press, 2010.

Hans-Christoph Askani
Eine mögliche Antwort aus Sicht der Theologie Eberhard Jüngels

Abstract: This compressed reaction to B. McCormack's book, The Humility of the Eternal Son, made necessary by the limited space available, undertakes the task entering critically into its evaluation of E. Jüngel's Christological starting-point.

This unfolds initially through a twofold line of questioning: 1) in what does McCormack's critique of Jüngel consist? and 2) why does McCormack, in order to give profile to his own starting-point, distance himself from Jüngel's theology? A third question presents itself on the basis of the preceding questions: whether the attempt to pass critically beyond Jüngel, serves McCormack's concerns well. The last question can, without claiming to do justice to the entire work of McCormack on the basis of this brief discussion, only be hinted at.

Keywords: Chalcedon, Zweinaturenlehre, Demut, Kreuz, Trinitätslehre, Protologie, Eschatologie

Vorbemerkung

Das auf drei Bände (und vielleicht noch mehr) angelegte Projekt Bruce McCormacks,[1] dessen erster Band zum Titel hat „The Humility of the Eternal Son" und das ebenfalls drei Bände umfassende Buch Heinrich Assels „Elementare Christologie" stellen ihrem Selbstverständnis nach – und die Rezeptionsgeschichte wird dies bestätigen – Werke dar, an denen zukünftig in der christologischen Theoriebildung nicht vorbeizukommen sein wird.

Der mir für das Kolloquium gestellten Aufgabe gemäß konzentriere ich mich auf das Buch McCormacks und beschränke mich auf seine Darstellung und Kritik der Theologie Eberhard Jüngels. Es versteht sich von selbst, dass auf diese Weise bei weitem nicht alle Aspekte der Christologie McCormacks zur Sprache kommen

---

[1] Bruce L. McCormack, *The Humility of the Eternal Son* (Cambridge: Cambridge University Press, 2021).

Hans-Christoph Askani ist Professor Emeritus für Systematische Theologie an der Theologischen Fakultät der Universität Genf. Neueste Veröffentlichung zum Thema: *Le pari de la foi* (Genf: Labor et Fides 2019).

können. Aber nicht nur dies; eine weitere Vorbemerkung ist nötig: Wenn ich im Folgenden zu zeigen versuche, dass McCormack Jüngels Denken nicht immer gerecht wird, dann ist damit das eigentliche Anliegen McCormacks gar nicht unbedingt im Entscheidenden getroffen. Es müsste um der Sache willen einen Schritt hinter die Kritik an Jüngel zurückgegangen werden, um zum Brennpunkt der wirklichen Auseinandersetzung zu kommen. Die eigentlich interessante Herausforderung ist nicht eine aufmerksame Abwägung der beiden *Positionen*, sondern die Frage, warum von seinem Gesamtansatz her McCormack gewillt ist oder dazu geführt wird, sich von Jüngel zu distanzieren, und umgekehrt die Rückfrage, ob diese Distanznahme dem Entwurf seiner Christologie zugute kommt oder nicht.

Eine solche in die Tiefe gehende Diskussion kann auf den hier zur Verfügung stehenden Seiten nur skizziert werden (s. Abschnitt 2.).

1 Wird McCormacks Kritik an Jüngels christologischem Ansatz diesem gerecht?

Recht oberflächlich lässt sich McCormacks Anliegen kennzeichnen, als der Versuch, die durch die altkirchlichen Erkenntnisse (insbesondere des Konzils von Chalcedon) vorgegebenen christologischen Koordinaten aufzunehmen und kreativ weiterzudenken. Dabei stützt er sich auf Karl Barths Christologie, über die er aber hinausgehen will.[2]

McCormack hebt sich dabei entschieden von anderen *Post-Barthianern*, zu denen er etwa Eberhard Jüngel zählt, ab. Mit ihm begibt er sich in eine kritische Diskussion. Seine von Wohlwollen und Anerkennung gemilderte Kritik lässt sich in folgenden Punkten zusammenfassen:

1) Jüngel würde die Weichenstellungen, die in *Chalcedon* getroffen wurden, nicht angemessen aufnehmen.
2) Jüngel würde die Bedeutung Jesu von Nazareth für die Trinitätstheologie in ungebührlicher Weise von dessen Tod am *Kreuz* her verstehen.
3) Er würde seine Christologie, von der allgemeinen *Stimmungslage* der damaligen Zeit geprägt (insbesondere von Pannenbergs eschatologischer Schwerpunktlegung), „eschatologisch" statt „protologisch" konzipieren.
4) Er würde die zweite Person der Trinität in Jesus von Nazareth „kollabieren" lassen.

---

[2] Vgl. die ausdrückliche Bezugnahme McCormacks auf: Karl Barth, Kirchliche Dogmatik, Bd. IV,1 (Zürich: Theologischer Verlag Zürich, 1986), 211, vgl. CD IV,1, 193, zitiert von McCormack, *Humility*, 9.

Ich werde nicht alle Punkte gleich ausführlich behandeln können, sie sind auch nicht alle von gleichem systematisch-theologischem Gewicht. Sie hängen aber – genau besehen – alle miteinander zusammen.

Ad 1) McCormack seinerseits will die entscheidenden Weichenstellungen des Konzils von Chalcedon nicht über Bord werfen, ihnen vielmehr eine neue Deutung geben. So spricht er von einer „well-ordered revision of Chalcedon"[3], deren Anliegen es ist „to reestablish the credibility of the logic of Chalcedon (i. e. its basic distinction between the divine and the human in Christ)."[4] Jüngel und andere *Post-Barthianer* hingegen würden die maßgebenden Entscheidungen von Chalcedon als Grundlage einer heute zu konzipierenden Christologie nicht wirklich ernst nehmen.[5] Später in seinem Buch urteilt McCormack nuancierter (vgl. z. B. 174 und 177) und spricht dort von einer *Weiterführung* Chalcedons durch Jüngel![6]

Was Jüngel dazu sagen würde, als *Post-Barthianer* bezeichnet zu werden, lasse ich dahingestellt; dass er aber „Chalcedon" in seiner Bedeutung unterschätzen bzw. leichtfertig übergehen würde, entspricht weder dem Jüngel'schen Sinn für die Bedeutung der theologiegeschichtlichen Tradition noch seiner eigenen Stellung in ihr. Er hat seine Theologie immer im Sinne eines kreativen Dialogs mit der Theologiegeschichte verstanden. Das hat er im Übrigen auch ausdrücklich für die christologischen Fragen in Bezug auf Chalcedon formuliert. Nicht Chalcedon ist einfach preiszugeben, es ist vielmehr in einem neuen Verständnis aufzunehmen und zu präzisieren, was allerdings einschließt, dass in Chalcedon angelegte *Fixierungen* sozusagen *verflüssigt* werden. Wie das geschehen kann, ist die theologische Herausforderung. Jüngel gibt dafür einen Hinweis in seinen „Thesen zur Grundlegung der Christologie":

> Die altkirchliche Zweinaturenlehre ist in ihrem Wahrheitsgehalt so aufzunehmen, daß die Kategorie der Natur durch die ontologisch angemessenere Kategorie der Relation interpretiert wird.[7]

---

3 McCormack, *Humility*, 15.
4 McCormack, *Humility*, 13. An anderer Stelle sagt McCormack, sein Anliegen sei es, „a pneumatologically-driven ,two-natures' Christology" zu erarbeiten, vgl. a.a.O., 15.
5 McCormack, *Humility*, 13: „Neither of them regarded it as necessary to retain Chalcedon or even the so-called Logos-Christology of the early Greek apologists [...]." Vgl. a.a.O., 12: „[...] that the Chalcedonian apparatus had become [sc. for them] too burdensome [...]."
6 McCormack, *Humility*, 174: „Jüngel makes mention of the two-natures doctrine of Chalcedon in but a single footnote. He says it is necessary to affirm its ,sense'. In explanation, he insists that where the two ,natures' are spoken of, there we must think of the ,gracious event of the identification of God and Jesus'."
7 Eberhard Jüngel, „Thesen zur Grundlegung der Christologie," in ders., *Unterwegs zur Sache* (München: Kaiser Verlag, ²1988), 274–95, 277 (These 5.21).

Jüngel will also die „altkirchliche Zweinaturenlehre aufnehmen". Wie er das tun will, wird in der Diskussion von Punkt 2) und 3) deutlicher werden. Jetzt schon ist allerdings zu fragen, ob in dem so grundsätzlich verstandenen Begriff der *Relation* nicht eine gewisse Nähe zu dem für McCormacks Entwurf so wichtigen Gedanken der *Rezeptivität* angelegt ist.

Ad 2) Die Punkte zwei und drei hängen zusammen. Beginnen wir mit dem zweiten! Es geht darum, dass Jüngel das Inkarnations-Geschehen vom Tod Jesu her denkt. McCormack schreibt:

> Typically, in *post-Barthian* theology, suspicion is cast on the *preexistence* of the Son, the eternal generation of the Son having been collapsed into his birth in time (Jenson) or, perhaps, into the differentiation that is generated through Jesus' death in God-abandonment (Jüngel).[8]

Uns interessiert hier der Einwand gegen Jenson nicht, wohl aber der gegen Jüngel. Fragen wir also: Warum misst Jüngel dem Kreuzestod Jesu so große Bedeutung für die Trinitätstheologie bei? (Später werden wir auch zu fragen haben, warum sich McCormack davon absetzen möchte.)

> Die Trinitätslehre ist der unerläßlich schwierige Ausdruck der einfachen Wahrheit, daß Gott lebt. Daß *Gott* lebt, besagt: er lebt aus sich selbst, ist der aus sich selbst in sich selbst Lebendige. *Gott lebt* heißt: Gott *ist* Leben. Daß Gott lebt, ist für den christlichen Glauben eine Gewißheit, die sich am Sein des Menschen Jesus so zu bewähren hat, daß von diesem Menschen mit gutem Grund bekannt werden kann: ‚Wahrlich, dieser Mensch ist Gottes Sohn gewesen' (Mk 15,39).

So lautet die Eingangsthese zu Jüngels wichtigem Aufsatz zur Trinitätslehre.[9] Jüngel spricht von Gottes *Leben*. Warum spricht er nicht einfach von Gottes *Sein*? Weil Gottes Sein die Form der *lebendigen Wechselbeziehung* der drei Personen der Dreieinigkeit hat. Die Formulierung „Gott lebt"[10] spricht also von Gottes *Sein*, das durch dieses *Leben* präzisiert wird. Nun aber das für unseren Zusammenhang Entscheidende: „Daß Gott lebt, ist für den christlichen Glauben eine Gewißheit, die sich am Sein des Menschen Jesus [...] zu bewähren hat". Warum denn dies?

---

8 McCormack, *Humility*, 14.
9 Eberhard Jüngel, „Das Verhältnis von ‚ökonomischer' und ‚immanenter' Trinität. Erwägungen über eine biblische Begründung der Trinitätslehre – im Anschluß und in Auseinandersetzung mit Karl Rahners Lehre vom dreifaltigen Gott als transzendentem Urgrund der Heilsgeschichte," in ders., *Entsprechungen: Gott – Wahrheit – Mensch. Theologische Erörterungen* (München: Kaiser Verlag, 1986), 265–75, 265.
10 Jüngel schreibt „Gott lebt", um das Erstaunliche zum Ausdruck zu bringen, dass in Gott selber Leben ist, ja, dass Gott selber Leben ist, was gedanklich seiner Auffassung nach nicht anders aufgefangen werden kann als durch die Ausbildung einer Trinitätslehre.

Gottes Sein, Gottes Leben hat sich am Sein des Menschen Jesus zu bewähren, weil dies Gott nicht nur so wollte, sondern *weil dies dem Sein Gottes entspricht*. Gottes Sein wäre nicht gedacht, wenn es nicht von dem, wer der Mensch Jesus ist und was dem Menschen Jesus widerfährt, abhängig wäre, wenn Gott selber es nicht – nicht nur als einen Entschluss, sondern als sein Sein – davon abhängig hätte sein lassen und davon immer noch *abhängig sein lässt*.

McCormack formuliert die Frage nach dem Verhältnis von ewigem Logos und Jesus von Nazareth in einer Weise, die sein Anliegen deutlich zur Geltung bringt: „is the eternal Logos acted upon in that Jesus of Nazareth is acted upon?" (5) Oder kurz danach: „what must God be if it is the case that God really is acted upon in Jesus Christ?" (6).

Wie kann man „acted upon" ins Deutsche übersetzen? Ich schlage vor mit „widerfahren" und übersetze möglichst wörtlich (und etwas ungelenk, aber der Gewichtigkeit der amerikanischen Formulierung entsprechend): „Was muss Gott sein, wenn es der Fall ist, dass ihm etwas widerfährt in Jesus Christus?" McCormack geht davon aus, dass Jüngel diese Frage nicht wirklich stelle, woraus folgt, dass das Sein Jesu von Nazareth – bei Jüngel – für die *innertrinitarische* Beziehung der drei göttlichen *Personen* keine entscheidende Rolle spiele.

Jüngel behauptet aber doch das Gegenteil, nämlich dass sich „das Leben bzw. das Sein Gottes am Sein des Menschen Jesus [...] zu bewähren hat". Und diese Bewährung nun wäre diese Bewährung *nicht*, wenn sie nicht auch und wenn sie nicht gerade den *Tod Jesu* mit einschließen müsste und würde, bzw. würde und darum müsste. Nur dort, wo Gottes Sein bzw. wo Gottes Leben es mit dem äußersten Widerspruch zu dieser Göttlichkeit und zu dieser Lebendigkeit aufnimmt, ja noch mehr, nur da, wo Gottes Sein, d.h. Gottes Leben diesen äußersten Widerspruch *in sich auf- und in sich hineinnimmt*, ist Gottes Sein und ist Gottes Leben, was es ist. Nur dann ist die Bewährung am Sein des Menschen Jesus wirklich vollzogen. Dann ist sie allerdings auch so vollzogen, dass nicht weniger als Gottes eigenes Sein, das nun allerdings mit dem Ausdruck „eigen" nur noch sehr vorläufig gekennzeichnet ist, *genau darin bewährt wird*.

Ad 3) Nun wird auch deutlich, warum Jüngel die *eschatologische* Dimension in die Trinitätslehre hineinnehmen will bzw. muss.

> Jesus Christus kann nur dann als gegenwärtig Wirkender gedacht werden, wenn sein wirksames Sein als eschatologische Einheit von Vergangenheit des Menschen Jesus (Tod) und Ewigkeit Gottes begreifbar ist.[11]

---

11 Jüngel, Thesen, 276 (These 3.2).

Warum also? Weil eben in der eschatologischen Vollendung, die von Jesu Tod und Auferstehung untrennbar ist, auch *Gottes* Sein zu seiner Vollendung kommt. (Das ist übrigens der Grund der Korrektur, die Jüngel an Chalcedon vornimmt, indem er den statischen Begriff der „Natur" durch „Relations-Begriffe" ersetzen *will*.)

McCormack hat den Eindruck, die *Post-Barthianer* (außer ihm) hätten eine *Allergie* gegen die *Protologie*.¹² Vielleicht hätte Jüngel, der ja witzig veranlagt war, ihm zugestimmt. Er hätte dann allerdings – vom Witz zum Ernst übergehend – gegen die emphatischen Vertreter der Protologie wohl kritisch hinzugefügt, dass eine *Protologie* – und zwar eben um der Bedeutung Jesu für die Trinitätslehre, für das innertrinitarische Verhältnis der drei *Personen* willen! – nur Protologie sein kann, wenn sie sich für die Eschatologie öffnet, d. h. wenn sie nicht selbstständig Protologie ist.

Ad 4) Der am pointiertesten formulierte Vorwurf McCormacks gegen Jüngel, der übrigens die anderen alle zusammenfasst bzw. in sie ausstrahlt, tritt in mehreren Formulierungen auf. Die Prägnanteste ist die:

> that the humility proper to the second *person* of the Trinity and his obedience to the first *person* can be collapsed without remainder into the human humility and obedience of Jesus, leaving no distinction between them (not even that of anticipation and fulfilment).¹³

Oder in einer zweiten Formulierung:

> For the generation that followed Barth, it proved much easier to suppose that the second *person* of the Trinity simply is the man Jesus (full stop).¹⁴

„Simply"!; „full stop"!; „that the second person of the Trinity simply is the man Jesus" – dann wäre allerdings jede eschatologische Dimension der Trinitätslehre völlig überflüssig und dann wäre insgesamt die Trinitätslehre einfach liquidiert. Hatte aber Jüngel nicht gesagt, das Leben bzw. das Sein Gottes müsse sich am Menschen Jesus bewähren? Und hat dies nicht bedeutet, dass dieses Sein bzw. dieses Leben Gottes dieses Sein gar nicht wäre ohne die Bewährung am Sein des Menschen Jesus? Darf man hier von einem *Kollaps* reden? Kollaps, das würde in diesem Zusammenhang doch heißen: Die zweite Person der Trinität, der *ewige Sohn* ist im historischen Jesus sozusagen *verschluckt*. Das aber würde bedeuten,

---

12 Vgl. McCormack, *Humility*, 161: „allergy to protology."
13 McCormack, *Humility*, 12f. Auf den sehr interessanten und für McCormacks Ansatz zentralen Gedanken der „Antizipation" und ihrer „Erfüllung" kann ich hier (aus Platzgründen) nicht eingehen.
14 McCormack, *Humility*, 12.

Gott hat in der – man muss dann wohl sagen: sogenannten – *Menschwerdung* seinen guten Willen gezeigt, aber nicht sein eigenes Sein ins Spiel gebracht. Der Vorwurf ist fulminant.

Es gibt allerdings zahlreiche Formulierungen Jüngels, die m. E. bezeugen, dass er einen solchen Kollaps weder verursacht hat noch auch nur in die Nähe von ihm geraten ist. Ich kann hier nur auf wenige Stellen (und zwar aus den „Thesen zur Grundlegung der Christologie") verweisen:

> Wer und was Gott ist, ist zuallererst in der Einheit Gottes mit Jesus bestimmbar.[15]

„[I]n der Einheit Gottes mit Jesus"! Gottes eigenes Sein, das nun allerdings, *als* sein eigenes, *kein* rein eigenes mehr ist (es hat, mit Hegel gesprochen, die Negation seiner in sich hineingenommen), ist nur in der Beziehung mit Jesus, was es ist.

> Das Sein Jesu Christi ist einerseits Gottes Selbstverhältnis als Verhältnis zum Menschsein des Menschen Jesus und andrerseits des Menschen Jesus Selbstverhältnis als Verhältnis zu Gott.[16]

Genau das ist übrigens Jüngels Neubestimmung der Kategorien von Chalcedon, aber in Aufnahme der Intention des Konzils und seiner Formulierungen. Und in der Tat, deutlicher kann man gar nicht mehr sagen, wie Trinitätslehre und Christologie ineinander verschränkt sind, und (wenn ich mir das zu sagen erlauben darf): Größer kann die Nähe, zu dem, was McCormack mit seinem Begriff der *Rezeptivität* denken will, gar nicht sein.[17] Oder noch deutlicher:

> Jesus Christus ist wahrer Gott, insofern Gott sich im Ereignis seines Selbstverhältnisses (seines Gottseins) zu Jesus von Nazareth und so zu allen Menschen verhält. Gottes Selbstverhältnis *ist* sein Verhältnis zu diesem Menschen.[18]

---

15 Jüngel, Thesen, 276 (These 3.42).
16 Jüngel, Thesen, 277 (These 5.3).
17 McCormack, *Humility*, 7: „[...] first the eternal Son has an essential relation to the personal life of Jesus. Second, the nature of that relation is best understood in terms of ontological receptivity." A.a.O., 11: „On this account, the *assumption* might be construed as an act of receptivity on the part of the Logos, as an act by means of which the Logos continuously takes into himself all that *comes to him from the human properties and the experiences and activities they make possible. Receptivity on the side of the Logos would result, just as receptivity on the side of Jesus had done for Cyril, in a singular activity of the God-human* [...]." A.a.O., 12: „Indeed, where the missions are read back into the trinitarian processions (as the self-constituting life-act of God), the *determination* of the eternal Son for receptivity would rightly be seen as proper to him, as belonging to the triune God in what Barth referred to as his second *mode of being*."
18 Jüngel, Thesen, 277 (These 5.31).

Und noch einmal:

> Die Aneignung des menschlichen Todes durch Gott ist die *Selbsterniedrigung* Gottes zur definitiven Einheit mit einem menschlichen Sein.[19]

So weit die ganz kurz umrissene Möglichkeit einer Antwort Eberhard Jüngels gegen McCormacks Vorbehalte bzw. Vorwürfe. Wenden wir uns nun der Suche nach der entscheidenden sachlichen Differenz zwischen den beiden christologischen Ansätzen zu.

2 Worin besteht systematisch gesehen der entscheidende Unterschied zwischen den beiden christologischen Entwürfen?

Bevor ich mich dieser Frage zuwende, möchte ich noch zwei Bemerkungen machen. Wie ich schon andeutete, gibt es innerhalb von McCormacks Buch einen Unterschied in der Behandlung der Theologie Jüngels zwischen den Passagen der Einleitung, die in hohem Maße kondensieren und polarisieren, und dem 4. Kapitel, in dem McCormack viel ausführlicher und differenzierter auf Jüngel eingeht. Er gibt hier eine einfühlsame Interpretation des Frühwerks „Gottes Sein ist im Werden"[20] und eine eingehende Interpretation einiger christologischer Passagen aus „Gott als Geheimnis der Welt".[21] Gerade in der Deutung von „Gott als Geheimnis der Welt" kommt McCormack auf Beurteilungen, die Jüngel besser gerecht werden, die aber zugleich, wenn man Jüngels Passagen selber ansieht, zeigen, dass die Differenz zwischen den beiden Theologen gar nicht so groß ist.

Das denkt auch McCormack, und doch hat er das Ziel, über Jüngel entschieden hinauszugehen. Hinsichtlich der „Grundlegung der Trinitätslehre" schreibt er: „I will construct a rather different one in the constructive chapter in this book

---

[19] Jüngel, Thesen, 291 (These 3.45). Interessant ist zu sehen, wie hier bei Jüngel der zentrale Begriff von McCormacks Buch („humility") gedeutet wird. Vgl. auch die These 5.24, a.a.O., 293: „Die Selbstdifferenzierung Gottes ist die auf Gott selbst bezogene Seite seiner Einheit mit Jesus, ohne den Gott mit sich selbst nicht einig sein will."

[20] Eberhard Jüngel, *Gottes Sein ist im Werden. Verantwortliches Reden von Gott bei Karl Barth, eine Paraphrase* (Tübingen: Mohr Siebeck, 1965).

[21] Eberhard Jüngel, *Gott als Geheimnis der Welt. Zur Begründung der Theologie des Gekreuzigten im Streit zwischen Theismus und Atheismus* (Tübingen: Mohr Siebeck, 1977).

that will accomplish everything Jüngel hoped to achieve with this."²² Die eigentlich interessante Frage ist dabei nicht, ob McCormack bei seiner kritischen Absetzung von Jüngel (er hat den Anspruch zu vollenden, was Jüngel zu vollenden nicht gelungen ist) diesem in jeder Hinsicht gerecht wird, und wie umgekehrt Jüngel sich gegen die McCormack'sche Kritik verteidigen würde. Das sind schulmeisterliche Angelegenheiten. Theologisch viel interessanter ist zu sehen, warum McCormack von einem Denker, der ihm doch in vielerlei Hinsicht recht nahesteht, Abstand nimmt; warum er dies tun muss, um sein eigenes Anliegen durchführen oder jedenfalls plausibel machen zu können. Dies Anliegen kommt am explizitesten in Kapitel 7 („Towards a Reformed Version of Kenotic Christology") des Buches zum Ausdruck. Hier wiederholt McCormack seine zentrale These von der *ontological receptivity* und führt sie aus. Wäre Jüngel mitgegangen, wenn McCormack von einer *ontologischen Rezeptivität* spricht in Bezug auf das Verhältnis des *ewigen Sohns* zu Jesus von Nazareth? Vielleicht hätte er gegenüber der *ontologischen* Begrifflichkeit Vorbehalte gehabt, aber im Grundsätzlichen hätte er diesen Gedanken doch wohl bejaht. Und doch – und gerade so – stellt sich die Frage, ob McCormack hier nicht etwas anderes intendiert als Jüngel.

Wie können wir zwischen beiden Theologen (McCormack und Jüngel) die Differenz genauer bestimmen? Sie kommt vielleicht am besten heraus in McCormacks Vorwurf:

> Jüngel and Jenson both tended to collapse the eternal Son into the human Jesus. I cannot do that because I do not share their retrospective ontologies of the future.²³

Dem entspricht gegenläufig die programmatische These McCormacks selbst:

> I am going to argue further that it is the Son's *ontological receptivity* that makes an eternal *act* of *identification* on the part of the Logos with the human Jesus to be constitutive of his identity as the second *person* of the Trinity even before the actual uniting occurs. This is what I believe to have been missing in Jüngel and Jenson. The *Son* has as *Son* an eternal determination for incarnation and, therefore, for uniting through *receptivity*. He is, in himself, *receptive*.²⁴

---

22 McCormack, *Humility*, 176.
23 McCormack, *Humility*, 280. An mehreren Stellen spricht McCormack von *retroaktiver Ontologie*, vgl. a.a.O., 177: „Jüngel would have done better to have reconstructed Chalcedon differently, making use of the idea of that *ontological receptivity* that we saw to be at work in his phenomenology of love to explain God's relation to Jesus in the event of the cross as it is taking place, rather than employing Pannenberg's retroactive ontology on the basis of the resurrection alone."
24 McCormack, *Humility*, 252.

Ich möchte an dieser Stelle meine bisherige Strategie verlassen, die darin bestand, zu zeigen zu versuchen, inwiefern McCormack Jüngel mit seiner Kritik vielleicht nicht gerecht wird (also Jüngels Ansatz zu verteidigen), und stattdessen fragen: Warum musste McCormack Jüngel so, wie er es tat, verstehen, bzw. missverstehen, um seinen eigenen Ansatz konsequent durchführen zu können? Ich möchte also die Problemstellung in ein offenes Feld der Auseinandersetzung führen. Darum nochmals die Frage: Wo liegt der Unterschied der beiden Ansätze?

McCormack kritisiert an Jüngel, dass er keine theologische *Protologie* wage, dadurch würde die innertrinitarische Relation zwischen Vater und Sohn verspielt (er lasse die zweite Person der Trinität in Jesus von Nazareth *kollabieren*). McCormack führt das auf Jüngels *retrospektive Ontologie* zurück, der entsprechend erst von der Auferstehung her Jesus von Nazareth zum ewigen Sohn würde, also im Grunde der *ewige Sohn* gar nicht sei.

Könnte es nicht sein, dass Jüngels Verbindung von Christologie und Trinitätslehre für McCormack diesen retrospektiven Charakter nur haben muss, weil er selber von einer *Protologie* her denkt, die seinerseits Jüngel offenbar nicht mitmachen will? Wenn man die Offenbarung Gottes in Jesus Christus ernst nimmt, wenn also die Menschwerdung Gottes die Offenbarung Gottes ist, kann man dann Aussagen über das Sein Gottes machen, die zunächst einmal von dieser Menschwerdung absehen (und sie nur „antizipatorisch"[25] in den Blick nehmen)? Wird man damit Gottes *innertrinitarischem* Sein überhaupt gerecht?

Wenn McCormack Jüngel vorhält, im Gefolge Pannenbergs von einer eschatologischen Perspektive her die Trinitätslehre zu konzipieren in dem Sinn, dass er den Gehalt einer göttlichen Teleologie erst von ihrem Ausgang her erkennen könne, dann wendet McCormack auf Jüngel Kategorien von Hegels *Geschichtsphilosophie* an, die in der Tat für Pannenbergs Denken eine entscheidende Rolle spielen, für Jüngels Denken aber eben *nicht*. Wenn man schon auf Hegel rekurrieren zu müssen glaubt, dann würden für Jüngels Denken viel eher die Kategorien der Hegelschen *Religionsphilosophie* einschlägig sein: Dass nämlich Gott, um er selbst zu sein, sich entäußern muss, und die radikalste Entäußerung ist die, dass er Mensch wird. Durch diese Entäußerung kommt er erst zu sich selbst. Sein Sein ist seine Identifikation mit sich in dieser Entäußerung.

Jüngel hat, nach McCormack eine *Allergie gegen alle Protologie*. Ich habe schon gesagt, dass Jüngel diesem Tadel wohl zustimmen würde. Würde er aber nicht sagen, dass gerade dieser *Vorbehalt gegen eine Protologie*, das *Zögern*, sich in Gedanken über Gottes ewiges Sein zu *ergehen* unter Absehung von Gottes Ein-

---

25 Vgl. McCormack, *Humility*, 13.

gehen in die Zeit, dass dies eine Überschreitung vielleicht nicht des Denk*möglichen*, aber doch des theologisch Denk*zulässigen* sei?

Gerade wenn es zu Gottes innertrinitarischem Sein gehört, dass Gott Mensch wird, gerade dann kann ohne diese Menschwerdung Gottes innertrinitarisches Sein nicht verstanden werden. Kommt McCormack mit seiner gewissen *Lust*[26] an *protologischen* Gedanken, mit denen er beansprucht, den von Barth nur anfänglich beschrittenen Weg zu Ende zu gehen, nicht sogar seinem eigenen Ansatz in die Quere, nach dem er das Verhältnis von *ewigem Sohn* zu *Jesus von Nazareth* im Sinne einer *ontologischen Rezeptivität* zu denken unternehmen will? Das Anliegen besteht ja darin, das Verhältnis der zweiten Person der Trinität zu Jesus von Nazareth als einerseits ein Empfangen zu denken, andrerseits dies Empfangen als eine *ontologische* Gegebenheit des ewigen Seins Gottes selber.

Das ist zweifellos ein *paradoxer* Gedanke. Vermutlich lässt sich der Nachvollzug christlichen Glaubens im theologischen Denken ohne Inanspruchnahme von Paradoxen gar nicht durchführen. Die Frage ist aber, ob das Paradox an *dieser* Stelle seinen angemessenen Ort hat, ob es nicht *an dieser Stelle* die Menschwerdung Gottes und damit das innertrinitarische Sein Gottes unterbietet, weil es von sich aus (von wo aus eigentlich her?) etwas zu denken unternimmt, was nicht von sich aus (Protologie!), sondern nur im Nachvollzug des Offenbarungsgeschehens zu denken ist.

Bibliographie

Barth, Karl. *Kirchliche Dogmatik*, Bd. IV,1. Zürich: Theologischer Verlag Zürich, 1986.
Jüngel, Eberhard. *Gottes Sein ist im Werden. Verantwortliches Reden von Gott bei Karl Barth, eine Paraphrase*. Tübingen: Mohr Siebeck, 1965; [4]1986.
Jüngel, Eberhard. *Gott als Geheimnis der Welt. Zur Begründung der Theologie des Gekreuzigten im Streit zwischen Theismus und Atheismus*. Tübingen: Mohr Siebeck, 1977; [8]2010.
Jüngel, Eberhard. "Thesen zur Grundlegung der Christologie." In ders. *Unterwegs zur Sache*, 274–95. München: Kaiser Verlag, [2]1988.
Jüngel, Eberhard. "Das Verhältnis von ‚ökonomischer' und ‚immanenter' Trinität. Erwägungen über eine biblische Begründung der Trinitätslehre – im Anschluß und in Auseinandersetzung mit Karl Rahners Lehre vom dreifaltigen Gott als transzendentem Urgrund der Heilsgeschichte." In ders. *Entsprechungen: Gott – Wahrheit – Mensch. Theologische Erörterungen*, 265–75. München: Kaiser Verlag, 1986.
McCormack, Bruce L. *The Humility of the Eternal Son*. Cambridge: Cambridge University Press, 2021.

---

26 Der Gegenbegriff zur „Allergie"!

Marco Hofheinz
Kenotische Erbengemeinschaft
Hans-Georg Geyer und Bruce McCormack als legitime Erben der Christologie Karl Barths

Abstract: Hans-Georg Geyer and Bruce McCormack have each presented impressive post-Barthian kenotic drafts. Each in their own way continues Barth's Christology and both, based on Barth's view of election as ‚primal decision,' take up his legacy. However, while Geyer's kenotic definition of Christology emphasizes the Father-Son relation, McCormack focuses on the relationship between the logos and the human being. Geyer thereby understands kenosis mediated through the motif of surrender and obedience as an enactment of sonship, while McCormack, with his reversal of the line of vision away from the logos and toward the human Jesus, conceives of kenosis not as an enactment of a logos externalizing its divinity but as receptivity to the human acting in the power of the Spirit. Geyer's kenotic Christology proves to be staurocentrically pointed, McCormack's as incarnation theologically contoured.

Keywords: Karl Barth, Hans-Georg Geyer, Bruce McCormack, theologisches Erbe / theologische Erbschaft, Kenosis / Kenose, kenotische Christologie, Kreuz und Inkarnation, Kreuzestheologie und Inkarnationstheologie

1 Einleitung

Bruce McCormacks Entwurf einer reformierten kenotischen Christologie ist ohne seine intensive wie extensive Beschäftigung mit der Theologie Karl Barths nicht zu verstehen.[1] Barths Theologie fungiert für McCormack als Motor zur und Katalysator

---

[1] Das verrät bereits ein Blick ins Namensregister: Bruce L. McCormack, *The Humility if the Eternal Son: Reformed Kenoticism and the Repair of Chalcedon* (Cambridge: Cambridge University Press, 2021), 307. Da McCormack kenotischer Entwurf noch nicht vollständig ist, beziehe ich mich im Folgenden neben dem oben angegebenen Band auf die konzisen Zusammenfassungen seines Programms in: Bruce L. McCormack, "Karl Barth's Christology as a Resource for a Reformed Version of Kenoticism," *International Journal of Systematic Theology* 8 (2006): 243–51; Bruce

---

Marco Hofheinz ist Professor für Systematische Theologie am Institut für Theologie der Leibniz Universität Hannover. Neueste Veröffentlichung zum Thema: *Fragen nach Jesus*, hg. v. Marco Hofheinz und Nils Neumann (Leipzig: Evangelische Verlagsanstalt, 2022).

https://doi.org/10.1515/9783111340951-016

bei der Generierung eigener Positionalität.² Eindrucksvoll führt McCormack vor, welche Aktivierungsenergie dabei insbesondere von der Erwählungslehre als der Tiefendimension der Versöhnungslehre des späten Barth ausgeht.³ McCormacks Umgang mit Barth ist seinem Wesen nach nicht nur rekonstruktiv, sondern auch transformativ. Aufwändig, ja minutiös rekonstruiert McCormack etwa Barths eigene Rezeption des Chalcedonense,⁴ um sie dann, nachdem er Barths Position als solche kenntlich gemacht und ausgewiesen hat, kritisch in seine eigene Position zu überführen. Er stellt sich gewissermaßen auf Barths Schultern, um über diesen hinaus zu wachsen. Das Verfahren ist nicht ganz ungefährlich, weil die Fallhöhe entsprechend groß ist. Jedenfalls gehört McCormack zweifellos zu den Erben der Theologie Barths, wie dies ohne Frage auch für Hans-Georg Geyer (1929–1999) gilt,⁵ der ebenfalls ein intimer Kenner der Barthschen Theologie war und dem wir bislang kaum wahrgenommene, originelle kenotische Impulse verdanken, die im Folgenden auf dem Hintergrund von Barths Christologie mit McCormacks Entwurf einer kenotischen Christologie ins Gespräch gebracht werden sollen. Beide zusammen bilden eine geradezu doppelte Erbengemeinschaft, insofern sie gleich ein doppeltes Erbe antreten, nämlich sowohl das der Theologie Barths als auch das der kenotischen Christologie.

2 Bruce McCormack als kenotischer Erbe der Christologie Karl Barths

Der Leitgedanke der reformierten kenotischen Christologie McCormacks besagt im Kern, dass sich nicht der Logos als handelndes Subjekt bei der Inkarnation seiner göttlichen Gestalt entäußerte und so den empfangenden Menschen Jesus in seiner

---

L. McCormack, „Kenoticism in Modern Christology," in *The Oxford Handbook of Christology* (Oxford: Oxford University Press, 2015), 444–57.

2 Vgl. Justus Geilhufe, *Gnade als trinitarisches Sein. Bruce McCormacks Theologie in ihrer Entwicklung aus analytischer und konstruktiver Barthrezeption* (Göttingen: Vandenhoeck & Ruprecht, 2021).

3 Vgl. Bruce L. McCormack, „Grace and Being: The Role of God's Gracious Election in Karl Barth's Theological Ontology," in *The Cambridge Companion to Karl Barth*, hg. v. John Webster (Cambridge: Cambridge University Press, 2000), 92–110.

4 Vgl. McCormack, *Humility*, 101–21; Bruce L. McCormack, „Barths grundsätzlicher Chalkedonismus?" *ZDTh* 18 (2002): 138–73; Bruce L. McCormack „We have actualized the doctrine of the incarnation'. Musings on Karl Barth's Actualistic Theological Ontology," *ZDTh* 32 (2016): 179–98.

5 Vgl. Hans Theodor Goebel, „Hans-Georg Geyers Umgang mit der Theologie Karl Barths," in *Umstrittenes Erbe: Lesarten der Theologie Karl Barths*, hg. v. Matthias Gockel u. a. (Stuttgart: Kohlhammer, 2020), 203–13.

Knechtsgestalt bestimmte, wie dies klassisch gedacht wurde, sondern dass umgekehrt von der Rezeptivität des Logos auszugehen sei: „The Christological subject is the divine ‚person' (the Logos) acting not through or upon a human ‚nature' this time but by means of the acts performed by the man Jesus."[6] Kenosis meint demnach das Empfangen der in der Kraft des Geistes Gottes vollzogenen Handlungen des Menschen Jesus: „Complete and total receptivity towards everything that comes to him [scil. the son] in and through his human nature – that, I want to suggest, is the meaning of kenosis, and that is why kenosis entails no divestment of anything proper to deity."[7] Kenosis sei nichts anderes als die Empfänglichkeit des Logos: „The receptivity of the Logos simply *is* his ‚self-emptying'."[8]

Der Logos sei dementsprechend gekennzeichnet durch eine Haltung permanenter und ungebrochener Empfänglichkeit für den Menschen Jesus. Dessen Leiden nehme der Logos in sein eigenes Wesen auf. Der Logos empfange Jesu Handlungen als seine eigenen.[9] McCormacks kenotischer Neuansatz verhält sich mithin reversiv zu den gängigen Typen kenotischer Lehrbildung. Er besteht, anders gesagt, in der Umkehrung des orthodoxen Richtungssinns der Kenosis, der nicht vom Logos zum Menschen Jesus, sondern vom Menschen zum Logos verläuft:

> To put it this way is to *reverse* the traditional pattern of „orthodox" thinking in accordance with which the Logos gives and the man Jesus receives; the Logos acts and the man Jesus is the instrument of that action. Here, the man jesus acts and the Logos receives those acts as his own. The man Jesus experiences suffering and the Logos takes that suffering up into his own being.[10]

McCormack erkennt fern von einer konfessionell-kontroverstheologischen Polemik die Probleme, die der klassischen lutherischen Christologie im Zusammenhang der Zwei-Naturen-Lehre, näherhin der Lehre von der Idiomenkommunikation durch die einseitige Orientierung am Logos als Subjekt, erwachsen.[11] Treffend hatte bereits Walter Sparn ein zweifaches Problem identifiziert:

> Zum einen entsprach ihr [scil. der klassischen lutherischen Christologie] einseitiges Gefälle nicht der angenommenen Wechselwirkung einer Gemeinschaft, in der die Menschheit wahrhaft an der Herrlichkeit der Gottheit, aber ebenso wahrhaft diese am Leiden und Sterben der Menschheit teilnimmt.[12]

---

6 McCormack, Kenoticism, 455.
7 McCormack, Karl Barth's Christology, 250 (dort z.T. kursiv).
8 McCormack, Kenoticism, 456.
9 Vgl. McCormack, Kenoticism, 455: „The key to this model would be to understand the divine Logos as relating to the man Jesus in a posture of permanent and unbroken *receptivity*."
10 McCormack, Kenoticism, 455.
11 Vgl. McCormack, *Humility*, 67–73.
12 Walter Sparn,"Jesus Christus V. Vom Tridentinum bis zur Aufklärung," *TRE* 17 (1988), 1–16, 5.

Es wurde zwar die Einführung eines *genus tapeinoticum* (neben dem *genus idiomaticum*, dem *genus apotelesmaticum* und dem *genus majestaticum*) erwogen, aber unter Verweis auf den Grundsatz der Leidenslosigkeit Gottes abgelehnt. McCormack kommt immer wieder auf diese s.E. falsche, metaphysische Axiomatik, namentlich das Apathieaxiom und das Axiom von der *simplicitas* Gottes, zu sprechen.

Zum anderen – so nochmals Sparn –

> bleibt auch das entelechische Gefälle zwischen Gottheit und Menschheit Christi insofern problematisch, als die der eutychianischen Gefährdung entgegengestellte Unterscheidung zwischen unmittelbar mitgeteilten wirksamen und nur mittelbar mitgeteilten ruhenden Majestätsattributen (Unermesslichkeit, Ewigkeit usw.) bzw. die Unterscheidung zwischen Besitz und (verhülltem oder unterlassenem) Gebrauch der unmittelbar mitgeteilten Majestätsattribute (FC, SD VIII,25–30.64–66) nicht genügte, um die Knechtsgestalt Christi, d. h. den Stand der Erniedrigung, unverkürzt wahrnehmen zu können, denn diese Unterscheidung [...] läßt sich auf eine mitgeteilte Allmacht, nicht aber auf eine mitgeteilte Allgegenwart anwenden.[13]

Die Zweiständelehre (*status exaltationis* und *status exinanitionis*) habe hier ein Stück zu entlasten vermocht, erklärte aber noch nicht, „wie der Menschheit Christi Allgegenwart mitgeteilt und wie sie im Stand der Erniedrigung zugleich nicht allgegenwärtig sein konnte."[14]

McCormack zufolge schleppte die altprotestantische Orthodoxie damals den ontologischen Ballast der auf metaphysischen Voraussetzungen beruhenden altkirchlichen Christologie mit sich, die auch die Kenosis-Lehre verdarb. Eine erneuerte Kenosis-Lehre könne aber im Blick auf die Tradition – vorbehaltlich aller Prüfung – „das Gute behalten" (1Thess 5,20), etwa den Dyotheletismus der Zwei-Naturen-Lehre, der Maximus Confessor (bzw. dem 6. Ökumenischen Konzil von 680/1) zugeschrieben wird,[15] wobei etwa Wunder durch den Menschen Jesus nicht mehr als logos- sondern als geistgewirkt verstanden werden dürften.[16] Handelndes Subjekt ist dabei – entsprechend der McCormackschen Umkehrung des Richtungssinns – wiederum der Mensch und nicht mehr der Logos. Auch die Akzentuierung der göttlichen Unveränderlichkeit könne aufrechterhalten werden,[17] obgleich sich dieses Prädikat erst analog von Gott her und nicht aus einer vorgeordneten Idee von Unveränderlichkeit erschließe.

---

13 Sparn, Jesus Christus, 5 f.
14 Sparn, Jesus Christus, 6.
15 Vgl. McCormack, *Humility*, 181.
16 Vgl. McCormack, Kenoticism, 455.
17 Auch Barth betont, wie McCormack, Chalkedonismus, 146.149 f., hervorhebt, die Unveränderlichkeit des Werdens des Wortes.

McCormacks Kenosis-Lehre basiert dabei auf einem trinitätstheologischen Fundament: „The ontological condition of its possibility in God is an eternal act of ‚self-determination' in which the being of the triune God is so completely oriented towards this outcome in time that the identity of the Logos as the second ‚person' of the Trinity is formed by it."[18] McCormack beruft sich dabei u. a. auf Barths Verständnis der Trinität im Sinne des einen göttlichen Subjektes in „drei Seinsweisen".[19] Dass der Logos sich rein rezeptiv verhalte, basiere gewissermaßen auf einem Willensentscheid zum Nichtgebrauch der mit dem Vater und dem Geist geteilten Kräfte. Der dreieine Gott besitze diese Kräfte aber weiterhin und er beraube sich selbst nichts, was der Gottheit eigen wäre, indem er in der Kraft des Geistes, der dem Menschen Jesus innewohnt, menschlich handle.

3 Karl Barths kenotische Vaterschaft

McCormack knüpft mit seiner Kenosis-Lehre erkennbar an Barth an, auch wenn dieser selbst den Begriff nur pejorativ gebrauche, weil er die klassische Kenotik vor Augen habe.[20] Insbesondere im Abschnitt „Der Weg des Sohnes Gottes in die Fremde" (KD IV/1, § 59.1) würden sich starke kenotische Impulse Barths finden,[21] wenn er z. B. akzentuiere: „Gott gibt sich hin, aber nicht weg und nicht auf, indem er Geschöpf, indem er Mensch wird. Er hört darin nicht auf, Gott zu sein."[22] Aufwändig rekonstruiert McCormack die Entwicklung von Barths Christologie, die in der Versöhnungslehre schließlich in die Ablehnung eines abstrakten metaphysischen Subjektes, nämlich des *Logos simpliciter*, münde[23] und durch das Verständnis Jesu Christi als Subjekt ersetzt wird, dessen Wirklichkeit das Zugleich einer zweifachen Geschichte der Selbsterniedrigung Gottes und der Erhö-

---

18 McCormack, Kenoticism, 456.
19 Vgl. KD I/1, § 9 (Leitsatz), 367: „Der Gott, der sich nach der Schrift offenbart, ist Einer in drei eigentümlichen, in ihren Beziehungen untereinander bestehenden Seinsweisen: Vater, Sohn und Heiliger Geist." Dort kursiv.
20 Vgl. McCormack, *Humility*, 101. Ferner Hans-Wilhelm Pietz, *Das Drama des Bundes: Die dramatische Denkform in Karl Barths Kirchlicher Dogmatik* (Neukirchen-Vluyn: Neukirchener Verlag, 1998), 80–2.
21 So McCormack, Chalkedonismus, 164; McCormack, Karl Barth's Christology, 248; McCormack, *Humility*, 110.
22 KD IV/1, 202.
23 Vgl. McCormack, Chalkedonismus, 168: „[D]as versöhnende Subjekt [ist] nicht länger der Logos *simpliciter* (das abstrakte metaphysische Subjekt), sondern der Gott-Mensch in seiner göttlich-menschlichen Einheit. Und er ist dies nicht nur in der Zeit, sondern auch schon in der Ewigkeit."

hung des Menschensohnes bildet.[24] Während Barth noch in KD I/2 christologisch „in das substantialistische Denken der antiken Metaphysik"[25] absinke, ereigne sich in der Erwählungslehre durch die Bestimmung Jesu Christi als einem in der ewigen und zugleich zeitlich sich ereignenden Geschichte handelnden Subjekt und Objekt der Erwählung, d. h. als erwählendem Gott und erwähltem Mensch,[26] ein „ziemlich dramatische[r] Wandel[]".[27] Ausgehend von Jesus Christus als Seins- und Erkenntnisgrund der Erwählung und der Gnadenwahl als der allen anderen Werken Gottes vorausgehenden Entscheidung vollziehe sich eine Revolution der Denkart im Sinne Kants.

Als Resultat dessen werde bei Barth auf dem Zenit seines antimetaphysisch-aktualistischen Denkens die Unterscheidung zwischen einem *Logos asarkos* und einem *Logos ensarkos* hinweggefegt und nichts weniger als das Zusammenfallen von immanenter und ökonomischer Trinität hervorgehoben:[28]

> The eternal event in which God is constituted as triune (the divine processions) and the eternal event in which God turns towards the human race in electing grace (the divine missions) is one and the same event; the missions are contained in the processions. Thus, the triune God is ‚already', in himself, what he will do in the temporal execution of election. No change takes place in God – no change *can* take place – in that he suffers humanly. And, finally, the coming of the Son of God into this world is a real incarnation and no mere theophany.[29]

Es sind die in der Erwählungslehre gefallenen christologischen Grundentscheidungen Barths, die McCormack in seiner Kenosislehre im postbarthianischen Fortschreibungsprozess exekutiert. Ob er dies konsequent tut, wäre zu fragen. Gnadenwahl und Kenosis werden jedenfalls bei McCormack miteinander kurzgeschlossen. Kenosis ist, anders gesagt, für McCormack ein Interpretandum der Gnadenwahl und die Erwählung das entscheidende Interpretament der Kenosis. In dieser Bestimmung zeigt sich unverkennbar das Barthsche Erbe. Die Barthsche Erbschaft, die McCormack in anderen postbarthianischen Entwürfen verspielt sieht,[30] wird hier begrifflich fixiert.

---

24 McCormack, Chalkedonismus, 143.
25 McCormack, Chalkedonismus, 149.
26 Vgl. KD II/2, § 32 (Leitsatz), 1. Dort kursiv.
27 McCormack, Chalkedonismus, 151.
28 Vgl. auch Hans Theodor Goebel, „Trinitätslehre und Erwählungslehre. Eine Problemanzeige," in *Wahrheit und Versöhnung: Theologische und philosophische Beiträge zur Gotteslehre*, hg. v. Dietrich Korsch/Hartmut Ruddies (Gütersloh: Gütersloher Verlagshaus, 1989), 147–66.
29 McCormack, Kenoticism, 456. Vgl. dazu das Barth-Referat in: McCormack, Chalkedonismus, 155 f.
30 McCormack, *Humility*, 159 umschreibt diesen Vorgang pointiert als „Collapse of the Eternal Son into Jesus and Surrender of an Immanent Trinity in Protology". Dort kursiv.

4 Hans-Georg Geyer als kenotischer Erbe der Christologie Karl Barths

Hans-Georg Geyer hat bereits im Jahr 1978[31] in der „Evangelischen Theologie" einen bemerkenswert scharfsinnigen und tiefgründigen Aufsatz im Anschluss an seine Göttinger Vorlesung „Die Lehre von der Versöhnung" (im Sommersemester 1977) vorgelegt.[32] Ohne dass Geyer den Begriff „Kenosis" explizit gebraucht, reiht er sich doch der Sache nach eindeutig in die Tradition der Kenosis-Christologie ein.[33] Geyer spricht an besagtem Ort mehrfach von „Entäußerung". Zunächst negativ in der Abgrenzungsbewegung, wenn er jenen Gehorsam in den Blick nimmt, der durch die „vollkommene[] Entäußerung alles eigenen Sinnens, Wollens und Strebens bis zur Entäußerung in die äußerste Ferne unseres Lebens" charakterisiert sei.[34] Sodann spricht Geyer positiv (im theologischen Sinne von „heilvoll") von der „Entäußerung" als jenem Gehorsam, der die Hingabe des leidenden und sterbenden Sohnes Gottes umschreibt. Genau darum geht es Geyer zufolge bei der Kenosis, nämlich um die restlose Entäußerung (auch) der Sohnschaft als eines Eigentums in der Passion des Todes am Kreuz, die sich als selbstloser Gehorsam vollzieht und in der sich die Bewährung wahrer Sohnschaft ereignet.

Geyer versteht die Kenosis nicht nur inkarnatorisch, sondern auch staurozentrisch. Denn im Kreuz als Kulminationspunkt ereigne sich die alles entscheidende Peripetie des Seins Jesu aus der Monogenität in die Primogenität der Sohnschaft.[35] Inkarnations- und Kreuzestheologie dürften deshalb nicht gegeneinander ausgespielt werden, wenn anders es denn im Dogma der Inkarnation um den essentiel-

---

[31] Also noch bevor Hans Jonas seinen berühmten Aufsatz „Der Gottesbegriff nach Auschwitz. Eine jüdische Stimme," in *Reflexionen in finsterer Zeit: Zwei Vorträge von Fritz Stern und Hans Jonas*, hg. v. Otfried Hofius (Tübingen: Mohr Siebeck, 1984), 63–86, verfasste, der auf seine Weise das Motiv der Kenosis Gottes zum Gegenstand hat.
[32] Hans-Georg Geyer, „Anfänge zum Begriff der Versöhnung," in *EvTh* 38 (1978), 235–51; wieder abgedruckt in und zit. nach Hans-Georg Geyer, *Andenken. Theologische Aufsätze*, hg. v. Hans Theodor Goebel u. a. (Tübingen: Mohr Siebeck, 2003), 208–26.
[33] Dies bemerkt zu Recht Heinrich Assel, „Was heißt: sich im Namen „Jesus Christus" orientieren? Christologie in der deutschen evangelischen Theologie nach 2000," in *Gegenwartsbezogene Christologie: Denkformen und Brennpunkte angesichts neuer Herausforderungen*, hg. v. Marco Hofheinz und Kai-Ole Eberhardt (Tübingen: Mohr Siebeck, 2020), 67–100, 81.
[34] Man mag vermuten, dass sich hier autobiographische Reminiszenzen eines Menschen eingeschlichen haben, der – wie viele seiner „Generationskohorte" – die „freiheitsbedrohende und wahrheitsdeformierende nationalsozialistische Jugenderziehung" erlebt hat. So Hartmut Ruddies, „Hans-Georg Geyer: Leben und Werk," in *Gott und Freiheit: Theologische Denkanstöße Hans-Georg Geyers*, hg. v. Katharina von Bremen (Schwerte: Institut für Kirche und Gesellschaft, 2008), 9–24, 10.
[35] Vgl. Geyer, Anfänge, 223.

len Zusammenhang unendlicher Gottessohnschaft und endlichem Kreuzestod geht, der Jesu Sohnsein nicht unberührt lässt. Der einmalige Kreuzestod sei ein Implikat der einzigartigen Sohnschaft Jesu. Geyer unterscheidet in einer Adaption wie Transformation der Zwei-Naturen-Lehre zwischen zwei Seinsweisen des Sohnes, nämlich seiner Monogenität und seiner Primogenität: Der Sohn ist demzufolge nicht nur im Sinne von Joh 3,16 der eingeborene Sohn (*filius unigenitus*), sondern auch der erstgeborene Sohn (*filius primogenitus*) seiner Geschwister.[36] Als den erstgeborenen Menschensohn kennzeichnet ihn prinzipielle Inklusivität, sofern beim Erstgeborenen weitere Geschwister impliziert sind, während der eingeborene Sohn als solcher der einzige und damit durch prinzipielle Exklusivität charakterisierte Sohn ist.

Kenosis meint nun nach Geyer die Wandlung vom Eingeborenen zum Erstgeborenen, wie sie im Kreuz Jesu Christi als Höhepunkt der Passionsgeschichte geschieht. „Im Feuer der Kreuzesgeschichte" findet – wie Geyer sich ausdrückt – die „Verschmelzung" der beiden Seinsweisen Jesu, d. h. seiner Monogenität und Primogenität, statt, so dass fortan der Gottessohn nicht ohne den Menschensohn verstehbar sei.[37] Denn im Todesgeschick Jesu kreuzen sich die Gottesbeziehung und die Weltbeziehung Jesu, seine Gottes- und Menschensohnschaft. Diese sich im Kreuzesgeschehen ereignende Wandlung, mit der Geyer die Kenosis umschreibt, ist keine akzidentielle Veränderung. Vielmehr geht es um die „Konstitutionsgeschichte der Identität Jesu in der differenzierten Einheit von Kreuz und Auferstehung".[38] Die Geschichte der Kenosis Jesu Christi ist die Konstitutionsgeschichte seiner Identität – nicht mehr und nicht weniger. In ihr wandelt sich zugleich – formal betrachtet – Ausschließlichkeit zu einer ausgeschlossenen Ausschließlichkeit. In dieser Wandlung geschieht zugleich Versöhnung, so dass hier – entsprechend dem christologischen Postulat Karl Barths[39] – Person und Werk Jesu Christi zusammenfallen.

Das entscheidende Versöhnungs-Interpretament Geyers ist dabei das der Hingabe. Mit ihr kann er die Dimension der Stellvertretung (dem spätestens seit Anselm von Canterbury entscheidenden Schlüsselmotiv der Versöhnung) einholen. Hingabe nimmt die doppelte Relation Jesu (als Erstgeborenem) zum Vater und zu den Geschwistern und damit zwei zentrale christologische Beziehungskomplexe der Versöhnung (nämlich Kreuz und Inkarnation) in den Blick. Darin ist sie doppelt, gewissermaßen als Doppelbewegung, konturiert. Die Hingabe des sich selbst entäußernden, freiwillig-gehorsamen, leidenden und sterbenden Sohnes an den Vater bildet die innere Voraussetzung der Stellvertretung, die sich auf das Verhältnis Jesu zu

---

36 Vgl. Geyer, Anfänge, 221.
37 So Geyer, Anfänge, 222.
38 Geyer, Anfänge, 222.
39 Vgl. KD IV/1, 135 f.

seinen Geschwistern und damit sein Weltverhältnis bezieht. Das Weltverhältnis des Sohnes bildet das Implikat und die Konsequenz seines Gottesverhältnisses, so dass die in Kreuz und Auferstehung sich ereignende Einheit beider auf dem Primat der Gottes- gegenüber der Weltbeziehung des Sohnes basiert. Mit seiner Hingabe am Kreuz liefert der Sohn mit seiner Monogenität nichts weniger als seine Sohnschaft aus. Es geht am Kreuz um das Sohnsein Jesu und das Vatersein Gottes. Geyer versteht die im Kreuz gipfelnde Passionsgeschichte als wirkliche Passion der Gottesferne des Gekreuzigten, der nicht an seinem Sohnsein festhält, sondern sich in seiner Hingabe bis hin zur Preisgabe seiner Sohnschaft, einschließlich des Verzichts auf die Selbstbestimmung oder Autarkie seiner Sohnschaft, kenotisch verhält. Seine gehorsame Hingabe an den Vater sei zugleich Hingabe für die Welt, mithin Stellvertretung.

Die kenotische Pointe Geyers besteht nun freilich nicht nur in der Betonung der Hingabe des Sohnes, sondern zugleich – und hier kommt die Doppelbewegung der Hingabe zum Tragen – in der Hingabe des Vaters. Das Motiv der Hingabe ist bei Geyer, wenn man so will, ein doppeltes Kenosismotiv. Es geht nicht nur um die Kenose des Sohnes, der sich dem Vater hingibt, sondern auch um die Kenose des Vaters, der den Sohn in den Tod hingibt.[40] Die gesamte Gotteslehre ist von der Kenosis betroffen, ja sie reicht bis in die Tiefen der Trinitätstheologie,[41] sofern die Seinsweise des Vaters und des Sohnes essentiell von ihr betroffen sind. Die Hingabe des Vaters, der den Sohn in den Tod gibt, wird nach Geyer begleitet von der Versuchung, sich aus der Personalität und Relationalität in die absolute Substantialität zurückzuziehen.[42] Das Kreuz bilde den äußersten Punkt der Möglichkeit dieser Regression und die Todesstunde des einzigen Sohnes Gottes den atemberaubenden Augenblick triumphaler Selbstbehauptung durch die Selbstzurücknahme in die erschöpfte und alles andere verwesende Identität von Gott und Sein.[43] Die Regression des göttlichen Seins, die Geyer hier schildert, bildet so etwas wie eine pervertierte Kenose. Es geht um einen strengen Monotheismus im Sinne eines metaphysischen Monismus, der eben nur die absolute, differenzlose Einheit, die Einheit puren Gottseins kennt. Diese Versuchung sei insofern „real",

---

40 Hier dürfte es sich um eine kreuzestheologische Konzentration von Barths (anthropologischen) Ausführungen in KD III/2 handeln, wonach Jesus der Mensch für Gott (§ 44,1) und der Mensch für den anderen Menschen (§ 45,1) und darin der ganze Mensch (§ 46,1) ist. Im Prinzip steckt dort bereits in dem „für" auch ein Hingabe-Motiv. Diesen Hinweis verdanke ich meinem Mitarbeiter Jan-Philip Tegtmeier.
41 Zutreffend identifiziert Goebel, Geyers Umgang, 211, hier „eine Grundlegung trinitarischer Gotteslehre" bei Geyer.
42 Vgl. Geyer, Anfänge, 225.
43 Geyer, Anfänge, 225.

als dass auch für den Vater ein „Investitionsrisiko"[44] bestehe, zumal er sein ganzes Wesen als Vater des Sohnes in das Sein des Sohnes gesetzt habe, bis hin zur Möglichkeit des Ungehorsams des Sohnes, seines – wenn man so will – prometheischen Widerspruchs. Geyer schreckt hier nicht vor „spekulativen Grenzüberlegungen"[45] zurück, die gewiss ein Hauch von Mythos umweht, die er aber in geradezu Hegelscher Manier um der Vermeidung ebionitischer wie doketischer Abschwächungen der Härte des Kreuzes willen wagt.

Die Hingabe des Vaters meint die Hingabe des Sohnes durch den Vater, die nun freilich nicht in eine Preisgabe des Sohnes mündet, sondern in das österliche Urteil des Vaters. Dieses Urteil Gottes bildet die Antwort des Vaters auf den hingebungsvollen Gehorsam des Sohnes. In ihr kommt „die kreative Treue als Beschluß der Identität des Seins Gottes im Interesse seiner Differenz"[46] zum Ausdruck. Das heißt im Ergebnis, wie Geyer äußerst verdichtet formulieren kann:

> Die Selbsthingabe des Sohnes realisiert wiederholend die Hingabe des Sohnes durch den Vater; aber diese Hingabe des Vaters wiederholt nicht die Preisgabe der Sohnschaft des Sohnes in dessen Selbsthingabe an den Willen des Vaters im Interesse seiner Gottheit. Vielmehr erwährt [sic!][47] der Vater diesen selbstlosen Gehorsam des Sohnes als die restlose Entäußerung auch der Sohnschaft als seines Eigentums in der Passion des Todes am Kreuz als die wirkliche Bewährung wahrer Sohnschaft.[48]

Im Kern meint Kenosis nichts anderes als ein Erwählungshandeln Gottes. In ihm erwählt Gott für sich nicht die negative Freiheit des Absoluten, sondern die positive, nämlich Versöhnung setzende Freiheit des Seins als Vater des Erstgeborenen und seiner Geschwister. In diesem Erwählungshandeln Gottes ist der Sohn Gottes – wie Geyer sagt – ein „passives Subjekt";[49] passiv darin, dass er vom Vater erwählt wird, zugleich aber auch aktiv und in dieser Aktivität Subjekt darin, dass er sich in den selbstlosen Gehorsam hingibt und restlos entäußert. Wiederum bildet erkennbar die Barthsche Bestimmung von Jesus Christus als Subjekt und Objekt der Erwählung den Hintergrund für diese atemberaubende postbarthianische Transformation Geyers.

---

[44] Henning Theißen, "Der irdische Jesus. Wahrheit und Kontextualität der Christologie bei Hans-Georg Geyer," in *Transformation der Christologie: Herausforderungen, Krisen und Umformungen*, hg. v. Christian Danz (Göttingen: Vandenhoeck & Ruprecht, 2019), 89–102, 101.
[45] So Goebel, Geyers Umgang, 211.
[46] Geyer, Anfänge, 226.
[47] M.E. muss es hier bei Geyer „erwählt" statt „erwährt" heißen.
[48] Geyer, Anfänge, 226.
[49] Geyer, Anfänge, 221.

5 Fazit

Geyer und McCormack haben ohne jeden Zweifel in ihrer Stringenz und Kohärenz sowohl in Anlage als auch Entfaltung beeindruckende postbarthianische kenotische Entwürfe vorgelegt, die sie als legitime Erben Barths ausweisen; nicht zuletzt darin, dass beide einen dezidiert trinitarischen Zugang wählen. Dabei konkurrieren sie nicht einfach nur im Blick auf das Barthsche Erbe, sondern ergänzen sich gewissermaßen, wie man dies ja auch von Geschwistern oder Verwandten in mehr oder weniger harmonischen Familien kennt. Es gibt bei beiden einige Gemeinsamkeiten zu beobachten, die von dem bereits erwähnten dezidiert trinitarischen Zugang, über eine erwählungstheologische oder besser: erwählungs*christologische* Pointierung, bis hin zu einer sich in dyotheletischer Tradition bewegenden starken Betonung der Willensentscheidung reichen. Freilich zeigen sich auch Differenzen. Anders als McCormack spricht Geyer an keiner Stelle vom *logos simpliciter* bzw. *logos asarkos*, nicht einmal negativ, wie McCormack dies tut, geschweige denn affirmativ, wie dies in der altkirchlichen und altprotestantischen Tradition der Fall ist. Geyer setzt mit anderen Worten Barths Grundentscheidung voraus, wohingegen McCormack sie erst mühsam und aufwändig, aber doch höchst verdienstvoll traditions- wie werkgeschichtlich rekonstruiert.

Beide scheinen mir zugleich darin legitime Erben Barths zu sein, dass sie, wie gezeigt wurde, jeweils auf den Schultern Barths stehend, über ihn hinausgehen. Beide agieren dabei mit unterschiedlicher Fokussierung. Während Geyer bei seiner kenotischen Bestimmung der Christologie auf die Vater-Sohn-Relation abhebt, fokussiert McCormack auf das Logos-Mensch-Verhältnis. Geyers Kenosis-Vorstellung fällt dabei gewiss traditioneller als McCormacks aus, da ersterer Kenosis vermittelt über das Motiv der Hingabe und des Gehorsams stärker als Entäußerung, nämlich als Entäußerung der Sohnschaft, denkt, während letzterer ja gerade mit seiner Umkehrung der Blickrichtung weg vom Logos und hin zum Menschen Jesus Kenosis nicht als Entäußerung eines seine Göttlichkeit veräußernden Logos, sondern als Rezeptivität für den in der Kraft des Geistes handelnden Menschen versteht. Aber auch Geyer sprengt die Tradition auf seine Weise, indem er die Kenose Gottes als Kenose des Vaters anvisiert. Eine zutreffende Verhältnisbestimmung beider Barth beerbenden Denker wird diese unterschiedlichen relationalen Bezüge berücksichtigen müssen.

McCormack und Geyer bilden m. E. darin eine spezifische Erbengemeinschaft, dass die Stärken des einen zugleich die Schwächen des anderen sind und umgekehrt. Die Gefahr Geyers besteht darin, dass bei seiner Fokussierung auf die Vater-Sohn-Relation eine rein binitarische Entfaltung erfolgt. Die im Sinne eines pneumatologischen Plädoyers in den letzten Jahrzehnten vielfach angemahnte Geistvergessenheit wäre ihre Konsequenz. Der Geyer'sche Zugang ist gewiss auch ein dezidiert trinitarischer. In der relationalen Entfaltung aber findet der Geist Gottes bei Geyer anders als bei McCormack, soweit ich sehe, keine Berücksichtigung. Die Gefahr McCormacks besteht in der jedenfalls für mich noch nicht zureichend erkennbaren Integration einer Kreuzestheologie in seine kenotische Christologie, die mir sehr stark inkarnationstheologisch grundiert zu sein scheint. Natürlich kann McCormack das Leiden des Menschen Jesus berücksichtigen und tut dies auch. Der Mensch Jesus erfährt ja, wie McCormack betont, Leiden und der Logos nimmt diese Leiden in sein eigenes Wesen auf. Die Rezeptivität des Logos verbürgt gerade dies. Und doch geht die Kreuzestheologie, wie insbesondere Geyer zeigt, nicht in einem Passionsleiden Jesu auf, sondern inkludiert über die Hingabe die Dimension der heilvollen Stellvertretung, ohne die Versöhnung nicht zu haben ist. Heinrich Assel hat m. E. zutreffend die spezifische Stärke Geyers hervorgehoben, dessen Entwurf dadurch besticht, dass er Inkarnations- und Kreuzestheologie nicht gegeneinander ausspielt – wie dies leider oft geschieht –, sondern sie aus einem Guss präsentiert.[50] Vermittelt gerade über das Inkarnationsgeschehen bildet nach einer glänzenden Formulierung Geyers „die theologia crucis [zugleich] ein Kapitel und [...] das Kompendium der ‚theologia trinitatis'".[51]

Das Barthsche Erbe anzutreten, ist alles andere als leicht. Die Komplexität seiner bis in die Architektur hinein höchst kunstvoll aufgebauten Versöhnungslehre zu erreichen, in der die dogmatischen Topoi so ausgewogen, weil ausgesprochen dialektisch vermittelt sind, dürfte sehr schwer bzw. nahezu unmöglich sein. Barths Versöhnungslehre bildet geradezu eine eigene Dogmatik, in der u. a. die Trinitätslehre neu durchdacht wird. Barth kann durch sein hochgradig vernetztes dialektisches Denken Gefahren begegnen, die aus Vereinseitigungen erwachsen. Auch das Motiv der Kenosis, das mir bei den beiden hier dargestellten, ungemein inspirierenden Denkern recht zentral zu sein scheint, ist mit bestimmten Gefahren belegt, die gewissermaßen aus seiner Generalisierung resultieren. *Latet periculum in generalibus* – mit diesem Bonmot bzw. Diktum hat Barth gerne gewarnt,[52] nicht zuletzt vor Verabsolutierungen im komplexen Begriffsnetz der Dogmatik, durch die Schräglagen hervorgerufen werden. Auch die Kenosis ist gewiss kein Passepartout, mit dem sich alle dogmatischen Probleme lösen lassen. Gerade in der Wahrnehmung dieser Gefahr manifestiert sich das Barthsche Erbe. Man kann eben nur *hoffen*, dass sich auch im Blick auf das theologische Denken und die aus ihm resultierende Lehrbildung der alte Sinnspruch Hölderlins aus der Hymne „Patmos" bewahrheitet: „Wo aber Gefahr ist, wächst / Das Rettende auch."[53]

---

50 So Assel, Namen, 81.
51 Geyer, Anfänge, 225. Dort z. T. kursiv.
52 Z.B. KD II/2, 51.
53 Friedrich Hölderlin, *Werke in einem Band*, auf der Grundlage der Ausgabe von Günter Mieth hg. v. Hans Jürgen Balmes (München/Wien: Carl Hanser Verlag, 1990), 197.

Bibliographie

Assel, Heinrich. "Was heißt: sich im Namen „Jesus Christus" orientieren? Christologie in der deutschen evangelischen Theologie nach 2000." In *Gegenwartsbezogene Christologie. Denkformen und Brennpunkte angesichts neuer Herausforderungen*, hg. v. Marco Hofheinz und Kai-Ole Eberhardt, 67–100. Tübingen: Mohr Siebeck, 2020.

Geilhufe, Justus. *Gnade als trinitarisches Sein. Bruce McCormacks Theologie in ihrer Entwicklung aus analytischer und konstruktiver Barthrezeption*. Göttingen: Vandenhoeck & Ruprecht, 2021.

Geyer, Hans-Georg. "Anfänge zum Begriff der Versöhnung." In *Andenken. Theologische Aufsätze*, hg. v. Hans Theodor Goebel u. a., 208–226. Tübingen: Mohr Siebeck, 2003.

Goebel, Hans Theodor. "Trinitätslehre und Erwählungslehre. Eine Problemanzeige." In *Wahrheit und Versöhnung: Theologische und philosophische Beiträge zur Gotteslehre*, hg. v. Dietrich Korsch und Hartmut Ruddies, 147–66. Gütersloh: Gütersloher Verlagshaus, 1989.

Goebel, Hans Theodor. "Hans-Georg Geyers Umgang mit der Theologie Karl Barths." In *Umstrittenes Erbe: Lesarten der Theologie Karl Barths*, hg. v. Matthias Gockel u. a., 203–213. Stuttgart: Kohlhammer, 2020.

Hölderlin, Friedrich. *Werke in einem Band*, auf der Grundlage der Ausgabe von Günter Mieth hg. v. Hans Jürgen Balmes. München und Wien: Carl Hanser Verlag, 1990.

Jonas, Hans. "Der Gottesbegriff nach Auschwitz. Eine jüdische Stimme." In *Reflexionen in finsterer Zeit: Zwei Vorträge von Fritz Stern und Hans Jonas*, hg. v. Otfried Hofius, 63–86. Tübingen: Mohr Siebeck, 1984.

McCormack, Bruce L. "Grace and Being: The Role of God's Gracious Election in Karl Barth's Theological Ontology." In *The Cambridge Companion to Karl Barth*, hg. v. John Webster, 92–110. Cambridge: Cambridge University Press, 2000.

McCormack, Bruce L. "Barths grundsätzlicher Chalkedonismus?," *ZDTh* 18 (2002): 138–73.

McCormack, Bruce L. "Karl Barth's Christology as a Resource for a Reformed Version of Kenoticism," *International Journal of Systematic Theology* 8 (2006): 243–51.

McCormack, Bruce Lindley. "Kenoticism in Modern Christology." In *The Oxford Handbook of Christology*, 444–57. Oxford: Oxford University Press, 2015.

McCormack, Bruce L. "'We have actualized the doctrine of the incarnation'. Musings on Karl Barth's Actualistic Theological Ontology." *ZDTh* 32 (2016): 179–98.

McCormack, Bruce L. *The Humility if the Eternal Son: Reformed Kenoticism and the Repair of Chalcedon*. Cambridge: Cambridge University Press, 2021.

Pietz, Hans-Wilhelm. *Das Drama des Bundes: Die dramatische Denkform in Karl Barths Kirchlicher Dogmatik*. Neukirchen-Vluyn: Neukirchener Verlag, 1998.

Ruddies, Hartmut. "Hans-Georg Geyer: Leben und Werk." In *Gott und Freiheit: Theologische Denkanstöße Hans-Georg Geyers*, hg. v. Katharina von Bremen, 9–24. Schwerte: Institut für Kirche und Gesellschaft, 2008.

Sparn, Walter. "Jesus Christus V. Vom Tridentinum bis zur Aufklärung," *TRE* 17 (1988): 1–16.

Theißen, Henning. "Der irdische Jesus. Wahrheit und Kontextualität der Christologie bei Hans-Georg Geyer." In *Transformation der Christologie: Herausforderungen, Krisen und Umformungen*, hg. v. Christian Danz, 89–102. Göttingen: Vandenhoeck & Ruprecht, 2019.

Bruce McCormack
Author Meets Critics: Response

Keywords: Kenosis, ontological receptivity, divine suffering, trinitarian properties (common and personal), proctology, anhypostasia, enhypostasia

Perhaps the best place to begin is with an explanation of my project in my own words, since many readers of this forum discussion will not have read my Christology. I am not writing a dogmatics in the strict sense. My project intends no treatments of creation, providence, ecclesiology or sacraments – to give a few examples. What I am writing is a series of studies in dogmatics; a trilogy of works on the person of Christ, the triune God and theology of the cross/resurrection (or "objective soteriology"). I may eventually expand this into four volumes if time is left to me to write a volume on pneumatology ("subjective soteriology") and anthropology.

Because I am doing a series of dogmatic studies with a narrow scope and intention, I am not making a claim about whether the Trinity is best treated at the beginning or the end of a dogmatics or even "in the middle." Were I to have posed that question to myself, I would have been tempted to answer it: at the end. But I do not have to wait until an entire dogmatics has been unfolded to establish what I need to establish. My goal has been and remains that of elaborating a new understanding of the second "person" of the Trinity as a composite (divine and human) experiencing Subject of human suffering. What happens to our understanding the triune God when he is thought about on the basis of such a Christology will be made clear in my second volume. That I have chosen to construct my doctrine of the Trinity "in the middle" is due to two considerations. First, because I intend to ground my doctrine of the Trinity in Christology without remainder. And, second, because treatments of the doctrine of the atonement/reconciliation have often presupposed a God-concept by means of which the existing options for explaining the meaning of the saving work of Christ have de-limited in advance of a treatment of Christ which might otherwise have opened up new possibilities.

More positively, my Christological model has been elaborated against the background of the shift from a preoccupation with metaphysical abstractions to a concentration on the God-human in his *lived existence* – a shift which took place in late-nineteenth century German theology and is reflected quite clearly in dif-

---

Bruce L. McCormack ist Charles Hodge Professor of Systematic Theology Emeritus am Princeton Theological Seminary in New Jersey. Neueste Veröffentlichung zum Thema: *The Humility of the Eternal Son: "Reformed" Kenoticism and the Repair of Chalcedon.* (New York: Cambridge University Press, 2021).

fering ways in I.A. Dorner, Albrecht Ritschl and Karl Barth. The model itself has the following features: It understands the eternal Son to relate to Jesus of Nazareth *receptively*, rather than acting through and even upon him (as the ancients had it). It is a "taking up" (i.e. a realistically conceived appropriation) of the existence of Jesus (his properties and the activities and experiences they make possible) into the Son's own *life*. It thus negates the possibility of ascribing simplicity and impassibility to the Son. And because it further posits the eternal generation of the second "person" of the Trinity by the first as an act teleologically-ordered to incarnation (and to the complex event of cross and resurrection which is the purpose of incarnation). The relation joining the Son and Jesus in their lived existence is thus eternal and, indeed, ontologically constitutive of both. It is the eternal relation to Jesus that makes possible a coherent appropriation of all that Jesus is and does. And so, what is in view here are two subjects becoming one in a single, shared history.

The Pauline concept of "kenosis" is called upon to explain the ontological consequences of the Son's receptivity to Jesus. The extraordinary works performed by Jesus are explained by the Spirit's indwelling of him rather than the Son's uniting activity (which preserves receptivity in the Son). "Emptying" consists not in the loss or retraction of properties considered in advance to be proper to the eternal Son but in his selflessness, his giving of himself to *be* in and through a human other.

Further explanation will be given as I address my four interlocutors. I turn now to that task.

1 Response to Sarah Coakley

Sarah Coakley's challenge has principally to do with my reading of the Chalcedonian Definition (advanced in the opening chapter of my Christology) and the question of whether I have rightly parsed the most basic problem bequeathed to later theology by it. My contention was that the problem is that Jesus of Nazareth plays no real role in the constitution of the Christological subject. She disagrees, saying that the problem is that the Council offered no unambiguous answer to the question of the identity of the Christological subject. She speaks of "the fatal ambiguity that the Definition left as to whether the pre-existent Logos was straightforwardly *identified* with the personal 'hypostasis' in Christ, or whether the hypostasis was to be read as 'confected' *out of* the divine and human natures (which the Definition's formulation seemed in her view to imply)."[1] But she says, a "repair" of that problem was already

---

[1] Coakley, 262 f.

effected by the second Council of Constantinople (553). It was only at this point that a straightforward victory of the Cyrilline tradition finally triumphed and the Christological subject was unambiguously identified with the pre-existent Logos.

I remain convinced that she is wrong on both counts. To explain why, I must provide a bit of background where my Christological debates with Coakley are concerned. As it happens, the disagreement which surfaces in Coakley's essay is not new to either of us. It emerged fully in a conversation when she was a visiting professor of religion at Princeton University in 2003/2004. And she asked me: what do you understand by "Chalcedon"? The Definition only or the Definition combined with its preamble and appendices? Given that the Chalcedonian Definition has no confessional standing in my denomination's "Book of Confessions" – I belong to the Presbyterian Church (USA) – the answer I gave was not confessional but a strictly historical one. I said "all of it" because I believe the preamble especially is essential to establishing the true intentions of the bishops. I can no longer remember her own answer but I suspect it would have been directed to the Definition only. Certainly, in her critique of my first chapter, she focuses her attention exclusively on the Definition and makes no mention of the fact that I was clearly reading the Definition in the light of the preamble and I offered six reasons why. Read in this way, it becomes clear that the bishops did in fact set forth an unambiguous answer to the question of the identity of the Christological subject.[2] None of them have been addressed in Coakley's response. And it is only by passing by them without mention that her claim that I rely "too heavily on the authority of John McGuckin's *Saint Cyril of Alexandria and the Christological Convtroversy*"[3] might seem to readers to have traction. But the truth is that I did not "rely" on McGuckin at all. The truth is that the six reasons I gave were first presented by me in the context of an unpublished paper given at the Center for Theological Inquiry in 2000, four years before I became aware of the publication of McGuckin's magisterial work on Cyril.[4] What I found in this book was simply confirmation of my own direct reading of the Fathers and a plausible historical explanation of why the Definition could seem ambiguous when read as a stand alone item.

---

2 Bruce L. McCormack, *The Humility of the Eternal Son* (Cambridge: Cambridge University Press, 2021), 54–7. I will not rehearse all six reasons here but will mention only one. The preamble says "we stand by the decisions and all the formulas relating to the creed from the sacred assembly which took place at Ephesus whose leaders of most holy memory were Celestine of Rome and Cyril of Alexandria." And I stand by what I wrote about this. "That Ephesus should be honored in this way makes it much harder to see Chalcedon as a split decision."
3 Coakley, 261 n. 5.
4 John A. McGuckin, *Saint Cyril of Alexandria. The Christological Controversy* (Crestwood, NY: St. Vladimir's Seminary Press, 2004). The first edition of this book was unknown to me: John A. McGuckin, *Saint Cyril of Alexandria: The Christological Controversy. Its History, Theology, and Texts*, Supplements to Vigiliae Christianae 23 (Leiden: Brill, 1994).

By itself, it is ambiguous because the Cyrilline party had been commanded by the Empress's consort, General Marcian, to come to a theological agreement with the representatives of Rome because he needed a military alliance with them to secure his power in the East. Thus, there was a strong incentive to use phrasing in the Definition that could appease the Romans. McGuckin's great contribution, in my view, was to show that "virtually all of the basic formulations contained in the Definition can be instantiated in the writings of Cyril."[5] If that is the case, and I am not aware that subsequent literature has refuted that point, then the ambiguity pointed to by Coakley exists not because of the difficulties of reconciling contending parties (no such effort was made by the Cyrilline majority) but because of a calculated strategy of leading those at the Council who were at odds with Cyrilline theology to believe that they were gaining concessions when, in fact, none had been made. Coakley reduces McGuckin's achievement to a demonstration that the bishops at Chalcedon were "'mediating between Nestorius and Apollinaris' by means of Cyril"[6] in order then to say that this does not explain why "the parties [. . .] most immediately *unsatisfied* with Chalcedon were themselves 'miaphysites', i.e. champions of Cyril"[7] But the explanation for that is not hard to find; the "miaphysites" were looking for specific phrasing from Cyril without understanding the pragmatic/political brilliance of the Cyrilline bishops at Chalcedon.

In truth, Constantinople II did not suddenly make Cyril triumphant. And they offered no "repair" to Chalcedon since, on their view, it needed none. That Council simply defended Chalcedon whilst applying it to problems which had taken on new greater urgency in the meantime (above all, the so-called "communication of attributes").

Of greater significance to me, however, is Coakley's worries that my Christology gives evidence of a "Nestorian" tilt. She notes that a "'two subjects', or even 'two persons', mode of thinking [. . .] haunts this book from the outset."[8] There is some truth in this claim but it does not lead to the conclusion Coakley draws. Cyril's one subject and Nestorius' two subjects were both, in their differing ways, strategies for preserving the presupposition of a divine Logos who is both simple and impassible. This presupposition (and the metaphysics used to generate these twin concepts in the first place) constitute the intellectual conditions on the basis of which the fifth century controversy played itself out. If it were, even today, necessary to make a decision between them *on the basis of their shared commitments*, I would choose Cyril a thousand times over. But I do not share these com-

---

5 McCormack, *Humility*, 53; here citing McGuckin, *Saint Cyril* (2004), 238.
6 Coakley, 261, n. 5.
7 Coakley, 261, n. 5.
8 Coakley, 262.

mitments, so neither is a live option for me. And, in any event, I do not posit a mere "conjunction" of the Logos and Jesus as Nestorius did; nor do I explain that "conjunction" in terms of an "indwelling" which leaves the being of the Logos unaffected. Use of the term "Nestorianism" to describe my Christology misleads then. But the decisive point is this: since I do not subscribe to the God-concept shared by Cyril and Nestorius, I could say: "the decision between a 'one-subject Christology' and a 'two-subjects' Christology' forced upon us by Chalcedon needs to be rethought from the ground up. A 'composite subject' is certainly not 'two subjects – but neither is it the single (metaphysically purified) subject required by divine simplicity."[9] And so: my Christological model posits two subjects which are continually *becoming one*. Neither is ever without a relation joining it to the other, for the relation is itself eternal and, as such, ontologically constitutive of each one. The relation gives *life*; a living in relation which makes essential to each the contents of that life together. I can therefore say that the "becoming one" takes place on the level of lived existence without fear of retreat back into metaphysical abstractions.

In any event, it should be clear that there is no way that this model can be mapped on to any option in the fifth century landscape. When critics try to force me to choose between Cyril and Nestorius (Coakley is not the first to attempt this), they are begging the question which my book puts to them – that, namely, of what can happen when we abandon the presupposed God-concept that made the fifth century options possible in the first place.

When my model is rightly envisioned on its own terms, it also becomes immediately clear that it constitutes no difficulties where an understanding of divine activity and human activity as non-competitive is concerned. A "becoming one" in a lived relation that knows no end does not give rise to the kind of "one-ness" (singularity!) which would permit the collapse of the activity of either one into the other. In truth, it is today's followers of Cyril who have a problem with upholding non-competitive relations. Where it is said that a human "nature" has been hypostasized in the hypostasis of another, that the "that-ness" of Jesus is the "that-ness" of the Logos, there an instrumentalization of Jesus has become virtually unavoidable. The Logos simply is the Christological subject – which means that unity with Jesus can only be purchased insofar as the Logos acts through and upon him. Jesus cannot perform spontaneous, self-activating activities. Not only is such a relation "competitive"; the competition itself is one that can only be won by the Logos.

Coakley's criticism of the "coherence" of my model depends almost entirely on her misreading of it as "Nestorian." She thinks it a weakness that she cannot find any

---

9 McCormack, *Humility*, 261.

"hypostatic *unity*" in my model when it was not designed to provide such a thing. The word "unity" suggests completion. I have been pleading for acknowledgment of a lived relation that presses continuously towards unity but never completely achieves it. As I say, this is best understood in terms of the ongoing *uniting* of two distinguishable subjects in a lived relation that is ontological constitutive for both.[10] Admittedly, to say only this much is to remain bound to a formalization of concepts; it does not yet address the material question of the *how* of that lived relation. Since, publishing the book, I have been filling in that lacuna with the help of conceptualization I have borrowed from a Romanian philosopher who has become for me an indispensable collaborator. Alexandra Pârvan (University of Pitesti) has for some time now been seeking to extend and improve my basic model. Central to her most recent contribution is the concept of an "affective uniting" – which has been formed through close study of the early Romantics. I will not try to spell all of that out here, since some of the work is still in progress.[11] But these further elucidations will address the "how" question quite directly and remove, I would hope, any remaining worries about coherence.[12]

To Coakley's final line of questioning, then: I hope I have said enough to this point to make it clear that I cannot regard any "repair" Thomas was able to afford to have been addressed to the *desiderata* I had in view all along. Perhaps this means that Thomas was more justified in using the term "repair" than was I. If so, I need to replace that term moving forward with a phrase like "reconstructing Chalcedon." I will only say that as a matter of historical interpretation, if it is the case, as Coakley says, that Thomas' treatment of the *communicatio* is "inherited largely"[13] from John of Damascus, then I see no reason to think that I did myself a disservice in not treating Thomas here (since I did treat John). I will be treating Thomas at length on simplicity in my second book. As for the amendment Coakley

---

[10] McCormack, *Humility*, 255.
[11] For already published elucidations and, at one or two significant points, corrections, see Alexandra Pârvan, "Eroticism in the Kenotic God: On the Psychological Ontology of the Christic Person," *International Journal of Systematic Theology* 24 (2022): 15–46; Bruce L. McCormack, "'Doch was geht uns die Kirche an?' Response to Alexandra Pârvan," *International Journal of Systematic Theology* 24 (2022): 47–55. For the reflections on "affective uniting" see Alexandra Pârvan, "'The Princeton Creed': Expanding the Underlying Romanticism in Bruce McCormack and Karl Barth – on Dogmatics, Trinity, Kenosis" and Bruce L. McCormack, "'Doch was geht uns die Kirche an?' Response to Alexandra Pârvan," in *Karl Barth and Reformed Theology: Tradition, Dialogue, and Construction*, ed. Paul T. Nimmo (Leiden: Brill, 2024 [forthcoming]).
[12] I will forego interaction here with the final question posed in Coakley's second part, as it will be addressed extensively in the opening substantive chapter of my second book (on the Trinity). That is the natural location of a full treatment of divine simplicity and its entailments.
[13] Coakley, 266.

thinks Thomas to have introduced, I will say only that the claim that "Christ suffered *more* intensely than any other human because he was the Son of God"[14] would still seem to locate the suffering of the God-human in the (traditionally approved) human "nature" alone. Moreover, I didn't treat the impassible God of classical theism as aloof (as Coakley suggests). Indeed, I acknowledged that such a God could justly be seen as empathetic. My point, however, was that when defined as "impassible", the Logos cannot be understood as composing (with Jesus) the experiencing subject of human suffering. It strikes me that Coakley's claim at this point – fading as it does into the mists of an apophatic gesture by means of which the Logos is ascribed with the "profoundest suffering, unique to the divine Being and surpassing all human knowledge"[15] – only serves to underscore the truth of my own claim that an impassible God does not suffer in anything other than an empathetic sense. After all, Coakley herself has to reduce God's knowledge to the merely "noetic."[16] But the merely noetic is never as profound as the truly affective knowing of embodied persons. And apophatic gestures are not well-suited to making them seem so.

2 Response to Hans Christoph Askani

I begin by noting that my Christology is divided in Ritschlian fashion into three parts comprising history of the doctrine, biblical exegesis and dogmatic construction. Askani has chosen to focus his attention on my interpretation of a major figure appearing in one of my historical chapters. But his choice is an excellent one, both because he is closely acquainted with the full breath of the work of Eberhard Jüngel and because I care deeply about getting Jüngel right. Over the years, Jüngel has been one of four major influences on my work (the other three being Barth, von Balthasar and Robert Jenson). I have taught him at Princeton on the PhD level and am confident that he will always engage my attention.

But, clearly, Askani thinks my interpretation is marred by mistakes. But was I mistaken? Even after reading Askani, I remain uncertain. The reason for my uncertainty is actually quite simple – and it appears in the texts cited by Askani (which were already well known to me). "Daß Gott lebt, ist für den christlichen Glauben eine Gewißheit, die sich am Sein des Menschen Jesus so zu bewähren hat, daß von

---

14 Coakley, 266.
15 Coakley, 267.
16 Coakley, 267.

diesem Menschen mit gutem Grund bekannt werden kann."[17] Askani asks in relation to this statement "Warum denn dies?" and he answers "Gottes Sein, Gottes Leben hat sich am Sein des Menschen Jesus zu bewähren, weil dies Gott nicht nur wollte, sondern *weil dies dem Sein Gottes entspricht.*"[18] No doubt, Jüngel's formulation points us in the direction we would need to look for his understanding of the grounding of the doctrine of the Trinity in Christology. And it is the direction I am looking too. But! What led to my uncertainty was precisely the frequent talk of "God" proving or demonstrating his living-ness in and through his identification with the man Jesus. Why speak at this point of "God"? Why not the "eternal Son" or Logos? If it is the case that the incarnation itself is being understood through the event of the cross, then surely it would be appropriate to speak here of God in what Barth called his second "way of being" and not leave open the question of whether it is really the God and "Father" of our Lord Jesus Christ who is in view. Had Jüngel wished – in seeking to ground the Trinity in Christology – to speak of the incarnation of the Son of God and not just of the relation of Jesus to his Father and vice versa in elaborating this Christology (as Jenson would later do), he could easily have done so. But without a bit more clarity on this point, even the concept of "correspondence" would lose something in my eyes. Askani's summarizing statement strikes me as true – as far as it goes. "Gottes Sein wäre nicht gedacht, wenn es nicht von dem, wer der Mensch Jesus ist and was dem Menschen Jesus widerfährt, abhängig wäre, wenn Gott selber es nicht – nicht nur als Entschluß, sondern als sein Sein – davon abhängig hätte sein lassen und davon immer noch *abhängig sein läßt.*"[19] That the being of God cannot be thought at all where it is conceived independently of the identity and lived existence of Jesus is the bedrock claim of my entire trilogy. In that sense, I am very much Jüngelian. But surely it would be possible to concretize even this fine formulation a bit more by making it explicitly trinitarian and speaking of *the Son in his relation to Jesus and vice versa.*

Now perhaps Jüngel intended precisely what I am suggesting and I am just failing to see it or have not read as widely enough. But my worries over protology do play a role here too. Askani's riposte is that protology is only conceived Christianly where it is not conceived independently of the eschatological event of cross and resurrrection. I agree. But surely one can conceive of the triunity of God in protology in ways that do not violate our shared – I speak now of Askani and my-

---

[17] Eberhard Jüngel, „Das Verhältnis von ‚ökonomischer' und ‚immanenter' Trinität. Erwägungen über eine biblische Begründung der Trinitätslehre – im Anschluß und in Auseinandersetzung mit Karl Rahners Lehre vom dreifaltigen Gott als transzendentem Urgrund der Heilsgeschichte," in ders., *Entsprechungen: Gott – Wahrheit – Mensch. Theologische Erörterungen* (München: Kaiser Verlag, 1986), 265–75, 265; cited by Askani, 272.
[18] Askani, 273.
[19] Askani, 273.

self and not just Jüngel and myself – commitment to say nothing of the immanent Trinity in protology which does not find a convincing ground in lived existence of the God-human. And that was what I was missing in Jüngel. If I am wrong, I would want that to be shown to me so that I might make a retraction. Thus far, I remain uncertain.

Askani's fourth line of criticism rests on a misunderstanding. I did not deny that Jüngel held that the being of God is a being in relation to Jesus. That is my view as well and it is what has always drawn me to Jüngel, though Askani's formulation of this point does raise a quibble for me. "Gottes eigenes Sein, das nun allerdings, *als* sein eigenes, *kein* rein eigenes mehr ist (es hat, mit Hegel gesprochen, die Negation seiner in sich hineingenommen), ist nur in der Beziehung mit Jesus was er ist."[20] My quibble has to do with the phrase "kein rein eigenes mehr ist." I do not believe that God's being was ever purely his own; a relation to Jesus is proper to God as God in his second "way of being." It is eternal, being understood as contained in the eternal generation of the Son. And so, we must say two things. 1) The eschatological event of cross and resurrection is prepared for in the eternal being of God. And 2) the eternal being of God would not have been rendered concrete in the absence of this eschatological event. In any event, it never would have occurred to me to suggest that every eschatological dimension of the doctrine of the Trinity had been rendered fully superfluous by Jüngel or that he had simply liquidated the doctrine of the Trinity.[21] Askani is reading more into my word "collapse" than it actually contained.

Still, I am greatly encouraged that Askani would say that "größer kann die Nähe, zu dem, was McCormack mit seinem Begriff der 'Rezeptivität' denken will, gar nicht sein."[22] That is precisely the conclusion I would have wanted my readers to draw. And I am much relieved that, in spite of the irritation caused by some of my formulations, Askani can attest to this.

And, finally, Askani calls into question my linking of Jüngel's doctrine of the Trinity with Pannenberg's retrospective ontology of the future. I can readily see his reasons for this and find them convincing. Askani says that Jüngel is not rightly interpreted through a lens provided by Hegel's philosophy of history (as Pannenberg was) but rather through the lens provided by Hegel's philosophy of religion: "daß nämlich Gott, um er selbst zu sein, sich entäußern muß, und die radikalste Entäußerung ist die, daß er Mensch wird. Durch diese Entäußerung kommt er erst zu sich selbst. Sein Sein ist seine Identifikation mit sich in dieser Entäußerung."[23] This much convinces. But Askani also believes that Jüngel, in

---

20 Askani, 275.
21 Cf. Askani, 275.
22 Askani, 275.
23 Askani, 278.

making this move, has said all that can responsibly be said with regard to "protology." To wish to say more, as I have done, is to transcend the limits of what is possible to think; indeed, what is permissible to think.[24] That, for me, is indeed the issue that stands between Jüngel and me. But I resist Askani's characterization of my Christology – that, specifically, I have *looked away* from the incarnation in my efforts to say more. When I ask questions like: what must God *be* if it is true that 'Jesus is Lord'?" I am surely not looking away from the incarnation but asking quite concretely about God's being on the basis of my Christology (which Askani admits is very close to Jüngel). So I cannot agree that I have transcended the bounds of the permissible.

And with regard to the further point made in this context – that I have gotten in my own way by making the "receptivity" of the Son to Jesus (as the expression of their lived relation) to be an ontological given – my answer is this: I do indeed understand receptivity as a "personal property" of God in God's second "way of being." But this property of the Son is only his in the living of it, not in some realm behind his lived existence. There is no such realm anyway.

And yet, Askani does make a valid point (somewhat indirectly) with regard to my talk of "anticipation." At the time of writing my Christology, I was much more convinced than I am now that the Son already is in "protology" what he becomes in time. At this point, I no longer tend to think that the end is fully contained in the beginning. The lived existence of the "Son-Jesus" (which has become my way of speaking of God in God's second "way of being"), precisely because of the receptivity of the Son in this *lived* relation, must lead to a real "becoming" – one that cannot be fully anticipated by him.

3 Response to Marco Hofheinz

One of the advantages that comes with writing a series of works in dogmatics rather than a standalone single volume is that one can take into account the reviews of the first volume as one undertakes work on the second. Further explanations can be offered as needed; corrections and even retractions can be made for the sake of improving the basic model. That has certainly proven true where my Christology has been concerned. Most helpful to me have been the interventions of Alexandra Pârvan.[25] Pârvan it was who pointed out to me that if, as I was suggesting, there is no beginning to the Son's receptivity to Jesus, then the Christological subject could not be defined as the Son (or Logos) who assumes but must

---

24 Cf. Askani, 278 f.
25 See above n. 11.

consistently be defined as the "Son-Jesus" (as a way of indicating the eternality of the relation between the two, a relation that is constitutive for both as belonging to each other). And that is pertinent to the critique of Hofheinz. To be fair, he only had access to the book, not to the subsequent essay exchange between Pârvan and myself.[26] So I will be responding to his critique on two levels: what was said in my Christology and the improvements I have introduced into the basic model since then (which address his central concern directly).

Hofheinz recognizes that my amendment to the classical Lutheran kenoticism of the nineteenth century is radical; that it consists in a reversal of the flow of traffic in the *communicatio idiomatum*, accompanied by a protest against any talk of a diminution or loss of divine properties on the part of the Son.[27] It is the latter contention that was creating problems for me.

I have already made mention of my need to substitute the "Son-Jesus" for the Logos when speaking of the Christological subject. But to put it this way carries with it the need to eliminate completely any residue left over from the classical treatment of divine "essence" as a fixed concept. Once I began to think more closely about the *how* of the eternal relation I have posited between the Son and Jesus, I was forced to take more seriously the emphasis I had been placing upon the understanding that divine "essence" cannot be defined in abstraction from lived existence as something static; it must be treated as itself *in motion, mobile or plastic*.

---

26 Hofheinz also made ample use of an essay which I wrote ten years ago (and which appeared two years later). See Bruce L. McCormack, "Kenoticism in Modern Theology," *The Oxford Handbook of Christology*, ed. Francesca Aran Murphy (Oxford: Oxford University Press, 2015), 444–57. He also read an even earlier essay. See Bruce L. McCormack, "Karl Barth's Christology as Resource for a Reformed Version of Kenoticism," *International Journal of Systematic Theology* 8 (2006): 243–51. Needless to say, a *lot* of water has flowed under the bridge since my writing of the Oxford essay ten years ago, let alone since 2006. That is not to say that there is no continuity at all between then and now. But anyone using these old essays in interpreting my Christology needs to be attentive to the fact that they belong to a *Denkweg* that has admitted of a fair bit of changes of mind. In any event, the explanation of the "how" of the Son's "ontological receptivity" will appear in Alexandra Pârvan and Bruce L. McCormack, *Eroticism, Romanticism, and Kenosis: Elements for a Psychological Ontology of Trinitarian Life* (in negotiation with Brill).

27 There is an important difference between classical Lutheran and classical Reformed treatments of the *communicatio* that needs to be born in mind. The Lutherans characterized the communication as occurring directly between the so-called "natures." The Reformed characterized the communication as occurring indirectly – from the "natures" to the "Person" – and rejected a *communion naturarum*. That matters because a communication of human properties to the Logos would not be to the "nature" he shares with Father and Spirit but to the Logos alone. Of course, this gave the Reformed even more reason that the Lutherans had to reject a (conceptualizable) *genus tapeinoticum* and to treat talk of a communication of human properties to the Logos as biblically warranted but "improper" – as figures of speech.

Barth himself once made use of a Heideggerian shift in use from the noun ("essence") to the verb ("essences"). What God is, he is insofar as he is *he*. He is essence, he essences as Person, he is Father, Son and Holy Spirit from eternity to eternity."[28] But such an elimination of the static and metaphysically abstract notion of "essence" carries with it that classical treatments of the "properties" of that "essence" can no longer be retained either. And in saying that the properties of the Logos undergo no change through the receptivity proper to him, I was unconsciously treating those properties as properties of a static "essence" rather than properties of the Logos in his lived existence. All of that is pertinent to Hofheinz' critique.

Hofheiz says that I was carrying the burden of the metaphysical presuppositions of the older kenoticism in its talk of attributes of God "at rest." And this insight leads him to make an acute observation. "McCormack's Kenosis-Lehre basiert auf einem trinitätstheologischen Fundament [. . .] Dass der Logos sich rein rezeptiv verhalte, basiere gewissermaßen auf einem Willensentscheidung zum Nichtgebrauch der mit dem Vater und dem Geist geteilte Kräfte. Der dreieine Gott besitze diese Kräfte aber weiterhin und er beraube sich selbst nichts, was der Gottheit eigen wäre, indem er in der Kraft des Geistes, der dem Menschen Jesus innewohnt, 'menschlich' handle."[29] It is quite true that I once made statements of this nature – above all in the essays known to Hofheinz but residually in my Christology as well. What was holding me back was ongoing attachment to the concept of "common properties" shared by all members of the Trinity. This did not give rise to a flaw in the basic Christological model but it did give rise to an inconsistency in its execution. For it was my intention all along to base the doctrine of the Trinity on my Christology; not my Christology on my doctrine of the Trinity. At the urging of Pârvan, I came to see that the idea of "common" or "shared properties" is itself necessitated by the prior commitment of the ancients to an abstract concept of an utterly simply and unitary divine "essence." Where the latter concept is replaced by the understanding that the triune God "essences" as Father, as the Son-Jesus and as the Holy Spirit, "essence" is necessarily seen – at any point in the history of God – as the totality of the "personal properties" of the Three seen collectively. Put another way, the history of God "makes essential" to God that which is its content. And so: divine "essence" is a fluid concept; talk of shared properties conflicts with this understanding. I think this improvement makes it clear that it is the Christology which funds the doctrine of the Trinity (along with a Pneumatology which has yet

---

28 Karl Barth, *"Unterricht in der christlichen Religion", Zweiter Band: Die Lehre von Gott/Die Lehre vom Menschen, 1924/1925* (Zürich: TVZ, 1990), 70.
29 Hofheinz, 285.

to be elaborated); the doctrine of the Trinity cannot fund Christology without surrender to unauthorized speculation.

This carries with it the consequence that I can no longer frame my project in terms of seeking a reconciliation of divine passibility with a revised conception of immutability (cut loose from the controlling influence of the supposition of divine impassibility). To be sure, "immutability" would have to be revised to do justice to those passages in Scripture which touch upon God's unchanging commitment to the "covenant of grace" (e.g. Mal. 3:6). But the task of revision must be carried out on the basis of the Son-Jesus' lived existence. Divine "attributes", I would now like to say more consistently now, are descriptions of how God relates to us in the history of the Son-Jesus and the history of the Spirit. Whether I can retain the language of "immutability" is an open question. What is clear is that the project was always about the relation – the ongoing uniting – of the Son and Jesus which is constitutive for both. Reconciling passibility with immutability could never have been more than an implication, not the central contention. And so I need to let go the use of that project description. I can no longer say, as Hofheinz quotes me as saying, "the triune God is 'already', in himself, what he will do in the temporal execution of election. No change takes place in God – no change *can* take place in that he suffers humanly." Or does anything humanly, for that matter.

One final matter touching upon Hofheinz' reading of my work. I have been consistent in rejecting the old Reformed understanding of "election" as a contingent decision made by God (i.e. a decision which might have been made differently or not at all). It is a necessary act of will and, therefore, not a deciding insofar as the trinitarian missions are contained in the processions. Election is no longer for me, as Hofheinz thinks, a "Willensentscheidung."[30]

The comparison made by Hofheinz of my work with that of Hans Georg Geyer is an instructive one. He rightly notes that there is a familial relation between them, as both seek to extend the inheritance of Barth. I certainly agree with this assessment. But Hofheiz also thinks that the weaknesses of the one are the strengths of the other and vice versa.[31] That might well prove to be the case, though further testing would be needed. For Hofheinz would like to believe that Geyer and I complete each other to some extent. It is at this point that I have reservations. Before we can address this thesis, we need to get the differences between them before us more thoroughly.

---

30 Hofheinz, 285.291.
31 Cf. Hofheinz, 291.

Hofheinz says that Geyer's model is more 'traditional' insofar as his primary interest lies in the reason for self-emptying whereas my interest is in the emptying itself.[32] That is certainly right as far as it goes, but there is more. It strikes me that Geyer's basic distinction between the "Monogenität" and "Primogenität" is rooted in the traditional divide between an abstract "in Himself" and a "for us" that only comes to be through a decision.[33] The impression that this is so was strengthened for me when Hoffeinz went on to describe the "Hingabe" of the Son by the Father as an act that is constantly accompanied by the temptation to retreat, to withdraw back into "an Absolute, undifferentiated unity, the unity of the pure God" or a "strict monotheism in the sense of a metaphysical monism."[34] Herein lies the biggest point of difference. I do not think that there can be such a temptation because I do not think there ever existed in God an Absolute, undifferentiated unity. Three further differences announce themselves here. 1) Personal life has to provide the answer to the question of "what" God is but not in terms of an abstract "essence" or the concept of "the Absolute. I want to dispense with both of the latter. 2) God is never undifferentiated but always triune for me – albeit, triune in motion. 3) I do not want to speculate about a "Hingabe" of the Father. It seems to me that emptying is a category that is used by Paul only in relation to the Son, not the Father. I should add that transformation is, for me, ongoing in that the eternal relation of the Son to Jesus and vice versa is one that is *lived*. And it does not consist in a shift from relation to the Father to relation to the world or a loss of "Sonship."[35] Because, for me, the missions are contained in the processions, the "Son-Jesus" is never without a relation to the world – and never without a relation to the Father although that relation undergoes change in the event of the cross for me as well. For me, what happens in the event of the cross is that the Spirit departs from Jesus and the ontological receptivity of the Son means that this event takes place in the Son as well (as constituting with Jesus the experiencing subject). But the "abandonment" by the Father in the departure of the Spirit from the human self-consciousness of Jesus in the cross and on Holy Saturday is not absolute. It cannot result in a rift in the being of God (as is implied by a loss of Sonship). It is best understood as a human experience in God that is telelogically ordered to resurrection – and to an eschatogical "consummation" that is itself ongoing (rather than a fixed state-of-affairs). That, in lapidary form, is the *Kreuzestheologie* that will be integrated into my Christology when I come to the third volume of my trilogy.

---

32 Cf. Hofheinz, 291.
33 Cf. Hofheinz, 288 f.
34 Hofheinz, 289 (translated by me).
35 Cf. Hofheinz, 288–90.

4 Response to Jens Wolff

Wolff's central critical question is, quite justifiably, this: in what does "ontological receptivity" consist? He understands my answer to be as follows: ontological receptivity on the part of the Logos is introduced by me in order to achieve a transformation of the categories of the *an-* and *enhypostasia* of the post-Chalcedonian church. He calls this solution "neo-Chalcedonian" and describes it in terms of two "natures" – each of which exists en-hypostatically in the one Christologically person.

This is certainly a good faith attempt to interpret the Christological model elaborated in my book. Its shortcomings have to do with the fact that I dispensed with the category "natures"[36] and was already expressing skepticism with regard to the language of the an- and enhypostasia[37] – a theologoumenon I have since abandoned entirely. Why? Because the an- and enhypostasia really only gestures towards the possibility that the eternal Logos hypostasized human nature through its insertion (if you will) into his own eternal hypostasis. No explanation of *how* this takes place is offered. And really, none can be offered. How can Jesus of Nazareth by hypostasized in the hypostasis of Another (i.e. the Logos) and yet be a concretely existing human individual? There is a paradox here to be sure. To be "hypostasized" meant, in ancient terms, to "stand out" of a "nature" understood as a class term; it referred to the emergence into concrete reality of a concept ostensibly applicable equally to all members of that class. Understood in this way, to speak of a class term as having been "hypostasized" in a particular was to point to an example of it, to give "thatness" to the general concept. *That*, over there, is one of the things I am talking about. But precisely here, the paradox rears its head. For Jesus of Nazareth to be a concrete individual, one must be able to point to him and say "that is a human." But to be hypostasized in the divine hypostasis of the Logos, would seem to place us in the position of pointing to the Logos instead of Jesus. After all the "thatness" of Jesus is the "thatness" of the Logos. Or is it? The ancients also wanted to say that Jesus is a full and complete human being. My point is that the an- and enhypostasia cause more conceptual problems than it is worth. It explains almost nothing and we do best to surrender it. The paradox doesn't put in an appearance only when someone seeks to repair it in more modern, relational and personal terms. It was there from the beginning. I reached a point myself where I had to let it go. The attempt to speak clearly about the "how"

---

[36] McCormack, *Humility*, 254–5.
[37] McCormack, *Humility*, 278.

of the lived relation joining the Son and Jesus left me with no other option – if I was to stay faithful to my basis model.[38]

In the second part of his paper, Wolff raises a question which has ongoing effects in the third. "Wie kann ein *Sich*-Beziehen des Logos als zweite Person der Trinität auf den Menschen Jesus ontologische *Rezeptivität* sein and zugleich *Selbsthandlung*? [. . .] Wie genau verhalten sich aktiv and rezeptiv (= passiv?) zueinander in Relation zwischen dem Menschen Jesus und der zweiten Person der Trintät?"[39] An excellent question, to be sure. Two things must be said. First, in the aftermath of publishing my Christology, Pârvan asked me whether receptivity has a "beginning." Understandably, I said no – given the fact that I root "ontological receptivity" in a relation that is given in eternal generation. In the course of our dialogue, Pârvan developed an erotic theory in accordance with which desire for an other – and, indeed, receptivity – does not require that the other be present bodily. Indeed, a lack of presence can heighten both desire and receptivity. Her conclusion was this: if receptivity has no beginning, then the Son is already receiving from Jesus – even before he puts in a bodily appearance.[40] That is the very nature of "ontological receptivity." The identity of the second Person of the Trinity in eternity and in time is the "Son-Jesus." And this leads directly to my second point. The receptivity of the Son makes the human activity to be his own; not as a figure of speech (as Cyril's "impossible suffering" logically required) but because of an ontologically affective "appropriation" or "taking up." Receptivity thus ensures that the activities of the human Jesus are the activities of the Son at the same time. And that which is done to Jesus, that which befalls him either by intention or as a fate, happens to the Son at the same time. Thus, the formula "two subjects becoming one in a shared history" is a coherent one. The Son acts by making the life-act of Jesus (the totality of his history) his own.

But this then means too that there is no split personality (no Dr. Jekyll and Mr. Hyde) as might be the case if the Son alone were the second Person of the Trinity.[41] If it is the "Son-Jesus" who is both passive and active, then the Son cannot enter into a "metaphysically hidden rest from activity. His receptivity – which makes possible his being acted upon is not absolute passivity but the act of a thinking, willing, and feeling subject. Receptivity takes place in a relative passivity since being "acted upon" as the object of another's activities/experiences requires a measure of passivity. The Son, in other words, is a subject-in-*this*-relation; a thinking, willing, and feeling subject who is acted upon but never metaphysically at rest. Thus, there can

---

38 See the published essays referred to in n. 11 above.
39 Wolff, 248.
40 Pârvan, Eroticism, 29–30.
41 Wolff, 248.

also be no transition from divine passivity to human activity in the Son since "in the Son" is a fatal abstraction I am now seeking to avoid.

Wolff's reflections on the death of Christ give me much to think about. His suggestion that "death in God-abandonment" (a theme shared by a number of "post-Barthians") entails, in my hands, a return to an "Origenistic consciousness model." In making this suggestion, he is reflecting on my claim that God-abandonment is, strictly speaking, a human experience – albeit one that is taken up into the life of the son. What I am not suggesting, however, is that Jesus is confused or misled in feeling God's absence. I want to say that abandonment is an objectively real act of God. More specifically: it is the Holy Spirit who gradually departs from him in the hours stretching from his agonized acceptance of the "cup" (Mk. 26:38–39; Mk. 14:33–36; Lk. 22:41–44) to breathing his last (Matt. 27:50; Mk. 15:37; Lk. 23:46). I cannot enter into questions surrounding the exegetical details here. Suffice it to say that the giving up his "spirit" is the departure of the Holy Spirit from him – so that "in death" he is no longer sustained by the Spirit of the Father.

It is not at all clear to me why Wolff should suggest that my only options in making this decision were to treat "abandonment" as the hiddenness of God or as "revelational positivism."[42] Clearly, I have pushed towards an objectively real departure of the Father in the Spirit. But wherein lies the positivism? This is not an eternally observable departure; there is no direct "givenness" to observers other than the "cry of dereliction." I will need more information here.

Wolff also holds that "Der Tod ist Identitätsbrecher. Das impliziert trotz aller Mühen der Vermittlung einen Zusammenbruch von Identitätslogiken am Kreuz. Selbst die *thatness* zerbricht am Kreuz."[43] To be sure, the assumption made here is shared by the vast majority of modern theologians. There is no human consciousness of the moment of death – *and certainly not subsequent to it*. So I will put all my cards on the table at this point and confess that I have long been drawn to Hans Urs von Balthasar's reflections on Holy Saturday. For him, although it is quite true that the dead do not *do* anything, the self-consciousness of the dead Jesus is still there, contemplatively experiencing (passively!) the full weight and horror of the *poena damni*.[44] I have long been drawn to this because it resolves a problem endemic to the older Reformed confession, viz that the death of Christ as God's punishment of sin takes place in the human Jesus *alone* – giving rise to the inescapable moral objection that God is seen as torturing and killing an innocent human being. But if this human experience too is taken up

---

[42] Wolff, 251.
[43] Wolff, 252.
[44] Hans Urs von Balthasar, *Mysterium Paschale* (Edinburgh: T&T Clark, 1990), 172–3.

into God's life, God is seen as taking personal responsibility for sin and making its consequences to be his own. There are residual problems to be overcome, of course. Von Balthasar's reflections owed a great deal to the visions of Adrienne von Speyr – making his work an exercise in spiritual rather than consistently rigorous academic theology. And where the latter is concerned, the cessation of bodily life would have to mean the cessation of self-consciousness. All I can say for now is that I want to think further about the possibility that the eternal relation of the Son to Jesus preserves the self-consciousness of Jesus, keeping it intact in a mode yet to be defined. I am not ready to concede that the "thatness" of the Son-Jesus has been destroyed in the event of the cross. The role of "metaphors" in my thinking is a question I will need to think more about.

5 Conclusion

It remains only to express my sincere thanks to all four of my interlocutors. The discussion has been substantive and I owe that to the care with which I have been read by them.

Bibliography

Balthasar, Hans Urs von. *Mysterium Paschale*. Edinburgh: T&T Clark, 1990.

Barth, Karl. *"Unterricht in der christlichen Religion"*, vol. 2, *Die Lehre von Gott/Die Lehre vom Menschen, 1924/1925*. Zürich: TVZ, 1990.

Jüngel, Eberhard. „Das Verhältnis von ‚ökonomischer' und ‚immanenter' Trinität. Erwägungen über eine biblische Begründung der Trinitätslehre – im Anschluß und in Auseinandersetzung mit Karl Rahners Lehre vom dreifaltigen Gott als transzendentem Urgrund der Heilsgeschichte." In ders., *Entsprechungen: Gott – Wahrheit – Mensch. Theologische Erörterungen*, 265–75. München: Kaiser Verlag, 1986.

McCormack, Bruce L. "Karl Barth's Christology as Resource for a Reformed Version of Kenoticism," *International Journal of Systematic Theology* 8 (2006): 243–51.

McCormack, Bruce, L. "Kenoticism in Modern Theology." In *The Oxford Handbook of Christology*, ed. Francesca Aran Murphy, 444–57. Oxford: Oxford University Press, 2015.

McCormack, Bruce L. *The Humility of the Eternal Son*. Cambridge: Cambridge University Press, 2021.

McCormack, Bruce L. "Response to Alexandra Pârvan," *International Journal of Systematic Theology* 24 (2022): 47–55.

McGuckin, John A. *Saint Cyril of Alexandria. The Christological Controversy*. Crestwood, NY: St. Vladimir's Seminary Press, 2004.

Pârvan, Alexandra. "Eroticism in the Kenotic God: On the Psychological Ontology of the Christic Person," *International Journal of Systematic Theology* 24 (2022): 15–46

IV Christology – Revised

Klaus von Stosch
Der Koran und der christliche Inkarnationsglaube

Abstract: The 112th Surah of the Koran, al-ikhlas, is a central component of Islamic faith and encapsulates its self-understanding. Normally, it is understood as directed against the Christian doctrine of the incarnation. In this contribution, we would like to ask whether this interpretation is justified and which koranic motives are identifiable which can be brought against belief in the incarnation.

Keywords: Komparative Theologie, islamisch-christliche Beziehungen, koranische Christologie, Inkarnationskritik

Die 112. Sure des Korans, *al-iḫlāṣ*, ist zentraler Bestandteil muslimischen Glaubens und bringt sein Selbstverständnis auf den Punkt. Normalerweise wird sie so verstanden, dass sie direkt gegen den christlichen Inkarnationsglauben gerichtet ist. Wir wollen in diesem Beitrag prüfen, ob diese Interpretation gerechtfertigt ist und welche koranischen Motive identifizierbar sind, die sich gegen den Inkarnationsglauben ins Feld führen lassen. Dazu führen wir uns in einem ersten Schritt den Wortlaut der Sure *al-iḫlāṣ* vor Augen (1.), gehen dann der ersten kritischen Stellungnahme des Korans zum christlichen Inkarnationsglauben nach (2.), um schließlich die Gesamtheit der koranischen Interventionen auf ihre zentralen Motive hin transparent zu machen (3.). Daraus ergeben sich einige Folgerungen für eine zeitgemäße Formulierung des Inkarnationsglaubens, die die koranischen Kritikpunkte erst nimmt (4.).

Klaus von Stosch ist Schlegel-Professor für Systematische Theologie unter besonderer Berücksichtigung gesellschaftlicher Herausforderungen an der Katholisch-Theologischen Fakultät der Universität Bonn und Leiter des International Centers for Comparative Theology and Social Issues. Neueste Veröffentlichung zum Thema: *Einführung in die Komparative Theologie* (Paderborn: Ferdinand Schöningh 2021).

1 Inkarnationskritik in der Sure *al-iḫlāṣ*

Die 112. Sure hat folgenden Wortlaut:

> Sprich: ‚Er ist Gott, der Eine,
> Gott, der Beständige,
> er zeugte nicht und wurde nicht gezeugt,
> und keiner ist ihm ebenbürtig.'

Es ist bereits verschiedentlich beobachtet worden, dass sich der erste Vers der Sure auf das jüdische Glaubensbekenntnis in Dtn 6,4 zu beziehen scheint. Vor allem das zum Reim passende arabische Wort für den Einen, *aḥad*, bezieht sich philologisch in deutlicher Weise auf das hebräische *eḥad*. Vom Arabischen her hätte man hier eigentlich *wāḥid* erwartet. Entsprechend hält bereits Angelika Neuwirth fest: „Der jüdische Text blieb, wie wir sahen, durch die koranische Version hindurch hörbar."[1] Allerdings ist jetzt nicht mehr Israel alleine angesprochen, sondern alle Menschen werden dazu aufgefordert, das Bekenntnis zu sprechen. Das Credo Israels wird hier „zu einem von allen Menschen nachzusprechenden, universalen Text."[2] Dabei wird wie im christlichen Credo auch der einzelne Glaubende in den Blick gerückt.

Da auch das syrische Wort für den Einen philologisch sehr ähnlich ist – es lautet *ḥad* –, kann hier auch ein Bezug auf die syrische Tradition vorliegen. Dieser wäre dann affirmativ; denn auch die syrische Tradition „rereads the Shema in a universalist way"[3]. Und auch in den frühesten syrischen Versionen des *Nizäno-Konstantinopolitanums* wird der Glaube an den einen Gott am Anfang mit diesem ans Hebräische erinnernden Begriff formuliert. Und natürlich war der Glaube an den einen Gott im Christentum der Spätantike überall selbstverständlich.[4] Wir können also bei Q 112:1 nicht sicher sagen, ob hier die christliche Tradition positiv aufgegriffen wird oder nicht. In jedem Fall will der Text das jüdische Bekenntnis zu dem einen Gott affirmieren und zugleich universalistisch weiten.

---

[1] Vgl. Angelika Neuwirth, *Der Koran als Text der Spätantike. Ein europäischer Zugang* (Berlin: Verlag der Weltreligionen, 2010), 763.
[2] Vgl. Neuwirth, *Koran als Text der Spätantike*, 763.
[3] Vgl. Holger Zellentin, „The rise of monotheism in Arabia," in *A Companion to religion in late antiquity*, hg. v. Josef Lössl, Nicholas J. Baker-Brian (Hoboken: John Wiley & Sons, 2018), 158–80, 164.
[4] Vgl. Erik Peterson, *Heis Theos: Epigraphische, formgeschichtliche und religionsgeschichtliche Untersuchungen zur antiken ‚Ein-Gott'-Akklamation,* Ausgewählte Schriften 8 (Würzburg: Echter, 2012).

Der zweite Vers ist in seiner Deutung umstritten, weil das Wort ṣamad, das in der hier verwendeten Übersetzung Bobzins als „der Beständige" übersetzt wird, nur dieses eine Mal im Koran vorkommt und unterschiedlich gedeutet werden kann. Wenn es wirklich einfach im Sinn der Beständigkeit gemeint ist, steht es voll im Einklang mit jüdischem und christlichem Denken. Das Wort könnte aber auch so viel wie kompakt, solide oder massiv bedeuten und darauf abzielen, dass Gottes Wesen ohne innere Teilung und Gliederung ist. Zuletzt hat Manolis Papoutsakis einige Stellen bei Jakob von Serugh aufgeführt, in denen das syrische Verb ṣmad entsprechend verwendet wird.[5] Genau diese Deutung von ṣamad vertritt auch die älteste byzantinische, griechische Koranübersetzung.[6]

Wenn man diese Deutung für richtig hält, könnte man das Wort als Kritik an der Trinitätstheologie verstehen. Allerdings ist diese Deutung alles andere als zwingend, zumal die Standarddeutung der Trinitätstheologie im Christentum ja von der Einfachheit Gottes im Sinne der simplicitas Dei ausgeht und jede Rede von Teilen in Gott strikt zurückweist. Ja, ursprünglich dürfte die Trinitätstheologie entwickelt worden sein, um den Glauben an die Einfachheit und Einheit Gottes angesichts der Erfahrungen der Jüngerinnen und Jünger mit Jesus Christus als dem auferstandenen Herrn bewahren zu können.[7] Und auch in der spätantiken Trinitätstheologie war völlig klar, dass Gott keine innere Teilung aufweist und dass man sich die „Dreiheit" der Trinität nicht nach dem Bild der Gliederung eines materiellen Körpers (oder auch eines immateriellen Raums) vorstellen darf.

Von daher wird nur von wenigen in der Forschung die Hypothese vertreten, dass die ersten beiden Verse der Sure gegen das Christentum gerichtet sind. Erst der dritte Vers wird standardmäßig als Christentumskritik verstanden. So schreibt beispielsweise Angelika Neuwirth: „Der koranische Vers 112:3 lam yalid walam yūlad ‚er zeugte nicht, noch wurde er gezeugt', klingt wie ein Echo des nizänischen Glaubenssatzes, ‚gezeugt – nicht geschaffen'. Der Vers weist allerdings die Aussage des Nizänums […] unmissverständlich zurück."[8] Denn für das christliche Glaubensbekenntnis ist es in der Tat zentral, dass Gott im Vater der Zeugende und im Sohn der Gezeugte ist, so dass dieser doppelte Richtungssinn der christlichen Trinitätstheologie hier zurückgewiesen zu werden scheint. Bedenkt man allerdings, dass auch die paganen Araber in Mekka davon ausgingen, dass Gott gezeugt hat und dass seine Kinder, also die von ihm Gezeugten als Gottheiten zu verehren sind, wird deutlich, dass der Bezug auf das Christentum in diesem Vers nicht so zwin-

---

5 Vgl. Manolis Papoutsakis, Vicarious Kingship, *A theme in Syriac political theology in Late Antiquity* (Tübingen: Mohr Siebeck, 2017), 146 f.
6 Vgl. Papoutsakis, *Vicarious Kingship*, 146.
7 Vgl. Klaus von Stosch, *Trinität* (Paderborn: UTB, 2017).
8 Neuwirth, *Koran als Text der Spätantike*, 764.

gend ist, wie Neuwirth behauptet. Immerhin ist es im christlichen trinitarischen Bekenntnis ungewöhnlich, von dem einen Gott zu behaupten, dass er gezeugt hat oder gezeugt wurde. Eigentlich sind die Bestimmungen des *generare* bzw. *generari* die Proprietäten der ersten und der zweiten Person der Trinität, und man würde diese Proprietäten nicht als Kennzeichnungen des trinitarischen Gottes verwenden. Die koranische Formulierung ist also theologisch ein wenig unterkomplex, wenn sie sich mit der Trinitätstheologie auseinandersetzen will.

Kommen wir also zum vierten Vers: Immer wieder wird auch hier eine antichristliche Deutung vertreten. Der Begriff *kufuwun*, der von Bobzin genauso wie vom Corpus Coranicum als „ebenbürtig" übersetzt wird, könnte dann die Behauptung der Wesensgleichheit *homoousios* zurückweisen. Entsprechend interpretiert Neuwirth den Vers als „Nachformung des jüdischen Einheitsbekenntnisses unter zusätzlicher Abgrenzung gegen christologische Deutungen der Einheit Gottes."[9] Nach Zellentin kommt der Terminus *kufu* bei arabischen Hochzeitritualen vor und macht deutlich, dass es keine Ehegattin Gottes gibt.[10] Damit wäre doch wieder ein paganer Zusammenhang eingespielt und in der Tat ist der Begriff *kufuwun* schillernd. Zwar ist das Wort *kaifa* sprachlich-etymologisch mit ihm verwandt, so dass Bedeutungskonnotationen mitschwingen, die als „wie", „gleich/ähnlich wie" verstanden werden können. Aber das ist nicht zwingend und selbst diese Deutungen haben noch nicht die begriffliche Schärfe des *homoousios* und könnten auch im Sinne des *homoiousios* gedeutet werden. Ob hier also wirklich auf die Wesensgleichheit Jesu Christi mit dem Vater Bezug genommen wird, scheint mir unklar zu sein. Die syrische Entsprechung des *homoousios*, *šwa b-usia l-abuh*, klingt im Arabischen jedenfalls nicht an.

Wir haben also bisher gesehen, dass die Sure *al-iḫlāṣ* Formulierungen enthält, die sich in ihrer Verteidigung der Einheit Gottes genauso gegen pagane Araber richten könnte wie gegen Christen. Um klarer zu sehen, welche Abgrenzung der Koran hier im Blick hat, scheint es mir sinnvoll zu sein, andere koranische Formulierungen anzusehen, die sich gegen den Gedanken des mit Jesus Christus verbundenen Inkarnationsglaubens wenden. Dabei ist es schwierig, diachron zu bestimmen, in welcher Periode der koranischen Textgenese man anzusetzen hat, weil es in der Forschung umstritten ist, wie die Sure zu datieren ist. Beginnen wir bei unserer Spurensuche also bei der allerersten kritischen Auseinandersetzung mit der Christologie, die sich in diachroner Perspektive im Koran nachweisen lässt.

---

9 Neuwirth, *Koran als Text der Spätantike*, 765.
10 Zellentin, rise of monotheism, 164.

2 Zu den ersten Zurückweisungen von Jesus als Sohn Gottes im Koran

Die erste Phase der kritischen Auseinandersetzung mit der Gestalt Jesu im Koran erfolgt in mittelmekkanischer Zeit ausgehend vom ersten Teil der Sure *Maryam* (Q 19:1–33).[11] Wie vielfach beschrieben handelt es sich beim Grundtext der Sure *Maryam* um eine ausgesprochen freundliche Perspektive auf Jesus, die leicht in ihrer inspirierenden Kraft rezipiert werden kann.[12] Ein kritischer Ton zur Christologie ergibt sich erst aus der anschließenden Passage, die in literarkritischer Hinsicht in der Regel als späterer Einschub angesehen wird (Q 19:34–40). Besonders die Ablehnung der Gottessohnschaft Jesu Christi in Q 19:35 scheint eine direkte Zurückweisung eines Kernbekenntnisses des Christentums darzustellen und ist für unsere Spurensuche nach Kontexten für die Zurückweisung des Inkarnationsgedankens unmittelbar relevant.

Allerdings ist die christentumskritische Deutung dieses Verses in jüngster Zeit immer wieder bestritten worden.[13] Offenkundig – so etwa die Diagnose von Angelika Neuwirth – wendet sich der Verkünder des Korans hier gegen Gegner, die „Jesus als einen Sohn Gottes (min waladin) ins Gespräch bringen wollen. Dabei sind nicht Christen vorauszusetzen, Jesus gilt ihnen als zur göttlichen Familie gehörig."[14] Und eine solche Zugehörigkeit Jesu zu einer göttlichen Familie weist auf ein paganes Weltbild hin. Dieser Deutung zufolge setzt sich der koranische Einschub in Q 19:34–40 also nicht mit dem Christentum, sondern allein mit einem paganen Missverständnis seiner Person auseinander.

Hintergrund dieser Einschätzung ist die auffällige Nähe unseres Einschubs mit der längeren Passage aus Q 43:57–75. So ist Q 43:65 annähernd identisch mit Q 19:37. In beiden Fällen wird die Uneinigkeit der Jesusanhänger betont und es erfolgt eine eschatologische Strafandrohung. Q 43:64 hält ebenso wie Q 19:36 fest,

---

[11] Dieses Unterkapitel ist eng angelehnt an Klaus von Stosch, „Kirche und Fremdprophetie. Muhammad als Herausforderung christlicher Identität," in *Theologie im Übergang. Identität – Digitalisierung – Dialog*, hg. v. Klaus von Stosch, Stefan Walser und Anne Weber (Freiburg u. a.: Herder, 2022), 247–70, 250–6.
[12] Vgl. Mouhanad Khorchide, Klaus von Stosch, *Der andere Prophet. Jesus im Koran* (Freiburg u. a.: Herder, 2018), 98–126; Muna Tatari, Klaus von Stosch, *Prophetin – Jungfrau – Mutter. Maria im Koran* (Freiburg u. a.: Herder, 2021), 139–205.
[13] Vgl. Mahmoud Ayoub, *A Muslim View of Christianity. Essays on dialogue by Mahmoud Ayoub* (Maryknoll: Orbis, 2007), 125.
[14] Angelika Neuwirth, *Der Koran*, Bd. 2/1, *Frühmittelmekkanische Suren. Das neue Gottesvolk. ‚Biblisierung' des altarabischen Weltbildes. Handkommentar mit Übersetzung* (Berlin: Verlag der Weltreligionen, 2017), 619.

dass Jesus sich Gott unterordnet – jeweils mit dem Zusatz: „Dies ist ein gerader Weg." Und auch sonst finden sich Parallelen und Ähnlichkeiten zwischen beiden Versgruppen, sodass Neuwirths Diagnose, dass die Versgruppe Q 43:57–65 als „Modell für die stilistisch isolierte und argumentativ ihren Kontext sprengende Versgruppe Q 19:34–40"[15] fungiert, kaum von der Hand zu weisen ist.

Überlegt man näher, auf welche Gesprächspartner die jesuskritischen Verse in Q 43 hindeuten, so wird schnell klar, dass diese nicht ohne weiteres als Christen bezeichnet werden können. Neuwirth spricht wiederum gut begründet von einer „offenbar paganen gegnerischen Gruppe [...], die Jesus in ihr Pantheon aufgenommen hatte."[16] Hintergrund dieser Einordnung ist die Tatsache, dass sich die Sure 43 zentral und unmissverständlich „gegen die Verehrung mehrerer Gottheiten" wendet, „die in verschiedenster Gestalt begegnet, sei es als Annahme weiblicher Gottheiten als Engel (Q 43:15–22) oder als blinde Nachfolge in den Spuren der Väter [...] (Q 43:26–28)."[17] Die Sure erzählt auch in der uns vor allem interessierenden Passage davon, wie die Ägypter durch den Zorn Gottes vernichtet werden. Offenbar werden sie mit den Mekkanern parallelisiert und für ihre polytheistischen Auffassungen angegriffen. Umstritten ist laut Q 43:58 „die Rangstellung Jesu im paganen Pantheon"[18] – ein Rangstreit, der innerhalb einer christlichen Gruppierung kaum zu verstehen ist. Denn Christen könnten unmöglich so wie diese fragen, ob Jesus besser ist als die Götter der Mekkaner, und sie müssten auch nicht darüber belehrt werden, dass Jesus nur ein Knecht ist, der aus Gottes Huld lebt (Q 43:59). Von daher kann Q 43:57–65 laut Neuwirth nur auf pagane Gruppierungen gemünzt sein, die eine eigene Jesusverehrung ausgebildet haben. Diese Gruppierungen scheinen in sich zerstritten gewesen zu sein[19] und scheinen in ihrer Jesusverehrung so angepasst und pagan geworden zu sein, dass der Koran hier keine eigene christologische Theoriebildung mehr wahrnimmt.[20]

Blickt man auf diesen paganen Hintergrund der in Q 19:35 kritisierten Jesusanhänger, könnte man denken, dass diese Passage gar nichts mit dem Christentum zu tun hat und also auf die Spur eines Inkarnationsglaubens jenseits des Christentums weist. Doch jüngst hat Zishan Ghaffar darauf hingewiesen, wie deutlich sich die christologiekritische Passage aus Q 19:35 an Ephräm dem Syrer

---

15 Neuwirth, *Koran als Text der Spätantike*, 493.
16 Neuwirth, *Frühmittelmekkanische Suren*, 620.
17 Neuwirth, *Koran als Text der Spätantike*, 492.
18 Neuwirth, *Koran als Text der Spätantike*, 492.
19 Vgl. Q 43:65: „Doch die Gruppen unter ihnen waren uneins." Neuwirth versteht das so, dass die Gemeinde Jesu in Sekten auseinanderfällt, vgl. Neuwirth, *Koran als Text der Spätantike*, 493.
20 Zum Verzicht auf christologische Theoriebildung vgl. Neuwirth, *Koran als Text der Spätantike*, 494.

abarbeitet.[21] Schauen wir uns deswegen im Anschluss an Ghaffars Entdeckung diesen Vers etwas genauer an. Im koranischen Text heißt es:

> Es steht Gott nicht an, einen Sohn (*walad*) anzunehmen – das sei ferne! Beschließt er eine Sache, so spricht er nur zu ihr: ‚Sei!' und dann ist sie. (Q 19:35)

Der letzte Teil dieses Satzes hat auffällige Parallelen in Q 2:117 und in Q 3:47. Es geht hier also um ein Anliegen, dass den Koran auch in der medinensischen Zeit weiter beschäftigt. Immer redet Gott als Schöpfer eine Sache an, um sie dann durch den Imperativ „Sei!" ins Dasein zu rufen. Da es bei allen drei Versen um die Abwehr der Zeugung eines Sohnes durch Gott geht, so ist die angesprochene Sache hier immer ein Mensch, der also durch Gottes Daseinswort direkt und unvermittelt ins Dasein gerufen wird. Wenigstens in Q 3:59 wird diese unmittelbare Schöpfungsanrede im Blick auf Adam auch explizit festgehalten.

Vergleicht man die koranische Formulierung mit dem ersten Schöpfungsbericht der Bibel, so fällt auf, dass hier das Schöpferwort nicht imperativisch formuliert ist. Die biblische Struktur ist immer „Gott sprach: Es werde [...] Und es ward" (Gen 1,3.6f.) Bei der Erschaffung des Menschen heißt es: „Lasst uns Menschen machen [...]" (Gen 1,26). Wie Ghaffar gezeigt hat, verwendet Ephräm diese Formulierungen um den Schöpfungsgedanken christologisch aufzuladen. Gerade die letzte Formulierung des „Lasst uns machen" ist in Ephräms Augen eine Steilvorlage für die Schöpfungsmittlerschaft Christi. Denn Gott kann in seiner Logik nicht zu Adam gesagt haben, dass er mit ihm den Menschen erschaffen soll. Die Anrede der Geschöpfe als Schöpfungsmodus scheidet für ihn generell aus.[22] „Zu klein ist das Geschöpf, dass es schüfe zusammen mit seinem Schöpfer die Schöpfung."[23] Nur der Sohn, nicht etwa die Engel sei dazu in der Lage, das Werk der Schöpfung auszuführen.[24] Entsprechend sei es der Sohn, der auch bei den Formulierungen des „Es werde" angesprochen sei. Gott befahl nicht den Werken, „sie sollten sich selber machen. [...] Der Vater befahl durch (seine) Stimme, der Sohn vollführte das Werk."[25]

Stellt man sich dieses wiederholte Insistieren darauf, dass nur der Sohn die Schöpfung zu vermitteln vermag, vor Augen, erweist sich die koranische imperativische Anrede des Menschen als präzise Zurückweisung von Ephräms Argu-

---

21 Vgl. Zishan Ghaffar, „Kontrafaktische Intertextualität im Koran und die exegetische Tradition des syrischen Christentums," *Der Islam* 98 (2021): 313–58.
22 *Des heiligen Ephraem des Syrers Hymnen. De fide, Bd. 2, Versio*, Corpus scriptorum Christianorum orientalium 155, Übers. Edmund Beck (Louvain: Impr. Orientaliste Durbecq, 1955), VI, 10.
23 *Des heiligen Ephraem des Syrers Hymnen*, 11.
24 Vgl. *Des heiligen Ephraem des Syrers Hymnen*, 8.
25 *Des heiligen Ephraem des Syrers Hymnen*, 13.

ment. Der Mensch ist aus koranischer Sicht keineswegs zu klein, um von Gottes Schöpferwort angesprochen und ins Leben gerufen zu sein. Gott braucht hier keine vermittelnde Instanz, sondern kann direkt durch den Imperativ „Sei" schaffen. Damit ist Gott genau zu dem imstande, was Ephräm nicht für möglich hält.[26] Und der Mensch wird zum direkten Gegenüber der Anrede Gottes, der ohne jede Vermittlungsinstanz direkt von ihm ins Dasein gerufen wird.

Ghaffar ist zuzustimmen, dass hier eine deutliche kontrafaktische Intertextualität zwischen Ephräm und dem koranischen Text zu konstatieren ist. Bedeutet das, dass Q 19:35 doch nicht pagane Araber, sondern Christen adressiert und kritisiert? Diese Frage muss historisch betrachtet offenbleiben. Wir wissen nicht viel über das Christentum in Mekka, und die koranischen Verse aus mekkanischer Zeit vermeiden eine elaborierte theologische Fachsprache. Die koranischen Formulierungen lassen es bewusst offen, ob die von ihm kritisierten Gruppen als christlich anzusehen sind. Es ist nur klar, dass sie intern zerstritten sind und dass sie Jesus dadurch zum Götzen machen, dass sie ihn in einen Wettstreit mit anderen Göttern bringen. Eben dieser Wettstreit ist es, der in Richtung des paganen Götterpantheons verweist und nicht in Richtung der Trinitätstheologie.

Allerdings kann dieser Unterschied auch verwischen, wenn man die doch sehr missverständlichen Metaphern Ephräms betrachtet. Wenn Ephräm Gespräche der Personen der Trinität vor der Schöpfung wiedergibt und dadurch biblische Formulierungen wie den *Pluralis maiestatis* der Schöpfungserzählung für die Trinitätstheologie in Anspruch nimmt, dann darf man sich nicht wundern, dass der Koran hier eine klare Abgrenzung vom Polytheismus vermisst. Gerade solche Metaphern im Kontext der Schöpfungsvorstellung könnten es gewesen sein, die es den Menschen erlaubt hat, pagane Anschlussmythen mit dem christlichen Glauben zu amalgamieren. Aus moderner Sicht ist die Idee eines sich mit Jesus unterhaltenden Schöpfergottes vor der Schöpfung, der dann Jesus dazu auffordert, den Menschen zu erschaffen, mehr als befremdlich. Es ist tatsächlich fraglich, wie man diese seltsame Vorstellung anders als mythologisch verstehen soll. Sicher gibt es in der christlichen Theologie auch heute noch die Vorstellung eines sozialen Miteinanders in Gott im Moment der Schöpfung.[27] Aber auch heute noch sind solche theologischen Denkbewegungen in der Gefahr, den Schöpfungsgedanken mythologisch und polytheistisch aufzuladen und die Trinität im paganen Sinne misszuverstehen.[28] Nicht umsonst betont der Koran deswegen ja auch,

---

26 Vgl. insgesamt nochmals Ghaffar, Kontrafaktische Intertextualität.
27 Vgl. zur Darstellung und Kritik entsprechender trinitätstheologischer Modelle von Stosch, *Trinität*, 112–29.
28 Man denke nur an den Erfolg der offenkundig polytheistischen Trinitätsvorstellung aus dem Roman William P. Young, *Die Hütte. Ein Wochenende mit Gott* (Berlin: Ullstein, 2011).

dass man die trinitarischen Personen nicht zählen kann (Q 4:171). Grundsätzlich entspricht ein solcher Rat auch der christlichen Trinitätstheologie, die in ihren klassischen und als orthodox angesehenen Modellen die Einfachheit und Einheit Gottes verteidigt. Aber man wird nicht bestreiten können, dass mit der koranischen Kritik eine bleibende innere Gefährdung des Christentums benannt ist, die auch in der Gegenwart von bedrängender Aktualität ist.

Bei aller Notwendigkeit, die koranische Kritik christlicherseits als bleibende Mahnung ernst zu nehmen, bleibt doch die Frage virulent, ob sich der Koran bei seiner Inkarnationskritik primär an paganen oder christlichen Gottesvorstellungen abarbeitet. Unsere erste Probebohrung hat ergeben, dass der Koran Gruppierungen aufs Korn nimmt, die typisch christliche Formulierungen in pagane Kontexte rückt und mit Inhalten verbindet, die den Glauben an den einen Gott genauso zu zerstören drohen wie die spezifisch christologischen Glaubensinhalte. Im folgenden Kapitel wollen wir nun unseren Blick weiten und in synchroner Zusammenschau alle koranischen Verse in den Blick nehmen, die den Glauben an Kinder Gottes bzw. an einen Sohn Gottes im Kontext mit Jesus Christus bzw. Jesus, dem Sohn der Maria kritisieren.

3 Vier koranische Kritikpunkte am Inkarnationsglauben

Bei Durchsicht der entsprechenden Verse fallen insgesamt vier Motive auf, die die koranische Kritik am Inkarnationsglauben motivieren. Zum einen scheint der Verkünder des Korans um die Aseität und Souveranität Gottes zu fürchten und um seine Alleinstellung als Pantokrator. Zum anderen entwickelt er Rückfragen an die Gotteserkenntnis Jesu Christi und seine fürbittende Hingabe an Gott. Im Folgenden wollen wir an diesen Stichworten entlang die koranischen Verse in den Blick nehmen. Unsere Leitfrage soll sein, warum der Verkünder des Korans sagt, dass Gott kein Kind bzw. keinen Sohn gezeugt hat?

3.1 Zur Aseität Gottes

Immer wieder betont der Koran, dass Gott auf nichts angewiesen ist als sich selbst. Entsprechend reagiert der Koran auf das Bekenntnis, dass Gott einen Sohn angenommen hat: „Gepriesen sei er! Er ist es, der auf nichts angewiesen ist" (Q 10:68). Konkretisiert wird die damit ausgedrückte Aseität Gottes in Q 17:111 dadurch, dass von Gott ausgesagt wird, dass er „mit keinem seine Macht geteilt hat und nicht wegen seiner Schwäche eines Freunds bedarf" (Q 17:111). Damit bewegt sich die koranische Verkündigung erst einmal in christlichen Bahnen. Auch im Christentum der Spätantike ist klar, dass Gott auf nichts angewiesen ist. Nicht Gott, sondern wir sind es, die auf Gottes Gemeinschaft angewiesen sind.[29] Nicht Gott braucht einen Freund, sondern wir Menschen brauchen Freundschaft und Liebe. Von daher fällt es auf Anhieb schwer, diesen wiederum in die mekkanische Zeit verweisenden Vers auf das Christentum zu beziehen.

Sicher kennen die Kirchenväter eine heilsgeschichtlich begründete Notwendigkeit der Menschwerdung Gottes. Sie geht davon aus, dass Gott Mensch werden muss, wenn er die Menschen mit dem letzten Selbsteinsatz retten will. In diesem Sinne spricht etwa Athanasios von Alexandrien davon, dass Gott dann freiwillig eine Form von Notwendigkeit heilsam aufgreift, wenn Menschen eine bestimmte Form von Zuwendung Gottes benötigen, um in seinen guten Willen einstimmen zu können.[30] Dabei geht es nicht darum, dass Gottes Möglichkeiten begrenzt sind und er auf den Menschen angewiesen ist. Aber vielleicht könnte man etwas zugespitzt die bis heute gültige Intuition der Kirchenväter so beschreiben: Wenn Gott nicht anders seinen guten Willen tun will als mit den Menschen zusammen, dann will er auf sie angewiesen sein und wird beispielsweise Kindern nicht anders seine Liebe zeigen als durch die Liebe der Eltern hindurch. Wenn man diesen Gedanken stark pointiert, könnte man davon sprechen, dass Gott sich klein und schwach macht und durch Menschen für die Menschen da sein will. In der johanneischen Theologie ist entsprechend immer wieder davon die Rede, dass er uns zu Freunden macht und uns in die Gottesfreundschaft einlädt. All das bedeutet nicht, dass Gott unabhängig von seinem Willen auf uns angewiesen ist. Sein frei gewähltes Angewiesensein verletzt nicht seine Aseität, weil sie Ergebnis freier Selbstbindung ist. Von daher wird sie von der koranischen Kritik nicht getroffen. Allerdings muss man nicht davon ausgehen, dass der Verkünder des Korans hier das Christentum missversteht. Es kann auch einfach so sein, dass die oben beschriebenen mekkanischen Christen, die ja offenkundig denken, dass es

---

29 Vgl. Irenaeus von Lyon, *Adversus Haereses IV.14.1*, Sources chrétiennes 100.2, hg. v. Adelin Rousseau (Paris: Éditions du Cerf, 1965), 538–40.

30 Vgl. Athanasios von Alexandrien, *Sur l'incarnation du verbe 44*, Sources chrétiennes 199, hg. v. Charles Kannengiesser (Paris: Éditions du Cerf, 1973), 424–26: „Als aber der Mensch geschaffen wurde, und es Not tat (καὶ χρεία ἀπῄτησεν), nicht [mehr] für Nichtseiendes, sondern für Entstandenes zu sorgen, so musste daraus folgen, dass der Arzt und Heiland [sc. Gott der Sohn] sich unter die bereits Entstandenen begebe, damit er die Seienden heile. Aus diesem Grund ist er also Mensch geworden und hat sich des Leibes – wie eines menschlichen Werkzeuges – bedient." In diesem Kapitel versuche ich ausschließlich auf Kirchenväter zu rekurrieren, deren Verbreitung im syrischen Denkraum nachweisbar ist, sodass sie als Intertexte zum Koran fungieren können. Für ihre Recherche danke ich meinem Kollegen Nestor Kavvadas.

ein Konkurrenzverhältnis zwischen den verschiedenen Kindern Gottes geben kann, nun auch die Bedürftigkeit Gottes nicht als frei gewählte reflektieren, sondern als metaphysisches Defizit erscheinen lassen. Auch der koranische Vorwurf der Teilung der Macht Gottes mit seinem Sohn spricht dafür, dass die mekkanischen Christen in ihren metaphysischen Axiomen verwirrt waren. Es geht christlich ja eigentlich nicht darum, dass der Vater seine Macht mit dem Sohn teilt, sondern dass der Sohn die ausgesagte Weise der Macht Gottes ist und diese im Anderen seiner selbst realisiert. Seine Konkretion von der Macht Gottes in der Ohnmacht des Kreuzes wäre dann der Erweis, dass Gott sich in seiner Liebe gänzlich dazu hingibt, seine Macht zur Freisetzung des Menschen und Ermöglichung einer Freundschaft von Gott und Mensch einzusetzen.

An dieser Stelle wäre es für moderne Theologie interessant, die christliche Konzeption in ihrer provozierenden Kraft klar zu machen und mit Muslimen zu diskutieren, ob sie etwa der Idee Schellings von Gottes Schwäche für den Menschen etwas abzugewinnen vermögen.[31] Und man wird nicht davon ausgehen dürfen, dass hier durch den Koran bereits etwas negativ vorentschieden ist. Wichtig wäre es nur, dass christlich unmissverständlich klar wird, dass in Jesus Christus nicht eine andere Macht neben Gott gestellt wird – das wäre die Sünde der Beigesellung, die der Koran zu Recht geißelt.[32] Vielmehr wird in Jesus Christus Gottes Macht konkret und als Macht der Liebe verständlich.

Wie sehr die Aseität Gottes den Verkünder des Korans auch noch in medinensischer Zeit beschäftigt, sieht man an einem Vers, in dem er zu denen, die sprechen „Gott hat einen Sohn angenommen!" sagt: „Ihn fasst nicht Schlummer und nicht Schlaf" (Q 2:255). Natürlich war auch den Christen in der Spätantike völlig klar, dass Gott nicht bedürftig gedacht werden darf und entsprechend auch Jesus nicht in seiner göttlichen Natur schläft. Wenn Jesus Christus etwa in Mt 8,23–27 während des Sturms im Boot schläft, ist im Sinne der Zwei-Naturen-Lehre nur die menschliche Natur betroffen.[33] Selbst ein strikter Miaphysit wie Dioskoros von Alexandrien würde nicht sagen, dass Jesus qua Gottheit schlief, sondern würde hier an ihn als Menschen denken.[34] Und für Theologen wie Gregor von Nazianz

---

31 Vgl. Friedrich Wilhelm Joseph Schelling, *Philosophie der Offenbarung*, Ausgewählte Werke 2 (Darmstadt: Wissenschaftliche Buchgesellschaft, 1974), 26.
32 Vgl. Q 21:29: „Wer von ihnen spricht: ‚Siehe, ich bin Gott neben ihm.' Dem vergelten wir mit der Hölle! Auf diese Weise vergelten wir den Frevlern."
33 Epiphanios von Salamis, *Panarion*, Σχόλιον ἀπὸ τοῦ εὐαγγελίου τοῦ παρ' αὐτῷ τῷ Μαρκίωνι, ἔλεγχος ιγ´, Epiphanius, Bände 1–3: Ancoratus und Panarion, Bd. 2, hg. v. Karl Holl (Leipzig: Hinrichs, 1922), 129.
34 Anonym, „The Diophysite Christology of the Oriental Orthodox," St George Orthodox Ministry, 14.05.2020 http://www.stgeorgeministry.com/the-diophysite-christology-of-the-oriental-orthodox/

ist es selbstverständlich, dass es uns auch im Blick auf das alttestamentliche Zeugnis nur so erscheint, als ob Gott nicht für uns da ist und er schläft – etwa in Ps 44,24 oder Ps 78,65 –, während er in Wirklichkeit immer für uns da ist.[35] Christlicherseits wird man also das koranische Verdikt gegen das Schlafen Gottes bestätigen und die eigentlichen Adressaten eines solchen Verdikts können wiederum nur solche Gruppen sein, die christliches und biblisches Gedankengut nur oberflächlich aufgenommen und mit paganem Denken amalgamiert haben.

Von daher kann man in der koranischen Sorge um die Aseität Gottes ein weiteres Indiz dafür sehen, dass der Koran hier weniger das orthodoxe Christentum im Visier hat, als vielmehr dessen pagane bzw. volkstümliche Aneignungen. Zugleich ist es gerade die Aseität Gottes, die in der Moderne immer wieder modifiziert wird, um die Sorge Gottes um den Menschen herauszustellen. An dieser Stelle können die koranischen Warnschilder bis heute helfen, bei der Rede von einer Bedürftigkeit Gottes höchste Vorsicht walten zu lassen, auch wenn diese frei gewählt sein sollte.

3.2 Gott als Pantokrator

Der Verkünder des Korans scheint geradezu von der Idee besessen zu sein, dass alles im Himmel und auf der Erde allein Gott gehört. So heißt es bereits in spätmekkanischer Zeit: „Sein ist, was in den Himmeln und auf Erden ist" (Q 10:68). Und in Medina wird dieses Diktum immer wieder eingeschärft (Q 2:116; 4:171): „Ihm gehört, was in den Himmeln und auf Erden ist" (Q 2:255). Im Blick auf Jesus Christus wird immer wieder betont, dass er Knecht Gottes ist (Q 19:30; 4:172), und man gewinnt leicht den Eindruck, dass der Verkünder des Korans damit ausschließen will, dass Christus als Pantokrator verehrt wird.

Auf den ersten Blick tut sich hier tatsächlich ein Gegensatz zum christlichen Inkarnationsdenken auf. So formuliert Christus in Mt 28,18 in folgenschwerer Weise: „Mir ist alle Macht gegeben im Himmel und auf der Erde." Im Diatessaronkommentar wird dieser Vers so ausgelegt, dass Christus von Ewigkeit her „die Herrschaft über die Dinge [besaß], die im Himmel sind; und die Herrschaft über die Dinge, die auf der Erde sind, ist ihm nun gegeben worden."[36] Und Johannes Chrysostomos macht deutlich, dass Christus als zweite Person der Trinität immer schon die Herrschaft über Himmel und Erde hatte. Aber in seiner menschlichen

---

35 Vgl. Gregor von Nazianz, *5. Theologische Rede (or. 31) XXII*, Sources chrétiennes 250, hg. v. Paul Gally (Paris: Éditions du Cerf, 1978), 316–8.
36 Ps-Ephraem der Syrer, *Kommentar zum Diatessaron*, Fontes Christiani 54/2, Übers. Christian Lange (Freiburg: Herder, 2008), 450 f.

Natur scheint er diese Herrschaft erst an dieser Stelle zu erhalten.[37] Damit bewegen sich die Kirchenväter ganz auf der Linie eines der ältesten christlichen Bekenntnistexte, dem Philipperhymnus. Paulus formuliert hier pointiert:

> Darum hat ihn auch Gott erhöht und hat ihm den Namen gegeben, der über alle Namen ist, dass in dem Namen Jesu sich beugen sollen aller derer Knie, die im Himmel und auf Erden und unter der Erde sind, und alle Zungen bekennen sollen, dass Jesus Christus der Herr ist, zur Ehre Gottes, des Vaters (Phil 2,9–11).

In der Deutung des Johannes Chrysostomos ist diese Stelle so zu verstehen, dass die ganze Welt, alle Engel, Menschen und Dämonen Christus unterworfen sind.[38] Aus derartigen Deutungen hat sich auf ikonographischer Ebene die Darstellung von Christus als Pantokrator ergeben, auch wenn im nizänischen Glaubensbekenntnis eigentlich Gott der Vater in dieser Rolle bekannt wird.[39]

Es wird allerdings der paulinischen Theologie nicht gerecht, wenn man im Philipperhymnus Christus als Pantokrator begründet sieht, ohne die dialektische Bewegung bei Paulus zu würdigen. Denn erst einmal ist Jesus ja derjenige, der „wie ein Sklave und den Menschen gleich [wurde]. Sein Leben war das eines Menschen; er erniedrigte sich / und war gehorsam bis zum Tod, / bis zum Tod am Kreuz" (Phil 2,7f.). Dieser absolute Gehorsam des Gottesknechts ist es erst, der

---

[37] Vgl. Johannes Chrysostomos, *Matthäushomilie*, Patrologia Graeca 58, hg. v. Bernard de Montfaucon, (Paris: Migne, 1862), 789. Auch seiner menschlichen Natur nach hat Christus (kraft der Idiomenkommunikation) Chrysostomos zufolge diese Herrschaft bereits vom Moment seiner Empfängnis an inne. Dass hier diese Herrschaft quasi als Herrschaftsübertragung präsentiert wird, dient für Chrysostomos v. a. einem pädagogischen Ziel: der Unterweisung der Jünger, die den Heiligen Geist noch nicht empfangen hatten und daher das Gottsein Christi noch nicht erfassen konnten.
[38] Johannes Chrysostomos, *Philipperhomilie 7*, Patrologia Graeca 62, hg. v. Bernard de Montfaucon, (Paris: Migne, 1862), 234. Ganz ähnlich versteht auch Basilios von Caesarea, *Homiliae super Psalmos*, Patrologia Graeca 29, (Paris: Migne, 1957), 409, das Beugen der Knie als Geste der Unterwerfung.
[39] Auch wenn die heute erhaltenen, groß angelegten Christus-Pantokrator-Wandmalereien auf die mittelbyzantinische Zeit zurückgehen, findet sich ein Christusporträt mit ähnlichen Merkmalen (mit der Beischrift „rex regnantium") auf einer unter Justin II. (reg. 565–578) geprägten Münze; die gängige Interpretation scheint zu sein, dass es sich dabei um eine frühe Form der Christus-Pantokrator-Darstellung handelt (vgl. Heinz Skrobucha, „Christus, Christusbild," in *Lexikon der christlichen Ikonographie*, Bd. 1, (Freiburg: Herder, 1968), 355–454, 392); als Vorform der Pantokrator-Darstellung kann bereits die Apsisdarstellung des lehrenden Christus in Santa Pudenziana in Rom (frühes 5. Jh.) betrachtet werden. Vgl. Monika Eisenhauer, *Vom Pantokrator zum Leidensmann. Zur Geschichte der Soteriologie und ihrer politischen Implikationen von der Spätantike bis zum Ende des Mittelalters* (Münster: LIT, 2022), 36. Von daher muss man damit rechnen, dass derartige Darstellungen auch der koranischen Gemeinde bekannt waren.

seine Erhöhung begründet. Da er gehorsam ist bis zum Tod, wird in ihm Gottes Nähe erfahrbar. Gott ist in dieser dialektischen Denkfigur gerade im Anderen seiner selbst erfahrbar. Gerade in der Knechtsgestalt ist er der Herr und gerade im Kadavergehorsam liegt seine Macht. Gerade weil er nichts für sich will, sondern sich restlos Gott hingibt, kann Gott durch ihn wirksam werden bzw. darin zeigt sich, dass Gott immer schon in ihm wirksam ist.

Wenn der Koran also die Rede von Jesus als Knecht Gottes seiner Erhöhung gegenüberstellt, wird deutlich, dass er eine andere Theologie vor Augen hat als die paulinische. Er wehrt sich nicht gegen einen Christus, dessen Macht radikal und restlos im Dienst und in der Ohnmacht des Kreuzes liegt und so als Kraft der Liebe erfahrbar wird. Vielmehr wehrt sich der Verkünder des Korans gegen eine politische Theologie, die imperiale Macht christologisch begründet und die Inkorruptibilität Jesu Christi zur Grundlage der eigenen Unbesiegbarkeit macht. Die undialektische Härte, mit der der Verkünder des Korans hier zentrale christliche Glaubensaussagen zurückweist, deutet darauf hin, dass er diese Glaubensformeln nicht dialektisch präsentiert bekommt, sondern in der undialektischen Inanspruchnahme durch imperiales Denken. Diese Diagnose habe ich bereits verschiedentlich ausführlich am koranischen Textbefund belegt, so dass hier diese kurzen Hinweise genügen sollen.[40] Nur so viel sei an dieser Stelle wiederholt: Die schärfste Kritik trifft Christen und Juden im Koran dann, wenn sie „ihre Schriftgelehrten und Mönche zu Herren an Gottes alleiniger statt nehmen – und Christus, Marias Sohn. Doch wurde ihnen befohlen nur einem Gott zu dienen: Kein Gott ist außer ihm!" (Q 9:31). Es geht bei dieser koranischen Kritik also um keine spezifische Kritik an der hohen Christologie, sondern um die Idee, dass man Mönche oder Bischöfe genauso wie Jesus Christus als Herren verehren muss. Offenbar verlangen Juden und Christen hier von der koranischen Gemeinde Gefolgschaft und meinen sich aufgrund ihrer Erwählung gegen Kritik immunisieren zu können. So heißt es weiter:

> Die Juden und die Christen sprechen: „Wir sind Gottes Söhne und seine Geliebten!" Sprich: „Warum bestraft er euch dann für eure Sünden?" Ihr seid vielmehr Menschen – von denen, die er schuf. Er vergibt, wem er will und er bestraft, wen er will. Gottes ist die Herrschaft über die Himmel und die Erde und dessen, was dazwischen ist. (Q 5:18).

Während die imperiale Theologie meint, die Privilegierten aus der eigenen Religion vor Gottes Strafe sichern und den Zugang zu Gottes Zuwendung kontrollieren zu können, beharrt der Verkünder des Korans darauf, dass es Gott allein ist, der Herr der Geschichte bleibt und sich den Menschen in Freiheit zuwendet –

---

40 Tatari, von Stosch, *Maria im Koran*.

oder auch von ihnen abwendet. Es versteht sich von selbst, dass diese Botschaft völlig im Einklang mit einem richtig verstanden christlichen Glauben ist. Neben die oberflächlich christianisierten paganen Araber treten nun aber byzantinische Hoftheologen mit ihrer imperialen Theologie und ihrem Einflusskreis als Adressaten der koranischen Kritik. Wie sehr sie berechtigt ist, habe ich andernorts zu zeigen versucht. Dass der Hauptstrom christlicher Theologie in Bibel, Spätantike und Moderne der koranischen Kritik zustimmen würde, versteht sich von selbst.

3.3 Zur Gotteserkenntnis Jesu Christi

Der Koran betont immer wieder, dass die christlichen Gemeinden weder die Vollmacht noch das Wissen haben, um den Inkarnationsglauben verantworten zu können (vgl. Q 10:68). Sie haben demnach kein göttliches Wissen und erfahren von Gott nur, was er ihnen mitteilen will (Q 2:255). Besonders pikant ist in diesem Zusammenhang die folgende Passage:

> Und damals, als Gott sprach: ‚O Jesus, Sohn Marias, hast du den Menschen denn gesagt: „Nehmt mich und meine Mutter zu Göttern neben Gott?" Er sprach: „Gepriesen seist du! Mir steht nicht zu, dass ich etwas sage, wozu ich nicht berechtigt bin. Und hätte ich es gesagt, so weißt du es; du weißt ja, was in meinem Inneren ist, doch ich weiß nicht, was in deinem Inneren ist. Siehe, du bist es, der die Verborgenheiten am besten kennt. Ich habe ihnen nur gesagt, was du mir aufgetragen hast: ‚Dient Gott, meinem Herrn und eurem Herrn!' Und ich war Zeuge ihnen gegenüber, solange ich bei ihnen war. Doch als du mich zu dir abberufen hast, da hast du selber auf sie achtgegeben. Und du bist über alle Dinge Zeuge. (Q 5:116 f.)

Die vorliegende Passage scheint sich gleich mehrfach kritisch auf johanneische Theologie zu beziehen. Wenn Jesus in Joh 17:25 sagt: „Gerechter Vater, die Welt hat dich nicht erkannt, ich aber habe dich erkannt", so klingt das erst einmal nach einem direkten Gegensatz zur koranischen Aussage. Der johanneische Jesus erkennt Gott, während der Koran genau das zurückweist.[41] Allerdings muss man den biblischen Gedanken des Erkennens nicht im Sinne eines Wissens um die inneren Geheimnisse Gottes deuten, sodass hier vielleicht doch auch unterschiedliche Dimensionen des Wissens gemeint sind.

Auch die Formulierung des koranischen Jesus in Q 5:117 ist auffällig: „Dient Gott, meinem Herrn und eurem Herrn!" Sie erinnert an Jesu Aussage an Maria Magdalena in Joh 20,17: „Geh aber hin zu meinen Brüdern und sage ihnen: Ich fahre auf zu meinem Vater und eurem Vater, zu meinem Gott und eurem Gott."

---

[41] In der gleichen Stoßrichtung heißt es bei Mt 11,27: „niemand kennt den Sohn, nur der Vater, und niemand kennt den Vater, nur der Sohn."

Die doppelte Formulierung zu meinem Herrn und eurem Herrn bzw. zu meinem Gott und eurem Gott deutet auf eine Bezugnahme auf johanneische Texte hin, auch wenn die Aufnahme ausgesprochen ambigue bleibt.

Schließlich ist der Gedanke des Zeugnisses am Ende der koranischen Passage spannend. Hier könnte die besondere Verwendung von „Zeuge" (šahīdun) mit der (ebenfalls besonderen) Bedeutung von „Zeugnis ablegen"/„bezeugen" (μαρτυρεῖν) im Johannesevangelium zu tun haben. Nur im JohEv ist μαρτυρεῖν ein zentraler theologischer, christologischer und soteriologischer Begriff (vgl. z. B. Joh 15,26 f.).

Auch wenn also mehrere Indizien in Richtung auf eine Intertextualität mit Joh hinweisen, bleibt offen, wie dieser Befund genau zu deuten ist. Immerhin ist es ja auch bei Johannes so, dass es Jesus war, der seine Jünger während seines Lebens beschützt hat (Joh 17,12) und nun im Angesicht des Todes Gott darum bittet, diesen Schutz nach seinem Tod zu übernehmen (Joh 17,15). Diese Haltung entspricht exakt dem koranischen Jesus in Q 5:117. Und wie gesagt ist auch beim johanneischen Jesus nicht so klar, was mit seinem Erkennen Gottes bzw. seiner Gottesschau gemeint ist.

Zur Frage, ob Jesus Christus den Vater kennt, gab es in der dyophysitischen ostsyrischen Kirche im 8. Jh. einen theologischen Streit,[42] der auch schon vorkoranische Ursprünge haben könnte und sehr schön anschaulich macht, wie kompliziert hier die Gemengelage in der christlichen Theologie ist. Genauerhin ging es bei diesem Streit um die Frage, ob Jesus seiner menschlichen Natur nach seine göttliche Natur und damit auch die des Vaters sehen konnte. Dieser angeblich von Johannes von Dalyatha vertretene Gedanke wird von dem Catholicos Timotheus zurückgewiesen und auf einem Konzil anathematisiert.[43] Das heißt, dass die ostsyrische Kirche hier ganz auf koranischer Linie argumentiert. Und auch in der modernen westlichen Theologie würde sicher kaum jemand die Position vertreten, dass der historische Jesus von Nazareth Gottes Wesen kennt. Im Gegenteil wird der historische Jesus immer wieder so vor Augen gestellt, dass die Begrenztheit seines Wissens deutlich wird. Seine Gottesbeziehung muss er durch viele Krisen hindurch bewähren und seine Mission lernt er erst allmählich immer besser verstehen. Ob das allerdings bedeutet, dass er nicht doch auch in vorreflexer Weise so mit Gott verbunden war, dass er aus einer bestimmten Form der Gottes-

---

42 Zu diesem Streit vgl. v. a. Alexander Treiger, „Could Christ's Humanity see His Divinity? An Eighth-Century Controversy between John of Dalyatha and Timothy I, Catholicos of the Church of the East," *Journal of the Canadian Society for Syriac Studies* 9 (2009): 3–21.
43 Vgl. Īšō,dnah of Basra XE „Īšōʻdnah of Basra" ʻ, *Le livre de la chasteté*, no. 126, hg. v. Jean-Baptiste Chabot (Rom: l'Ecole française de Rome, 1896) 67:4–7; Samir Kh. Samir, „Entretien d'Élie de Nisibe avec le vizir Ibn ‚Alī al-Maġribī, sur l'unité et la trinité," *Islamochristiana* 5 (1979) 31–117, 114 f.

kenntnis nicht herausfallen kann, ist damit nicht ausgeschlossen.[44] Von daher ist nicht klar, ob die koranische Intervention wirklich als Kritik an modernen Aneignungen der Christologie zu lesen ist.

3.4 Zur fürbittenden Hingabe Jesu Christi

Wir hatten bereits gesehen, dass in der soeben diskutierten Textpassage in Q 5:117 Jesus Christus mit seinem Zeugnis während seines Lebens fürbittend für seine Jünger eintritt.[45] Der Verkünder des Korans legt Wert darauf, dass diese fürbittende Rolle schließlich von Gott übernommen wird und also nur für die Lebzeiten Jesu Christi gilt – ein Punkt, der bei Joh durchaus ähnlich komponiert wird, wie wir oben gesehen hatten. Außerdem ist dem Verkünder des Korans wichtig, dass es keinen Fürsprecher bei Gott geben kann ohne Gottes Erlaubnis: „Wer kann bei ihm Fürsprecher sein, es sei denn, dass er es erlaubt!" (Q 2:255) Und ganz im Sinne der Aseität Gottes besteht der Koran darauf, dass eine solche Fürbitte nicht erforderlich ist: „Gott genügt als Anwalt" (Q 4:171). Die oben diskutierte heilsgeschichtliche Notwendigkeit einer Menschwerdung Gottes wird also bestritten und die besondere Bedeutung Jesu Christi auf dieses Leben begrenzt. Aber wird damit seine sich hingebende Proexistenz wirklich gänzlich zurückgewiesen? Und welche Sorgen stehen hinter der koranischen Intervention?

Zunächst einmal gilt es den patristischen Befund etwas genauer in den Blick zu nehmen. Denn eigentlich ist es ja nicht gerade naheliegend, Jesus Christus in einer fürbittenden Rolle zu sehen, wenn er uns doch beim Jüngsten Gericht als Richter gegenübertreten wird, wie es im nizänisch-konstantinopolitanischen Glaubensbekenntnis festgehalten ist. Im Hintergrund könnte die Idee aus Hebr 7,24 f. stehen, die Jesus Christus ein unvergängliches Priestertum zuschreibt, durch das er bei Gott für uns eintritt. Auch im Römerbrief formuliert Paulus an prominenter Stelle den Gedanken, dass Jesus Christus für uns eintritt (Röm 8,34). Johannes Chrysostomos löste die dadurch entstehende Spannung zwischen Jesus als Richter und Jesus in seiner fürbittenden Hingabe dadurch auf, dass Jesus Christus in seiner

---

44 Vgl. dazu meine Ausführungen in Klaus von Stosch, „Neuzeitliche Denkwege zur Hypostatischen Union. Eine Positionsbestimmung im Gespräch mit Fichte und Wittgenstein," in *Dogmatische Christologie in der Moderne. Problemkonstellationen gegenwärtiger Forschung*, hg. v. Christian Danz und Georg Essen (Regensburg: Pustet, 2019), 89–109.
45 In vielen Koranübersetzungen heißt es, dass Jesus gegen seine Jünger Zeugnis ablegt. Dieselben Koranübersetzer sprechen aber davon, dass Muhammad für seine Gemeinde eintritt, wenn philologisch dieselbe Aussage gemacht wird. Man wird hier also in beide Richtungen übersetzen dürfen.

konkreten menschlichen Existenz als Priester erscheint und insofern auch Fürbitte für uns hält. Von der Zwei-Naturen-Lehre her gedacht könnte man dann überlegen, ob nur die menschliche Natur Jesu bei Gott für uns eintritt.[46] Dadurch wäre dann auch klar, wieso diese Situation nach seinem Tod am Kreuz endet. Im Blick auf die Lehre der Idiomenkommunikation werden solche scharfen Abgrenzungen aber spätestens postchalcedonisch fragwürdig. Auch der auferstandene Herr und Richter tritt im patristischen Verständnis für uns ein. Auch Johannes Chrysostomos' Auslegungen sind an dieser Stelle schillernd. So sieht er in Jesu Christi fürbittendem Gebet die Wärme und Kraft von Gottes Liebe für uns realisiert, sodass es der Gottmensch Jesus Christus insgesamt ist, der sich hingebend und bittend an Gott wendet, um so Gottes fürsorgende Hingabe an uns darzustellen.[47] Auch Severian von Gabala meint hier ein komplementäres Verhältnis in Gott denken zu dürfen, indem sich der Sohn dem Vater bittend hingibt und der Vater diesem antwortend entgegenkommt.[48] Natürlich werden damit Metaphern aufgerufen, die das dynamische Verständnis von Gottes Wesen als Liebe zum Ausdruck bringen wollen, die alle reale Differenz in Gottes Einheit einholt. Die dabei verwendete Metaphorik kann aber auch zu polytheistischen Missverständnissen führen und sie lädt auch wieder zu einer imperialen Inanspruchnahme ein, wenn man denn einmal meint, über Jesus Christus und seine sich hingebende Herrschergewalt verfügen zu können. Durch die Begrenzung der fürbittenden Rolle Jesu auf seine Lebenszeit wird Jesus Christus der imperialen Inanspruchnahme durch die byzantinische Theologie entzogen und seine theozentrische Spiritualität ins Recht gesetzt. Sicher gehen dabei auch wichtige Aspekte christologischen Denkens verloren. Ob die dahinterstehenden Umformatierungen aber wirklich auf den christlichen Glauben zielen oder nur gegen dessen paganisierende und imperiale Deformierungen gerichtet sind, muss meines Erachtens offenbleiben.

---

[46] Vgl. Johannes Chrysostomos, *Hebräerbriefhomilie 13.3*, Patrologia Graeca 63, hg. v. Bernard de Montfaucon, (Paris: Migne, 1862), 105 f.: „Wie kann derjenige, dem ‚das Gericht ganz' (Joh 5,22) zusteht, ‚Fürbitte leisten'? […] Siehst Du nun, dass er [sc. Paulus] dies darauf bezieht, was dem Fleisch nach geschieht? Als er [sc. Paulus] ihn [sc. Christus] als Höhenpriester präsentierte, da sagte er [sc. Paulus] auch zutreffend über ihn [sc. Christus], dass er Fürbitte leistet."
[47] Vgl. Johannes Chrysostomos, *Römerbriefhomilie 15.3*, Patrologia Graeca 60, hg. v. Bernard de Montfaucon, (Paris: Migne, 1862), 544: „Er [sc. Paul] hat aus keinem anderen Grund von einer Fürbitte [Christi] gesprochen, als um die Wärme und die Stärke der Liebe für uns aufzuzeigen."
[48] Vgl. Severian von Gabala, *Pauluskommentare aus der griechischen Kirche. Aus Katenenhandschriften gesammelt und herausgegeben*, hg. v. Karl Staab (Münster: Aschendorff, 1933), 221.

4 Konklusion

Wir haben gesehen, dass sich die koranischen Interventionen gegen die Rede von Jesus als Sohn Gottes und von einer Übertragung des Zeugungsgedankens auf die Gotteslehre letztlich in zwei grundlegenden Bedenken gründen: der Sorge vor einem paganen Verständnis und der Sorge vor seiner imperialen Inanspruchnahme. Beide Gedanken sind bis heute virulent, aber beide Gedanken versucht auch die moderne Christologie zu entschärfen. Wenn beispielsweise Heinrich Assel Inkaranation kenotisch denkt und im Anschluss an den jüdischen Religionsphilosophen Emmanuel Levinas als „Aufgehen der aktivsten Aktivität in der passivsten Passivität"[49] beschreibt, dann ist der Begriff der hypostatischen Kenose so sehr dialektisch durchdrungen, dass die koranische Kritik nicht mehr verfängt. Wörtlich definiert Assel Kenose so: „Demütigung des Einen würdigt den Anderen, bewährt sich am Anderen, dessen ‚Gesicht' Spur des Höchsten wird."[50] Inkarnatorisches Denken auf den Spuren von Levinas neu zu bestimmen, eröffnet hier auch neue Spielräume für die produktive Aufnahme der koranischen Bedenken. Wenn Jesus Christus gedacht wird als „Ereignis des prophetischen Worts, das nicht Vorhersage, sondern Hervorsage, Verheißung ist"[51], kann dieses Hoffnungsereignis sehr nah an die Hoffnungssprache auch des Korans herangebracht werden. Es wäre in meinen Augen chancenreich und verheißungsvoll, die koranische Kritik des Inkarnationsdenkens mit einer von Levinas inspirierten Christologie zu konfrontieren. Möglicherweise ließen sich so neue Wege des wechselseitigen Lernens, aber auch der mehrfachen wechselseitigen Herausforderung nachzeichnen. Gerade ein solches Dreiecksgespräch führt dann möglicherweise auch wieder zur Sure *al-iḫlāṣ* zurück, die ja auch ein herausforderndes Gesprächsangebot an Juden und Christen gleichermaßen darstellen will.

Bibliographie

Anonym. "The Diophysite Christology of the Oriental Orthodox," St George Orthodox Ministry, 14.05.2020 http://www.stgeorgeministry.com/the-diophysite-christology-of-the-oriental-orthodox/

Assel, Heinrich. *Elementare Christologie*, Bd. 3, *Inkarnation des Menschen und Menschwerdung Gottes*. Gütersloh: Gütersloher Verlagshaus, 2020.

---

49 Heinrich Assel, *Elementare Christologie*, Bd. 3, *Inkarnation des Menschen und Menschwerdung Gottes* (Gütersloh: Gütersloher Verlagshaus, 2020), 242.
50 Assel, *Elementare Christologie*, 242 f.
51 Assel, *Elementare Christologie*, 298.

Athanasios von Alexandrien. *Sur l'incarnation du verbe*, hg. v. Charles Kannengiesser. Paris: Éditions du Cerf, 1973.
Ayoub, Mahmoud. *A Muslim View of Christianity. Essays on dialogue by Mahmoud Ayoub*. Maryknoll: Orbis, 2007.
Basilios von Caesarea. *Homiliae super Psalmos*. Paris: Migne, 1957.
Eisenhauer, Monika. *Vom Pantokrator zum Leidensmann. Zur Geschichte der Soteriologie und ihrer politischen Implikationen von der Spätantike bis zum Ende des Mittelalters*. Münster: LIT, 2022.
Ephraem der Syrer. *Des heiligen Ephraem des Syrers Hymnen. De fide*, Bd. 2, *Versio*, Corpus scriptorum Christianorum orientalium 155, Übers. Edmund Beck. Louvain: Impr. Orientaliste Durbecq, 1955.
Epiphanius von Salamis. *Ancoratus und Panarion*, Bd. 2, hg. v. Karl Holl. Leipzig: Hinrichs, 1922.
Ghaffar, Zishan. "Kontrafaktische Intertextualität im Koran und die exegetische Tradition des syrischen Christentums." *Der Islam* 98 (2021): 313–58.
Gregor von Nazianz. *Discours*, hg. v. Paul Gally. Paris: Éditions du Cerf, 1978.
Irenaeus von Lyon. *Adversus Haereses*, hg. v. Adelin Rousseau. Paris: Éditions du Cerf, 1965.
Išōˌdnah of Basra, Le livre de la chasteté, hg. v. Jean-Baptiste Chabot. Rom: l'Ecole française de Rome, 1896.
Johannes Chrysostomos. *Matthäushomilie*, hg. v. Bernard de Montfaucon. Paris: Migne, 1862.
Johannes Chrysostomos. *Philipperhomilie*, hg. v. Bernard de Montfaucon. Paris: Migne, 1862.
Johannes Chrysostomos. *Hebräerbriefhomilie*, hg. v. Bernard de Montfaucon. Paris: Migne, 1862.
Johannes Chrysostomos. *Römerbriefhomilie*, hg. v. Bernard de Montfaucon. Paris: Migne, 1862.
Khorchide, Mouhanad und Stosch, Klaus von. *Der andere Prophet. Jesus im Koran*. Freiburg-Basel-Wien: Herder, 2018.
Neuwirth, Angelika. *Der Koran als Text der Spätantike. Ein europäischer Zugang*. Berlin: Verlag der Weltreligionen, 2010.
Neuwirth, Angelika. *Der Koran*, Bd. 2/1, *Frühmittelmekkanische Suren. Das neue Gottesvolk. ‚Biblisierung' des altarabischen Weltbildes. Handkommentar mit Übersetzung*. Berlin: Verlag der Weltreligionen, 2017.
Papoutsakis, Manolis. *Vicarious Kingship. A theme in Syriac political theology in Late Antiquity*. Tübingen: Mohr Siebeck, 2017.
Peterson, Erik. *Heis Theos: Epigraphische, formgeschichtliche und religionsgeschichtliche Untersuchungen zur antiken 'Ein-Gott'-Akklamation*. Würzburg: Echter, 2012.
Ps-Ephraem der Syrer. *Kommentar zum Diatessaron*. Übers. Christian Lange. Freiburg: Herder, 2008.
Samir, Samir Kh. "Entretien d'Élie de Nisibe avec le vizir Ibn 'Alī al-Maġribī, sur l'unité et la trinité." *Islamochristiana* 5 (1979): 31–117.
Schelling, Friedrich Wilhelm Joseph. *Philosophie der Offenbarung*. Darmstadt: Wissenschaftliche Buchgesellschaft, 1974.
Severian von Gabala. *Pauluskommentare aus der griechischen Kirche. Aus Katenenhandschriften gesammelt und herausgegeben*. hg. v. Karl Staab. Münster: Aschendorff, 1933.
Skrobucha, Heinz. "Christus, Christusbild." In *Lexikon der christlichen Ikonographie*, Bd. 1, 355–454. Freiburg: Herder 1968.
Stosch, Klaus von. *Trinität*. Paderborn: UTB, 2017.
Stosch, Klaus von. "Neuzeitliche Denkwege zur Hypostatischen Union. Eine Positionsbestimmung im Gespräch mit Fichte und Wittgenstein." In *Dogmatische Christologie in der Moderne. Problemkonstellationen gegenwärtiger Forschung*, hg. v. Christian Danz und Georg Essen, 89–109. Regensburg: Pustet, 2019.

Stosch, Klaus von. "Kirche und Fremdprophetie. Muhammad als Herausforderung christlicher Identität." In *Theologie im Übergang. Identität – Digitalisierung – Dialog*, hg. v. Klaus von Stosch, Stefan Walser und Anne Weber, 247–70. Freiburg u. a.: Herder, 2022.

Tatari, Muna und Stosch, Klaus von. *Prophetin – Jungfrau – Mutter. Maria im Koran*. Freiburg u. a.: Herder, 2021.

Treiger, Alexander. „Could Christ's Humanity see His Divinity? An Eighth-Century Controversy between John of Dalyatha and Timothy I, Catholicos of the Church of the East." *Journal of the Canadian Society for Syriac Studies* 9 (2009): 3–21.

Young, William P. *Die Hütte. Ein Wochenende mit Gott*. Berlin: Ullstein, 2011.

Zellentin, Holger. "The rise of monotheism in Arabia." In *A Companion to religion in late antiquity*, hg. v. Josef Lössl and Nicholas J. Baker-Brian, 158–80. Hoboken: John Wiley & Sons, 2018.

Christophe Chalamet
Christology today
Remarks on some proposals and possible ways forward

Abstract: The field of Christology is torn between different approaches, from the contextual and liberationist to the ontologically and traditionally focused, not to mention recent proposals that favor distinct approaches. Dialogue between these approaches is infrequent and difficult, but it is necessary. Christian theology would be enriched, still today, by reconnecting discussions of Jesus Christ's person with reflections on his salvific 'work'. A Christology that pays attention to the theme of the 'covenant' might help us come closer to doing this.

Keywords: Christology, two natures, covenant, reconciliation, atonement

1 Introduction

What is the situation of Christology today and what are some of the basic orientations in Christology today? What might certain ways forward look like? Concerning the first question: if we look broadly, even globally, the first impression may be of a bursting in many different directions. This is not surprising given the emergence and growth of contextual theologies, and thus also of contextual christologies. Whoever begins with one's cultural, social and political context is likely to articulate views that are quite distinct from the culture "next door" or on a different continent (even as commonalities, e.g. with regard to political theology and liberation theology, exist). And so, on the one hand we see this flourishing of proposals in various corners of the world – and not just in the Southern Hemisphere or in the "Global South", for this type of theology, namely contextual theology, is being pursued also by scholars who work in institutions of higher learning in the West.

The other significant trend we see in Western countries is the obvious reliance, to this day, on some of the classic construals in the field of Christology: the Greek and Latin Fathers, Thomas Aquinas, Luther, Calvin, Schleiermacher, Karl Barth come to mind here. Is there a stalemate, currently, when it comes to Christology? A prominent theologian in continental Europe has recently argued in this

---

Christophe Chalamet ist Professor für Systematische Theologie an der Theologischen Fakultät der Universität Genf. Neueste Veröffentlichung zum Thema: *A Most Excellent Way. Essay on Faith, Hope and Love* (Lexington Books/Fortress Academic 2020).

https://doi.org/10.1515/9783111340951-019

way.¹ The crude deficit in mutual engagement between contextual theologies and the sort of "theologies of retrieval" that garner much attention in some corners is a serious problem in our current situation.² One wonders whether a broader dialogue between the various ways of practicing theology today should not be facilitated, and how that may occur.

Whether we lament the fragmentation within the field of theology, and of Christology more specifically, is a different question. Some simply rejoice in this bounty of insights and construals. Others would prefer less richness or diversity and more unity. But this is probably a false alternative, and the point might be, instead of celebrating either unbounded plurality or a more centered or focused approach, to open avenues for dialogue and interaction between scholars.

2 Tackling Christology

One of the striking features of recent significant works in the field of Christology is what could be called "the return of the two-natures theory". This is a feature one finds mainly among scholars who are invested in appraising traditional doctrinal pronouncements. I see two instances of this approach, the first among certain Thomists, the second among certain Barthians. I will only mention one recent Thomist work.

In his book *The Incarnate Lord*, Dominican theologian Thomas Joseph White focuses to a large extent on the ontological "structure" of the incarnate one.³ As he

---

1 See Christoph Theobald, "Bulletin de théologie systématique: Jésus-Christ," in *Recherches de science religieuse* 110/4 (2022): 713–56. Theobald, however, does not take into account some of the most recent publications, by Paul DeHart, Heinrich Assel or Bruce L. McCormack.
2 The expression "theologies of retrieval" may not be adequate, insofar as there never is any "retrieval" without a (sometimes hefty) dose of reinterpretation. "Retrieval" without newness does not exist, despite certain ahistorical, quasi fundamentalist illusions. For a careful use of this expression, see John Webster, "Theologies of Retrieval," in *The Oxford Handbook to Systematic Theology*, eds. Kathryn Tanner, Ian Torrance and John Wesbter (Oxford: Oxford University Press, 2006), 583–99. Webster contrasts the "theologies of retrieval" with what he calls "revisionist theologies" (an expression, at least in the French speaking world, that is much more problematic than the word "retrieval", since "révisionnisme", in French, means "historical negationism", and especially the denial of the Holocaust). See also the essays gathered in Darren Sarisky, ed. *Theologies of Retrieval: An Exploration and Appraisal* (London-New York: T&T Clark, 2017).
3 Thomas J. White, *The Incarnate Lord: A Thomistic Study in Christology* (Washington, D.C.: Catholic University of America Press, 2015), 26. I have reviewed the French translation of this book here: Christophe Chalamet, "Une christologie thomiste pour le 21ᵉ siècle? Autour d'une étude de Thomas Joseph White," *Freiburger Zeitschrift für Philosophie und Theologie* 66 (2019): 581–86. A detailed and important review article on this book has been published by Joshua Ralston, "A

sees it, doing or acting follows from being (*agere sequite ad esse*), and so Christology, in White's Thomist perspective, must begin with a rigorous study of the ontological "make up" of the incarnate one, before considering the work of redemption in the paschal event. Here soteriology clearly follows ontology. The person of Jesus Christ must first be elucidated before Christ's work can be considered. If ontology is overlooked, then everything falls apart: "without ontology, everything descends into night."[4]

Among the more puzzling aspects of White's monograph is the way in which he states one of the aims of his work, namely to conduct "intellectually compelling forms of discussion of the ontological aspects of the mystery of Christ."[5] Such an aim rests on a rather confident view of what theological writings may achieve (an obviously Catholic view of the basic harmony between *fides* and *ratio* seems to be presupposed). Here the retrieval of Thomas Aquinas is based on the conviction that "there exists a perennial Thomistic theological science", that this theological science includes insights of perennial value on what White calls "ontological Christology".[6] It is striking to find the word "perennial" appear again in theological literature, after decades of warnings against any ambition to speak "for the ages".

In reading recent proposals in Christology, one is surprised to see that what may be called the ontological constitution of the Mediator amounts to the very core of the endeavor. Christology is being presented as dealing with the ways in which the two natures relate to one another.[7] This is the assumption or the conviction I wish to question. Such a challenge is of course related to the critical questions a good number of modern theologians have raised these past several centuries – often invoking Philip Melanchthons's famous *dictum* found in the first edition of his *Loci communes* (1521) on the two natures.[8]

In the last quarter of the 19th century, for instance, Wilhelm Herrmann pointedly asked if the kind of "theoretical doctrinal teaching" (*theoretische Belehrung*) that is practiced by certain dogmatic theologians of his day was the kind of theol-

---

Schleiermacherian Rejoinder to Thomas Joseph White's *The Incarnate Lord*," *Nova et Vetera* (English edition) 20/2 (2022): 613–28.
4 White, *The Incarnate Lord*, 483.
5 White, *The Incarnate Lord*, 5.
6 White, *The Incarnate Lord*, 4.
7 See Bruce L. McCormack, *The Humility of the Eternal Son: Reformed Kenoticism and the Repair of Chalcedon* (Cambridge: Cambridge University Press, 2021), 5.
8 "Nam ex his proprie Christus cognoscitur, siquidem hoc est Christum cognoscere, beneficia eius cognoscere, non, quod isti docent, eius naturas, modos incarnationis contueri. Ni scias, in quem usum carnem induerit et cruci affixus sit Christus, quid proderit eius historiam novisse?" *Melanchthons Werke, Studien Ausgabe*, vol. II/1, ed. Hans Engelland (Gütersloh: Bertelsmann Verlag, 1952), 7, lines 7–14.

ogy which is needed for people who are animated with existential questions of a moral and theological nature.[9] He did not see much worth in what he perceived as "speculative Icarus flights", which, in his opinion, are not warranted within Protestant theology.[10] His position was clear: the right way to confess Jesus's divinity is to begin with his works, rather than the other way round. One should not move from his divine identity to his works, but from his works to his divine identity.[11] A theology that seeks to follow the movement of revelation should not be an upward endeavour leading one to *directly* consider God's being as such. It should, quite to the contrary, focus on what God *gives* to God's creature ("was die Offenbarung dem Menschen schenkt").[12] In an important article on "the concept of revelation", Wilhelm Herrmann put it this way: "We should not pretend to be considering the objects of religious concepts quietly like an astronomer looking at the stars. [. . .] And so we should not separate the question of what the heavenly things are from the question of how the heavenly things impact us and in this way become certain to us."[13] This simple thesis amounts to a serious, radical challenge addressed to a range of recent and current theological and christological proposals, including, it seems to me, Thomas Joseph White's monograph.

A basic question thus emerges: what are the actual themes of Christology? What is Christology all about, or what is "Christology proper"? For me a sketch of an answer would involve first a downward movement: Christology concerns what Christ does and what Christ did for us as God's creatures, leading us to centrally consider who Christ is – not in himself, but for us creatures.

The aim of theological reflection, even as it takes as its starting point God's act in history, should not be to elaborate "a personal ontology of the triune God",[14] in my opinion, but to shed light on how human existence and creation as a whole are

---

9 Wilhelm Herrmann, "Die Metaphysik in der Theologie" (1876), in *Schriften zur Grundlegung der Theologie*, vol 1, ed. Peter Fischer-Appelt (Munich: Chr. Kaiser, 1966), 38.
10 "In der Sphäre des reformatorischen Christenthums sind jene Ikarusflüge der Spekulation nicht mehr berechtigt." Wilhelm Herrmann, *Die Religion im Verhältniss zum Welterkennen und zur Sittlichkeit: Eine Grundlegung der systematischen Theologie* (Halle: Max Niemeyer, 1879), 354.
11 "[D]as richtige Bekenntnis zu der Gottheit Jesu [hängt] von dem Verständnis seines Werkes ab und ist nicht eine Bedingung für dieses Verständnis." Wilhelm Herrmann, *Der Verkehr des Christen mit Gott, im Anschluss an Luther dargestellt* (Stuttgart: J.G. Cotta, 1886), 8.
12 Herrmann, *Verkehr*, 203.
13 "Wir dürfen nicht meinen, dass wir die Gegenstände der religiösen Begriffe in guter Ruhe betrachten können wie ein Astronom die Sterne. [. . .] Deshalb dürfen wir die Frage, was die himmlischen Dingen seien, nicht trennen von der Frage, wie die himmlischen Dingen an uns wirken und uns dadurch gewiss werden." Wilhelm Herrmann, "Der Begriff der Offenbarung" (1887), in *Schriften zur Grundlegung der Theologie 1*, 123.
14 McCormack, *Humility*, 6.

shaped and reshaped by God's act as creator, reconciler, and redeemer. Otherwise theology in its final aim risks leaving the world behind and becoming theocentric in an extreme way, announcing further swings of the pendulum, sooner or later, in the other direction, i.e. in the direction of anthropocentrism.[15]

If the ontological constitution of the Mediator really is the heart of Christological discourse, then there would be a deep, disconcerting disconnect between theological exegesis of the New Testament and systematic theology. For, as I see it, the New Testament is not interested, at least centrally and decisively, in the ontological constitution of the Mediator, but rather in his identity as savior (σωτήρ), Lord (κύριος), and as son (υἱός) of God, which is very different. I am not contesting the legitimacy as well as the necessity for Christian theology to work somewhat at a remove from the New Testament writings, of course, but at which point has the distance become too great? If the doctrine of the incarnation is a central topic of any Christology, shouldn't this doctrine engage the way in which Jesus of Nazareth concretely *fulfilled* his sending in the course of his ministry? Just as a Christian theology of creation cannot limit itself to an interpretation of "the origins", but must embrace the whole of reality and time, including our present and the future, shouldn't the Christian doctrine of incarnation take into account, quite centrally, the way in which God was and is with us in Jesus of Nazareth? I do not agree that Christian theology ought to consider the doctrine of the incarnation "on its own" or "as such", as it were. It should instead follow and interpret its concrete unfolding as narrated in the canonical gospels. Shouldn't therefore a Christology of the incarnation be fully *integrated within* the Christian doctrine of reconciliation?[16] Shouldn't the humility of the Son be observed and interpreted, not in its eternal dimension, but instead in its historical unfolding in Jesus' concrete, historical ministry among prostitutes, tax collectors, scholars of the Torah and others, as well as in his consenting to suffering? The Bible, if it is allowed to speak, will take us in a quite different direction, in my opinion, than in the direction of questions concerning the ontological constitution of the Mediator.

---

15 This was the core of Karl Barth's critique of Erich Schaeder's theocentric theology, in the 1920s and beyond. On their debate, see Klaus-Dieter Rieger, *Heiliger Geist und Wirklichkeit: Erich Schaeders Pneumatologie und die Kritik Karl Barths* (Berlin: Walter de Gruyter, 2017).

16 McCormack notes, interestingly – but this remark, when it is pondered, raises fairly radical questions: "what we very quickly find is that no distinct locus devoted to the 'person' of Christ" can be found in the massive, fourth part of Karl Barth's *Church Dogmatics*: "All that is said with reference to the 'person' of Christ is said by way of reflection on his 'work' – that is, his activities and relationships (most especially his relationship to his Father but also to his brothers and sisters)." McCormack, *Humility*, 110–1.

It takes us in the direction of *soteriology*, i.e. in the direction of renewed, liberated life for human creatures and creation as a whole.

A Christology that seeks to interpret the three traditional *munera* of Christ, as prophet, as king and as priest, for instance, would be in a better position, as I see it, to offer insights that embrace both the Word made flesh *and* the world as it is encountered by this Word. I am advocating for a study and presentation of Christology which encompasses not just the ontological constitution of the incarnate one, but the meaning of Jesus Christ as savior, the ways in which his messianic ministry was salvific not just in his passion and resurrection, but during the entire course of his ministry, through his healing, his eating with sinners, through his teaching and all of his actions, and how this ministry, as well as his entire life, death, and resurrection, still impact us today.[17]

As we study the person of Jesus-Christ, can we ignore all of these aspects of his person and of his identity? The study of Christology is certainly the study of Jesus Christ "in himself as savior" (*de ipso salvatore*), as Thomas Aquinas put it in the Prologue to the *Summa*'s *tertia pars*, but precisely because of the mention of the words "as savior", Thomas did not stop there: Christian theology must ponder "the benefits he conferred to humanity" (*beneficiis eius humano generi*). It is not merely Melanchthon, in the already mentioned passage from his 1521 *Loci commmunes*, who reminds us of the importance of considering the "benefits" of Christ's work. Thomas Aquinas does the same, in his own way, without of course excluding the examination of the person of the savior.[18] Christology abstracted from soteriology is non-sensical. Like pneumatology, Christology is a pervasive doctrine: it pervades the doctrine of creation, reconciliation, and redemption, even as its central *locus* is arguably the locus of reconciliation. As Barth put it: "the *real presence* of reconciliation, i.e., of the living Lord Jesus, is the theme and basis and content of Christian knowledge."[19] If this is correct, then it is difficult to envision how Christology could be severed, even temporarily, from what Barth calls "the *real presence* of reconciliation".

---

[17] As McCormack points out: "The act of assuming human flesh is treated by Barth in IV/1 as a 'way' [. . .]. It is a uniting (following Schleiermacher and Dorner) rather than a union, an ongoing activity rather than a completed act in the womb of the Virgin, cast in the form of a history rather than in terms of a joining of natures." McCormack, *Humility*, 110. Again, I consider this approach, treating Christology as a narration and the analysis of a "history", to be particularly promising and necessary, still today.

[18] Brian Davies, *Thomas Aquinas's* Summa Theologiae: *A Guide and Commentary* (Oxford/New York: Oxford University Press, 2014), 311.

[19] "Es ist die *Realpräsenz* der Versöhnung, d. h. aber des lebendigen Herrn Jesus Christus, der Gegenstand, der Grund und Inhalt der christlichen Erkenntnis." *Kirchliche Dogmatik* IV/3.1, 242 (= *Church Dogmatics* IV/3.1, 212).

3 Christology at the Confluence of Ontology and Soteriology: The Theme of Reconciliation

Christology, nowadays, often focuses on Christ's sacrifice, i.e. the gift of his own life, as the event of reconciliation: not in the sense that in this event God retrieves his honor that we as human beings have trampled, but in the sense that God, in Christ, reconciles the world. In this regard we still have the duty to think through this event of reconciliation, beyond the old doctrines of satisfaction, with their emphasis in certain cases on God's "honor". For someone like Thomas Aquinas, a "sacrifice" in the proper sense designates what one offers to God in order to give back to God the honor which we owe God, so as to "appease God" (*Summa theologiae* IIIa, q. 48 a. 3; see also IIIa, q. 49 a. 4). Aquinas writes about the "ransom" which was "required," and so also the "price" that had to be "paid" to God (IIIa, q. 48, a. 4).[20] Aquinas helps us more when he interprets the crucifixion as an evil deed, a "crime", as we turn our attention toward those who killed Jesus of Nazareth (IIIa, q. 48, a. 3). Here, suddenly, we find ourselves in the vicinity of important contemporary considerations on the event of the cross, e.g. among political and liberation theologians. Similarly, Aquinas expresses a decisive aspect when he states that "*all* of Christ's actions as well as suffering worked instrumentally, in virtue of his divinity, for the salvation of human beings" (IIIa, q. 48, a. 6 resp.; my emphasis).[21] This is significant because it compels us to include the entirety of Christ's ministry, including his teachings and his debates alongside his healings and other deeds, in our consideration of Christ's work and person.

The promise of Aquinas' theology lies in this way of keeping together the person and the work of Christ. In other words, this 13th century theologian, perhaps surprisingly, may help us bridge the big gap that currently exists between scholars who construe Christology as, decisively, an ontological affair, and those for whom Christology is more or less exclusively oriented soteriologically.

If we consider for a moment the theme of "reconciliation", I see a major challenge before us, one which consists in the interpretation and the re-stating, for today, of Christ's reconciliatory work. How do we express this work? How do we interpret and express the gift that it confers to us as well as the claim that it places before us?

---

[20] Among those who stand by Thomas Aquinas' satisfaction theory, see Rik Van Nieuwenhove, "'Bearing the Marks of Christ's Passion'," in *The Theology of Thomas Aquinas*, eds. Rik Van Nieuwenhove and Joseph Wawrykow (Notre Dame: University of Notre Dame Press, 2005), 277–302, esp. 287–92.
[21] One finds a similar claim in Aquinas' commentary on Rom. 4:25.

Aren't we closer to the heart of Christian theology as a whole when we consider this question, rather than the ontological constitution, in and of itself, of the incarnate Son? Isn't the core of Christian theology at stake here? But precisely on this nodal point, and so on the question of the meaning of "salvation", contemporary theology does seem to have lost a significant amount of its capacity to articulate views that can be understood and that can offer meaning to human existence today. Or: are we confident that we have the words that can express what animates our work as theologians?

It is one thing to state, with Aquinas and many others, that Christ, "in suffering, perfectly satisfied for our sins" (IIIa, q. 48, a. 2). But the meaning of such traditional theological and christological claims is escaping many of us, including academic theologians. It is no surprise, therefore, that a number of recent works in christology have been seeking renewed, fresh formulations in the hope of interpreting and expressing more adequately what we may call the event, or the gift, of salvation. We see this even in modern commentaries on ancient theological systems. Presenting the article of Aquinas' *tertia pars* on the topic of the resurrection (IIIa, q. 53, a. 1), Brian Davies uses a contemporary term in order to help his readers make sense of what is at hand: according to Davies, Thomas considers the resurrection as the "final endorsement of all that Christ was about in his life and teaching."[22] The term "endorsement" is an interpretation, of course, and the pedagogical and theological intention behind this interpretation is quite clear. Davies is using a well-known term, something his students will understand right away. And this term, I would add, is indeed very "telling" or meaningful, and very profound theologically in relation to the interpretation of the Easter event. Its usage helps communicate something essential about the meaning of Jesus' cross and resurrection. It does so, once again and tellingly, by including in the interpretation of Easter the very ministry of Jesus that led to the crucifixion.

If, as Martin Kähler suggested toward the end of the 19th century, we do not confess Christ as Lord because we confess the inspiration of the Scriptures, but, the other way around, i. e. we confess Christ as Lord and consequently we confess the inspiration of the Scriptures, shouldn't we in similar fashion first consider Jesus Christ as Lord not merely in himself, but as Lord and saviour of the world, before examining his ontological constitution?[23]

---

[22] "He [Thomas Aquinas] sees this as God's final endorsement of all that Christ was about in his life and teaching." Davies, *Thomas Aquinas's* Summa Theologiae, 320.

[23] Martin Kähler, quoting Heinrich Hoffmann, a pastor at the time in the city of Halle: "wir glauben nicht an Christum um der Bibel willen, sondern an die Bibel um Christi willen." Kähler adds: "Noch genauer lässt es sich wohl in diesem Zusammenhang so ausdrücken: wir setzen unser Vertrauen auf die Bibel als auf das Wort unseres Gottes um *ihres* Christus willen." *Der sogenannte*

Among the recent publications that aim to show the ways in which the person and work of Jesus Christ *jointly* illuminate and transform our reality, Emmanuel Durand's book titled *Jésus contemporain*, published in 2018 with the following subtitle: *Christologie brève et actuelle* ("a concise and contemporary Christology"), is a good example. This is a study that takes into account the dogmatic formulations of Chalcedon and of the era surrounding Chalcedon. The book goes on, however, to enter into conversation with contemporary philosophy, including phenomenology (esp. Michel Henry). This book is an impressive and welcome attempt at linking traditional christological debates with contemporary issues, with the aim of providing an accessible "restatement of the incarnation as Christ's way of being present to his people", and with an obvious interest in exploring the political and social implications of the theme of "reconciliation", e.g. through an analysis of the South African "Truth and Reconciliation Commission".[24] Durand helps readers see how the gift of reconciliation which issues from the event of Easter and from Jesus' entire ministry breaks down certain walls of separation (Eph. 2:14) and urges us, today, to live according to this freely given gift. Against many traditional visions of a divinity in need of being reconciled to sinful creatures, Emmanuel Durand suggests that "God has no need of reconciliation with us. God has never hated any of God's creatures. God is perfectly at peace, in Godself as well as with us. We, on the other hand, have the need to be reconciled through God and with God."[25]

If we move from a contemporary Dominican theologian such as Emmanuel Durand to the early towering Dominican thinker Thomas Aquinas and his commentary on Romans, we see the medieval theologian closely link Jesus-Christ's resurrection with what he calls the "renewal of justice". The resurrection "through which he returned to new life is the cause of our justification, through which we are led to the renewing of justice."[26]

Reconciliation and justice, those are two themes that are much debated and thought about in recent as well as in contemporary theology, but often not by scholars who claim to stand in the tradition of Thomas Aquinas. Couldn't we imagine a

---

historische Jesus und der geschichtliche, biblische Christus, ed. Ernst Wolf (Munich: Chr. Kaiser, ²1956), 52 (= *The So-Called Historical Jesus and the Historic, Biblical Christ*, ed. Carl Braaten [Minneapolis: Fortress Press, 1988], 75).

24 Emmanuel Durand, *Christ contemporain: Christologie brève et actuelle* (Paris: Cerf, 2018), 206, as well as ch. 6.

25 "Dieu n'a pas besoin de se réconcilier avec nous. Il n'a jamais pris en haine aucune de ses créatures. Il est parfaitement en paix, en lui-même et avec nous. C'est nous qui avons besoin d'être réconciliés par lui et avec lui." Durand, *Christ*, 293.

26 From Thomas Aquinas' commentary on Romans; Thomas d'Aquin, *Commentaire de l'épître aux Romains*, French translation by Jean-Éric Stroobant de Saint-Éloy (Paris: Cerf, 1999), 206 (on Rom. 5). Quoted in Nieuwenhove, "Bearing the Marks of Christ's Passion," 294.

contribution on these acutely important themes also by scholars who stand in that tradition? Or are scholars steeped in medieval scholastic thought bound to focus on the ontological constitution of the incarnate one? The kind of deep *creativity* that is required of theologians, especially in relation to our contemporary world as seen through God's revelation and the biblical narrative, is too often lacking in today's theological landscape. A little bit like the council fathers gathered in Rome in 1962, we need to open the windows of the rooms in which we work in order to let the world enter – without ever losing sight of the elements that anchor the Christian faith. The consequences of such a stance, of opening the windows so as not to forget the world in which we live, are numerous and far-reaching.

4 Messianic Christology and the contemporary world – towards a covenantal approach

At one point or another, a contemporary christology must locate Jesus of Nazareth within the world that was his, Galilean and Palestinian Judaism of the 1st century of the common era. The Word became flesh, and he became, as Karl Barth famously put it, "*Jewish* flesh." "The Church's whole doctrine of the incarnation and the atonement becomes abstract and valueless and meaningless to the extent that this comes to be regarded as something accidental and incidental. The New Testament witness to Jesus the Christ, the Son of God, stands on the soil of the Old Testament and cannot be separated from it."[27] One way of addressing this strong *desideratum* expressed by Barth would be to articulate a covenant Christology for today. This effort would not merely situate the person and work of Jesus Christ within the overall frame of the covenant(s). It would, conversely and crucially, determine the very meaning of this frame through his person and work as the one who fulfills the covenant(s) and who inaugurates a new era in which a new "people" (a new community or *qahal*) arises that in no way abrogates the people of Israel and its enduring meaning as people of the covenant.[28]

The reminder of Jesus' full participation in the Judaism of his time as well as in the crucial prophetic lineage does not contradict a theocentric approach to christology. It also buttresses the kind of pneumatological christology that has become central in recent decade, both in historical and in constructive works of

---

[27] *Church Dogmatics* IV/1, 166 (= *KD* IV/1, 181–82).
[28] I use the plural for 'covenant' not to pit the 'new' covenant against the 'old' one, but in order to acknowledge, as the apostle Paul seems to have done (Rom. 9:4–5; see also Eph. 2:12), the plurality of covenant narratives within the Pentateuch itself, and more broadly within the Hebrew Scriptures.

theology.²⁹ Not to sever, but on the contrary to better articulate the work of Christ with the work of the Spirit remains indispensable. If we keep moving in this direction, then bridges may appear between the theologies that have clear options in the "liberationist" direction, and some of the other approaches that betray a strong interest in "ontology". Once again, we may find some points of contact even in thinkers we might not have suspected of being helpful in this regard. I am thinking here of the scholarship of Gilles Emery who shows how Thomas Aquinas speaks of "the liberation that the Spirit enacts", a liberation from the evil of the condemnation (*poena*) as well as from the evil of the fault and the guilt (*culpa*).³⁰ In his *Compendium theologiae*, Aquinas wrote: "As a wayfarer, [you] must know the way by which [you] can come to the end."³¹ Knowing the way, here, deserves to be understood in a rich, complex way, so as to include the dimensions of *who* this way is, as well as *what* his way looks like, and *how* this way that he is and that he opens before us can, in turn, become *our* way forward as his disciples.

A covenantal approach to Christology may be less at risk of severing what arguably needs to be kept united, namely *God*'s ways with us in and through God's Son, and *our* ways as people who have been called to follow him. The very point of Christology is not to decipher the relationship between the two natures in him, but to understand Jesus of Nazareth, the Christ, in his relation to both God and the world toward which God sent him.³² A covenantal approach to Christology will seek to keep these realities in tension at all times, even as it emphasizes at some moments God's own commitment to this relation, and at other moments the responsibilities and commitments on the part of the human covenant partners, as well as the dignity that is conferred on the human partners by the covenantal relation.

Another potential benefit of using a covenantal lens as we consider Jesus Christ lies in the connection it may manifest to the traditions of Israel and its numerous "covenants", without losing sight of the promises of renewal that these traditions themselves bear, especially in the prophetic books (see esp. Jer. 31:31–34 and Ezek.

---

29 Dominic Legge, *The Trinitarian Christology of St Thomas Aquinas* (Oxford: Oxford University Press, 2016). See also Gilles Emery, *La théologie trinitaire de saint Thomas d'Aquin* (Paris: Cerf, 2005), and his more recent book: *Présence de Dieu et union à Dieu. Création, inhabitation par grâce, incarnation et vision bienheureuse selon saint Thomas d'Aquin* (Paris: Parole et Silence, 2017), esp. 158–68 and 192–4. Besides Thomist studies like these, and with a significantly different perspective, see Jürgen Moltmann's pioneering work: *The Way of Jesus Christ: Christology in Messianic Dimensions*, trans. Margaret Kohl (London: SCM Press, 1990).
30 Emery, *Présence de Dieu*, 186.
31 See Legge, *Trinitarian Theology*, 1, quoting from chapter 2 of Aquinas' *Compendium theologiae*: "Oportet igitur et in via viam cognoscere, per quam possit perveniri ad finem."
32 This important point is already made clear in Moltmann, *Way of Jesus Christ*.

36:22–28). Situating Christology within the complex network of covenant stories and promises in the Hebrew Scriptures may help us better understand both the person and the work of Jesus Christ, without focusing on his person in abstraction from his work, but also without losing sight of his person as we consider his work. But we need to clarify what "understanding his person" means: does it primarily mean understanding his "two natures" and their interplay, or does it mean understanding him, who he is, in relation to God the Father and the Spirit, as well as in relation to the people he interacted with throughout his existence? Can we understand anybody without taking into account, from the beginning, his or her relationships to others?

A covenantal Christology would thus be a trinitarian Christology deeply attuned to the messianic identity of Jesus of Nazareth, closely connected to messianic figures and promises in the prophetic books as well as other writings from the Hebrew Scriptures, seeking to show how the "newness" Christ brings fulfills ancient promises without ever suppressing them or condemning them to oblivion. No less important, such a Christology would aim to show what it means to become participants in the story and the history of the covenant(s) and in the reality of the "people" that God creates. The task of Christology thus ceases to be exclusively centered on Jesus of Nazareth so at to embrace all of his disciples that constitute his "body". We have heard repeatedly, in the past century and a half, that the task of Christology must also include an account of the community of his disciples.[33] This remains an important aspect of what new works in Christology might aim to achieve today. But it is also not without some dangers. One of them is to merely identify his "body" with himself, with Christ, and forget the constant presence of "failure(s)" among his disciples. Those who "represent" Christ have not "magically" been transformed into him. They are *being conformed* to him, slowly, painstakingly, ongoingly and thus imperfectly. They may be called "the saints", but this identity is theirs only *in fieri* (to use Luther's language), and it cannot be understood, as the word "saint" usually is in contemporary culture, in moral terms.

---

[33] I am thinking here of the opening pages of the third volume (the constructive part) of Albrecht Ritschl's *Christian Doctrine of Justification and Reconciliation* (1874 in the original, German version, with subsequent editions and translations, including in English). A similar call is expressed in the recent work by Frank Macchia *The Spirit-Baptizer* (Grand Rapids: Eerdmans, 2018), 309: Christ "became a communal person by imparting the Spirit to all flesh. This is his identity forever". Macchia's monograph is a significant contribution to a trinitarian, Spirit-focused, Christology. See also Terrence W. Tilley, *The Disciples' Jesus. Christology as Reconciling Practice* (Maryknoll: Orbis, 2008).

A covenantal approach to Christology must navigate some complex issues, for instance on the relationship between the "new" and the "old" covenant, without emphasizing the former to the point where the latter appears to have become "obsolete" (as in certain maximalist interpretations of Heb. 8:13, itself a somewhat "tricky" verse).[34] The "new", in Christian theology, never cancels the "old". Rather, it transforms or transfigures the old, and it acknowledges the presence of the "new" already in the "old". It was there "all along", in some ways. And so ways for a fruitful partnership between various peoples (I am thinking here of the three main monotheistic religions) who claim, in different manners and different stories, to be constituted by God's covenantal project may become possible.[35]

5 Final remarks

A certain convergence may be seen in recent works in Christology in the direction of a trinitarian Christology. This is indeed the most promising avenue for Christology in our time, as long as it is not disconnected from the world toward which the triune God is turned. Christ is above all the savior, the Lord, the Son of God. Christology must endeavor to interpret these terms, which implies considering Jesus of Nazareth in all of his relations – to God, to people, and to the world.

Whereas the early church was faced with a number of "heresies" that challenged her to clarify who Jesus Christ is, not just in relation to God (325 Nicaea) but also in his very being (451 Chalcedon), Christology today may face different challenges, especially in the West, starting with the question: who is Jesus Christ for us today (as Dietrich Bonhoeffer famously put it)? Why even bother with this figure of such a distant past? Shouldn't Christian theology busy itself with these questions, rather than center on mostly ontological questions related to his personal "constitution" as Mediator? And so the question of where exactly lies "Christology proper" needs to be discussed. As I see it, "Christology proper" cannot be too foreign to the way in which the apostle Peter addresses Cornelius and other people in Caesarea in the books of Acts (10:36–40): "you know the message [God] sent to the people of Israel, peaching peace by Jesus Christ – he is Lord of all. The message spread throughout Judea, beginning in Galilee after the baptism that

---

[34] See the concise and helpful remarks on this verse by Luke Timothy Johnson, *Hebrews: A Commentary* (Louisville: Westminster John Knox Press, 2006), 209.

[35] For deep reflections on this topic from a Jewish perspective, see the groundbreaking book by Irving Greenberg, *For the Sake of Heaven and Earth: The New Encounter between Judaism and Christianity* (Philadelphia: The Jewish Publication Society, 2004).

John announced: how God anointed Jesus of Nazareth with the Holy Spirit and with power; how he went about doing good and healing all who were oppressed by the devil, for God was with him. We are witnesses to all that he did both in Judea and in Jerusalem. They put him to death by hanging him on a tree, but God raised him on the third day and allowed him to appear [. . .]." Reading and interpreting such passages with a covenantal framework in mind may help us interpret afresh the person and the work of Jesus Christ today, without emphasizing one aspect to the detriment of the other. What (and who) stands at the heart of the gospel cannot or should not stand at the margins of our theologizing.

Bibliography

Aquinas, Thomas. *Commentaire de l'épître aux Romains*, French translation by Jean-Éric Stroobant de Saint-Éloy. Paris: Cerf, 1999.

Barth, Karl. *Church Dogmatics IV/3.1: The Doctrine of Reconciliation, Part 3*. London: T&T Clark, 1988.

Chalamet, Christophe. "Une christologie thomiste pour le 21e siècle? Autour d'une étude de Thomas Joseph White." *Freiburger Zeitschrift für Philosophie und Theologie* 66 (2019): 581–86.

Davies, Brian. *Thomas Aquinas's* Summa Theologiae: *A Guide and Commentary*. Oxford/New York: Oxford University Press, 2014.

Durand, Emmanuel. *Christ contemporain: Christologie brève et actuelle*. Paris: Cerf, 2018.

Emery, Gilles. *La théologie trinitaire de saint Thomas d'Aquin*. Paris: Cerf, 2005.

Engelland, Hans, ed. *Melanchthons Werke, Studien Ausgabe*, vol. II/1. Gütersloh: Bertelsmann Verlag, 1952.

Greenberg, Irving. *For the Sake of Heaven and Earth*. The New Encounter between Judaism and Christianity. Philadelphia: The Jewish Publication Society, 2004.

Herrmann, Wilhelm. *Die Religion im Verhältniss zum Welterkennen und zur Sittlichkeit: Eine Grundlegung der systematischen Theologie*. Halle: Max Niemeyer, 1879.

Herrmann, Wilhelm. *Der Verkehr des Christen mit Gott, im Anschluss an Luther dargestellt*. Stuttgart: J.G. Cotta, 1886.

Herrmann, Wilhelm. "Die Metaphysik in der Theologie" (1876). In *Schriften zur Grundlegung der Theologie*, vol. 1, ed. Peter Fischer-Appelt, 1–80. Munich: Chr. Kaiser, 1966.

Herrmann, Wilhelm. "Der Begriff der Offenbarung" (1887). In *Schriften zur Grundlegung der Theologie*, vol. 1, ed. Peter Fischer-Appelt, 123–39. Munich: Chr. Kaiser, 1966.

Johnson, Luke Timothy. *Hebrews: A Commentary*. Louisville: Westminster John Knox Press, 2006.

Kähler, Martin. *Der sogenannte historische Jesus und der geschichtliche, biblische Christus*, ed. Ernst Wolf. Munich: Chr. Kaiser, ^{2}1956.

Legge, Dominic. *The Trinitarian Christology of St Thomas Aquinas*. Oxford: Oxford University Press, 2016.

Macchia, Frank. *The Spirit-Baptizer*. Grand Rapids: Eerdmans, 2018.

McCormack, Bruce L. *The Humility of the Eternal Son: Reformed Kenoticism and the Repair of Chalcedon*. Cambridge: Cambridge University Press, 2021.

Moltmann, Jürgen. *The Way of Jesus Christ. Christology in Messianic Dimensions*. New York: Harper Collins, 1990.

Nieuwenhove, Rik Van. "'Bearing the Marks of Christ's Passion'." In *The Theology of Thomas Aquinas*, ed. by. Rik Van Nieuwenhove and Joseph Wawrykow, 287–302. Notre Dame: University of Notre Dame Press, 2005.

Ralston, Joshua. "A Schleiermacherian Rejoinder to Thomas Joseph White's *The Incarnate Lord*." *Nova et Vetera* 20/2 (2022): 613–28.

Rieger, Klaus-Dieter. *Heiliger Geist und Wirklichkeit: Erich Schaeders Pneumatologie und die Kritik Karl Barths*. Berlin: Walter de Gruyter, 2017.

Sarisky, Darren, ed. *Theologies of Retrieval: An Exploration and Appraisal*. London-New York: T&T Clark, 2017.

Theobald, Christoph. "Bulletin de théologie systématique: Jésus-Christ." *Recherches de science religieuse* 110/4 (2022): 713–56.

Tilley, Terrence W. *The Disciples' Jesus. Christology as Reconciling Practice* (Maryknoll: Orbis, 2008).

Webster, John. "Theologies of Retrieval." In *The Oxford Handbook to Systematic Theology*, 583–99, ed. by Kathryn Tanner, Ian Torrance and John Webster. Oxford: Oxford University Press, 2006.

White, Thomas J. *The Incarnate Lord: A Thomistic Study in Christology*. Washington, D.C.: Catholic University of America Press, 2015.

Johanne Stubbe Teglbjærg Kristensen
Incarnation and the Body
Intercorporeal Considerations

Abstract: This article begins with Martin Luther's claim that the Christian notion that God is incarnated in Christ is not a pure, isolated and abstract concept, but a speech "für uns" and thus a contextual and specific notion. I argue that understanding incarnation as abstract and identifying this notion with Christology or even with Christianity as a whole implies objectification, idealization and idolatry both of God and of the human body and of specific kinds of human bodies. Against this abstract understanding of incarnation, I claim with Luther that the concrete notion of incarnation is about the gift – and with a contemporary word givenness – of an alternative to this abstract conception of God and to the problematic understanding of other human beings that this abstraction implies. I begin with a reference to Luther's reflections on incarnation, *Körperlickeit* und *Leiblichkeit* in *De servo arbitrio*, and turn to Maurice Merleau-Ponty's Husserlian phenomenology where I explore this explicitly self-reflective distinction in its carnality. With Merleau-Ponty, I finally consider specific parts of *De servo arbitrio* and propose an eschatological, embodied and intercorporeal understanding of the concrete concept of incarnation and a discussion of a distinctive intercorporeality of freedom in love, hope, and trust.

Keywords: Bondage of the Will, Luther, Flesh, Body, Incarnation, Christology, Eschatology, Merleau-Ponty, Embodiment, Intercorporeality

1 Incarnation and the Christian Gospel

In contemporary culture and philosophy, the concept "incarnation" is often taken and treated as such, i.e., as a concept, an idea, or a thought that implies a question about what body this concept refers to. As such a concept, incarnation is sometimes identified with Christology as if Christology were, without preconditions, differentiations, and distinctions, a doctrine of incarnation and maybe even the basic content of Chris-

---

Johanne Stubbe Teglbjærg Kristensen is Associate Professor of Dogmatics with Ecumenical Theology and director of the Centre for the Study of Paradoxes at the faculty of theology at the university of Copenhagen. Newest publication: "Anxiety between Innocence and Sin? A Precondition for a Constructive Approach? Wolfhart Pannenberg's Doctrine of Sin, His Criticism of Søren Kierkegaard's Concept of Anxiety and Its Contemporary Constructive Implications," in *Was ist der Mensch? Zu Wolfhart Pannenbergs Anthropologie*, ed. Gunther Wenz (Göttingen: Vandenhoeck & Ruprecht, 2022), 201–23.

https://doi.org/10.1515/9783111340951-020

tian doctrine. According to this kind of terminology and thinking, incarnation becomes identical with the narrative that God has become incarnated in Jesus of Nazareth, and that this is a conception that so-called Christian faith responds to. This thinking thereby turns the concept of incarnation and its implied so-called divine body of Jesus into an object for human beings, and thereby turns human beings into subjects who have to work in order to secure this object of faith to justify themselves.[1]

In what follows, I challenge these kinds of abstract approaches to the concept of incarnation as an example of a divine body and a piece of human work, and aim to stick to Luther's view "dass es nur ein Evangelium gibt [. . .] auf Kürzeste ausgedrückt ist das Evangelium eine Rede von Christus, dass er Gottes Sohn und *für uns* [my italics] Mensch geworden ist, gestorben und auferstanden, al sein Herr über alle Dinge eingesetzt."[2] I will, in other words, consider the concept of incarnation not *as* the gospel, but as a specific, limited concept *in the context of* the gospel, i.e. "für uns," and thus presuppose the contemporary debate on Christological methodology and topology including the topic of Christology and its themes of incarnation, cross, resurrection, and second coming.[3] This consideration concerns the Lutheran alternative to such a purely habitual reductive and abstract approach, which in its concern for the incarnated body of God implies objectification, idealization, and idolatry both of God and of the human body and of specific kinds of human bodies.[4] Such idolatry is itself a sin, or indeed *the* well-known, inherent, ever-present sin of Christology and thus of reflecting and in living in and with one's own body and other people's bodies. Yet incarnation – taken as a specific narrow concept in

---

[1] Of course, this might seem a caricature. Yet, when reading with students in class Luther's *Ein kleiner Unterricht, was man in den Evangelien suchen und erwarten soll,* where Luther writes passionately against the habit "dass man die Evangelien und Briefe als Gesetzbücher auffasst, aus denen man lernen soll, was wir tun sollen, und dass uns die Werke Christi lediglich als Vorbilder vor Augen geführt warden," we usually discover that *we too* consider Christ as human example, a role model, and thus often or always primarily as a object of thought or a kind of goal to achieve. The gospels easily seem to us as narratives about incarnation, and the students often expect that they have to work to believe this narrative and maybe even to be—as educated theologians—able to describe, identify, or *explain* them. This is as if John 1:14 posed a question to them of what kind of body or thing the Word became – and *not* a message about their own personal and shared liberation and freedom. Martin Luther, "Ein kleiner Unterricht, was man in den Evangelien suchen und erwarten soll (1522)," in *Martin Luther Deutsch-Deutsche Studienausgabe,* ed. Dietrich Korsch (Leipzig: Evangelische Verlagsanstalt, 2012): 485–99, 489.
[2] Luther, Unterricht, 489.
[3] For the background to this extended approach to incarnation, see Johanne Stubbe Teglbjærg Kristensen, *Body and Hope. A Constructive Interpretation of Recent Eschatology by Means of the Phenomenology of the Body* (Tübingen: Mohr Siebeck, 2013).
[4] As e.g. seen in cultural consequences of a widespread conception of Christ as and with a white, young, slim, healthy and heterosexual, neurotypical and non-disabled, capable, male body.

the context of the gospel – is, I aim to show, precisely about the gift of an alternative to such a pure approach. It is about the alternative to unmediated, unreflected, or un-lived idolatry.

I begin with Luther's reflections on incarnation and *Körperlichkeit* und *Leiblichkeit* in *De servo arbitrio* (1925), and continue, with Maurice Merleau-Ponty's Husserlian phenomenology of the body, to consider an eschatological, embodied and intercorporeal understanding of specific parts of *De servo arbitrio*. I then propose to open a discussion of an intercorporeal dimension of this specific concept of incarnation found in a distinctive intercorporeality of freedom in love, hope, and trust. This is of course not meant as any kind of comprehensive treatment or discussion of these parts of *De servo arbitrio*, but rather as an attempt to open a discussion of the specific embodied and intercorporeal dimension of our consideration of the concept of incarnation.[5]

2 The Eschatology of Incarnation: Luther's Interpretation of John 1:14 in *De servo arbitrio*

As is well known, it is assumed in Lutheran theology – and by Luther himself – that the human being is born a sinner, unable to know God by his or her own inborn nature. According to Luther, not to know God implies not knowing oneself and the world. And this fact, according to Luther, is expressed biblically by the use of the word "flesh" to refer to human beings. Thus he asserts in *De Servo Arbitrio* that the human being, in its inborn situation, understands nothing and is not free:

> Weil also die Menschen Fleisch sind nach dem Zeugnis Gottes selbst, können sie nichts verstehen ausser Fleisch. Daher ist das freie Willensvermögen zu nichts in der Lage ausser zum Sündigen, weil sie, auch wenn der Geist Gottes unter ihnen ruft und lehrt, zum Schlechteren fortschreiten.[6]

Since this is so, it is only by means of the revelation of God, described in the Bible, that Luther can assert this as a fact. Without revelation and the human

---

[5] For a recent comprehensive treatment of *De servo arbitrio*, see Andrea Vestrucci, *Theology as Freedom. On Martin Luther's "De servo arbitrio"* (Tübingen: Mohr Siebeck, 2019). Below I refer to this work for specific insights, but emphasize that Vestrucci's approach is different from the approach of this article.

[6] Martin Luther, "De servo arbitrio/Vom unfreien Willensvermöge (1525)," in *Der Mensch vor Gott. Lateinisch-Deutsche Studienausgabe*, vol. 1 (Leipzig: Evangelische Verlagsanstalt, 2022), 219–661, 526.

conversion inherent in this revelation, the notion of original sin would appear false to human beings, and they would seem to and think of themselves as beings highly skilled in understanding. Erasmus – and with him Aristotle, Arius, and Origen and the Scholastics – appear to Luther as just such apparently skilled and excellent understanding human beings. Contrary to their self-understanding, however, revelation implies, according to Luther, that they are not what they seem.

The revelation of God implies a conversion in understanding. The word for this conversion is reception as if of a gift, and the word for that reception is faith. Thus revelation received in faith implies, according to Luther, that something has happed to this flesh, since revelation makes it possible to see that this flesh actually is flesh. Revelation as conversion is thus always also a transformation. It is a transformation of the human as "flesh" into the human as "body", since Luther calls this transformed flesh "body":

> Kurzum, das wirst du in den Schriften beobachten: Wo immer vom Fleisch gehandelt wird im Gegenüber zum Geist, dort versteht man in der Regel unter „Fleisch" alles, was dem Geist entgegengesetzt ist. Wie dort: „Das Fleisch nützt nichts." Wo es aber absolut behandelt wird, dort, musst du wissen, bezeichnet es die Verfassung [des Menschen] und [sein] leibliches Wesen wie „Die beiden werden ein Fleisch"; „Mein Fleisch ist die wahre Speise"; „Das Wort ward Fleisch." An dieser Stellen wirst du, indem du die hebräische Ausdrucksweise veränderst, „Leib" an Stelle von Fleisch sagen können.[7]

Body thus becomes in *De servo arbitrio* a word for the "Verfassung" of the human being in its opposition to flesh, but as an expression of – i.e. in explicit continuity or accordance with – the original or intended created being. Flesh, meanwhile, is a thoroughly relative and negative concept, i.e. relative to God *and* to the eschatological transformation of the human relation to God according to its "Verfassung", which is not inborn and which Luther calls "absolut." Hence we might say that the new, eschatological embodied being is the context for "flesh" as the inborn – and, in regard to revelation, the "old" – being. The word *flesh* should thus be understood in two different ways, depending on the biblical context. If it is used in a relative perspective, it means flesh and is negative; in the absolute perspective, i.e., in the context of the gospel i.e. "für uns", it is correct "corpus pro carne dicere."[8] This relative perspective is the perspective of the justified sinner (since without the gospel it is not possible to recognize the human beings as flesh as all), while the absolute per-

---

7 Luther, de servo arbitrio, 527.
8 Luther, de servo arbitrio, 526.

spective is an eschatological perspective in which even the non-understanding flesh of Erasmus (believing itself to be excellent in understanding) appears as body.[9] Luther unfolds the latter perspective, which is the condition of the entire work, in the final part of *De servo arbitrio*.[10]

The concept of "body" is thus, according to Luther, a genuinely eschatological concept. It implies that John 1:14 is an eschatological statement. Read eschatologically, it means that the Word became body (without presupposing what "body" means); read un-eschatologically, it would mean that God became flesh, and thus sin and death. Both readings of John 1:14 are true as long as we take the associated perspectives, and so their preconditions, into account. What is not true, however, is to claim that John 1:14 is a non-eschatological statement, meaning that God became body to be crucified and resurrected for his second coming at a later point, and to be believed as an object of work for human beings. It is the other way around. The statement "Word became flesh" means "became body" only on the condition of the second coming of that Word, and that is on condition of – or from the perspective of – the gospel, i.e. "für uns". This demands a clear distinction or differentiation between the concepts of incarnation and cross as of cross and resurrection. To speak about incarnation as a "happy concept" presupposes not only the cross, as its negative precondition, but also resurrection and second coming as its context – also to be further differentiated. These concepts are not to be conflated just as they are not to be separated. Thus according to Luther in *De servo arbitrio*, John 1:14 is about incarnation as a distinction and a difference for human beings; the difference between flesh and body – and the body as this difference and distinctive life.

Concretely, in these parts of *De servo arbitrio*, it is about the specific eschatological distinction, namely that between two asymmetrical perspectives of understanding and communicating. Erasmus and Luther appear personally as different incarnations of these two perspectives – the so-called relative and the absolute –

---

9 From the perspective of sin, i.e. under the law, the two terms would not be differentiated, but either conflated or separated, since the sinner either considers herself a saint (conflation) or drowns in despair (separated), but would not be able to distinguish between and thus not to communicate the two.
10 As Vestrucci, *Theology*, 5 writes "Luther's position lies on the *meta* level. This is why the concept of *servum arbitrium* implies the concept of *liberum arbitrium*, but not vice-versa: the concept of *servum arbitrium* is a *meta*-concept of freedom. [. . .] The approach discussed herein is not only based on the passage from the conceptual to the meta-conceptual; more importantly, my approach states that precisely this passage is the main contribution of Luther's *De servo arbitrio*. *De servo arbitrio* does not articulate the negation of freedom, it articulates the negation of the theological legitimacy of prioritizing the logical conditions of thinking freedom over divine revelation."

which Luther in the final part of his writing communicates eschatologically, i.e., without conflating and confusing them or separating them:

> Siehe, so lenkt Gott diese körperliche Welt in den aüsserlichen Dingen, dass du, wenn du das Urteil der menschlichen Vernuft ansiehst und ihm folgst, gezwungen wärst zu sagen: Entweder gibt keinen Gott oder Gott is ungerecht [. . .] Ich bitte dich, ist es nicht nach dem Urteil aller höchst ungerecht, dass die Bösen wom Schicksal begünstigt und die Güten heimgesucht warden? [. . .] Und dennoch wird diese Ungerechtigkeit Gottes – ausserordentlich wahrscheinlich und mit solchen Argumenten vorgeführt, denen keine Vernuft oder das Licht der Natur widerstehen kann – ganz leicht aufgehoben durch das Licht des Evangeliums und die Erkenntnis der Gnade. Durch sie warden wir gelehrt, dass die Gottlosen zwar körperlich blühen, an der Seele aber zugrunde gehen. Und die kurze Lösung dieser unlösbaren Frage besteht in einem einzigen kleinen Wort, nämlich: Es gibt ein Leben nach diesem Leben [. . .].[11]

Thus John 1:14 is also about the difference that this eschatological communication of the different perspectives makes, since in the relative perspective it would not have been possible for Luther to dispute Erasmus *theologically*, but only to affirm or reject his logic.[12] The theological dispute itself follows from the absolute perspective, and can be seen as a sign of eschatological reconciliation and salvation of the sinner. This eschatological light confirms both perspectives, and communicates asymmetrically for the sake of freedom. Thus Luther writes in the end:

> Nimm mir drei Lichter an: das Licht der Natur, das Licht der Gnade, das Licht der Herrlichkeit, wie es eine allgemeine und gute Unterscheidung tut. Im Licht der Natur ist es unlösbar, dies sei gerecht, dass der Gute heimgesucht wird und der Böse es gut hat. Aber dies löst das Licht der Gnade. Im Licht der Gnade ist es unlösbar, wie Gott den verdammt, der aus seinen eigenen Kräften nichts anderes tun kann als zu sündigen und zu schuldig zu sein. Hier be-

---

11 Luther, de servo arbitrio, 653–5. Erasmus is not just an example of non-Christian flesh, since this flesh (this "Körper") would not even debate the issue of the will, but he incarnates a false approach to grace (which, Luther shows, amounts in reality to the non-Christian perceptive of no grace), i.e., the perspective of the despairing Christian sinner. This is the paradoxical perspective of a Christian attending and attempting to, but being unable to integrate law and gospel; Erasmus thereby oscillates unhealthily between trust in the ability of his own will to do good and the despair of finding both the scripture and his own experience so utterly difficult to interpret.

12 Again, in the words of Vestrucci, *Theology*, 6: "It is irrelevant to ask whether Luther is right or wrong, because the principles that Luther reshapes are methodological, therefore they are also principles of distinction between right and wrong [. . .] More precisely, asking that question would imply that it is possible for both Erasmus and Luther to satisfy the same criterion (one negatively and the other positively), but this is impossible in light of the gap between the levels of these two positions. Thus, I am interested in analyzing how these two levels are interconnected, and how the level 'meta' is theologically relevant; how another way of dealing with the meaningful conceptualization of freedom is logically *possible*, and why this other way is theologically *necessary*."

haupten das Licht der Natur ebenso wie das Licht der Gnade, das sei die Schuld nicht des elenden Menschen, sondern des ungerechten Gottes, und sie können nicht anders von Gott urteilen, der einen gottlosen Menschen umsonst ohne Verdienste krönt und einen anderen nicht krönt, vielmehr verdammt, der vielleicht weniger oder doch nicht nicht mehr gottlos ist. Aber das Licht der Herrlichkeit behauptet etwas anderes und wird zeigen, dass Gott, dessen Urteil eben noch von einer unbegreiflichen Gerechtigkeit war, dann von einer ganz und gar gerechten und ganz offenkundigen Gerechtigkeit ist. Dass wir das nur einstweilen glauben, ermahnt und gefestigt durch das Beispiel des Lichtes der Gnade, das ein ähnliches Wunder beim natürlichen Licht vollbringt![13]

The elaboration of the concept of flesh, and of John 1:14 as a matter of two different perspectives and their eschatological communication, seems to me not only a kind of meta-analysis, but as concerned especially with the conditions of flesh and embodied depth of grace as kind of original transcendental or even phenomenological description.[14] In fact, in *De servo arbitrio* Luther actually makes a detailed descrip-

---

13 Luther, de servo arbitrio, 657.
14 Marius Mjaaland has argued for this in his tribute review to Rainer Schürmann, who follows Rudolf Malter, among others: "With the shift to self-consciousness, Schürmann sees an overturning of all thinking prefiguring the Copernican turn in Kant and German idealism, even what the sense of being concerns: '[A]fter Luther, "to be" means "to be for consciousness."' Truth is allegedly no longer defined by an order of essences but in an "originary act of consciousness": Schürmann performs not only a phenomenological analysis of Luther, though, but also a genealogical analysis tracing the origin of phenomenology back to Luther." Marius Mjaaland, "Does Modernity begin with Luther? The Origin and Topology of Self-Consciousness according to Reiner Schürmann," *Studia Theologica* 63 (2009): 42–66, 51. Mjaaland also notices the importance of *De Servo Arbitrio*: "Luther's contribution to transcendental thinking has thus nothing to do with infinite mathematics but could nevertheless be characterized as phenomenological: The key concepts of his theology, even the concept of God, are not only discussed under the perspective of how things 'are' but also how they appear for consciousness. Hence the famous distinction in De servo arbitrio between God hidden and God revealed. That is also a trait which Schürmann draws attention to, arguing for a genealogy of the modern self going back to some central issues in Luther" (44).
Vestrucci compares his perspective to four different receptions of Luther—the subjective, the transcendentalist, the ontological, and the dialectical—and is dubious about all four of them. As I understand him, this does not mean that one cannot consider, in an explicitly open way, *De servo arbitrio* as an early kind of transcendental or phenomenological contribution, but that should be careful not to make later conceptual definitions and distinctions (for example, those of Kantian transcendentalism or Husserl's phenomenology) limit the scope of our reception. As Vestrucci explains his concerns: "Luther's 'Copernican revolution' is the negation of any theological antropocentrism in theology," and therefore he does not consider this work subjectivist (Vestrucci, *Theology*, 70); "freedom is theologically unconceptualizable in terms that presuppose the transcendental validity of its conditions of formulation" and therefore "my interpretation of Luther's aim in *De servo arbitrio* is *not* transcendental. This is precisely *because* my interpretation is affected by an apparent transcendental terminology. [. . .] The assumption of a theological priority of revelation is already the exclusion of a transcendentalist approach" (76); "theology

tion and analysis of the appearance of Erasmus, and uncovers – in the sense of revealing – his inner self-contradiction to himself and the reader, i.e., his 'fleshy' appearance. Moreover, Luther presents implicitly the eschatology that makes even this 'fleshy' appearance seem understandable and thus even necessary in the graceful sense of the word. It becomes a kind of 'felix culpa' i.e. the occasion for Luther to unfold the philosophy of justification as the eschatological relation between experienced objects and manners of their givenness. In other words, Luther describes Erasmus's appearance so that this appearance exposes itself as self-contradictory, and thus reveals the essence of Erasmus as oscillating, confused flesh, yet ultimately as eschatologically reconciled. Since phenomenology is a controversial term, my point here is not to side with or against a specific already existing phenomenological interpretation of *De servo arbitrio*, but rather to emphasize that the Lutheran approach to John 1:14 and the concept of incarnation implies a fleshly dispute over flesh as well as the elaboration – on eschatological terms – of its conditions and consequences. In the following, I will concentrate on the contributions of Husserlian phenomenology and especially Merleau-Ponty.

3 Flesh and Bodies: Husserl's Conversion and Merleau-Ponty's Contribution

Husserl, usually considered the inventor of so-called transcendental phenomenology, converted to Lutheranism as a teenager under influence of Tomas Masaryk, who himself converted from Catholicism to Lutheranism and found the Lutheran attraction in its de-ideological and de-idolizing practice. According to Renaud Barbaras, Husserl had a breakthrough of the universal a priori between "experienced object" and "manners of givenness," which called for an elaboration of this a priori in phenomenology as a strict science. Husserl was, of course, not the first to assume and elaborate this correlational a priori.[15] However, as Barbaras de-

---

speaks ontologically by operating upon the structure of ontological meaning" (82); and therefore his interpretation is not ontological and finally it is not dialectic because "[H]uman language is theology not when it says the "no" of the Word of God [. . .] – but when it says its own "no" towards language itself – the impossibility (or theological illegitimacy) for language to be divine revelation" (88).

15 Dietrich Korsch, *Dialektische Theologie nach Karl Barth* (Tübingen: Mohr Siebeck, 1996), 220–1 describes Husserl's phenomenology as in continuation of Fichte, and highlights Husserls emphasis on the embodied and intersubjective dimensions of consciousness: "Husserl hat grundsätzlich die transzendentale Grundstellung, die wir auch bei Fichte vorfanden, übernommen, sofern er von einer basalen Differenz im Bewusstsein spricht, die als Differenz *im* Bewusstsein auch

scribes, he became groundbreaking in his elaboration of this correlation as a matter of perception:

> Now, perception is a privileged form of the correlation; indeed, correlation is, in the *Crisis of the European Sciences*, specifically elaborated with the example of perception. If I have insisted on the importance of this correlational a priori, it is first of all simply because Husserl himself writes, in a quite remarkable note, that „The first breakthrough of this universal a priori of correlation between experienced object and manners of givenness [. . .] affected me so deeply that my whole subsequent life-work has been dominated by the task of systematically elaborating on this a priori of correlation."[16]

Thus, the methodological expression of this breakthrough was the notion and conception of transcendental phenomenology as a strict science. The concept of transcendental phenomenology has often been misunderstood as if the natural, empirical approach and the phenomenological approach were two absolutely separated approaches that correspond to two different subjects, namely, the empirical subject and the transcendental subjectivity. This is not the case, however, since these subjects are "not two different subjects, but rather two different ways of conceiving one and the same subject."[17] Rather, phenomenology is a matter of how to conceive and of conception.

According to Barbaras, Husserl's essential insight was that the subjectivity of perception is not an obstruction of access to the so-called thing, but the condition

---

immer schon synthetisiert ist. [. . .] Anders als Fichte rechnet Husserl also mit dem Vorkommen schon bestimmter Erfahrung in verschiedenen Erfahrungsweisen. [. . .] Die jeweilige (wie auch immer beschaffene) Bestimmtheit von Erfahrungen sorgt vielmehr dafür, dass sich bereits in der Grundlegung das Ich dieser Subjektivität vollständig individuell aufbaut. Daher ist mit dem Grundgedanken der transzendentalen Phänomenologie der Gedanke der (leibhaft vermittelten) Intersubjektivität stringent verbunden."

16 Renaud Barbaras, "The Phenomenology of Life" in *Quiet Powers of the Possible. Interviews in Contemporary French Phenomenology*, ed. Tarek R. Dirka and W. Chris Hackett (New York: Fordham University Press, 2016), 145–75, 148.

17 Dan Zahavi, "Phenomenology and the project of naturalization," *Phenomenology and the Cognitive Sciences* 3 (2004): 331–47, 335: "To rephrase: phenomenology is not concerned with empirical consciousness, but rather—to use the traditional term—with transcendental subjectivity. Thus, what needs to be emphasized is that phenomenology aims at disclosing a new, non-psychological dimension of consciousness. As Husserl writes in the early lecture course *Einleitung in die Logik und Erkenntnistheorie* from 1906–7: 'If consciousness ceases to be a human or some other empirical consciousness, then the word loses all psychological meaning, and ultimately one is led back to something absolute that is neither physical nor psychical being in a natural scientific sense. However, in the phenomenological perspective this is the case throughout the field of givenness. It is precisely the apparently so obvious thought, that everything given is either physical or psychical that must be abandoned'."

of access to the thing as such.[18] This (cor)relation between 'subjectivity' and 'the thing' implies distance or difference, and so difference and distinction is the condition of appearance:

> Post-Husserlian phenomenology will be particularly attentive to phenomena that prohibit this convergence and impose a disjunction between originarity and the horizon of adequation – all phenomena whose originarity excludes fulfillment and whose carnal presence implies a constitutive dimension of non-presence.[19]

This attention to the dimension of non-presence is crucial to understand Merleau-Ponty's critical reception of Husserl's phenomenology and its relevance in regard to the concept of incarnation. According to Emmanuel de Saint-Aubert, Merleau-Ponty reflected in his reception of Husserl's elaboration of these kinds of non-convergence phenomena concerns with explicit theological relevance. This is for example seen in his reception of Blaise Pascal, his appreciation of Søren Kierkegaard, and his notes on Karl Barth. Christianity was for Merleau-Ponty a novelty, a new conception of God and of man, and a new situation that called for critique of what he called "explanatory theology," i.e., a theology that builds on the natural attitude, explains God, and uses God to explain – thereby avoiding:

> the mysteries of man, the contradictions and anguish of his condition – thus overlooking, paradoxically, the negativity which is the place from whence the religious attitude takes shape, the relationship between man and God, which in turn expresses a dimension of God himself.[20]

According to Saint-Aubert, Merleau-Ponty regards what is new in Christianity as the call to think incarnation and the critique of idols, and these two conflicts are related as one and the same task.[21] Saint-Aubert shows that Merleau-Ponty seeks

---

18 Phenomenology is thus neither monistic nor dualistic. And this too, as Korsch, *Dialektische Theologie*, 219 emphasizes in the theological line he draws from Fichte to Husserl, is the case for theology as well: "Dualismus und Monismus sind keine Alternative." As he explains: "Worin also, muss man fragen, besteht die immer schon in Anspruch genommene, verschwiegene Einheit des Dualismus? Und woher kommt die geheime und nach außen hin negierte Differenz im Monismus? Bereits im so oder so, monistisch oder dualistisch, artikulierten Wissen wird von einem Sachverhalt Gebrauch gemacht, der in den beiden Schroff alternativen Systemen keinen Platz findet. Vielmehr ist, mit Fichte, dieser scheinbar äußere Gegensatz auf eine interne Duplizität des Bewusstseins zurückzuführen."
19 Barbaras, Phenomenology of Life, 152.
20 Emmanuel de Saint-Aubert, "L'Incarnation change tout': Merleau-Ponty critique de la 'théologie explicative'." *Archives de Philosophie* 71 (2008): 371–405, 372 (unpublished translation by Janice Deary).
21 Saint-Aubert, L'Incarnation, 374.

the positive meaning of negativity as the essence of Christianity, albeit not as a fantasized essence, but as an expression of our real negativity. Here is neither conflation nor separation of incarnation and cross, but a reflection or rather a life in reflection on certain conditions. The mystery is not "the *transcendence of God*, but his *Incarnation*, the Man-God and the *relationship between man and God*. There is nothing mysterious so long as one adheres to a purely metaphysical separation, to a transcendence that does not take shape in immanence."[22] It is, he argues, a temptation for both Christianity and philosophy to adhere to such a metaphysical separation. Christianity and philosophy are, so Saint-Aubert:

> wrought by the same contradiction [. . .] because it is this contradiction that works man internally. And all the more internally, to the point of conflict, to the extent that man – especially if he is a philosopher or theologian – is tempted to exorcize this contradiction in an external and metaphysical resolution: by dismembering it, by separating some of the constituent terms so as to place them at a distance from each other, with the secret motivation of placing the contradiction at a distance from himself. To place one end in man, the other in God; one in the body's inertia, the other in the spirit's agility; one in the obscurity of faith, the other in the clarity of reason; one in the affective, the other in the cognitive [. . .] and so on: our injured intelligence is so eager to give itself up to the false security of these unrepentant dualisms that have marked the history of thought, and which still make headlines today. And it is with the concept of flesh that Merleau-Ponty would like to make the terms of these diverse contradictions work together.[23]

When they do not work together, or when we attempt to make them do so by projecting them into dualisms, we idolize, and our idols are constructed as "a substitute body" or "substitute bodies." Thus, when Merlau-Ponty speaks of "flesh" he speaks of the lived, reflected and expressed reconciled flesh, i.e., the expressed, reconciled contradiction of man. To that extent we might call his ambition eschatological. The unreconciled dualisms, meanwhile, are the moments of monism where – continuing in the words of Saint-Aubert:

> all contradiction has been magically erased, where the tension and threats of desire have been reabsorbed, where the stakes and anxieties of our relational life know a resolution which exempts us from having to live them in the vertigo of freedom. A maneuverable and impenetrable body, without expectation or desire, within the harmony of a perfect explanation.[24]

Saint-Aubert emphasizes Merleau-Ponty's dependency on "Pascalian piety" and his descriptions of the human being as an "incomprehensible and contradictory

---

22 Saint-Aubert, L'Incarnation, 376.
23 Saint-Aubert, L'Incarnation, 382–3.
24 Saint-Aubert, L'Incarnation, 383.

monster," "great in his misery and miserable in his greatness".[25] Thus Merleau-Ponty is not fond of Aristotle and Leibniz, who in opposite ways disguise man's "difficulty in living with himself [. . .] As if we needed to exorcize the unjustifiable character of our existence and our actions, by creating at least one being, God, who is no longer guilty".[26]

Against this kind of explanatory theology – difficult, because both dualistic and monistic – Merleau-Ponty proposes an attitude of interrogation and invocation in the sense of a cry.[27] He calls this attitude Spirit, and unfolds it in his later work through a dynamic concept of flesh as a dialectical, open medium that "holds together the extremes, the contradictions, the interdependent facts":[28]

> The „good infinite" towards which this perceptual intelligence opens and which is, for Merleau-Ponty, the spirit of finesse, finds its paradigm in spatial depth as it is offered to vision, within the horizon-structure, that indefinable indefinite of the perceived world. It resists any form of objectification and intellectual *possession*, and could not be joined, let alone ever be *captured*, except *through a carnal participation in its own being*: we might even say, a participation in its own infinity.[29]

The flesh is thus *not* a gap that is already bridged, or is to be bridged in the future. It is *not* the goal of intellectual possession. It is our ground: the correlation that, on the one hand, we cannot move behind, and which on the other hand is and remains infinitely open.

Let me now turn to his *Phenomenology of Perception* from this same perspective: that there is not a gap to bridge, but to live. Already Merleau-Ponty's introduction to this early work is famous for its radicalization of the phenomenological approach, which he describes and unfolds in detail later in the work. There Merleau-Ponty gives a careful description of the becoming of objective thought as the

---

25 Saint-Aubert, L'Incarnation, 386.
26 Saint-Aubert, L'Incarnation, 387.
27 Saint-Aubert, L'Incarnation, 390.
28 Saint-Aubert, L'Incarnation, 393.
29 Saint-Aubert, L'Incarnation, 394. Here we see why Merleau-Ponty should not be misunderstood as either a dualistic transcendental phenomenologist or a monist with a kind of classic metaphysical ontology. Both of these incorrect readings are tempting because in his later work, Merleau-Ponty criticizes his early work, *Phenomenology of Perception*, as too dualistic. I will, instead, emphasize the continuity in his work, and suggest that we read this early work by focusing on that which his description cannot capture as its own fruit. Attending to Vestrucci's (see above) reluctance toward subjectivist, transcendentalist, ontological, and dialectical interpretations of Luther, I would say that the same is the case in regard to Merleau-Ponty. For a comprehensive summary of the issue of the continuity in Merleau-Ponty, see Donald A. Landes, *Merleau-Ponty and the Paradoxes of Expression* (London, Bloomsbury, 2013).

forgetting of the perspectivism of our experience.³⁰ From his description, we can understand why the "positing of a single object is the death of consciousness, since it congeals all of experience, as a seed crystal introduced into a solution causes it suddenly to crystallize."³¹ He refers his alternative to this forgetting – to this objective thinking – to Kierkegaard, and describes it as a certain kind of attention to "my body, to time, or to the world such as I live them in pre-predicative knowledge, that is, in the inner communication that I have with them."³²

Merleau-Ponty's investigation of the constitution of the body as object and thus of the genesis of the objective world reveals motricity as an original intentionality of perception, and discovers this motricity as desire. Objects exist for us "through desire or love," and by turning to desire and love we can, he shows, understand how objects and beings can exist in general.³³ Merleau-Ponty therefore

---

30 In Maurice Merleau-Ponty, *Phenomenology of Perception*, (London: Routledge, 2012), 73–4 objective thought becomes a term that covers both dualism and monism, and is basically confused: "Obsessed with being, and forgetting the perspectivism of my experience, I henceforth treat my experience as an object and I deduce it from a relation among objects. I consider my body, which is my point of view upon the world, as one of the objects of that world. I repress the consciousness that I had of my gaze as a means of knowing and I treat my eyes as fragments of matter. From then on, my eyes are placed within the same objective space where I attempt to situate the exterior object and I believe that the projection of the objects upon my retina brings about the perceived perspective. Likewise, I treat my own perceptual history as a result of my relations with the objective world. My present, which is my point of view upon time, becomes one moment of time among all others, my duration becomes a reflection or an abstract appearance of universal time, and my body becomes a mode of objective space. And finally, if the objects that surround the house or inhabit it remained what they are in perceptual experience, that is, gazes limited to a specific perspective, then the house would not be posited as an autonomous being. Thus, the positing [position] of a single object in the full sense of the word requires the composition [or co-positing] of all of these experiences in a single, polythetic act. Therein it exceeds perceptual experience and the synthesis of horizons – just as the notion of a universe (a completed and explicit totality where relations would be reciprocally determined) exceeds the notion of a world (an open and indefinite multiplicity where relations are reciprocally implicated). I take flight from my experience and I pass over to the idea."
31 Merleau-Ponty, *Phenomenology*, 74: "Let us, then, consider objective thought at work in the constitution of our body as an object, since this is a decisive moment in the genesis of the objective world. We will see that, in science itself, one's own body evades the treatment that they wish to impose upon it. And since the genesis of the objective body is but a moment in the constitution of the object, the body, by withdrawing from the objective world, will carry with it the intentional threads that unite it to its surroundings and that, in the end, will reveal to us the perceiving subject as well as the perceived world."
32 Merleau-Ponty, *Phenomenology*, 74.
33 Merleau-Ponty, *Phenomenology*, 160: "Sexuality [. . .] is internally linked to the whole thinking and acting being and these three sectors of behavior manifest a single typical structure, they are in a reciprocal expressive relation. Here we connect with the most durable acquisitions of

turns to the investigation of sexuality, and is concerned with the contribution of psychoanalysis to this investigation. Sexuality is, according to Merleau-Ponty, not a dialectic in the sense of

> a relation between contradictory yet inseparable thoughts: it is the tension from one existence to another existence that negates it and without which it can nevertheless not be sustained. Metaphysics – the emergence of a beyond-nature – is not localized on the level of knowledge: it begins with the opening to an „other", it is everywhere and already contained within the distinctive development of sexuality.[34]

Sexuality is the site of ambiguity. It is the site of shame, but not because of transcendence in a sense of non-presence and dialectic, but rather in the sense of a presence *of* non-presence: "Existence, precisely because it is transcendence, never definitively leaves anything behind, for then the tension that defines it would disappear. It never abandons itself."[35] These dynamics of not abandoning, but "taking up," is enhanced by giving names, and that is by speech. It contributes to transformation and liberation i.e. carnal participation.[36] It is focused on speech as expression, and on the so-called paradoxes of human expression. This motive of paradoxes is already seen in *Phenomenology of Perception*:

> Its unity is always implicit and confused. It is always something other than what it is: always sexuality at the same time as freedom, always rooted in nature at the very moment it is transformed by culture; it is never self-enclosed but never transcended. Whether it is a question of the other person's body or of my own, I have no other means of knowing the human body than by living it, that is, by taking up for myself the drama that moves through it and by merging with it. Thus, I am my body, at least to the extent that I have an acquisition, and reciprocally my body is something like a natural subject, or a provisional sketch of my total being.[37]

Does this understanding of phenomenology, the human body and perception mean that we can only imagine eschatologically what incarnation means by "living it"? What does it mean to live incarnation? What would it mean *not* reduce this "living" to a matter of attitude in an intellectual sense? *Not* to express it as work to be done to justify our self?

---

psychoanalysis. Whatever Freud's principal claims may have been, psychoanalytical research does not end up explaining man through the sexual infrastructure, but rather in revealing in sexuality certain relations and attitudes that previously passed for relations and attitudes of consciousness, and the significance of psychoanalysis is not so much in making psychology "biological" as it is in discovering a dialectical movement in functions believed to be "purely bodily" and in reintegrating sexuality into human existence.

34 Merleau-Ponty, *Phenomenology*, 171.
35 Merleau-Ponty, *Phenomenology*, 173.
36 Merleau-Ponty, *Phenomenology*, 179. See also Landes, *Merleau-Ponty*.
37 Merleau-Ponty, *Phenomenology*, 205.

4 "The Vertigo of Freedom": The Second Coming of Christ (or back to *De servo arbitrio*)

To live incarnation, instead of reducing it, would mean to live the sexual and ambiguous gap as the gap between Luther's 'flesh' and 'body', cross and resurrection for the sake of incarnation. It would, in doctrinal terms, be to live the second coming of Christ as liberation both *in* and *from* our objectification and idolatry i.e. our inability to do exactly this. This living is in Lutheran doctrinal terms usually theologically elaborated through the notion of the church as the body of Christ, but following Luther in *De servo arbitrio* and Merleau-Ponty, I would rather prefer to say through Spirit in the body of Christ with the Spirit is the un-converging expectation of his Kingdom. It is this eschatological Spirit, which we call church. To live this expectation, in remembrance and anticipation of the Kingdom, is, I suggest in Merleau-Ponty's words to live in the "vertigo of freedom." It seems that Merleau-Ponty was highly aware of this eschatological dimension of his work, since according to Saint Aubert he wanted to:

> paint man as he is really: not as the outline of an absolute subjectivity, but as a 'Rising up,' a light at the top of this incredible arrangement that is the human body." The late manuscripts outline in various places this picture of the upright man (at times even encouraging a diffusion of the eschatological imagination of glorified bodies), of man standing before a vertical and noticeably alive being: "Nascent being, from which no representation separates me [. . .] which stands upright before us, younger and older than the possible and the necessary, and which, once born, would never cease having been, and which will continue to be the depths of others present.[38]

Especially in Merleau-Ponty's last writings, we find this attention elaborated in a focus on an exchange and "Ineinander", a "you within me and me within you".[39]

> If Merleau-Ponty proceeds thus, it is also and above all because his intention – that same intention of a „critique of idols" – is to awaken another *sense* of the absolute, and another relationship to it! Another *waiting* for the absolute, and, more than this, the *sense* of this waiting. Without coming to any conclusion about the existence or the mode of existence of this absolute – because, regarding this point, considering his purely philosophical situation,

---

38 Saint-Aubert, L'Incarnation, 386.
39 Saint-Aubert, L'Incarnation, 398–9: "'You within me and me within you' which returns unceasingly, between 1935 to 1961 [. . .] of the *passage* of me in others and others in me. [. . .] This approach 'is affirmed only through [the] critique of idols, false gods,' a 'perpetual critique of idols,' in particular 'of God the architect or God the monarch,' but also 'of any claim to be in possession of God.' And Merleau-Ponty adds: 'The outside God, that is idolatry, not the established God. God is with the 'last', with those who are deprived of everything, including God [. . .] God is not apart from history, is not an antecedent plenitude, but the Pleroma to come (St. Paul.)'"

as he admits in *Praise of Philosophy*, „he knows nothing about it." An absolute whose image within us is not first of all inscribed in the positive capacities of pure spirit, but is implicitly expressed through the waiting which animates our flesh – „the investment by the body," Merleau-Ponty writes, „is vocation towards an absolute [. . .]" and this investment is the fact of an „absolute desire." Far from certain caricatures one could make about his work, notably the soft relativism of a philosophy of ambiguity, this thought is tormented by the tragic dimension of man: by that within us which seeks the absolute, but also that within us which refuses it, which protects itself from it by disguising it in the counterfeit currency of idols.[40]

So maybe to live the incarnation is to *know nothing about it* in this certain qualified sense of the word. With Luther we can express it as grace *sola fide*. To know nothing in this sense is perception, vision, motricity, sexuality. It is to see, to move, to desire. This 'knowing nothing' should not be confused with any kind of agnostic or apophatic approach; rather, it is the opposite, namely, the courage of un-converging expression. That is, it is investment in what Barbaras call phenomena that prohibit convergence and call for distinctions. That is the "phenomena whose originarity excludes fulfillment and whose carnal presence implies a constitutive dimension of non-presence."[41] These privileged phenomena are, according to such a phenomenology of life, the world, temporality, and most of all other human beings.[42] Its other embodied subjectivities and out intercorporeal relation to them.

Levinas has, in this context, exposed intersubjectivity as a privileged field for investigation, and has warned against a reduction of the transcendence of the other. Yet, from a Lutheran-Merleau-Ponty perspective, the challenge, seems to be, that Levinas, thereby i.e. by making the transcendence of other the subject of his objectivity, risks closing, perverting or losing the *open* subjectivity of his own carnality.[43] It thus

---

40 Saint-Aubert, L'Incarnation, 402.
41 Barbaras, Phenomenology of Life, 152.
42 Barbaras, Phenomenology of Life, 153: "If others are present in person, they are present only in an apresentation, never a presentation (which would abolish their constitutive alterity): their presence contains a definitive absence, a presence I can only apprehend and confirm indirectly, by means of their bodies. Merleau-Ponty confessed very early on that the phenomenon of others turned him away from idealism and toward phenomenology. It goes without saying that Lévinas's approach could be described as a radicalization of this situation: others are not an object and they exceed the very order of the object, which is the order of the same."
43 For more on the relationship between Merleau-Ponty and Levinas see Emmanuel de Saint Aubert, "Autre, meme, commun. Le point de vue de Merleau-Ponty," *Archives de Philosophie* 3 (2022). Barbaras, Phenomenology of Life, 153 writes: "I believe that Husserl was profoundly aware of the necessity of radically desubstantializing the being of consciousness and of the difficulty involved in doing so. In an unedited manuscript, he writes that he who delivers us from the reification of consciousness will be the savior, if not the founder, of philosophy." Saint-Aubert, L'Incarnation, 373 quotes and explains Merleau-Ponty: "'After a certain point of maturity, experience, or critique, what separates or unites men is not so much the words or final formulae of their convictions, but

seems to me that the differences between Merleau-Ponty's and Levinas' conception of passivity have some important theological consequences. According to Merleau-Ponty, passivity is experienced as an active vertigo.[44]

Let me return to the final part of *De servo arbitrio*, where Luther summarizes his description and analysis of Erasmus' appearance. Erasmus appears with the contention that the human being is created with a free will, because he is frightened and outraged by his imagination of the alternative. This exposes his relation to God as bound under the law of human reason, i.e. logic and objective thinking: namely, a certain idol of righteousness that makes God appear to him as unrighteous, when his embodied experience of other bodies does not fit into his ideal. In this way, Erasmus is actually judging God as if he himself were God, and keeps oscillating between this idolization of himself and others as, for example, of the authorities to whom, according to Luther, he subordinates himself. To the reader of *De servo arbitio*, then, Erasmus appears as oscillating between dualistically separating himself from God and monistically confusing himself with God, all due to Erasmus's perception. In point of fact, he does both.

Accordingly, *De servo arbritio* is in a very basic sense about intercorporeal conception, perception, and their conditions. It presupposes the eschatological or *a priori* correlation between 'manners of givenness' and 'experiences object', which becomes exposed in their relationship to world, to time, and to each other as other embodied subjectivities who not only suffer, but – and this is Merleau-Ponty's contribution – intervene in unhealthy oscillations and, accordingly, have had their own 'unhappy' dynamic interrupted. A wonderful example of this carnal, un-converging dimension of Luther's dispute is his own explicitly affected reflection on the time that had to pass before he could write his response to Erasmus. It was not written in external space, but in and through the thick depth of minutes between them. Without this eternal depth as a contribution in each minute, Luther could not have written the dispute. With this in mind, I will return to incarnation as living the vertigo, and draw attention to Luther's final, distinctive intervention and eschatological embrace of Erasmus.[45] With Merleau-Ponty, we can say that life after this life returns to us as a

---

rather, whether Christian or not, the way in which they treat their own duality.' The dividing line is thus not located between Christians and non-Christians, but between two conceptions of philosophy, themselves separated by two ways of living the human condition."

44 For an alternative interpretation of Levinas' concept of incarnated subjectivity in comparison with René Dausner: *Inkarnationschristologie und messianisches Denken* and Heinrich Assel, *Response to René Dausner*, both in this volume.

45 Vestrucci, *Theology*, 299 also argues that Luther's position is *not* superior to Erasmus' (it escapes this kind of hierarchy), but different, and in this difference even "one" seen in the perspective of divine revelation and elaborated, e.g., through the terminology of predestination: "Election and rejection are related not simply as members of an antithesis, but as concepts that a

carnal, un-converging revelation, and thus the eschatological transformation of intercorporeal life in love, hope, and trust. It thus returns to us not as abstract past or future, but as reinforcement of our relations through their temporal, affective, expressive and imaginary dimensions.[46] Incarnating this dimension himself, Luther thus expresses his difference to Erasmus, i.e. not with a work to be done, but with the gift of distinctive perception:

> Ich bete aber darum, der Herr möge dich bald in dieser Sache mir so überlegen Machen, wie du mir in allem anders überlegen bist. Denn es ist nicht neu, wenn Gott Mose durch Jethro unterrichtet und Paulus durch Hannanias belehrt. Denn weil du sagst, das Ziel seit weit verfehlt, wenn du Christus nicht kenntest, glaube ich, dass du selbst siehst, wie es sich verhält. Denn nicht alle warden deswegen irren, wenn du oder ich irren. Gott ist es, der wunderbar in seinen Heiligen gepriesen wird, so dass wir für heilig halten, die sehr weit von der Heiligkeit entfernt sind.[47]

Bibliography

Barbaras, Renaud. "The Phenomenology of Life." In *Quiet Powers of the Possible. Interviews in Contemporary French Phenomenology*, ed. Tarek R. Dirka and W. Chris Hackett, 145–75. New York: Fordham University Press, 2016.

Dufourcq, Annabelle. "Happy Existentialist Metaphors: Merleau-Ponty's Flesh of the World and the Chandos Complex." *Humanities* 11 (2022): 17.

Kristensen, Johanne Stubbe Teglbjærg. *Body and Hope. A Constructive Interpretation of Recent Eschatology by Means of the Phenomenology of the Body*. Tübingen: Mohr Siebeck, 2013.

Korsch, Dietrich. *Dialektische Theologie nach Karl Barth*. Tübingen, Mohr Siebeck 1996.

Landes, Donald A. *Merleau-Ponty and the Paradoxes of Expression*. London, Bloomsbury, 2013.

Luther, Martin. "De servo arbitrio/Vom unfreien Willensvermöge (1525)." In *Der Mensch vor Gott. Lateinisch-Deutsche Studienausgabe*, vol. 1, ed. Wilfried Härle, 219–661. Leipzig: Evangelische Verlagsanstalt, 2006.

Luther, Martin. "Ein kleiner Unterricht, was man in den Evangelien suchen und erwarten soll (1522)." In *Martin Luther Deutsch-Deutsche Studienausgabe*, vol. 2, ed. Dietrich Korsch, 485–99. Leipzig: Evangelische Verlagsanstalt, 2012.

---

life uses to express the subordination of its own meaning under God's decision. [. . .] As such, predestination is a concept that allows not an ascending movement of thinking [. . .] but a descending movement of thinking."

46 Annabelle Dufourcq, "Happy Existentialist Metaphors: Merleau-Ponty's Flesh of the World and the Chandos Complex." *Humanities* 11 (2022): 17: "It is thus crucial to hold on to the notion of the flesh of the world as being equally and with the same intensity a metaphor and an ontological concept. As such, this figure can evade a gnostic version of existentialism. Indeed, this metaphor returns us to concrete interactions between our body, the world, things and other living being."

47 Luther, de servo arbitrio, 659.

Merleau-Ponty, Maurice. *Phenomenology of Perception*. London: Routledge, 2012.
Mjaaland, Marius. "Does Modernity begin with Luther? The Origin and Topology of Self-Consciousness according to Reiner Schürmann," *Studia Theologica* 63 (2009): 42–66.
Saint-Aubert, Emmanuel de. "L'Incarnation change tout': Merleau-Ponty critique de la 'théologie explicative." *Archives de Philosophie* 71 (2008): 371–405.
Saint-Aubert, Emmanuel de. "Autre, meme, commun. Le point de vue de Merleau-Ponty," *Archives de Philosophie* 85 (2022): 101–20.
Vestrucci, Andrea. *Theology as Freedom. On Martin Luther's "De servo arbitrio"*. Tübingen: Mohr Siebeck, 2019.
Zahavi, Dan. "Phenomenology and the project of naturalization." *Phenomenology and the Cognitive Sciences* 3 (2004): 331–47.

Philipp Stoellger
Coram cruce oder *cum* cruce?
Gerhard Ebelings regulativer Gebrauch der theologia crucis

Abstract: Gerhard Ebeling appeals centrally to the theology of the cross as regulative. Theology as a whole is to be characterized as theologia crucis; it is "interpretation of the cross." In taking this approach, Ebeling was standing, at the same time, against a theology dominated by the incarnation or by the resurrection.

In conversation with Ebeling, the 'before the cross' (coram cruce) must be thought further hermeneutically with regard to its interpretive potential. In the process, Ebeling's own starting point will be investigated critically and at the same constructively by means of the 'experience with the death of Jesus.' Finally, it will be shown that Ebeling introduces the authoritative horizon of understanding of the cross from the standpoint of Easter and operates with a cum cruce rather than a coram cruce. Is it not the case that it is not theology of the cross that is being done here but rather a theology of the resurrection has been made to be the basic figure?

Keywords: Kreuzestheologie, coram cruce, cum cruce, Erfahrung, Deutung, Verstehen, Nichtverstehen, Tod Gottes

Ebelings Dogmatik ist bekanntlich vom Gebet als Schwellenphänomen aus konzipiert[1] und durch die drei *coram*-Relationen strukturiert, *coram deo, coram mundo* und *coram meo* (bzw. *meipso*). Dabei fällt umso mehr auf, dass Ebeling vom *coram cruce* keinen Gebrauch macht[2] – oder aber laut davon *schweigt*. Ob man das so oder so liest und versteht, ist eine offene Frage. *Coram cruce* aufzurufen, läge bei

---

[1] Womöglich auf dem Hintergrund von Emanuel Hirsch, *Dogmatische Einzelbehandlungen II. „Der Sinn des Gebets" und andere Beiträge zur Frömmigkeitstheorie*, Bd. 15/1, Gesammelte Werke, hg. v. Arnulf von Scheliha und Justus Bernhard (Kamen: Hartmut Spenner, 2013).
[2] Vgl. Reinhard Schwarz, *Vorgeschichte der reformatorischen Bußtheologie* (Berlin/New York: Walter De Gruyter, 1968), 164f.; und das Rezitativ *Recitativo: Christus (Basso) Quotquot coram cruce statis* des *Verbum VII: Pater, in manus tuas commendo spiritum meum (Luc 23, v. 46)* in

Philipp Stoellger ist Professor für Systematische Theologie mit dem Schwerpunkt Dogmatik und Religionsphilosophie an der Theologischen Fakultät der Universität Heidelberg. Neueste Veröffentlichung zum Thema: „Gottes Handeln zwischen rastloser Operativität und leidenschaftlicher Passivität. Systematische Bemerkungen zum Handeln Gottes im Horizont seines Pathos." In *Das Handeln Gottes in der Erfahrung des Glaubens*, hg. v. Michael Beintker und Albrecht Philipps, 235–65 (Göttingen: Vandenhoeck & Ruprecht, 2021).

Ebeling jedenfalls nur zu nahe und es ist erwartungswidrig, es bei ihm *nicht* zu finden. Ist damit doch *die* Relation umschrieben, in der der gerechtfertigte Sünder steht: in Anfechtung wie *promissio*, im Leben und Sterben, in jedem Tun und Lassen und Leiden seines Lebens. Und es ist wohl nicht allein die Relation des Menschen *coram cruce*, sondern auch die Relation Gottes, wenn man so direkt formulieren will. Und es ist auch die der Theologie, sofern sie kreuzestheologisch getrieben wird. Im Geiste Christi zu denken, zu sprechen, zu leben, wird dann heißen: angesichts des Gekreuzigten. In Verantwortung vor ihm bleibt zu fragen: Ist dies Wort und jene Tat in seinem Geiste, in seinem Sinn? So scheint jedenfalls Jüngel das ‚vor dem Kreuz' *normativ* aufgefasst zu haben; hier hingegen soll es *hermeneutisch* in seinen Deutungspotentialen weitergedacht werden – im Gespräch mit Ebeling.

Die Konstellation *coram cruce* ist aus der mystischen Tradition wie bei Seuse und Tauler nur zu vertraut. Deren Einfluss und Bedeutung für Luther sind wiederholt untersucht und dargelegt worden.[3] Volker Leppin meinte, dass der „Entwurf der theologia crucis in der Heidelberger Disputation eine verdichtete Fortführung der Anliegen mystischer Spiritualität darstelle"[4]. Damit wird in historischer Perspektive völlig plausibel die *Kontinuität* markiert, die indes umso mehr nach der relevanten *Diskontinuität* fragen lässt. Dafür ist *eine* grammatische Differenz von Luther zur deutschen Mystik entscheidend (genauer gesagt, eine *pathische* Differenz): Die Passion widerfährt dem Gekreuzigten, und diese reine Passivität des Gekreuzigten steht *quer* zu all seinen und unseren korrelativen Passionen und Passivitäten.[5] Damit wird eine generalisierende Ausweitung der Kreuzigungszone vermeidbar, also die mimetische Verknüpfung vom singulären und ‚unseren' vielen Kreuzen, *crux sola* und *crux nostra* also. Der Christus *widerfahrende* Riss im Tod ist und bleibt strikt nichtidentisch mit allen Toden dieser Welt, wenn er denn nicht zum Fall unter Fällen trivialisiert werden soll. Nun wäre der Einwand dagegen: Tod ist Tod. Was ihm widerfuhr, widerfährt auch anderen. Das ist unstrittig, bei allen Differenzen der Todesarten. Daher ist nicht der Tod *als Tod* der theologisch relevante Riss, son-

---

Giovanni Battista Pergolesi, *Septem verba a Christo in cruce moriente prolata. Für Soli und Orchester. Partitur*, hg. v. Reinhard Fehling, (Wiesbaden/Leipzig/Paris: Breitkopf & Härtel, 2013), 54.
3 Schon 2005 in: Philipp Stoellger, *Passivität aus Passion. Zur Problemgeschichte einer ‚categoria non grata'*, HUTh 56 (Tübingen: Mohr Siebeck, im Druck 2010); vgl. Berndt Hamm und Volker Leppin, Hg., *Gottes Nähe unmittelbar erfahren. Mystik im Mittelalter und bei Martin Luther*, SuRNR 36 (Tübingen: Mohr Siebeck, 2007); Volker Leppin, *Die fremde Reformation. Luthers mystische Wurzeln*, 2. Aufl. (München: C.H. Beck, [2]2017).
4 Volker Leppin, „Theologia crucis im Bild. Aspekte einer ‚anderen Ästhetik' in spätmittelalterlichen und reformatorischen Darstellungen von Leiden und Tod Jesu Christi," in *Medium und Botschaft*, MJTh XXXIII, hg. v. Elisabeth Gräb-Schmidt und Volker Leppin (Leipzig: Evangelische Verlagsanstalt, 2022), 1–30, 6.
5 Vgl. Stoellger, *Passivität*, bes. 144 ff.215 ff.

dern dass *dieser Tod des Singulären* uns trifft und angeht, und nicht nur uns, sondern Gott gewiss auch. Das Widerfahren des Kreuzes widerfährt uns angesichts des Gekreuzigten (*coram cruce*): ein Widerfahren des Widerfahrnisses (so wie ein Leiden am Leiden des Anderen).

Das *mere passive* des Christusverhältnisses in der Rechtfertigung ist dementsprechend kategorial zu unterscheiden von den immanenten Korrelationen von mehr oder minder aktiv bzw. passiv. Die gegenüber allen Selbst- und Weltverhältnissen *quer* stehende Passivität des Gottesverhältnisses ist soteriologisch entscheidend (und daher auch protologisch, hamartiologisch und eschatologisch). Wer hier nicht klar unterscheidet, verspielt Luthers Klärungsgewinn gegenüber der Mystik und verkennt die soteriologische Pointe, die damit gewonnen wird.

Diese Differenz wird von Ebeling mit Luther ebenso gesehen wie durchgehalten. Dazu ruft er zentral die Kreuzestheologie als Regulativ der Theologie auf: Im christologischen, zweiten Band seiner Dogmatik werden im Dreischritt der §§ 18–20 Inkarnation Gottes, *Tod Gottes* und Leben Gottes expliziert. Diese Einbettung des Kreuzes (§ 19) steht unter der tragenden Prämisse:

> Um dieser christologisch zentralen Bedeutung des Kreuzes willen ist die Theologie im ganzen theologia crucis und nicht abwechslungsweise statt dessen auch einmal als theologia incarnationis oder als theologia resurrectionis und so oder so als theologia gloriae zu charakterisieren.[6]

Die Zentralität und regulative Funktion der *theologia crucis* ist damit klar deklariert, mit Luther gesagt (zur Rechtfertigungslehre) als „magister et princeps, dominus, rector et iudex super omnia genera doctrinarum"[7]. Damit einher geht bei Ebeling die doppelte kritische Abgrenzung: gegenüber einer Theologie, die von der Inkarnation oder von der Auferstehung dominiert wird. Das erscheint manchen vielleicht müßig, ist es aber nicht. Denn beides wären Figuren der Herrlichkeit, als Herrlichkeit in Niedrigkeit oder Niedrigkeit in Herrlichkeit, Transfigurationstheologien also, die die radikale Defiguration des Gekreuzigten prä- und poststabilisieren. Die offenbar nicht obsolete, sondern virulente Verhältnisbestimmung und Bestimmung der hermeneutischen Gravitationsverhältnisse von Inkarnation, Kreuz und Auferstehung wird daher noch andernorts zu erörtern sein.

Nach dem anthropologischen Zugang[8] traktiert Ebeling „Die Versöhnung von Gott und Mensch im Sterben Jesu"[9], die also nicht ‚schon' in der Inkarnation veror-

---

6 Gerhard Ebeling, *Dogmatik des christlichen Glaubens, Bd. II: 2. Teil: Der Glaube an Gott den Versöhner der Welt* (Tübingen: Mohr Siebeck, [4]2012), 131.
7 WA 39/I, 205.
8 Vgl. Ebeling, *Dogmatik*, 132–149.
9 Ebeling, *Dogmatik*, 149 ff.

tet wird und nicht ‚erst' in Auferstehung oder Pfingsten, sondern im Sterben, also der Diachronie der Passion. Anderen kreuzestheologischen Entwürfen wie denen von Jüngel und Moltmann verwandt, fragt Ebeling, „ob der hier eintretende Tod als ein ebenfalls Gott betreffender Tod zu denken sei"[10]. Bevor das zu beantworten ist, unterscheidet er die *historischen* von den *Glaubens*aussagen zum Kreuz:[11] das „brutum factum" von der „Vielfalt von Deutungen"[12]. Ebeling legitimiert diese Vielfalt ohne Zögern, was angesichts der kreuzestheologischen Pointierung seines Zugangs unselbstverständlich ist. Das „eine Kreuz ist offenbar nicht auf nur eine, einhellige Weise sagbar oder wohl letztlich überhaupt nicht sagbar"[13]. ‚Entweder Deutungsvielfalt oder Unsagbarkeit' ist eine überraschende Alternative. Dabei wird offenbar die Unsagbarkeit nur negativ konnotiert, was nicht nötig wäre. ‚Dass einem die Worte fehlen', wäre vielmehr die hermeneutische Grundkonstellation *coram cruce*, ein radikales Nichtverstehen. Statt eines ‚oder' wäre vielmehr ein Verhältnis von Deutungsvielfalt angesichts liminaler Unsagbarkeit sinnvoll, und zwar ein regulatives, kritisches wie konstruktives Verhältnis.

Denn das schlichte Faktum einer Deutungspluralität ist noch nicht *per se* anerkennungspflichtig oder systematisch *geltend* zu machen. Weiterführend wäre zu argumentieren, ein Singuläres ist nicht *als solches* sagbar oder kommunizierbar, sondern nur in und durch Konjunktionen etwa in Form der ‚theologischen Grundrechenarten' von Addition, Subtraktion, Division und Multiplikation. Solche Konjunktionen sind dann als solche nicht selber singulär, sondern Kreuz + X, Y, Z. Die zur Sagbarkeit nötigen ‚Additionen' führen in Spannungen zum *sola* cruce. Daher fragt Ebeling: „Muß nicht aber dann die Theologie, statt als theologia crucis vom Kreuz zu leben, an ihm scheitern?"[14]

Mitnichten, kann man antworten, wenn es denn *Theologie* ist, die in ihrem ‚Sprachdenken vom Kreuz' ihm gegenüber different und unvermeidlich plural ist. Aber damit wäre als unvermeidlich anerkannt, das singuläre Kreuz mit Additionen zu versehen (gegen das *sola* cruce). Sagbarkeit entstünde nicht *in* und *aus* dem Kreuz, sondern aus den Konjunktionen mit anderem: den Zusätzen, Zu-

---

10 Ebeling, *Dogmatik*, 149; vgl. 202 ff. Ebelings Antwort bleibt letztlich erstaunlich traditionell: „Der Tod Gottes ist nur dann keine bloße Redensart, wenn sich dadurch nicht etwa Gott verändert, wohl aber der Tod. Das heißt: Der Tod Gottes will nicht so verstanden sein, daß der Tod über Gott Herr und sozusagen Gottes Gott wird, vielmehr so, daß sich Gott als Herr über den Tod erweist und des Todes Tod wird" (205). Weder ist die Alternative zureichend (nicht – sondern), noch ist der Ausgang in der mythischen Wendung vom ‚mors mortis' weiterführend expliziert. Was genau es heißt, dass *Gott* als *Tod* (des Todes) bestimmt wird, wäre genauer zu klären.
11 Vgl. Ebeling, *Dogmatik*, 150.
12 Ebeling, *Dogmatik*, 151.
13 Ebeling, *Dogmatik*, 151.
14 Ebeling, *Dogmatik*, 151.

schreibungen und Zumutungen der Deutung. Theologisch *zünden* könnte das Kreuz dann erst, wenn ihm etwas zugesprochen wird, und sei es die Singularität des ‚sola'. Insofern verkörpert schon die Wendung *sola cruce* solch eine Konjunktion. Mit dem *sola* indes wird *die* Differenz markiert, die in aller Deutungsvielfalt gerade nicht verdeckt werden darf: die Differenz von Kreuz und X. Wer dann was und warum dem Kreuz deutend zuspricht, bleibt bei aller Anerkennung der Deutungsvielfalt durchaus noch kritisch klärungsbedürftig. So hat Ebeling ja selber bereits eine Hegemonie von Inkarnation oder Auferstehung *über* das Kreuz eingangs kritisiert.

Für eine Hermeneutik ‚im Zeichen von Differenz' relevant notiert Ebeling die irreduzible *Fremdheit* des Kreuzes und die damit verbundenen Verstehensprobleme bis an die „Grenzen des Verstehens"[15]. Dies weiterführend lässt sich sagen: Das Kreuz ist *das* Paradigma für eine hermeneutische Theologie, die vom *Nichtverstehen* ausgeht und ausgehen muss, wenn sie es denn mit dem *Kreuz* als dynamischem Objekt zu tun hat, und nicht nur in der geschmeidigen Anschlussfähigkeit aller möglichen Interpretanten aufgeht. Das heißt, Anschlussfähigkeit ist nicht das einzige, auch nicht das allein entscheidende Kriterium der Deutungen des Kreuzes, sondern erst aufgrund und mit dem basalen Kriterium der Differenzwahrung des Singulären gegenüber seinen Multiplikationen und Identifikationen in allen möglichen Deutungen. Deutung zehrt von ihrer Differenz zum Gedeuteten. Daher gehört in diesen Kontext auch die *extrinsische* Wirkung des paulinischen Wortes vom Kreuz als *Skandal* oder *Unsinn*,[16] womit die sprachkritische, religionskritische und ikonoklastische Negativität gegenüber vorgängigen Deutungsordnungen markiert ist.[17] Davon ist die *intrinsisch* konstruktive Aufgabe der Deutung des Kreuzes zu unterscheiden: „das Kreuz auf seinen Logos hin zu bedenken"[18], wobei „seinen Logos"[19] mehrdeutig ist. „Es zwingt nicht zum Schweigen und zu blinder Unterwerfung, sondern befreit – dafür sind Paulus und Luther die eindrücklichsten Zeugen – zu einer Interpretation des Kreuzes [...]."[20] *Das* kann man als Paradigma einer Theologie verstehen, die *als* Deutung der Passion entsteht, oder wie Ebeling formuliert, als ‚Interpretation des

---

15 Ebeling, *Dogmatik*, 152 ff.
16 Vgl. Ebeling, *Dogmatik*, 153; vgl. Johannes Michael Modeß, *Gottesdienst als Skandal. Eine kreuzestheologische Fundamentalliturgik*, HUTh 85 (Tübingen: Mohr Siebeck, 2022); Michael Korthaus, *Kreuzestheologie. Geschichte und Gehalt eines Programmbegriffs in der evangelischen Theologie*, BHTh 142 (Tübingen: Mohr Siebeck, 2007), 188 f.
17 Vgl. Philipp Stoellger, „Das Wort vom Kreuz im Deutungsmachtkonflikt. Zur Genealogie der Theologie aus dem Geist der paulinischen Rhetorik," in *Rhetorik und Religion*, hg. v. Philipp Stoellger (Berlin/Boston: Walter de Gruyter, 2015), 195–226.
18 Ebeling, *Dogmatik*, 154.
19 Ebeling, *Dogmatik*, 154 (Hervorhebung von mir).
20 Ebeling, *Dogmatik*, 154.

Kreuzes'. Der ‚Logos' des Kreuzes ist dann basal Christus, final womöglich der *Christus praesens*, und *dazwischen* der Logos der Deutung als ein Logos aus Pathos.

Bemerkenswert ist, wie selbstverständlich Ebeling hier *das Kreuz als movens* oder Agenten aufrufen kann: ‚sein Logos' und ‚es befreit'. Offenbar gilt ihm *das Kreuz* als wirksam bzw. *operativ*, in oder wegen aller Fremdheit und Verdichtung der Passivität. Die Operativität des Kreuzes erscheint so gesehen als Operativität einer Passivität, die größer nicht gedacht werden kann (und zwar im Sinne Anselms, weil sie immer noch größer ist, als dass sie gedacht werden könnte?).[21] Dann und nur dann ist das keine passivierende Passivität, sondern eine ‚aktivierende' und *operative* in soteriologischer Pointierung: vergebend und versöhnend.

Auf die dann entstehende Frage, „wie überhaupt aus dem Ereignis der Kreuzigung Jesu etwas Glaubbares, etwas Verkündbares werden konnte"[22], reagiert Ebeling mit der erstaunlich unselbstverständlichen These einer (dem Glauben?) „zugrundeliegende[n] Erfahrung mit dem Tode Jesu"[23] bzw. einer „Erfahrung mit diesem Tode"[24]. Was *damit* genau gemeint sein mag, wüsste man gern genauer.[25] Es geht dabei vermutlich um die kreuzestheologische Verdichtung derjenigen Erfahrung, die von Ebeling formal als ‚Erfahrung mit der Erfahrung' bzw. ‚mit aller Erfahrung' expliziert wurde, also der Glaubenserfahrung bzw. Offenbarungserfahrung. Ist doch die ‚Erfahrung mit der Erfahrung' *der* paradoxierende Versuch, im Medium der Erfahrung zu formulieren, was Offenbarung sei und der Glaube: Erfahrung mit der Erfahrung.

Aber das entlastet nicht von der Explikation dieser ‚Erfahrung mit dem Tode Jesu'. Es könnte meinen, die Erfahrungsdimension des Glaubens sei initial eine Christuserfahrung (wie bei den Zeugen, oder abgeleitet durch das Vor-Augen-Malen Christi), daher sei sie basal stets begleitet von dem, in dem der Glaube gründet (*Christus praesens*), und daher sei das Leben des Glaubens ein Leben im Zeichen des Gekreuzigten. Aber – das ‚mit' insinuiert, als wäre dieser Tod, dieser *singuläre* Tod Christi, ein möglicher Gegenstand von Erfahrung, also etwas, *womit* man Erfahrungen mache (als Gegenstand, als Medium, als Riss, als Erfahrungsdeu-

---

21 Wobei, um Missverständnisse zu vermeiden, diese Passivität *nicht* bloß Korrelat einer dual begriffenen Aktivität ist, sondern als singuläre, quer stehend zu allen korrelativen Aktivitäten und Passivitäten. Darin ist sie dem *mere passive* der Rechtfertigung analog. Vgl. Philipp Stoellger, „Quo maius pati nequit. Komparative des Leidens und ihre Eskalationen," in *Lassen und Tun. Kulturphilosophische Debatten zum Verhältnis von Gabe und kulturellen Praktiken*, hg. v. Steffi Hobuß und Nicola Tams (Bielefeld: transcript, 2014), 29–55.
22 Ebeling, *Dogmatik*, 155.
23 Ebeling, *Dogmatik*, 155 ff.159 ff.
24 Ebeling, *Dogmatik*, 155.
25 In der gründlichen Rekonstruktion Ebelings durch Korthaus wird diese Wendung zwar wiederholt zitiert, nur leider nicht interpretiert. Vgl. Korthaus, *Kreuzestheologie*, 190 ff.

tungsregel?). Nur als ‚Gegenstand' bestimmt, wäre das Nonsens. Denn dieser Tod kann gewiss kein Erfahrungs*gegenstand* sein; wie sollte er, wenn man keine mimetischen Verwechselungen riskieren will (sein Tod, dein Tod, mein Tod ...).

Die folgenden Ausführungen Ebelings legen nahe, dass es hier um die *Synthesis von Ereignis und Deutung in der Erfahrung* gehen dürfte, also dass eine Erfahrung nicht mit dem Tod, sondern mit und kraft der *Deutung* dieses Todes gemeint sein dürfte. *Generell* wird von ihm die hermeneutische These vorausgesetzt, dass Erfahrung „nie völlig sprachlos" sei aufgrund der Verschränkung von „Ereignis und Deutung"[26]. So plausibel das ist, kann damit jedenfalls *nicht* die Differenz *dieses* Todes bzw. *des* Kreuzes *gegenüber* seinen Deutungen markiert werden (*wenn* denn Deutung und Gedeutetes unterschieden werden sollen). Ist hier schon Glaube *als* Erfahrung (mit der Erfahrung) vorausgesetzt oder eine vorgängige ‚Erfahrung mit diesem Tod' (als wäre ‚Tod' erfahrbar?) gemeint, die erst ‚Glaubbares' entstehen lasse? Ebeling führt *Gewissheit* und *Befreiungserfahrung* als ‚Erfahrung mit dem Tode Jesu an'[27], sodann den Glauben an die Macht der *Liebe*[28] sowie den *Geist*. Damit sind aber offensichtlich schon *Vorgriffe auf Ostern und Pfingsten* die wesentlichen Interpretamente, die diesen Tod als Erfahrungsgegenstand verständlich werden lassen. Das radikale Nichtverstehen und die Fremdheit des Kreuzes sind damit bereits hermeneutisch gerahmt, als würde das ‚Immer-schon-Verstehen' als hermeneutische Bedingung der Möglichkeit auch das Kreuz umfangen.

Nur entsteht dann die Ambiguität, ob denn wirklich ‚der Tod Jesu' hier als erfahrenes Ereignis oder anders als in der Erfahrung gedeutetes Ereignis aufgerufen wird – oder ob nicht vielmehr die *späteren* Erfahrungen der Zeugen *retrojiziert* werden, so dass Oster- und Pfingsterfahrungen *retroaktiv* als intrinsische Wirkungen des Kreuzes unterstellt werden? Jedenfalls sind Geist, Liebe und Gewissheit schwerlich als ‚Erfahrungen mit dem Tode Jesu' auszugeben. Es klingt wie eine Prä- oder Poststabilisierung des verstörend Labilen, des radikalen Risses namens ‚Tod Jesu', wenn er von seinen soteriologischen Resonanzen her eingeführt wird (allein *seinen*?). Die starke Differenz von Gedeutetem (Tod, Kreuz) und Deutung (Heilsereignis) und Deutenden (die Erfahrungsträger? Der Geist als Deutender?) wird in Ebelings Verschränkung nur als immer schon vermittelte thematisch. Die Leitfrage, wie aus dem Kreuz Glaubbares und Verkündbares werden konnte, wird auf diese Weise zur rhetorischen Frage, weil sie von Glaube und Verkündigung aus bereits nur als längst beantwortete auftritt. Die radikale Frag-

---

26 Ebeling, *Dogmatik*, 155.
27 Vgl. Ebeling, *Dogmatik*, 157.
28 Vgl. Ebeling, *Dogmatik*, 157f.

lichkeit, wie es vom Kreuz zum Wort kommt (und zurück), wird hier nur als rhetorische Fraglichkeit vorgeführt.

Ebeling kann in diesem Sinne auch von „einer glaubensmäßigen Erfahrung mit dem Tode Jesu"[29] sprechen, die dann allerdings ein Implikat des damit vorausgesetzten Osterglaubens wäre. *Das* scheint hier gemeint, wenn es später heißt, die „Ostererfahrung ist als solche eine Erfahrung mit dem Tode Jesu"[30]. Das aber heißt, es geht *nicht* um eine Erfahrung *des* Todes, sondern *mit* diesem Tod, was unmissverständlicher formuliert wäre als ‚Erfahrung mit dem auferweckten Gekreuzigten': nicht *coram* cruce, sondern *cum* cruce, meint *mit* dem Auferweckten. Das ‚mit' ist bereits eine Relation, eine gedeutete Relation *mit* dem im Glauben erfahrenen *auferweckten* Gekreuzigten. Dann aber ist die Formulierung ‚mit dem Tode Jesu' etwas arg ambig, wenn nicht irreführend. Es ist nicht mal eine Erfahrung mit dem toten Jesus, auch nicht des Todes Jesu, sondern des lebendigen Auferweckten.

Das von Ebeling anschließend behandelte „Zustandekommen jener Erfahrung mit dem Tode Jesu"[31] klärt über diese Retrojektion der Deutung des gedeuteten Todes auf:

> Das Nein zum Tode Jesu, das in der Ostererfahrung aufgegangen und in die Auferstehungsbotschaft eingegangen ist, impliziert ein Ja zum Tode Jesu. […] Das Ja des Glaubens zum Tode Jesu ist durch das entsprechende Nein der Auferstehungsbotschaft bestimmt. Oder anders gewandt: Die Auferstehungsbotschaft selbst meint das Ja Gottes zum Gekreuzigten.[32]

Das ist so weit hermeneutisch traditionell, wie es *kreuzes*theologisch etwas zu einfach erscheint: Im Lichte der Auferstehungsbotschaft ist das Kreuz des Auferweckten problemlos sagbar und immer schon gesagt. Der abgründige Weg vom Kreuz zu dieser Botschaft hingegen, also von Kreuz zu Wort (und zurück), wäre eine andere Rekonstruktionsaufgabe.

Wenn auch traditionell, so ist doch mittlerweile für viele das unsagbar geworden, was Ebeling hier wagt: *Gott* ins Spiel der Deutung zu bringen, indem *er* als liminaler Deuter des Todes Jesu aufgerufen wird.[33] Dergleichen wäre ein

---

29 Ebeling, *Dogmatik*, 156.
30 Ebeling, *Dogmatik*, 160.
31 Ebeling, *Dogmatik*, 159 ff.
32 Ebeling, *Dogmatik*, 159; vgl. 196 ff.199 ff.
33 Vgl. Philipp Stoellger, „Deutung der Passion und Passion der Deutung. Zur Dialektik und Rhetorik der Deutungen des Todes Jesu," in *Deutungen des Todes Jesu im Neuen Testament*, hg. v. Jörg Frey und Jens Schröter, WUNT 181, 2. Aufl. (Tübingen: Mohr Siebeck, 2012), 577–607; daher Philipp Stoellger, „Gottesdeutung und Gottes Deutung. Deutung als Leitmedium und Deutungstheorie als Pneumatologie," in *Dogmatik im Diskurs. Mit Dietrich Korsch im Gespräch*, hg. v. Cornelia Richter, Bernhard Dressler, Jörg Lauster (Leipzig: Evangelische Verlagsanstalt, 2014), 25–43.

‚Skandal', der dem ‚Kreuz als Skandal' am Ort der Theologie entspricht: Torheit oder Unsinn für all die, denen Sätze mit Gott als Subjekt in der Theologie als illegitime Form der Rede erscheinen. Wenn Ebeling dann von Ostern her die maßgebenden Verstehenshorizonte aufführt, das Leben Jesu und das Alte Testament, ist das so plausibel wie konsequent. Es verkennt aber, dass beide gerade *nicht* diesen singulären Tod verstehen lassen, sondern umgekehrt: beide erst von ihm her neu qualifiziert werden, um dann erst ‚neu gesehen' als Horizonte des Verstehens fungieren zu können.

Rückblickend gesagt: Ebeling operiert mit einem *cum cruce*, aber nicht mit einem *coram cruce*.³⁴ Es sei denn, man würde alle Erfahrung des Glaubens (im doppelten Genitiv) als eine ‚mit dem Tode Jesu' grundierte, von ihm begleitete und durch ihn orientierte Erfahrung verstehen. Dann wäre die *Erfahrung mit der Erfahrung* diejenige Erfahrung, die *coram cruce* entsteht, steht und lebt und auch stirbt. Aber eben dies wird von Ebeling *nicht* formuliert, auch wenn man es erwartet hätte.

Eine hermeneutische Parallelaktion zu Ebelings *cum cruce* verdeutlicht das auf eigene Weise. In der an Ebeling anschließenden Dissertation von Pierre Bühler ‚Kreuz und Eschatologie' wird die ungewöhnliche, von Ebeling stammende Wendung der ‚Erfahrung mit dem Tode Jesu' mehrfach wiederholt. Es sei die „Frage, wie die grundlegende Erfahrung mit dem Tode Jesu zu bestimmen ist, die ihren Niederschlag in den Erscheinungsberichten gefunden hat"³⁵. Daraus wird bereits ersichtlich, dass es nicht eigentlich *Erfahrungen* mit dem *Tode* Jesu sind, sondern – was genau? Jedenfalls Erfahrungen, die in den Osterberichten artikuliert wurden, folglich *Oster*erfahrungen. Noch klarer wird das später, wenn es bei Bühler heißt:

> Deshalb gilt, daß die Aussagen über die Heilsbedeutung des Kreuzestodes Jesu eindeutig nachösterlich sind, daß also das Ostergeschehen eine konstitutive Dimension in der ur-

---

34 Pierre Bühler folgt Ebeling in dem Deutungsmuster ‚cum cruce': „Durch die Auferstehung Jesu von den Toten wird der Kreuzestod Jesu mit unendlichem Ernst und in seiner letztgültigen Relevanz betont. Er wird zum zentralen eschatologischen Geschehen. In dieser Perspektive der Interpretation wird die Erfahrung mit dem Tode Jesu als Heilserfahrung verstanden: am Kreuz ist etwas geschehen, das für mich Heilsbedeutung hat" (Pierre Bühler, *Kreuz und Eschatologie: Eine Auseinandersetzung mit der politischen Theologie, im Anschluss an Luthers theologia crucis*, HUTh 17 [Tübingen: Mohr Siebeck, 1981], 57; vgl. 56). Vgl. auch 376: „[D]aß also das Ostergeschehen eine konstitutive Dimension in der urchristlichen Erfahrung mit dem Tod Jesu bildet, den Horizont setzt, in dem das Kreuz erst wirklich erfaßt wird." Das heißt dann, die Erfahrung *mit* dem Tode Jesu wäre die Ostererfahrung seiner lebendigen Gegenwart?
35 Bühler, *Kreuz*, 56.

christlichen Erfahrung mit dem Tode Jesu bildet, den Horizont setzt, in dem das Kreuz erst wirklich erfaßt wird.[36]

Mit Ebelings eingangs notierter kritischer Abgrenzung der *theologia crucis* von der *theologia incarnationis* und der *theologia resurrectionis* könnte man meinen, hier werde *de facto* doch *nicht* Kreuzestheologie, sondern Auferstehungstheologie zur Grundfigur ernannt. ‚Erfahrung mit dem Tode Jesu' ist Ostererfahrung, nicht die radikale Widerfahrung des Kreuzes (als Leiden am Leiden des Anderen) und der entsprechenden Aphasie und Unsagbarkeit. Klar ist jedenfalls, es geht in dieser sog. ‚Erfahrung mit dem Tod' um die Erfahrung mit dem *Auferweckten*, und sei es der ‚auferweckte Gekreuzigte' (wie Dalferth formulierte). Bei Bühler klingt das wie folgt:

> Durch die Auferstehung Jesu von den Toten wird der Kreuzestod Jesu mit unendlichem Ernst und in seiner letztgültigen Relevanz betont. Er wird zum zentralen eschatologischen Geschehen. In dieser Perspektive der Interpretation wird die Erfahrung mit dem Tode Jesu als Heilserfahrung verstanden: am Kreuz ist etwas geschehen, das für mich Heilsbedeutung hat.[37]

Es ist also die ‚Perspektive der Interpretation', das *gedeutete, österlich* gedeutete Kreuz, das hier ‚erfahren' wird, also der gedeutete Gekreuzigte (als Deutender?). Dann ist die ‚Erfahrung mit dem Tode Jesu' allerdings eine *Deutungserfahrung*: kraft Deutung eine Erfahrung des Gedeuteten als dem ‚auferweckten Gekreuzigten'. Damit ist allerdings auch klar, dass nicht die Härte des Todes, die Fremdheit des Kreuzes, nicht die Radikalität des Risses, also kein *coram cruce* gemeint ist, sondern eine hermeneutisch immer schon anschlussfähige Deutung des Kreuzes in der Erfahrung mit dem *Christus praesens*.

Cum cruce ist ein nachösterlicher Anachronismus, der etwas paradox formuliert, dass der Gekreuzigte als *Christus praesens* erfahren wird. *Dadurch* wird Erfahrung ‚mit dem Tod' möglich und wirklich, wobei das eine befremdliche Formulierung bleibt. Die Pointe dieser Wendung scheint mir zu sein, dass damit *nicht* eine Verschiebung von der Kreuzes- zur Auferstehungstheologie vorgenommen wird, sondern *gegenläufig*, die Auferstehungserfahrung *als Kreuzeserfahrung* gedeutet wird. Anders formuliert: Ostererfahrungen sind Erfahrungen mit dem auferweckten Gekreuzigten. So wird die sich sonst leicht verselbstständigende Auferstehungstheologie (potentiell eine korinthische *theologia gloriae*) strikt kreuzestheologisch ‚eingefangen' und rückgebunden. *Das* als Pointe notiert, ist gleichwohl mit dem *cum cruce* dann eine Erfahrungsdeutung und Deutungserfahrung aufgerufen, die immer schon her-

---

[36] Bühler, *Kreuz*, 376.
[37] Bühler, *Kreuz*, 57.

meneutisch umfangen in und aus Deutung lebt. Das kann man hermeneutisch gewiss so sehen; es überspringt aber die Radikalität des Kreuzes in die immer schon vorhandene Medialität von Erfahrung, Deutung bzw. Verstehen. Das Nichtverstehen, das Andere der Medialität (die dunkle Unmittelbarkeit des Todes) und der Riss der immer schon gängigen hermeneutischen Synthesis sind damit *nicht* im Blick (oder werden dezidiert appräsentiert).

Wie Gott kann auch der singuläre Tod Christi *nicht Gegenstand* von Erfahrung sein, sodass unausweichlich ‚absolute Metaphern' und ihre Verwandten eintreten müssen, Medien und Supplemente mit dem Risiko einer Substitution und Überformung ‚des Kreuzes'. Denn ‚Erfahrung mit dem Tode Jesu' ist *historisch* (für uns jedenfalls) wie *hermeneutisch* offensichtlich widersinnig. Von solch einer Erfahrung kann nur als bereits in und als Deutung *vermitteltem* Tod Jesu die Rede sein – und damit ist man bereits ‚mitten drin', statt ‚davor'.

Wie Ebeling mit dem *cum cruce* ein bereits medialisiertes, gedeutetes, verstandenes Kreuz aufrief und damit die *Kreuzestheologie einerseits österlich grundierte* sowie die *Auferstehungstheologie kreuzestheologisch rückbinden* konnte, so konnte er kraft der vorausgesetzten Medialität die Radikalität des Kreuzes sagbar und erfahrbar werden lassen. Deutung dient der Distanz und der Verständlichkeit, der Sagbarkeit und Erfahrbarkeit, der Kommunikation und Vergemeinschaftung. Das ist eine gewichtige konstruktive Pointe der ‚Erfahrung mit dem Tode Jesu': dass kraft der Erfahrungsdeutung und Deutungserfahrung *Vergemeinschaftung* kraft der Erfahrung *cum cruce* verständlich wird. Gegenüber der radikalen Singularisierung, der tödlichen Vereinzelung des Kreuzes wie der traumatisierten Jünger ist die Erfahrung *mit* ein erfahrbares *Mitsein* (mit Jean-Luc Nancy formuliert). Nun entsteht dieses Mitsein erst kraft der lebendigen Gegenwart des Toten als Auferwecktem. Solche Eröffnung von Gemeinschaft gehört gerade zur Kreativität von ‚Gottes Antwort' auf den Gekreuzigten.

Ex post und in der Deutungsform ‚Kreuz + X' wird aus dem Tod Jesu erst ein ‚Gegenstand möglicher Erfahrung'. Nur ist dann *das gedeutete* Kreuz dasjenige, *womit* und *wodurch* Erfahrung gemacht wird: sei es als Erfahrungsgrund, -gegenstand oder -grenze. Kreuzeserfahrung wird dann Kreuzes*deutungserfahrung*, und erst daher *Kreuzeserfahrungs*deutung. Dann geht es immer schon um das ‚Kreuz + X' *als Medium* von Erfahrung, und zwar als operatives, Erfahrung provozierendes und formierendes Medium. Wenn darin *Kreuzes*deutung zum Medium wird, wird Kreuzes*deutung* zum hermeneutischen Transzendenzmedium: ein Medium, das Transzendenz und Selbsttranszendierung verspricht. Dann ist es womöglich so mächtig, *als Transzendenzmedium Medientranszendenz* zu eröffnen. Aber das führt nicht in eine höhere Unmittelbarkeit, sondern bleibt ebenso medial wie die Transzendenz eben immer *Medien*transzendenz bleibt.

Die Transzendenzdeutung mit dem Begehren nach Deutungstranszendenz führt in eine Medienkaskade, die das Kreuz auch normalisieren, integrieren und prästabilisieren kann: immer mehr Medien für den immer kleineren Riss, immer mehr Deutungen im Verschwinden des Gedeuteten oder immer mehr Metaphysik bei immer weniger Kreuz ... Die Radikalität des *coram cruce* wird dann aufgehoben in ‚von Ewigkeit zu Ewigkeit' stabilisierende Deutungen – um willen einer ‚prästabilen Harmonie' der Theologie, einer hermeneutischen Prästabilisierung der Kreuzestheologie? Das wird zur kritischen Rückfrage an dominante Deutungsmuster der Theologie, mit deren Hilfe das Kreuz meist harmonisch prästabilisiert wird: Sühne, Trinität, Selbstbestimmung und Souveränität zum Beispiel.

Bibliographie

Bühler, Pierre. *Kreuz und Eschatologie: Eine Auseinandersetzung mit der politischen Theologie, im Anschluss an Luthers theologia crucis*. HUTh 17. Tübingen: Mohr Siebeck, 1981.

Ebeling, Gerhard. *Der Glaube an Gott den Versöhner der Welt*. Bd. 2, *Dogmatik des christlichen Glaubens*. Tübingen: Mohr Siebeck, ^{4}2012.

Hamm, Berndt und Volker Leppin, Hg. *Gottes Nähe unmittelbar erfahren. Mystik im Mittelalter und bei Martin Luther*, SuRNR 36. Tübingen: Mohr Siebeck, 2007.

Hirsch, Emanuel. *Gesammelte Werke*, Bd. 15/1, *Dogmatische Einzelbehandlungen II. „Der Sinn des Gebets" und andere Beiträge zur Frömmigkeitstheorie*, hg. v. Arnulf von Scheliha und Justus Bernhard. Kamen: Hartmut Spenner, 2013.

Korthaus, Michael. *Kreuzestheologie. Geschichte und Gehalt eines Programmbegriffs in der evangelischen Theologie*. BHTh 142. Tübingen: Mohr Siebeck, 2007.

Modeß, Johannes Michael. *Gottesdienst als Skandal. Eine kreuzestheologische Fundamentalliturgik*, HUTh 85. Tübingen: Mohr Siebeck, 2022.

Leppin, Volker. *Die fremde Reformation. Luthers mystische Wurzeln*. München: C.H. Beck, ^{2}2017.

Leppin, Volker. "Theologia crucis im Bild. Aspekte einer ‚anderen Ästhetik' in spätmittelalterlichen und reformatorischen Darstellungen von Leiden und Tod Jesu Christi." In *Medium und Botschaft*. MJTh XXXIII, hg. v. Elisabeth Gräb-Schmidt und Volker Leppin, 1–30. Leipzig: Evangelische Verlagsanstalt, 2022.

Pergolesi, Giovanni Battista. *Septem verba a Christo in cruce moriente prolata. Für Soli und Orchester. Partitur*, hg. v. Reinhard Fehling. Wiesbaden/Leipzig/Paris: Breitkopf & Härtel, 2013.

Schwarz, Reinhard. *Vorgeschichte der reformatorischen Bußtheologie*. Berlin/New York: Walter De Gruyter, 1968.

Stoellger, Philipp. *Passivität aus Passion. Zur Problemgeschichte einer ‚categoria non grata'*. HUTh 56. Tübingen: Mohr Siebeck, 2010.

Stoellger, Philipp. "Deutung der Passion und Passion der Deutung. Zur Dialektik und Rhetorik der Deutungen des Todes Jesu." In *Deutungen des Todes Jesu im Neuen Testament*, hg. v. Jörg Frey und Jens Schröter, 577–607. WUNT 181. Tübingen: Mohr Siebeck, ^{2}2012.

Stoellger, Philipp. "Quo maius pati nequit. Komparative des Leidens und ihre Eskalationen." In *Lassen und Tun. Kulturphilosophische Debatten zum Verhältnis von Gabe und kulturellen Praktiken*, hg. v. Steffi Hobuß und Nicola Tams, 29–55. Bielefeld: transcript, 2014.

Stoellger, Philipp. "Gottesdeutung und Gottes Deutung. Deutung als Leitmedium und Deutungstheorie als Pneumatologie." In *Dogmatik im Diskurs. Mit Dietrich Korsch im Gespräch*, hg. v. Cornelia Richter, Bernhard Dressler, Jörg Lauster, 25–43. Leipzig: Evangelische Verlagsanstalt, 2014.

Stoellger, Philipp. "Das Wort vom Kreuz im Deutungsmachtkonflikt. Zur Genealogie der Theologie aus dem Geist der paulinischen Rhetorik." In *Rhetorik und Religion*, hg. v. Philipp Stoellger, 195–226. Berlin/Boston: Walter de Gruyter, 2015.

Michael Coors
Christologie als theologische Meta-Ethik
Einige Erwägungen zur ethischen Relevanz christologischer Reflexion

Abstract: Theological contributions to applied ethics hardly ever refer to Christology. I argue that inquiry into the role of Christology in Ethics is identical with the question for the theological dimension of ethics in general and explore two different strategies of dealing with this: (1.) the universalisation of religiosity (or spirituality) and (2.) understanding theological ethics as a mere reflection on the morality of the Christian community. I argue that both approaches are insufficient due to Christological reasons. Christology thereby is introduced as a meta-ethical category. By reference to Zwingli's interpretation of divine and human justice I explore further how Christian morality is caught up in the tension between the moral ideal of a renewed humanity in Christ and the necessity to formulate moral duties for living in a world in which this ideal can never be realized. I therefore argue that, from the perspective of a Christologically reflected theological ethics, every deontological ethics is only a fallback position (Wolterstorff) we need because the true moral good cannot be realized.

Keywords: Meta-Ethik, Christologie, Güterethik, Bergpredigt, Gerechtigkeit

Der Autor dieses Textes ist vermutlich der einzige unter den Autor*innen dieses Bandes, der kein ausgewiesener Experte für das Themenfeld der Christologie ist. Mein Forschungsgebiet ist die theologische Ethik, und zudem noch diejenige Form theologischer Ethik, die wohl am weitesten von der dogmatischen Reflexion entfernt liegt, nämlich die *angewandte* Ethik, mit einem besonderen Schwerpunkt im Bereich der Medizinethik. Darum nähere ich mich den Fragen der Christologie von diesen angewandt-ethischen Diskursen herkommend an und frage danach, was Christologie zu diesen Diskursen beizutragen hat.

Michael Coors ist Außerordentlicher Professor für theologische Ethik und Direktor des Instituts für Sozialethik im Ethik-Zentrum der Universität Zürich. Neueste Veröffentlichung zum Thema: *Moralische Dimensionen der Verletzlichkeit des Menschen. Interdisziplinäre Perspektiven auf einen anthropologischen Grundbegriff und seine Relevanz für die Medizinethik* (Berlin, Boston: Walter De Gruyter 2022).

1 Praxis und Theorie der Ethik

Wenn ich in diesem Sinne auf die Praxis der ethischen Reflexion blicke, in die ich in unterschiedlichen Forschungsprojekten eingebunden bin, dann ist der erste Eindruck: Christologie spielt keine Rolle! Etwas vorsichtiger gesagt: Sie spielt zumindest keine offensichtliche Rolle. Das betrifft insbesondere die Praxis der angewandten Ethik – bei mir derzeit überwiegend der Medizinethik: Ob es um Fragen der Ethik am Lebensende,[1] des assistierten Suizids oder der Tötung auf Verlangen geht,[2] um ethische Fragen in der Erforschung seltener Krankheiten, oder um ethische Fragen im Horizont neuer Möglichkeiten der Reproduktionsmedizin und des Eingriffes in die menschliche Keimbahn:[3] Mit Fragen der Christologie beschäftigt sich theologische Ethik dabei selten bis gar nicht. Es geht dann – um beim Beispiel von genetischen Keimbahneingriffen zu bleiben – eher um Fragen wie die folgenden: Was für eine Entität ist der menschliche Embryo? Welche moralische Relevanz hat die Beschaffenheit des Embryos? Was ist ein Gen und wie definiert man, was ein akzeptables Risiko genetischer Keimbahneingriffe ist?

Der Weg von diesen Fragen zu Fragen der Christologie *scheint* nicht nur weit – er *ist* auch sehr weit. Dass Christologie in diesen Diskussionen keine wirkliche Rolle spielt, liegt meines Erachtens an zwei Voraussetzungen der Diskurskonstellation:

1. *Die Interdisziplinarität der Diskurse*: Da sitzen Medizinethiker*innen, Philosoph*innen, Jurist*innen, Mediziner*innen, Biologen*innen etc. an einem Tisch und versuchen sich darüber zu verständigen, was ethisch begründbare Handlungsempfehlungen sind. Das führt notwendigerweise dazu, dass das, was für andere Disziplinen nicht als relevant für die Klärung der moralischen Frage nachvollziehbar ist, im Gespräch außen vor bleibt.
2. *Die Regelungsperspektive der Diskurse*: Ziel der anwendungsethischen Diskurse sind rechtliche Regelungen oder nicht-rechtliche, aber dennoch verbindliche Leitlinien für das Handeln der jeweiligen Akteur*innen. Im Vordergrund

---

1 Vgl. z. B. Michael Coors und Andrea Dörries, „Protestant Perspectives on End of Life Care," in *Contemporary European Perspectives on the Ethics of End of Life Care*, hg. v. Nathan Emmerich u. a. (Cham: Springer, 2020), 131–44.
2 Vgl. z. B. Michael Coors, „Die ethische Diskussion über Suizid, Suizidhilfe und Suizidprävention in Kirchen und Theologie. Perspektiven evangelischer Theologie," *Suizidprophylaxe* 44 (2017): 129–38; Michael Coors und Sebastian Farr, Hg., *Seelsorge bei assistiertem Suizid. Ethik, Praktische Theologie und kirchliche Praxis* (Zürich: TVZ, 2022).
3 Vgl. z. B. Michael Coors, „Genetische Keimbahneingriffe beim Menschen. Theologisch-ethische Perspektiven auf die Erforschung des Genome Editing der menschlichen Keimbahn," in *The Grand International Challenges. Theologisch-ethische Perspektiven*, hg. v. Marco Hofheinz und Cornelia Johnsdorf (Stuttgart: Kohlhammer, 2021), 205–27.

stehen damit deontologische Fragen nach dem, was moralisch legitime Handlungsoptionen sind und wie diese rechtlich oder auf andere Art und Weise zu regeln sind: Unter welchen Bedingungen darf man menschliche Embryonen – wenn überhaupt – genetisch verändern? Darf man bei Suiziden helfen oder nicht, und wenn ja, unter welchen Bedingungen? Etc.

Für solche deontologischen Fragen nach verbindlichen Handlungsregeln gilt in moralisch und religiös pluralen Gesellschaften eine Anforderung, die man zwar mit guten Gründen kritisieren kann, die aber dennoch eine enorme Plausibilität in der ethischen Kommunikationspraxis hat, nämlich die Forderung der reziproken Nachvollziehbarkeit der Argumente zur Begründung einer moralischen Sollensforderung:[4] Ich kann von der oder dem anderen nur eine Befolgung solcher moralischer Normen erwarten, die der betroffenen Person auf der Grundlage ihrer jeweils eigenen Überzeugungen einleuchten kann. Jede am Diskurs beteiligte oder jede vom Diskurs betroffene Person muss die Begründung der Norm, der sie sich unterwerfen soll, selbständig nachvollziehen können. In klassisch liberalen Theorien der Moralbegründung verbindet sich dies mit der Forderung nach einer zumindest potenziellen Universalisierbarkeit der Begründung:[5] sie muss nicht nur für den jeweils anderen anerkannt werden können, sondern potenziell von allen, die von einer solchen Norm betroffen sind. Wir kennen im deutschsprachigen Kontext diese Argumentationsfigur in vielfacher Variation zum Beispiel von Jürgen Habermas, und im englischsprachigen Bereich findet sie sich in unterschiedlichen Varianten zum Beispiel bei John Rawls – und die Figur der reziproken Nachvollziehbarkeit und Universalisierbarkeit wird aller poststrukturalistischen und postkolonialen Kritik am Universalismus der Vernunft[6] zum Trotz nach wie vor in anwendungsethischen Diskursen meist schlicht vorausgesetzt. Neu ist das alles nicht: Schon die Vorstellung eines von Menschen ausgehandelten rationalen Naturgesetzes bei Thomas Hobbes basiert durchgängig auf der Figur der reziproken Anerkennung der im Gesetz formulierten Normen.[7]

---

4 Vgl. Jürgen Habermas, *Moralbewußtsein und kommunikatives Handeln* (Frankfurt a.M.: Suhrkamp, 1983), 103; John Rawls, *A Theory of Justice. Revised Edition* (Cambridge: Belknap Press, 1999), 118–23; Trutz Rendtorff, *Ethik. Grundelemente, Methodologie und Konkretionen einer ethischen Theologie* (Tübingen: Mohr Siebeck, 2011), 49 f.
5 Vgl. z. B. Habermas, *Moralbewußtsein*, 73–6.
6 Vgl. z. B. den Überblick bei Alister E. McGrath, *Re-Imagining Nature. The Promise of a Christian Natural Theology* (Chichester: Wiley Blackwell, 2017), 25–35. Zur postkolonialen Kritik vgl. Anm. 8.
7 Vgl. Thomas Hobbes, *Leviathan. The English and Latin texts (Vol. I)* (Oxford: Oxford University Press, 2012), Kap. 14–15.

An diesem klassisch liberalen Begründungsmodell wird seit etlichen Jahren aus guten Gründen Kritik geübt – z. B. aus postkolonialer Perspektive an dem faktisch hegemonialen Anspruch eines durch einen bestimmten Begriff der Vernunft konfigurierten Raums der Öffentlichkeit.[8] Und auch wenn ich diese Kritiken für durchaus plausibel halte, hat die kritisierte Art ethischer Argumentation doch eine sehr plausible Verankerung in der Praxis ethischer Problemlösung in unseren spätmodernen Gesellschaften: Wenn man als Ethiker mit anderen Ethiker*innen völlig unterschiedlicher religiöser und kultureller Prägung an einem Tisch sitzt, um miteinander zu diskutieren, was ein für alle akzeptabler Umgang z. B. mit neuen biotechnologischen Methoden sein soll, dann ist unmittelbar einsichtig, dass sich nicht eine der beteiligten Personen zur Begründung eines moralischen Geltungsanspruches auf die je eigenen religiösen Überzeugungen beziehen kann. Das gesamte Diskurssetting exkludiert religiöse Überzeugungen, weil sie die Mindestschwelle der Möglichkeit zur reziproken Anerkennung nicht überschreiten: Christologie ist etwas für Christ*innen. Für andere ist sie vielleicht aus kulturellem Interesse oder aus intellektueller Neugier ein relevantes Thema, aber sie stellt keine für alle nachvollziehbare Grundlage zur Begründung moralischer Geltungsansprüche dar.

Leben und Werk Jesu können hier höchstens noch *exempla* einer besonders moralischen Lebensführung sein. Dafür muss aber schon vorab – unabhängig von der Christologie – geklärt worden sein, was das moralisch Vorbildliche ist, das sich exemplarisch in der Person Jesu abbildet. Dass Jesus Christus Vor- und Urbild einer gelingenden moralischen Lebensführung sein kann, darauf würde man sich vermutlich oft noch einigen können – allerdings auch darauf, dass einem das für die Fragen, um die es in der biomedizinischen Ethik geht, wenig weiterhilft. Auf konkrete Gebote Christi zurückzugreifen, um eine gegenwärtige moralische Position ethisch damit zu begründen, würde hingegen schlicht als Ausweis einer heteronomen Moral verstanden, als Ausdruck einer Autoritätshörigkeit, der sich zwar der einzelne gläubige Mensch frei unterwerfen kann, die aber darüber hinaus keine normative Verbindlichkeit für das Leben in einer pluralen Gesellschaft in Anspruch nehmen kann.

Eine deontologische Ethik zielt entweder auf reziproke und universale Nachvollziehbarkeit der Begründung oder sie ist bloss subjektiv – das ist die Alterna-

---

[8] Vgl. Charles W. Mills, *Black Rights/ White Wrongs. The Critique of Racial Liberalims* (Oxford: Oxford University Press, 2017); ders., *The Racial Contract* (Ithaca: Cornell University Press, 1997). Vgl. außerdem Uday Singh Mehta, *Liberalism and Empire. A Study of Nineteenth-century British Liberal Thought* (Chicago: University of Chicago Press, 1999), sowie den Klassiker von Gayatri Chakravorty Spivak, *Can the Subaltern Speak? Postkolonialität und subalterne Artikulation* (Wien/Berlin: Turia + Kant, 2008).

tive, vor die das Diskurssetting des ethischen Diskurses auch den theologischen Ethiker stellt. Geht man vom typisch modernen Konzept einer autonomen Ethik aus, die zwischen freien autonomen Subjekten ausgehandelt wird, dann braucht es in der Tat keine Christologie.

Das ist zunächst einmal die Charakterisierung einer Problemlage, in der sich theologische Ethik in pluralistischen, liberalen Gesellschaften befindet, und auf die sie immer wieder mit unterschiedlichen argumentativen Strategien geantwortet hat. Die Frage, ob theologische Ethik christologische Reflexion einbezieht, wird unter diesen diskursiven Bedingungen identisch mit der Frage, inwieweit theologische Ethik im ethischen Diskurs überhaupt auf christliche Theologie rekurrieren kann und soll. Hier zeigt sich exemplarisch im negativen, was Heinrich Assel zur Grundlage seiner Christologie macht: Sich auf den Namen „Jesus Christus" zu beziehen, im Namen Jesu Christi zu reden – auch moralisch zu reden und ethisch zu reflektieren – gründet in der „Urteils-Praxis und Poetik des christlichen Glaubens".[9] Die Frage nach der Relevanz der Christologie für die theologische Ethik ist darum im Kern die Frage danach, wie und auf welche Weise theologische Ethik theologisch zu sein beanspruchen kann.

2 Plausibilisierungen der Theologie in der Ethik

Ein kurzer Blick auf etablierte Strategien der Plausibilisierung des Theologischen in der theologischen Ethik zeigt allerdings, dass man umgekehrt nicht folgern kann, dass jede Ethik, die sich als theologische versteht, auch christologisch argumentiert.

2.1 Universalisierung der Religion und Christentumstheorie

Denn eine erste Strategie kann darin bestehen, den Gegenstand der theologischen Reflexion selbst zu universalisieren, indem man nicht mehr allein von der christlichen Glaubenspraxis als Gegenstand der Theologie ausgeht, sondern diese als eine spezifische Form von allgemeiner Religiosität versteht, so dass theologische Reflexion immer auch Reflexion auf die Religiosität des Menschen ist, und dann im zweiten Schritt eine Reflexion auf die spezifisch christliche Form dieser Religiosi-

---

[9] Heinrich Assel, *Elementare Christologie Bd. 1: Versöhnung und neue Schöpfung* (Gütersloh: Gütersloher Verlagshaus, 2020), 20.

tät darstellt.[10] Diese Verwendung des Religionsbegriffs wird vielfach gerade auch von denjenigen Theolog*innen, die den Begriff affirmativ aufnehmen, auf die theologische Rezeption der Aufklärung zurückgeführt.[11] Der Religionsbegriff fungiert dann als die Basis, auf der unterschiedliche Religionen vergleichbar gemacht werden, und Theologie wird dann konsequenterweise zur Theorie des Christentums.[12] Religion wird so als universales Phänomen erfasst, das auf eine anthropologisch universale Religiosität des Menschen zurückgeführt wird. Insofern Religiosität – oder etwas allgemeiner formuliert eine weltanschauliche Bindung – dann jeder am Diskurs beteiligten Person unterstellt werden kann, kann auf Religiosität in diesem allgemeinen Sinne auch im Rahmen einer ethischen Argumentation Bezug genommen werden, die sich den Regeln der reziproken universalen Nachvollziehbarkeit unterwirft. In den anwendungsethischen Diskursen der Medizinethik übernimmt diese Funktion in der Gegenwart vor allem der Begriff der Spiritualität.[13] Eben dieser Zusammenhang zwischen Religion bzw. Spiritualität und Moral steht dann zur Diskussion.

Diese Verwendung des Religionsbegriffs ist allerdings erheblicher Kritik ausgesetzt: Übernimmt man die Deutung, dass der Religionsbegriff ein Produkt der europäischen Aufklärung sei, dann wäre die Deutung anderer „Religionen" als Religionen ein Akt kolonialer christlicher Machtausübung, durch die „faktisch das Christentum zum ‚Prototyp' der ‚Religion' erklärt würde".[14] Mathias Thurner weist aber darauf hin, dass in globalhistorischer Perspektive der Religionsbegriff im 19. Jahrhundert unter Einfluss der Entdeckung zahlreicher Religionen im Rahmen des europäischen Imperialismus einer grundlegenden Wandlung unterworfen war, so dass sich der heutige Religionsbegriff nicht mehr linear auf den euro- und christozent-

---

10 Dafür sei hier exemplarisch auf Falk Wagner, *Was ist Religion. Studien zu ihrem Begriff und Thema in Geschichte und Gegenwart* (Gütersloh: Gütersloher Verlagshaus, ²1991) und auf den Band Ulrich Barth u. a., Hg., *Aufgeklärte Religion und ihre Probleme. Schleiermacher – Troeltsch – Tillich* (Berlin/Boston: Walter de Gruyter, 2013) verwiesen.
11 Vgl. Wagner, *Was ist Religion*, 16; Ulrich Barth, „Religion in der europäischen Aufklärung," in *Aufgeklärte Religion*, hg. v. Barth u. a., 91–112, 111. Vgl. dazu und zum Folgenden auch die Darstellung bei Mathias Thurner, *Die Geburt des ‚Christentums' als ‚Religion' am Ende des 19. Jahrhunderts* (Berlin/Boston: Walter de Gruyter, 2021), 1–19.
12 Vgl. z. B. Trutz Rendtorff, *Theorie des Christentums. Historisch-theologische Studien zu seiner neuzeitlichen Verfassung* (Gütersloh: Gütersloher Verlagshaus, 1972) und Klaus Tanner, Hg., *Christentumstheorie. Geschichtsschreibung und Kulturdeutung* (Leipzig: Evangelische Verlagsanstalt, 2008).
13 Vgl. zu einer kritischen Reflexion der moralischen Dimensionen des Spiritualitätsbegriff Lea Chilian, *Ethik und Spiritualität im Gesundheitswesen. Spiritual Care in theologisch-ethischer Diskussion* (Stuttgart: Kohlhammer, 2022), sowie Lea Chilian und Michael Coors, „Zur moralischen Dimension von Spiritualität im Gesundheitswesen," *ZEE* 67 (2023): 22–33.
14 Thurner, *Geburt*, 5.

rischen Religionsbegriff der Aufklärung zurückführen lasse, sondern vielmehr aus der Begegnung unterschiedlicher Religionen hervorgegangen sei.[15] Der Rückgriff von Vertreter*innen einer sogenannten liberalen Theologie auf den Religionsbegriff der Aufklärungszeit stellt sich dann in dieser Perspektive als der Versuch dar, „für eine global gebrauchte Kategorie einen exklusiven Deutungsanspruch zu erheben",[16] der den kolonialen Eurozentrismus der Aufklärung in einer globalisierten und pluralisierten Welt fortschreibt. Auf die eine oder andere Art und Weise bleibt der Rückgriff auf den Religionsbegriff der Aufklärung also problematisch.

Wie auch immer man den Religionsbegriff nun aber historisch und systematisch einordnet, bleibt dennoch offensichtlich, dass die Frage nach dem Verhältnis von Ethik und christlicher Theologie sich angesichts einer religiös pluralen Gesellschaft sehr viel leichter im Horizont der allgemeinen Frage nach dem Verhältnis von Moral und Religion bzw. Spiritualität verhandeln lässt.

Unabhängig von der konkreten inhaltlichen und formalen Bestimmung des Religionsbegriffs ist dabei evident, dass eine in diesem weiten Sinne verstandene Religiosität bzw. Spiritualität nicht christologisch reflektiert wird. Denn es ist hier dann gerade nicht die spezifisch christliche Religiosität, die von Interesse ist, sondern die Allgemeinheit des Religiösen, die es ermöglicht, sich über Religionsgrenzen hinweg über das Verhältnis von Moral und Religion zu verständigen. Das Theologische wird über einen Bezug auf eine allgemeine Religiosität des Menschen anthropologisch abgesichert, aber der Preis dafür ist, dass in der allgemeinen Verständigung durch die Christologie gekürzt werden muss. Eine christologisch reflektierte Anthropologie ist nur noch als exemplarische Form anthropologischer Reflexion denkbar und muss im Rahmen einer allgemeinen Theorie der Religiosität interpretiert werden.

2.2 Christliche Moral als Ausdruck christlicher Identität

Die zweite mögliche Strategie wäre davon auszugehen, dass man zunächst einmal mit Personen diskutiert, mit denen man das christliche Bekenntnis teilt. Man stellt sich dann also zunächst dezidiert auf einen partikularen Standpunkt – was nicht dagegenspricht, diesen in einem späteren Schritt auf einen argumentativen Abgleich mit anderen religiösen oder säkularen Positionen hin zu transzendieren

---

15 Vgl. Thurner, *Geburt*, 492: „Die heute gebrauchten Konzepte ‚Religion' und ‚Christentum' können vor diesem Hintergrund nicht mehr aus einem ‚europäischen', ‚westlichen' oder ‚christlichen' Ursprung erklärt werden."
16 Thurner, *Geburt*, 14.

(oder zu transpartikularisieren).[17] Ausgangspunkt sind hier die Individuen, die vor aller Diskussion über gemeinsame Regeln im öffentlichen Raum zunächst ein Orientierungsbedürfnis haben und nach individueller moralischer Orientierung suchen, die sie auch im Rahmen von partikularen Traditionen finden (können). Theologische Ethik ist dann Reflexion dessen, was im Horizont christlicher Glaubenspraxis als christliche Moral gelten kann.[18] Sie ist Reflexion des christlichen Ethos,[19] also derjenigen moralischen Überzeugungen, die charakteristisch sind für die *Lebensform* des christlichen Glaubens, wenn man diesen Begriff mit Rahel Jaeggi versteht als „Zusammenhänge von Praktiken und Orientierungen und Ordnungen sozialen Verhaltens", die „Einstellungen und habitualisiertes Verhalten mit normativem Charakter, die die kollektive Lebensführung betreffen" mit umfassen.[20] Fragt man so, dann eröffnen sich natürlich Spielräume auch für die Frage nach der Relevanz christologischer Reflexion. Es geht dann darum, wie die christliche Gemeinde sich im Glauben an Christus moralisch orientiert. Hier kann Christus als das Urbild des neuen Menschen, als das wahre Ebenbild Gottes, in die theologisch-ethische Reflexion einbezogen werden.[21]

Allerdings wirft auch dieser Zugang eine Reihe von Fragen auf: Zum einen droht solch ein Zugang die Diversität und Pluralität moralischer Orientierungen zu verschleiern, die gerade auch innerhalb der Gemeinschaft derer bestehen, die sich zu Jesus Christus bekennen. Gibt es *das* christliche Ethos überhaupt bzw. be-

---

17 Vgl. Peter Dabrock, *Befähigungsgerechtigkeit. Ein Grundkonzept konkreter Ethik in fundamentaltheologischer Perspektive* (Gütersloh: Gütersloher Verlagshaus, 2012), 67–72.
18 Vgl. z. B. Stanley Hauerwas, *Vision and Virtue. Essays in Christian Ethical Reflection* (Notre Dame: University of Notre Dame Press, 1981).
19 So auch Johannes Fischer, *Theologische Ethik. Grundwissen und Orientierung* (Stuttgart: Kohlhammer, 2000), 45 f., der aber zugleich betont, dass theologische Ethik auch die Aufgabe hat, „dem, was aus der Perspektive des christlichen Ethos richtig und geboten ist, in der allgemeinen Ethik-Debatte Geltung zu verschaffen" (46).
20 Rahel Jaeggi, *Kritik von Lebensformen* (Frankfurt a.M.: Suhrkamp, ²2014), 89.
21 Vgl. in diesem Sinne Karl Barth, *Kirchliche Dogmatik III/2* (Zollikon-Zürich: Theologischer Verlag, 1948), § 1. Vgl. aber auch schon Friedrich D. E. Schleiermacher, *Der Christliche Glaube nach den Grundsätzen der Evangelischen Kirche im Zusammenhange dargestellt (1830/31)* (Berlin/New York: de Gruyter, 1999), 337 (§ 61): „Soll aber in einer einzelnen menschlichen Erscheinung alles zusammengeschaut werden, was sich aus solcher ursprünglichen Vollkommenheit entwickeln kann: so wird dies nicht in Adam aufzusuchen sein, in dem es wieder verlorengegangen sein müßte, sondern in Christo, in welchem es allen Gewinn gebracht hat." Zu einem differenzierten Vergleich der Christologien von Schleiermacher und Barth vgl. Georg Plasger, „Jesus Christus als Urbild des Menschen und wahrer Mensch. Erwägungen zu Schleiermachers und Barths anthropologischer Christologie," in *Karl Barth und Friedrich Schleiermacher. Zur Neubestimmung ihres Verhältnisses*, hg. v. Matthias Gockel und Martin Leiner (Göttingen: Vandenhoeck & Ruprecht, 2015), 113–28.

steht die Einheit und Identität der christlichen Gemeinde in einer gemeinsamen Moral? Besteht diese nicht vielmehr darin, dass sie sich als Gemeinschaft der gerechtfertigten Sünder versteht? Noch weiter zugespitzt kann man fragen, ob diese Form theologisch-ethischer Reflexion nicht nahelegt, die Identifikation durch das Bekenntnis zu Jesus Christus als einen Akt der identitären Abgrenzung zu verstehen. Selbst dann, wenn man nicht davon ausgeht, dass die Grenze zwischen dem, was christlich ist, und dem, was nicht christlich ist, klar zu ziehen sei, braucht es hier doch die Vorstellung eines Gegenübers, von dem man sich abgrenzt, um die eigene Identität zu profilieren. Das kann sich zum Beispiel in der Metaphorik von zwei unterschiedlichen Sprachen ausdrücken, zwischen denen Theologie dann zu übersetzen habe: Dort die säkulare Sprache der Moral, hier die Sprache des christlichen Ethos.[22] Diese Art, das Christusbekenntnis zu deuten, läuft jedoch Gefahr, eine Art religiöser Identitätspolitik zu befördern, die die christliche Gemeinde in ein religiös-moralisches Ghetto führt, das sich im Kulturkampf mit der säkularen Welt befindet. Man denke etwa an die religiösen Kulturkämpfe, die in den USA derzeit rund um das Thema des Rechts auf Schwangerschaftsabbruch ausgefochten werden. Das ethische Problem ist offensichtlich: Wie soll hier noch der Raum der Verständigung zwischen unterschiedlichen Identitäten gestaltet werden? Hier bleibt die Diagnose von Trutz Rendtorff meines Erachtens zutreffend: „Die Auseinandersetzung um ethische Fragen nimmt auf diesem Wege Züge eines Kampfes um die richtige Weltanschauung an."[23]

Das Problem dieser Position wird dabei durch den Begriff „Kampf" in diesem Zitat markiert. Denn das wirft christologische Fragen auf: Ist das Bekenntnis zu Jesus Christus Ausdruck einer neuen moralischen Identität, die sich als bessere Moral im Gegenüber zu einer säkularen Moral oder einer andersartigen religiösen Moral versteht? Ist sie die moralisch bessere Weltanschauung, die sich im Kampf der Weltanschauungen durchsetzen soll? Zwar mag das Jesuswort aus Mt 5,20 dies auf den ersten Blick nahelegen: „Wenn eure Gerechtigkeit nicht besser ist als die der Schriftgelehrten und Pharisäer, so werdet ihr nicht in das Himmelreich kommen." Doch eine solche Lesart des Textes lässt meines Erachtens außer Acht, dass diese Aussage eine *Forderung* an die Jüngerinnen und Jünger Jesu und an die Leser*innen des Textes des Evangeliums ist. Jesu Rede von einer besseren Gerechtigkeit setzt voraus, dass diese *nicht* Ausdruck der Identität der Gemeinschaft der Christusjünger*innen ist, sondern dass sie ein Ziel für das Streben *aller*

---

[22] Vgl. zur Metapher der Zweisprachigkeit theologischer Ethik im Kontext der öffentlichen Theologie den Überblick bei Christine Schliesser, *Theologie im öffentlichen Ethikdiskurs. Studien zur Rolle der Theologie in den nationalen Ethikgremien Deutschlands und der Schweiz* (Leipzig: Evangelische Verlagsanstalt, 2019), 98–114.
[23] Rendtorff, *Ethik*, 49.

Menschen darstellt. Die Identität der Gemeinde besteht dann darin, dass sie die Gemeinde derjenigen ist, die um ihr stetes Scheitern an der besseren Gerechtigkeit wissen und gleichwohl nach einer besseren Gerechtigkeit streben, ohne dass sie behaupten könnten, sich durch eine bessere Gerechtigkeit von der Umwelt abzuheben. Die christliche Gemeinde soll sich gerade nicht mit dem Pharisäer identifizieren, der sich im Gleichnis von Zöllner und Pharisäer in Lk 18,9–14 vor Gott seiner Gerechtigkeit rühmt, sondern mit dem Zöllner, der angesichts der Forderung der besseren Gerechtigkeit seine Sünde bekennt.

3 Christologie als theologische Meta-Ethik

Nachdem ich davon ausging, dass die Christologie in der Diskussion konkreter anwendungsethischer Fragen keine Rolle spielt, hat sich die christologische Reflexion nun also doch eingeschlichen. Nicht weil sie eine unmittelbare Funktion hätte mit Blick auf die Fragen angewandter Ethik, sondern weil sie so etwas wie eine metaethische Funktion für die theologische Ethik hat: Die Frage, was es heißt, sich im Namen „Jesus Christus" zu orientieren, hat es mit der Frage nach der Funktion von Moral im Kontext christlicher Lebensführung zu tun, und mit der Frage nach der Funktionsweise von Moral überhaupt. Offensichtlich setzt das Bekenntnis zu Jesus Christus nicht einfach eine neue Moral frei, die die christliche Gemeinde für sich als bessere Moral in Anspruch nehmen kann. Das ist zwar das gängige Missverständnis, dem sich Christinnen und Christen regelmäßig ausgesetzt sehen – und das manche theologische Position zu unterstützen scheint. Aber es braucht Christologie nicht, um eine andere Moral zu begründen. Sie scheint vielmehr in die ethische Reflexion über das Wesen von Moral selbst zu führen. Ich will dieser Intuition im Folgenden weiter nachgehen und frage darum nach einigen weiteren Möglichkeiten einer in diesem Sinne *metaethischen* Relevanz der Christologie für die theologische Ethik.

3.1 Radikalität der moralischen Forderung

Ich komme noch einmal auf die Bergpredigt des Matthäusevangeliums und die Rede von der „besseren Gerechtigkeit" in Mt 5,20 zurück.[24] Die Gerechtigkeit, die von Jesus gefordert wird, ist nicht in dem Sinne besser, dass sie eine *inhaltlich* bessere Moral fordert. Das Bessere der besseren Gerechtigkeit liegt nicht darin,

---

24 Vgl. dazu auch die Ausführungen in Heinrich Assel, *Elementare Christologie*, Bd. 2, *Der gegenwärtig erinnerte Jesus* (Gütersloh: Gütersloher Verlagshaus, 2020), 239–76.

dass sie bessere Regeln der Gerechtigkeit formulieren würde, sondern in der radikaleren Forderung der Erfüllung dessen, was durch das in der Bergpredigt ausgelegte Gesetz gefordert ist. Sie ist radikal in dem Sinne, dass sie auf die Wurzel des Geforderten geht. In diesem Sinne verstehe ich die überlieferte Inszenierung der Bergpredigt bei Matthäus als einen Akt ethisch reflektierenden Urteilens:[25] Das Gesetz wird auf den *kairos* der Gegenwart des Reiches Gottes in der Person Jesu hin ausgelegt. Was heißt es, in der Nachfolge Jesu, in der Wirklichkeit des Reiches Gottes zu leben und zu handeln? Ich lese die Bergpredigt also auf die Situation der eschatischen Verwirklichung des Reiches Gottes in der Verkündigung Jesu hin. Die Frage, um die es geht, ist darum nicht: „Wer weiß besser darüber Bescheid, was die moralischen Regeln für das menschliche Handeln sind?" Die Bergpredigt verkündet nicht in dem Sinne eine bessere Gerechtigkeit, dass sie das bessere moralische System von Regeln entwickelt. Im historischen Kontext geht es nicht darum, die Thora als den anerkannten moralischen Rahmen abzulösen, sondern es geht im Gegenteil darum, diese radikal zu erfüllen.[26] Es wird also ein akzeptierter gemeinsamer moralischer Rahmen vorausgesetzt und dessen radikale Einhaltung gefordert. Die bessere Gerechtigkeit ist keine andere Moral, sie ist nur eine konsequent umgesetzte und gelebte Moral.[27] Und als solche fordert Jesus sie von denen, die als seine Jünger mit ihm das Reich Gottes verwirklichen: Die Bergpredigt fordert die radikale Einhaltung des moralischen Gesetzes als Kennzeichen des Reiches Gottes, das in Jesus Christus für seine Nachfolger*innen gegenwärtig wirklich wurde.

Es geht also nicht um die Gegenüberstellung eines christlichen Ethos gegenüber anderen moralischen Überzeugungen. Vielmehr ist der Horizont der Rede Jesu gerade nicht, eine spezifische Gruppenmoral für Christinnen und Christen zu formulieren, sondern in ihr wird der Mensch als Mensch gefordert. Man könnte die christliche Gemeinde als diejenige Gruppe von Menschen verstehen, die auf diesen Ruf antwortet. Aber sie antwortet auf den Ruf der besseren Gerechtigkeit mit dem Bekenntnis der Verfehlung an diesem Anspruch: „Gott, sei mir Sünder gnädig!" (Lk 18,13). Nicht wer vor Gott tritt und sich seiner

---

25 Vgl. dazu Assel, *Elementare Christologie 2*, 229, sowie meine eigenen Ausführungen in Michael Coors, *Altern und Lebenszeit. Phänomenologische und theologische Studien zu Anthropologie und Ethik des Alterns* (Tübingen: Mohr Siebeck, 2020), 139–41.
26 Vgl. Matthias Konradt, *Das Evangelium nach Matthäus*, NTD 1 (Göttingen: Vandenhoeck & Ruprecht, 2015), 76: „Jesus erfüllt Tora und Propheten, indem er den Vollsinn des Gebotenen aufdeckt." Vgl. auch Ulrich Luz, *Das Evangelium nach Matthäus*, Bd. 1, Mt 1–7, EKK I/1 (Neukirchen-Vluyn: Neukirchener Verlag, [5]2002), 321.
27 Vgl. Konradt, *Matthäus*, 77: „Die von den Jüngern erwartete ‚bessere Gerechtigkeit' basiert hingegen darauf, dass die großen Gebote adäquat, d. h. gemäß ihrem vollen und tieferen Sinn befolgt werden."

besseren Gerechtigkeit rühmt, erfüllt das Gesetz, sondern derjenige, der bekennt, daran schuldig zu werden.

Nun kann man zu Recht einwenden, dass die Gemeinde Jesu Christi diejenige Gruppe von Menschen ist, die dadurch konstituiert wird, dass sie auf diesen Ruf und diese Anklage mit dem Bekenntnis ihrer Schuld und darin in der Anerkennung des Gebotes antwortet. Ist man damit nicht doch wieder bei dem Modell einer spezifischen christlichen Gruppenmoral angelangt? Entscheidend scheint mir, dass sich die Gemeinde angesichts des Textes der Evangelien nicht als die Gruppe begreifen kann, die eine bessere Einsicht des moralischen Gesetzes hätte als andere, und auch nicht als diejenige Gruppe, die ein eigenes, besseres Ethos vertritt, das gegenüber anderen argumentativ zu verteidigen wäre. Das spezifische Ethos der christlichen Gemeinde besteht gerade darin, sich unter Christus einer Forderung ausgesetzt zu wissen, die dazu nötigt, die Grenzen zwischen christlicher Gemeinde und Welt, zwischen Christengemeinde und Bürgergemeinde, immer wieder aufzulösen und zu überschreiten, weil die Forderung der Bergpredigt eben nicht nur der Gemeinde gilt, sondern allen Menschen. Das christliche Ethos macht alle Menschen gleich – und zwar darin, an der radikal interpretierten Forderung der Moral zu scheitern.

3.2 Zwischen moralischem Idealismus und Pragmatismus

Wenn man auf den Inhalt der Verkündigung Jesus in der Bergpredigt schaut, dann setzt die Form der Auslegung der Gebote durch Jesus bereits voraus, dass es eine zu deutende Differenz zwischen den verschriftlichten Geboten des Gesetzes Gottes einerseits und dem Zweck der Gebote andererseits gibt. Wenn Jesus sagt „Es steht geschrieben [...], ich aber sage euch [...]", dann verweist das darauf, dass das schriftliche Gebot auf die gegenwärtige Situation hin ausgelegt werden muss. Jedes als Text fixierte Gebot, jede Formulierung einer moralischen Verpflichtung bedarf der Interpretation mit Blick auf seine konkrete Anwendung. Das war dem Judentum damals so bekannt wie heute. Das Gesetz muss auf die *intentio legis* hin befragt werden – eine alte Regel juridischer Hermeneutik, die auch hier Anwendung findet in der Annahme, dass Gott derjenige ist, der durch die Gebote seinen Willen kundtut. Jesus legt das Gebot des alten Bundes auf die Situation der Gegenwart des Reiches Gottes in seiner Person hin aus.

Ein Text der Reformation, der diese Methode der Deutung des Gesetzes im Rückgang auf den darin sich ausdrückenden Willen Gottes auf pointierte Weise in seiner Zeit umgesetzt hat, ist Huldrych Zwinglis Auslegung der Gebote der göttlichen Gerechtigkeit in seiner Schrift *Von göttlicher und menschlicher Gerechtig-*

keit.²⁸ Zwingli unterscheidet zwischen der göttlichen Gerechtigkeit als Ausdruck dessen, was der Wille Gottes für den Menschen ist, und der menschlichen Gerechtigkeit als derjenigen Form der Gerechtigkeit, die es braucht, weil der Mensch die Gebote der göttlichen Gerechtigkeit nicht erfüllen kann.²⁹ Die Gebote der göttlichen Gerechtigkeit, die Zwingli dann zusammenträgt, sind eine interessante Mischung aus Geboten des Dekalogs, der Bergpredigt und anderen zentralen biblischen Texten wie dem Doppelgebot der Liebe.³⁰ Zwingli erweist sich darin gerade nicht als Biblizist, sondern als freier Interpret der biblischen Texte.

Interessant ist daran vor allem, dass Zwingli die Gebote der göttlichen Gerechtigkeit so formuliert, dass deutlich wird: Sie zu erfüllen, würde eine Veränderung des Seins des Menschen verlangen. So geht es zum Beispiel nicht um das schlichte Gebot „Du sollst nicht töten!", sondern nach Zwingli geht es viel grundlegender darum, den Affekt des Zorns zu vermeiden, aus dem die Handlung des Tötens erwächst.³¹ Neben der von Zwingli angeführten Auslegung des Tötungsverbots in der Bergpredigt (Mt 5,22) steht hier wohl auch 1Joh 3,15 im Hintergrund: „Wer seinen Bruder hasst, ist ein Totschläger." Diese Auslegungen des Tötungsverbotes sind selbst Beispiele für eine innerbiblische, radikalisierende Auslegung des Gesetzes. Eigentlich, so Zwingli, will Gott also, dass der Mensch nicht zornig wird, denn das ist der Anfang allen Übels. Das ist die eigentliche *intentio legis* des Gebotes „Du sollst nicht töten!" Dabei geht es nicht um schlichte Affekt*beherrschung*, sondern darum, dass der Affekt gar nicht erst auftreten soll. Diese Forderung kann aber nicht durch ein bestimmtes Verhalten erfüllt werden, sondern man muss ein anderer, ein besserer Mensch werden, um dieses Gebot der göttlichen Gerechtigkeit zu erfüllen.

So lässt sich aus Zwinglis Formulierung der Gebote der göttlichen Gerechtigkeit die Vorstellung eines Ideals des Menschseins rekonstruieren: Es ist das Bild eines Menschen, der aus freien Stücken verzeiht, wenn ihm Unrecht widerfährt, der nicht zornig wird und nicht um sein Recht streitet, sondern von seinem Hab und Gut frei gibt. Dieser Mensch handelt nicht aus Begierde, er spricht verlässlich und gibt, ohne dafür eine Gegenleistung zu erwarten. Er tut allen Menschen (Freund und Feind) Gutes, begehrt nicht das Gut des anderen, redet nicht unnütz und ohne

---

28 Abgedruckt in: *Huldreich Zwinglis Sämtliche Werke Bd. II* (Leipzig: Heinsius, 1908), 471–525 (online zugänglich unter https://www.irg.uzh.ch/static/zwingli-werke/index.php?n=Werk.21, Zugriff am 19.09.2022). Im Folgenden zitiere ich nach der sprachlich modernisierten Version in Huldrych Zwingli, *Schriften Bd. I* (Zürich: TVZ, 1995), 155–213.
29 Vgl. Zwingli, *Schriften*, 171.
30 Vgl. Zwingli, *Schriften*, 166–8.
31 Vgl. Zwingli, *Schriften*, 167: „Gott befiehlt uns nicht allein, nicht zu töten, sondern gar nicht erst zornig zu werden (vgl. Mt 5,22)."

falsch, und handelt gegenüber allen Menschen aus Liebe. Dieses Ideal des Menschseins ist Ausdruck dessen, wie Gott den Menschen will:[32] Es ist das Bild einer eschatisch vollendeten Gestalt des Menschseins, das zudem deutlich christologische Züge aufweist. Unter den Bedingungen der Sünde aber muss der Mensch schon daran scheitern, dieses Ideal auch nur realisieren *zu wollen*, weil er nur sein Verhalten, aber nicht sein Sein verändern kann: Der Mensch kann höchsten danach trachten, seine Affekte zu beherrschen, aber er kann nicht das Entstehen der Affekte verhindern.[33] Das Gebot ist darum das falsche Mittel, um das Ziel einer Erneuerung des Menschen zu erreichen, denn es verändert nicht das Streben des Menschen, sondern kann nur den falschen Handlungen, die aus dem Streben resultieren, Grenzen setzen.

Genau das ist die Aufgabe der menschlichen Gerechtigkeit, für die aber die Gebote der göttlichen Gerechtigkeit den bleibenden Orientierungsmaßstab bilden: Darum folgt bei Zwingli auf die Darstellung der göttlichen Gerechtigkeit als Ausdruck des Willens Gottes nun eine erneute Interpretation der Gebote, die eine Anwendung der Gebote der göttlichen Gerechtigkeit unter den Bedingungen der Unerfüllbarkeit ihrer moralischen Forderung darstellt.[34] Die Logik der Argumentation Zwinglis ist klar: Wenn schon nicht eine neue Haltung, ein neues Sein des Menschen geboten werden kann (zum Beispiel nicht zornig zu werden), dann soll durch die Regeln der menschlichen Gerechtigkeit wenigstens den schädlichen Handlungen, die aus der falschen Haltung folgen, Einhalt geboten werden.[35]

Mir scheint, dass Zwingli in der Rekonstruktion der Gebote der göttlichen Gerechtigkeit sehr präzise die interpretative Logik der Bergpredigt erfasst hat: Es geht in den Geboten der Bergpredigt darum, die Gebote Gottes radikal auf das hin zu interpretieren, was durch sie verwirklicht werden soll, nämlich eine Existenz des Menschen als Ebenbild Gottes. Damit sind die Gebote Ausdruck einer Forderung Gottes an den Menschen, die nur durch eine Erneuerung des Seins des Men-

---

32 Vgl. Zwingli, *Schriften*, 169: „Und sein [Gottes] Gebot ist nichts anderes als eine Offenbarung seines ewigen Willens."
33 Vgl. Zwingli, *Schriften*, 169: „[D]enn Gott fordert von uns, weder zu begehren noch zu gelüsten, was uns aber unmöglich ist. So ist es uns auch unmöglich zu Gott zu kommen."
34 Damit vollzieht Zwingli eben das, was Heinrich Assel mit Blick auf die Bergpredigt als Pointe einer christologisch geschulten praktischen Urteilskraft einfordert. Vgl. Assel, *Elementare Christologie 2*, 222: „Jedes Gebot der Bergpredigt provoziert [...] die Aufgabe der Hervorbringung des jeweils neu konkretisierten Gebots Jesu anhand der Bergpredigt in dieser Erfüllungssituation."
35 Vgl. Assel, *Elementare Christologie 2*, 171f. Verhandelt wird hier eben jenes Problem, dass Ernst Troeltsch, *Die Soziallehren der christlichen Kirchen und Gruppen* (Tübingen: Mohr Siebeck, 1912), 480f. formuliert: „[W]ie es von einer Moral des absoluten religiösen Lebenswertes der Gottesliebe und religiöser Bruderliebe zu einer innerweltlichen Moralität überhaupt kommen könne."

schen realisiert werden kann. Der Mensch muss Ebenbild Gottes in diesem Sinne erst noch werden. In diesem Sinne entspricht die Logik der Interpretation des Gesetzes durch Jesus in der Bergpredigt meines Erachtens Zwinglis Frage nach den Geboten der göttlichen Gerechtigkeit.

Ein wesentlicher Unterschied zwischen der radikalisierenden Auslegung der Gebote durch Zwingli und durch Jesus bleibt aber: Zwingli versteht sich gerade nicht als derjenige, in dem das Reich Gottes gegenwärtig ist. Weil mit Jesus als Verkündiger der Bergpredigt selbst das Reich Gottes gegenwärtig ist, fehlt bei ihm die Auslegung der Gebote auf die Situation ihrer Unerfüllbarkeit hin, denn im Reich Gottes sind die Gebote erfüllbar. Für diejenigen, die aber noch nicht in der vollendeten Gegenwart des Reiches Gottes leben, wird es notwendig, die Gebote erneut auszulegen, nämlich auf die Situation der noch wirksamen Sünde hin.[36] Man könnte hier jetzt weitere christologische Überlegungen anschließen: Ist das Kreuz das Scheitern, das eintreten muss, wenn das Ideal des neuen Menschseins radikal in einer noch unvollendeten Welt gelebt wird, und ist die Auferstehung die Inkraftsetzung und Bestätigung dieser Vision eines neuen Seins des Menschen durch Gott, der Macht der Sünde zum Trotz?

Ich breche diese Überlegungen hier ab, und kehre zur Leitfrage zurück: Wozu Christologie in der theologischen Ethik? Sie versetzt die ethische Reflexion in eine doppelte, gegenläufige Interpretationsbewegung: Einerseits gilt es die Gebote radikal auf die *intentio legis* des Willens Gottes hin zu befragen: Was ist der Wille Gottes für den Menschen? Das ist die idealisierende Reflexionsbewegung: Was ist das moralische Ideal, das als Erfüllungssituation der Gebote imaginiert wird? Andererseits gilt es danach zu fragen, wie man sich in moralischen Geboten angesichts der Unerfüllbarkeit der Gebote der göttlichen Gerechtigkeit orientieren kann. Das ist die realistisch-pragmatische Reflexionsbewegung. Theologische Ethik muss also gewissermaßen platonischen Idealismus und aristotelische Bodenständigkeit integrieren. Sie muss – christologisch gewendet – Auferstehung und Kreuz integrieren. Diese Spannung zwischen dem Ideal eines Lebens in der Erfüllung der göttlichen Gerechtigkeit und der Notwendigkeit moralischer Orientierung angesichts des

---

[36] Diese argumentative Figur entspricht im Wesentlichen Luthers Argumentation im Übergang vom ersten zum zweiten Teil des *Tractatus de libertate Christiana* (in *Martin Luther. Lateinisch-Deutsche Studienausgabe Bd. 2: Christusglaube und Rechtfertigung* [Leipzig: Evangelische Verlagsanstalt, 2006], 101–85). Im Übergang von der Betrachtung des durch Glauben erneuerten inneren Menschen zur Betrachtung des äußeren Menschen stellt sich dort die Frage, ob der aus dem Geist Gottes vollständig erneuerte innere Mensch nicht eigentlich keine Gebote mehr braucht. Luther antwortet: „Vere quidem sic haberet res ista, si penitus et perfecte, internii et spiritualis essemus, quod non fiet, nisi in novissimo die ressurectionis mortuorum, donec in carne vivimus, nos nisi incipimus et proficimus, quod in futura vita perficitur" (148,3–6).

Scheiterns an den Geboten der göttlichen Gerechtigkeit thematisiert die Theologie im Begriff der Sünde.

3.3 Güter- und Tugendethik: Das neue Sein des Menschen

Die Beobachtungen des letzten Abschnitts haben bereits darauf hingewiesen, dass die moralische Orientierung an Geboten, die das Handeln des Menschen anleiten sollen, offensichtlich Grenzen hat. Das, was hier eigentlich Thema ist, ist eine Erneuerung des moralischen Strebens des Menschen, das aber nicht einfach geboten werden kann. Darum war es durchaus konsequent, dass die theologische Ethik die meiste Zeit der Theologiegeschichte als Güter- und Tugendethik entwickelt wurde. Denn in der Formulierung von moralischen Gütern drückt sich eben aus, was das Gute ist, das im Leben erstrebt wird, und Tugenden drücken in aristotelischer Tradition erstrebenswerte Charakterdispositionen aus.[37] So geht es auch in der Tugendethik um die Realisierung eines neuen, veränderten Seins des Menschen, das hier aber durch das tugendhafte Handeln erlernt werden soll.[38] Orientierung gewinnt die Tugendethik bei Aristoteles dabei aus der von ihm vorausgesetzten Anthropologie, denn Tugenden repräsentieren „den bestmöglichen Zustand der menschlichen Seele".[39] Die Tugendethik lebt also davon, dass eine bestimmte Art und Weise als Mensch zu sein und zu leben als moralisches Ideal erstrebt wird.

Insofern sich in den Formulierungen der Bergpredigt ein Bild eschatisch vollendeten Menschseins ausdrückt, und insofern Christus der christlichen Urgemeinde als der Mensch gilt, der dieses Bild des Menschen nicht nur verkündigte, sondern selbst verkörperte – Christus ist der Erstgeborene der Schöpfung, das wahre Ebenbild Gottes (Kol 1,15) – insofern muss theologische Ethik offensichtlich aus dem Register einer Gebotsethik in das Register einer Güter- und Tugendethik wechseln und stellt damit das in der Gegenwart vorherrschende Paradigma deontologischer Rationalität in der Ethik in Frage. Theologische Ethik muss fragen, wie sich ein menschliches Streben gestaltet, das sich an einem Ideal des Menschseins orientiert, von dem zugleich behauptet wird, dass der Mensch es nicht aus eigenem Vermögen realisieren kann.[40] Daher rühren die notwendigen Modifikationen aris-

---

[37] Vgl. zum Folgenden Aristoteles, *Nikomachische Ethik. Griechisch-Deutsch* (Düsseldorf: Artemis & Winkler, ²2007), I,6.
[38] Vgl. Aristoteles, *Nikomachische Ethik*, II,1.
[39] Christoph Rapp, „Aristoteles," in *Handbuch Ethik*, hg. v. Marcus Düwell u. a. (Stuttgart/Weimar: Metzler, ³2011), 69–81, 69.
[40] Vgl. in diesem Sinne z. B. auch Reinhold Niebuhr, *An Interpretation of Christian Ethics*, (Louisville: Westminster John Knox Press, 1935), 88 f. Vgl. mit Blick auf das Neue Testament auch Her-

totelischer Tugendlehre in der theologischen Tradition, wie sie sich zum Beispiel in der Kategorie der theologischen Tugenden bei Thomas von Aquin zeigen.[41] Ob damit der Radikalität der neuen Gerechtigkeit hinreichend genüge getan wird, lässt sich kritisch diskutieren, denn die notwendige theologische Modifikation muss doch alle Bereiche des moralischen Lebens durchdringen und sollte sich nicht auf einzelne Tugenden – Glaube, Hoffnung, Liebe – als die besonderen, durch Geist eingegossenen, theologischen Tugenden beschränken. Vielmehr müssten alle Tugenden als Ausdruck des neuen Seins des Menschen und damit als nicht abschließend erlernbar interpretiert werden können.[42] Eine evangelische theologische Ethik wird hier immer wieder zurückverweisen müssen auf das Wirken Jesus Christi im Geist Gottes: auf sein erneuerndes Handeln, das sich in erneuerten Tugenden im Sinne von Handlungsdispositionen der handelnden Personen verwirklicht.

So bleibt bei Zwingli die Voraussetzung der Erfüllung der göttlichen Gerechtigkeit, dass der Mensch durch Christus im Geist erneuert wird.[43] Die theologische Güter- und Tugendethik ist die Entfaltung eines moralischen Ideals des Menschseins im Wissen darum, dass dieses Sein nur durch einen erfüllt wurde – Jesus Christus – und nicht aus eigenem menschlichem Vermögen realisiert werden kann. Sich in das neue Sein einzuüben, heißt darum, sich darin einzuüben, aus Gnade neu zu werden.

3.4 Pflichtenethik als „Rückfallposition"

Dennoch brauchen Menschen konkrete Orientierung in ihrem Handeln: Christliche Lebensführung ist sicher einerseits ein stetes Bitten um Erneuerung, aber es ist auch Handeln. Und wer handelt, muss sich orientieren, auch wenn er oder sie angesichts der Radikalität der Forderung der Moral um das notwendige eigene Scheitern weiß. Wie also kommt man vom Streben nach dem die eigenen Möglichkeiten transzendie-

---

mut Löhr, „Elemente eudämonistischer Ethik im Neuen Testament?," in *Jenseits von Indikativ und Imperativ, Kontexte und Normen neutestamentlicher Ethik Bd. I*, hg. v. Friedrich Wilhelm Horn und Ruben Zimmermann (Tübingen: Mohr Siebeck, 2009), 39–55, 47, der darauf hinweist, dass die im NT zu identifizierenden höchsten Güter dort nie durch das Handeln des Menschen realisiert werden können.

41 Vgl. Thomas von Aquin, *Summa Theologiae* II-I (Madrid: BAC, 1962), q. 62.
42 Thomas versucht dieses Problem durch eine Hierarchisierung der Tugenden zu lösen, indem er die erworbenen Tugenden den theologischen unterordnet, und innerhalb der theologischen Tugenden die *caritas* zur höchsten aller Tugenden erklärt. Vgl. ders., *Summa Theologiae* II-II, q. 23, a. 6, resp.: „Et ideo caritas est excellentior fide et spe; et per consequens omnibus aliis virtutibus."
43 Vgl. Zwingli, *Schriften*, 165.

renden Ideal, auf dessen Verwirklichung man nur hoffen kann, zu einer konkreten moralischen Orientierung im alltäglichen Handeln?

Nicholas Wolterstorff hat dafür in seinem Buch *Justice in Love* einen weiterführenden Vorschlag gemacht: Die Ausgangsbeobachtung ist, dass Jesus sich in den Evangelien nicht zur Motivation des Handelns aus Liebe äußert. Offensichtlich kann es unterschiedliche Motivationen zum karitativen Handeln geben und eine der bedeutenden ist Mitgefühl (*compassion*).[44] Es gibt aber auch Situationen, in denen sich keine intrinsische Motivation zum Beispiel aus Gefühlen des Mitleids oder der Verbundenheit heraus einstellt. In solchen Situationen gilt dann: „Duty is the fallback position."[45] Es braucht die Pflicht, um zum helfenden Handeln zu bewegen, wenn die Realisierung des eigentlich moralisch erstrebenswerten, selbstverständlich helfenden Handelns, sich nicht einstellt. Besser wäre es, spontan im Geiste der Liebe helfend zu handeln, beispielsweise aus einem spontanen Impuls des Mitleids mit einer leidenden Person heraus. Wo sich aber der spontane Impuls nicht einstellt, da braucht es die Pflicht, die dann nicht nur daran erinnert, dass man am moralischen Ideal scheitert, sondern die auch darauf verpflichtet, auf eine bestimmte Art und Weise zu handeln.[46] Wo das Ideal der göttlichen Gerechtigkeit nicht realisiert werden kann, braucht es die Pflichten der menschlichen Gerechtigkeit, die zumindest das äußere Handeln der Personen regeln.

Die Figur der *Rückfallposition* charakterisiert nicht nur das Verhältnis einer Liebe aus Pflicht zum Ideal des spontanen, intuitiven Handelns aus Liebe, sondern es charakterisiert auch das Verhältnis von Pflichten der menschlichen Gerechtigkeit zur göttlichen Gerechtigkeit und lässt sich damit auf die theologische Ethik insgesamt anwenden. Das ist angesichts der offensichtlich zentralen Stellung, die dem Liebesgebot im christlichen Glauben zukommt, wenig überraschend. Christlichem Glauben geht es in erster Linie um die Entfaltung eines idealen Bilds des gelingenden menschlichen Lebens. Die Bibel ist voll von Geschichten und Erzählungen, die genau das thematisieren. Und die Evangelien entfalten narrativ die Geschichte des Lebens Jesu als die Geschichte desjenigen Menschen, der sich in Liebe für andere hingibt. Angesichts des steten notwendigen Scheiterns an diesem moralischen Ideal, auf das sich das menschliche Streben darum nur in der spezifischen Gestalt der Hoffnung richten kann, braucht es

---

44 Vgl. Nicholas Wolterstorff, *Justice in Love* (Grand Rapids/Cambridge: Eerdmans, 2011), 116 f. Diese Idee wird aufgegriffen und breiter ausgeführt bei Frits de Lange, *Loving later life. An Ethics of Aging* (Grand Rapids/Cambridge: Eerdmans, 2015), 46–50.
45 Vgl. Wolterstorff, *Justice in Love*, 116.
46 Vgl. Michael Coors, „Nächstenliebe und professionelle Pflege," in *Gerontologie kompakt. Kurzlehrbuch für professionelle Pflege und Soziale Arbeit*, hg. v. Kathrin Kürsten u. a. (Bern: Hogrefe, 2022), 29–41, 33 f.

als Rückfallposition eine Pflichtenethik, eine Ethik der *menschlichen* Gerechtigkeit, die immer eine unvollkommene Ethik darstellen wird.

4 Fazit: Christologischer Universalismus

Die pflichtenethischen Diskurse über die Regeln, auf die wir uns in einer Gesellschaft verständigen können, sind in dieser christologischen Perspektive also immer nur dezidiert vorletzte und damit nicht abschließbare Verständigungsversuche.[47] Auch eine rational noch so gut begründete Ethik moralischer Pflichten wird nicht das realisieren können, was Menschen sich davon erhoffen: ein moralisch besseres Menschsein. Damit ist die Frage nach den deontologisch begründeten verbindlichen Normen bereits eingezeichnet in eine teleologische Frageperspektive, indem nach den Gütern gefragt wird, die durch ein System moralischer Pflichten realisiert werden sollen. Positiv gewendet ist die christologische Botschaft: Der Mensch *ist* mehr als er *kann*! Er ist mehr als das, was moralisch von ihm gefordert wird. Christologie trägt in diesem Sinne etwas zum Erwartungsmanagement in ethischen Diskursen bei: In der Ethik geht es nicht um alles, es geht um vorläufige, endliche Orientierungsversuche, und der Mensch geht nicht in Moral auf. Gerade darum steht im Zentrum einer christlichen Perspektive auf Moral die Lehre von der Vergebung.[48]

Das schließt auch eine Kritik des moralischen Universalismus ein, stellt aber dem Universalismus rationalistischer Moraltheorien keinen Partikularismus entgegen. Denn auch die theologische Ethik kennt einen Universalismus, aber es ist kein Universalismus, der durch den Austausch rationaler Argumente hergestellt wird, sondern ein christologischer Universalismus, dessen Realisierung Gegenstand der Hoffnung des Glaubens ist.[49] Das Bekenntnis christlichen Glaubens ist: Dieser eine Mensch Jesus Christus ist der wahre Mensch, das wahre Ebenbild Gottes, und er wird als Richter der *ganzen* Welt wiederkommen. Der christologische Universalismus ist ein eschatologischer Universalismus. Er lebt von der Hoffnung und dem Glauben daran, dass die Wahrheit Gottes sich universal durchsetzt. Das, was moralisch erstrebt wird, betrifft alle Menschen, nicht nur die Christinnen und Christen, nicht nur die Kirche. Diese Art der Universalität ist eine andere als die durch rationale Argumentation erstrebte Universalität. Eine am Bekenntnis zu Christus orientierte theologische Ethik weiß um die Grenzen auch der rationalen Ausweisbarkeit moralischer

---

[47] Zur Unterscheidung von Letztem und Vorletztem vgl. Dietrich Bonhoeffer, *Ethik*, DBW 6 (München: Chr. Kaiser, 1992), 137–162.
[48] Niebuhr, *Interpretation*, 223: „The crown of Christian Ethics is the doctrine of forgiveness."
[49] Niebuhr, *Interpretation*, 113.

Überzeugungen. Darauf, dass Moral ihre universalen Geltungsansprüche nur sehr begrenzt auch rational ausweisen kann, hat bereits Hannah Arendt hingewiesen: Moral lebt für sie vom Exemplarischen, das sich als universal Verbindliches nur ansinnen, nicht aber argumentativ andemonstrieren lässt.[50]

Was an der Christologie ist vor diesem Hintergrund für die theologische Ethik von besonderem Interesse? An dieser Frage entscheidet sich selbstredend *nicht*, was alles ein sinnvoller Gegenstand christologischer Reflexion sein kann, denn die ethische Verwertbarkeit ist sicher nicht das alleinige Kriterium der Sinnhaftigkeit christologischer Reflexion. Den Ethiker aber interessiert, wenn er sich für Christologie interessiert, vor allem der erzählte Mensch Jesus Christus als Urbild des wahren Menschseins. Dabei sind vor allem die erzählenden Texte, die narrativen Inszenierungen interessant: Wie wird das wahre Menschsein Jesu erzählt, wie wird gutes Menschsein erzählt und theologisch reflektiert? Die klassischen Fragen einer Ontologie der Person Jesus – die Fragen nach dem Verhältnis von göttlicher und menschlicher Natur Jesu – stehen damit gerade nicht im Zentrum des ethischen Interesses. Allerdings ist Christologie aus guten Gründen auch mehr als das, was ethisch verwertbar ist.

Bibliographie

Arendt, Hannah. *Über das Böse. Eine Vorlesung zu Fragen der Ethik*. München: Piper, [5]2012.
Aristoteles. *Nikomachische Ethik. Griechisch-Deutsch*. Düsseldorf: Artemis & Winkler, [2]2007.
Assel, Heinrich. *Elementare Christologie*. Bd. 1, *Versöhnung und neue Schöpfung*. Gütersloh: Gütersloher Verlagshaus, 2020.
Assel, Heinrich. *Elementare Christologie*. Bd. 2, *Der gegenwärtig erinnerte Jesus*. Gütersloh: Gütersloher Verlagshaus, 2020.
Barth, Karl. *Kirchliche Dogmatik*. Bd. III/2. Zollikon-Zürich: Theologischer Verlag, 1942.
Barth, Ulrich u. a., Hg. *Aufgeklärte Religion und ihre Probleme. Schleiermacher – Troeltsch – Tillich*. Berlin/Boston: Walter de Gruyter, 2013.
Barth, Ulrich. "Religion in der europäischen Aufklärung." In *Aufgeklärte Religion und ihre Probleme. Schleiermacher – Troeltsch – Tillich*, hg. v. Ulrich Barth u. a., 91–112. Berlin/Boston: Walter de Gruyter, 2013.
Bonhoeffer, Dietrich. *Ethik*. DBW 6. München: Chr. Kaiser, 1992.
Coors, Michael. "Die ethische Diskussion über Suizid, Suizidhilfe und Suizidprävention in Kirchen und Theologie. Perspektiven evangelischer Theologie." *Suizidprophylaxe* 44 (2017): 129–38.
Coors, Michael. *Altern und Lebenszeit. Phänomenologische und theologische Studien zu Anthropologie und Ethik des Alterns*. Tübingen: Mohr Siebeck, 2020.

---

[50] Vgl. Hannah Arendt, *Über das Böse. Eine Vorlesung zu Fragen der Ethik* (München: Piper, [5]2012), 143–50.

Coors, Michael und Andrea Dörries. "Protestant Perspectives on End of Life Care." In *Contemporary European Perspectives on the Ethics of End of Life Care*, hg. v. Nathan Emmerich u. a., 131–44. Cham: Springer, 2020.

Coors, Michael. "Genetische Keimbahneingriffe beim Menschen. Theologisch-ethische Perspektiven auf die Erforschung des Genome Editing der menschlichen Keimbahn." In *The Grand International Challenges. Theologisch-ethische Perspektiven*, hg. v. Marco Hofheinz und Cornelia Johnsdorf, 205–27. Stuttgart: Kohlhammer, 2021.

Coors, Michael. "Nächstenliebe und professionelle Pflege." In *Gerontologie kompakt. Kurzlehrbuch für professionelle Pflege und Soziale Arbeit*, hg. v. Kathrin Kürsten u. a., 29–41. Bern: Hogrefe, 2022.

Coors, Michael und Sebastian Farr, Hg. *Seelsorge bei assistiertem Suizid. Ethik, Praktische Theologie und kirchliche Praxis*. Zürich: TVZ, 2022.

Chilian, Lea. *Ethik und Spiritualität im Gesundheitswesen. Spiritual Care in theologisch-ethischer Diskussion*. Stuttgart: Kohlhammer, 2022.

Chilian, Lea und Michael Coors. "Zur moralischen Dimension von Spiritualität im Gesundheitswesen." *ZEE* 67 (2023): 22–33.

Dabrock, Peter. *Befähigungsgerechtigkeit. Ein Grundkonzept konkreter Ethik in fundamentaltheologischer Perspektive*. Gütersloh: Gütersloher Verlagshaus, 2012.

Fischer, Johannes. *Theologische Ethik. Grundwissen und Orientierung*. Stuttgart: Kohlhammer, 2000.

Habermas, Jürgen. *Moralbewußtsein und kommunikatives Handeln*. Frankfurt a.M.: Suhrkamp, 1983.

Hauerwas, Stanley. *Vision and Virtue. Essays in Christian Ethical Reflection*. Notre Dame: University of Notre Dame Press, 1981.

Hobbes, Thomas. *Leviathan. The English and Latin texts (Vol. I)*. Oxford: Oxford University Press, 2012.

Jaeggi, Rahel. *Kritik von Lebensformen*. Frankfurt a.M.: Suhrkamp, ^{2}2014.

Konradt, Matthias. *Das Evangelium nach Matthäus*, NTD 1. Göttingen: Vandenhoeck & Ruprecht, 2015.

de Lange, Frits. *Loving later life. An Ethics of Aging*. Grand Rapids/Cambridge: Eerdmans 2015.

Löhr, Hermut. "Elemente eudämonistischer Ethik im Neuen Testament?" In *Jenseits von Indikativ und Imperativ, Kontexte und Normen neutestamentlicher Ethik Bd. I*, hg. v. Friedrich Wilhelm Horn und Ruben Zimmermann, 39–55. Tübingen: Mohr Siebeck, 2009.

Luther, Martin. *Lateinisch-Deutsche Studienausgabe*. Bd. 2, *Christusglaube und Rechtfertigung*. Leipzig: Evangelische Verlagsanstalt, 2006.

Luz, Ulrich. *Das Evangelium nach Matthäus*, Bd. 1, *Mt 1–7*. EKK I/1. Neukirchen-Vluyn: Neukirchener Verlag, ^{5}2002.

McGrath, Alister E. *Re-Imagining Nature. The Promise of a Christian Natural Theology*. Chichester: Wiley Blackwell, 2017.

Mehta, Uday Singh. *Liberalism and Empire. A Study of Nineteenth-century British Liberal Thought*. Chicago: University of Chicago Press, 1999.

Mills, Charles W. *The Racial Contract*. Ithaca: Cornell University Press, 1997.

Mills, Charles W. *Black Rights/ White Wrongs. The Critique of Racial Liberalims*. Oxford: Oxford University Press, 2017.

Niebuhr, Reinhold. *An Interpretation of Christian Ethics*. Louisville: Westminster John Knox Press, 1935.

Plasger, Georg. "Jesus Christus als Urbild des Menschen und wahrer Mensch. Erwägungen zu Schleiermachers und Barths anthropologischer Christologie." In *Karl Barth und Friedrich Schleiermacher. Zur Neubestimmung ihres Verhältnisses*, hg. v. Matthias Gockel und Martin Leiner, 113–28. Göttingen: Vandenhoeck & Ruprecht, 2015.

Rapp, Christoph. "Aristoteles." In *Handbuch Ethik*, hg. v. Marcus Düwell u. a., 69–81. Stuttgart/Weimar: Metzler, ^{3}2011.

Rawls, John. *A Theory of Justice. Revised Edition*. Cambridge: Belknap Press, 1999.

Rendtorff, Trutz. *Theorie des Christentums. Historisch-theologische Studien zu seiner neuzeitlichen Verfassung*. Gütersloh: Gütersloher Verlagshaus, 1972.
Rendtorff, Trutz. *Ethik. Grundelemente, Methodologie und Konkretionen einer ethischen Theologie*. Tübingen: Mohr Siebeck, 2011.
Schleiermacher, Friedrich D. E. *Der Christliche Glaube nach den Grundsätzen der Evangelischen Kirche im Zusammenhange dargestellt (1830/31)*. Berlin/New York: Walter de Gruyter, 1999.
Spivak, Gayatri Chakravorty. *Can the Subaltern Speak? Postkolonialität und subalterne Artikulation*. Wien/Berlin: Turia + Kant, 2008.
Tanner, Klaus, Hg. *Christentumstheorie. Geschichtsschreibung und Kulturdeutung*. Leipzig: Evangelische Verlagsanstalt, 2008.
Thurner, Mathias. *Die Geburt des ‚Christentums' als ‚Religion' am Ende des 19. Jahrhunderts*. Berlin/Boston: Walter de Gruyter, 2021.
Troeltsch, Ernst. *Die Soziallehren der christlichen Kirchen und Gruppen*. Tübingen: Mohr Siebeck, 1912.
von Aquin, Thomas. *Summa Theologiae*. II-I. Madrid: BAC, 1962.
Wagner, Falk. *Was ist Religion. Studien zu ihrem Begriff und Thema in Geschichte und Gegenwart*. Gütersloh: Gütersloher Verlagshaus, ²1991.
Wolterstorff, Nicholas. *Justice in Love*. Grand Rapids/Cambridge: Eerdmans, 2011.
Zwingli, Huldrych. *Schriften*. Bd. 1. Zürich: TVZ, 1995.

Register der Namen

Albertus Magnus 252
Altizer, Thomas 252
Anselm von Canterbury 111, 114, 288, 378
Ansorge, Dirk 49, 67, 210
Aquinas, *siehe* Thomas von Aquin
Arendt, Hannah 406
Aristoteles 236, 356, 364, 402
Arius 356
Askani, Hans-Christoph 5, 269–279, 301–304
Assel, Heinrich 1–6, 109–110, 135–150, 167–177, 179–193, 195–210, 213–227, 229–230, 235, 239, 245, 269, 287, 292, 333, 338, 369, 391, 396–397, 400
Assmann, Jan 169
Athanasios von Alexandria 70, 324
Augustinus 115, 184–185, 187, 232
Axt-Piscalar, Christine 115, 121, 123
Ayoub, Mahmoud 319
Azkoul, Michael 58

Babai der Große 74
Bach, Johann Sebastian 143
Bacht, Heinrich 44, 47
Backhaus, Knut 184
Bader, Günter 140, 149, 159, 232
Balthasar, Hans Urs von 45, 301, 311–312
Barbaras, Renaud 360–362, 368
Barrett, Jordan P. 261
Barth, Karl 5, 29, 114, 124–126, 218, 223, 231–232, 242–249, 259, 261, 270, 274, 279, 281–292, 296, 300–302, 305–307, 337, 341–342, 346, 360, 362, 394
Barth, Ulrich 245, 392
Basilios von Cäsarea 327
Baur, Ferdinand Christian 68, 112–114, 126, 204
Bayer, Oswald 5, 214
Becker, Jürgen 15, 91
Bedford-Strohm, Heinrich 107
Benedikt XVI., *siehe* Ratzinger, Joseph
Berger, Klaus 82
Betz, Hans-Dieter 190
Beutel, Albrecht 221
Biel, Gabriel 215
Blanchot, Maurice 227

Blumenberg, Hans 143, 231
Bobzin, Hartmut 317–318
Bohlender, Matthias 160
Bonhoeffer, Dietrich 158, 405
Breidenbach, Johanna 232
Bühler, Pierre 181, 381–382
Bühner, Ruben 78, 87
Bullinger, Heinrich 214
Bultmann, Rudolf 79, 83
Burns, David 180
Burridge, Richard 168

Calvin, Johannes 111, 337
Casper, Bernhard 197, 208
Celsus 86, 101
Chalamet, Christophe 5, 337–350
Chemnitz, Martin 218
Chilian, Lea 392
Clemens Alexandrinus 79, 82, 90
Coakley, Sarah 5, 218, 259–267, 296–298, 301
Cohen, Hermann 148, 154–156, 162, 176, 204, 223, 226–227, 230, 242–243
Cone, James 141, 148–150, 161
Congdon, David 4
Coors, Michael 6, 387–406
Courth, Fraz 39
Cremer, Hermann 217
Crisp, Oliver 4, 61
Cross, Richard 62, 216, 267
Culpepper, Alan R. 89, 94
Cupitt, Don 65, 71
Cyril, *siehe* Kyrill von Alexandria

Dalferth, Ingolf U. 2, 9, 137–138, 155, 181, 185, 220, 233, 242, 382
Damascenus, *siehe* Johannes von Damaskus
Danz, Christian 3, 37–39, 46, 52, 205, 290, 331
Dausner, René 5, 155, 195–210, 213, 218, 222–223, 225–226, 369
Davies, Brin 342, 344
DeHart, Paul 4, 338
Delsol, Chantal 17
Derrida, Jacques 230
Dirscherl, Erwin 206

Döllinger, Ignaz von 43
Dormeyer, Detlef 168
Dorner, Isaak August 67, 192–193, 215, 217–218, 296, 342
Duby, Steven J. 261
Dufourcq, Annabelle 370
Dunn, James D. G. 169
Duns Scotus, *siehe* Johannes Duns Scotus
Durand, Emmanuel 345

Ebeling, Gerhard 6, 232–234, 243–244, 373–384
Eberhardt, Kai-Ole 3, 287
Eco, Umberto 183, 188, 190
Eicher, Peter 48–49
Eisenhauer, Monika 327
Elert, Werner 214–215
Emery, Gilles 347
Engelland, Hans 339
Engels, Friedrich 159–160, 233
Ephraem der Syrer 326
Epiphanius von Salamis 325
Erasmus von Rotterdam 115, 356–358, 360, 369–370
Escribano Pañes, María Victoria 59
Essen, Georg 2, 37–53, 218, 331
Evers, Dirk 2

Fairbairn, Donald 62–63
Feuerbach, Ludwig 159–160, 204
Fichte, Johann Gottlieb 116, 204, 331, 360–362
Ficino, Marsilio 242
Fink, Eugen 239
Fischer, Johannes 394
Fischer, Norbert 197, 208, 233
Florovsky, Georges 58
Frey, Jörg 3, 77–104, 111, 174, 191, 380
Frickenschmidt, Dirk 168
Friedrich, Caspar David 143, 204
Fuchs, Ernst 192

Gadamer, Hans-Georg 180–181, 232
Geese, Daniel 68
Geilhufe, Justus 247, 282
Gerhard, Johann 193, 218–219, 231
Gese, Hartmut 192

Geyer, Hans-Georg 5, 146–147, 156, 161, 188, 230, 232, 281–292, 307–308
Ghaffar, Zishan 320–322
Gleede, Benjamin 5, 214, 219
Gnilka, Joachim 199
Goebel, Hans Theodor 282, 286–287, 289–290
Gordin, Jakob 155, 204, 223–227, 230, 243
Gorman, Michael J. 25
Greenberg, Irving 349
Gregor der Große 59
Gregor von Nazianz 325–326
Gregorios Palamas 58
Grillmeier, Alois 44, 47, 66–67, 70, 74
Grünewald, Matthias 48, 232
Günther, Anton 43

Habermas, Jürgen 107–108, 389
Hackl, Michael 46, 52
Haga, Tsutomo 4
Hainthaler, Theresia 66–67, 74
Halbwachs, Maurice 169, 184
Hamm, Bernd 374
Harnack, Adolf von 65, 67–68, 71, 102
Hartenstein, Friedhelm 179
Hattrup, Dieter 42
Hauerwas, Stanley 394
Heemstra, Marius 83
Hegel, Georg Wilhelm Friedrich 41, 114, 116, 122–125, 128–129, 204, 207, 215, 232–233, 275, 278, 303
Heidegger, Martin 252
Hellermann, Joseph H. 25
Helmer, Christine 4
Hengel, Martin 93, 171
Henrich, Dieter 116
Herakleon 99
Herrmann, Wilhelm 136, 245, 339–340
Herzog, Annabel 164
Hick, John 65, 70–71
Hirsch, Emanuel 46, 139, 373
Hobbes, Thomas 389
Hofheinz, Marco 3, 5, 281–292, 304–306, 308, 388
Hofius, Otfried 110, 287
Holbein, Hans 232
Hölderlin, Friedrich 292

Holl, Karl 139, 233–234, 325
Hoping, Helmut 42, 45, 49, 200, 210
Hübenthal, Sandra 169
Hünermann, Peter 42, 45
Hurtado, Larry H. 88
Husserl, Edmund 184–185, 187, 359–362, 366, 368

Irenäus von Lyon 70, 82, 324
Iser, Wolfgang 181, 187, 190
Iwand, Hans Joachim 140–141
Išōʿdnah of Basra 330

Jacobi, Christine 80
Jacobi, Friedrich Heinrich 116
Jaeggi, Rahel 394
Jakob von Serugh 317
Janowski, Bernd 78
Jenson, Robert 244, 272, 277, 301–302
Jeremias, Joachim 81
Joest, Wilfried 252
Johannes Chrysostomos 326–327, 331–332
Johannes Duns Scotus 215
Johannes von Damaskus 63, 218, 260, 266–267, 300
Johnson, Keith L. 31
Johnson, Luke Timothy 349
Jonas, Hans 287
Jüngel, Eberhard 5, 23, 116, 124, 188, 226, 242, 244, 246–247, 249, 251, 253, 269, 271–273, 275–277, 279, 301–304, 374, 376
Junghans, Helmar 238
Junker, Maureen 43
Justinian 59

Käfer, Anne 3
Kähler, Martin 113, 123–124, 136, 146, 173, 344
Kant, Immanuel 40–43, 101, 112, 115–116, 148, 154, 197, 204, 208, 223, 248, 253, 286, 359, 390
Käsemann, Ernst 97–98
Kasper, Walter 45
Kessler, Hans 199
Khorchide, Mouhanad 319
Kierkegaard, Sören 16, 19, 187, 215, 225, 362, 365
King, Martin Luther 148–149
Klapczynski, Gregor 44
Klauck, Hans-Josef 100, 191

Klein, Rebekka A. 163, 241
Knop, Julia 40
Koncsik, Imre 39, 42, 48
Konradt, Matthias 397
Korsch, Dietrich 111, 114, 124, 130, 286, 354, 360, 362, 380
Korthaus, Michael 139–141, 377–378
Körtner, Ulrich H. J. 181
Kristensen, Johanne Stubbe T. 5, 353–354, 370
Krötke, Wolf 217
Küng, Hans 45
Kyrill von Alexandria 62–63, 69–70, 74, 214–215, 218, 221, 261–262, 265, 275, 297–299, 310

Lanczkowski, Günter 111
Landes, Donald A. 364, 366
Lange, Frits de 404
Lausberg, Heinrich 191
Legaspi, Michael C. 177
Legge, Dominic 4, 347
Leibniz, Gottfried Wilhelm 364
Lengsfeld, Peter 37
Leo der Große 261
Leontius von Byzanz 63, 74
Leppin, Volker 38, 135, 374
Lessing, Gotthold Ephraim 40, 46
Levering, Matthew 4
Levinas, Emmanuel 155–156, 162–164, 176, 187–188, 192, 195–210, 213, 217–218, 220, 222–227, 230, 243, 333, 368–369
Loewenich, Walther von 139–140
Lohmeyer, Ernst 26
Löhr, Hermut 5, 138, 167–177, 179–184, 186–190, 403
Loisy, Alfred 43
Louth, Andrew 263
Lührmann, Dieter 170
Lukács, Georg 158
Luther, Martin 107, 111–112, 115, 139–140, 142, 148–150, 162, 214–220, 222, 231–232, 234–238, 240–242, 252–253, 337, 348, 354–360, 364, 367–370, 374–375, 377, 401
Luz, Ulrich 190, 397

Macchia, Frank D. 4, 348
Madsen, Anna 139

Mahlmann, Theodor 60, 215
Maimonides 223–225, 242
Malter, Rudolf 359
Mann, Thomas 233
Mannermaa, Tuomo 253
Martyn, Louis J. 82
Marx, Karl 159–160, 204
Masaryk, Tomas 360
Maximus Confessor 63, 74, 215, 218–219, 284
Mayordomo, Moisés 181–182, 191–192
McCabe, Herbert 266
McCord Adams, Marilyn 4
McCormack, Bruce L. 1–6, 32, 216–217, 219, 231, 242–251, 253, 259–261, 263–267, 269–272, 274–279, 281–292, 295–312, 338–342
McFarland, Ian A. 4
McGrath, Allister E. 389
McGuckin, John A. 261, 265, 297–298
McInroy, Mark 71
Mehta, Uday Singh 390
Meijering, Eginhard P. 68
Melanchthon, Philipp 231, 339, 342
Menke, Karl-Heinz 45, 49
Menze, Volker L. 60
Merleau-Ponty, Maurice 239, 355, 360, 362, 364–370
Metz, Johann Baptist 48
Miething, Frank 199
Mildenberger, Friedrich 182–183
Mills, Charles W. 390
Mjaaland, Marius 140, 359
Modeß, Johannes Michael 377
Mohammed 331
Moltmann, Jürgen 124, 266, 347, 376
Moltmann-Wendel, Elisabeth 142
Moule, C. F. D. 60
Moxter, Michael 185, 227, 230
Muhammad, siehe Mohammed
Müller, Gerhard Ludwig 42, 199
Murrmann-Kahl, Michael 3, 38

Nancy, Jean-Luc 383
Nestorius 62, 69–70, 214, 262–263, 298–299
Neuwirth, Angelika 316–320
Niebuhr, Reinhold 402, 405
Nieuwenhove, Rik van 343, 345

Nimmo, Paul T. 31, 300
Nitsche, Bernhard 45, 49
Nüssel, Friederike 107–130

Onuki, Takashi 85
Origenes 70, 88, 99, 261, 356

Palamas, siehe Gregorios Palamas
Pannenberg, Wolfhart 52, 124–126, 193, 215, 217, 226, 270, 277–278, 303
Papoutsakis, Manolis 317
Pârvan, Alexandra 300, 304–306, 310
Pascal, Blaise 362
Pawl, Timothy 4, 61–65, 67
Peirce, Charles Sanders 188
Pergolesi, Giovanni Battista 374
Pesch, Otto Hermann 196
Philo von Alexandria 94–95
Pietz, Hans-Wilhelm 285
Plasger, Georg 394
Platon 61
Platter, Jonathan M. 261
Pöder, Christine Svinth-Vaerge 5, 135–150, 153, 155–162, 180, 183, 214, 222
Pokorny, Petr 60
Popkes, Enno Edzard 78
Porphyrius 101
Price, Richard 60
Pröpper, Thomas 51
Przywara, Erich 223

Radford Ruether, Rosemary 141
Rahner, Johanna 46
Rahner, Karl 44–45, 195–196, 200, 272
Ralston, Joshua 338
Rapp, Christoph 402
Ratzinger, Joseph 45, 186
Rawls, John 389
Rendtorff, Trutz 389, 392, 395
Rhea, Michael 61
Richter, Cornelia 87, 89, 91, 150, 331–332, 380, 405
Ricoeur, Paul 146, 250
Rieger, Klaus-Dieter 341
Rist, Johann 239–240
Ritschl, Albrecht 71, 113, 123–124, 217–218, 296, 348

Rosenzweig, Franz 148, 153–156, 158, 196–197, 204, 207, 222–223, 227, 230
Rößner, Christian 197
Rothe, Richard 245
Ruddies, Hartmut 286–287
Ruhstorfer, Karlheinz 45, 49–50

Saarinen, Risto 120
Saint-Aubert, Emmanuel de 362–364, 367–368
Sánchez M., Leopoldo A. 72
Sarisky, Darren 75, 338
Sauter, Gerhard 153, 213, 229
Schäfer, Peter 82
Schelling, Friedrich Wilhelm Joseph 41, 44, 325
Schleiermacher, Friedrich Daniel Ernst 42–43, 44, 45, 67, 107, 114, 117–120, 122–124, 126, 128–129, 186, 204, 217, 243–245, 251, 337, 342, 392, 394
Schmidt, Werner H. 11
Schnelle, Udo 26, 90, 94
Schröder, Richard 193, 217, 219
Schröter, Jens 80, 111, 169, 184, 380
Schulz, Heiko 179
Schürmann, Rainer 359
Schwarz, Reinhard 111, 214–215, 373
Schwedt, Hermann H. 43
Schwöbel, Christoph 136, 153
Seewald, Michael 46
Severian von Gabala 332
Severus von Antiochia 74
Skrobucha, Heinz 327
Slenczka, Notger 147, 234
Sölle, Dorothee 141
Sparn, Walter 216–217, 283–284
Spivak, Gayatri Chakravorty 390
Stemberger, Günter 83
Stoellger, Philipp 6, 140, 155, 159, 232–233, 373–384
Stosch, Klaus von 5, 315–333
Strauß, David Friedrich 41, 44, 46, 217
Strecker, Georg 15, 26

Tanner, Kathryn 4, 262, 338
Tanner, Klaus 392
Tatari, Muna 319, 328
Tertullian 70

Thaidigsmann, Edgar 233, 242
Theißen, Henning 290
Theobald, Christoph 338
Theobald, Michael 191
Theodor von Mopsuestia 263
Theodosius 59
Theunissen, Michael 157–158
Thomas von Aquin 215, 218, 239, 252, 260, 266–267, 300–301, 337, 339, 342–345, 347, 403
Thomas, Günter 3
Thomasius, Gottfried 243
Thompson, Deanna A. 142
Thurner, Mathias 392–393
Tillich, Paul 231, 392
Tilley, Terrence W. 348
Treiger, Alexander 330
Troeltsch, Ernst 3, 43, 126, 392, 400
Tück, Jan-Heiner 199–200

Updike, John 247

Vestrucci, Andrea 355, 357–359, 364, 369
Vollmer, Reinhard 141
Vorländer, Dorothea 238

Wagner, Falk 46, 392
Watt, Jan G. van der 86, 94
Webster, John 282, 338
Welker, Michael 3
Wengst, Klaus 82
Wenz, Gunther 3, 111, 113–114, 116, 124–125
Werbick, Jürgen 45, 49, 200
Westerkamp, Dirk 223, 230
Westhelle, Vitor 142
White, Thomas Joseph 4, 49, 338–340
Wiedenroth, Ulrich 111
Wiederkehr, Dietrich 42, 45
Wiemann, Elsbeth 232
Wiles, Maurice 70
Wilhelm von Ockham 215
Williams, Rowan 4, 215
Wittekind, Folkart 38
Wittgenstein, Ludwig 215, 331
Wohlmuth, Josef 197, 200, 205, 208–210
Wolff, Jens 5, 218, 229–253, 309–312

Wolter, Michael 173–174, 179
Wolterstorff, Nicholas 404

Xenophon 168

Young, William P. 322

Zachhuber, Johannes 3, 57–75, 216, 218–219
Zahavi, Dan 361
Zellentin, Holger 316, 318
Zimmermann, Christiane 12
Zimmermann, Ruben 86
Zwingli, Huldrych 398–401, 403

www.ingramcontent.com/pod-product-compliance
Lightning Source LLC
Chambersburg PA
CBHW031750220426
43662CB00007B/340